文殊経典部 2

維摩経
思益梵天所問経
首楞厳三昧経

高崎直道
河村孝照　校註

大蔵出版

目次

首楞厳三昧経（一巻）

維摩詰所説経

高崎直道校註

凡例

一、本訳は鳩摩羅什訳『維摩詰所説経』の和訳（漢文書き下し）と註記・解題等よりなる。和訳の原本としては『大正新脩大蔵経』（大正蔵No.四七五）を用いた。

一、漢文書き下しに当たって、必要と思われるところには〔　〕をもって語句を補った。

一、註記は本文上欄の註記（見開き二ページごとに番号を付す）および、巻末の補註（本文中に＊印を付す）の二種に分かれる。原則として上欄には解読に当たり必要な語句の解釈、術語の説明のみを掲げ、その他の諸項（異読、註釈類の解説その他）を含む場合には補註にまわした。したがって、語句の説明でも巻末に掲げてあることもあるので、上欄と巻末とを併わせて参照されたい。なお、三乗、四諦などの法数名目については巻末に「法数一覧」を設けて解説した。註記と併わせ参照されたい。

一、註記に当たって左の略号を用いる。

〔漢　訳〕

（支）　支謙訳『仏説維摩詰経』大正No.四七四

（什）　羅什訳『維摩詰所説経』大正No.四七五

（玄）　玄奘訳『説無垢称経』大正No.四七六

〔チベット訳〕

㋠　'Phags pa Dri ma med par grags pas bstan pa zhes bya ba theg pa chen po'i mdo (Ārya-

Vimalakīrtinirdeśa nāma Mahāyānasūtra) Peking Ed. No. 843 (Reprint Ed. Vol. 34. p. 74. 2. 3〜p. 102. 3. 2.)

〔研　究〕

㋶（又は「ラモット仏訳」） É. Lamotte: L'Enseignement de Vimalakīrti, traduit et annoté. Louvain, 1962.

〔註　釈〕

『注』　僧肇撰『注維摩詰経』大正№一七七五

（什注）同書所載の羅什注（「什曰」と記載されるもの）

（肇注）同、僧肇注（「肇曰」）

（生注）同、道生注（「生曰」）

〔その他〕

Śikṣ. S. Śikṣāsamuccaya（『シクシャーサムッチャヤ』）, ed. by. Bendall (Bibl. Buddh. I, 1902)

なお、解題および註記で諸研究書、研究論文に言及するときには、著者名と発表年代のみを掲げる（例、橋本芳契、一九五二＝橋本芳契「維摩経の流伝について」『印度学仏教学研究』1—1、一九五二年）。論題などについては解題中の記述を参照されたい。

維摩詰所説経　解題

高崎直道

一　主題と内容

㈠　主題——経題の示すもの

ここに書き下し文を掲載する鳩摩羅什訳『維摩詰所説経』は古来『維摩経』の略称で中国から日本にかけての東アジア諸国で親しまれてきた経典で、大乗仏教を代表する経典の一つである。その題名の意味は「維摩詰によって説かれた経」ということで、これは本経のチベット訳の掲げるサンスクリットの題名“Vimalakīrtinirdeśa”(ヴィマラキールティの説示)と一致する(後述する諸論典所引の場合にも同様の経題で言及されている)。Vimalakīrti ヴィマラキールティはいわば本経の主人公で、深遠な大乗仏教の教義を経中で縦横に説き明かすところから、右の経題がつけられたものである。

維摩詰というのはこのヴィマラキールティの音写語で、その原名は意訳すると玄奘訳『説無垢称経』にみられるように「無垢称」、あるいは『維摩経』に対する隋の吉蔵の註釈の一つ『浄名玄論』の題名中に見られる「浄名」となり、「けがれが無い（無垢、浄）との名声を得た（称、名）〔もの〕」（有財釈）の意である。維摩詰は経名同様、一般には維摩と略称され、維摩居士ともよばれる。

次に、「所説」の原語の nirdeśa は解説、説明というほどの意味で主題の提示を意味する uddeśa に対するものであり、経典の一種の形態を示す名である。これにその内容を示すものと、解説者の名を冠するものがあり、本経は後者に属する。〔前者の例に『大集経』中の「大哀経」（Mahākaruṇānirdeśa）、後者の例に同じく『大集経』中の『無尽意所説経』（Akṣayamatinirdeśa）がある。〕

総じて経典というものは仏説すなわち仏によって説かれたものであるが、大乗経典の中にはこのように仏が直接語るのではなくて、菩薩その他のものをして教説を語らせている場合が多い。『勝鬘経』などもその仲間で、その正式の名『勝鬘師子吼一乗大方便方広経』の示すように、勝鬘夫人が大乗の教理を語るという形式をとっている。ただし、これらの場合、最後に、その説示に対して世尊が承認を与えて、その流通《るづう》すなわち普及につとめるよう周囲のものにすすめるという形をとることによって、経の全体が仏説であることを示している。いわば、維摩居士や勝鬘夫人は仏に代わって仏説をのべているわけである。

さてこの主人公維摩は、経自体の語るところによると、毘耶離大城すなわちガンジス河をはさんでマガダ国のパータリプトラ（現在のビハール州パトナ）の北岸にあった都市国家でヴァッジー族の支配するヴァイシャーリーの都城内に住む長者、おそらく貿易を営む富豪の家の居士すなわち家長である。つまり祇園精舎を寄進した須達長者と同様の在家の信者であって、舎利弗のような出家の仏弟子ではない。いわば仏教については素人《しろうと》である。

そのような素人が、在家の生活を営みながら、仏弟子のすべてが舌を捲くように、仏教の深遠な奥義に達しており、あまつさえ大乗の専門家というべき文殊師利のような菩薩までも感歎させてしまうような大活躍をするところに本経の構想の妙味があり、また広汎な人気を得た秘密がある。ことに、諸菩薩が大乗の奥義たる不二の境地を説き、最後に文殊師利が「それは言葉では表現出来ない」と言ったのに対し、維摩が「ただ黙然として無言であった」という条《くだ》りは、「維摩の一黙、響き雷の如し」といわれて、本経のクライマックスとして人口に膾炙している。

ところで、本経の経題には別に「不可思議解脱」の名が伝えられている。これは経末で阿難へ経の流布を委嘱するに当たって掲げられた別名で、本経の内容を示す題名と考えられる。経中で直接この不可思議解脱について説明があるのは不思議品第六中で、そこでは、不可思議解脱は菩薩たちの逮得《たいとく》する解脱で、これに住すれば、芥子粒の中に須弥山を入れたり、時間を伸縮自在にしたり、ないし、世界中のすべての声を仏の声に変じて法を説かしめたりすることができるという。さらに、あらゆる世界の魔王たちというのは、実はこの不可思議解脱に住する菩薩たちが衆生を教化する方便として現じているのだともいう。その不可思議解脱の菩薩の化現として、維摩の説いたことはすべて、不可思議解脱の法門ということになろう。事実、維摩は、後に仏陀が説き明かす（見阿閦仏品第十二）ように、無動如来すなわち阿閦仏の妙喜国から来至した菩薩なのである。しかし、われわれは、後で明かされる正体のことは忘れて、居士維摩の大活躍に喝采をおくる。それほど本経の戯曲的構想には迫力がある。

なお、羅什訳をはじめとする漢訳三経には全く言及がないが、チベット訳には受持すべき経名の一つとして、右の「維摩詰所説」と「不可思議解脱」との間に、

"phrugs su sbyar ba snrel zhi mngon par bsgrub pa"

という経名があり、"Yamaka-vyatyastâbhinirhāra"と還梵される。その意味は「対句と逆説（あるいは、対句の逆倒）の示現」（長尾訳「対句のむすびつきと逆倒の完成」〔『大乗仏典』〕）で、これも維摩の縦横無尽の弁説ぶりを説明しているもののごとくである。論理的にいえば対立するような一対のことば、たとえば縛と解とか、我と無我とかの矛盾概念を共に否定して、より高い立場を超論理的に表現する、この経の論調をさすものであろう。あるいは、「非道を道とする」といった対句を用いての逆説的表現をさすものとも考えられる。これは「入不二法の門」でいうところの「不二」の意味するものにほかならない。本経のいわんとするところは、何か特定の教義ではなく、仏によって体現された世界、菩薩の体現すべき世界が世俗的な相対を超えたところを示すことにあったとする理解にもとづく題名であろう（チベット訳のみにこの経名が存するのは、玄奘訳の原本以後の増広とも考えられる。しかし、玄奘が省いた可能性もないわけではない）。

(二)　本経の構成——諸品の梗概

本経はこれを戯曲的構成から言うと、三幕十四場よりなる。三幕というのは、経典の舞台が、本訳によると、

一、毘耶離の菴羅樹園におけるブッダの会座　（第一—第四品）
二、維摩の自宅（方丈）　（第五—第十品）
三、再び菴羅樹園のブッダの会座　（第十一—第十四品）

と移動するからで、このうち、第二幕が本経の主要部分たる「維摩詰の所説」に当たる。中国の伝統では経典の内容を序分・正宗分・流通分に三分するが、内容上、右の三幕が三分に相当すると考えることもできる（ただし、

純形式的に言えば、序分は第一品の最初、会座の面々の紹介まで、流通分は第十三、四品に限ることになろう。しかし、序分に関しては多くの註釈が第四品までと見ている)。

以下、各幕の各場の紹介を試みる。

先ず序章ともいうべき第一場は仏国品第一とよばれているが、その舞台はヴァイシャーリーの町の郊外にあるアムバパーリーの園林(菴羅樹園)で、ブッダが弟子たちや菩薩たち、その他の会衆に囲まれて坐っておられる。そこに宝積とよばれる青年の長者が五百人の友達と共に現われてブッダに供養を捧げると、ブッダは捧げられた傘蓋を合わせて一つの大きな傘蓋とし、その中に仏国土の清浄の相を現じたまう。宝積が偈をもって讃歎すると、ブッダは「その心が浄ければ、仏国土もまた浄い」と仰せられる。舎利弗がこの穢土がどうして清浄なのかといぶかると、ブッダは足指で地をさすり、この国土が本来清浄であることを示す。ここにすでに従来の伝統的・保守的仏教(いわゆる小乗仏教)に対する批判が示されていることが知られる。

ここで場面は転じ、維摩がその居間の方丈で病臥している状況を物語る第二場に入る(方便品第二)。先ず維摩の人となりの紹介にはじまり、病気見舞に訪れる人々に対して、維摩が身をもって身の無常を示し、これを厭い仏身を得るために阿耨多羅三藐三菩提に向けて発心すべきことを教えていることが読者に知らされる。維摩の方丈は後に本経の主舞台となるが、ここはまだ紹介の段階で、菴羅樹園の会座の人々に、維摩の病気がいわば情報として伝えられたところである。

この情報によってブッダは弟子たちに維摩の病気見舞を命令する。つまり舞台はなお菴羅樹園にあることがわかる。この命令に対して、舎利弗をはじめとする十大弟子は、それぞれが以前に維摩に難詰されたり、からかわれたりした経験を述べて病気見舞を固辞する(弟子品第三)。

ブッダはつづけて弥勒以下の菩薩たちにも命令するが、かれらもまた同様に苦い経験を語って、見舞に行こうとしない（菩薩品第四）、最後に文殊師利がブッダの旨をうけて、維摩を訪問することとなる。

ここで舞台は第二幕、維摩の方丈にうつる。文殊が訪問することが決ると、いままで固辞していた弟子たちや菩薩たちがぞろぞろとその後について行こうとする。維摩と文殊の問答はさぞかし見ものだろうという野次馬たちである。維摩は方丈を空にし、自分の寝ているベッドだけにして文殊を請じ入れ、「不来の相にして来たり、不見の相にして見る」と問いかけ、こうして愈々二人の問答がはじまる。

維摩は自分の病の所以を語り、「衆生病む故に、我れもまた病む。一切衆生の病が滅すれば、わが病も滅すべし」といって、病いの仮で、本来空であること、しかも方便によって身に病いを現じ、ないし、仏国土を現じ、菩提・転法輪・涅槃を示すのが菩薩行であると説く。これが第二幕の第一場、文殊師利問疾品第五である。

ここで舎利弗が室内に椅子もないのを気にして、維摩から座を求めに来たのか、法を聞きに来たのかとからかわれる場面があり、しかも維摩は野次馬の会衆のために多数の巨大な宝座をしつらえ、方丈にその悉くを入れてしまうという奇蹟を現わして、菩薩の不可思議解脱のはたらきについて説く（不思議品第六）。

次に文殊は維摩にその衆生観を問い、空・幻化のごとき衆生に対する慈悲行（四無量心）の実践の意義を論じる。ここでも舎利弗は、天女の撒いた華びらが身体から離れないことで維摩からそのこだわりを指摘され、天女と身体を入れかえられて間誤ついたり散々な目に会わされる。大乗の空観からみれば男女の差もなく変成男子も無意味であることが暗示されている（観衆生品第七）。

文殊はさらに、維摩に「仏道」（これは他訳から判ずると、仏の教え＝法に通達することの意）、「如来の種姓」の意義を問い、それぞれ、非道を道とするのが仏道である、有身見や無明・有愛、ないし六十二見が如来となる種であるといった逆説的な解答を得る。摩訶迦葉がそれを聞いて、自分たちのように煩悩を断じつくしたもの（阿羅漢）には仏の菩提は得られないのかと歎く一コマがある。

しかし、次に普現色身と名告る菩薩が維摩の眷属（父母、妻子など）は誰れかと問うと、維摩は「智度（すなわち般若波羅蜜）が菩薩の母であり、方便が父である」等と解答しており、以下に説くところも必ずしも逆説的ではない（仏道品第八）。

このあといよいよ菩薩たちの不二観の披瀝があって、維摩の一黙によって問答はクライマックスに達して終了する（入不二法門品第九）。

ここでまた、菩薩たちの問答をよそに食事の心配をしている舎利弗が登場する。維摩はそれを察して香積仏の衆香国からブッダ釈迦牟尼への供養の香飯をもらいうけ、これを方丈の会衆のみならず、香をかいでやってきたヴァイシャーリーの町の人々にまで与え、人々は飽食したが、なお少しも減らなかった。ともあれ問答も終わり、食事をしたところで、維摩の方丈での幕はおりる（香積仏品第十）。

以下は再びブッダの坐す菴羅樹園に舞台がうつる。ブッダが場を浄め厳飾してまちうけているところに、維摩と文殊が連れ立ち、仏弟子たちをはじめとする会衆、衆香国から香飯をたづさえて来た使者の菩薩までもひきつれて現われる。ブッダは阿難に香飯の説明をし、法仏国土のあることを教えて、阿難が決して多聞を誇りえないことを訓す。そのあとブッダが尽・無尽の法門を説くのを聞きおわって、衆香国の菩薩はその国に帰っていく（菩薩行品第十一）。

次いでブッダは維摩に如来観を問い、また舎利弗の問に答えて、維摩は阿閦仏（＝無動仏）の妙喜世界から来たものであることを明かし、その世界の姿を見せる（見阿閦仏品第十二）。

以下の二章は経のむすびとしての流通分に相当する。すなわち、ブッダが先ず天帝釈に本経の受持読誦の利益を示し、また経中に現われた薬王如来と月蓋王子の因縁（現在世とのつながり）を教え（法供養品第十三）、ついで弥勒に本経を付嘱し、阿難にもその受持を命じて、めでたし、めでたしで終わりとなる（嘱累品第十四）。

現代の常識から言うと、荒唐無稽といえるような途轍もなく壮大な空想の世界を描きながら、なお、そこに極めて視覚的な光景を思いうかばせるのは、本経の勝れた点といってよいが、鳩摩羅什の名訳もまた多分に、この印象を与えるのを助けているようである。

人口に膾炙している名文句や譬喩としては、このほか、人生を上に火が迫り下に毒蛇のたむろする古井戸にたとえる丘井の喩えとか、魔界の天女にさずけた無尽燈の話、「高原の陸地に蓮華は生ぜず、泥水の中に育つ」という喩えなどがある。

二　原典・翻訳・註釈

㈠　梵文原典

本経の原典は残念ながら散佚している。ただ、その梵文の原典のすがたは、『シクシャーサムッチャヤ（Śikṣā=samuccaya 学処の集成）』など後代の論典における引用から、部分的、断片的に知られている。いまその出典箇所を一覧すると、次のとおりである（Śikṣāsamuccaya のページ数などは Bibliotheca Buddhica 版による。凡例参照、経の品数、ページ数などは羅什訳、大正蔵経版による）。

Chap.		
Ⅱ	539c^{1}	Bhāvanākrama Ⅲ, 13,7-9 (G. Tucci, Roma, 1971)
Ⅴ	545b^{5}	Bhāvanākrama Ⅰ, 194, 8-10. Ⅲ, 22, 10-14
Ⅴ	545b^{21}	Śikṣ. S. 273, 6-7（テ, Ⅳ, §.20）
Ⅶ	547c^{7}	Śikṣ. S. 145, 11-15（テ, Ⅵ, §.4）
Ⅶ	547c^{18}	Śikṣ. S. 264,6-9（テ, Ⅵ, §.6）
Ⅶ	548b^{3}	Śikṣ. S. 269, 11-12（テ, Ⅵ, §.13）
Ⅷ	549b^{4}	Śkṣ. S. 6, 10-11
Ⅷ	549b^{27}—550b	Śikṣ. S. 324, 11-327, 4.　43偈中25偈
Ⅹ	552a^{7}	Prasannapadā (ed. by. Poussin) p. 333, 6~9
Ⅹ	552c^{17}—	Śikṣ. S. 269, 13-270, 3（テ, Ⅸ, §.13）
Ⅺ	553c^{8}—	Śikṣ. S. 270, 4-7（テ, Ⅹ, §.6）

このうち、第八品の菩提眷属に関する偈文でみると、仏教梵語の交ったシュローカ調で、本経が初期大乗経典の一つであることを覗わせる。

㈡ 漢訳

漢訳には現在、本訳のもとづいた鳩摩羅什訳のほか、それより二世紀近く先立って訳出された呉・支謙訳『維摩詰経』、羅什の後二五〇年ほどを経て訳出された唐・玄奘訳『説無垢称経』の三本が残っているが、諸経録の伝えるところでは合計、七種があったとされる。
①『古維摩詰経』二巻、後漢・厳仏調訳（188 A. D.）（散佚）
②『維摩詰経』二巻、呉・支謙訳（222–229 A. D.）
㊅ No. 474（別名『仏法普入道門〔三昧〕経』）
③『異維摩詰経』三巻、西晋・竺叔蘭訳（291 A. D.）（散佚）（別名『異毘摩羅詰経』）
④『維摩詰所説法門経』一巻、西晋・竺曇摩羅察（Dharma-rakṣa＝竺法護）（303 A. D.）（散佚）
（別名『維摩詰経』）

竺法護はまた自訳を要約して『刪維摩詰経』を編纂した（散佚）。

さらに東晋の支敏度が、右の②を底本とし、③④を合糅して『合維摩詰経』五巻を編纂した（散佚）。
⑤『維摩詰経』四巻、東晋・祇多密訳（散佚）。
⑥『維摩詰所説経』三巻、姚秦・鳩摩羅什訳（406 A. D.）
㊅ No. 475（別名『新維摩詰経』『維摩詰不思議経』『不可思議解脱経』）
以上の諸訳は羅什訳成立時までの状況を示し、「古」「異」「新」等の称がそれらの間の相対的位置づけを示しているものと思われ、羅什訳に対する期待の強かったことを示している。なお『出三蔵記集』には①と⑤については記載がなく、②を散佚したとしている。
⑦『説無垢称経』六巻、唐・玄奘訳（649–650 A. D.）㊅ No. 476
このうち、現存三訳について、若干比較を試みると、この三訳の年代の距りはそれぞれの原本の間に多少の増広が行なわれたことを示している。たとえば初品中の宝積の讃仏偈の数が、順次に十偈、十八偈、十九偈半と増

加している。また、支謙訳には右偈中の仏の一音説法や第二品中の丘井の喩、第七品はじめの衆生の非存在をあらわす喩のいくつか、第八品のはじめの仏道に関する一節中の数文、第九品中の入不二法門中の若干の菩薩の説、そして最後の維摩の一黙についての箇所（ただし異本中にはこれを載せるものもある。㈥脚註参照）などが存在せず、また第十品中のブッダの娑婆世界についての説明の簡単さ、などが目立つ。

訳語に関しては、すでに数多く指摘されているように支謙訳のいわゆる古訳のスタイルは難解であり、術語も通常見慣れた羅什訳と異なるが、羅什訳は理解に支障を来たさない限り支謙訳を踏襲したようである。同様のことは玄奘訳と羅什訳との間にも予想外に多く見られる。そして、数箇所に玄奘訳による唯識説の術語による改釈がみられる（ラモットの解題、英訳 P. XXXVI に六箇所を挙げる）ほかは本経がとくに唯識説によって変更されたという形迹は見られない。

㈢ チベット訳

チベット訳は現存大蔵経のカンギュル（仏説部）諸版によると、

'Phags pa Dri ma med par grags pa bstan pa zhes bya ba theg pa chen po'i mdo (Peking Ed. No. 843. Reprint, Vol. 34. pp. 74-102)

といい、チョエギ・ツルティム（Chos nyid Tshul khrims=Dharmatāśīla）の訳である。この訳者は『翻訳名義集』の編集にもたずさわった人で、従って九世紀前四半期ごろの訳出と推定される。

一方、敦煌出土のチベット語写本中に長短の断簡四種があり（ペリオ、チベット Nos. 610, 611, 613, 2203）、そのうち、(1)No. 610 は旧訳語を用いていて最古訳、(2)No. 613 と No. 2203 は訳語は『名義集』に従うが dadrag（過去分詞を示す -d 接尾辞）をのこす、(3)No. 611 は大体、現在のカンギュル本と同じで一番新しい、と推定されている。なお、最古の目録『デルカルマ』に本経の名が記載されているが、それと現存本との関係は不詳である（ラモット、解題）。

チベット訳と諸漢訳との間の異同もそれほど大きくはない一方、最も近い玄奘訳との間でも若干の出入がある（以上の諸訳との比較は、本訳の補註において、経文理解に必要な限り註記したので、参照されたい）。最後に四訳の間の品名、分章の比較表を掲げておく。

支謙訳	羅什訳	玄奘訳	チベット訳
一、仏国品	一、仏国品	一、序　品	1. Sangs rgyas kyi zhing yongs su dag pa gleng gshi'i le'u（序章、仏国土清浄）
二、善権品	二、方便品	二、顕不思議方便善巧品	2. Thabs la mkhas pa bsam gyis mi khyab pa'i le'u（不可思議な善巧方便）
三、弟子品	三、弟子品	三、声聞品	3. Nyan thos dang byang chub sems dpa' gtang bar rmas pa'i le'u（声聞と菩薩への要請）
四、菩薩品	四、菩薩品	四、菩薩品	
五、諸法言品	五、文殊師利問疾品	五、問疾品	4. Na ba yang dag par dga' pa'i le'u（病気の慰問）
六、不思議品	六、不思議品	六、不思議品	5. rNam par thar pa bsam gyis mi skyab pa bstan pa（不可思議な解脱の説示）
七、観人物品	七、観衆生品	七、観有情品	6. lHa mo'i le'u（天女）
八、如来種品	八、仏道品	八、菩提分品	7. De bzhin gshegs pa'i rigs kyi le'u（如来の種

			姓)
九、不二入品	九、入不二法門品	九、不二法門品	8. gNyis su med pa'i chos kyi sgor 'jug pa'i le'u（不二の法の門に入る）
十、香積仏品	十、香積仏品	十、香台仏品	9. sPrul pa'i zhal zas blangs pa'i le'u（化身の食事を受ける）
十一、菩薩行品	十一、菩薩行品	十一、菩薩行品	10. Zad pa dang mi zad pa zhes bya ba'i chos kyi rdzongs kyi le'u（尽不尽とよばれる法の贈物）
十二、見阿閦仏品	十二、見阿閦仏品	十二、観如来品	11. 'Jig rten gyi khams mngon par dga' ba blangs pa dang de bzhin gshegs pa mi 'khrugs pa bstan pa'i le'u（妙喜世界を受け取ることと、阿閦如来の示現）
十三、法供養品	十三、法供養品	十三、法供養品	12. sGon gyi sbyor ba dang dam pa'i chos gtang ba'i le'u（過去との結びつきと正法の委嘱）
十四、嘱累弥勒品	十四、嘱累品	十四、嘱累品	

(四)　その他の訳

このほか、現在、中央アジア出土の本経の二つの断片が知られている。一つ（大英博物館、スタイン・コレクション ch. 00352）は、ソグド語訳、第二はコータン語訳である。ソグド語訳は羅什の漢訳からの重訳で、羅什訳の第八品から第九品のはじめにかけての部分（大正、五四八下—五五〇下）に相当する。

(五)　本経の註釈

『維摩経』がインドや中央アジアで流布するに当たって、どのような註釈書が作られたかについてはほとんど伝聞するところがない。わずかに世親が著わした諸大乗経典の註釈類の中の一つに「維摩」の名を見出す（『婆藪槃豆法師伝』大正、五〇、一九一頁上）だけで、それももちろん現存しないので、事実の確認はできない。事情はチベット伝訳に際しても同様で現存のテンギュル（論疏部）中はもちろん、他の伝承もない。

一方、中国にあっては、「古維摩詰経」（厳仏調ないし支謙・竺法護等の諸訳）の訳出以後、その講究の状況はやはり不明である。ただ古訳のつねとして、訳文はわかりにくく、術語の不統一もあって、広く普及するには至らなかったようである。

この状況を一変させたのが鳩摩羅什の訳の出現（406 A.D.）であった。羅什は自ら訳出するとともに、その講義を行なった（『維摩経集解』三巻）。さらにこれを聴講した門弟たちも別に註釈を作った（僧叡『毘摩羅詰提経義疏』、道融『維摩経義疏』、僧肇『維摩経註解』五巻、道生『維摩経註釈』三巻）。これらの著作はいずれも今は伝わっていないが、僧肇の編とされる、

①『注維摩詰経』一〇巻、㊀No.一七七五

の中に抄出、合糅されて伝えられている。本書には「什曰」「肇曰」「生曰」「融曰」として、羅什・僧肇・道生・道融の註釈の内容が挙げられているが、中では僧肇の釈が最も多くてすべてにわたり、羅什と道生がその半分ほど、道融は一回挙げられているに過ぎず、僧肇の編修ということをうらづける。ただし、註釈の内容上、道生のものは後から附加されたものでないかと推定されている（橋本芳契、一九五八）。

しかし、本書の最も貴重な点は訳者自らの解説が見られることであり、羅什が梵本を漢訳するに当たっての苦

心も垣間見られて興をひくほか、「梵本」「胡本」の名で挙げられるところでは、梵語原文の推定を可能とする箇所もあり、また、「別本」の名で旧訳との異同を示しているところがある。この旧訳は支謙等の古訳の一つと考えられたこともあったが、最近それは羅什自身が現存の訳経（四〇六年）以前に訳出した別の草稿（『毘摩羅詰経』とよばれる）があって、それをさすものであろうとの説が出された（木村宣彰、一九八七）。今回の和訳に当たっては、とくにインド原典の読みの推定を助ける意味で、本書の「什曰」の部分を主に取り上げて註記に加えた。それに反し、僧肇・道生等の註釈には格別の必要のない限りふれなかったのは、ひとえに右の方針を貫くためである。

羅什の訳は『妙法華』その他同様、本経を中国において普及させるのに絶大な威力を発し、以後、南北朝から隋・唐にかけて数多くの註釈を生み出した。それらの経緯については、深浦正文師の『国訳一切経』に附した解題に詳しいので、ここではすべて省略して、現存するものの題名と著者のみを以下に列挙するにとどめる。

②慧遠『維摩義記』八巻（㊅No.一七七六）
③智顗『維摩経玄疏』六巻（㊅No.一七七七）
④同　『維摩経文疏』二十八巻（広疏）
⑤吉蔵『浄名玄論』八巻（㊅No.一七八〇）
⑥同　『維摩経義疏』六巻（㊅No.一七八一）
⑦同　『維摩経遊意』一巻
⑧同　『維摩経略疏』五巻

吉蔵は三論の宗旨から言って、維摩経を最も高く評価したひとりであり、後代の禅宗での維摩高揚に大きな影響を与えた。

唐代に入って玄奘が新訳『説無垢称経』をもたらし、これに対し、門弟の基が、

⑨窺基『説無垢称経疏』十二巻（㊅No.一七八二）

を撰したが、これ以外に新訳に対する註釈が生まれなかったのは、ひとえに羅什訳の名文の普及度によるものであろう。

⑩唐・湛然『維摩経略疏』十巻（㊅No.一七七八）（④を刪略して註釈したもの）

⑪　同　『維摩経疏』三巻

⑫道暹『維摩経疏記』（一部現存）

⑬宋・智円『維摩経垂祐記』十巻（⑩に対する復註）

⑭明・伝燈『維摩経無我疏』十三巻

⑮揚起元『維摩経評註』十四巻

⑯清・浄挺『維摩経饒舌』一巻

日本においては、先ず指を屈すべきものは、

⑰聖徳太子『維摩経義疏』三巻（㊅No.二一八六）

である。この著述については著者について疑念をもつ向きもあり（所引の作品から判じて年代をおそいと見る）問題はのこるが、本経に対するわが国最古の註釈であることは紛れもなく、爾来ひろく行なわれ、近代に入ってからは、テキストの公刊、訳註・研究など枚挙にいとまないほどである。近代以前の、この義疏に対する註釈として、鎌倉時代の、

⑱凝然『維摩経菴羅記』四十巻
がある（問疾品第五までの細釈）。
わが国学僧の注目すべき仕事としては、ほかに、
⑲智光『浄名玄論略述』七巻
⑳鳳潭『維摩経会要発朦抄』五巻
㉑知空『注維摩日講左券』十巻
などがある。後二つは『注維摩』の復註。

三　仏教史上の位置

(一)　本経の成立年代——諸経との関係

『維摩経』は今日一般に、初期の大乗経典の一つと見なされている。初期というのは一応、ナーガールジュナ（龍樹、一五〇—二五〇年ごろ）の著作に言及もしくは引用されているということで、かなり漠然とした言い方である。本経には『般若経』で高揚された空の教理が基調として存在し、龍樹の『大智度論』に多く言及され、そして何よりも、厳仏調以来の古い伝訳であることから、おそくとも西紀一五〇年ぐらいには成立していたことはほぼ間違いない（ただし、厳仏調訳については『出三蔵記集』に言及はなく、六世紀初めの『歴代三宝紀』がそのはじめての言及であるから、これを疑っても、支謙訳に先立って、三世紀はじめに存在したことは疑いない）。

しかし、これ以上詳細に本経の成立年代を初期大乗経典中で決定する要素はほとんど無い。ただ、教理内容の

対応などから、他経との関係について多少の検討を加えることはできる。

たとえば『般若経』との関係では、漢訳年代からいっても『八千頌般若』の古本（『道行般若』系）が二世紀半ばに存在しており、それが『維摩経』の古本と何らかの交渉があったろうことは推定される。

㈠妙喜国の阿閦仏（無動如来）とのむすびつきは『八千頌』と『維摩経』に共通であるが、これは阿閦仏崇拝と両経がむすびついたということで、両者のいずれかが元ということはなかろう。

㈡菩薩の階位として、『八千頌』は初発心、行道（あるいは新学）、不退転、一生補処の四位説をとり、それはまた『無尽意所説』その他の『大集経』系の諸経とも共通する。『維摩経』にはその明言はないが、新発意（prathamacittotpādika、第六品）、新学（ādikarmika、第十四品）、不退転地（avaivartika-bhūmi、第四品）、一生補処（ekajātipratibaddha、第十一品）などの階位の名は散見し、基本的に『八千頌』と同系の階位説によっているものと見られる。換言すれば『華厳経』十地品に由来する十地の名は見られず、また『二万五千頌般若』（『大品般若』）にはじまる乾慧等の十地説（三乗共通の十地）とのむすびつきも見られない。この点『維摩経』は『般若経』の古層とより関係が深く、したがって大乗経典中でも古い一群に属すると思われる。

なお『維摩経』がしばしば言及するのは「無生法忍を得た」（得忍）菩薩と「不退転」の菩薩である。無生法忍は声聞の見道に相当するので、不退転はそれより上位、おそらく事実上の〔現世における〕最高位であろう。

㈢維摩居士の姿に『般若経』の末尾にある常啼菩薩説話中の法上菩薩の姿が重ね合わせになり、そこに在家菩薩（あるいは在家の姿をよそおう菩薩）のモデルの系譜が見出されるが、この場合も、法上菩薩から維摩居士への展開ということは断言できない。

次に経典の説相において『維摩経』と近いものに古本の『宝積経』（Ratnakūṭa）すなわち、『大宝積経』第四十三会、「迦葉品」(Kāśyapaparivarta)がある。この経も『勝鬘経』同様、声聞ないし声聞・縁覚の二乗に対する菩薩の優位を説くが、とくに菩薩の殊勝性を説く一段中に、須弥山ほどの我見でも空見の増上慢よりよいという逆説的な表現と、高原の陸地に蓮華は生ぜず、淤泥の湿地にこそ生ずるという喩が見られる。この両経の関係もいずれが先と俄かには決め難いが、『維摩経』の「如来の種姓(家系)tathāgatagotra」(チベット訳の第七章、什訳「仏道品第八」相当の題名)と『宝積経』の「聖性」(āryagotra 聖なる家系)の概念内容から見て、『宝積経』の方がやや古く、したがって貸借関係があるとすれば『維摩経』が借りたものであろう。『宝積経』は「非有非無の中道」として空性を説明するが、それが『維摩経』の「入不二法」に発展したのではなかろうか。なお、「種姓」の観念は三乗のいずれかの種姓の獲得を実践者の階位の一段階とする説で、アビダルマの教理中に起原があるが(『大品般若』の十地説はその延長上にある)、『華厳経』が菩薩の種姓を「如来種姓」とよび(菩薩は「如来の家に生まれたもの」)またその普遍性を主張するところから、後の如来蔵・仏性の説を生み出す礎となった。『維摩経』もその一線上に位置する(高崎直道、一九七四)。

『宝積経』よりもさらに近い関係を想定されているのが『首楞厳三昧経』である(常盤大定『国訳一切経』経集部七、同経解題)。この経の漢訳は羅什訳のみ現存しているが、古くは支讖訳をはじめとする六訳があったといわれている。訳経史から推定されるところでは『首楞厳三昧経』も『維摩経』と並ぶ古層の初期大乗経典と考えられる。この経もまた阿閦仏の妙喜国にふれる。「首楞厳三昧」(Śūraṅgamasamādhi)とは「勇者の行進という三昧」という意味で、「勇者」とは菩薩のことにほかならない(大士、摩訶薩には「偉大な勇者」という意味がある)。したがって「勇者の行進」とは菩薩のあるべき姿でそれがこの三昧の力で実現するというのである。その特質として挙げられるものは、ほとんど維摩(および『般若経』その他)の説く菩薩のあり方と変わらないが、その一項に「対句の次第と逆説とを教示する知」（ただし、漢訳には欠）という句のあるのが注目される。そして、この三昧の力を得た「魔界行不汚」（魔界にあって汚されないもの）という名の菩薩の活躍は維摩とそっくりで、その法門は「縛も解脱もない法門」とよばれている。そのほか、十大弟子批判や天女の変身の話など着想の類似性が多い。

しかし、この経と本経との文献上の関連となると、まだ確実な証拠は見られない。それよりも着目すべき別の視点が近年の学界に提示されている。それは『首楞厳三昧経』は文殊師利とよばれる菩薩の存在と密接な関係があり、文殊によって大乗の教団（出家の教団）が作られたという歴史的事実を背景としているのではないかという仮説である（平川彰、一九七〇。ただし、平川説では文殊と『般若経』の関係は元来薄いとし、その理由を、同経が弥勒を中心とする在家性のつよい経典だからとしている。したがって、阿閦仏信仰も文殊と直接のつながりはないとする）。『維摩経』における文殊師利はたしかに弥勒よりはるかに有力で、菩薩の代表たるにふさわしい活躍をしているが、ただし、それも維摩の引き立て役となっている。本巻は今回の新国訳大蔵経の編集に際し、右の共通性も考えて、『首楞厳三昧経』と同巻とし、さらに他の文殊師利を主役とする経典類と合わせて、経集部の中から「文殊経典」という部類を別出しているが、これは上述の仮説による便宜的な部別けである。しかし、これを機に、本経と『首楞厳三昧経』その他の文殊師利を主役とする経典類との間の具体的な関係の発見されることが期待される。

最後に『維摩経』成立という点で見逃してならないのは、その素材となった阿含の教理、アビダルマ、そして仏伝や仏弟子に関する伝承である。アビダルマを除いて、ラモットの研究はこうした素材を丹念にひろっているので、これを参照されたい（たとえば弟子品の優波離の段にある「心浄ければ衆生浄し、心汚れれば衆生汚る」という句は『雑阿含』ないし Saṃyutta Nikāya に見られる有名な句である。こうした素材の所属部派が明らかになれば、成立論もまた進展するであろうが、これまた将来の課題である）。

(二) 本経の影響、流伝

『維摩経』のインドにおける流伝を考えてみるに、さきに原典や註釈の章でふれたように、世親にその釈があったとする伝承以外には、主に中観派の諸論典において引用されていることが知られる。いまその主なものをあげてみると、

1 『雑譬喩経』(大)No.二〇五 ch.2 p. 509b^{8}（後の挿入か、〔ラモット〕）
2 『大智度論』(大)No.一五〇九（別掲）
3 『弥勒菩薩所問経論』(大)No.一五二五 ch. 3. p. 245a^{10}—1§. 14
4 『宝髻経四法憂波提舎』(大)No.一五二六 p. 277a^{8}-b^{15}
5 『入大乗論』堅意造(大)No.一六三四 ch. 2. p. 45b^{5-10} (ch. 6. 相当)
6 Candrakīrti; Prasannapadā (Madhyamakavṛtti)
7 Śāntideva; Śikṣāsamuccaya（『大乗集菩薩学論』(大)No.一六三六）
8 Śāntideva; Sūtrasamuccaya（『大乗宝要義論』(大)No.一六三五）
9 Kamalaśīla; Bhāvanākrama.

『智度論』（大正蔵、二五巻）	『維摩経』
1. ch. 9. p. 122a^{22}—b^{14}	=第4品 542a
2. ch. 15. p. 168b^{14-15}	=第9品の要約

3. ch. 17. p. 188a$^{1-3}$　=第3品　539c
4. ch. 28. p. 267c$^{7-10}$　=第3，4品の要約
5. ch. 30. p. 278b$^{14-16}$　=第1品　540b-c
6. ch. 30. p. 284b$^{1-3}$　=第6品　546c
7. ch. 85. p. 657b$^{7-8}$　=第1品　545b
8. ch. 88. p. 682b$^{4-9}$　=第11品　555b-c, 第10品　554a
9. ch. 92. p. 709a$^{4-5}$　=第1品　538a-b
10. ch. 95. p. 727a$^{19-21}$　=第9品について
11. ch. 98. p. 744b^{15}　=第8品　549b

『維摩経』が空観を基本とする経典として中観派に重んぜられたのは当然であるが、その自性清浄心の説は、「如来の種姓」という観念などと共に、後に如来蔵・仏性説の形成に際して何ほどかの影響を与えたことが考えられる。最近、これを、真如・法性などの絶対視と併わせ、また四依説（義によりて語に依らず、智に依りて識に依らず、了義経に依りて不了義経に依らず、法に依りて人に依らず。法供養品第十三）の配列順序（これは『大集経』の諸品と同じ）の検討などに基づいて、『維摩経』批判の主張も提出された（袴谷憲昭、一九八七）が、非仏教という烙印にはなお慎重な検討を要する（この主張の背景には中国における禅宗による維摩の高揚、そして、禅宗の中国思想とくに老荘とのむすびつきに非仏教的性格を指摘することがある）。

中国における『維摩経』の人気はひとえに羅什の名訳によると言ってよい。その流布に当たって、羅什門下の

註釈類の作成にはじまり、その直系といえる三論宗の中で盛んに講究されたこと、その一人として吉蔵の『浄名玄論』その他の註釈による顕揚があることは言を俟たない。しかし『維摩経』は教学的な理解とは別に、その物語を図にあらわして解説する変相図あるいは変文として普及した。これは今日「維摩変」の名で伝わっている。この『維摩』の盛行は禅宗の興起と共にさらに普遍化し、「維摩の方丈」をはじめとして多くの名句、伝説を生み出した。わが国でも禅宗の影響で維摩の名は普及しているが、それと並んで、藤原鎌足の病気平癒祈願に由来する維摩会という行事が、奈良から平安末期にかけて行なわれていたのは、『維摩経』普及への貢献として、太子の『義疏』と共に忘れてはならないことである。（ちなみに「方丈」ということばは『維摩経』そのものにはない。『法苑珠林』二九に王玄策がインドで浄名（維摩）の故宅をたずねたおり「笏をもって基をはかるにただ十笏あるのみ。故に方丈の室と号するなり」と記載されている。なお、玄奘の『西域記』も故地について言うが、広さについての言及はない。）

なお、『維摩経』の流伝に関し、ここで洩れた諸点については『国訳一切経』版の深浦正文師の解題を参照されたい。

四　研究・参考文献

㈠　羅什訳の国訳・現代語訳

中国・日本の伝統において『維摩経』といえば、羅什訳にほとんど限られていたが、その読み下し文、いわゆる国訳についても状況は変わりなく、今回もまたその普及性にかんがみ、羅什訳をとり上げたような次第である。

本訳以前のその種の国訳は、

渡辺海旭『国訳大蔵経』第十巻、国民文庫刊行会、一九一七年（復刻、第一書房、一九七五年）
深浦正文『国訳一切経』経集部六、大東出版、一九三二年
の二種があり、いずれも解題付きである（渡辺海旭の解題は『壺月全集』下に収録されている）。
現代語訳としては、
石田瑞麿『維摩経』（『東洋文庫』62）一九六六年
中村元編『大乗仏典』（旧版『仏典Ⅱ』〔世界文学全集〕）筑摩書房、一九六六年、改一九七四年（『維摩経』は中村元訳、羅什訳からの現代語訳）

(二) チベット訳の現代語訳と研究

河口慧海『漢蔵対照・国訳維摩経』一九二八年
はチベット訳研究の嚆矢といえる。前記、深浦訳はこれを参照している。
『維摩経』に関して、現在入手しうる最も信頼できる翻訳と詳細な研究は、ラモット博士の次の書である。
É. Lamotte: *L'Enseignement de Vimalakīrti* (Vimalakīrtinirdeśa), traduit et annoté, Louvain 1962
本書は後にサラ・ボイン女史によって英訳されている。
É. Lamotte: *The Teaching of Vimalakīrti* Engl. tr. from French by Sara Boin, Pāli Text Society (Sacred Books of the Buddhists, Vol. XXXII). London, 1976
同じ年、サーマン教授の訳も出版された。
Robert A. F. Thurman: *The Holy Teaching of Vimalakīrti. A Mahāyāna Scripture*, The Pennsy=

lvania State University Press, University Park & London, 1976

日本では、渡辺照宏教授がこれらに先立って、抄訳を出し、（『在家仏教』一四―二七号、一九五五―五六年、後に『渡辺照宏著作集』6、筑摩書房、一九八二年に収録）、また大鹿実秋教授がチベット訳の校訂テキストを公刊した。

OSHIKA, Jisshu; *Tibeton Text of Vimalakīrtinirdeśa*, ACTA INDOLOGIKA（インド古典研究）I,（成田山新勝寺, 1970, pp. 137–240)

チベット訳の和訳として現在信頼するに足るのは、

長尾雅人『維摩経・首楞厳三昧経』（『大乗仏典』7）中央公論社、一九七四年

この維摩経訳は「中公文庫」にも収録されている。

㈢ 講話・解説等

羅什訳の講話・解釈書類は明治以来数多く出ているが、ここでも最も普及した書として、

加藤咄堂『維摩経講話』二巻、大東出版、一九二四年

を挙げておく。咄堂は在家仏教運動の指導者の一人で、自ら維摩居士にあやからんとしていた。他に、

深浦正文『維摩経解説』興教書院、一九三九年

は名著といわれるが未見、ちなみに上掲『国訳一切経』の解題も現在なお有用である。

戦後のものとしては、

渡辺照宏『維摩経講話』（現代経典講話5）河出書房、一九五五年

紀野一義『維摩経』（仏典講座9）大蔵出版、一九七一年

橋本芳契『維摩経新講——現代に生きる仏教——』黎明書房、一九六八年
長尾雅人『「維摩経」を読む』（岩波セミナーブックス19）岩波書店、一九八六年
など。

(四) 註釈書類の研究

漢訳に対する諸註釈について、そのテキストの文献研究・和訳などもあまり見られない。ただ日本の聖徳太子撰『維摩経義疏』については数多くの研究、テキスト出版がある。ここではその代表として、
花山信勝『聖徳太子分科経文・維摩経義疏　全訳』（改訂版）、百華苑、一九七一年初版、一九八〇年改訂版、
を挙げておく。花山博士は周知のごとく、「三経義疏」の研究者として令名がある。
ほかに研究論集として、
日本仏教源流研究会編『維摩経義疏論集』平楽寺書店、一九六二年
がある。これは維摩経自体の研究論文も含む。ついて見られたい。

(五) 研究書・研究論文

維摩経についてのまとまった研究書は上掲、ラモット教授の文献的研究が最も詳細であるが、日本では意外に少ない、わずかに、
橋本芳契『維摩経の思想的研究』法蔵館、一九六六年
が挙げられる。同教授は永年、維摩経の研究にたずさわっており、『印度学仏教学研究』に創刊以来、多くの論

文を発表している（論文目録は『橋本博士退官記念・仏教研究論集』同編集会刊、一九七五年、参照）。

以下、研究論文は、今回の和訳に当たって参照したもののほか、重要な意義をもつと考えられるものを掲げるにとどめる。

渡辺楳雄「維摩居士と質多羅長者」『仏教研究』Ⅳ—4、一九四〇年

橋本芳契「維摩経の流伝について」『印度学仏教学研究』（以下略称『印仏研』）1—1、一九五二年

橋本芳契「維摩経の原型について」『印仏研』3—1、一九五四年、（右の渡辺楳雄説を紹介）

橋本芳契「Śikṣāsamuccaya の大乗戒説——特に Vimalakīrtinirdeśa の引用について——」『金沢大学法文学部論集』哲史篇3、一九五五年

高田仁覚「維摩経の思想的立場とその宝性論との関連」『日本仏教学会年報』23、一九五七年（『維摩経』と『月上女経』と、『宝性論』作者堅慧との関係、後二者の関係は実証しがたい）

橋本芳契「註維摩詰経の思想的構成——羅什・僧肇・道生三法師説の対比——」『印仏研』6—2、一九五八年

藤枝　晃「維摩変の一場面——変相と変文との関係——」『仏教芸術』34、一九五八年

望月良晃「大乗集菩薩学論（Śikṣāsamuccaya）に引用された維摩経梵文断片について」『維摩経義疏論集』平楽寺書店、一九六二年

和辻哲郎『仏教倫理思想史』（『全集』19）岩波書店、一九六三年（『維摩経』の文学的スタイルについて、二六七—二七三頁）

戸田宏文「維摩経「仏国品（諸菩薩浄土之行）」における諸語について」『印仏研』7—2、一九六一年

橋本芳契「大乗仏教における入不二 advayapraveśa の哲学――維摩経第九章の一考察」『金沢大学法文学部論集』哲史篇13、一九六六年
児山敬一「維摩経における入不二と菩薩行」西義雄編『大乗菩薩道の研究』平楽寺書店、一九六八年
平川　彰「大乗仏教の興起と文殊菩薩」『印仏研』18―2、一九七〇年
三桐慈海「羅什の維摩疏は道融の筆録か」『印仏研』18―2、一九七〇年
橋本芳契「註維摩の羅什説について」『印仏研』21―2、一九七三年
高崎直道『如来蔵思想の形成』春秋社、一九七四年（第二篇第三章「維摩経と宝積経迦葉品」）
高崎正芳「宴座――大乗仏教仏典を中心として」『印仏研』24―1、一九七六年（弟子品の舎利弗の宴座についての考察を含む）
渡辺照宏「Adhiṣṭhāna（加持）の文献学的試論」『渡辺照宏論文集』、筑摩書房、一九八二年、所収（初出『成田山研究所紀要』2、一九七七年）
添田隆昭「真実摂経に引用された維摩経の一偈について」『印仏研』26―2、一九七八年
朝山幸彦「「維摩詰経」に見られる中国的変容」『印仏研』34―2、一九八六年
木村宣彰「注維摩経所引の別本について」『印仏研』35―2、一九八七年（「別本」は羅什の旧訳「毘摩羅詰経」の草稿であるとの主張）
木村宣彰「維摩詰経と毘摩羅詰経」『仏教学セミナー』42、一九八七年
袴谷憲昭「四依（catuṣpratisaraṇa）批判考序説」『高崎博士還暦記念論文集・インド学仏教学論集』春秋社、一九八七年（『維摩経』の四依説が『宝女経』『無尽意所説』など『大集経』系と同種であることの指摘、あわせて、その

仏教史的逸脱を主張）

袴谷憲昭「『維摩経』批判」『印仏研』36―1、一九八七年（右と関連して、『維摩経』の「一黙」に見られる言語無視、法性など不変の真理を説く点など、総じて如来蔵思想や中国禅宗に連なる面について、仏教からの逸脱として批判。）

維摩詰所説経　原典対照表

八つの奇蹟　五四八中……§.13……五五
性の転換　〃……§.14……五六
仏道品　第八　五四八下……ch.7……五七
菩薩の道　〃……§.1……五七
如来種とは何か　五四九上……§§.2～3……五九
大迦葉の歎き　五四九中……§§.4～5……六〇
菩薩の家族　〃……§.6……六〇
入不二法門品　第九　五五〇中……ch.8……六五
諸菩薩の入不二門観　〃……§§.1～32……六五
維摩黙然　五五一下……§.33……七〇

巻　下

香積仏品　第十　五五二上……ch.9……七一
舎利弗、食事時を気にする　〃……§.1……七一
維摩、衆香世界を示現　〃……§.2……七一
化身の菩薩、食事を運ぶ　〃……§§.3～9……七三
香りある食事　五五二中……§§.10～13……七四
香りの説法　五五二下……§.14……七五
釈迦牟尼の説法　〃……§§.15～16……七六

(大)五三七上

維《ゆい》摩《ま》詰《きっ》所《しょ》説《せつ》経《ぎょう》

一名不可思議解脱《ふかしぎげだつ》(経)

姚秦三蔵鳩摩羅什訳《ようしんさんぞうくまらじゅうやく》

巻上

仏国品第一

菴羅樹園の仏の会座

是《かく》の如《ごと》く我れ聞けり。一時《あるとき》、仏は[一]毘耶離《びやり》の[二]菴羅樹園《あんらじゆおん》に大いなる比丘《びく》の衆《あつまり》八千人と倶に在《いま》しき。

〔また〕菩薩三万二千あり。〔みな〕*衆《もろびと》の知《し》識る所にして、*大智の本行を皆な悉《ことごと》く成就し、諸仏の*威神によりて建立せらる。法城を護らんが為めに正法を受持し、能く師子吼《ししく》して、名は十方に聞こゆ。*衆人《もろびと》請わざれども、友として之れを安んじ、[三]三宝を紹《つ》ぎ隆《お》こして能く絶えざらしむ。魔《ま》・怨《おん》を降伏《ごうぶく》し、諸《もろ》もろの外道を制し、悉く已《すで》に清浄にして永く[四]蓋纏《がいてん》を離る。

一 毘耶離　Vaiśālī (Vesālī) ブッダ時代の都市国家で、リッチャヴィ族の支配した共和国。ガンジスの北岸、パータリプトラの北に位置する。漢訳名は広厳。

二 菴羅樹園　Āmrapālīvana (Ambapālīvana) 元遊女で仏に帰依し、後に比丘尼となったアムバパーリー所有の園林。ブッダはここでクシナーラーに向かう最後の旅の途次、彼女の供養を受けた。

三 三宝を紹ぎ……能く絶えざらしむ　(チ)「三宝の系統を絶やすことなく(=triratnavaṃśânupacchinna)」〈法数一覧参照〉

四 蓋纏を離る　五蓋と十纏(肇注)〈法数一覧参照〉。(チ)「あらゆる障碍(āvaraṇa/nivaraṇa)と発現した煩悩(paryutthāna 纏)をはなれ」

〔その〕心は常に無礙《むげ》の解脱に安住し、*念《ねん》・定《じょう》・総持《そうじ》・弁才《べんざい》ありて断たず、*布施《ふせ》・持戒《じかい》・忍辱《にんにく》・精進《しょうじん》・禅定《ぜんじょう》・智慧《ちえ》、及び方便力の具足せざる無し。*無所得、不起の法忍を逮《たい》し、已に能く随順して*不退の輪を転ず。*善く法相を解《げ》して衆生の根を知り、*諸もろの大衆を蓋《おお》いて無所畏《むしょい》を得たり。[一]功徳と智慧は以って其の心を修《おさ》め、[二]相好《そうごう》もて身を厳《かざ》り〔その〕色像は第一なり。諸もろの世間の所有《あらゆ》る飾好《しきこう》を捨つ。[三]名称は高遠なること須弥《しゅみ》を踰《こ》え、*深信《じんしん》は堅固なること猶《な》お金剛の若《ごと》く、法宝は普ねく照らして、而《しか》も甘露を雨《あめふ》らす。衆《もろ》もろの言音に於いて微妙第一なり。深く縁起に入りて諸もろの邪見を断じ、[四]有無の二辺復《ま》た余習あること無し。法を演ずるに畏《おそ》れ無きこと猶お師子の吼えるがごとく、其の講説する所は*乃《すなわ》ち雷の震うが如し。[五]量有ること無く、已に量を過ぎたり。*衆もろの法宝の海の如くなるを集むるの導師たり。諸法の深妙の義を了達し、善く衆生の往来する所趣、及び心の所行を知る。*無《む》等等《とうとう》なる仏の自在の慧《え》、*十力《じゅうりき》・無畏《むい》・十八不共《じゅうはちふぐう》に近づき、*一切の諸悪趣の門を関閉《かんぺい》して、而も五道に生じて以って其の身を現ず。大医王と為りて善く衆病を療《いや》し、病《やまい》に応じて薬《くすり》を与《あた》えて服行することを得せしむ。無量の功徳、皆な成就し、無量の仏土、皆な厳浄す。其の見聞する者にして益を蒙らざる無し。諸有《あらゆ》るの所作も亦た[六]唐捐《とうえん》ならず。是《かく》の如き一切の功徳を皆な悉く具足す。*其の名を等観《とうかん》菩薩、不等観菩薩、等不等観菩薩、定自在王《じょうじざいおう》菩薩、法自《ほうじ》在王《ざいおう》菩薩、法相《ほっそう》菩薩、光相《こうそう》菩薩、光厳《こうごん》菩薩、大厳《だいごん》菩薩、宝積《ほうしゃく》菩薩、弁積《べんしゃく》菩薩、宝手《ほうしゅ》菩薩、宝印手《ほういんしゅ》菩薩、常挙手《じょうこしゅ》菩薩、常下手《じょうげしゅ》菩薩、常惨菩薩、喜根菩薩、喜王菩薩、弁音菩薩、虚空蔵菩薩、執宝炬《しゅほうく》菩薩、宝勇菩薩、宝見菩薩、帝網菩薩、明網《みょうもう》菩薩、無縁観菩薩、慧積《えしゃく》菩薩、宝勝菩薩、天王菩薩、壊魔《えま》菩薩、電徳菩薩、自在王菩薩、功徳相厳菩薩、師子吼菩薩、雷

一　功徳と智慧　さとりを得るためのかて（資糧）としての徳性と智慧（いわゆる福智二資糧）。

二　相好　三十二の大人の相と八十種の細かい特徴〈法数一覧参照〉。仏の有する身体的特徴をいう。

三　名称　いわゆる名声（めいせい）。すぐれた評判。

四　有無の二辺復た余習あること無し　「余習」とは、ものの見方・考え方の慣習となったところ。「有無についての極端な見解をその余力もろとも断ち切る」の意。

五　量有ること無く、已に量を過ぎたり　(支)と同文。(チ)「対比しうるものも対比しえないものもともに超え」

六　唐捐ならず　「むなしからず」の意。「唐」は、空し。「捐」は、すてる。

(大)五三七中

音菩薩、山相撃音菩薩、香象《こうぞう》菩薩、白香象菩薩、常精進菩薩、不休息《ふくそく》菩薩、妙生菩薩、華厳菩薩、観世音菩薩、得大勢菩薩、梵網菩薩、宝杖菩薩、無勝菩薩、厳土菩薩、金髻菩薩、珠髻菩薩、弥勒菩薩、文殊師利法王子菩薩と曰う。是《かく》の如き等の三万二千人なり。

復《ま》た万の梵天王《ぼんてんのう》・*尸棄《しき》等有り。余の四天下より仏所に聴法の為めに来詣《らいけい》す。復た万二千の天帝有り。亦た[七]余の四天下より来たりて会坐《えざ》に在り。並びに余の大威力の[八]諸天・龍神《りゅうじん》・夜叉《やしゃ》・乾闥婆《けんだつば》・阿脩羅《あしゅら》・迦楼羅《かるら》・緊那羅《きんなら》・摩睺羅伽《まごらが》等、悉く会坐に来たる。諸もろの[九]比丘・比丘尼・優婆塞《うばそく》・優婆夷《うばい》も倶に会坐に来たる。彼《そ》の時に仏は無量百千の[一〇]衆の与《ため》に恭敬《くぎょう》し囲繞《いにょう》せられて、為めに法を説きたまう。譬《たと》えば須弥山王の大海より顕《あら》われたるが如く、衆宝の師子の座に安処したまいて、一切の諸来の大衆を蔽いたまえり。

長者子宝積の讃仏

爾《そ》の時、毘耶離《びりや》城に長者の子の名づけて*宝積《ほうしゃく》と曰う有り。五百の長者の子たちと倶に、[一一]七宝の蓋《がい》を持ちて仏所に来詣し、頭面《ずめん》もて足を礼《らい》し、各おの其の蓋を以って、共に仏を供養したてまつる。仏の威神もて諸もろの宝蓋《ほうがい》を合して一蓋と成して、遍ねく[一二]三千大千世界を覆わしむ。而《しか》も此の世界の広長の相は悉《ことごと》く中に現ず。又た此の三千大千世界の諸もろの[一三]須弥《しゅみ》山《せん》・雪山《せっせん》・目真隣陀《もくしんりんだ》山《せん》・摩訶目真隣陀《まかもくしんりんだ》山《せん》・香山《こうせん》・宝山《ほうせん》・金山《こんせん》・黒山《こくせん》・鉄囲《てっち》山《せん》・大鉄《だいてつ》囲《ち》山《せん》・大海・江河・川流・泉源、及び日・月・星辰・天宮・龍宮・諸尊の神宮、悉く宝蓋の中に現ず。又た*十方の諸仏と諸仏の説法も亦た宝蓋の中に現ぜり。

爾の時、一切の大衆は、*仏の神力を覩《み》て、[一四]未曾有なりと歎じ、合掌して仏を礼し、尊顔

七 余の四天下 (玄)(チ)に「無憂（アショーカ）四大洲界」という〈法数一覧参照〉。
八 諸天……摩睺羅伽 いわゆる天龍八部衆〈法数一覧参照〉。かれらは仏の教えを聴く力をもっている。
九 比丘……優婆夷 いわゆる四衆。すなわち出家・在家の男女すべての仏教徒を示す。
一〇 衆の与に……為めに法を説きたまう 与も為も「ために」であるが、前者は「において」あるいは「……に囲まれて」ほどの意味。後者は「〔衆生〕のために」
一一 七宝の蓋 七宝でできた傘蓋。七宝は、金・銀・硨磲・瑪瑙・珊瑚・琥珀・真珠をいう〈法数一覧参照〉。
一二 三千大千世界 須弥山を中心とする一世界の三千倍を小千世界、それが千集まると中千世界、そのまた千倍を大千世界という。すなわち千の三乗倍の世界。三千世界（三千界）と同じ。一仏の現われる範囲。
一三 須弥山……諸尊の神宮 世界を構成する諸山・諸海等の名。日月等は須弥山のまわりを廻るとされる。 (大)五三七下
一四 未曾有 adbhuta 希有（うけ）のこと。「これはただごとではないぞ」と歎じての意。

四

を瞻仰《せんごう》し目暫《しばら》くも捨てず。是《こ》こに於いて、長者の子宝積は即《すなわ》ち、仏前に於いて偈《げ》*を以って
頌《たた》えて曰わく、

*［あなたは］目は浄らかにして脩《なが》く広きこと青蓮《しょうれん》*の如く、
心は浄くして[一]已に諸もろの禅定を度し、
久しく浄業を積みて、*称無量《ほまれ》なり。
*衆を導くに寂を以ってす。故に稽首《けいしゅ》したてまつる。〔一〕
既に大聖の神変を以って
普ねく十方無量の土《くに》を現じたまうを見、
其の中に諸仏の法を演説したまうを
是こに於いて一切悉く見聞せり。〔二〕
法王の法力は群生に超え、
常に法財を以って一切に施す。
能《よ》く善く諸法の相を分別して
第一義に於いて動ぜず。
已に諸法に於いて自在を得たり
是の故に此の法王に稽首したてまつる。*〔三〕
法は有ならず、亦た無ならず。
因縁を以っての故に諸法生じ、
[二]我《が》無く造るもの無く、受くる者も無し。

一　已に諸もろの禅定を度し　(チ)「シャマタ（止）の彼岸（最高の完成）に到達し」。「心」は、ここでは āśaya（(玄)意楽）。

二　我無く……受くる者も無し　アートマンも、行為者（kartṛ）も、感受者（bhoktṛ）も存在しない。

善悪の業も亦た亡びずと説きたまう。〔四〕
始め、[三]仏樹に在《いま》して、力もて魔を降し、
*甘露のごとき滅を得て*覚道成じ
已に心・意無く、受行無くして
而《しか》も悉く[四]諸もろの外道《げどう》を摧伏《さいぶく》したまう。〔五〕
[五]三たび法輪を大千に転じ
其の輪は本来、常に清浄なり。
*天と人とは道を得て、此《こ》れを証と為し、
三宝是こに於いて世間に現ず。〔六〕
斯《こ》の妙法を以って群生を済《わた》す。
*〔かれらは〕一たび受けては退かず、常に寂然たり。
老病死を度す大医王よ、
当に[六]法海、徳の無辺なる〔あなたに〕礼《らい》すべし。〔七〕
毀誉《きよ》に動《どう》ぜられざること須弥の如く、
[七]善と不善とに於いて等しく慈《いつくしみ》を以ってす。
心行は平等なること虚空の如く、
孰《た》れか[八]人宝を聞きて敬承せざらん。〔八〕
今、世尊に此の微蓋を奉る
中に於いて我が三千界と

三　仏樹　菩提樹のこと。

四　諸もろの外道を摧伏したまう　(チ)「諸外道によっては理解せられない」

五　三たび法輪を大千に転じ　四諦の三転十二行相の教えをさす。「三転」は示相転（是れ苦、など）と勧修転（苦は遍知すべし、など）と作証転（苦は遍知せり、など）をいう。

六　法海、徳の無辺なる　海のように無限な法の徳をそなえる方、の意。

七　善と不善　(チ)「戒を守る者にも戒を破った者にも」

八　人宝　(チ) sems can dkon mchog = **sattvaratna** 宝の如き衆生。ブッダをさす。

一 浄心もて ㋠「澄んだ意を以って (prasannamanasā)」 ㊅五三八上

二 其の語を同じくする 自分と同じことばを話すと思う、の意。

諸天・龍神の居る所の宮と、
乾闥婆《けんだつば》等及び夜叉《やしゃ》とを現ず。〔九〕
悉く世間に諸所有《あらゆる》ものを見て、
十力あるかたは哀れみて是の化変を現じ、
衆は希有と覩《み》て、皆な仏を歎ず。
今、我れ三界の尊に稽首したてまつる。*〔一〇〕
*大聖法王は衆の帰する所なり。
一浄心もて、仏を覩じて欣ばざる靡《な》し。
各おのは世尊、其の前に在《いま》すと見る。
斯れ則ち*神力《じんりき》の不共《ふぐう》の法なり。〔一一〕
仏は一音を以って法を演説したまうに
衆生は類に随いて各おの解することを得、
皆な世尊は二其の語を同じくすると謂《おも》う。
斯れ則ち神力の不共の法なり。〔一二〕
仏は一音を以って法を演説したまうに
衆生は各おの解する所に随いて、
普ねく*受行を得て、其の利を獲《う》。
斯れ則ち神力の不共の法なり。〔一三〕
仏は一音を以って法を演説したまうに

或《あ》るものは恐畏《くい》有り、或るものは歓喜す。
三 或るものは厭離を生じ、或るものは疑を断ず。
斯れ則ち神力の不共の法なり。〔一四〕
四 十力、大精進あるかたに稽首したてまつる。
已に無所畏を得たるかたに稽首したてまつる。
不共の法に住するかたに稽首したてまつる。
一切の大導師に稽首したてまつる。〔一五〕
能く衆《もろ》もろの結縛を断てるかたに稽首したてまつる。
已に彼岸に到れるかたに稽首したてまつる。
能く諸世間を度すかたに稽首したてまつる。
永く生死《しょうじ》の道を離れたるかたに稽首したてまつる。〔一六〕
*悉く衆生の来去の相を知り、
善く諸法に於いて解脱を得、
世間に著せざること蓮華の如く、
常に善く空寂の行に入り、
*諸法の相に達して罣礙《けいげ》無く、
五 空の如く所依無きかたに稽首したてまつる。〔一七—一八〕

三 或るものは厭離を生じ……　(チ)「あるものは汚れ、あるものはさとり、心中の疑いも導師によってしずめられる」

四 十力、大精進　(チ)「十力ある方、導師、勇猛者（vikrāmin)」〈法数一覧参照〉

五 空の如く所依無き　虚空はその上に一切を現ずるが、それ自身はさらに基づくところがない。

仏国土の清浄

爾《そ》の時、長者の子宝積《ほうしゃく》は、此の偈《げ》を説き已《おわ》りて、仏に白《もう》して言わく、

「世尊よ、是の五百の長者の子は皆な已に*阿耨多羅三藐三菩提《あのくたらさんみゃくさんぼだい》に心を発《お》こし、*仏国土の清浄を得るを聞かんと願えり、唯だ願わくは、世尊が諸もろの菩薩の*土《くに》を浄むるの行を説きたまわんことを」。

仏は言《のたま》えり。

「善きかな、宝積よ、乃《すなわ》ち能く諸もろの菩薩の為めに、如来に土を浄むるの行を問うとは。諦《あきら》かに聴け。諦かに聴きて、善く之れを思念せよ。当に汝が為めに説くべし」。

是こに於いて、宝積及び五百の長者の子は教えを受けて聴きいりき。

仏は言まえり。

「宝積よ、*衆生の類は是れ菩薩の仏土なり。所以《ゆえ》は何《いか》んとなれば、菩薩は*所化の衆生に随いて仏土を取る。調伏《じょうぶく》する所の衆生に随いて仏土を取る。諸もろの衆生の応に何《いず》れの国を以って仏の智慧に入るべきかに随いて仏土を取る。諸もろの衆生の応に何れの国を以って菩薩の根を起こすべきかに随いて仏土を取る。所以は何《いか》んとなれば、菩薩の浄国を取るは皆な諸もろの衆生を饒益《にょうやく》せんが為めの故なり。譬《たと》えば人有りて*空地に宮室を造立せんと欲すれば、意に随いて無礙《むげ》なるも、若し虚空に於いてせば、終《つい》に成ずること能わざるが如し。菩薩もまた是《か》の如し。衆生を成就せんが為めの故に、仏国を取らんと願う。仏国を取らんと願うは*空に於いてには非ざるなり。

宝積《ほうしゃく》よ、当に知るべし。(1)*直心《じきしん》は是れ[一]菩薩の浄土なり。菩薩の成仏する時、諂《へつら》わざる衆

一　菩薩の浄土　この浄土は他訳でいえば仏国土の意。以下同様。
二　(4)布施～(9)智慧　順次、六波羅蜜を示す〈法数一覧参照〉。

(大)五三八中

生は其の国に来生す。(2)*深心《じんしん》は是れ菩薩の浄土なり。菩薩の成仏する時、功徳を具足する衆生は其の国に来生す。(3)*菩提心《ぼだいしん》は是れ菩薩の浄土なり。菩薩の成仏する時、大乗の衆生は其の国に来生す。(4)[二]布施《ふせ》は是れ菩薩の浄土なり。菩薩の成仏する時、一切の能く捨てる衆生は其の国に来生す。(5)持戒《じかい》は是れ菩薩の浄土なり。菩薩の成仏する時、[三]十善道を行じて願を満たす衆生は其の国に来生す。(6)[四]忍辱《にんにく》は是れ菩薩の浄土なり。菩薩の成仏する時、[五]三十二相もて荘厳する衆生は其の国に来生す。(7)精進《しょうじん》は是れ菩薩の浄土なり。菩薩の成仏する時、一切の功徳を勤修《ごんじゅ》する衆生は其の国に来生す。(8)禅定《ぜんじょう》は是れ菩薩の浄土なり。菩薩の成仏する時、[六]心を摂《おさ》めて乱れざる衆生は其の国に来生す。(9)智慧は是れ菩薩の浄土なり。菩薩の成仏する時、[七]正定の衆生は其の国に来生す。(10)[八]四無量心は是れ菩薩の浄土なり。菩薩の成仏する時、慈・悲・喜・捨を成就せる衆生は其の国に来生す。(11)[九]四摂法《ししょうぼう》は是れ菩薩の浄土なり。菩薩の成仏する時、[一〇]解脱の摂する所の衆生は其の国に来生す。(12)方便は是れ菩薩の浄土なり。菩薩の成仏する時、一切法に於いて方便無礙なる衆生は其の国に来生す。(13)[一一]三十七道品《さんじゅうしちどうぼん》は是れ菩薩の浄土なり。菩薩の成仏する時、念処《ねんじょ》・正勤《しょうごん》・神足《じんそく》・根《こん》・力《りき》・覚《かく》・道《どう》〔を行ずる〕衆生は其の国に来生す。(14)*廻向心《えこうしん》は是れ菩薩の浄土なり。菩薩の成仏する時、一切の功徳を具足する国土を得。(15)[一二]八難を除くことを説くは是れ菩薩の浄土なり。菩薩の成仏する時、国土に三悪八難有ること無し。(16)*自ら戒行を守り、彼の闕《かけるところ》を譏《そし》らざるは是れ菩薩の浄土なり。菩薩の成仏する時、国土に犯禁《はんごん》の名有ること無し。(17)[一三]十善は是れ菩薩の浄土なり。菩薩の成仏する時、(1)命《いのち》、中《なか》に夭《よう》せず、(2)大富、(3)梵行、(4)[一四]言う所は誠諦《じょうたい》にして、(5)[一五]常に軟語を以ってし、(6)[一六]眷属離れず、(7)*善く諍訟を和し、言えば必ず饒益

三　十善道　法数一覧参照。
四　忍辱　和顔の意。
五　三十二相　仏に特有の大人の相〈法数一覧参照〉。
六　心を摂めて乱れざる　心を統一安定させること。乱は定の反対。散心と同じ。
七　正定の衆生　正しいあり方（正性）に決定した衆生。正定聚のこと。
八　四無量心　次にあげる慈・悲・喜・捨をさす〈法数一覧参照〉。
九　四摂法　布施・愛語・利行・同事の四項をいう〈法数一覧参照〉。
一〇　解脱の摂する所　解脱したという枠にあてはまる（衆生）の意。
一一　三十七道品　菩提を得るに必要な修行項目。道品は菩提分・覚支ともいう。次下の（四）念処・（四）正勤・（四）神足・（五）根・（五）力・（七）覚〔支〕・（八）〔正〕道をさす〈法数一覧参照〉。
一二　八難　八種の不安な生まれつき〈法数一覧参照〉。次の三悪は三悪道（悪趣）で、地獄・餓鬼・畜生の三道をさす。
一三　十善　十善業道のこと。不殺生などの十項。その遵守の結果が、「命、中に夭せず」（寿命を全うすること）以下の十項〈法数一覧参照〉。
一四　言う所は誠諦にして　不妄語の果。誠諦（satya）とは真実であること。
一五　常に軟語を以ってし　不悪口の果。軟語は、麁暴語の対か？
一六　眷属離れず　不両舌の果。眷属は身内のもの。

し、(8)嫉《ねた》まず、(9)恚《いか》らず、(10)正見あるところの衆生、其の国に来生す。

是《か》の如く、宝積よ、*菩薩は其の直心に随いて、則ち能く行《ぎょう》を発《お》こし、其の行を発こすに随いて、則ち深心を得、其の深心に随いて、則ち〔其の〕意*調伏《じょうぶく》す。〔其の〕意の調伏するに随いて、則ち説の如く行《ぎょう》じ、説の如く行ずるに随いて、則ち能く廻向す。其の廻向に随いて、則ち方便有り。其の方便に随いて、則ち*衆生を成就す。衆生を成就するに随いて、則ち仏土浄《きよ》し。仏土の浄きに随いて、則ち説法浄し。説法の浄きに随いて、則ち智慧浄し。智慧の浄きに随いて、則ち其の心浄し、其の心の浄きに随いて、則ち一切の功徳浄し。是の故に、宝積よ、若《も》し菩薩にして浄土を得んと欲せば、当に其の*心を浄むべし。其の心の浄きに随いて、則ち仏土浄し」と。

㊅五三八下

穢土を浄める

爾の時、舎利弗《しゃりほつ》は仏の*威神を承《う》けて是の念《おもい》を作《な》せり。――若し菩薩の心浄《きよ》ければ則ち仏土浄しとならば、我が世尊、本《もと》菩薩為《た》りし時、意は豈《あ》に浄からざらんや。而《しか》も是の仏土は浄からざること此《か》の若きや、と。

仏、其の念を知りて、即ち之れに告げて言《のた》まわく、

「意に於いて云何《いか》ん。日月豈に浄からざるや。而も盲者は見ず」。

対《こた》えて曰わく、「不《いな》なり。世尊よ、是れ盲者の過《とが》にして、日月の咎《とが》に非ず」。

「舎利弗よ、衆生の罪なり。故に如来の仏土の厳浄なるを見ざるも、如来の咎には非ず。舎利弗よ、我が此の土は浄けれども汝は見ざるなり」。

爾の時、[一]螺髻梵王《らけいぼんのう》は舎利弗に語れり。

「是の意《おもい》を作す勿《な》かれ。此の仏土を謂いて以って不浄と為すと。所以《ゆえ》は何《いか》んとなれば、我れ釈迦牟尼仏の土を見るに、清浄なること、譬《たと》えば[二]自在天宮《じざいてんぐう》の如し」。

舎利弗は言えり。

「我れ此の土を見るに、丘陵・坑坎《こうかん》・荊蕀《けいきょく》・沙礫《しゃりやく》・土石《どしやく》・諸山《しょせん》に穢悪《えお》充満す」。

螺髻梵〔王〕は言えり。

「[三]仁者《なんじ》は心に高下有りて*仏慧《ぶつえ》に依らざるが故に、此の土を見て不浄と為すのみ。舎利弗よ、菩薩は一切衆生に於いて、悉《ことごと》く皆な平等にして、深心清浄なり。仏の智慧に依れば、則ち能く此の仏土の清浄なるを見るなり」。

是《こ》こに於いて仏は足指を以って[四]地を按《お》したまえり。即時に三千大千世界は若干《そこばく》百千の珍宝もて厳飾《ごんじき》すること、譬えば*宝荘厳仏《ほうしょうごんぶつ》の無量の功徳宝荘厳土の如し。一切大衆は未曾有なりと歎ず。而も皆な自ら宝蓮華に坐するを見る。仏は舎利弗に告げたまえり。

「汝は且《しばら》く是の仏土の厳浄なるを観ぜよ」。

舎利弗は言えり。

「唯《いい》、然《しか》り、世尊よ。[五]本《もと》より見ざる所、本より聞かざる所なり。今、仏国土の厳浄、悉く現われり」。

仏は舎利弗に告げたまえり。

「我が仏国土は常に浄きこと此の若し。斯の下劣の人を度さんと欲するが為めの故に、是の衆悪不浄の土を示すのみ。譬えば*諸天は宝器を共にして食するも、其の福徳に随いて飯《いい》

一　螺髻梵王　尸棄（梵天王）に同じ。補註四頁（三4）参照。

二　自在天　(チ)「他化自在天」。欲界の第六天。

三　仁者　情ある人。転じて敬称、あなた。

四　地を按したまえり　足の指で地をおさえる。

五　本より見ざる所　いまだかつてみたことがない（adṛṣṭapūrva）。

の色《いろ》に異有るが如し。是《かく》の如く舎利弗よ、若《も》し人にして心浄ければ、便《すなわ》ち此の土の功徳荘厳を見ん」。

当に仏の此の国土の厳浄を現ずる時、宝積《ほうしゃく》の将《ひき》いる所の五百の長者の子は、皆な無生法忍《*むしょうぼうにん》を得、八万四千の人は、皆な阿耨多羅三藐三菩提《あのくたらさんみゃくさんぼだい》に心を発《お》こせり。

〔ときに〕仏は[一]神足を摂《おさ》めたまえば、是こに於いて、世界は還《ま》た復すること故《もと》の如し。声聞乗《しょうもんじょう》を求むる三万二千の天及び人は、有為《うい》の法は皆な悉く無常なりと知りて、塵を遠ざけ、垢を離れて、[二]法眼浄《ほうげんじょう》を得。八千の比丘は諸法を受けずして、[三]漏尽き意《*こころ》解しぬ。

方便品第二

維摩の登場

爾《そ》の時、毘耶離《びやり》大城中に、長者の、[四]維摩詰《ゆいまきつ》と名づくるもの有り。已曾《かつて》、無量の諸仏を供養して、深く*善の本《もと》を植え、*無生忍《むしょうにん》を得て、弁才無礙《むげ》なり。*神通に遊戯《ゆげ》し、諸もろの総持を逮《たい》して[五]無所畏《むしょい》を獲《え》、*魔の労怨を降す。深法の門に入り、[六]智度《ちど》を善《よ》くし、方便に通達し、*大願成就す。衆生の心の[七]所趣を明了し、又た能く諸根の利鈍を分別《ぶんべつ》す。*久しく仏道に於いて心已《すで》に純淑にして、大乗に決定《けつじょう》す。諸有《あらゆ》る所作は能く善く思量せられ、仏の威儀に住して、*心は大なること海の如し。諸仏は*咨嗟《ししゃ》し、弟子・[八]釈・梵・世主に敬せらる。人を度さんと欲するが故に、善方便を以って、毘耶離に居る。[九]資財は無量にして、諸もろの貧民を摂し、戒を奉じ、清浄にして、諸もろの毀禁《きごん》を摂む。忍調行を以って諸もろの恚怒《いぬ》を摂め、

(大)五三九上

一 神足を摂めたまえば　神通を以って展開した三千大千世界を再びもとのようにおさめ、もどす。神足 ṛddhipāda

二 法眼浄　清浄法眼とも。四諦を正しく見る眼。見道、初果（須陀洹果、預流果）をさす。

三 漏尽　煩悩の消滅した状態。第八果（阿羅漢果）をいう。

四 維摩詰　Vimalakīrti（汚れが無いという評判の高いもの、の意）。浄名、無垢称などと訳される。一般には略して維摩とよぶ。本経の教説の主要部分はこの維摩によって説かれた形となっている。故に本経を「維摩詰の所説」とよぶ。

五 無所畏　ここは菩薩のもつ四種の無畏をさす。四無畏〈法数一覧参照〉。

六 智度　般若波羅蜜のこと。

七 所趣　(玄)(チ)によれば意楽（āśaya）と所行（caryā）。

八 釈・梵・世主　Śakra, Brahmā, Lokapāla 天帝釈、梵天（およびそれぞれの眷属）と四天王（世主は護世天と同じ）。

九 ……毘耶離に居る　以上、維摩の前歴。以下、化身としての維摩の毘耶離城内における言行。

大精進を以って諸もろの懈《け》怠《たい》を摂む。一心禅寂にして諸もろの乱意を摂め、決定《けつじょう》の慧《え》を以って諸もろの無智を摂む。*[一〇]白衣《びゃくえ》為《た》りと雖も、沙門の清浄なる律行を奉持《ぶじ》し、[一一]居家《こけ》に処すと雖も三界に著せず。妻子有ることを示すも常に*梵行を修し、眷属《けんぞく》有ることを現ずるも常に[一二]遠離《おんり》を楽《ねが》う。宝飾を服すと雖も、相好《そうごう》を以って身を厳《かざ》る。飲食を服すと雖も、[一三]禅悦を以って味と為す。若《も》し博奕《ばくえき》、戯処《げしょ》に至れば、輒《すなわ》ち以って人を度す。諸もろの*異道を受けても正信を毀さず、[一四]世典を明かすと雖も、常に仏法を楽《たの》しむ。*一切に敬われて、供養中の最たるものと為《な》る。*正法《しょうぼう》を執持して諸もろの長幼を摂め、*一切の治生諧偶《かいぐう》して、俗利を獲《う》ると雖も、以って喜悦せず。諸もろの四衢《しく》に遊びては衆生を饒益《にょうやく》し、治政《じしょう》の法に入りては一切を救護す。*講論処に入りては導くに大乗を以ってし、諸学堂に入りては童蒙を誘開す。諸もろの[一五]婬舎に入りては欲の過《あやまち》を示し、諸もろの*酒肆に入りては能く其の志を立つ。若し*長者に在りては長者中の尊として為めに勝法を説き、若し居士に在りては居士中の尊として其の貪著を断じ、若し刹利《せつり》に在りては刹利中の尊として教うるに忍辱《にんにく》を以ってし、若し婆《ば》羅《ら》門《もん》に在りては婆羅門中の尊として其の[一六]我慢を除き、若し大臣に在りては大臣中の尊として教ふるに正法を以ってし、若し王子に在りては王子中の尊として示すに[一七]忠孝を以ってし、若し*内官に在りては内官中の尊として政宮の女を化し、若し庶民に在りては、庶民中の尊として福力を興《お》こさしめ、若し梵天に在りては梵天中の尊として誨《さと》すに勝慧を以ってし、若し帝釈《たいしゃく》に在りては*帝釈中の尊として無常を示現し、若し*護世《ごせ》に在りては護世中の尊として諸もろの衆生を護る。長者維摩詰は是《かく》の如き等の無量の方便を以って、衆生を饒益《にょうやく》す。

一〇　白衣　在家の人々のこと。インドで人々は日常白い衣を被るのでかくよぶ。avadātavasana

一一　居家　在家と同じ。gṛhastha　以下維摩独特の（一見、仏法に反すると思われる）行状とその真意を示す。

一二　遠離　人から離れ孤独で暮らすこと。praviveka

一三　禅悦を以って味と為す　一般には禅定にあって心がそこに執着することを「禅味に著す」といって斥ける（ラモット註参照）。したがって、ここは二重に反語的表現である。

一四　世典　㋠世間および出世間の呪文（mantra）や論典（śāstra）。

一五　婬舎　veśyā-gṛha　娼婦の家。

(大)五三九中

一六　我慢　高慢の意。㋠慢心と慵りと尊大さ。

一七　忠孝　㋠は「王の財と権力に執われるのをひるがえすので」という。忠孝は全く中国思想をあてはめたもの。

維摩の病い

一其《かれ》は方便を以って身に疾《やまい》有るを現ず。其《そ》の疾を以っての故に、国王・大臣・長者・居士《こじ》・婆羅門《ばらもん》等、及び諸王子、并びに余の官属、無数《むしゅ》千人は皆な往きて問疾す。其の往く者には、維摩詰、因《ちな》みに身の*疾を以って広く為めに法を説く。

「諸仁者よ、是の身は無常なり。無強・無力・無堅なり。速朽の法にして信《たよ》る可からざるなり。苦と為《な》り、悩と為り、衆病の集まる所なり。諸仁者よ、此《かく》の如く、身は明智者の怙《たの》まざる所なり。是の身は(1)*聚沫《じゅまつ》の如し。撮摩《さつま》す可からず。是の身は(2)泡の如し、久しく立つことを得ず。是の身は(3)炎《かげろう》の如し、渇愛《かつあい》より生ず。是の身は(4)芭蕉《ばしょう》の如し、中に堅有ること無し。是の身は(5)幻《まぼろし》の如し、顛倒より起こる。是の身は(6)夢の如し、虚妄の見為《た》り。是の身は(7)影の如し、業縁より現ず。是の身は(8)響《こだま》の如し、諸もろの因縁に属す。是の身は(9)浮雲の如し、須臾《しゅゆ》にして変滅す。是の身は(10)電《いなずま》の如し、念念に住《とど》まらず。是の身は*(1)主無きこと地の如しと為す。是の身は(2)我無きこと火の如しと為す。是の身は(3)寿無きこと風の如しと為す。是の身は(4)人無きこと水の如しと為す。是の身は二実ならずして四大を家と為す。是の身は空為《た》り、我・我所を離る。是の身は三知無きこと草木瓦礫《がりゃく》の如し。是の身は作無くして*風力の転ずる所なり。是の身は不浄にして穢悪《えお》充満す。是の身は*虚偽為《た》り、*仮すに澡浴衣食《そうよくえじき》を以ってすとも、必ず磨滅に帰す。是の身は災為り、*百一の病悩あり。是の身は*丘井《くじょう》の如し、老の為めに逼《せ》めらる。是の身は定め無し、要《かな》らず当に死すべきもの為り。是の身は*毒蛇の如く、怨賊の如く、空聚《くうじゅ》の如し。陰《おん》・界《かい》・諸入《しょにゅう》の共に合成する所なり。

一 其　維摩をさす。

二 実ならず　abhūta 実在しない。虚妄。

三 知無きこと　知は、知覚・感覚の意。

四 当に仏身を楽うべし……　以下、肉身の無常なのと比して、仏身の堅固なこと、依怙すべきことを教える。

諸仁者よ、此れは患厭す可く、四当に仏身を楽《ねが》うべし。所以《ゆえ》は何《いか》んとなれば、仏身は即ち*法身なり。無量の功徳と智慧より生じ、五戒《かい》・定《じょう》・慧《え》・解脱《げだつ》・解脱知見《げだつちけん》より生じ、六慈・悲・喜・捨より生じ、七布施・持戒・忍辱柔和・勤行精進・禅定・解脱・三昧・多聞の智慧の諸波羅蜜より生ず。方便より生じ、八六通《ろくつう》より生じ、三明《さんみょう》より生じ、三十七道品より生じ、*止・観より生じ、九十力・四無所畏・十八不共法より生じ、一切の不善の法を断じ、一切の善法を集むるより生じ、一〇真実より生じ、不放逸より生ず。是《か》の如きの無量の清浄法より、如来身を生ずるなり。

諸仁者よ、一一仏身を得て一切の衆生の病を断ぜんと欲せば、当に阿耨多羅三藐三菩提に心を発こすべし」と。

是の如く、長者維摩詰は、諸もろの問疾者の為めに、応ずる如くに法を説き、無数千人をして皆な阿耨多羅三藐三菩提に心を発こさしめたり。

弟子品第三

(1)舎利弗の宴坐

爾《そ》の時、長者維摩詰《ゆいまきつ》は自《みずか》ら念《おも》えり。「疾《や》みて床に寝ぬ。世尊は大慈なれば寧《な》んぞ愍《あわれ》みを垂れざらんや」と。

仏は其の意《こころ》を知りて、即ち*舎利弗《しゃりほつ》に告げたまえり。「汝、維摩詰に一二行詣して疾を問え」。

舎利弗は仏に白《もう》して言わく、「世尊よ、我れ彼に詣《かしこ》りて疾を問うに堪えず。所以《ゆえ》は何《いか》ん

(大)五三九下

五 戒……解脱知見　以上、五分法身〈法数一覧参照〉。

六 慈・悲・喜・捨　四無量心〈法数一覧参照〉。

七 布施……の諸波羅蜜　以上、六波羅蜜。禅波羅蜜に相当するところに禅定・(八)解脱・(三)三昧を挙げる。また、六波羅蜜のあとに必ず方便を加えるのはこの経の特色。

八 六通・三明・三十七道品　いずれも法数一覧参照。

九 十力・四無所畏・十八不共法　仏に特有の諸徳性として通常挙げられる諸法。同じく法数一覧参照。

一〇 真実　satya うそをいわないこと。(チ)は「正しさ(samyaktva)」を加える。

一一 仏身を得て　(チ)「仏身に対して信頼(adhimukti 信解・信順)をおこすべし」

一二 行詣　行きて……に詣(いた)り、とも読める。来詣の対。英語ならばどちらも come to ~ であろう。

となれば、憶念するに、我れ昔、曾て林中に於いて、樹下に*宴坐せり。時に維摩詰来たりて、我れに謂いて言わく、『唯《いい》[一]、舎利弗よ、必ずしも是の坐は宴坐と為さざるなり。夫《そ》れ宴坐は三界に於いて身・意[二]を現わさざる、是れを宴坐と為す。滅定《めつじょう》[三]より起たずして諸もろの威儀[四]を現ずる、是れを宴坐と為す。道法[五]を捨てずして凡夫の事を現ずる、是れを宴坐と為す。心、内に住せず、亦た外に在らざる、是れを宴坐と為す。諸見に於いて動ぜずして三十七品[六]を修行する、是れを宴坐と為す。*煩悩を断たずして涅槃《ねはん》に入る、是れを宴坐と為す。若し能く是《かく》の如く坐せば、仏の*印可《いんか》する所なり』と。時に我れ、世尊よ、是の語を説くを聞いて、黙然として止《や》み[七]、報《こたえ》を加うること能《あた》わざりき。故に我れ彼に詣りて疾を問うに任《た》えず」と。

(2)目犍連の説法

仏は大目犍連《だいもくけんれん》に告げたまえり。「汝、維摩詰に行詣して、疾を問え」。

目連、仏に白《もう》して言わく、「世尊よ、我れ彼に詣りて疾を問うに堪任《かんにん》せず。所以《ゆえ》は何《いか》んとなれば、憶念するに、我れ昔、毘耶離大城に入りて、*里巷《りこう》中に於いて諸もろの居士の為めに法を説けり。時に維摩詰来たりて我れに謂いて言わく、『唯《いい》、大目連よ、白衣《びゃくえ》の居士の為めに法を説くは、当に*仁者の所説の如くすべからず。夫《そ》れ説法は、当に如法に説くべし。法に*衆生無し。*衆生の垢を離るるが故なり。法に我《が》有ること無し。*我《が》の垢を離るるが故なり。法に寿命無し。生死[八]を離るるが故なり。法に人[九]有ること無し。前後際断《ぜんごさいだん》せるが故なり。法は常に寂然たり。*諸相を滅するが故なり。法は相を離る。所縁無きが故なり。法

一　唯　敬意を表わす応答。はい。

二　身・意　身（kāya）も心（citta）も現わさない。身語意の三業に言及しているわけではない。

三　滅定　nirodhasamāpatti（滅尽定）最高の禅定。この定の中ではすべての心的活動が停止する。

四　威儀　立居ふるまい。行住坐臥の四種として示される。

五　道法　(大)「一切の証得する所の相」すなわち道の修行によって得られた諸法の意。

六　三十七品　三十七菩提分法（覚支）〈法数一覧参照〉。

七　黙然として止み、報を加うること能わざりき　ことばを返すことができず、ただ黙っていた、の意。「報」は応答。

(大)五四〇上

八　生死　生まれることと死ぬこと。

九　人　プドガラ。個人存在。以上、衆生・我（アートマン）・寿命（ジーヴァ）・人（プドガラ）は、自我の同義語として、しばしば並記される。以上、人無我を説く。

に名字無し。言語断ぜるが故なり。法に説有ること無し。*覚観を離るるが故なり。法に*形相無し。虚空の如くなるが故なり。法に*戯論《けろん》無し。畢竟《ひっきょう》空なるが故なり。法に[一〇]我所無し。我所を離るるが故なり。法に*分別無し。諸識を離るるが故なり。法に比《たぐい》有ること無し。[一一]相待無きが故なり。法は*因に属さず、縁に在らざるが故なり。法は*法性《ほっしょう》に同ず。諸法に入るが故なり。法は*如《にょ》に随う。随う所《ところ》無きが故なり。法は*実際に住す。諸辺の動かざるが故なり。法に動揺無し。[一二]六塵《ろくじん》に依らざるが故なり。法に去来無し。常に住《とど》まらざるが故なり。法は*空に順い、無相に随い、無作《むさ》に応ず。法は好醜を離れ、法に増損無く、法に生滅無く、法に*帰する所無し。法は眼《げん》・耳《に》・鼻《び》・舌《ぜつ》・身《しん》・心《しん》を過ぐ。法に高下無く、法は常住にして不動なり。法は一切の*観行《かんぎょう》を離る。唯、大目連よ、法相は是《かく》の如し。豈に説く可けんや。夫れ*説法は説《せつ》無く示《じ》無し。其の法を聴く者は聞《もん》無く得《とく》無し。譬《たと》えば幻士の幻人《げんにん》の為めに説法するが如し。当に是の意を建てて、説法を為すべし。当に衆生の根に利鈍有ることを了じ、善く知見に於いて罣礙《けいげ》する所無く、大悲心を以って大乗を讃え、仏恩に報《むく》いんと念《おも》いて、三宝を断ぜず、然る後に法を説くべし』と。維摩詰の是の法を説きし時、八百の居士は阿耨多羅三藐三菩提に心を発《お》こせり。我れに此の弁無し。是《こ》の故に、彼に詣りて疾を問うに任《た》えず」と。

(3)摩訶迦葉の乞食

仏、大迦葉《だいかしょう》に告げたまえり。「汝、維摩詰に行詣して、疾を問え」と。

迦葉、仏に白《もう》して言わく、「世尊よ、我れ彼に詣りて疾を問うに堪任せず。所以《ゆえ》は何《いか》ん

一〇　我所　我がもの（我れの所有物）〔の観念〕。

一一　相待　(チ)「対立するもの（prat ipa=kṣa）」

一二　六塵　色・声・香・味・触・法の六種の客観（意識の対象となるもの）の様態〈法数一覧参照〉。塵=artha, viṣaya（塵は微細な物質、分子）「六塵に依らない」とは六識の対象とならないこと。

となれば、憶念するに、我れ昔、貧里に於いて乞[一]を行《ぎょう》ぜり。時に維摩詰《ゆいまきつ》、来たりて我れに謂いて言わく、『唯《いい》、大迦葉は慈悲心有るも而《しか》も普[二]ねくする能わず。豪富を捨てて貧に従うて乞《こ》えり。迦葉よ、平等法に住して、*次《ついで》に応じて乞食を行ずべし。不食の為めの故に応に乞食を行ずべし。*和合相を壊《くず》さんが為めの故に応に揣食《たんじき》を取るべし。不受の為めの故に応に彼の食を受くべし。*空聚想《くうじゅそう》を以って聚落《じゅらく》に入れ。見る所の色をば盲と等しくし、聞く所の声《おと》をば響《こだま》と等しくし、嗅ぐ所の香をば風と等しくし、食する所の味をば分別せず、*諸もろの触を受けては智証の如くし、諸法を知るに幻相の如くせよ。*自性無く他性無きは、本より自《おの》ずから然《も》[三]えず、今も則ち滅[四]すること無し。

迦葉よ、若《も》し能く八邪《はちじゃ》[五]を捨てずして八解脱《はちげだつ》[六]に入り、邪相[七]を以って正法に入り、一食を以って一切に施して諸仏及び衆もろの賢聖に供養し、然る後に食す可し。是《かく》の如く食する者は、煩悩有るに非ず、煩悩を離るるに非ず、*定意《じょうい》に入るに非ず、*定意より起《た》つに非ず、世間に住するに非ず、涅槃に住するに非ず。其の施《せ》有る者も大福無く小福無く、益と為さず、損と為さず。是れを正[八]しく仏道に入り、声聞《しょうもん》に依らずと為す。迦葉よ、若し是の如く食せば、空[九]しからずして人の施を食すと為すなり』と。

時に我れ世尊よ、是の語を説くを聞きて、未[一〇]曾有を得たり。即ち一切の菩薩に於いて深く敬心《きょうしん》を起こし、復《ま》た是の念を作《な》せり。斯[一一]《こ》の家名有るひとの弁才・智慧は乃ち能く是の如し。其れ誰れか此れを聞きて阿耨多羅三藐三菩提に心を発こさざらん。我れ是れより来《このかた》、復た人に勧むるに声聞・辟支仏《びゃくしぶつ》行を以ってせず。是の故に、彼に詣《かしこ》りて疾を問うに任えず」と。

一　乞を行ぜり　托鉢すること。食を乞うこと。
二　普ねくする能わず　㋠「偏っている」。貧豊のへだてをして行乞してはならない。(大)五四〇中
三　然　火が燃える。
四　滅　火が鎮まる。
五　八邪　八種の誤り（mithyātva）。邪見ないし、邪定。八正道の反対をいう〈法数一覧参照〉。
六　八解脱　〈法数一覧参照〉。
七　邪相を以って正法に入り　この一項㋠「誤りの平等性によって、正しさの平等性に入り」
八　正しく仏道に入り、声聞に依らず　㋠「仏の道（実践）に随うことであって、声聞の道をふむことではない」
九　空しからず　無駄でない（amogha）。
一〇　未曾有を得たり　すばらしいことと思う。
一一　斯の家名有るひと　㋠「家に在りながら（在家の人なのに）」

(4) 須菩提の食事

仏、須菩提《しゅぼだい》に告げたまえり。「汝、維摩詰に行詣して疾を問え。」

須菩提、仏に白《もう》して言わく、「世尊よ、我れ彼《かしこ》に詣りて疾を問うに堪任《かんにん》せず。所以《ゆえ》は何《いか》んとなれば、憶念するに我れ昔、其の舎《いえ》に入り、従いて食《じき》を乞えり。時に維摩詰、我が鉢を取り、飯を盛満して我れに謂いて言わく、『唯《いい》、須菩提よ、若し能く食に於いて等しければ諸法も亦た等し、諸法等しければ食に於いても亦た等しと、是《かく》の如《ごと》くして乞を行ずるならば、乃ち食を取る可し。若し須菩提よ、[一二]婬・怒・癡を断たず、亦た与倶《とも》にせず、[一三]身を壊《え》せずして一相に随い、[一四]癡愛を滅せずして明・脱を起こし、*五逆相《ごぎゃくそう》を以って解脱を得、亦た解《と》かず縛《しば》らず、四諦を見ず諦を見ざるにも非ず、果を得るに非ず果を得ざるにも非ず、凡夫に非ず凡夫法を離るるに非ず、聖人に非ず聖人ならざるに非ず、一切法を成就すと雖も、而《しか》も諸法の相を離るれば、乃ち食を取る可し。若し須菩提よ、仏を見ず*法を聞かず、彼の*[一五]外道《げどう》の六師〔すなわち〕富蘭那迦葉《ふらんなかしょう》、末伽梨拘賖梨子《まかりくしゃりし》、刪闍夜毘羅胝子《さんじゃやびらちし》、阿耆多翅舎欽《あぎたぎしゃきん》婆羅《ばら》、迦羅鳩駄迦旃延《からくだかせんねん》、尼犍陀若提子《にけんだにゃくだいし》等、是れ汝の師にして、其れに因りて出家し、彼の師の[一六]堕《だ》する所に汝も亦た随い堕するならば、乃ち食《じき》を取る可し。若し須菩提よ、諸もろの邪見に入りて彼岸に到らず、*八難《はちなん》に住して難無きを得ず、煩悩に同じて清浄法を離るれば、*汝は無諍三昧《むじょうさんまい》を得、一切衆生も亦た是の定《じょう》を得ん。*其の汝に施す者は福田《ふくでん》と名づけず、汝を供養する者は三悪道に堕せん。衆魔と[一七]一手を共にし諸もろの[一八]労侶《ろうりょ》と作《な》ることを為さば、汝は衆魔及び諸塵労と等しくして、異なること有ること無けん。一切衆生に於いて怨心有り、諸仏を謗じ、法を毀《こぼ》ち、[一九]衆数《しゅしゅ》に入らず、終《つい》に[二〇]滅度を得ざらん。汝、若し是《かく》の如くんば

一二 婬・怒・癡 貪・瞋・癡に同じ。
一三 身を壊せずして一相に随い ㈠によれば「個我の観念（有身見）を壊たずに、一行道（ekāyana）に進む」の意。
一四 癡愛を滅せずして明・脱を起こし 「癡愛」は、無知（無明）と存在への愛著。次の明脱の反対。「明脱」は、明（すなわち智 vidyā）と解脱。
一五 外道の六師 釈尊在世時の、六人の代表的な外教の師。補註一五頁（一九12）および法数一覧参照。 ㊀五四〇下
一六 堕 ㈠によれば、単に行く、赴くの意。
一七 一手を共にし 手をたづさえて、あるいは、手を貸して、の意。
一八 労侶 塵労（＝煩悩）の友だち。
一九 衆数に入らず 僧（教団）の仲間に入らない。
二〇 滅度 涅槃（に入ること）。

乃ち食を取る可し』と。時に我れ、世尊よ、此の語を聞きて茫然として是れ何の言なるやを識《し》らず、何を以って答うるやを知らず。便《すなわ》ち鉢を置いて其の舎《いえ》を出でんと欲せり。維摩詰言わく、『唯、須菩提よ、鉢を取るに懼るること勿かれ。意に於いて云何《いかん》。如来の作る所の化人《けにん》、若し是の事を以って詰《なじ》らんに、寧《な》んぞ懼るること有るや不《いな》や』と。我れ言わく、『不なり』。維摩詰言わく、『一切諸法は幻化相《げんけそう》の如し。汝、今、応に懼る所有るべからず。所以《ゆえ》は何《いか》んとなれば、一切の言説も是の相[一]を離れず。智者に至りては、文字に著せざるが故に懼る所無し。何を以っての故に。*文字は性を離る。文字有ること無き、是れ則ち解脱なり。解脱の相は則ち諸法なり』と。維摩詰、是の法を説く時、二百の天子、[二]法眼浄《ほうげんじょう》を得たり。故に我れ彼に詣りて疾を問うに任えず」と。

⑸富楼那の説法

仏は富楼那弥多羅尼子《ふるなみたらにし》に告げたまえり。「汝、維摩詰《ゆいまきつ》に行詣して疾を問え」。

富楼那、仏に白して言わく、「世尊よ、我れは彼《かしこ》に詣りて疾を問うに堪任せず。所以は何《いか》んとなれば、憶念するに、我れ昔、[三]大林中に於いて一樹の下に在り、諸もろの*新学比丘《しんがくびく》の為めに法を説けり。時に維摩詰来たりて我れに謂いて言わく、『唯《い》、富楼那よ、先《ま》ず当に定に入り、此の人心を観じ、然る後に法を説くべし。穢食《えじき》を以って宝器に置く無かれ。当に是の比丘の心の念ずる所を知るべし。琉璃《るり》を以って彼の*水精に同ずること無かれ。汝は衆生の*根源を知る能わず。発起するに小乗の法を以ってするを得ること無かれ。彼れは自《おの》ずから瘡《しょう》無し、之れを傷《きず》つけること勿かれ。大道を行《ぎょう》ぜんと欲するに、小径を示すこと

一　是の相　幻化相のこと。

二　法眼浄　清浄な法を見る眼。これを得れば見道位に入る。

三　大林　毘耶離の近くの園林。中に弥猴池がある（什注）。

(大)五四一上

莫かれ。大海を以って牛跡《ごしゃく》[四]に内《い》るること無かれ。日*光を以って彼の螢火に等しくすること無かれ。富楼那よ、此の比丘は久しく大乗心を発《お》こすも、中ごろ此の意を忘るるのみ。如《い》何《か》んが小乗法を以って之れを教導せんや。我れ小*乗を観るに、智慧の微浅なること猶お盲人の如し。一切衆生の根の利鈍を分別する能わず』と。

時に維摩詰は即ち三昧に入り、此の比丘〔ら〕をして自ら宿*命を識らしめり。曽て五百の仏所に於いて衆《おお》くの徳本を植え、阿耨多羅三藐三菩提《あのくたらさんみゃくさんぼだい》に廻向《えこう》[五]せりと。〔諸比丘は〕即時に豁《かっ》然《ねん》として還《ま》た本の心[六]を得たり。是こに於いて諸もろの比丘は稽首して維摩詰の足に礼《らい》せり。時に維摩詰は因《ちな》みに為めに法を説き、阿耨多羅三藐三菩提に於いて、復た退転《たいてん》せざらしむ。我れ念うに、声聞《しょうもん》は人*根を観ぜず、説法に応《ふさ》わしからず。是の故に彼に詣《いた》りて疾を問うに任《た》えず」と。

⑹迦旃延の議論

仏は摩訶迦旃延《まかかせんねん》に告げたまえり。「汝、維摩詰に行詣して疾を問え」と。

迦旃延は仏に白して言わく、「世尊よ、我れ彼に詣《かしこ》りて疾を問うに堪任《かんにん》せず。所以《ゆえ》は何《いか》んとなれば、憶念するに、昔、仏は諸比丘の為めに略して法*要を説きたまい、我れは即ち後に於いて其の義を*敷演《ふえん》せり。謂わく、*無常義、苦義、空義、無我義、寂滅義なり。時に維摩詰来たりて我れに謂いて言わく、『唯、迦旃延よ、生滅の心行[七]*を以って実相法を説く無かれ。迦旃延よ、諸法は畢竟、不生不滅なる、是れ無常の義なり。五受陰《ごじゅおん》[八]は洞達《どうだつ》[九]すれば空にして所起無き、是れ苦の義なり。諸法は究*竟して所有無き、是れ空の義なり。我*と無

四 牛跡 gospada 大海の水の極大とくらべて、牛の足あとに溜る水の量のごく少ないことをいう。その大海の水を牛の足あとの凹みに入れるような無茶なことをしてはならない。

五 廻向 徳行を積んだ功徳を菩提にふりむける。

六 本の心 昔おこした大乗心、すなわち菩提心。

七 生滅の心行 「心行」は、一般には「心のはたらき、形成作用（cittâbhisa=ṃskāra）」の意。

八 五受陰 pañcôpādānaskandha 個我の観念形成の素材とされた五陰。

九 洞達 通達と同じ。「洞」は、つらぬく、見とおすの意。この一文の意味するところは、「苦は縁生」という教義の大乗的解釈と思われる（縁生＝空、不生）。

我とに於いて而《しか》も不二《ふに》なる、是れ無我の義なり。[一]法は本《もと》より然《も》えず、今も則ち滅する無き、是れ寂滅の義なり』と。是の法を説きし時、彼の諸比丘は心に解脱を得たりき。故に我れ彼《かしこ》に詣《いた》りて疾を問うに任えず」と。

(7)阿那律の天眼

仏は阿那律《あなりつ》に告げたまえり。「汝、維摩詰に行詣して疾を問え」と。

阿那律、仏に白して言わく、「世尊よ、我れ彼に詣りて疾を問うに堪任せず。所以《ゆえ》は何《いか》んとなれば、憶念するに、我れ昔、一処《あるところ》に於いて[二]経行《きょうぎょう》せり。時に梵王有り、名づけて*厳《ごん》浄《じょう》と曰《い》う。万の梵たちと倶に、浄光明を放ちて我が所に来詣《らいけい》し、稽首《けいしゅ》して礼《らい》を作《な》し、我れに問うて言わく、『幾何《いくばく》ぞ、阿那律の*天眼《てんげん》の見る所は』と。我れ即ち答えて曰わく、『仁者よ、吾れ此の[三]釈迦牟尼仏土たる三千大千世界を見るに、[四]掌中《しょうちゅう》の菴摩勒果《あんまろか》を観るが如し』と。時に維摩詰、来たりて我れに謂いて言わく、『唯《いい》、阿那律よ、天眼の所見を*作相《さそう》と為すや。作相無し〔と為す〕や。仮使《もし》、作相ならば則ち外道《げどう》の[五]五通と等し。若し作相無ければ即ち是れ[六]無為《むい》なり、見有るに応ぜず』と。世尊よ、我れ時に黙然《もくねん》たり。彼の諸梵、其の言を聞きて、未曽有《みぞう》なることを得たり。即ち為めに礼《らい》を作《な》して問うて曰わく、『世に孰《た》れか真の天眼有る者ぞ』と。維摩詰言わく、『仏、世尊有りて、真の天眼を得。常に三昧《さんまい》に在りて、悉《ことごと》く諸もろの仏国を見るに*二相を以ってせず』と。是こに於いて厳浄梵王《ごんじょうぼんのう》、及び其の眷属《けんぞく》の五百の梵天は皆な阿耨多羅三藐三菩提に心を発こし、維摩詰の足を礼し已《おわ》りて、忽然《こつねん》として現われず。故に我れ彼に詣りて疾を問うに任えず」と。

一　法は本より然えず　「不然」の然は、燃に同じ（もえる）。涅槃が「寂滅（火が鎮まる）」であることとの反対。「本」は「はじめから」で「今」と対す。「かって燃えていた煩悩がいま消滅することが涅槃」という解釈に対する反立。

二　経行　坐禅の間などに身心を整えるために一定の場所（経行処 caṃkrama）を静かに歩きまわること。

三　釈迦牟尼仏土　一仏一国土の原則からいうと、三千大千世界には釈尊以外に現在仏はない。阿弥陀仏の極楽世界などは、したがってこの三千大千世界の外にあることになる。

四　掌中の菴摩勒果を観る　一目瞭然であることのたとえ。　(大)五四一中

五　五通　五神通〈法数一覧参照〉。仏教でいう六神通のうち、漏尽通を除く五通（天眼・天耳・他心・宿命・神足通）は外教と共通といわれる。

六　無為　無作 anabhisaṃskṛta であれば、無為 asaṃskṛta で、見るとかの有為のはたらきを超越している。

(8) 優波離の戒律

仏は優波離《うばり》に告げたまえり。「汝、維摩詰に行詣して疾を問え」と。

優波離は仏に白して言わく、「世尊よ、我れ彼に詣りて疾を問うに堪任《かんにん》せず。所以は何んとなれば、憶念するに、昔、二比丘有り。*律行を犯して、以って恥と為し、敢えて仏に問わず。[七]来たりて我れに問うて言わく、『唯、優波離よ、我等は律を犯せり。誠に以って恥と為す。敢えて仏に問わず。*願わくは疑悔《ぎけ》を解きて斯《こ》の咎を免るることを得ん』と。我れ即ち其の為めに*如法に解説《げせつ》せり。時に維摩詰、来たりて我れに謂いて言わく、『唯、優波離よ、重ねて此の二比丘の罪を増すこと無かれ。*当に直《ただ》ちに除滅すべし。*其の心を擾《みだ》すこと勿かれ。所以《ゆえ》は何《いか》んとなれば、彼の罪性は内に在らず、外に在らず、中間に在らず。仏の所説の如し、――*心垢《けが》るるが故に衆生垢る。心浄《きよ》きが故に衆生浄し、と。心も亦た内に在らず、外に在らず、中間に在らず。其の心の然るが如く、罪垢も亦た然り。諸法も亦た然り。[八]如《にょ》を出でず。如《も》し優波離よ、*心相を以って解脱を得ん時、寧《な》んぞ垢有るや不《いや》』と。我れは言えり、『不《いな》なり』。維摩詰は言えり。『一切衆生の心相に垢無きことも亦復《また》、是《かく》の如し。唯、優波離よ、*妄想は是れ垢なり。妄想無きは是れ浄なり。[九]顛倒は是れ垢なり。顛倒無きは是れ浄なり。[一〇]我《が》を取るは是れ垢なり。我を取らざるは是れ浄なり。*優波離よ、一切法は生滅して住《とど》まらず。幻《まぼろし》の如く、電《いなずま》の如く、諸法は*相い待たず、乃至《ないし》、一念も住まらず。諸法は皆な[一一]妄見なり。夢の如く、炎《かげろう》の如く、水中の月の如く、鏡中の像の如く、*妄想を以って生ず。其れ此《こ》れを知る者は、是れを律を奉ずるものと名づく。其れ此れを知る者は、是れを善く解《げ》するものと名づく』と。是こに於いて二比丘言わく、『上智なるかな。

七 来たりて我れに問う　優波離は仏弟子中、持律第一と称され、仏の入滅後の結集では律の誦出をなした。そこで、この問合わせが出る。

八 如を出でず　「如」は tathatā（真如）、諸法のありのままなること＝法性。「如を出でず」とは、すべては空であり（これが法性、真如）、空でないものはないということ。

九 顛倒　真実に反する見方 viparyāsa 無常なるに常ということなど。

一〇 我を取る　㊠によれば「〔本来無い〕我を有ると考える」こと（ātmasamār=opa）、また「我を取らず」を「無我なること（nairātmya）」という。

一一 妄見　㊠ yang dag pa ma yin pa mthon gba=abhūtadarśana（真実ならざる現われ）

是れ優波離の及ぶ能わざる所なり。*持律の上《じょう》なるものにして而も説く能わず』と。我れ即ち答えて言えり。『*如来を捨《お》いてより、未だ声聞及び菩薩にして能く其の[一]楽説の弁を制し、其の智慧の明達なること、此《か》の若《ごと》く為《た》るもの有らざるなり』。時に二比丘、疑悔即ち除き、阿耨多羅三藐三菩提に心を発こし、是の願を作《な》して言わく、『一切衆生をして皆な是の弁を得しめんことを』と。故に我れ彼に詣りて疾を問うに任えず」と。

(9) 羅睺羅の出家

仏は羅睺羅《らごら》に告げたまえり。「汝、維摩詰に行詣して疾を問え」。

羅睺羅は仏に白して言わく、「世尊よ、我れ彼に詣りて疾を問うに堪任せず。所以は何んとなれば、憶念するに、昔時、毘耶離《びやり》の諸もろの長者子、我が所に来詣して稽首して礼を作して、我れに問うて言わく、『唯《い》、羅睺羅よ、汝は仏の子なり。転輪王《てんりんおう》の位を捨て、*出家して道を為す。其れ出家せば何等の利か有らん』と。我れは即ち如法に為めに出家の*功徳の利を説けり。時に維摩詰、来たりて我れに謂いて言わく、『唯、羅睺羅よ、応に出家の功徳の利を説くべからず、所以は何んとなれば、利無く功徳無き、是れを出家と為す。有為の法は利有り功徳有りと説く可し。夫れ出家は[二]無為法為《た》り。無為法中には利無く功徳*無し。羅睺羅よ、*出家は彼れ無く此れ無く、亦た中間無し。六十二見を離れて涅槃に処《おもむ》く。*智者の受くる所、*聖の所行処なり。衆魔を降伏し、五道を度し、[三]五眼《ごげん》を浄《きょ》め、五力を得、[四]五根を立つ。[五]彼れを悩まさず、衆もろの雑悪を離れ、諸もろの外道を摧《くじ》く。[六]仮名《けみょう》を超越して[七]淤泥《おでい》を出づ。繋著無く、*我所無し。所受無く、擾乱無く、[八]内に喜びを懐《いだ》きて、彼れの意

(大)五四一下

一　楽説の弁を制し　(チ)「弁才の流れ(spobs pa'i rgyun)〔を断ち〕制し」

二　無為法　出家が無為法であるとは、何の効果も生まないという意味であろう。世俗的な価値、利害等を超越しているから。

三　五眼　肉眼・天眼・慧眼・法眼・仏眼〈法数一覧参照〉。

四　五根　信・勤・念・定・慧の五根で、五力のもと〈法数一覧参照〉。

五　彼れを悩まさず　「彼」は他者の意。

六　仮名　(チ)gdags pa=prajñapti(概念上想定されたもの)

七　淤泥　(チ)「愛欲の泥をわたる橋」

八　内に喜びを懐きて、彼れの意を護る　(チ)(玄)「自らの心を調伏し、他者の心を護る」

を護る。禅定《ぜんじょう》に随いて衆*もろの過を離る。若し能く是《か》の如くんば、是れ真の出家なり。』

是こに於いて維摩詰、諸もろの長者の子に語れり。『汝等、正法中に於いて、宜しく共に出家すべし。所以《ゆえ》は何《いか》んとなれば仏*は世に値《あ》い難し』と。諸もろの長者の子たち言わく、『居士よ、我れは仏の言《みこと》を聞けり。*父母《ぶも》聴《ゆる》さざれば、出家することを得ざれ』と。維摩詰言わく、『然り。汝等、便《すなわ》ち阿耨多羅三藐三菩提に心を発こせば、是れ即ち出家なり。是れ即ち[九]具足《ぐそく》なり』と。爾《そ》の時、[10]三十二の長者子たちは、皆な阿耨多羅三藐三菩提に心を発こせり。故に我れ彼《かしこ》に詣りて疾を問うに任えず』と。

九 具足 具足戒を受けること（upasampadā）。
10 三十二の長者子 (チ)「三千二百のリッチャヴィの若者たち」

(大)五四二上

(10)阿難と仏陀の病気

仏は阿難《あなん》に告げたまえり。「汝、維摩詰に行詣して疾を問え」と。

阿難は仏に白して言わく、「世尊よ、我れ彼に詣りて疾を問うに堪任せず。所以《ゆえ》は何《いか》んとなれば、憶念するに、昔時、世尊の身に小《すこ》しく疾有りき。当に牛乳を用うべし。我れ即ち*鉢を持ちて大婆羅門の家に詣《いた》り、門の下に立てり。時に維摩詰、来たりて我れに謂いて言わく、『唯、阿難よ、何為《なんす》れぞ晨朝に鉢を持ちて此こに住まるや』と。我れ言わく、『居士よ、世尊の身に小しく疾有り。当に牛乳を用うべし。故に来たりて此こに至れり』と。

維摩詰の言わく『止《や》みね、止みね、阿難よ、是の語を作《な》すこと莫かれ。如来身は*金剛の体なり。諸悪已《すで》に断ち、衆善普ねく会す。当に何の疾か有るべき。当に何の悩か有るべき。黙して往け。阿難よ、如来を謗《そし》ること勿かれ。異人をして此の麁言《そごん》を聞かしむること莫かれ。大威徳の諸天及び*他方の浄土より諸来の菩薩をして斯《こ》の語を聞くことを得せしむること勿かれ。阿難よ、転輪聖王《てんりんじょうおう》は少福を以っての故に、尚お病無きを得たり。豈《いか》に況んや、如来なる*無量の福会《ふくえ》し、普ねく勝れる者においておや。行け、阿難よ。我等をして斯の恥を受けしむること勿かれ。外道・梵志、若《も》し此の語を聞かば、当に是の念を作すべし。〝*何ぞ名づけて師と為すや。自ら疾《や》みて救う能わずして、而《しか》も能く諸疾人を救えんや〟と。仁《なんじ》よ、密《ひそ》かに速やかに去る可し。人をして聞かしむること勿かれ。当に知るべし、阿難よ、諸もろの如来の身は即ち是れ*法身なり。*思欲身に非ず。仏は*世尊と為りて、三界を過ぎたまう。仏身は無漏にして、諸もろの漏已に尽きたり。仏身は無為にして*諸数《しょしゅ》に堕《だ》せず。此《か》くの如きの身に当に何の疾か有るべき。当に何の悩か有るべき』と。時に我れ世尊よ、実《まこと》に慚愧《ざんき》を懐《いだ》けり。仏に近づいて謬《あやま》り聴くこと無きを得んや。即ち空中の声を聞くに曰わく、『阿難よ、居士の言の如し。但だ仏は*五濁《ごじょく》の悪世に出でたまい、現に斯の法を行じて、衆生を度脱することを為したまう。行け、阿難よ、乳を取りて、慚《は》ずる勿かれ』と。世尊よ、維摩詰の智慧弁才は此《かく》の若しと為すなり。是の故に彼に詣《かしこ》りて疾を問うに任えず」と。

是《か》の如く、五百の大弟子は各各、仏に向かいて其の[一]本縁《ほんえん》を説き、維摩詰の所言を称述し、皆な彼に詣りて疾を問うに任えずと曰えり。

一　本縁　むかしの（維摩と出会った）縁。

菩薩品第四

(1) 弥勒菩薩と菩提

是こに於いて、仏は弥勒《みろく》菩薩に告げたまえり。「汝、維摩詰に行詣して疾を問え」。

㊅五四二中

弥勒は仏に白《もう》して言わく、「世尊よ、我れ彼《かしこ》に詣《いた》りて疾を問うに堪任《かんにん》せず。所以《ゆえ》は何《いか》んとなれば、憶念するに、我れ昔、*兜率天王《とそつてんおう》及び其の眷属《けんぞく》の為めに*不退転地《ふたいてんじ》の行を説けり。時に維摩詰、来たりて我れに謂いて言わく、『弥勒よ、世尊は仁者に記を授けたまえり。*一生《いっしょう》にて当に阿耨多羅三藐三菩提《あのくたらさんみゃくさんぼだい》を得べし、と。何れの生を用いて受記[二]を得ると為すや、過去なりや、未来なりや、現在なりや。若し過去の生ならば、過去の生は已に滅せり。若し未来の生ならば、未来の生は未だ至らず。若し現在の生ならば、現在の生は住《とど》まること無し。*仏の所説の如くんば、〃比丘よ、汝は今、即時に亦た生、亦た老、亦た滅ならん〃と。若し無生[三]を以って受記することを得ば、無生は即ち是れ*正位なり。*正位の中に於いては亦た受記無く、亦た阿耨多羅三藐三菩提を得ること無し。云何《いか》んが、弥勒よ、一生の記を受くるや。如《にょ》[四]の生より受記を得ると為すや、如の滅より受記を得ると為すや。若し如の生を以って受記を得るとせば、如に生有ること無し。若し如の滅を以って受記を得るとせば、如に滅有ること無し。*一切衆生は皆な如なり。一切法も亦た如なり。衆もろの聖賢《しょうけん》も亦た如なり。弥勒に至りても亦た如なり。若し弥勒、受記を得ば、一切衆生も亦た応に記を受くべし。所以《ゆえ》は何んとなれば、夫れ如は*不二、不異なり。若し弥勒、阿耨多羅三藐三菩提を得ば、一切衆生も皆な亦た応に得べし。所以は何んとならば、*一切衆生は即ち菩提の相なり。若し弥勒、滅度を得ば、一切衆生も亦た応に滅度すべし。所以は何んとなれば、諸仏は〃*一切衆生は畢竟《ひっきょう》、寂滅、即ち涅槃相なれば、復た更に滅せず〃と知りたまう。是の故に弥勒よ、此の法を以って諸もろの天子を誘うこと無かれ。実に*阿耨多羅三藐三菩提に心を発こす者も無く、亦た退く者も無けん。弥勒よ、当に此の諸もろの天子をして菩提[五]

二　受記　仏が菩薩などに未来世における成仏(阿耨多羅三藐三菩提を得ること)の保証(記 vyākaraṇa)を与えることを「授記」という。これを授けられる側から言えば「受記」である。

三　無生　無生法忍の無生(anutpatti)であろう。弥勒は無生法忍を得た不退転の菩薩であり、それによって受記を得た。

四　如　tathatā いわゆる真如。ものの真実のあり方。真如は不変で生も滅もない。無生がもし、この真如をさすならばの意。

五　菩提を分別するの見　菩提を何か実体的な目標と考えること。

を分別するの見を捨てしむべし。所以は何んとなれば、菩提は身を以って得可からず。心を以って得可からず。*寂滅は是れ菩提なり。諸相を滅するが故に。*不観は是れ菩提なり。諸縁を離るるが故に。[一]不行は是れ菩提なり。憶念無きが故に。[二]断は是れ菩提なり。諸見を捨つるが故に。[三]離は是れ菩提なり。諸もろの妄想を離るるが故に。*障は是れ菩提なり。諸願を障《さまたげ》るが故に。*不入は是れ菩提なり。貪著無きが故に。*順は是れ菩提なり。如に順ずるが故に。*住は是れ菩提なり。法性に住するが故に。*至は是れ菩提なり。実際に至るが故に。*不二は是れ菩提なり。意と法とを離るるが故に。等は是れ菩提なり。虚空に等しきが故に。無為は是れ菩提なり。生住滅無きが故に。[四]知は是れ菩提なり。衆生の心行を了ずるが故に。*不会《ふえ》は是れ菩提なり。諸入は不会なるが故に。*不合は是れ菩提なり。煩悩の習を離るるが故に。*無処は是れ菩提なり。形色無きが故に。*仮名は是れ菩提なり。名字の空なるが故に。*如化は是れ菩提なり。取捨無きが故に。*無乱は是れ菩提なり。常に自ら静なるが故に。*善寂は是れ菩提なり。性として清浄なるが故に。無取は是れ菩提なり。[五]攀縁《はんえん》を離るるが故に。無異は是れ菩提なり。諸法は等なるが故に。無比は是れ菩提なり。喩う可きもの無きが故に。微妙は是れ菩提なり。*諸法は知り難きが故に』と。世尊よ、維摩詰の是の法を説く時、二百の天子は無生法忍を得たり。故に我れ彼に詣《かしこ》りて疾を問うに任《た》えず」と。

(2) 光厳童子と菩提座(道場)

仏は[六]光厳《こうごん》童子に告げたまえり。「汝、維摩詰に行詣して疾を問え」。
光厳は仏に白《もう》して言わく、「世尊よ、我れ彼に詣りて疾を問うに堪任せず。所以《ゆえ》は何《いか》ん

一　不行　(チ)「すべての作意のはたらかないこと」。「憶念」は manasikāra の訳。
二　断　(チ)「あらゆる見解を断ち切ること」
三　離　(チ)「あらゆる分別を捨てること」
(大)五四二下
四　知　(チ)「すべての衆生の心と行動と意楽を知ること」
五　攀縁　ālambana(所縁)(玄)も同じ訳語。
六　光厳童子　(チ)「リッチャヴィ族の若者たるプラブハーヴィューハ(光明で飾られたもの)」

となれば、憶念するに、我れ昔、毘耶離《びやり》大城より出でたり。時に維摩詰、方に城に入らんとせり。我れ即ち為めに礼《らい》を作《な》し、問うて言わく、『居士よ、何れの所より来たる』と。我れに答えて言わく、『吾れ*道場より来たる』と。我れは問えり、『道場とは何の所ぞ是れは』と。答えて曰わく、『*直心《じきしん》、是れ道場なり。虚仮無きが故に。*発行《ほつぎょう》、是れ道場なり。能く事に辦《つと》むるが故に。*深心《じんしん》、是れ道場なり。功徳を増益するが故に。菩提心、是れ道場なり。[七]錯謬無きが故に。布施、是れ道場なり。*報を望まざるが故に。持戒、是れ道場なり。願の具〔足〕を得るが故に。忍辱《にんにく》、是れ道場なり。諸もろの衆生に於いて心*無礙《むげ》なるが故に。精進《しょうじん》、是れ道場なり。懈退《けたい》せざるが故に。禅定、是れ道場なり。*心調柔《じょうにゅう》なるが故に。智慧、是れ道場なり。現《まのあた》り諸法を見るが故に。慈、是れ道場なり。衆生に等しきが故に。悲、是れ道場なり。疲苦を忍ぶが故に。喜、是れ道場なり。法を悦楽するが故に。*捨、是れ道場なり。憎愛断ずるが故に。神通《じんずう》、是れ道場なり。[八]六通を成就するが故に。解脱、是れ道場なり。能く*背捨するが故に。方便、是れ道場なり。衆生を教化するが故に。[九]四摂、是れ道場なり。衆生を摂するが故に。多聞、是れ道場なり。*聞の如くに行ずるが故に。*伏心《ふくしん》、是れ道場なり。正しく諸法を観ずるが故に。[一〇]三十七品、是れ道場なり。有為法を捨するが故に。[一一]〔四〕諦、是れ道場なり。世間を誑《あざむ》かざるが故に。[一二]縁起、是れ道場なり。無明《むみょう》、乃至、老死皆な*無尽なるが故に。*諸煩悩、是れ道場なり。如実に知るが故に。衆生、是れ道場なり。*無我を知るが故に。一切法、是れ道場なり。諸法の空を知るが故に。降魔、是れ道場なり。傾動せざるが故に。三界《さんがい》、是れ道場なり。*所趣無きが故に。師子吼《ししく》、是れ道場なり。所畏無きが故に。[一三]力《りき》・無畏《むい》・不共法《ふぐうほう》、是れ道場なり。*諸過無きが故に。三明《さんみょう》、是れ道場な

七　錯謬無き　(玄)(チ)は「忘失しないこと」という。

八　六通　六神通 abhijñā 〈法数一覧参照〉。

九　四摂　四摂事〈法数一覧参照〉。

一〇　三十七品　三十七菩提分法（覚支）〈法数一覧参照〉。

一一　諦　四諦〈法数一覧参照〉。

一二　縁起　十二支縁起〈法数一覧参照〉。

(大)五四三上

一三　力・無畏・不共法　仏の特有の徳性としての十力・四無畏・十八不共法をさす〈法数一覧参照〉。

り。*余礙無きが故に。[一]一念に一切法を知る、是れ道場なり。一切智を成就するが故に。是《かく》の如く善男子よ、菩薩、若し*諸波羅蜜に応じて衆生を教化せば、諸有《あらゆ》る所作、[二]挙足下足《こそくげそく》は、当に知るべし、皆な*道場より来たりて仏法に住するなり』と。是の法を説ける時、五百の天人は皆な阿耨多羅三藐三菩提に心を発こせり。故に我れ彼《かしこ》に詣りて疾を問うに任えず」と。

(3) 持世菩薩と魔神

仏は*持世《じせ》菩薩に告げたまえり。「汝、維摩詰に行詣して疾を問え」。

持世は仏に白して言わく、「世尊よ、我れ彼に詣りて疾を問うに堪任せず。所以は何んとなれば、憶念するに、我れ昔、*静室に住せり。時に[三]魔波旬《まはじゅん》、万二千の天女を従え、状《ありさま》、帝釈の如く、鼓楽《こがく》・絃歌《げんか》しつつ我が所に来詣し、其の眷属と与《とも》に我が足に稽首し、合掌・恭敬して一面に於いて立てり。我れ意に是れ帝釈なりと謂《おも》い、之れに語りて言わく、『善く来たれり、[四]憍尸迦《きょうしか》よ。[五]福は応に有るべしと雖も、当に自ら恣《ほしいまま》にすべからず。当に[六]五欲の無常を観じて、以って善の本を求め、身・命・財に於いて*堅法《けんぽう》を修すべし』と。即ち我れに語りて言わく、『[七]正士よ、是の万二千の天女を受け、[八]掃灑《そうれい》に備う可し』と。我れ言わく、『憍尸迦よ、此の[九]非法の物を以って、我が[一〇]沙門釈子を要《し》いること無かれ。此れ我が宜《よろ》しきところに非ず』と。言う所、未だ訖《おわ》らざるに、時に維摩詰、来たりて我れに謂いて言わく、『帝釈には非ざるなり。是《こ》れは為《こ》れ魔の来たりて、汝を[一一]嬈固《にょうこ》するのみ』。即ち、魔に語りて言わく、『是の諸女等は、以って我れに与う可し。[一二]我が如きは応に受くべし』と。魔は

一　一念　心の一刹那。とくに菩提を得る直前の一刹那。
二　挙足下足　(チ)「足の挙げ下げすべて」。一挙手一投足というに同じ。
三　魔波旬　悪魔なるパーピーヤス（波旬）。欲界第六天にいる魔王。
四　憍尸迦　Kauśika　帝釈天の個名。
五　福は応に有るべしと雖も　(チ)「欲〔界〕のあらゆる喜びの中にあっても」
六　五欲　眼・耳・鼻・舌・身を通じて感じる欲情〈法数一覧参照〉。(玄)「諸欲戯楽」
七　正士　(チ) skye bu dam pa=sat-puruṣa（善士、貴人）
八　掃灑　掃除洗灑の雑用。(玄)「供侍」
九　非法の物　(チ)「ふさわしくないもの（ayogyavastu）」
一〇　沙門釈子　仏弟子である沙門（śra-maṇaḥ śākyaputrīyaḥ）。
一一　嬈固する　からかう。なやます。(チ)だます（viḍambana）。
一二　我が如きは応に受くべし　（居士である）私には受ける資格がある。(チ)は「沙門釈子にはふさわしないから」という。

即ち驚懼して念《おも》えらく、『維摩詰をして将に我れを悩ますこと無からしめん』と。形を隠して去らんと欲するも、隠すこと能わず。其の神力尽きて、亦た去ることを得ず。即ち空中の声を聞くに、曰わく、『波旬よ、女を以って之《かれ》に与えなば、乃ち去ることを得可し』。魔、畏れを以っての故に[一三]俛仰《ふごう》して与えき。

維摩と天女——無尽燈の法門

爾《そ》の時、維摩詰は諸女に語りて言わく、『魔は汝等を以って我れに与えたり。今、汝ら皆な当に阿耨多羅三藐三菩提に心を発こすべし』と。即ち[一四]所応に随いて、為めに法を説き、[一五]道意を発こさしめり。復た言わく、『汝等は已に道意を発こせり。*法楽の以って自ら娯《たの》しむ可き有り。応に復た五欲の楽《らく》を楽《ねが》うべからざるなり』と。天女、即ち問う。『何をか法楽と謂うや』。答えて言わく、『[一六]楽しみて常に仏を信じ、楽しみて法を聴かんと欲し、楽しみて[一七]衆を供養し、楽しみて五欲を離れ、楽しみて五陰を怨賊の如しと観じ、楽しみて四大は毒蛇の如しと観じ、楽しみて[一八]内入は[一九]空聚《くうじゅ》の如しと観じ、楽しみて道意を随い護り、楽しみて衆生を饒益《にょうやく》し、楽しみて師を*敬養し、楽しみて広く施を行じ、楽しみて戒を堅持し、楽しみて忍辱・柔和にし、楽しみて勤めて善根を集め、楽しみて禅定して乱れず、楽しみて垢を離れて明慧あり、[二〇]楽しみて菩提心を広め、楽しみて衆魔を降伏し、楽しみて諸煩悩を断ち、楽しみて仏国土を浄め、楽しみて[二一]相好を成就するが故に諸もろの*功徳を修し、楽しみて道場を厳《かざ》り、楽しみて深法を聞きて畏れず。*三脱門を楽しみて、*非時《ひじ》を楽しまず、楽しみて*同学に近づき、楽しみて非同学中に於いて心に恚礙《いげ》無く、楽しみて悪知識を[二二]将護

一三 俛仰 (俛＝俯、うなだれる) 他に従って、さからわないこと。ただし(チ)「不本意ながら」

一四 所応に随いて yathāyogyam (チ)「さとりに向けて成熟するに適した」

一五 道意 菩提心に同じ。

一六 楽しみて常に仏を信じ 「常に仏を信ずることを楽しみ」と読んでもよい。以下同様。(チ)「仏に不壊の浄信を抱く楽しみ」(以下同じ構文) ㊅五四三中

一七 衆 僧衆。サンガのこと。

一八 内入 内の六入(六処)。眼・耳・鼻・舌・身・意のこと〈法数一覧参照〉。

一九 空聚 空っぽの聚落。ひと気のない村(śūnyagrāma)。

二〇 楽しみて菩提心を広め この項、(チ)「悟りの大いなることに対する楽しみ」

二一 相好 三十二相と八十種好〈法数一覧参照〉。仏の身体のもつ特徴。

二二 将護 たすけまもる。悪知識を悪行から護ること。

一 楽しみて心に清浄を喜び　(チ)「法を願い、信じて、すぐれた喜びを得るたのしみ」

二 法願の具足を得しめん　(チ)「法への願い（dharmāśaya）を満足させること」。対象は第六天（魔宮）に在るすべての衆生。

三 忽然として現われざりき　たちまち見えなくなった。(チ)はこの句なし。

し、楽しみて善知識に親近《しんごん》し、一楽しみて心に清浄を喜び、楽しみて無量の道品*の法を修す。是れを菩薩の法楽と為す』と。

是こに於いて波旬、諸女に告げて言わく、『我れ汝らと倶に天宮に還らんと欲す』と。諸女言わく、『我等を以って、此の居士に与えき。法楽有り、我等甚だ楽し。復た五欲の楽《たのしみ》を楽《ねが》わざるなり。』魔言わく、『居士よ、此の女らを捨つ可し。一切の所有を彼れに施す者、是れを菩薩と為す』と。維摩詰言わく、『我れ已に捨てたり。汝は便《すなわ》ち将《ひき》いて去れ。一切衆生をして二法願の具足を得しめん』と。是こに於いて諸女、維摩詰に問えり。『我等、云何《いか》にしてか魔宮に止らん』。維摩詰言わく、『諸姉よ、法門有り。無尽燈*と名づく。汝等当に学ぶべし。無尽燈とは、譬《たと》えば一燈の百千燈を燃《とも》すが如し。冥《くら》きは皆な明るく、明、終に尽きず。是《か》の如く、諸姉よ、夫れ一菩薩は百千の衆生を開導して、阿耨多羅三藐三菩提に心を発こさしむ。其の道意に於いて亦た滅尽せず。所説の法に随いて、自ら一切の善法を増益する、是れを無尽燈と名づくるなり。汝等、魔宮に住すと雖も、是の無尽燈を以って無数《むしゅ》の天子・天女をして阿耨多羅三藐三菩提に心を発こさしめば、仏恩*に報じ、亦た大いに一切衆生を饒益するもの為《た》らん』と。爾の時、天女らは頭面もて維摩詰の足を礼《らい》し、魔に随いて宮に還り、三忽然として現われざりき。

世尊よ、維摩詰には是《かく》の如きの自在*・神力・智慧・弁才有り。故に我れ彼に詣《かしこ》りて疾を問うに任えず」と。

㊅五四三下

⑷長者子善徳（スダッタ）と法会

仏は長者子善徳*に告げたまえり。「汝、維摩詰に行詣して疾を問え」。

善徳は仏に白《もう》して言えり。「世尊よ、我れ彼に詣りて疾を問うに堪任せず。所以は何んとなれば、憶念するに、我れ昔、自ら父の舎《いえ》に於いて大施会*を設けき。一切の沙門・婆羅門及び諸外道・貧窮《ひんぐ》・下賤・孤独・乞人《こつにん》を供養せり。期、七日に満てり。時に維摩詰、来たりて会中《えちゅう》に入り、我れに謂いて言わく、『長者子よ、夫れ大施会は当に汝が設くる所の如くなるべからず。当に法施*の会為《た》るべし。何ぞ是の財施の会を用いんや』と。我れ言わく、『居士よ、何をか法施の会と謂うや』。答えて曰わく、『法施の会とは、[四]前無く、後無く、一時に一切衆生を供養[五]する、是れを法施の会と名づく』。曰わく、『何の謂《いい》なりや』『謂わく、菩提*を以って慈心を起こし、衆生*を救うを以って大悲心を起こし、正法*を持するを以って喜心を起こし、智慧*を摂するを以って捨心を行ず、慳貪*を摂するを以って檀波羅蜜《だんはらみつ》を起こし、犯戒[六]を化するを以って尸羅《しら》波羅蜜を起こし、無我法[七]を以って羼提《せんだい》波羅蜜を起こし、身心相*を離るるを以って毘梨耶《びりや》波羅蜜を起こし、菩提相を以って禅波羅蜜を起こし、一切智を以って般若《はんにゃ》波羅蜜を起こす。衆生*を教化して空を起こし、有為法を捨てずして無相を起こし、受生を示現して無作《むさ》を起こす。正法《しょうぼう》を護持して方便力*を起こし、[八]衆生を度するを以って四摂法を起こし、[九]一切に敬事するを以って除慢の法を起こし、身・命・財に於いて[一〇]三堅の法を起こし、[一一]六念中に於いて思念の法を起こし、六和敬《ろくわきょう》*に於いて質直心を起こし、善法を正行して[一二]浄命を起こし、[一三]心浄と歓喜もて賢聖に近づくを起こし、悪人*を憎まずして調伏心《じょうぶくしん》を起こし、出家の法を以って深心《じんしん》を起こし、如説*の行を以って多聞を起こし、[一四]無諍

四　前無く、後無く　七日というような期限つきでなく、はじめも終わりもない。
五　供養　(チ)は「衆生を成熟せしめる」という。
六　犯戒　犯戒者の意。この項、(チ)(玄)も同意。
七　無我法　諸法の無我なること。「羼提」すなわち忍 kṣānti には「認め承け入れる」の意がある。
八　衆生を度すを以って四摂法を起こし　この一項、(玄)(チ)は「四摂事によって成就する命根」という。
九　一切に敬事する　(チ)(玄)「すべての人々の奴隷、弟子「の如く」なることによって」
一〇　三堅の法　前出。補註二三頁(三〇13)および法数一覧参照。
一一　六念　六随念〈法数一覧参照〉。
一二　浄命　清らかな生活（ājīva)。
一三　心浄と歓喜　心の澄浄（cittaprasāda）すなわち信と歓喜（pramoda）。(チ)「信心と喜びに仕えることにより」
一四　無諍法　煩悩（raṇa）のない法。「空閑処」araṇya-vihārin の araṇya と掛けた縁語。

法を以って空閑処《くうげんしょ》を起こし、仏慧に趣向して*宴坐を起こし、衆生の縛を解きて*修行地を起こす。相好《そうごう》を具し、及び仏土を浄むるを以って*福徳業を起こし、一切衆生の心念を知りて、応の如くに法を説きて智業を起こし、一切法は不取不捨なりと知り、一相の門に入りて慧《え》業《ごう》を起こし、一切の煩悩・一切の障礙・一切の不善の法を断じて*一切善業を起こし、*一切の智慧・一切の善法を得るを以って、一切の[一]助仏道の法を起こす。是《かく》の如く、善男子よ、是れが法施の会《え》為《た》り。若し菩薩、是の法施の会に住せば、大施主為《た》らん。亦た一切世間の*福田為らん』と。世尊よ、維摩詰の是の法を説ける時、婆羅門の衆中、二百人は皆な阿耨多羅三藐三菩提に心を発こせり。

我れ時に、心に清浄なることを得て、未曾有《みぞう》なりと歎じ、稽首して維摩詰の足に礼《らい》し、即《ただ》ちに瓔珞《ようらく》の価直《あたい》百千なるを解きて、以って之れに上《たてまつ》れるも、取ることを肯《がえ》んぜず。我れ言わく、『居士よ、願わくは必ず納受し、意の与《あずか》る所に随え』と。維摩詰、乃ち瓔珞を受け、*分かちて二分と作《な》し、一分を持ちて此の会中《えちゅう》の*一《ひとり》の最下の乞人に施し、一分を持ちて彼の*難勝如来に奉れり。一切の衆会《しゅえ》は皆な光明国土の難勝如来を見たてまつる。又た[二]珠瓔《しゅよう》の彼の仏の上に在り、変じて四柱の宝台を成《じょう》じ、四面を*厳飾して、相い障蔽せざるを見る。時に維摩詰は神変を現わし已《おわ》りて、是の言を作せり。『若し施主、等心もて*一《ひとり》の最下の乞人に施すこと、猶お如来福田の相の如くにして、分別する所無く、大悲を等しくして果報を求めざる、是れ則ち名づけて*具足の法施と曰う。城中の一の最下の乞人は是の神力を見、其の所説を聞きて、皆な阿耨多羅三藐三菩提に心を発こせり。故に我れ彼に詣《かしこ》りて疾を問うに任えず」と。

一　助仏道　仏道すなわち菩提を得るに役立つ法（bodhipākṣikadharma）。㊅五四四上

二　珠瓔……　真珠の首飾り（瓔珞）。それが四本の柱に支えられた正方形のよく飾られた宝台に変わっているという光景。

是《かく》の如く、諸菩薩は各各、仏に向かいて其の本縁を説き、維摩詰の所言を称述して、皆な彼に詣りて疾を問うに任えずと曰えり。

維摩詰〔所説〕経巻上

巻中

文殊師利問疾品　第五

仏、文殊師利に問疾を命ず

爾《そ》の時、仏は文殊師利《もんじゅしり》に告げたまえり。「汝、維摩詰に行詣して疾を問え」。

文殊師利は仏に白して言えり。「世尊よ、彼の*上人は詶対《しゅうたい》為《な》し難し。深く*実相に達し、*善く法要を説く。弁才滞《とどこお》ること無く、*智慧礙《さまた》げ無し。一切の菩薩の*法式を悉《ことごと》く知り、*諸仏の秘蔵にして入ることを得ざる無し。衆魔を降伏《ごうぶく》し、神通《じんずう》に遊戯す。其の慧《え》と方便と皆な已《すで》に*度すことを得たり。然りと雖も、当に仏の*聖旨を承《う》けては、彼《かしこ》に詣りて疾を問うべし」。

是こに於いて、衆中の諸菩薩・大弟子・釈・梵・四天王等、咸《ことごと》く是の念を作《な》せり。——今、二大士、文殊師利と維摩詰と共に談ぜんとす。必ずや妙法を説かん——と。即時に八千の菩薩と五百の声聞と百千の天人は皆な随従せんと欲せり。

是こに於いて、文殊師利は諸菩薩・大弟子衆、及び諸天人とに恭敬・囲繞せられて、毘《び》耶離《やり》大城に入れり。

一　詶対為し難し　詶＝酬（こたえる＝対）。相手をしにくい。

（大）五四四中

空室

爾の時、長者維摩詰は心に念《おも》えらく、——今、文殊師利、大衆と倶に来たる。即ち神力*を以って其の室内を空ぜん、と。所有《しょう》のもの及び諸侍者を除去し、唯だ一床を置きて疾を以って臥《ふ》せり。文殊師利、既に其の舎《いえ》に入る。其の室の空にして諸もろの所有のもの無く、独り一床に寝ぬるを見る。時に維摩詰言わく、「善く来たれり、文殊師利よ。不来*の相にして来たり、不見の相にして見《み》る」と。

文殊師利は言えり。「*是《かく》の如し。居士よ。若し来《き》已《おわ》らば、更に来たらず。若し去り已らば、更に去らず。所以《ゆえ》は何《いか》んとなれば、来る者*は従来する所無く、去る者は至る所無し。見る可き所の者は更に見る可からず。二且《しばら》く是の事は置け。居士よ、是の疾は寧《な》んぞ忍ぶ可きや不《いな》や。療治*して損有りや。増すに至らざるか。世尊*は慇懃《おんごん》に問を致すこと無量なり。居士よ、是の疾は何の所因より起こるや。其の生ずること三久しきや。当に云何んが滅すべき」。

二 且く是の事は置け　それは措いておいて。文殊はまだ大事な世尊の言づてを維摩に伝えていないので。(チ)にはこの句なし。

三 久しきや（久如）「如」は語調を整える助辞。「然」と同じ。

四 生死　輪廻の生存。「有愛」の「有」と同義。

維摩の疾病

維摩詰言わく、「*癡《ち》と有愛《うあい》より、則ち我が病《やまい》生ず。一切衆生病むを以って、是の故に我れ病む。若し一切衆生の病滅せば、則ち我が病も滅せん。所以は何んとなれば、菩薩は衆生の為めの故に四生死に入る。生死有らば則ち病有り。若し衆生にして病を離るるを得ば、則ち菩薩も復た病無けん。譬《たと》えば長者に唯だ一子有り。其の子、病を得て父母《ぶも》も亦た病む。若し子の病愈《い》えなば父母も亦た愈ゆるが如し。菩薩も是の如し。諸衆生に於いて之れを愛すること子の若《ごと》し。衆生病まば則ち菩薩病む。衆生の病愈えなば、菩薩も亦た愈ゆ。一又た是の疾、何の所因より起こるやと言わば、菩薩の病は大悲を以って起こるなり*」。

空性について

文殊師利言わく、「居士よ、此の室は何を以って空にして侍者無きや」。維摩詰言わく、「諸仏の国土も亦復《また》皆な空なり」。又た問う。「*何を以って空と為すや」。答えて曰わく、「*空を以って空なり」。又た問う。「*空は何ぞ空を用うるや」。答えて曰わく、「*無分別《むふんべつ》空を以っての故に空なり」。又た問う、「*空は分別す可きや」。答えて曰わく、「*分別も亦た空なり」。又た問う。「空は当に何に於いて求むべきや」。答えて曰わく、「当に*六十二見中に於いて求むべし」。又た問う。「六十二見は当に何に於いて求むべきや」。答えて曰わく、「当に諸仏の解脱中に於いて求むべし」。又た問う。「諸仏の解脱は当に何に於いて求むべきや」。答えて曰わく。「当に一切衆生の*心行《しんぎょう》中に於いて求むべし」。

菩薩の侍者

「又た仁の問う所の『何ぞ侍者無きや』とは、一切の衆魔及び諸外道《げどう》二は皆な吾が侍なり。所以《ゆえ》は何《いか》んとなれば、衆魔は*生死を楽しむ。菩薩は生死に於いて捨てず。外道は諸見を楽しむ。菩薩は諸見に於いて動かず」。

一 ……衆生の病愈ゆれば、菩薩も亦た愈ゆ　以上は病気の久しく、治り難いさまの説明。以下はその由来を問われたことに対する回答。以下の読み方は(チ)による。

(大)五四四下

二 外道　(チ)「異端者（parapravādin 異学）」

病の相貌

文殊師利の言わく、「居士の疾む所、何等の相為《た》るや」。維摩詰の言わく、「我が病は形無く、見る可からず」。又た問う、「此の病は*身と合するや、心と合するや」。答えて曰わく、「身と合するに非ず、*身と相い離るるが故に。亦た心と合するに非ず。心は幻の如くなるが故に」。又た問う、「地大・水大・火大・風大あり。此の四大に於いて、何《いず》れの大の病ぞ」。答えて曰わく、「是の病は地大に非ず、亦た地大を離れず。水・火・風大も亦復《また》是《かく》の如し。而《しか》も衆生の病は四大より起こる。其の病有るを以って、是の故に我れ病む*」。

病気見舞いの仕方

爾の時、文殊師利、維摩詰に問うて言わく、「菩薩は応に云何んが有疾の菩薩を*慰喩《いゆ》すべきや」。維摩詰の言わく、「身は無常と説きて、身を厭離せよと説かざれ。身に苦有りと説きて、涅槃を楽《ねが》えと説かざれ。身に我《が》無しと説きて而も衆生を教導せよと説け。身は空寂と説くも畢竟寂滅《ひっきょうじゃくめつ》と説かざれ。*先罪を悔いよと説くも、*過去に入ると説かざれ。己れの疾を以って彼れの疾を愍《あわれ》め。当に*宿世無《む》数劫《しゅごう》の苦を識《し》るべし。当に一切衆生を饒益《にょうやく》せんと念じ、所修の福を憶《おも》い、*浄命《じょうみょう》を念ずべし。憂悩を生ずること勿かれ。常に精進《しょうじん》を起こして当に医王と作《な》りて衆病を療治すべし。——菩薩は応に是《かく》の如く有疾の菩薩を慰喩して、其れをして歓喜せしむべし」。

心の調伏の仕方

文殊師利の言わく、「居士よ、有疾の菩薩は云何んが*其の心を調伏《じょうぶく》せん」。維摩詰の言わく、「有疾の菩薩は応に是の念を作すべし。――今、我が此の病は皆な*前世の妄想・顛倒・諸煩悩より生ず。*実法有ること無し。誰れか病を受くる者ぞ。所以は何んとなれば、*四大合する故に仮りに名づけて身を為す。四大に主無く[一]、身も亦た我《が》無し。又た此の*病の起こるは皆な我《が》に著するに由る。是の故に我《が》に於いて応に著を生ずべからず。*既に病の本《もと》を知れば、即ち我想及び衆生想[二]を除く。当に*法想を起こすべし、と。応に是の念を作すべし。〃但だ衆法を以って此の身を合成す。起は唯だ法の起なり、滅は唯だ法の滅なり。又た此の法は各おの相い知らず。起こる時に我れ起こると言わず。滅する時に我れ滅すと言わず*〃と、彼の有疾の菩薩は法想を滅せんが為めに、当に是の念を作すべし。――此の法想も亦た是れ顛倒なり。顛倒は是れ即ち大患なり。我れ応に之れを離るべし、と。云何んが離と為すや。我《が》・我所《がしょ》を離る。云何んが我・我所を離るるや。謂わく、二法[三]を離る。云何んが二法を離るるや。謂わく、内外の諸法を念わず、平等に行ず。云何んが平等なる。謂[四]わく、我《が》も等しく[五]、涅槃も等し。所以は何んとなれば、*我及び涅槃、此の二は皆な空なり。何を以って空と為すや。但だ*名字を以っての故に空なり。此の如《かく》く二法には決定性無し。是の平等を得ば、*余病有ること無し。唯だ空病有り。空病も亦た空なり。

是の有疾の菩薩は無所受《むしょじゅ》を以って諸受[六]を受く。*未だ仏法を具せざれば、亦た受を滅して証を取らざるなり。設《も》し身に苦有るも、悪趣の衆生を念いて大悲心を起こす。*我れ既に調伏せば、亦た当に一切衆生を調伏すべし。但だし其の病を除きて*法を除かず。病の本《もと》を断

(大)五四五上

一 主無く　(チ)「主人 (svāmin) もなく生む者 (janani) もない」

二 衆生想　この「衆生」は「我」の同義語。(チ)衆生想なし。

三 二法　我と我所 (＝法)、内と外、我と涅槃 (生死と涅槃)、病気と空性など、総じて二つの対立としてみられるもの (概念) をさすのであろう。

四 謂わく　大正蔵の「為」を脚注 (正倉院聖語蔵本) により「謂」と訂正。

五 我も等しく、涅槃も等し　(チ)「我の平等性、ないし涅槃の平等性」という。

六 諸受　苦・楽・捨 (不苦不楽) の三種の感覚。

ぜんが為めに之れを教導せよ。

病の根源

何をか病の本と謂うや。謂わく、*攀縁《はんえん》有り。攀縁有るより、則ち病の本為《た》り。[七]何をか攀縁する所ぞ、之れを三界と謂う。[八]云何んが攀縁を断つや。[九]無所得を以ってすべし。若し無所得なれば、則ち攀縁無からん。何をか無所得と謂うや。謂わく、二《に》見《けん》を離るるなり。何をか二見と謂うや。謂わく、[一〇]内見と外見となり。是れ所得無し。文殊師利よ、是れを有疾の菩薩、其の心を調伏すと為し、老・病・死の苦を断つと為す。*是れ菩薩の菩提なり。若し是《かく》の如くならずんば、*己れが修治する所に慧《え》利《り》無しと為す。譬《たと》えば[一一]怨に勝つは、乃ち勇と為す可きが如し。是の如く兼ねて老病死を除く者こそは、[一二]菩薩の謂なり。

正しい病の見方

彼の有疾の菩薩は応に復た是の念を作《な》すべし。――我が此の病《やまい》は真《まこと》に非ず、有るに非ざるが如く、衆生の病も亦た真に非ず、有るに非ず、と。是の観を作す時、諸もろの衆生に於いて、若し*愛見の大悲起こらば、即ち応に捨離すべし。所以《ゆえ》は何《いか》んとなれば、菩薩は[一三]客《かく》塵煩悩《じんぼんのう》を断除して、大悲を起こす。愛見の悲なれば、則ち[一四]生死に於いて疲厭《ひえん》の心有らん。若し能く此れを離るれば疲厭有ること無し。[一五]在在《ざいざい》の所生《しょしょう》に愛見の覆う所為《た》らざれ。所生に*縛無ければ、能く衆生の為めに法を説きて縛を解かんこと、*仏の所説の如し。〃若し自ら縛有りて、能く彼れの縛を解くは、是の処《ことわり》有ること無し。若し自ら縛無くして、能く彼れ

七　何をか攀縁する所ぞ、之れを三界と謂う　「とらえられる対象とは何か、それは三界である」

八　云何んが攀縁を断つや　㈠「対象をとらえることの根源を知るとは何か」

九　無所得　（対象を）知覚しないこと（anupalabdhi）。

一〇　内見と外見　㈠「内なる見と外なる見（adhyātmadṛṣṭi, bahirdhādṛṣṭi）」

一一　怨に勝つは、乃ち勇と為す可き　「勇」は勇者。菩薩は勇者（satvan）とよばれる。（mahāsattva の語義として）「怨」は敵のこと。

一二　菩薩の謂　菩薩とよばれる。

一三　客塵煩悩　āgantukakleśa　偶来の汚れ。心が本来清浄であるとの考えを前提とする煩悩観。「客塵」には空（本来非存在）という意味がこめられている。

一四　生死に於いて疲厭の心有らん　生存をくりかえすことに嫌気がさすであろう、の意。

㊅五四五中

一五　在在の所生　輪廻して生まれてくるたびに、の意。

の縛を解くこと、斯れ是の処有り〃と。是の故に菩薩は、応《まさ》に縛を起こすべからず、と。

縛と解

*何をか縛と謂い、何をか解《げ》と謂うや。*禅味に貪著する、是れ菩薩の縛なり。方便を以って生ずる、是れ菩薩の解なり。又た*方便無き慧《え》は縛《ばく》し、方便有る慧は解《げ》す。慧無き方便は縛し、慧有る方便は解す。何をか方便無き慧は縛すと謂うや。謂わく、菩薩、愛見心を以って仏土を荘厳し、衆生を成就せしむ。空・無相・無作《むさ》の法中に於いて、以って自ら調伏《じょうぶく》する、是れを方便無き慧は縛すと名づく。何をか方便有る慧は解すと謂うや。謂わく、愛見心を以って仏土を荘厳して衆生を成就せず、空・無相・無作の法中に於いて、以って自ら調伏して疲厭せざる、是れを方便有る慧は解すと名づく。*何をか慧無き方便は縛すと謂うや。謂わく、菩薩の貪欲《とんよく》・瞋恚《しんい》・邪見《じゃけん》等の諸煩悩に住まりて、衆もろの徳の本を植うる、是れを慧無き方便は縛すと名づく。何をか慧有る方便は解すと謂うや。謂わく、諸もろの貪欲・瞋恚・邪見等の諸煩悩を離れて、衆もろの徳の本を植え、阿耨多羅三藐三菩提《あのくたらさんみゃくさんぼだい》に廻向する、是れを慧有る方便は解すと名づく。*

文殊師利よ、彼の有疾の菩薩は応に是《かく》の如く諸法を観ずべし。又復《また》*身の無常・苦・空・*非我を観ずる、是れを名づけて慧と為す。[一]身に疾有りと雖も、常に生死に在りて一切を饒益して厭倦せざる、是れを方便と名づく。又復《また》身を観ずるに、身は病を離れず、病は身を離れず、[二]是れ病、是れ身、新に非ず、故に非ずとする、是れを名づけて慧《え》と為す。設《も》し身に疾有るも永滅せざる、是れを方便と名づく。

一　身に疾有りと雖も　(チ)「身体の病気をすっかりなくして生まれてくるのではなく」

二　是れ病、是れ身、新に非ず、故に非ず　(チ)「新」と「故」、(チ)gsar ba, rnying ba身と病気と、何れが新しいか、古いか。

菩薩の境涯

文殊師利よ、有疾の菩薩は応に是の如く、其の心を調伏して其の中に住まらず、亦《また》復不調伏心にも住まらざれ。所以《ゆえ》は何《いか》んとなれば、若し不調伏心に住まれば、是れ愚人法[三]なり。若し調伏心に住まれば、是れ声聞法なり。(1)是の故に菩薩は当に調伏と不調伏の心に住まるべからず。此の二法を離るる、是れ*菩薩行なり。(2)生死に在りて汚行《おぎょう》[四]を為さず、涅槃[五]に住するも永《よう》に滅度せざる、是れ菩薩行なり。(3)凡夫行に非ず、賢聖行に非ざる、是れ菩薩行なり。(4)*垢行《くぎょう》に非ず、浄行に非ざる、是れ菩薩行なり。(5)魔行[六]に過ぐと雖も、衆魔を降すことを現ずる、是れ菩薩行なり。(6)一切智を求むるも*非時《ひじ》の求め無き、是れ菩薩行なり。(7)諸法の不生を観ずると雖も、*正位《しょうい》に入らざる、是れ菩薩行なり。(8)十二縁起を観ずると雖も、*諸もろの邪見に入る、是れ菩薩行なり。(9)*一切衆生を摂すると雖も、愛著せざる、是れ菩薩行なり。(10)遠離《おんり》[七]を楽しむと雖も、身心の尽に依らざる、是れ菩薩行なり。(11)三界を行くと雖も、*法性を壊《え》せざる、是れ菩薩行なり。(12)空を行ずると雖も、衆もろの徳本を植うる、是れ菩薩行なり。(13)無相を行ずると雖も、衆生を度する、是れ菩薩行なり。(14)無作を行ずると雖も、受身[八]を現ずる、是れ菩薩行なり。(15)無起[九]を行ずると雖も、一切の善行を起こす、是れ菩薩行なり。(16)六波羅蜜を行ずると雖も、*衆生の心《しん》・心数法《しんじゅほう》を遍知する、是れ菩薩行なり。(17)六通を行ずると雖も、*漏を尽くさざる、是れ菩薩行なり。(18)四無量心を行ずると雖も、*梵世に生まるることに貪著せざる、是れ菩薩行なり。(19)禅定・解脱・三昧を行ずると雖も、*禅に随いて生ぜざる、是れ菩薩行なり。(20)四念処《しねんじょ》を行ずると雖も、*永《よう》に*身・受・心・法を離れざる、是れ菩薩行なり。(21)四正勤《ししょうごん》を行ずると雖も、*身心の精進を

三 愚人法　凡夫のあり方。

四 汚行　(チ)「煩悩の境涯 (kliṣṭa ? gocara)」

五 涅槃に住するも永に滅度せざる　(チ)「涅槃を悟る境涯ではあるが、究極的に完全な涅槃には入らない境涯」

(大)五四五下

六 魔行に過ぐと雖も、衆魔を降すことを現ずる　(チ)「四魔を現出する境涯でありながら、あらゆる魔を超越している境涯」

七 遠離を楽しむ　人里（憒鬧）から離れて寂静 (viveka) をたのしむ。

八 受身を現ずる　(チ)「意志どおり輪廻生存の趣を示現する」（無願にして願生するという言葉のあやがある）。以上(12)～(14)の三項は三解脱門に関説。

九 無起　(チ)「現行しないこと (anabhisaṃskāra)」

捨てざる、是れ菩薩行なり。(22)四《し》如意足《にょいそく》を行ずると雖も、[一]自在に神通を得る、是れ菩薩行なり。(23)五根を行ずると雖も、*衆生の諸根の利鈍を分別する、是れ菩薩行なり。(24)五力を行ずると雖も、[二]仏の十力を楽求《ぎょうぐ》する、是れ菩薩行なり。(25)七覚分《しちかくぶん》を行ずると雖も、*仏の智慧を分別する、是れ菩薩行なり。(26)八聖道《はっしょうどう》を行ずると雖も、*無量の仏道を行ずるを楽しむ、是れ菩薩行なり。(27)*止観《しかん》の助道の法を行ずると雖も、畢竟じて寂滅《じゃくめつ》に堕《だ》せざる、是れ菩薩行なり。(28)諸法の不生不滅を行ずると雖も、相好《そうごう》を以って其の身を荘厳《しょうごん》する、是れ菩薩行なり。(29)声聞《しょうもん》・辟支仏《びゃくしぶつ》の威儀を現ずると雖も、[三]仏法を捨てざる、是れ菩薩行なり。(30)[四]諸法の究竟《くぎょう》の浄相に随うと雖も、所応に随いて為めに其の身を現ずる、是れ菩薩行なり。(31)諸仏国土を[五]永《よう》に寂として空の如しと観ずると雖も、種種の清浄なる仏土を現ずる、是れ菩薩行なり。(32)*仏道を得て法輪を転じ、涅槃に入ると雖も、菩薩の道を捨てざる、是れ菩薩行なり」と。

是の語を説く時、文殊師利の将《ひき》いる所の大衆あり、其の中、八千の天子皆な阿耨多羅三藐三菩提に心を発《お》こせり。

不思議品第六

舎利弗、椅子を探す

爾《そ》の時、舎利弗は此の室中に床座《しょうざ》有ること無きを見て、是の念を作《な》せり。「斯の諸菩薩・大弟子衆は当に何れに於いて坐すべきや」と。長者維摩詰は其の意を知り、舎利弗に語

一　自在に　㋕㋠「無功用に（anābho=gena）」。わざわざ如意足の修習をしなくても、の意。
二　仏の十力　〈法数一覧参照〉「十力」は「力」の縁語としての関説（前項(23)の「根」と同様）。
三　仏法　十八不共法などの諸仏に特有の諸徳性。
四　諸法の究竟の浄相　㋠「本性として極清浄なる諸法」
五　永に寂として空の如し　㋠「成壊なく、虚空を本性とする」

㊅五四六上

りて言わく、「云何んが、仁者よ、法の為めに来たれるや、床座を*求めてなりや」。舎利弗の言わく、「我れ法の為めに来たるも、床座の為めには非ず」。

法を求める意味

維摩詰の言わく、「唯《いい》、舎利弗よ、夫れ法を求むる者は軀・命を貪らず。何ぞ況んや床座をや。夫れ法を求むる者は、色・受・想・行・識の求め有るに非ず、界・入の求め有るに非ず、欲・色・無色の求め有るに非ず*。唯、舎利弗よ、夫れ法を求むる者は、仏に著《じゃく》して求めず、法に著して求めず、衆に著して求めず[六]。夫れ法を求むる者は、苦を見るの求め無く、集を断ずるの求め無く、尽証・修道を造るの求め無し*。所以《ゆえ》は何《いか》んとなれば、法に戯論《けろん》無し。若し我れ当に苦を見、集を断じ、滅を証し、道を修すべしと言わば、是れ則ち戯論にして、法を求むるには非ざるなり。唯、舎利弗よ、法を[七]寂滅と名づく。若し生滅《しょうめつ》を行ぜば、是れ生滅を求むるにして、法を求むるに非ざるなり。法を[八]無染《むぜん》と名づく。若し法、乃至《ないし》涅槃を染すれば、是れ則ち[九]染著《ぜんじゃく》にして、法を求むるには非ざるなり。法に[一〇]行処《ぎょうしょ》無し。若し法を行ずれば、是れ則ち行処にして、法を求むるには非ざるなり。法に[一一]取捨無し。若し法を取捨せば、是れ則ち取捨にして、法を求むるには非ざるなり。法に*処所無し。若し法を処所に著すれば、是れ則ち処に著するにて、法を求むるには非ざるなり。法を[一二]無相と名づく。若し[一三]相に随う識ならば、是れ則ち相を求むるにして、法を求むるには非ざるなり。[一四]法は住まる可からず。若し法に住まらば、是れ則ち法に住まるにして、法を求むるには非ざるなり。法は[一五]見・聞・覚・知す可からず。若し見・聞・覚・知を行ぜば、是れ則ち見・聞

六　夫れ法を求むる者は……衆に著して求めず　以上、仏法僧の三宝への不著。
七　法を寂滅と名づく　(チ)「法は寂静 upaśānta であり極寂静 praśānta である」=viveka
八　無染　(チ)「塵もなく塵を離れている (nīrajas, virajas)」
九　染著　(チ)「貪欲の塵を求めるもの」。なお「法乃至涅槃を染すれば」の「染」は、執着 (saṅga) の意。
一〇　行処無し　(チ)「対境でない (aviṣaya)」
一一　取捨無し　(チ)「取ることなく、捨てることなし (āyūha, niryūha)」
一二　無相 animitta　(チ)「無相・空である」
一三　相に随う識ならば　(チ)「相に随って識知するものたち (nimittānusārijñāna)」
一四　法は住まる可からず　(チ)「法は共住するものではない」
一五　見・聞・覚・知　六識を別様にまとめたもの。覚は鼻・舌・身識に相当。

・覚・知にして、法を求むるには非ざるなり。*法を無為と名づく。若し有為を行ずれば、是れ有為を求むるにして、法を求むるには非ざるなり。是の故に舎利弗よ、若し法を求むる者は、一切法に於いて応に求むる所無かるべし」と。

是の語を説きし時、五百の天子は諸法中に於いて、法眼浄《ほうげんじょう》を得たり。*

師子座の奇蹟

㊅五四六中

爾の時、長者維摩詰は文殊師利に問えり。「仁者《なんじ》は無量千万億阿僧祇《あそうぎ》の国に遊べり。何等の仏土に好き上妙の功徳の成就する師子の座や有る」。文殊師利の言わく、「居士《こじ》よ、東方三十六恒河沙《ごうがしゃ》の国を度《わた》るに世界有り、*須弥相《しゅみそう》と名づく。其の仏を*須弥燈王と号し、今、現に在す。彼の仏の身長は八万四千由旬《ゆじゅん》なり。其の師子座の高さ八万四千由旬にして厳飾《ごんじき》第一なり」。是こに於いて、長者維摩詰は神通力を現ず。即時に彼の仏は三万二千の師子座の高広、厳浄《ごんじょう》なるを遣《つかわ》し、維摩詰の室に来入せしむ。諸もろの菩薩・大弟子・釈・梵・四天王等の昔より未だ見ざる所なり。其の室、広博にして悉く皆な三万二千の師子座を包容して、妨礙《ぼうげ》する所無し。毘耶離《びやり》城及び閻浮提《えんぶだい》・四天下に於いて、亦た*迫迮《はくさ》せず、悉く見えること故《もと》の如し。

爾《そ》の時、維摩詰は文殊師利に語れり。「師子座に就け。諸もろの菩薩・*上人と倶に坐し、当に自ら身を立つること、[一]彼の座像の如くすべし」と。其の神通《じんずう》を得たる菩薩は即《ただ》ちに自らの形を変じ、四万二千由旬と為りて、師子座に坐せり。諸もろの*新発意《しんほっい》の菩薩及び大弟子は皆な昇ること能わず。

一 彼の座像の如くすべし 「座像」は師子座の形、すがた。身体の大きさを師子座の大きさに合うようにせよ、の意。

爾の時、維摩詰は舎利弗に語れり。「師子座に就け」。舎利弗の言わく、「居士よ、此の座は高広なり、吾れ昇ること能わず」。維摩詰の言わく、「唯《いい》、舎利弗よ、須弥燈王如来の為めに礼《らい》を作《な》さば、乃ち坐すことを得可し」。是こに於いて新発意の菩薩及び大弟子は、即《ただ》ちに須弥燈王如来の為めに礼を作すに、便《すなわ》ち師子座に坐ることを得たり。舎利弗の言わく、「居士よ、未曾有なり。是《かく》の如き小室に乃ち此の高広の座を容受するも、毘耶離城に於いて妨礙する所無く、又た閻浮提の聚落《じゅらく》・城邑《じょうおう》及び四天下の諸天・龍王・鬼神の宮殿に於いても、亦た迫迮せざるとは」。

不可思議解脱の法門

維摩詰の言わく、「唯、舎利弗よ、諸仏・菩薩に*解脱有り。不可思議と名づく。若し菩薩、是の解脱に住せば、須弥の高広なるを以って芥子《けし》[二]の中に内《い》れて増減する所無し。須弥山王の本相は故《もと》の如し。而《しか》も四天王・忉利《とうり》の諸天は己れが入る所を覚らず、知らず。唯《た》だ*応に度すべき者は乃ち須弥の芥子中に入るを見る。是れを不可思議解脱の法門[三]と名づく。又た四大海の水を以って一毛孔に入れて、魚・鼈《べっ》[四]・黿《げん》・鼉《だ》の水性の属を嬈《なや》まさず。而も彼の大海の本相は故《もと》の如し。諸龍・鬼神・阿修羅等、己れが入る所を覚らず、知らず、此の衆生に於いて、亦た嬈ます所無し。又た舎利弗よ、不可思議解脱に住する菩薩は、三千大千世界を断取すること、陶家《とうけ》[五]の輪の如し。右の掌中に著けて、過恒河沙の世界の外に擲《なげう》つに、其の中の衆生は己れが往く所を覚らず、知らず。又復《また》還りて本処に置くに、都《すべ》て人をして往来の想有らしめず。而《しか》も此の世界の*本相は故《もと》の如し。又た舎利弗よ、或るいは衆生の久

二 芥子　ウパニシャッド以来、極小のものの代表として喩説に用いられる。「芥子に須弥を入れる」とは、仏典のよく用いる喩。

三 不可思議解脱の法門　テキストの「住不思議解脱」を『注』等により「不可思議解脱」と訂正。　㊅五四六下

四 魚・鼈・黿・鼉　魚・すっぽん・おおかめ・わに。水中動物（水性属）の名をあげたもの。

五 陶家の輪の如し　陶工がろくろを廻すようにして、世界を切り取って自由になげとばす。

しく世に住せんことを楽《ねが》い、而も度す可き者有らば、菩薩は即ち七日を延して以って一劫《いっこう》と為し、彼の衆生をして之れを一劫と謂《おも》わしむ。或るいは衆生にして久住を楽わず、而も度す可き者有らば、菩薩は即ち一劫を促して以って七日と為し、彼の衆生をして之れを七日と謂わしむ。*又た舎利弗よ、不可思議解脱に住する菩薩は、一切仏土の厳飾の事[一]を以って、一国に集在して衆生に示す。又た菩薩は、一仏土の衆生を以って、之れを右掌に置き、*十方に飛到して、遍ねく一切に示す。而も〔かれらは〕本処を動かず。又た舎利弗よ、十方の衆生の諸仏を供養するの具を、*菩薩は一毛孔に於いて、皆な見るを得しむ。又た十方国土の所有《あらゆ》る日・月・星宿を、一毛孔に於いて、普ねく之れを見せしむ。又た舎利弗よ、十方世界の所有る諸風を、菩薩は悉く能く口中に吸著して、而も身に損ずるもの無し。外の諸樹木も亦た摧折せず。又た十方世界の劫尽に焼くる時、一切火[二]を以って腹中に内《い》れ、火事は故《もと》の如くして、害せられず[三]。又た下方、過恒河沙等の諸仏世界に於いて、一仏土を取りて、上方、過恒河沙の無数の世界に挙著するに、*鍼鋒《しんぼう》を持ちて一棗葉《そうよう》を挙ぐるが如くして、而も嬈《なや》ます所無し。

又た舎利弗よ、不可思議解脱に住する菩薩は、*能く神通を以って、仏身を現作《げんさ》す。或るいは辟支仏身《びゃくしぶつ》を現じ、或るいは声聞身《しょうもん》を現じ、或るいは帝釈身を現じ、或るいは梵王身を現じ、或るいは世主身を現じ、或るいは転輪王身を現ず。又た十方世界の所有《あらゆ》る衆声は、上中下音、*皆な能く之れを変じて、仏声と作《な》し、無常・苦・空・無我の音を演出せしむ。及び十方の諸仏の所説の種種の法は、皆な其の中に於いて、普ねく聞くを得しむ。舎利弗よ、我れ今、略して菩薩の不可思議解脱の力を説けり。若し広説せば、劫を窮《きわ》むるも尽き

一　厳飾の事　(チ)「徳性の飾り（guṇa=vyūha）」

二　一切火　火のかたまり。劫末におこるとされる大火。

三　害せられず　(チ)「かれの為すべきことを為す」

㊅五四七上

ざらん」。

大迦葉の述懐

是の時、大迦葉《だいかしょう》は菩薩の不可思議解脱の法門を説くを聞きて、未曾有なりと歎じて、舎利弗に謂えり。「譬えば人有って、盲者の前に於いて、衆もろの[四]色像を現ずるも、彼の見る所に非ざるが如し。一切の声聞は是の不可思議解脱の法門を聞くも、解了《げりょう》する能わざること、此《かく》の若きと為すなり。智者は是れを聞かば、其れ誰れか阿耨多羅三藐三菩提《あのくたらさんみゃくさんぼだい》に心を発こさざらん。我等は何為《なんす》れぞ永く其の根を絶てるや。此の大乗に於いて、已に敗*種の如し。一切の声聞は是の不可思議解脱の法門を聞かば、皆な応に号泣の声をして三千大千世界を震わすべし。一切の菩薩は、応に大いに欣慶して、此の法を*頂受せん。若し菩薩にして不可思議解脱の法門を*信解《しんげ》する者有らんに、一切の魔の衆は、之れを如何んともすること無けん」と。大迦葉、是の語を説く時、三万二千の天子、皆な阿耨多羅三藐三菩提に心を発こせり。

爾の時、維摩詰は大迦葉に語れり。「仁者よ、十方無量阿僧祇の世界中にて魔王と作る者は、[五]多くは是れ不可思議解脱に住する菩薩の方便力を以って衆生を教化すべく、現じて魔王と作るなり。又た迦葉よ、十方の無量の菩薩に、或るいは人有りて従いて手・足・耳・鼻・頭・目・髄・脳・血・肉・皮・骨、聚落・城邑・妻子・奴婢・象・馬・車乗、金・銀・琉璃《るり》・車磲《しゃこ》・馬瑙《めのう》・珊瑚《さんご》・琥珀《こはく》・真珠《しんじゅ》・珂貝《かばい》・衣服《えぶく》・飲食を乞わん。此《かく》の如くに乞わん者は、[六]多く是れ不可思議解脱に住する菩薩の方便力を以って往きて之れを試し、*其れを

四 色像　形あるもの rūpagata

五 多　(チ)は「すべては」という。

六 多　(チ)「大部分は（phal cher)」

堅固ならしむるなり。所以《ゆえ》は何《いか》んとなれば、不可思議解脱に住する菩薩は、*威徳力有るが故に、現に逼迫を行じ、諸衆生に是《かく》の如きの難事を示すなり。凡夫は下劣にして、力勢有ること無ければ、*是の如く菩薩を逼迫すること能わず。譬えば*龍象の蹴踏は、驢の堪ゆる所に非ざるが如し。是れを不可思議解脱に住する菩薩の*智慧・方便の門と名づく」。

観衆生品 第七

㊅五四七中

衆生観——衆生は存在しない

爾《そ》の時、文殊師利は維摩詰に問いて言わく、「菩薩は云何んが衆生を観ずるや」。

維摩詰は言えり。「譬えば幻師の所*幻人を見るが如く、菩薩の衆生を観ずること、此《かく》の若《ごと》しと為す。*智者の水中の月を見る如く、鏡中に其の面像を見る如く、熱時の焔の如く、呼声の響の如く、空中の雲の如く、水の聚沫《じゅまつ》の如く、水上の泡の如く、芭蕉の堅の如く、*電の久住の如く、第五の大の如く、第六の陰の如く、第七の情の如く、十三入の如く、十九界の如し。*菩薩の衆生を観ずること此《かく》の若しと為す。無色界の色の如く、*焦穀《しょうこく》の芽の如く、*須陀洹《しゅだおん》の身見の如く、阿那含《あなごん》の入胎の如く、阿羅漢《あらかん》の三毒の如く、[一]得忍《とくにん》の菩薩の貪《とん》・恚《い》・毀禁《きごん》の如く、仏の[二]煩悩の習の如く、盲者の色を見る如く、*滅尽定に入れるものの出入息の如く、空中の鳥跡の如く、*石女《しゃくにょ》の児の如く、[三]化人《けにん》の煩悩を起こす如く、夢に見る所の已に寤《さ》めたるが如く、*滅度せる者の身を受くるが如く、*烟無きの火の如し。菩薩の衆生を観ずること、此《かく》の若《ごと》しと為す」。

一　得忍の菩薩の貪・恚・毀禁の如く　「得忍の菩薩」は、第七地に在って無生法忍を得た菩薩。「毀禁」は、禁戒を破毀すること。

二　煩悩の習　菩薩は煩悩は断っているが、なおその習気（残滓）はあるとされる。仏にはもちろん残滓すらない道理。

三　化人　㈠「如来によって化作されたもの」

衆生に対する慈のあり方

文殊師利は言えり。「若し菩薩、是の観を作《な》さば、云何《いかん》が慈を行ぜんや」。

維摩詰の言わく、「菩薩は是の観を作し已《おわ》りて自ら念ず。我れ当に衆生の為めに斯《かく》の如きの法を説くべし。是れ即ち*真実の慈なり。寂滅の慈を行ず、*所生無きが故なり。[四]不熱の慈を行ず、煩悩無きが故なり。*等の慈を行ず、三世に等しきが故なり。*無諍《むじょう》の慈を行ず、畢竟じて所起《しょき》無きが故なり。不二の慈を行ず、[五]内外の合せざるが故なり。不壊《ふえ》の慈を行ず、畢竟じて尽くるが故なり。堅固の慈を行ず、[六]心に毀無きが故なり。清浄の慈を行ず、[七]諸法は性として浄なるが故なり。*無辺の慈を行ず、虚空の如くなる故なり。阿羅漢の慈を行ず、*結の賊を破るが故なり。菩薩の慈を行ず、[八]衆生を安んずるが故なり。如来の慈を行ず、[九]如の相を得るが故なり。仏の慈を行ず、*衆生を覚らすが故なり。*自然の慈を行ず、無因にして得るが故なり。菩提の慈を行ず、*等一味なるが故なり。*無等の慈を行ず、諸愛を断ずるが故なり。大悲の慈を行ず、導くに大乗を以ってするが故なり。[一〇]無厭の慈を行ず、空・無我を観ずるが故なり。法施の慈を行ず、*遺惜無きが故なり。持戒の慈を行ず、毀禁《きごん》を化するが故なり。忍辱《にんにく》の慈を行ず、*彼・我を護るが故なり。精進《しょうじん》の慈を行ず、衆生を荷負《かふ》するが故なり。禅定の慈を行ず、味を受けざるが故なり。智慧の慈を行ず、*時を知らざる無きが故なり。方便の慈を行ず、*一切の示現するが故なり。*無隠《むおん》の慈を行ず、直心《じきしん》の清浄なるが故なり。深心《じんしん》の慈を行ず、*雑行《ぞうぎょう》無きが故なり。無誑《むおう》の慈を行ず、[一一]虚仮《こけ》ならざるが故なり。安楽の慈を行ず、*仏楽を得しむるが故なり。菩薩の慈は此の若しと為すなり」。

文殊師利は又た問えり。「何をか謂いて悲と為すや」。答えて曰わく、「*菩薩の作る所の

四　不熱　(チ)(蔵)「熱（gduṅ = tāpa）の無い」

五　内外の合せざる　「内外」とは内外入、すなわち主客の二をいう。二の相対を合という（什注）。

六　心に毀無きが故なり　(チ)「心は金剛のように不壊であるから」

七　諸法は性として浄なるが故なり　(チ)「本性清浄（prakṛtipariśuddhi）であるから」

八　衆生を安んずる　(チ)(蔵)「衆生を成熟させて、間断がない」

九　如の相を得るが故なり　(チ)「真如（tathatā）に通達した（āgata）から」。これは「如来（tathāgata）」の語義解釈。

一〇　無厭の慈を行ず　以下は什の言う「衆行によって名づける慈」

(大)五四七下

一一　虚仮ならざる　(チ)「人工のものでない（akṛtrima）」

功徳は、皆な一切衆生と、之れを共にす」。

「何をか謂いて喜と為すや」。答えて曰わく、「饒益《にょうやく》する所有らば、歓喜して悔無し」。

「何をか謂いて捨と為すや」。答えて曰わく、「*作る所の福祐に、悕望《けもう》する所無し」。

生死は根底無し

文殊師利は又た問えり。「生死に畏《おそれ》有る菩薩は当に何を所依とすべきや」。維摩詰の言わく、「菩薩は生死の畏の中に於いて、当に*如来の功徳の力に依るべし」。文殊師利は又た問う。「菩薩は如来の功徳の力に依らんと欲せば、当に何《いず》くに住すべきや」。答えて曰わく、「菩薩、如来の功徳の力に依らんと欲せば、当に*一切衆生を度脱せしむるに住すべし」。又た問う。「衆生を度せんと欲せば、当に何が除く所なるべきや」。答えて曰わく、「衆生を度せんと欲せば、其の煩悩を除け」。又た問う。「煩悩を除かんと欲せば、当に何の行う所なるべきや」。答えて曰わく、「当に*正念《しょうねん》を行ずべし」。又た問う。「云何《いか》んが正念を行ずるや」。答えて曰わく、「当に不生不滅を行ずべし」。又た問う。「何の法か生ぜず、何の法か滅せざる」。答えて曰わく、「不善は生ぜず、善法は滅せず」。又た問う。「善と不善とは孰《いず》れを本と為すや」。答えて曰わく、「身[一]を本と為す」。又た問う。「身は孰れを本と為すや」。答えて曰わく、「欲貪[二]を本と為す」。又た問う。「欲貪は孰れを本と為すや」。答えて曰わく、「*虚妄分別を本と為す」。又た問う。「*虚妄分別は孰れを本と為すや」。答えて曰わく、「顛倒想[三]を本と為す」。又た問う。「顛倒想は孰れを本と為すや」。答えて曰わく、「無住[四]を本と為す」。又た問う。「無住は孰れを本と為すや」。答えて曰わく、「無住ならば則ち

一　身　(チ) 'jig tshogs=satkāya (有身)

二　欲貪　(チ)「欲望と愛著(kāmarāga)」

三　顛倒想　viparyastā saṃjñā　一般に無常なるものを常と想うなどの四種をいう。

四　無住　apratiṣṭhā (apratiṣṭhāna)　依って立つところ(根底)がないこと。

本無し。文殊師利よ、無住*の本より、一切法を立つるなり」。

天女散華——天女、舎利弗をからかう

時に維摩詰の室に一天女有り。諸もろの大人[五]を見、所説の法を聞きて、便*ち其の身を現ぜり。即《ただ》ちに天華《てんげ》を以って諸もろの菩薩・大弟子の上に散ぜり。華は諸菩薩に至るや、即ちに皆な堕落《おち》ぬ。大弟子に至りては、便ち著して堕ちず。一切の弟子は神力もて華を去るに、去らしむること能わず。爾《そ》の時に、天女、舎利弗に問えり。「何の故に華を去るや」。答えて曰わく。「此の華は如法*ならず。是こを以って之れを去るなり」。天の曰わく。「此の華を謂いて如法ならずと為す勿かれ。所以《ゆえ》は何んとなれば、是の華には分別する所無し。仁者は自ら分別想を生むのみ。若し仏法[六]に於いて出家せば、分別する所有るは如法ならずと為す。若し分別する所無ければ、是れ則ち如法なり。諸菩薩を観るに、華の著かざるは已に一切の分別想を断ぜるが故なり。譬《たと》えば人の畏るる時、非人[七]の其の便を得るが如し。是の如きの弟子は生死を畏るるが故に、色・声・香・味・触、其の便を得るなり。已に畏れを離るる者は一切の五欲[八]は能く為す無きなり。結習*、未だ尽きざれば、華、身に著すのみ。結習尽きなば、華は著かざるなり」と。

解脱の相

舎利弗は言えり。「天よ、此の室に止まりて、其の已《すで》に久しきや*」。答えて曰わく、「我れ此の室に止まること、耆《ぎ》年《ねん》[九]の解脱の如し」。舎利弗の言わく、「此《こ》こに止まること久しき

五 大人 菩薩摩訶薩をさす。

(大)五四八上

六 仏法 (チ)「善く説かれた法と律（dharma-vinaya）」

七 非人 amanusya 天龍八部衆のあとに並べられる「人ならざるもの」とは、一種の悪霊をさす。

八 五欲 前掲の色等の五種を対象とし、五官を通じて生ずる欲〈法数一覧参照〉。衆生はこれによって欲界にとどまる。

九 耆年 年をとったもの。(チ)「長老（sthavira）」。ここでは舎利弗をさす。

や」。天の曰わく、「耆年の解脱も亦た何ほどか久しきや」。舎利弗、黙然として答えず。天曰わく、「如何んが耆旧《きく》[一]の大智にして黙せるや」。答えて曰わく、「[二]解脱者は言説する所無し。故に吾れ是こに於いて云う所を知らず」。天の曰わく、「言説・文字は皆な解脱の相なり。所以《ゆえ》は何《いか》んとなれば、解脱者は内ならず、外ならず、両間に在らず。文字も亦た内ならず、外ならず、両間に在らず。是の故に舎利弗よ、文字を離れて解脱を説く無かれ。所以は何んとなれば、一切諸法*は是れ解脱の相なり」。舎利弗の言わく、「復た婬《いん》[三]・怒《ぬ》・癡《ち》を離るるを以って、解脱と為さざるや」。天曰わく、「仏、増上慢人《ぞうじょうまんにん》[四]の為めに婬怒癡を離る る[を以って]解脱と為すと説くのみ。若し増上慢の者無ければ、仏は婬怒癡の性、即ち是れ解脱なりと説くなり」。舎利弗の言わく、「善きかな、善きかな。天女よ、汝は何を*か得る所なる。何を以って証と為し、弁ずれば乃ち是の如くなるや」。天の曰わく、「我れ得無く、証無きが故に弁ずること是の如し。所以は何んとなれば、若し得有り、証有らば、即ち仏法*に於いて増上慢と為す」。

舎利弗は天に問えり。「[五]汝は三乗に於いて、何れの志求を為すや」。天の曰わく、「声聞《しょうもん》法《ほう》を以って衆生を化すが故に、我れ声聞と為る。因縁法*を以って衆生を化すが故に、我れ辟支仏《びゃくしぶつ》と為る。[六]大悲法を以って衆生を化すが故に、我れ大乗と為る。舎利弗よ、人の瞻蔔《せんぷく》*林《りん》に入りて、唯だ瞻蔔を嗅ぎて、余香を嗅がざるが如し。是の如く若し此の室に入れば、但だ[七]仏功徳の香を聞き、声聞・辟支仏の功徳の香を聞くことを楽《ねが》わざるなり。舎利弗よ、其れ釈・梵・四天王・諸天・龍・鬼神*等有りて、此の室に入れば、斯の上人*の正法を講説するを聞いて、皆な仏功徳の香を楽い、発心《ほっしん》して出でん。舎利弗よ、吾れ此の室に止まる

一　耆旧の大智にして黙せるや　舎利弗は弟子中の長老で、智慧第一といわれる。「あなたほどの智慧のある方が、どうして黙っているのですか」の意。
二　解脱者は言説する所無し　「解脱はことばでは表現できない（anabhilāpyo vimokṣaḥ）」
三　婬・怒・癡　貪（むさぼり）・瞋（いかり）・癡（無知）の三毒〈法数一覧参照〉。この用語は㊆の踏襲。
四　増上慢人　abhimānika 己れの徳や果報を自慢するもの。
五　汝は三乗に於いて、何れの志求を為すや　㊅「汝は声聞乗の者（śrāvakayānika）か、独覚乗の者（pratyekabuddhayānika）か、それとも大乗の者（mahāyanika）か」
六　大悲法を以って衆生を化すが故に　㊅「大悲を捨てないので」
七　仏功徳の香　㊅「仏の法の功徳の香（buddhadharmaguṇagandha）」、この「法」は教え＝大乗法。

㊇五四八中

こと十有二年なり。初めより声聞・辟支仏法を説くを聞かず。但だ菩薩の大慈大悲、不可思議なる諸仏の法を聞くのみ。

八つの奇蹟

舎利弗よ、此の室は常に八の未曾有・難得の法[八]を現ず。何等をか八と為す。(1)此の室、常に金色の光を以って照らすこと、昼夜に異無し。日月の照らす所を以って明と為さず。是れを一の未曾有・難得の法と為す。(2)此の室は、入る者、諸垢《しょく》の悩ます所と為らざるなり。*是れを二の未曾有・難得の法と為す。(3)此の室は、常に釈・梵・四天王・他方[九]の菩薩有りて、来会《らいえ》すること絶たず。是れを三の未曾有・難得の法と為す。(4)此の室、常に六波羅蜜、不退転の法を説く。是れを四の未曾有・難得の法と為す。(5)此の室、常に天人第一の楽《がく》を作り、絃は無量の法化《ほうけ》の声[一〇]を出だす。是れを五の未曾有・難得の法と為す。(6)此の室に*四大蔵有り。衆宝積満《しゃくまん》し、*窮を賙《にぎわ》し、乏しきを済《すく》い、求め得ること無尽なり。是れを六の未曾有・難得の法と為す。(7)此の室は、釈迦牟尼仏・阿*弥陀仏・阿閦仏《あしゅくぶつ》・宝徳・宝炎・宝月・宝厳《ほうごん》・難勝・師子響・一切利成《いっさいりじょう》、是の如き等の十方の無量の諸仏、是の上人の念ずる時、即ち皆な為めに来たりて*諸仏の秘要の法蔵を広説し、説き已りて還《ま》た去る。是れを七の未曾有・難得の法と為す。(8)此の室は、一切の諸天の厳飾《ごんじき》の宮殿・諸仏の浄土、皆な中に於いて現ず。是れを八の未曾有・難得の法と為す。舎利弗よ、此の室は常に八の未曾有・難得の法を現ず。誰れか斯の不思議事を見て、而も復た声聞法を楽しむもの有らんや」。

八　八の未曾有・難得の法　(チ)「ふつうでは見られない不思議な性質（āścary=ādbhutadharma）」〈法数一覧参照〉

九　他方　他の仏国土。

一〇　無量の法化の声　(チ)「無量の仏の法（おしえ）を成就する声」

性の転換

(大)五四八下

舎利弗の言わく、「汝は何を以って女身を転ぜざるや[*]」。天の曰わく、「我れ十二年より来《このかた》、女人相を求めて、了《つい》に不可得なり。当に何れにか転ぜらるべきや[一]。譬えば幻師の幻女を化作《けさ》するが如し。若し人有りて、何を以って女身を転ぜざると問わんに、是の人、正しく問えりと為すや、不《いな》や」。舎利弗の言わく、「不《いな》なり。幻に定相無し[二]。当に何れに転ぜらるべきや」。天の曰わく、「一切諸法も亦復《また》是の如し。定相有ること無し。云何んが乃ち女身を転ぜざるを問わんや」。即時に天女は神通力を以って、舎利弗を変じて天女の如くならしむ。天は自ら身を化して舎利弗の如し。而《しか》して問いて言わく。「何を以って女身を転ぜざる」。舎利弗、天女の像《すがた》を以って答えて言わく、「我れ今、何《いか》に転じて、変わりて女身と為れるやを知らず」。天の曰わく、「舎利弗よ、若し能く此の女身を転ぜば、則ち一切の女人も亦た当に能く転ずべし。舎利弗の女に非ずして、女身を現ずるが如く、一切の女人も亦復《また》是の如し。女身を現ずると雖も、女には非ざるなり。是の故に仏は、一切諸法は男に非ず、女に非ずと説きたまえり」。即時に天女は還《ま》た神力を摂《おさ》めり。舎利弗の身は還復故《またもと》の如し。天、舎利弗に問えり。「女身の色相[三]、今何所くにか在る」。舎利弗の言わく、「女身の色相は在ること無く[四]、在らざること無し」。天の曰わく、「一切諸法も亦復《また》是の如し。在ること無く、在らざること無し。夫れ在ること無く、在らざること無きは、仏の所説なり[五]」。

舎利弗は天に問えり。「汝は此こに於いて没して、当に何所《いず》くにか生まるべきや」。天の曰わく、「仏化の所生[六]あり、吾れは彼れの生の如し」。曰わく、「仏化の所生は没《もつ》[七]して生ず

一　当に何れにか転ぜらるべきや　「いったい何を変えろとおっしゃるのですか」。(チ)はこの句なし。

二　定相無し　(チ)「真実完成したものは何らない (na kiṃcid bhūtaṃ pariniṣpannam)」

三　女身の色相　前の(天)女像と同じ。女のすがた (strīrūpa)。

四　在ること無く、在らざること無し　(チ)「つくられることもなく、かえられることもない (na kṛto na parivṛttaḥ)」。以下再出の場合も同様。

五　仏の所説なり　(チ)「仏のことば (buddhavacana)」。仏のことばは作られたものでもなく、変えられない、の意であろう。

六　仏化の所生　(チ)「如来によって化作されたものたち」

七　没して生ずるには非ざるなり　(チ)「退死 (cyuti) もなく生起 (upapatti) もない」

るには非ざるなり」。天の曰わく、「衆生は猶お然り。没生無きなり」。

舎利弗は天に問えり。「汝は久しくして、当に阿耨多羅三藐三菩提《あのくたらさんみゃくさんぼだい》を得べきや」。天の曰わく、「[八]舎利弗の還《かえ》りて凡夫と為るが如くんば、我れも乃ち当に阿耨多羅三藐三菩提を成ずべし」。舎利弗の言わく、「我れ凡夫と作《な》ること、是の処《ことわ》り有ること無し」。天の曰わく、「我れ阿耨多羅三藐三菩提を得ること、亦た是の処り無し。所以は何んとなれば、菩提に[九]住処無し。是の故に得る者有ること無し」。舎利弗の言わく、「今、*諸仏は阿耨多羅三藐三菩提を得、已《すで》に得、当に得たまうべきもの恒河《ごうが》の沙の如しと。皆な何をか謂うや」。天の曰わく、「皆な[一〇]世俗の文字と数とを以っての故に、[一一]三世有りと説く。[一二]菩提に去《こ》・来《らい》・今《こん》有りと謂うには非ざるなり」。天の曰わく、「舎利弗よ、汝は阿羅漢道《あらかんどう》を得たるや」。曰わく、[一三]「無所得の故に得たり」。天の曰わく、「諸仏・菩薩も亦《また》復是の如し。無所得の故に、而《しか》も得るなり」。

爾《そ》の時、維摩詰は舎利弗に語れり。「是の天女は已曾《かって》九十二億の仏を供養したてまつり已《おわ》りて、能く菩薩の神通《じんずう》に遊戯《ゆげ》す。所願具足して、無生忍《むしょうにん》を得、不退転に住せん。[一四]本願を以っての故に、意に随いて能く現じて、衆生を教化するなり」。

仏道品第八

菩薩の道

爾《そ》の時、文殊師利は維摩詰に問うて言わく、「菩薩は云何んが仏道に*通達するや」。

八 舎利弗の還りて凡夫と為る……「舎利弗が凡夫の身に還ったら、私も直ちに無上菩提をさとりましょう」の意。

九 住処無し (チ)「菩提はよりどころでないところをよりどころとしている(apratiṣṭhānapratiṣṭhita)」。補註三七頁(三三1)参照。

一〇 世俗の文字と数 (チ)「文字や数による世俗の(世間できめられた)ことば(saṃketikâdhivacana)」

一一 三世有りと説く (チ)「諸仏が過去・未来・現在に有ると説くのは」

一二 菩提に去・来・今有り…… (チ)「諸仏は過去でも未来でも現在でもなく、菩提は三世を超越している」

一三 無所得の故に (チ)「無得(aprāpti)という因によって」

一四 本願を以っての故に (チ)「誓願の力で(praṇidhānavaśena)」

㊅五四九上

維摩詰の言わく、「若し菩薩にして非道[一]を行ずれば、是れを仏道に通達すと為す」。

又た問う。「云何んが菩薩は非道を行ずるや」。

答えて曰わく、「若し菩薩にして五無間《ごむけん》[二]を行じて而も*悩恚無く、*地獄に至りても諸もろの罪垢《ざいく》無く、*畜生に至りても無明《むみょう》・憍・慢等の過有ること無く、*餓鬼に至りても功徳を具足し、*色・無色界の道を行じても以って勝れりと為さず、貪欲《とんよく》を行ずるを示すも諸もろの染著《ぜんじゃく》を離れ、瞋恚《しんい》を行ずるを示すも諸衆生に於いて*恚閡《いげ》有ること無く、愚癡を行ずるを示すも智慧を以って其の心を調伏《じょうぶく》[三]し、慳貪《けんどん》を行ずるを示すも内外の所有《しょう》[四]を捨てて身命を惜しまず、毀禁《きごん》を行ずるを示すも浄戒[五]に安住し、乃至、小罪にも猶お大懼を懐き、瞋恚《しんい》を行ずるを示すも常に慈忍[六]し、懈怠《けたい》を行ずるを示すも功徳[七]を懃修《ごんしゅ》し、乱意[八]を行ずるを示すも常に念定《さだ》まり、*愚癡を行ずるを示すも世間・出世間の慧《え》に通達し、*諂偽《てんぎ》を行ずるを示すも善方便もて*諸経の義に随い、憍慢を行ずるを示すも衆生に於いて猶お*橋梁の如く、諸もろの煩悩を行ずるを示すも心[九]は常に清浄たり、魔に入る[一〇]を示すも仏の智慧に順じて他教に随わず[一一]、声聞に入るを示すも衆生の為めに未聞の法を説き、辟支仏に入るを示すも大悲を成就して衆生を教化し、貧窮《ひんぐ》に入るを示すも宝手有りて[一二]功徳は尽きること無く、*刑残に入るを示すも諸相好を具して、以って自ら荘厳し、下賤に入るを示すも*仏種姓《ぶっしゅしょう》中に生まれて諸もろの功徳を具え、羸劣醜陋《えいれつしゅうろう》に入るを示すも那羅延身《ならえんしん》[一三]を得て、一切衆生の楽見《ぎょうけん》する所となり、老・病に入るを示すも永《よう》に病根を断じて死畏を超越し、*資生有ることを示すも恒《つね》に無常を観じて実に貪る所無く、妻妾采女《さいしょうさいにょ》有ることを示すも常に五欲の淤泥《おでい》を遠離《おんり》し、*訥鈍《とつどん》を現ずるも弁才を成就して総持《そうじ》に失無く、*邪済に入るを示すも正済を以って諸もろの衆生を度し、

一　非道　agati 行なうべからざること。非道を行ずる＝agatim gacchati 菩薩は衆生を救うためには非道を行なって（とみせて）までして地獄にすらも赴く。ただし、ここの趣意は、五無間も地獄も空（菩薩も衆生も空）ということである。
二　五無間　法数一覧参照。五無間業は非道の業の最たるもの。その結果は地獄へ直結（無間＝間をおかない）。
三　調伏　(チ)「洞察（nidhyai-）」。上掲、補註七頁（一〇3）と同じ訳風。
四　所有　(チ)「布施物（dānavastu）」。以下、六波羅蜜に関説。
五　浄戒　(チ)(玄)「頭陀行を身につけ、少欲・知足に安住する」
六　慈忍　慈愛をもって耐え忍ぶの意。(チ)は「全く害意なく慈に安住する」
七　功徳　(チ)(玄)「善根〔を追求すること〕」
八　乱意　(チ)「感官（根）の錯乱」。乱意は通常は散乱心、すなわち定心の反対の日常的な心のあり方をいう。
九　心は常に清浄たり　(チ)「本性清浄（prakṛtipariśuddhi）」
一〇　入　以下、(什)は「行」の代わりに「入」と訳すが、原語は(チ)によれば）上来と同じ。
一一　仏の智慧に順じて他教に随わず　(チ)「仏のすべての法(教え)について、他人の導きにしたがわない（aparapraṇeya）」
一二　宝手有りて功徳は尽きること無く　(チ)「無尽の財宝を手にしている」
一三　那羅延身　ナーラーヤナ神の身体。

*遍ねく諸道に入るを現ずるも其の因縁を断ち、涅槃を現ずるも生死を断ぜず。文殊師利よ、菩薩は能く是《かく》の如く非道を行ず。是れを仏道に通達すると為すなり」。

如来種とは何か

是こに於いて維摩詰は文殊師利に問えり。「何等をか*如来の種と為すや」。

文殊師利の言わく、「有身《うしん》を種と為し、[一四]無明《むみょう》・有愛《うあい》を種と為し、貪《とん》・恚《い》・癡を種と為し、四顚倒《してんどう》を種と為し、[一五]五蓋《ごがい》を種と為し、六入を種と為し、[一六]七識処を種と為し、[一七]八邪法を種と為し、[一八]九悩処《くのうしょ》を種と為し、十不善道を種と為す。*要を以って之れを言えば、六十二見及び一切の煩悩は皆な是れ仏種なり」。

曰わく、「何の謂ぞや」。

答えて曰わく、「若し*無為を見て正位に入れる者は、*復た阿耨多羅三藐三菩提に心を発こすこと能わず。*譬《たと》えば高原の陸地《ろくち》は蓮華を生ぜず、卑湿の淤泥《おでい》は乃ち此の華を生ずるが如し。是の如く無為法を見て正位に入れる者は、終に復た能く仏法を生ぜず、煩悩の泥中に乃ち衆生有りて仏法を起こすのみ。又た種《たね》を空に殖ゆるも終に生ずることを得ず、[一九]糞壌《ふんじょう》の地に乃ち能く滋茂するが如し。是の如く無為〔法を見て〕正位に入れる者は仏法を生ぜず。*我見《がけん》を起こすこと、須弥山の如くなるも、猶お能く阿耨多羅三藐三菩提に心を発こして仏法を生ず。是の故に当に知るべし、*一切の煩悩を如来の種と為す。譬えば巨海に下りずしては、無価《むげ》の宝珠を得ること能わざる如く、是の如く煩悩の大海に入らざれば、則ち*一切智の宝を得ること能わず」と。

大力無双でしかも見てすばらしい（darśaniya 所楽見）とされる。

一四　無明・有愛　有愛は生存への執着。この二つで煩悩を代表させることがある。(大)五四九中

一五　五蓋　五種の（清浄心を）蔽いかくすもの〈法数一覧参照〉。

一六　七識処　㊅「七識住」。三界の九地（禅定の段階）に応じる識のあり方。〔識住 vijñānasthiti――受・想・行・識蘊の総体〕七種（什注に概説あり）。〈法数一覧参照〉。

一七　八邪法　㊅「八邪（mithyātva）」〈法数一覧参照〉。

一八　九悩処　㊅「九悩事（āghātavastu）」。九種の害心をいだくこと。〈法数一覧参照〉。

一九　糞壌の地　こやしのきいた土。(チ)は単に「地」という。

大迦葉の歎き

爾の時、大迦葉《だいかしょう》は歎じて言わく、「善きかな、善きかな、文殊師利よ、快く此の語を説けることよ。誠に所言の如し。*塵労の疇を如来の種と為すとは。我等は今や、復た阿耨多羅三藐三菩提に心を発こすに堪任《かんにん》せず。[一]乃至、五無間罪《ごむけんざい》も猶お能く意を発こし、仏法を生ず。而《しか》るに今や、我等は永に発こすこと能わず。*譬えば根敗《こんばい》の士の如し。其れ五欲に於いて、復た利すること能わず。是の如く声聞にして*諸結の断ぜる者は、仏法中に於いて、復た益する所無く、[二]永く志願せず。是の故に文殊師利よ、凡夫は仏法に於いて*返復《へんぷく》有るも、声聞には無きなり。所以《ゆえ》は何んとなれば、凡夫は仏法を聞きて、能く[三]無上道心を起こして*三宝を断たず。正使《もし》声聞は身を終るまで、[四]仏法・力・無畏等を聞くとも、永に無上道意を発こすこと能わざらん」。

菩薩の家族

爾《そ》の時、会中《えちゅう》に菩薩の*普現色身《ふげんしきしん》と名づくる有りて、維摩詰に問うて言わく、「居士よ、*父《ぶ》母《も》・妻子・親戚・眷属・吏民・知識、悉く是れ誰れと為すや。奴婢・僮僕・*象・馬・車乗、皆な何《いず》れの所にか在る」と。

是こに於いて維摩詰は偈《げ》を以って答えて曰わく。

「*智度は菩薩の母なり、方便は以って父と為す。
一切衆の導師にして、是こ由《よ》り生ぜざる無し。〔一〕
*法喜は以って妻と為し、*慈悲心を女《むすめ》と為し、

㊅五四九下

一　乃至、五無間罪　煩悩を有している者ならば、極端にいえば五無間罪を犯したものに至るまで、の意。

二　永く志願せず　(チ)「それ(=仏法)をとりもどす(phyir dmigs pa = prati-labh-)ことはできない」

三　無上道心を起こして　発阿耨多羅三藐三菩提心と同じ(道=菩提)。次の「発無上道意」も同じ。

四　仏法　ここでは仏の諸徳性の意。

五　意の転ずる所に随い　思いどおりに使われる（弟子）。菩薩は煩悩を駆使するが、煩悩に使われることはない。
六　等侶　つれ、友達。(チ) grops-po (mitra/ sahāya/ sakhi)（あるいは女性形か?-）

*善心・誠実を男《むすこ》とし、*畢竟空寂を舎《いえ》とす。〔二〕
弟子衆は塵労にして、意[五]の転ずる所に随い、
*道品は善知識、是こに由りて正覚を成ず。〔三〕
諸度は法の等侶[六]《とうりょ》、四摂《ししょう》は*伎女為り。
歌詠は法言を誦し、此れを以って音楽と為す。〔四〕
*総持《そうじ》の園苑には、無漏法の林樹あり、
覚意の浄妙華、解脱と智慧の果あり。〔五〕
*八解《はちげ》の浴池には、定水《じょうすい》、湛然として満ち、
布《し》くに七浄華《しちじょうけ》を以ってし、此の無垢の人を浴《ゆあみ》せしむ。〔六〕
*象馬《ぞうめ》の五通馳せ、大乗は以って車為り、
調御するに一心を以ってし、八正路《はっしょうろ》に遊ぶ。〔七〕
*相は具して以って容を厳《かざ》り、衆好は其の姿を飾り、
慚愧の上服あり、深心を華鬘《けまん》と為す。〔八〕
*富は七財宝有り、教授して以って滋息《じそく》し、
所説の如く修行し、廻向するを大利と為す。〔九〕
*四禅を床座と為し、浄命より生じ、
多聞して智慧を増し、以って自覚の音と為す。〔一〇〕
*甘露法の食は、解脱味を漿と為し、
浄心は以って澡浴し、戒品を塗香《ずこう》と為す。〔一一〕

㊅五五〇上

*煩悩の賊を摧滅し、勇健《ゆうごん》、能く踰《こ》ゆる無し、
四種の魔を降伏《ごうぶく》し、勝幡《しょうばん》を道場に建つ。〔一二〕
*起滅無きを知ると雖も、彼れらに示すが故に生有り、
悉く諸国土を現ずること、日の見《あらわ》れざる無きが如し。〔一三〕
十方に於いて、無量億の如来を*供養するに、
諸仏及び己身《こしん》に、分別の想有ること無し。〔一四〕
諸仏国と、及び*衆生の空《くう》を知ると雖も、
常に浄土を修して、群生を教化す。〔一五〕
*諸有《しょう》の衆生類の、形声、及び威儀を
無畏力ある菩薩は、一時に能く尽《ことごと》く現ず。〔一六〕
衆もろの魔事を覚知するも、其の行に随うを示し、
*善方便の智を以って、意に随いて皆な能く現ず。〔一七〕
*或るいは老病死を示して、諸群生を成就せしめ
幻・化の如しと了知して、通達して礙有ること無し。〔一八〕
*或るいは劫尽の焼を現じ、天地皆な洞然《どうねん》たり、
衆人に常想有るを照らして無常と知らしむ。〔一九〕
*無数億《むしゅおく》の衆生、倶に来たりて菩薩に請えば、
一時に其の舎《いえ》に到りて、化して仏道に向かわしむ。〔二〇〕
*経書・禁呪の術、工巧《くぎょう》・諸伎芸——

㊅五五〇中

尽く此の事を行ずるを現じて、諸もろの群生を饒益《にょうやく》す。〔二一〕
*世間の衆もろの道法は、悉く中に於いて出家し、
因りて以って人惑を解き、邪見に堕《だ》せず。〔二二〕
*或るいは日月天、梵王、世界主と作《な》り、
或る時は地・水と作り、或るいは復た風・火と作る。〔二三〕
*劫中に疾疫有らば、現じて諸薬草と作る。
若し之れを服する者有らば、病を除き衆毒を消す。〔二四〕
*劫中に飢饉有らば、身を現じて飲食と作《な》り、
先ず彼の飢渇を救い、却りて法を以って人に語る。〔二五〕
*劫中に刀兵有らば、之れが為めに慈心を起こし、
彼の諸衆生を化して、無諍地《むじょうち》に住せしむ。〔二六〕
*若し大戦陣有らば、之れに立つに等力を以ってし、
菩薩は威勢を現じて降伏して和安ならしむ。〔二七〕
*一切の国土中諸有《しょう》の地獄処には、
輒《すなわ》ち往いて彼《かしこ》に到り、其の苦悩を勉済す。〔二八〕
*一切の国土中に畜生相い食噉《じきたん》せば、
皆な彼に生るるを現じ、之れが為めに利益《りやく》を作す。〔二九〕
*五欲を受くるを示し、亦復《また》禅を行ずるを現ず。
魔心を憒乱《かいらん》して、其の便を得る能わざらしむ。〔三〇〕

*火中に蓮華を生ず。是れ希有《けう》と謂う可し。
欲に在りて禅を行ずるは、希有なること亦た是《かく》の如し。〔三一〕
*或るいは現じて婬女《いんにょ》と作りて、諸もろの好色者を引く、
先には欲の鉤《かぎ》を以って牽《ひ》き、後に仏道に入らしむ。〔三二〕
*或るいは邑中《ゆうちゅう》の主と為り、或るいは商人の導、
国師及び大臣と作りて、以って衆生を祐利《ゆうり》す。〔三三〕
*諸有の貧窮《ひんぐ》者《しゃ》には、現じて無尽の蔵と作り、
因りて以って之れを勧導して、菩提心を発《お》こさしむ。〔三四〕
*我心憍慢《がしんきょうまん》の者には、為めに大力士を現じ、
諸もろの貢高を消伏《しょうぶく》して、無上道に住せしむ。〔三五〕
*其の恐懼《きょうく》有る衆には、前に居して慰安《いあん》し、
先に施すに無畏を以ってし、後に道心を発こさしむ。〔三六〕
*或るいは婬欲を離るるを現じ、五通の仙人と為り、
諸群生を開導して、戒・忍・慈に住せしむ。〔三七〕
*供事《くじ》を須《もちい》る者を見なば、現じて為めに僮僕と為り、
既に其の意を悦可せしめなば、乃ち発こすに道心を以ってす。〔三八〕
*彼の所須に随いて、仏道に入るを得しめ、
善方便力を以って、皆な能く之れを給足《くそく》す。〔三九〕
*是《かく》の如く道は無量にして、所行《しょぎょう》は涯《かぎり》有ること無く、

智慧は辺際無くして、無数《むしゅ》の衆を度脱す。〔四〇〕
[*]仮令《たとい》一切の仏が無量億劫に於いて、
其の功徳を讃歎するとも、猶尚《なお》尽くす能わざらん。〔四一〕
誰れか是の如き法を聞きて、菩提心を発こさざらん。
彼の不肖《ふしょう》の人、癡冥《ちみょう》・無智の者を除く」。〔四二〕

入不二法門品　第九

諸菩薩の入不二門観

爾《そ》の時、維摩詰は衆《もろ》もろの菩薩に謂いて言わく、「諸仁者よ、云何《いか》んが菩薩は不二《ふに》の法門に入るや。各おの[一]所楽《しょぎょう》に随って之れを説け」。

会中《えちゅう》に菩薩の[二]法自在《ほうじざい》と名づくる有り。説きて言わく、「諸仁者よ、生と滅とを二と為す。[三]法は本より不生にして、今則ち無滅なり。此の無生法忍《むしょうぼうにん》を得る、是れを不二の法門に入ると為す」。

[四]徳守《とくしゅ》菩薩曰わく、「我《が》・我所《がしょ》を二と為す。我《が》有るに因るが故に、便《すなわ》ち我所有り。[五]若し我《が》有ること無ければ、則ち我所無し。是れを不二の法門に入ると為す」。

[六]不眴《ふじゅん》菩薩曰わく、「[*]受《じゅ》と不受《ふじゅ》とを二と為す。若し法、受けざれば則ち不可得なり。不可得を以っての故に、[七]取無く、捨無く、[*]作無く、行無し。是れを不二の法門に入ると為す」。

[八]徳頂《とくちょう》菩薩曰わく、「垢《く》と浄《じょう》とを二と為す。[九]垢の実性《じっしょう》を見れば、則ち[一〇]浄相も無し。[一一]滅相に

一 所楽に随って yathāśayam「所楽」は、思うところ（楽＝ねがう）。(チ)欠。
二 法自在 Dharmavikurvaṇa 法を自由に変現する者。
三 法は本より不生にして……無滅なり (チ)「何であれ生ぜず起こらざるもの、それには何ら滅はない」
四 徳守 Śrigupta 吉祥な秘密。(チ)「吉祥な香（Śrigandha）」
五 若し我有ること無ければ、則ち我所無し (チ)「我〔有りと〕の想定（増益）がなければ、わがものに至るまでもなくなる」
六 不眴 Animiṣa 眴きしない。(大)五五〇下『大集経』中に不眴菩薩品があり、不眴のいわれが語られている。
七 取無く、捨無く (チ)「覚知することもなく、否定することもない」
八 徳頂 Śrikūṭa (玄)「勝峯（吉祥な山頂）」
九 垢の実性を見れば (チ)「垢を遍知する」。「垢の実性」は、垢が真実には存在しないこと。
一〇 浄相 (チ)「清浄（浄化 vyavadāna）の思い（rlom sems＝manyanā）」（相＝想）
一一 滅相 相（＝想）を滅する、の意。

順ずる、是れを不二の法門に入ると為す」。

[一]善宿《ぜんしゅく》菩薩曰わく、「*是れ動と是れ念とを二と為す。動かざれば則ち念無し。念無ければ則ち分別無し。此れに通達すれば、是れを不二の法門に入ると為す」。

[二]善眼《ぜんげん》菩薩曰わく、「一相と無相とを二と為す。若し*一相は即ち是れ無相と知れば、亦た無相を取らず、平等に入る。是れを不二の法門に入ると為す」。

[三]妙臂《みょうひ》菩薩曰わく、「菩薩心と声聞心とを二と為す。心相は空にして幻化の如しと観ずれば、菩薩心も無く、*声聞心も無し。是れを不二の法門に入ると為す」。

*弗沙《ほっしゃ》菩薩曰わく、「善と不善とを二と為す。若し善・不善を起こさず、[四]無相際に入りて通達すれば、是れを不二の法門に入ると為す」。

*師子《しし》菩薩曰わく、「*罪と福とを二と為す。若し罪性は則ち福と異なること無しと達して、金剛慧《こんごうえ》を以って、此の相を決了して、縛無く、解無ければ、是れを不二の法門に入ると為す」。

*師子意《ししい》菩薩曰わく、「有漏《うろ》と無漏《むろ》とを二と為す。若し諸法の等しきを得れば、則ち漏・不漏の想を起こさず。*相に著せず、亦た無相に任せざれば、是れを不二の法門に入ると為す」。

[五]浄解《じょうげ》菩薩曰わく、「*有為《うい》と無為《むい》とを二と為す。若し一切数を離るれば、則ち心、虚空の如し。清浄慧を以って所礙《しょげ》無ければ、是れを不二の法門に入ると為す」。

*那羅延《ならえん》菩薩曰わく、「世間と出世間とを二と為す。世間の性として空なる、即ち是れ出世間なり。其の中に於いて、*入らず、出でず、溢れず、散ぜざる、是れを不二の法門に入

一　善宿 Sunakṣatra よき星。

二　善眼 Sunetra すぐれた眼をもつ。

三　妙臂 Subāhu すぐれた臂力をもつ。

四　無相際に入りて　(チ)「因相（nimitta）も無因相（animitta）も無二と知る」

五　浄解 Śuddhâdhimukti 清浄な信解をもつもの。(チ)bde mos, Sukhâdhimukti ?　(大)五五一上

ると為す」。

[六]善意《ぜんい》菩薩曰わく、「生死《しょうじ》と涅槃とを二と為す。若し生死の性を見れば、則ち生死無し。*縛無く解無く、生ぜず滅せず。是《かく》の如く解せば、是れを不二の法門に入ると為す」。

[七]現見《げんけん》菩薩曰わく、「尽と不尽とを二と為す。法若し究竟《くきょう》して尽くるも、若しは尽きざるも、皆な是れ尽相無し。尽相無きは、即ち是れ空なり。空なれば則ち尽・不尽の相有ること無し。*是《かく》の如く入れば、是れを不二の法門に入ると為す」。

*普守《ふしゅ》菩薩曰わく、「我《が》と無我《むが》とを二と為す。我にして尚お不可得なり。非我《ひが》、何くんぞ得可けんや。[八]我《が》の実性を見れば、復た二を起こさず。是れを不二の法門に入ると為す」。

*電天《らいてん》菩薩曰わく、「明《みょう》と無明《むみょう》とを二と為す。無明の実性は即ち是れ明《みょう》なり。*明も亦た取る可からず、一切数《いっさいしゅ》を離る。其の中に於いて平等・無二なれば、是れを不二の法門に入ると為す」。

[九]喜見《きけん》菩薩曰わく、「色《しき》と色空《しきくう》とを二と為す。色即ち是れ空なり。色滅して空なるに非ず。色は性として自ずから空なり。是《かく》の如く受・想・行・識と識の空とを二と為す。識即ち是れ空なり。識の滅して空なるに非ず。識は性として自ずから空なり。*其の中に於いて通達すれば、是れを不二の法門に入ると為す」。

[10]明相《みょうそう》菩薩曰わく、「[11]四種の異と空種の異とを二と為す。四種の性は即ち是れ空種の性なり。前際・後際の空なるが如く、故に中際も亦た空なり。若し能く是の如く諸種の性を知れば、是れを不二の法門に入ると為す」。

*妙意《みょうい》菩薩曰わく、「眼《げん》と色《しき》とを二と為す。若し[12]眼の性を知りて、色に於いて貪らず、恚《いか》

六　善意　Dāntamati　(玄)「調順慧（訓練された智慧をもつ）」

七　現見　Pratyakṣadarśana　まのあたり見る。(支)目見。

八　我の実性を見れば、復た二を起こさず　(チ)「[我、無我] 両者の本質 svabhāva を知って、二としないこと」。「実性」は svabhāva

九　喜見　Priyadarśana　見て好ましい。

10　明相　Prabhāketu　光輝を旗じるしとする。

11　四種の異と空種の異とを二と為す　(地水火風の) 四大と空大とは別異な二つのものとみるのが二（の見）、仏教は古くから四大を色法に立て、虚空は無為法とする。ここではその両者の無二を主張する。前際・後際の「空」とは、「虚空を本性とする」の意。

12　眼の性を知りて　(チ)「眼を遍知して」。ここは内外の六入の不二をいう。

らず、癡ならざれば、是れを寂滅と名づく。是の如く耳と声、鼻と香、舌と味、身と触、意と法とを二と為す。若し意の性を知りて法に於いて貪らず、恚《いか》らず、癡ならざれば、是れを寂滅と名づく。其の中に安住する、是れを不二の法門に入ると為す」。

[一]無尽意《むじんに》菩薩曰わく、「布施と、一切智に廻向するとを二と為す。布施の*性は即ち是れ一切智に廻向するの性なり。是の如く持戒・忍辱・精進・禅定・智慧と、一切智に廻向するとを二と為す。智慧の性は即ち是れ一切智に廻向するの性なり。其の中に於いて一相に入れば、是れを不二の法門に入ると為す」。

*深慧《じんえ》菩薩曰わく、「是れ空、是れ無相、是れ無作《むさ》を二と為す。空は即ち無相、無相は即ち無作なり。若し*空は無相・無作なれば、則ち心・意・識無けん。一解脱門に於いて、即ち是れ三解脱門なれば、是れを不二の法門に入ると為す」。

[二]寂根《じゃくこん》菩薩曰わく、「仏と法と衆とを二と為す。仏は即ち是れ法、法は即ち是れ衆なり。是の[三]三宝は皆な無為相にして虚空と等し。一切法も亦た爾《しか》り。能く此の行に随わば、是れを不二の法門に入ると為す」。

[四]心無礙《しんむげ》菩薩曰わく、「*身《しん》と身滅《しんめつ》とを二と為す。身は即ち是れ身滅なり。所以《ゆえ》は何《いか》んとなれば、身の実相を見れば、身を見ることも、及び身を滅するを見ることも起こさず。身と滅身と二無く、分別無し。其の中に於いて驚かず、懼《おそ》れざれば、是れを不二の法門に入ると為す」。

[五]上善《じょうぜん》菩薩曰わく、「身《しん》・口《く》・意《い》の善を*二と為す。是の三業は皆な作相《さそう》無し。身に作相無ければ、即ち口に作相無し。口に作相無ければ、即ち意に作相無し。是の三業に作相無け

一　無尽意　Akṣayamati　つきることのない智慧をもつ。無尽意菩薩は『大集経』中にその所説とする経があり、『法華経』観音普門品その他でも活躍する代表的な菩薩。　(大)五五一中

二　寂根　Śāntendriya　感官のはたらきが寂まった。

三　三宝は皆な無為相にして　仏・法はさることながら僧（(什)衆）の無為相はあまり説かれない。一例として『宝性論』所引の『増上意楽品』に、僧は無為の故不可見、という。ここは一体三宝的見解を示す。

四　心無礙　(出)「無礙眼」Apratihata=netra 何ものにも障ぎられない眼をもつ。(支)「不壊根」

五　上善　(出)「善調順」Suvinita　善く訓練された。次の内容と関連深し。

れば、即ち一切法に作相無し。能く是の如く無作の慧に随わば、是れを不二の法門に入ると為す」。

*福田《ふくでん》菩薩曰わく、「*福行《ふくぎょう》・罪行《ざいぎょう》・不動行《ふどうぎょう》を二と為す。三行の実性は即ち是れ空なり。空なれば則ち福行無く、罪行無く、不動行無し。此の三行に於いて起こらざれば、是れを不二の法門に入ると為す」。

[六]華厳《けごん》菩薩曰わく、「*我《が》より二を起こすを二と為す。我の実相を見れば、二法を起こさず。若し二法に住せざれば、則ち識有ること無く、所識も無ければ、是れを不二の法門に入ると為す」。

[七]徳蔵《とくぞう》菩薩曰わく、「*有所得相を二と為す。若し無所得なれば、則ち取捨無し。取捨無ければ、是れを不二の法門に入ると為す」。

[八]月上《がつじょう》菩薩曰わく、「闇《あん》と明《みょう》とを二と為す。闇無く、明無ければ、則ち二有ること無し。所以は何んとなれば、*滅受想定《めつじゅそうじょう》に入れば、闇無く明無きが如し、一切の法相も亦復《また》、是の如し。其の中に於いて平等に入れば、是れを不二の法門に入ると為す」。

[九]宝印手《ほういんしゅ》菩薩曰わく、「涅槃を楽《ねが》うと、[一〇]世間を楽わざるとを二と為す。若し涅槃を楽わず、世間を厭わざれば、則ち二有ること無し。所以は何んとなれば、若し縛有らば則ち解有り。若し本より縛無ければ、其れ誰れか解を求めん。縛無く、解無ければ則ち楽も厭も無し。是れを不二の法門に入ると為す」。

[一一]珠頂王《じゅちょうおう》菩薩曰わく、「*正道と邪道とを二と為す。正道に住すれば、則ち是れ邪、是れ正と分別せず。此の二を離るれば、是れを不二の法門に入ると為す」。

六 華厳 Padmavyūha 蓮華で飾られた。序分の会衆の一人。

七 徳蔵 Śrīgarbha 吉祥な胎をもつもの。

(大)五五一下

八 月上 Candrottara この名は維摩詰の女、月上女を主人公とする『月上女経』を想起させる。月上女は仏の授記を得て、転身し、月上菩薩となる。

九 宝印手 Ratnamudrāhasta 宝印を手にするもの。この菩薩の名は序分の会衆中に見える。

一〇 世間を楽わざる (チ)「生死輪廻を厭うこと（saṃsāraparikheda）」（不楽＝厭）。ここも生死と涅槃の不二を主張。

一一 珠頂王 Maṇikūṭarāja 宝珠を髻にもっている王。

一楽実《ぎょうじつ》菩薩曰わく、「実*と不実とを二と為す。実見者は尚お実を見ず。何《いか》に況んや非実をや。所以《ゆえ》は何《いか》んとなれば、肉眼《にくげん》の所見に非ざるも、二慧眼《えげん》は乃ち能く見る。而も此の慧眼には見無く、不見無し。是れを不二の法門に入ると為す」。

是の如く諸菩薩は各おの説き已《おわ》りて、文殊師利に問えり。「何等か是れ〝菩薩、不二の法門に入る〟なる」。

文殊師利曰わく、「我*《わ》が意の如くんば、一切法に於いて言無く、説無く、示無く、識無く、諸問答を離るる、是れを不二の法門に入ると為す」。

維摩黙然

是こに於いて、文殊師利は維摩詰に問えり。「我等、各自に説き已れり。仁者、当に説くべし。何等か是れ〝菩薩、不二の法門に入る〟なる」。

時に維摩詰は黙*然として言無し。

文殊師利、歎じて曰わく、「善きかな、善きかな。乃至、文字・語言有ること無し。是れ真に不二の法門に入るなり」。

是の入不二法門品を説く時、此の衆中に於いて、五千の菩薩は皆な不二の法門に入りて、無生法忍《むしょうぼうにん》を得たりき。

維摩詰所説経巻中

一　楽実　Satyarata 真実を喜ぶ者。
二　慧眼　prajñācakṣus 真実を見るのは肉眼ではなく慧眼によるが、慧眼には見も不見もない。

㊅五五二上

巻　下

香積仏品　第十

舎利弗、食事時を気にする

是こに於いて、舎利弗は心に念《おも》えらく、「日時至らんと欲す。* 此の諸菩薩、当に何に於いてか食すや」と。

時に維摩詰は其の意を知りて語りて言わく、

「仏は[三]八解脱《はちげだつ》を説きたまい、仁者は〔これを〕受行せり。豈《あ》に欲食*を雑えて而も法を聞かんや。若し食せんと欲せば、且《しばら》く待つこと須臾《しゅゆ》なれば、当に汝をして[四]未曾有の食を得せしむべし」。

維摩、衆香世界を示現

時に維摩詰は即《ただ》ちに三昧《さんまい》に入り、神通力《じんずうりき》を以って諸もろの大衆に示す。[五]上方の界分、四*十二恒河沙の〔如き〕仏土を過ぎて、国有り、*衆香《しゅこう》と名づく。仏を[六]香積《こうしゃく》と号し、今、現に在せり。其の国の香気は十方の諸仏世界、人・天の香に比して、最も第一為《た》り。彼の土に

三　八解脱　不浄観によって色貪（物質欲）を離れるなどの八種の解脱定力（法数一覧参照）。食は不浄物に数えられる。そこでこの言葉がある。

四　未曾有の食　㋠「まだ味わったことのない（ananubhūtapūrva）食物（khazas=bhojana）」

五　上方の界分　㋠には特に「界分」に相当する語なし。「界」は世界の意。

六　香積（如来）Sugandhakūta　㋠上記『中論註』では（『楞伽経』同様）、その如来名をSamantabhadra（普賢）という。

一 香厳　(チ) gandhavyūhāra　香で飾られた食物。

二 如　補註四九頁（七11）参照。(チ)にいう -upama（あるいは -sama）に相当。おそらく前の例でも原文にあったもの、(チ)は両例ともに「如～」という。

(大)五五二中

声聞《しょうもん》・辟支仏《びゃくしぶつ》の名有ること無く、唯だ清浄の大菩薩衆のみ有りて、仏は為めに法を説く。其の界は一切、皆な香を以って楼閣を作る。*経行《きょうぎょう》の香地・苑園《えんおん》、皆な香し《かんば》。其の食の香気は十方無量の世界に周流《しゅうる》す。時に彼の仏は諸もろの菩薩と方《まさ》に共に坐して食す。諸もろの天子有り、皆な一香厳《こうごん》と号す。悉く《ことごと》阿耨多羅三藐三菩提《あのくたらさんみゃくさんぼだい》に心を発《お》こして、彼の仏及び諸菩薩を供養せり。此の諸もろの大衆、目《ま》のあたり見ざるもの莫し。

化身の菩薩、食事を運ぶ

時に維摩詰は衆もろの菩薩に問うて言わく、「諸仁者よ、誰れか能く彼の*仏飯《ぶつぼん》を致すや」。文殊師利の威神力を以っての故に、咸く《ことごと》皆な黙然たり。維摩詰の言わく、「仁《なんじ》よ、此の大衆、乃ち恥ず可きこと無きか」。文殊師利の曰わく、「*仏の言う所の如くんば未学を軽んずること勿かれ」。是こに於いて、維摩詰は座より起《た》たずして、衆会《しゅえ》の前に居して、菩薩を化作《けさ》せり。相好《そうごう》・光明《こうみょう》、威徳殊勝にして、衆会を蔽う。而して之れに告げて曰わく、「汝、上方の界分に往き、四十二億恒河沙《ごうがしゃ》の二如きの仏土を度らんに、国有り、衆香《しゅこう》と名づけ、仏を香積《こうしゃく》と号す。諸もろの菩薩と方《まさ》に共に坐して食す。汝、往きて、彼《かしこ》に到り、我が辞《ことば》の如くに曰え。――維摩詰、世尊の足下《そくげ》に稽首《けいしゅ》したてまつる。敬を致すこと無量なり。起居を問訊したてまつる。*少病、少悩にして、気力安らかなりや不《いな》や。願わくは世尊の食したまう所の余りを得て、当に娑婆世界に於いて、*仏事を施作《せさ》すべし。此の*小法を楽《ねが》う者をして、*大道を弘《ひろ》むることを得しめ、亦た如来の名声を普ねく聞こえしむべし――と」。

三　功徳を増益せしむ　(チ)「善根を光輝あらしめる」
四　徳力・無畏・神足　(チ)「神力 (ṛd=dhi) と力 (bala)と無畏(vaiśāradya)」

時に化菩薩は即ち会前《えぜん》に於いて上方に昇る。衆を挙げて皆な其の*去りて衆香界に到り、彼の仏の足《みあし》に礼《らい》したてまつるを見、又た其の言うを聞けり。

「維摩詰、世尊の足下に稽首したてまつる。敬を致すこと無量なり。起居を問訊したてまつる。少病・少悩にして、気力安んぜらるるや不《いな》や。願わくは世尊の食したまう所の余りを得んことを。娑婆世界に於いて仏事を施作し、此の小法を楽う者をして、*大道を弘むることを得せしめ、亦た如来の名声をして普ねく聞こえしめんと欲するものなり」。

彼の諸大士は化菩薩を見て、未曾有なりと歎ぜり。「今、此の上人は何所《いずこ》より来たれるや。娑婆世界は何許《いずこ》に在りと為すや。云何《いか》んが名づけて、小法を楽う者と為すや」と。即ち以って仏に問いたてまつる。

仏、之れに告げて曰わく、「下方、四十二恒河沙《ごうがしゃ》の如きの仏土を度るに、世界有りて娑婆と名づく。仏を釈迦牟尼《しゃかむに》と号す。今、現に五濁《ごじょく》の悪世に在りて、小法を楽う衆生の為めに*道教を敷演す。彼《かしこ》に菩薩有り、維摩詰と名づく。不可思議解脱に住して、諸菩薩の為めに法を説く。故に化を遣《つか》わして、来たりて我が名を称揚し、并せて此の土を讃え、彼の菩薩をして、[三]功徳を増益《ぞうやく》せしむるなり」。

彼の菩薩言わく、「其の人、何如《いか》んが乃ち是の化を作るや。[四]徳力・無畏・神足、斯《か》の若《ごと》くなるや」。

仏の言《のたま》わく、「甚だ大なり。一切十方に皆な化を遣わし、往きて仏事を施作して衆生を饒益《にょうやく》するなり」。

是こに於いて、香積如来は衆香鉢を以って香飯《こうぼん》を盛満《じょうまん》し、化菩薩に与えたまえり。

時に彼の九百万の菩薩は倶に声を発して言わく、「我れら娑婆世界に詣《いた》りて釈迦牟尼仏を供養したてまつり、并せて維摩詰等の諸菩薩衆に見《まみ》えんと欲す」と。

仏の言《のたま》わく、「*往く可し。汝ら*身香を摂めて、彼の諸もろの衆生をして惑著の心を起こさしむること無かれ。又た当に汝らの本形《ほんぎょう》を捨つべし。彼の国の、一菩薩を求むる者をして自ら*鄙恥《ひち》せしむること勿かれ。又た汝ら彼に於いて軽賤《きょうせん》を懐いて、二礙想《げそう》を作ること莫かれ。所以《ゆえ》は何《いか》んとなれば、十方の国土は皆な虚空の如し。又た諸仏は諸もろの小法を楽う者を化せんと欲するが為めに、尽《ことごと》くは其の清浄の土を現ぜざるのみ」。

時に化菩薩は既に鉢飯《はちぼん》を受け、彼の九百万の菩薩と倶に、仏の威神及び維摩詰の力を承《う》けて、彼の世界に於いて忽然《こつねん》として現われず、須臾《しゅゆ》の間に維摩詰の舎《いえ》に至れり。

香りある食事

時に維摩詰は即ち九百万の師子《しし》の座を化作《けさ》す。厳好なること前の如し。諸菩薩は皆な其の上に坐す。是《こ》こに化菩薩は満鉢の香飯を以って維摩詰に与う。飯香普ねく毘耶離《びやり》城及び三千大千世界に熏《くん》ぜり。

時に毘耶離の婆羅門・居士《こじ》等、是の香気を聞きて、三身意快然《しんいけねん》として、未曾有《みぞう》なりと歎ぜり。是こに於いて*長者主、*月蓋《がつがい》は八万四千人を従えて、来たりて維摩詰の舎《いえ》に入り、其の室中に菩薩甚だ多く、諸もろの師子座《ししざ》の高広、厳好なるを見て、皆な四大歓喜して衆もろの菩薩及び大弟子を礼《らい》し、却りて一面に住せり。

一　菩薩を求むる者　(チ)「彼の娑婆国土の衆生たち」

二　礙想　(チ)「嫌悪の情　(pratigha=saṃjñā)」

(大)五五二下

三　身意快然として　(チ)「身も意も浄められ (dang bar 'gyur prasanna)」

四　大歓喜　(チ)「深く信解して(shin tu mos shing=adhimucya)大歓喜を生じ」

諸もろの地神*・虚空神及び欲・色界の諸天も、此の香気を聞き、亦た皆な来たりて維摩詰の舎に入れり。

時に維摩詰は舎利弗等の諸大声聞に語れり。「仁者よ、如来の甘露味の飯を食す可し。大悲の熏《くん》ずる所なれば、限意*を以って之れを食し、消せざらしむること無かれ」。異なる声聞有りて念えらく、「是の飯は少なし。此の大衆、人人当に食すべきや」と。

化菩薩の曰わく、「声聞の小徳・小智を以って、如来の無量の福慧《ふくえ》を称量すること勿かれ。[五]四海は竭《つ》くること有らんも、此の飯は尽くること無し。一切の人をして食せしむ。[六]揣《にぎ》ること須弥の若《ごと》くにして乃至一劫にも、猶お尽くすこと能わざらん。所以《ゆえ》は何《いか》んとなれば、[七]無尽の戒・定・智慧・解脱・解脱知見の功徳の具足せる者の、食す所の余りは、終に尽くす可からず」と。

是こに於いて、鉢の飯は悉《ことごと》く衆会《しゅえ》を飽《あ》かしむるも、猶お故《もと》のごとく𣩘《つ》きず。其の諸もろの菩薩・声聞・天・人にして此の飯を食せし者は、身安らかに快楽《けらく》なること、*譬《たと》えば一切《いっさい》楽荘厳国《らくしょうごんこく》の諸菩薩の如くなり。又た諸もろの毛孔より皆な妙香を出だすこと、亦た衆香国土の諸樹の香の如し。

香りの説法

爾の時、維摩詰は衆香菩薩に問えり。「香積《こうしゃく》如来は何を以って法を説きたまうや」。

彼の菩薩の曰わく、「我が土の如来には[八]文字の説無し。但だ衆香を以って、諸天人をして[九]律行に入るを得しむ。菩薩は各各、香樹の下に坐し、斯《こ》の妙香を聞くに、即ち[一〇]一切徳蔵《いっさいとくぞう》

五　四海　四大海すなわち須弥山の周りの四方にある大海。その中に四大洲の各々がうかぶ。

六　揣ること須弥の若く　「揣」は、にぎり飯 kavalikāra (āhāra)。「須弥の若く(sumeru-mātra)」とは、その大きさ。

七　無尽の……功徳　仏徳としての無漏の五陰〈法数一覧参照〉。

八　文字の説無し　(チ)「文字により、またことばの解釈 (nirukta) によって法を説かない」

九　律行　(チ)「[菩薩たちを] 訓練する (viniyate)」

一〇　一切徳蔵三昧　(チ)「菩薩の一切の徳性の生ずる源(Sarvabodhisattvaguṇā=kāra) と名づける三昧」

三昧《さんまい》を獲《う》。是の三昧を得る者は、菩薩の所有《あらゆ》る功徳、皆な悉く具足す」。

釈迦牟尼の説法

彼の諸菩薩は維摩詰に問えり。「今、世尊・釈迦牟尼は何を以って法を説きたまうや」。

維摩詰の言わく、「此の土の衆生は剛強にして化し難きが故に、仏は為めに剛強の語を説きて、以って之れを調伏《じょうぶく》したまう。言わく、是れ地獄なり。是れ畜生なり。是れ餓鬼[一]なり。是れ諸もろの難処[二]なり。是れ愚人の生処なり。是れ身邪行なり。是れ身邪行の報なり。是れ口邪行《くじゃぎょう》なり。是れ口邪行の報なり。是れ意邪行なり。是れ意邪行の報なり。是れ殺生なり。是れ殺生の報なり。是れ不与取なり。是れ不与取の報なり。是れ邪婬なり。是れ邪婬の報なり。是れ妄語なり。是れ妄語の報なり。是れ両舌なり。是れ両舌の報なり。是れ悪口なり。是れ悪口の報なり。是れ無義語なり。是れ無義語の報なり。是れ貪嫉《とんしつ》[三]なり。是れ貪嫉の報なり。是れ瞋悩《しんのう》なり。是れ瞋悩の報なり。是れ邪見なり。是れ邪見の報なり。是れ慳恪《けんりん》なり。是れ慳恪の報なり。是れ毀戒《きかい》[四]なり。是れ毀戒の報なり。是れ瞋恚《しんい》なり。是れ瞋恚の報なり。是れ懈怠《けたい》なり。是れ懈怠の報なり。是れ乱意なり。是れ乱意の報なり。是れ愚癡[五]なり。是れ愚癡の報なり。是れ結戒なり。是れ持戒なり。是れ犯戒なり。是れ応《おう》作《さ》なり。是れ不応作なり。是れ障礙なり。是れ不障礙なり。是れ得罪なり。是れ離罪なり。是れ浄なり。是れ垢なり。是れ有漏《うろ》なり。是れ無漏《むろ》なり。是れ邪道なり。是れ正道《しょうどう》なり。是れ有為《うい》なり。是れ無為《むい》なり。是れ世間なり。是れ涅槃なり、と。難化《なんけ》の人は心、猨猴《えんこう》の如きを以っての故に、若干種の法を以って、其の心を制御して、乃ち調伏す可し。譬えば

一　餓鬼　(チ)「ヤマの世界」
二　難処　八難処。八種の不幸な生まれつき。〈法数一覧参照〉
㊅五五三上
三　貪嫉　abhidhyā（熱望、欲求）
四　毀戒　(チ)「誤った戒（dauśīlya）」
五　愚癡　(チ)「誤った智慧（dauspraj=ñā）」

象馬の㦕悷《りょうらい》不調なるは、諸もろの楚毒[七]を加え、*乃至、骨に徹して然る後に調伏するが如し。是の如く剛強・難化の衆生の故に、[八]一切の苦切の言を以って、乃ち律に入らしむ可し」と。

彼の諸菩薩は是れを説くを聞き已《おわ》りて、皆な曰わく、「未曾有なり。世尊・釈迦牟尼仏の如くんば、其の無量の自在の力を隠して、乃ち*貧しきものの楽う所の法を以って、衆生を度脱せしめたもうとは。斯《こ》の諸菩薩も亦た能く*労謙にして、無量の大悲を以って、是の[九]仏土に生まれるとは」と。

娑婆世界の十事の善法

維摩詰の言わく、「此の土の菩薩の、諸もろの衆生に於いて大悲堅固なること、誠に所言の如し。然も其の一世[一〇]に衆生を饒益《にょうやく》すること、彼の国の百千劫行よりも多し。所以は何んとなれば、此の娑婆世界に十事の善法[一一]有り。諸余の浄土の有する無き所なり。何等をか十と為す。(1)*布施を以って貧窮《ひんぐ》を摂し、(2)浄戒を以って毀禁《きごん》を摂し、(3)忍辱《にんにく》を以って瞋恚《しんい》を摂し、(4)精進《しょうじん》を以って懈怠《けたい》を摂し、(5)禅定を以って乱意を摂し、(6)智慧を以って愚癡を摂し、(7)除難の法[一二]を説きて八難の者を度し、(8)大乗の法を以って小乗を楽《ねが》う者を度し、(9)諸善根を以って無徳の者[一三]を済《すく》い、(10)常に四摂《ししょう》を以って衆生を成就せしむ。是れを十と為す」。

浄土往生の八条件

彼の菩薩の曰わく、「菩薩は幾《いく》ばくの法を成就して、*此の世界に於いて行ずるに瘡疣《そうゆう》無

六　㦕悷不調　「㦕悷」は、もとる、多悪の意。(チ)「荒れて手に負えない(dmu rgod)」
七　楚毒　苦痛の意。
八　一切の苦切の言　(チ)「一切の苦をつげる説話」
九　是の仏土　(チ)「このような恐ろしい仏国土」。娑婆世界（サハーローカ、忍土）の名のとおり、忍ぶべき苦痛の多い世界。
一〇　一世　一度生まれるだけで。
一一　十事の善法　(チ)「善を集積する十種の法」
一二　除難の法　(チ)「八難（無暇 akṣaṇa）を超え出る法」。具体的な説はない。
一三　無徳の者　(チ)「まだ善根を生じていない者」

大五五三中

一 浄土 (チ)「清浄な仏土pariśuddha=buddhakṣetra」。娑婆世界以外の仏国土はすべて浄土。ここには特定の仏国の指示はない。

二 受 忍受する (kṣam-)。これはいわゆる代受苦。

三 仏の如し (チ)「教主 śāstṛ の如し」

四 調伏 (チ)によれば、前例同様、心を洞察する (nidhyai-) の意。

五 阿難 かれは仏の侍者なので、舎利弗らと同行せず、そこに留っていたものと見える。弟子品では仏から維摩訪問の命令も出ていたが。

く、浄土に生まるるや」。

維摩詰の言わく、「菩薩は八法を成就して、此の世界に於いて行ずるに瘡疣無くして、一浄土に生まる。何等をか八と為す。(1)衆生を饒益して、而も報を望まず。(2)一切衆生に代わりて諸もろの苦悩を受け、二所作《しょさ》の功徳は尽く以って之れを施す。(3)心を*衆生に等しくし、謙下にして無礙《むげ》なり。(4)諸もろの菩薩に於いて、之れを視ること仏の如し。三(5)未だ聞かざる所の経は、之れを聞いて疑わず、*声聞と相い違背せず。(6)*彼れの供を嫉《ねた》まず、己れが利を高《たか》うせず。而も其の中に於いて其の心を調伏す。四(7)常に*己れが過を省みて、彼れの短を訟《うった》えず。(8)*恒に一心を以って諸もろの功徳を求む。是れを八法と為す」。

維摩詰と文殊師利と、大衆の中に於いて是の法を説きし時、百千の天・人は皆な阿耨多羅三藐三菩提に心を発こし、十千の菩薩は無生法忍を得たりき。

菩薩行品　第十一

維摩、仏所に詣でる

是の時、仏は法を菴羅《あんら》樹園《じゅおん》に於いて説きたまうに、其の地、忽然《こつねん》として*広博の厳事《ごんじ》あり。一切衆会《いっさいしゅえ》は皆な金色《こんじき》を作《な》せり。五阿難、仏に白《もう》して言わく、「世尊よ、何の因縁を以って此の*瑞応有りや。是の処、忽然として広博の厳事あり、一切の衆会、皆な金色と作るや」。

仏は阿難に告げたまえり。「是れ維摩詰、文殊師利が諸もろの*大衆に恭敬・囲繞《いにょう》せられて、意を発《お》こして来たらんと欲するが故に、先ず此の瑞応を為すなり」と。

是こに於いて維摩詰は文殊師利に語れり。「共に仏に見《まみ》え、諸菩薩と礼事《らいじ》・供養す可し」。文殊師利の言わく、「善きかな、行かん。今は正に是の時なり」と。

維摩詰は即ち神力を以って、諸もろの大衆、并びに師子座《ししざ》を持ちて、右の掌に置き、仏所に往詣し、到り已《おわ》りて地に著け、六 仏足に稽首《けいしゅ》して、右遶《うにょう》すること七匝《しちそう》、一心に合掌して、一面に在りて立てり。其の諸もろの菩薩も即ち皆な座を避けて七 仏足に稽首し、亦た繞《めぐ》ること七匝にして、一面に於いて立てり。諸もろの大弟子・釈・梵・四天王等も亦た皆な座を避け、仏足に稽首して、一面に在りて立てり。是こに於いて世尊は如法に諸菩薩を慰問し八 已《おわ》りて、各おのをして復た坐せしめたまう。即ち皆な教を受け、衆は坐すること已《すで》に定まれり九。

仏は舎利弗に語りたまう。「汝は菩薩大士の自在の神力の所為を見たるや」。「唯《い》、然《しか》り。已に見たり」。「汝の意に於いて云何《いか》ん」。「世尊よ、我れ其れを観て不可思議と為す。意の10 図る所に非ず、度《はか》りの測《し》る所に非ず」。

爾《そ》の時、阿難は仏に白《もう》して言えり。「世尊よ、今聞く所の香は昔より未だ有らず。是れ何の香と為すや」。仏は阿難に告げたまえり。「是れは彼の菩薩の毛孔の香なり」。是こに於いて舎利弗は阿難に語りて言わく、「我等の毛孔も亦た是の香を出だす」。阿難の言わく、「*此れは従《よ》って来たる所ありや」。曰わく、「是れ長者維摩詰が衆香国より仏の余りの飯を取りたるもの。［これを］舎に於いて食せる者は一切の毛孔、皆な香しきこと此《かく》の若《ごと》くなるなり」。

阿難は維摩詰に問えり。「是の香気の住《とど》まること、当に久《ひさ》しかるべしや」。維摩詰の言わ

六 地に著け　「持ち上げていた諸大衆と師子座とを地におろし」の意。

七 座を避け　「いままで坐っていた師子座から降りて」の意。

八 如法に諸菩薩を慰問し　(チ)によれば、dharmyā kathayā sammodanaṃ kṛtvā（法に適った会話で慰喩して）

九 坐すること已に定まれり　(チ)「もとの座にもどった」

10 意の図る所に非ず、度りの測る所に非ず　(チ)「思うことも測ることも数えることも出来ないような」。「度」は度量で、はかりのこと。漢文的文飾の濃い訳文。(大)五五三下

[一] 正位　正性離生のこと。前出、補註二〇頁（三七8）参照。
[二] 大乗の意　菩提心に同じ。

く、「此の飯の消するまでに至る」。曰わく、「此の飯は久しくして当に消せらるべきや」。曰わく、「此の飯の勢力は*七日に至りて、然る後に乃ち消せん。又た阿難よ、若し声聞人の未だ正位[一]に入らずして、此の飯を食わん者は、正位に入るを得て、然る後に乃ち消せん。已に正位に入りて、此の飯を食わん者は*心解脱を得て、然る後に乃ち消せん。若し未だ大[二]乗の意を発こさずして、*此の飯を食わん者は、意を発こすに至りて乃ち消せん。已に意を発こして此の飯を食わん者は、無生忍《むしょうにん》を得て、然る後に乃ち消せん。已に無生忍を得て、此の飯を食わん者は、一生補処に至りて、然る後に乃ち消せん。譬《たと》えば*薬有りて、名づけて上味《じょうみ》と曰う。其の服すること有る者は、身の諸毒滅して、然る後に乃ち消せんが如し。此の飯も是《かく》の如く、一切諸煩悩の毒を滅除して、然る後に乃ち消せん」と。

諸仏国土における仏の仕事

阿難は仏に白《もう》して言わく、「*未曾有なり。世尊よ。此《かく》の如き香飯の能く仏事を作すことよ」。

仏の言《のたま》わく、「是《かく》の如し、是の如し。阿難よ、或るいは仏土にして、*仏の光明を以って仏事を作す有り。*諸菩薩を以って仏事を作す有り。*仏の化する所の人を以って仏事を作す有り。*菩提樹を以って仏事を作す有り。*仏の衣服・臥具を以って仏事を作す有り。飯食を以って仏事を作す有り。園林《おんりん》・台観を以って仏事を作す有り。*三十二相・八十随形好《はちじゅうずいぎょうこう》を以って仏事を作す有り。*仏身を以って仏事を作す有り。*虚空を以って仏事を作す有り。衆生は応に*此の縁を以って律行に入るを得べし。夢・幻・影・響・鏡中の像・水中の月・熱時の炎《かげろう》、是の如き等の喩*を以って仏事を作す有り。音声*・語言・文字を以って仏事を作す有り。或るいは清浄*な仏土の寂寞なる有り。無言*・無説・無示・無識・無作・無為にして而も仏事を作す。是の如く、阿難よ、諸仏の威儀・進止[三]あり。諸もろの施為《せい》する所、仏事に非ざる無し。阿難よ、此の四魔・八万四千の諸煩悩門有りて、諸衆生は之れが為めに疲労す。諸仏は即ち此の法*を以って仏事を作す。是れを*〝一切諸仏法の門に入る〟と名づく。

諸仏の特質

菩薩にして此の門に入る[四]者は、若し一切の浄好の仏土を見るとも、以って喜と為さず、貪らず、高ぶらず。若し一切の不浄の仏土を見るとも、以って憂いと為さず、礙《とどこお》らず、没[五]せず。但だ諸仏に於いて清浄心[六]を生じ、未曾有なりと歓喜し、恭敬するなり。諸仏如来の功徳*は平等なり。衆生を化せんが為めの故に、仏土を現ずること同じからず。阿難よ、汝、諸仏国土を見るに、地に若干《そこばく》[七]有るも、虚空には若干無きなり。是の如く諸仏を見んに、色*身に若干有るのみにして、其の無礙《むげ》の慧《え》には若干無きなり。阿難よ、諸仏の色身*・威相・種性、戒・定・智慧・解脱・解脱知見、力・無所畏《むしょい》・不共《ふぐう》の法、大慈・大悲・威儀・所行[八]、及び其の寿命・説法・教化、衆生を成就せしめ、仏国土を浄め、諸もろの仏法を具すこと[九]、悉*く皆な同等なり。是の故に名づけて三藐三仏陀《さんみゃくさんぶつだ》*と為し、名づけて多陀阿伽度《ただあかど》と為し、名づけて仏陀《ぶつだ》と為すなり。阿難よ、若し我れ広く此の三句義を説かば、汝は劫寿《こうじゅ》[一〇]を以ってしても尽《ことごと》く受くること能わざらん。正使《もし》三千大千世界の、中に満つる衆生をして、皆な阿難の如く多聞第一[一一]にして、念と総持[一二]とを得とも、此の諸人等の、劫の寿を以ってすとも亦た

三　威儀・進止　「進止」は「威儀」(行住坐臥)と別ではあるまい。(チ)は「威儀と資具 (upakaraṇa) と財物 (pari=bhoga)」という。

(大)五五四上

四　此の門に入る　(チ)「この法門」補註五四頁(八一5)参照。「入」は、住に近い。

五　没せず　「没」は気が沈むこと。(チ)の zhum pa=saṃkoca, līna に当たる。

六　清浄心　おそらく prasannacitta すなわち「浄信をおこし」の意。(チ)は単に「一切の如来に対し強く敬意 (ri mo=manana) を生ずる」という。

七　若干　種種性。あれこれの差異。

八　威儀・所行、及び其の寿命　(チ)「利益を与えようとの意欲 (hitāśaya)、威儀・行と道・寿量 (āyuṣpramāṇa)」

九　諸もろの仏法を具す　以上の諸徳性やはたらきを総括することばと見るべきであろう。

一〇　劫寿を以ってしても　「その寿量が一劫の間つづくとしても」の意。

一一　多聞第一　阿難は仏弟子中、多聞第一ときこえている(弟子品参照)。(チ)は「第一」を「念と総持とを得」にまでかける。

一二　念と総持　記憶力と呪文の力。総持も元来は記憶保持の力をいう。

受くる能わざらん。是の如く、阿難よ、諸仏の阿耨多羅三藐三菩提は限量有ること無く、智慧・弁才は不可思議なり」。

阿難は仏に白して言わく、「我れ今より已往は敢えて自ら謂いて以って多聞と為さざらん」。

仏は阿難に告げたまわく、「[一]退意を起こすこと勿かれ。所以《ゆえ》は何《いか》んとなれば、我れは汝を説いて声聞中に於いて最も多聞なりと為すなり。菩薩を謂うには非ざるなり。且《しばら》く止《や》みね。阿難よ、其れ有智者は応に諸菩薩を限度とすべからざるなり。一切の海淵は尚お測量す可きも、菩薩の禅定・智慧・総持・弁才・一切の功徳は量る可からざるなり。阿難よ、汝等は菩薩の所行を捨置せよ。是の維摩詰の一時に現ずる所の神通の力は、一切の声聞・辟支仏の百千劫に於いて[二]力を尽くして変化《へんげ》すとも作す能わざる所なり」。

尽無尽解脱の法門

爾《そ》の時、衆香《しゅこう》世界の菩薩の[三]来たれる者は、合掌して仏に白《もう》して言わく、「世尊よ、我等は初めに此の土を見て、[四]下劣の想を生ぜり。今は自ら悔責《けしゃく》して、是の心を捨離せり。所以は何んとなれば、諸仏の方便は不可思議なり。衆生を度さんが為めの故に、其の所応に随いて、仏国の異を現ず。唯《いい》、然り。世尊よ、願わくは[五]少法を賜え。彼の土に還りて、当に如来を念ずべし」と。

仏は諸菩薩に告げたまえり。「〝*尽と無尽との解脱の法門〟有り。汝等当に学すべし。何*をか謂いて尽と為す。謂わく、有為法《ういほう》なり。何をか無尽と謂う。謂わく、無為法《むいほう》なり。菩

一　退意　(チ)「ひるむ心（līnam cittam)」

二　力を尽くして変化すとも　(チ)「神通力や神変力をはたらかせても」

三　来たれる者　（衆香世界から）此土に来た者たち。

四　下劣の想　(チ)ngan par 'du shes=hinasamjñā（軽蔑の念）(チ)は「悔責」の語なし。　(大)五五四中

五　少法を賜え　(チ)「法の発遣（施与）rdsongs shig=visarjaya」。「少」は少しでもの意。

薩の如きは、有為を尽くさず、無為に住まらず。

(1)何*をか"有為を尽くさず"と謂う。謂わく、大慈を離れず、大悲を捨てず、深*く一切智心を発こして忽忘《こつもう》せず。衆生を教化して終*に厭惓《おんけん》せず。四摂法《ししょうぼう》に於いて常に順行を念じ、正法《しょうぼう》を護持して軀命[六]を惜まず。諸もろの善根《ぜんごん》を種《う》えて疲厭有ること無し。志は常に方便廻向に安住し[七]、法を求めて懈《おこた》らず、法*を説きて悋《お》み無し。勤めて諸仏に供《く》し、故《ことさ》*らに生死《しょうじ》に入りても畏るる所無し。諸もろの栄辱[八]に於いて心に憂喜無し。未学[九]を軽んぜず、学あるものを敬うこと仏の如し。煩悩に堕《だ》する者は、正念を発こさしむ[一〇]。遠*離《おんり》に於いて楽しむも、以って貴《とうと》しと為さず、己れが楽《らく》に著せず、彼れの楽を慶《よろこ》ぶ。諸禅定に在りて地獄の如きの想あり、生死中に於いて園観の如きの想あり[一一]。来たり求むる者を見れば善師の想を為し[一二]、諸波《しょは》羅蜜《らみつ》もて父母想《ぶもそう》と為し、道*品の法に眷属想《けんぞくそう》を為す。善*根を発行《ほつぎょう》するに斉限有ること無く、諸もろの浄国の厳飾《ごんじき》の事を以って己れが仏土を成《じょう》じ、無*限の施を行じて相好を具足す。一切の悪を除き、身《しん》・口《く》・意《い》を浄《きよ》め、生死無数劫にわたりて、意《おも》*いて勇有り。仏の無量の徳を聞いて、志して倦《う》まず。智慧の剣を以って煩悩の賊を破り、陰・界・入より出で[一三]、衆生を荷負して永く解脱せしむ。大精進を以って魔軍を摧伏《さいぶく》し、常*に無念・実相の智慧を求む。世間法に於いて少*欲・知足を行じ、出世間に於いては之れを求むるに厭くこと無し。而《しか》も世間法を捨てず、威儀法を壊《え》せずして能く俗に随う。神通慧を起こして衆生を引導し[一四]、念・総持を得て、所聞を忘れず、善く諸根を別けて衆生の疑いを断じ、楽説《ぎょうせつ》[一五]の弁を以って法を演ずること無礙《むげ》なり。十善道を浄めて天・人の福を受け、四無量を修して梵*天道を開く。

六　軀命　身命に同じ。あるいは、身命財の三を挙げることもある。

七　方便廻向に安住し　㊉「廻向に巧みでありたいと意図する」。方便は善巧方便の意。廻向は集めた善根の功徳を（他者の）菩提にふりむけること。

八　栄辱　㊉「盛運（sampat）と失意（vipat）」

九　未学　aśikṣita　補註四九頁（七三10）参照。次の「学」は、已学の意（㊉slops pa）。

一〇　正念を発こさしむ　㊉「如理に（yoniśas）将導する（upanayana）」

一一　園観の如きの想あり　㊉「遊園または涅槃のように想う」

一二　善師の想　㊉「善き友人とみなす」

一三　陰・界・入より出で　㊉は「衆生の重荷を肩がわりするために、陰界入を遍ねく知る」といって、この句を次項にかける。

一四　衆生を引導し　㊉は「すべての所作（kārya）を正しく示し」という。

一五　楽説の弁　四無礙弁の一つ。説法のひらめきに関して無礙であること（pratibhāna-pratisaṃvid）。

説法を勧請《かんじょう》して、随喜して善を讃えて、仏の音声を得、身・口・意を善くして仏の威儀を得。深く善法を修して所行転《うた》た勝る。[一]大乗教を以って菩薩僧を成《じょう》じ、心に放逸無く、衆善を失せず。此《か》の如きの法を行ずる、是れを菩薩、有為《うい》を尽くさずと名づく。

(2)何をか菩薩、[二]〝無為に住《とど》まらず〟と謂うや。謂わく、空を修学するも、[三]空を以って証と為さず、無相・無作を修学するも、無相・無作を以って証と為さず。[四]無起を修学するも無起を以って証と為さず。無常を観じて而《しか》も善本を*厭わず、世間の苦を観じて而も生死《しょうじ》を悪《にく》まず、[五]無我《むが》を観じて而も人に誨《おし》えて倦《う》まず、寂滅を観じて而も永滅せず。*遠離を観じて而も身心に善を修し、*所帰無しと観じて而も善法に帰趣す。無生《むしょう》を観じて而も生法《しょうぼう》を以って一切を荷負し、無漏《むろ》を観じて而も諸漏を断ぜず、[六]所行無しと観じて而も行法を以って衆生を教化す。*空無を観じて而も大悲を捨てず、*正法位を観じて而も小乗に随わず。諸法の虚妄《こもう》にして[七]牢《ろう》無く、人《にん》無く、主無く、相無く、*本願未だ満たずと観じて而も福徳・禅定・智慧を虚《むな》しうせず。此《か》の如きの法を修する、是れを菩薩、無為に住まらずと名づく。

又た*福徳を具するが故に無為に住まらず、智慧を具するが故に有為を尽くさず。*大慈悲の故に無為に住まらず、本願を満たす故に有為を尽くさず。*法薬を集むる故に無為に住まらず、薬を随授するが故に有為を尽くさず。*衆生病むと知るが故に無為に住まらず、衆生の病を滅する故に有為を尽くさず。諸正士よ、菩薩は此の法を修するを以って、有為を尽くさず、無為に住まらざるなり。是れを〝尽無尽解脱の法門〟と名づく。汝等、当に学すべし」。

爾《そ》の時、彼の諸菩薩は是の法を説くを聞きて、皆な大いに歓喜し、衆《おお》くの妙華《みょうけ》の若干種

㊅五五四下

一 大乗教を以って菩薩僧を成じ　「菩薩僧」は、菩薩のサンガ。この項、㋠「菩薩の集まりを統率して大乗へ将き入れる」

二 無為に住まらず　これは無尽無閡。

三 空を以って証と為さず　空性を実現しないの意。「証」は sākṣāt-kṛ- 目のあたり現わすこと。

四 無起　㋠「[有為の]はたらきをおこさないこと (anabhisaṃskāra)」

五 無我を観じて而も人に誨えて倦まず　㋠「無我なりと観察するが、我を全くすてさるわけではない」

六 所行無し　「行」は㋠「さまよう (rgyu ba=saṃcarati)」

七 牢無く　牢固たるもの (sāra 髄・核) が無い。㈿「無実」

の色、若干種の香あるを以って*三千大千世界に散遍し、仏及び此の経法、并びに諸菩薩に供養し已《おわ》りて、仏足に稽首《けいしゅ》して、未曾有《みぞう》を歎じて言わく、「釈迦牟尼仏、乃ち此の善行方便を能くしたまえり」と。言い已りて忽然《こつねん》として現われず、還《かえ》りて彼の国に到れり。

見阿閦仏品　第十二

如来を観る

爾《そ》の時、世尊は維摩詰に問いたまえり。「汝、*如来に見《まみ》えんと欲せば、何等を以って如来を観ずると為すや」。

維摩詰の言わく、「*自ら身の実相を観ずるが如く、仏を観ずるも亦た然り。我れ如来を観ずるに、*前際にも来たらず、後際にも去らず、今も則ち住《とど》まらず。*色《しき》を観ぜず、色の如《にょ》を観ぜず、色性《しきしょう》を観ぜず。受・想・行・〔ないし〕識を観ぜず。識の如を観ぜず、識性を観ぜず。〔如来身は〕*四大より起こるに非ず、虚空に同ず。*六入は積《しゃく》無く、眼《げん》・耳《に》・鼻・舌・身と心とを已《すで》に過ぎて、三界に在らず。[八]三垢《さんく》已に離れて、三脱門に順じ、*三明《さんみょう》を具足すること無明《むみょう》と等し。一相にあらず、異相にあらず、*自相にあらず、他相にあらず。相無きに非ず、相を取るに非ず。此岸にあらず、彼岸にあらず、中流にあらず、*而《しか》も衆生を化す。寂滅を観ずるも、亦た永滅せず。此れにあらず、彼れにあらず。此れを以ってせず、彼れを以ってせず。*智を以って知る可からず、識を以って識《し》る可からず。[九]晦《け》無く、明《みょう》無く、*名無く、相無し。強無く、弱無く、浄に非ず、穢《え》に非ず。方に在らず、方を離れず。有為

(大)五五五上

八　三垢　貪・瞋・癡の三毒〈法数一覧参照〉。
九　晦無く、明無く　「晦」は闇(チ mun pa=tamas)、「明」はあかり (āloka 光明)。

に非ず、無為に非ず。*示無く、説無し。施さず、慳《お》しまず、戒しめず、犯さず。忍ばず、恚《いか》らず。進《じん》せず、怠らず。定らず、乱れず。智《し》らず、愚かならず。*[一]誠ならず、欺かず。来たらず、去らず。出でず、入らず。*一切の言語《ごんご》の道を断たれ、福田《ふくでん》に非ず、福田ならざるに非ず。[二]供養に応ずるに非ず、供養に応ぜざるに非ず。[三]取に非ず、捨に非ず。有相に非ず、無相に非ず。*真際に同《どう》じ、法性《ほっしょう》に等し。称す可からず、量る可からず。諸もろの称量を過ぎ、*大に非ず、小に非ず。見に非ず、聞に非ず、覚に非ず、知に非ず。衆もろの結縛を離る。*諸智に等しく、衆生に同じ。*諸法に於いて分別無く、一切に失無し。濁無く、悩無く、作《さ》無く、起無く、生無く、滅無し。畏無く、憂無く、喜無く、厭無く、*著無し。[四]已有《いう》無く、当有無く、今有無し。*一切の言説《ごんせつ》を以って分別・顕示す可からず。世尊よ、如来身は此《かく》の若《ごと》しと為す。是の如きの観を作《な》さば、斯《こ》の観を以ってする者を、名づけて[五]正観と為す。若し他の観をなす者は、名づけて[六]邪観と為す」。

維摩の来歴

爾の時、舎利弗は維摩詰に問えり。「汝、何《いず》くに於いてか没して、来たりて此《こ》こに生まるるや」。

維摩詰の言わく、「汝の所得の法には[七]没と生と有るか」。

舎利弗の言わく、「没も生も無きなり」。

「若し諸法に没生の相無ければ、云何《いか》んが問わん。汝、何《いず》くに於いて没して、来たりて此こに生まるると言いしやと。意に於いて云何ん。譬《たと》えば幻師の、男女《なんにょ》を幻作するが如し。

一　誠ならず、欺かず　「誠」は真実(satya)。「欺」は虚妄(mṛṣā あるいは anṛta)。㈹は㈺の踏襲。

二　供養に応ずる　āhuneya 供養をうける資格がある。ただし㈷「布施するに値する(dakṣiṇīya)」

三　取に非ず、捨に非ず　「取」と「捨」、㈷は「能取(grāhaka)と所取(grāhya)」。すなわち、主観と客観。

四　已有無く、当有無く、今有無し　已有・当有・今有、それぞれ過去の存在・未来の存在・現在の存在の意。㈷は明確な対応を欠く。

五　正観　㈷「正しく見る(samyak paśyati)もの」

六　邪観　㈷「誤って(mithyā)見るもの」

七　没と生　cyuti, upapatti 輪廻の過程における死と再生。舎利弗は阿羅漢であるから、「不受後有(もはや再生しない)」

寧《な》んぞ没生せんや」。

舍利弗の言わく、「没生無きなり」。

「汝、豈に仏の[八]、諸法は幻の如き相なりと説きたまえるを聞かずや」。

答えて曰わく、「是の如し」。

「若し一切法は如幻の相ならば、云何んが問いて言うや。〝汝、何《いず》くに於いて没して、来たりて此こに生まるるや〟と。舍利弗よ、*没とは虚誑《こおう》の法の敗壊《はいえ》の相と為す。生とは虚誑の法の相続の相と為す。[九]菩薩は没すと雖も、善本を尽くさず、生ずと雖も、諸悪を長ぜず」。

是の時、仏は舍利弗に告げたまえり。「国有り。*妙喜《みょうき》と名づく。仏を*無動と号す。是の維摩詰は彼の国より没して、来たりて此こに生まる」。

舍利弗の言わく、「未曾有なり。世尊よ、是の人乃ち能く清浄土を捨てて、来たりて此の*怒害多き処を楽《ねが》うとは」。

維摩詰は舍利弗に語れり。「意に於いて云何《いか》ん。日光出づる時、冥と合するや」。

答えて曰わく、「不《いな》なり。日光出づる時、即ち*衆冥無し」。

維摩詰の言わく、「夫れ日は何故に閻浮提《えんぶだい》に行くや」。

答えて曰わく、「明照を以って之れを為し、冥を除かんと欲するなり」。

維摩詰の言わく、「[10]菩薩も是の如し。不浄の仏土に生まると雖も、衆生を化せんが為めの故にして、愚闇と共に合せざるなり。但だ衆生の煩悩の闇を滅せんのみ」。

八　仏の……説きたまえる　(大)五五五中　たとえば『般若経』『華厳経』など、大乗経典。

九　菩薩は没すと雖も……諸悪を長ぜず　「善本を尽くさず」とは、善根の作用が死によっても断滅しないこと。「諸悪を長ぜず」は、再生が（願生であって）煩悩・業によるものではないから。

10　愚闇　無知（moha）はしばしば闇（tamas, andhakāra）をもってたとえられる。智が光明にたとえられる反対。ただし㋠には、ここで無知に当たる語はない。

妙喜国の光景

是の時、大衆は渇仰《かつごう》して、妙喜世界の無動如来、及び其の菩薩・声聞《しょうもん》の衆を見んと欲す。仏は一切衆会の念う所を知りたまい、維摩詰に告げて言《のたま》わく。「善男子よ、此の衆会の為めに、妙喜国の無動如来、及び諸もろの菩薩・声聞の衆を現ぜよ。衆は皆な見んと欲す」。

是こに於いて維摩詰は心に念《おも》えらく、「吾れ当に座より起《た》たずして妙喜国の鉄囲《[一]てっち》の山川・溪谷・江河・大海・泉源、須弥の諸山、及び日月・星宿・天・龍・鬼神・梵天等の宮、并びに諸菩薩・声聞の衆、城邑《じょうおう》・聚落《じゅらく》・男女の大小、乃至、無動如来、及び菩提樹、諸もろの妙蓮華の能く十方に於いて仏事を作す者、[二]三道の宝階の、閻浮提より忉利天《とうりてん》に至れる――此の宝階を以って諸天は来下し、悉く無動如来に礼敬《らいきょう》を為して経法を聴受す。閻浮提人も亦た其の階を登りて忉利に上昇して、彼の諸天に見《まみ》ゆ――と、妙喜世界の、是の如くの無量の功徳を成就せるに接し、上は[三]阿迦膩吒天《あかにたてん》に至り、下は[四]水際に至るをば、右手を以って断取すること、[五]陶家の輪の如く、此の世界に入りて、猶お[六]華鬘《けまん》を持するごとくして、一切衆に示さん」と。是の念を作《な》し已《おわ》りて三昧《さんまい》に入り、神通力《じんずうりき》を現じて、其の右手を以って妙喜世界を断取して、此の土に置けり。彼の神通を得たる菩薩、及び声聞衆、并びに余の天人は、倶に声を発《お》こして言わく、「唯《いい》、然り。世尊よ、誰れか我を取り去るや。願わくは救護せられんことを」と。無動仏の言《のたま》わく、「[七]我が所為に非ず。是れ維摩詰の神力の作す所なり」と。其の余の未だ神通を得ざる者は、己れの往く所を覚えず、知らず。妙喜世界は此の土に入ると雖も、増減せず。是こに於いて世界も亦た迫隘《[八]はくあい》せず、本《もと》の如く異なること無し。

一　鉄囲の山川……　仏国土ごとに須弥山を中心とする山川があると想定されている。

二　三道の宝階　宝石で飾られた三つの梯。閻浮提から三十三天の住処へ上下する通路。次の説明の如し。

三　阿迦膩吒天　色界の最高天。色究竟天。

四　水際　水輪際。須弥山を中心とする大地の下のはて（地際）は水界（水輪）に支えられており、水際は風輪に支えられているとする（風輪の下は虚空輪で、これが根底）。

五　陶家の輪　前掲（四七頁、註五）。

六　華鬘を持する　華の輪かざりを持ち上げるように軽がると。　(大)五五五下

七　我が所為に非ず　(チ)「私の〔力の及ぶ〕領域ではない」

八　迫隘　余計なものが入ってきて、窮屈に押し込められている状態。

爾《そ》の時、釈迦牟尼仏は諸もろの大衆に告げたまえり。「汝等、且く妙喜世界の無動如来と、其の国の厳飾《ごんじき》にして菩薩は行ない浄《きよ》く、弟子は清白なるを観しや」。

皆な曰わく、「唯《い》、然り。已《すで》に見たり」。

仏の言《のたま》わく、「若し菩薩にして是《か》の如くの清浄なる仏土を得んと欲せば、当に無動如来の九所行の道を学すべし」。

此の妙喜国の現われし時、娑婆世界《しゃばせかい》の十四那由他《なゆた》人は阿耨多羅三藐三菩提《あのくたらさんみゃくさんぼだい》に心を発《お》こして、皆な妙喜仏土に生まれんと願えり。釈迦牟尼仏は即ち之れに記して曰《のたま》わく、「当に彼の国に生まるべし」。

時に妙喜世界は、此の国土に於いて応に饒益《にょうやく》すべき所は、其の事を訖已《おわ》りて、還りて本処に復せり。*衆を挙げて皆な見たり。

舎利弗の讃歎

仏は舎利弗に告げたまえり。「汝、此の妙喜世界、及び無動仏を見しや不《いな》や」。

「唯、然り。已に見たり。世尊、願わくは一切衆生をして清浄土の無動仏の如くなるを得、神通力の維摩詰の如くなるを獲さしめたまわんことを。世尊よ、我等快《よ》く一〇善利を得たり。是の人を見るを得て、親近《しんごん》・供養せり。其れ諸もろの衆生にして、若しは今、現在、若しは仏の滅後に、此の経を聞く者も亦た善利を得ん。況んや復た聞き已りて*信解《しんげ》し、受持《じゅじ》・読誦《どくじゅ》・解説《げせつ》して、如法に修行せんにおいてをや。若し手に是の経典を得る者有らば、便《すなわ》ち已に一一法宝の蔵を得たりと為す。若し、読誦して其の義を解釈し、説の如くに修行するもの

九　所行の道　(チ)「一切の菩薩行」。すなわち無動如来が成道以前に菩薩として行じたことすべての意。如来として現に行なっている仏事ではない。

一〇　善利　次の得見・親近・供養をさす。

一一　法宝の蔵　dharmaratnanidhāna法という宝の庫（埋蔵物）。

有らば、即ち諸*仏の護念したまう所と為す。*其の是《かく》の如くの人を供養する者有らば、当に知るべし、即ち仏を供養すると為す。其の此の経巻を書持〔一〕する者有らば、当に知るべし、其の室に即ち如来有り。若し是の経を聞いて能く随喜《ずいき》する者あらば、斯《こ》の人を即ち一切*智を取ると為す。若し能く此の経の乃至*一の四句偈《しくげ》を信解《しんげ》して、他の為めに説く者あらば、当に知るべし、此の人は即ち是れ阿耨多羅三藐三菩提の記を受く*、と」。

法供養品　第十三

天帝釈の誓約

爾《そ》の時、〔二〕釈提桓因《しゃくだいかんいん》は大衆の中に於いて仏に白《もう》して言わく、「世尊よ、我れは仏、及び文殊師利に従いて、〔三〕百千の経を聞くと雖も、未だ曾《かつ》て〔四〕此の不可思議にして自在の神通の決定《けつじょう》せる実相経典を聞かず。我が*仏の所説の義趣を解するが如くんば、若し衆生にして是の経法を聞き、信解して受持・読誦する者有らば、〔五〕必ず是の法を得て、疑わず。何《いか》に況んや、〔六〕説の如くに修行するにおいておや。斯《こ》の人は即ち、衆《おお》くの悪趣を閉ざし、諸もろの善門を開くと為さん。常に〔七〕諸仏の護念する所と為り、〔八〕外学《げがく》を降伏《ごうぶく》し、魔怨を摧滅《さいめつ》し、菩提*を修治し、道場に安処し、〔九〕如来の所行の跡を履践《りせん》せん。世尊よ、若し受持・読誦して説の如くに修行する者有らば、我れ当に諸もろの眷属《けんぞく》とともに供養・給事すべし。所在の聚落・城邑・山林・曠野に是の経の有る処には、我れも亦た諸もろの眷属と、法を聴受するが故に、共に其の所に到らん。其の未だ信ぜざる者は、当に信を生ぜしむべく、其の已《すで》に信ずる者

一　書持する　㋠「書写し、説明し、尊敬を致す」

二　釈提桓因　神々の主であるシャクラ Śakro devānām indraḥ 天帝釈、帝釈天のこと。単に天帝ともよぶ。(大)五五六上

三　百千の経を聞く　文殊師利に従って聞いたのは従来の『般若経』等の大乗経典。

四　此の不可思議……実相経典　㋠「不可思議な神通の方途に趣入する (acintyarddhinayapraveśa) 所説」

五　必ず是の法を得て、疑わず　㋠「疑いが消え、このような法の器となる」。したがって「不疑」は法門に対し信を生ずること。

六　説の如くに修行する　㋠「修習すべきヨーガを実修する者 (ye bhāvanāyogena prayokṣyante)」

七　諸仏の護念する所と為り　㋠「諸仏によって見守られ (gzigs=dṛśya)」

八　外学　parapravādin 異端論者。

九　如来の所行の跡を履践せん　㋠「如来の行境 (gocara) に正しく趣入する (yang dag par 'jug pa)」

は、当に*為めに護ることを作《な》すべし」と。

この法門の功徳

仏の言《のたま》わく、「善きかな、善きかな。天帝[一〇]よ、汝の所説の如し。吾れ爾の喜びを助けん。此の経は、広く過去・未来・現在の諸仏の不可思議なる阿耨多羅三藐三菩提《あのくたらさんみゃくさんぼだい》を説く。是の故に、天帝よ、若し善男子《ぜんなんし》・善女人《ぜんにょにん》にして、是の経を受持《じゅじ》・読誦《どくじゅ》・供養《くよう》する者は、即ち去・来・今の仏を供養すると為さん、天帝よ、正使《もし》三千大千世界の、如来の中に満てらんこ[一一]と、譬《たと》えば甘蔗《かんしょ》・竹・葦・稲・麻の叢林の如くなりとも、若しは善男子・善女人有りて、*或るいは一劫、或るいは一劫を減じて、恭敬・尊重・讃歎・供養して、諸もろの安んずる所を奉りて、諸仏の滅後に至り、一一の*全身の舎利《しゃり》を以って、七宝の塔の、縦広《ひろさ》は一の四《し》天下《てんげ》、高さは梵天に至り、[一二]表刹荘厳《ひょうせつしょうごん》せるを起て、一切の華《け》・香《こう》・瓔珞《ようらく》・幢《どう》・幡《ばん》・伎楽《ぎがく》の微妙第一なるを以って、若しは一劫、若しは一劫を減じて、之れを供養せば、天帝の意に於いて云何《いかん》。其の人の福を植《う》うること、寧ろ多きと為すや不《いな》や」。

釈提桓因《しゃくだいかんいん》の言わく、「多し。世尊よ。彼の福徳は若し百千億劫を以って説くも、尽くすこと能わざらん」。

仏は天帝に告げたまえり。「当に知るべし。是の善男子・善女人の、是の不可思議解脱[一三]経典を聞きて、信解《しんげ》・受持《じゅじ》・読誦《どくじゅ》・修行するものの福は、彼れより多《まさ》れり。所以《ゆえ》は何《いか》んとなれば、諸仏の菩提は皆な是れより生ず。*菩提の相は量を限る可からず。是の因縁を以って、福も量る可からず」。

一〇 天帝 諸天の帝王、すなわち神々の主。九〇頁、註二参照。

一一 如来の中に満てらんこと 三千大千世界が、如来たちで充満すること。

一二 表刹荘厳せる (チ)「傘蓋(chattra)や幡(pātaka)や表柱(yaṣṭi 心棒として建てられた柱)によって、美しく飾られた」。刹は柱の意。

一三 不可思議解脱経典 Acintyavimo=kṣanirdeśa nāma dharmaparyāya 本経の題名の一つ。嘱累品参照。 (大)五五六中

過去世とのむすびつき

仏は天帝に告げたまえり。「過去、無量阿僧祇劫《むりょうあそうぎこう》の時、世に仏有り、号して*薬王如来《やくおうにょらい》・応供《おうぐ》・正遍知《しょうへんち》・明行足《みょうぎょうそく》・善逝《ぜんぜい》・世間解《せけんげ》・無上士《むじょうじ》・調御丈夫《じょうごじょうぶ》・天人師《てんにんし》・仏・世尊と曰う。世界を*大荘厳《だいしょうごん》と名づけ、劫を*荘厳《しょうごん》と曰う。仏寿は*二十小劫なり。其の声聞僧《しょうもんそう》は三十六億那由《なゆ》他《た》にして、菩薩僧は十二億有り。天帝よ。是の時、転輪聖王《てんりんじょうおう》有り、名づけて*宝蓋《ほうがい》と曰う。[一]七宝具足し、四天下に主たり。王に千子有り。端正・勇健にして能く怨敵を伏す。

爾《そ》の時、宝蓋は其の眷属と、薬王如来を供養し、諸もろの安んずる所を施して、五劫[二]に満つるに至る。五劫を過ぎ已《おわ》りて、其の千子に告げり。〝汝等亦た当に我が如くに、深心《じんしん》を以って仏を供養すべし〟と。是こに於いて、千子は父王の命を受けて、薬王如来を供養すること、復た五劫に満ちて、*一切に安んずるものを施せり。

月蓋、法供養を問う

其の王の一子を名づけて*月蓋と曰う。独坐して思惟《しゆい》するに、〝寧《な》んぞ、供養の殊に此れに過る者有らん〟と。仏の神力を以って、空中に天有りて曰わく、〝善男子よ、法の供養[三]は諸もろの供養に勝る〟と。即ち問う。〝何をか法の供養と謂う〟。天の曰わく、〝汝、往きて薬王如来に問う可し。当に広く汝が為めに法の供養を説くべけん〟と。即時に月蓋王子は薬王如来に行詣して、仏足に稽首《けいしゅ》して、却《しりぞ》きて一面に住して、仏に白《もう》して言わく、〝世尊よ。諸もろの供養の中に、法の供養勝ると。云何《いかん》が法の供養と為すや〟。仏の言《のたま》わく、〝善男子よ、法の供養とは、諸仏の所説の深経――一切世間に信じ難く、受け難し。

一　七宝具足　転輪聖王は、金輪・白象・白馬・宝珠・妃・大臣・将軍の七宝を完備しているとされる。

二　五劫　前にいったアンタラカルパが五つ（五小劫）。

三　法の供養　dharmapūjā　法による供養の意。

微妙にして見難く、清浄にして染無し。但だ分別・思惟の能く得る所に非ず。*菩薩の法蔵の所摂たり。[四]陀羅尼《だらに》の印、之れに印し、不退転《ふたいてん》に至り、[五]六度を成就し、[六]善く義を分別して、[七]菩提の法に順ず。衆経の上にして大慈悲に入り、衆もろの魔事及び諸もろの邪見を離る。[八]因縁の法に順い、我《が》無く、人《にん》無く、衆生無く、寿命無し。空・無相・無作・無起にして、能く衆生をして道場に坐し、法輪を転ぜしむ。諸天・龍神・乾闥婆《けんだつば》等の共に歎誉する所なり。能く衆生をして[九]仏の法蔵に入らしめ、諸賢聖の一切の智慧を摂し、衆《おお》くの菩薩の所行の道を説く。[一〇]諸法の実相の義に依りて、[一一]無常・苦・空・無我・寂滅の法を明宣《みょうせん》す。*能く一切の毀禁《きごん》の衆生を救いて、諸魔・外道及び貪著《とんじゃく》の者をして能く怖畏せしめ、諸仏・賢聖の共に称歎する所となる。生死《しょうじ》の苦に背きて涅槃の楽を示すところの、十方三世の諸仏の所説なり。――若し是《かく》の如き等の経を聞きて、信解・受持・読誦し、方便力を以って諸もろの衆生の為めに分別・解説《げせつ》し、顕示すること分明ならば、法を守護するが故に、是れを法の供養と名づく。

四依について

又た諸法に於いて、説の如くに修行し、十二因縁に随順して、諸もろの邪見を離れ、無《む》生忍《しょうにん》を得、決定《けつじょう》して我《が》無く、衆生有ること無く、而《しか》も因縁・果報に於いて違無く、諍無く、諸もろの我所《がしょ》を離れ、*義に依りて語に依らず、智に依りて識《しき》に依らず、了義経《りょうぎきょう》に依りて不了義経に依らず、*法に依りて人《にん》に依らず、*法相《ほっそう》に随順して、*所入無く、所帰無く、無明《むみょう》の畢竟じて滅するが故に、諸行も亦た畢竟じて滅し、乃至、生《しょう》の畢竟じて滅するが故に、老

四　陀羅尼の印、之れに印し　(チ)「陀羅尼と経の王であると刻印され」

五　六度を成就し　(チ)「六波羅蜜より生じ」

六　善く義を分別して　(チ)「諸もろの執取を執することなく」

七　菩提の法に順ず　(チ)「菩提分の法を具え、七覚支の完成に属す」(菩提法は菩提分法の意か)。

八　因縁の法　縁起pratītyasamutpādaのこと。　(大)五五六下

九　仏の法蔵に入らしめ　(チ)「正法の系譜を絶やさず、法蔵を維持し、最高の法の供養に入らせる」

一〇　諸法の実相の義　(チ)「真実義の法(bhūtārthadharma)の正知(pratisamvid)[に入らせる]」

一一　無常・苦・空・無我・寂滅の法　(チ)「法の要約(chos kyi mdo=dharmoddāna)たる無常・苦・無我・寂滅」

死も亦た畢竟じて滅す。——*是の如く十二因縁は尽相有ること無しと観ずることを作して、復た見を起こさざる、是れを最上の法の供養と名づく」。

月蓋王子の誓約

仏は天帝に告げたまえり。「王子月蓋《がつがい》は薬王仏より是の如きの法を聞きて、*柔順忍《にゅうじゅんにん》を得たり。即ち宝衣《ほうえ》・厳身《ごんじん》の具を解きて、以って仏を供養したてまつり、仏に白《もう》して言わく、『世尊よ。如来の滅後に、我れは当に法の供養を行ないて、正法《しょうぼう》を守護すべし。*願わくは威神を以って哀を加え、建立せられんことを。我れをして魔怨を降すことを得て、菩薩行を修せしめたまわんことを』と。仏は其の深心《じんしん》の所念を知らしめして、之れに記して曰わく、『汝、*末後に於いて法城を守護せん』と。天帝よ、時に王子月蓋は法の清浄なるを見、仏の授記《じゅき》を聞きて、信を以って出家せり。善法を修集して精進すること久しからずして五神通《ごじんずう》を得、菩薩道を逮して、陀羅尼《だらに》・*無断弁才を得、仏の滅後に於いて、*其の所得の神通・総持・弁才の力を以って十小劫《じゅうしょうこう》を満じ、薬王如来所転の法輪を随いて分布せり。月蓋比丘は、法を守護し、勤行《ごんぎょう》・精進するを以って、即ち此の身に於いて百万億人を化し、阿耨多羅三藐三菩提に於いて不退転に立てり。十四那由他人《なゆたにん》は深く声聞《しょうもん》・辟支仏《びゃくしぶつ》心を発こし、無量の衆生は天上に生まるることを得たり。天帝よ、時の王宝蓋は豈に異人《ことひと》ならんや。今、現に仏たるを得て、*宝炎如来と号したまう。其の王の千子は即ち*賢劫《けんごう》中の千仏、是れなり。*迦羅鳩孫駄《からくそんだ》を始めと為して仏を得たるより、最後の如来を号して楼至《るし》と曰う。月蓋比丘は即ち我が身是れなり。是《かく》の如く、天帝よ、当に此の要を知るべし、法の供養を以って、

㊅五五七上

諸もろの供養に於いて上と為し、最第一、無比と為す。是の故に、天帝よ、*当に法の供養を以って、仏を供養すべし」。

嘱累品第十四

弥勒への法の委嘱

是こに於いて、仏は弥勒菩薩に告げて言《のたま》わく、「弥勒よ。我れ今、是の無量億阿僧祇劫《あそうぎこう》に集むる所の阿耨多羅三藐三菩提《あのくたらさんみゃくさんぼだい》の法を以って、汝に*付嘱せん。是《かく》の如き輩《たぐい》の経を、仏の滅後、末世の中に於いて、汝等は当に神力を以って広く宣《の》べ、閻浮提《えんぶだい》に流布《るふ》して断絶せしむること無かれ。所以《ゆえ》は何《いか》んとなれば、未来世中に、当に善男子《ぜんなんし》・善女人《ぜんにょにん》、及び天・龍・鬼神・乾闥婆《けんだつば》・羅刹《らせつ》等有りて、阿耨多羅三藐三菩提に心を発《お》こし、大法を楽しむべし。若し是の如き等の経を聞かざらしめば、則ち善利を失わん。此《こ》の輩《たぐい》の如き人は、是等の経を聞かば、必ずや信楽《しんぎょう》多くして、希有心《けうしん》を発こさん。当に頂を以って受け、諸もろの衆生の応に利を得べき所に随いて、為めに広く説くべし。

弥勒よ、当に知るべし。菩薩に*二相有り。何をか謂いて二と為す。一は*雑句《ぞうく》・文飾《もんじき》の事を好む。二は*深義を畏れず、如実に能く入る。若し雑句・文飾の事を好む者は、当に知るべし、是れを*新学の菩薩と為す。若し是の如き*無染・無著なる甚深の経典に於いて、恐畏有ること無く、能く其の中に入り、聞き已《お》わりて、心浄《きよ》らかに受持《じゅじ》・読誦《どくじゅ》し、説の如くに修行せば、当に知るべし、是れを*久しく道行を修せりと為す。弥勒よ。復た二法有りて、新学者と名づく。*甚深の法に決定《けつじょう》すること能わず。何等をか二と為す。一は未だ聞かざる所の深経《じんきょう》あり。之れを聞きて驚怖し、疑を生じて、随順すること能わず。毀謗《きぼう》し、信ぜずして、是の言を作《な》す。〃我れ初《もと》より聞かず。何所《いず》くより来たれるや〃と。二は若し是の如き深経を護持し、解説《げせつ》する者有らば、親近《しんごん》・供養・恭敬することを肯《がえ》んぜず、或る時は中に於いて其の過悪を説く。此の二法有り。当に知るべし。是れを新学菩薩と為す。自ら毀傷《きしょう》を為して、深法中に於いて、*其の心を調伏《じょうぶく》すること能わざるなり。弥勒よ、復た二法有り。菩薩は深法を信解すと雖も、猶お自ら毀傷して、無生法忍《むしょうぼうにん》を得ること能わず。何等をか二と為す。一は新学菩薩を軽慢《きょうまん》して、教誨《きょうかい》せず。*二は深法を解すと雖も、相を取りて分別す。是れを二法と為す」。

(大)五五七中

弥勒の誓約

弥勒菩薩は是れを説くを聞き已りて、仏に白《もう》して言わく、「世尊よ、未曾有なり。仏の所説の如く、我れ当に斯《かく》の如きの悪を遠離《おんり》し、如来の[一]無数阿僧祇劫《むしゅあそうぎこう》に集むる所の阿耨多羅三藐三菩提の法を奉持《ぶじ》すべし。若し未来世の善男子・善女人にして大乗を求むる者あらば、当に手に是の如き等の経を得て、其れに[二]念力を与えしめ、受持・読誦して、他の為めに広く説かしむべし。世尊よ、若し後の末世に、能く受持・読誦して、他の為めに説く者有らば、当に知るべし、皆な是れ弥勒の神力の建立する所なり」。

仏の言《のたま》わく、「善きかな、善きかな。弥勒よ。汝の説く所の如し。[三]仏は爾《なんじ》の喜ぶを助けん」。

一　無数　阿僧祇が無数という意味なので、ここは「無量」であろう。前段はじめには「無量阿僧祇」とあった。

二　念力　記憶力の意。(チ) dran pa=smaraṇa

三　仏は爾の喜ぶを助けん　(チ)「如来もまた、そなたの述べたことを随喜するであろう」

是こに於いて一切の菩薩は合掌して仏に白《もう》せり。「我等も亦た如来の滅後に於いて、十方の国土に阿耨多羅三藐三菩提《あのくたらさんみゃくさんぼだい》の法を広宣《くせん》・流布《るふ》せん。復た当に諸もろの説法者を開導して、是の経を得しむべし」。

爾《そ》の時、四天王は仏に白《もう》して言わく、「世尊よ。在在処処の城邑《じょうおう》・聚落《じゅらく》・山林《せんりん》・曠野《こうや》に是の経巻の読誦《どくじゅ》・解説者《げせつしゃ》有らば、我れ当に諸官属を率《ひき》いて、聴法の為めの故に、其の所に往詣し、其の人を擁護せん。*面《まのあたり》、百由旬《ゆじゅん》にわたりて、(四)伺求するものをして、其の便《べん》を得ること無からしめん」。

阿難への委嘱

是の時、仏は阿難に告げたまえり。「是の経を受持して、広宣・流布せよ」。

阿難の言わく、「唯《いい》、然り。*我れ已《すで》に要を受持したれば、世尊よ、当に何《いか》に斯の経を名づくべきか」。

仏の言《のたま》わく、「阿難よ、是の経を名づけて〝維摩詰の所説〟と為す。亦た〝*不可思議解脱の法門〟とも名づく。是の如く受持せよ」。

仏の是の経を説き已るや、長者維摩詰・文殊師利・舎利弗・阿難等、及び諸天・人《にん》・阿修羅と一切の大衆は*仏の所説を聞きて、皆な大いに歓喜せり。

維摩詰〔所説〕経巻下

(四) 伺求するもの (チ)「その説法者に対し、隙を伺い、過失を求めるもの」。すなわち魔波旬らのこと。

補　註

仏国品第一

衆の知識る所（一8）　(玄)「為一切衆所識」(チ)「知識をもってよく知られた」(=abhijñānâbhijñāta 什注に「梵本に多知多識と云う」とある) (支)神通（菩薩）。什訳のとおり、「人によく知られた、有名な」の意。

大智の本行を皆な悉く成就し（一8）　(玄)「大神通業」。(チ)も同様(=mahâbhijñāparikarmaniryāta)。什注にも「梵本に神通智慧本事已作という」とあるので、原文は同じと知れる。parikarmanは宝石を磨くなど浄化や厳飾の作業を言う。ここは大神通を得るための準備行の意で「本行」と訳したものであろう。

威神によりて建立せらる（一9）　(玄)「威徳当所加持」(チ)「神力によって支えられた（adhiṣṭhāna-adhiṣṭhita)」。什注は「仏の念ずる所」と説明。

衆人請わざれども、友として之れを安んじ（一10）　什注に「ひと（物）は利をもって交わるので請われて後に動くが、ひじり(聖)は慈を以って応える故に、祈らずして往き、往けば必ず与に親しみ、親しめば必ず為めに護る」といい、肇注は「真友は請を待たず、譬えば母の嬰児に赴くがごとし」と補説する。

念・定・総持・弁才（二1）　(チ)は念のあとに慧と証得を加える。「総持」とは教えの意義を心に保持して忘れないこと、その力。「弁才」とは説法についてのひらめき、その力。

布施・持戒・忍辱・精進・禅定・智慧（二1）　六波羅蜜〈法数一覧参照〉に当たる。(チ)は方便のあとに願・力・智を加えて十波羅蜜とする。(玄)も同じ。

無所得、不起の法忍を逮し（二2）　存在（法）は知覚の領域を超えており、本来不生であると認得すること。「不起法忍」は「無生法忍」と同じ。「忍」の意味について、什注は「有識已来、未だ嘗て法を見ず。今に於いて始めて能く信じ、能く受くるを得、忍びて恐怖せず。安住不動なる故に名づけて忍と為す」という。

不退の輪を転ず（二3）　不退転の法輪を転じ、の意。後戻りしない実践の教えを説く、の意。『注』「別本に転不退転法輪という」

善く法相を解して（二3）　(玄)(チ)は「無相の印によって印せられ」という。「法相」は無相（特定の相によって定義されるものがない）。

諸もろの大衆を蓋いて無所畏を得たり（二3）　大衆の集まりに

おいて圧倒されず、畏れないの意。「諸もろの大衆を蓋いて」について、什注に「梵本には衆不能蓋という」とある。これは(チ)と一致。「無畏」の形容句。

深信は堅固なること猶お金剛の若く（二5） 「深信」は深い（宗教的）志し。深心に同じ。(玄)(チ)はこのあと「仏・法・僧に対する不壊の信をいだき」の一句を加える。

乃ち雷の震うが如し（二8） 「雷震」は仏の説法の音の大きいことを、春雷が百草を潤すごとく、仏の慈悲が衆生を潤すことを表わす（肇注）。

衆もろの法宝の海の如くなるを集むるの導師たり（二9） 大海は衆宝の庫蔵といわれることから法宝を海にたとえたものか。「導師」は(チ)によれば隊商のリーダーの意。ただし、(支)(玄)(チ)ともに「法宝の智（(チ)は智と福）を集めて導師となる」と言い、海に言及しない。

無等等（二10） 等しきもの無きに等し。比類するもののない最高の、の意。「無等等なる仏の自在の慧」を(玄)(チ)は「(近)無等等な仏智へ導く灌頂によって灌頂せられ」とする。

十力・無畏・十八不共に近づき（二11） 仏に特有な能力としての十力・四無畏・十八不共仏法〈法数一覧参照〉をいう（仏法は仏の徳性の意）。「不共」は特有の意。「近」を(チ)は「深心をもって住し」という。

一切の諸悪趣の門を関閉して……其の身を現ず（二11） 「五道」は輪廻する生存のあり方すべてをさすから、三悪道も〈法数一覧参照〉含まれる。閉じた悪趣にまた生まれるというのは矛盾。(玄)(チ)は「悪趣に対する恐怖、険難に対する恐れをのりこえて、自分の意志で輪廻の生存に生まれることを示し」の意に読む。什訳は対句の妙にひきずられたものか。

其の名を……と曰う（二15） 以下の諸菩薩の名については、ここで一括して解説する。菩薩の名は多くは教義上の意味ある内容を示し、それらの徳を有するものとして菩薩を表わし、称えることを目的としているもので、一種のあだ名である。(チ)からの還梵と什注の解釈を示す。

等観（菩薩） Samadarśana 等観衆生。
不等観 Asamadarśana 不等智慧分別諸法。
等不等観 Samāsamadarśana 兼比二。
定自在王 Samādhivikurvitarāja 於諸定中得、自在也。
vikurvita は神通力で変現するの意。
法自在王 Dharmeśvara 説諸法中得自在也。
法相 Dharmaketu （法をはたじるしとする、法幢） 功徳法相現於身也。
光相 Prabhāketu 光明之相現於身也。
光厳 Prabhāvyūha 光明荘厳也。
大厳 Mahāvyūha 明其身相大荘厳也。
(チ)はこの前に宝厳 Ratnavyūha を加える。
宝積 Ratnakūṭa 積聚智慧宝也。
弁積 Pratibhāṇakūṭa 積聚四弁。

宝手　Ratnapāṇi　手中能出無量珍宝也。
宝印手　Ratnamudrāhasta　印者相也。手有出宝之相、亦曰手中有宝印也。
常挙手　Nityotkṣiptahasta　現以大慈之手撫慰衆生令不恐畏。是以常挙手向人。唱言勿怖也。
常下手　Nityapralambahasta　常垂下其手、現慈心屈下無傷物之像也。
常惨　Nityatapta（つねに心を痛める）悲念衆生也。
喜根　Nityamuditendriya　喜根、喜等也。亦於実相法中、生喜及随喜也。
喜王　Prāmodyarāja　喜有二種、一不浄、二清浄、清浄喜故言王也。
弁音　Prasiddhapratisaṃvitprāpta（無礙解の完成を得た）辞弁（niruktipratisaṃvid）也（この原語の同一性は未詳）。㋠はこの前に天王（Devarāja）と Praṇidhānapraveśa=prāpta（願への悟入によって到達した）の二菩薩を加える。
虚空蔵　Gaganagañja　実相慧蔵如虚空也。
執宝炬　Ratnolkaparigṛhita　執慧宝炬、除衆闇冥。
宝勇　Ratnaśūra　勇於徳宝、亦得宝故能勇也。
宝見　㋠なし(?·)(Ratnadarśana)　以慧宝見於諸法也。㋠この代わりに Ratnapriya（宝愛）Ratnaśrī（宝吉祥㋕）を挙げる。
帝網　Indrajāla　幻術経名帝網也。此大士神変自在猶如幻化、故借帝網以名之(也)。
明網　Jāliniprabha　明網自説手有縵網放光明也。
無縁観　Nirālambanadhyāna　観時不取相無縁、亦深入観時、莫見其所縁也。
慧積　Prajñākūṭa　積聚慧也。
宝勝　Ratnadatta(?·)(㋕宝施)　功徳宝超於世也。
天王　㋠前出（Devadatta）一仮名天、二、生天、三、賢聖天、言天王則賢聖天也。
壊魔　Mārapramardaka　行壊魔道也。
電徳　Vidyutprāpta（㋠ Vidyuddeva）因事為名也。
自在王　Vikurvaṇarāja　於法自在、如王之於民也。
功徳相厳　*Guṇalakṣaṇavyūha　功徳之相荘厳其身也。㋠Kūṭanimittasamatikrānta
師子吼　Siṃhanādanādin　以大法音、令衆生伏(也)。
雷音　Meghasvara　所説能令天人歓喜、群邪振悚、猶若雷音聞者喜懼也。㋠なし。
山相撃音　Giryagrapramardirāja　以大法音消伏剛強、音声震撃、若山相搏也。
香象　Gandhahastin　青香象也。身出香風、菩薩身香風亦如此也。
白香象　Gandhakuñjaranāga　其香最勝、大士身香亦如是也。
常精進　Nityodyukta　始終不退。

不休息　Anikṣiptadhura　不暫廃也。

妙生　Sujāta　生時有妙瑞也。

(チ)この前に Pramati（(玄)妙慧）を加える。

華厳　Padmavyūha　以三昧力現衆華、遍満虚空大荘厳也。

(チ)この前に Padmaśrīgarbha（(玄)蓮華勝蔵）を加える。

観世音　Avalokiteśvara　世有危難、称名自帰、菩薩観其音声（Avalokitasvara）即得解脱也。亦名観世念（Avalokitasm=ara）、亦名観自在（〔異本〕世自在 Lokeśvara）也。

得大勢　Mahāsthāmaprāpta　有大勢力也。以大神力飛到十方。所至之国六反振動、悪趣休息也。

梵網　Brahmajāla　梵四梵行、網言其多也。

宝杖　Ratnadandin　或物宝、或法宝以為杖也。

無勝　Ajita（(チ)なし）　一般には弥勒の名（弥勒の註参照）。(チ)は代わりに Mārakarmavijetā（魔業に勝った、(玄)勝魔）という。

厳土　Kṣetrasamalaṁkāra　浄国土也。

金髻　Suvarṇacūḍa　金在髻也。

(チ)この前に Maṇiratnacchattra（摩尼宝蓋）を加える。

珠髻　Maṇicūḍa　如意宝珠在其髻中、悉見十方世界及衆生行業果報因縁也。

弥勒　Maitreya　姓也。阿逸多字也。南天竺婆羅門之子。

文殊師利法王子　Mañjuśrī Kumārabhūta　秦言妙徳也。…

…妙徳以法身遊方、莫知其所生、又来補仏処故言法王子也。

尸棄（三4）　Śikhin　羅什注は「秦言頂髻也」という。梵天王の代表として挙げられる（『大智度論』五四）。(玄)「持髻梵天」

宝積（三11）　(支)「宝事」(玄)「宝性」(チ)「宝の蔵」。(支)の音写に「羅隣那竭」という。原語は Ratnākara。(玄)(チ)は「リッチャヴィ族の菩薩」とよぶ。

十方の諸仏と……亦た宝蓋の中に現ぜり（三17）　十方の諸仏はそれぞれの仏国土を有する。その在り場所は三千世界の外ということになる。ここでは、ただその説法の声が聞こえてきたという意味（(チ)による）。(玄)は「皆如響応」という。

仏の神力（三18）　前の「仏の威神」とほぼ同義とみてよい。ただし、威神の原語は anubhāva など。神力は ṛddhi あるいは prā=tihāya（神通、神変）。

偈を以って頌えて曰わく（四1）　「偈」は韻文を以って示された経文。「伽陀（gāthā）」「偈頌」とも訳す。ただし、ここは「頌」は讃と同義。什注に「以偈讃也」という。

〔**あなたは**〕（四3）　以下の三句と第四句中の「衆を導くに寂を以ってす」までは世尊（稽首する対象）についての説明であるから補った。以下の偈はすべて世尊へのよびかけ。

青蓮の如く（四3）　正確には「青蓮華の葉のような」(玄)「如青紺蓮華葉」

称無量なり（四5）　「称」は名声・名聞の意。(支)同じ。(玄)「獲得広大勝名聞」。ただし(チ)「功徳の大海（guṇasāgara）」

衆を導くに寂を以ってす（四6）　(玄)「大沙門、開導希夷寂路者」（チ）「寂静の道に安住せる沙門」。「寂静の道（sāntipatha, śāntimārga）」とは涅槃にみちびく道の意。什注は「梵本に寂道と云う。寂道とは即ち八正なり」という。

法王の法力は群生に超え……法王に稽首したてまつる（四11―16）（チ）「法王よ、あなたの、この最勝の法の王国を支配し、群生に法の財を施され、諸法の分別を善くし、第一義を説きたまうところの法の自在者、法王たるあなたに頂礼したてまつる」。（チ）により、六句を以って一偈とみなす。

甘露のごとき滅（五3） 甘露 amrta は不死の意で涅槃のこと。すなわち滅（苦滅）をさす。什注に「梵本に寂滅甘露と云う」とある。

覚道（五3） さとり。（チ）「最勝の悟り」（玄）「勝菩提」。（チ）は「寂静・不滅・安穏」を「最勝の悟り」の形容句と見る。この二句一行、（什）は（支）に同じ。

天と人とは道を得て、此れを証と為し（五8） （チ）によれば「天、人は［仏の転法輪を］まのあたり見た」の意。「証」は、まのあたり見る。（支）（玄）「得見従解法（見るを得、従いて法を解す）」

一たび受けては退かず（五11） （チ）によれば主語は教化をうけた衆生たち。「かれらは理論的に尋ねる（rtag pa）ことなく、つねに寂静である」（支）「［仏所説法開化人］終已無求常寂然」はこれに近い。聖徳太子の義疏に「一受不退」とは、「三乗の衆生は只だ有相の四諦を聞いて、或るいは退くことあり。而るに既に無相（斯妙法）を聞けば即ち無漏の真解を得て、また退いて生死となるものなしと明かすなり」という。

今、世尊に此の微蓋を奉る……三界の尊に稽首したてまつる（五18―六6） この偈、および前の偈は（チ）にない。（支）はこれら二偈を以って宝積の讃歎の偈を終わり、あとの七偈を欠く。（支）がおそらく原型を示す。

衆の帰する所なり（六7） （チ）「これらの会衆たち」。これは次の句の主語たるもの。なお、大聖法王に相当する（チ）大牟尼はよびかけの語。

神力の不共の法（六10） （玄）「如来不共相」。「神力」は神力あるものの意で、如来をさすか。（チ）「ジナに特有な仏の特質」

受行（六17） 上掲第五偈での対応で言うと、（チ）感受［のはたらき］（vedanā）。この一偈、（チ）になし。

悉く衆生の来去の相を知り（七12） （玄）「已に有情の平等趣に至り」（チ）「世間の人々と共に歩み、共に会おうとも」

諸法の相に達して罣礙無く（七16） この一句に相当する箇所で（玄）は「一切相を遣るも所遣無く、一切の願満つるも所願無く、大威神力あり不思議なる」と三句を挙げる。（什）に二句脱落か。

阿耨多羅三藐三菩提に心を発こし（八3） 無上完全なる悟りに向けて心を起こす。発無上意、発菩提心、さらに略して発心という。無上完全なる悟りとは、仏の悟りをさす。（支）「決於無上正真之道」（道＝菩提）（チ）「無上正等覚に［心を］安立し（samprasthita）」

仏国土の清浄を得るを聞かん（八3） どうしたら仏国土を浄めることができるかをお聞きしたい（と願う）。（支）同文。（玄）「問我厳浄仏土」。次註参照。

土を浄むるの行（八4）　この浄土はいわゆる浄土（穢土の反対）ではなく、土（=仏国土）を浄めるの意。(チ)「この菩薩たちに仏国土を浄めるということを説明していただきたい」。浄土の行の主体は菩薩。(玄)「云何菩薩修浄仏土。説浄仏土相」。『注』に「別本に仏国清浄之行と云う」とある。さらに梵本に「清浄之相」という（(玄)に一致）。

衆生の類（八11）　(玄)「諸有情土」(チ)「衆生の国土」。しかし什注は「衆生則是〔仏国土〕」とくりかえす。したがって「衆生の国土」とは「衆生という国土」の意。さらに什は、「衆生則是〔仏国土〕」というのは、因中に果を説くことで、衆生は浄土の因という意味。以下はその三因を具する意味を説くのだという。三因とは、㈠菩薩の功徳、㈡衆生、㈢衆生の功徳、をいう。

所化の衆生に随いて（八11）　什注に「梵本に随化幾所衆生と云う」とし、さらに「是れ化人の多少に随う故に、国に大小有るに似るなり」と説明する。これは(チ)に照らしてたしかめられる。(チ)「菩薩はどれだけの衆生に〔そのはたらきを〕及ぼすか（spharati）その限りに応じて仏国土をとる」

空地（八15）　(支)「空中」。(チ)も「虚空中に」という。(什)(玄)はしたがって比喩の意味が若干異なり、「空地には自由に宮殿がたてられるが、空中にはたてられない」の意。(チ)は「空中には建てようと意図してもたてられない」の意。什注は「梵本は空中造立宮室自在無礙と云う」とする（(チ)と一致）。次註参照。

空に於いてには非ざるなり（八18）　(支)(玄)ともに同じ。(チ)「〔一切法は虚空の如しと知って、菩薩は有情を成熟させるために、仏国土をどのように作るべきかに応じて仏国土を作るが〕仏国土は虚空中には作ることもできず、飾ることもできない」

直心（八19）　(玄)「純意楽」(支)「無求」（?・）(チ)「bsam pa（=āśaya）こころざし、思い」。(チ)(玄)はそのあとに「土」の語を加える（こころざしという国土）。以下すべて同様。

深心（九1）　(チ)「lhag pa'i bsam pa（=adhyāśaya）宗教的決意、願い」(玄)「上意楽」(支)「善性」（?・）

菩提心（九2）　(支)「道意」(玄)「発無上菩提心」(チ)「菩薩の偉大な発心」。『注』の本文は「大乗心」という。また、(チ)はこの前に「加行 sbyor ba=prayoga という国土は菩薩の仏国土」という一項を加える。(玄)も同じ。ただし順序は異なる（菩提心・直心・加行・深心の順）。什注に「直心は誠実心なり。発心の始は、誠実に始まる。道識弥いよ明らかなるを深心と名づく。深心増広正に仏慧に赴くを菩提心と名づく。此れ皆な受化者の心なり」とある。

廻向心（九14）　己れの積んだ功徳を他者にふり向けること、特にその菩提のためにふり向けること。この項について(支)は、「分流法化」と訳す（法化を分流す、とは廻向の説明?・）。

自ら戒行を守り、彼の闕を譏らざる（九16）　「戒行」は(チ)によれば諸学処 śikṣāpada をさす。また「不譏彼闕」に当たるところ、(チ)「波羅夷に堕せず」とある。

善く諍訟を和し、言えば必ず饒益し（九19）　不縁語の果。(玄)

「善宣密意（善く密意を宣べ）」㋠「諍いごとをまるく治めるに巧みなもの」

菩薩は其の直心に随いて（一〇2）（玄）㋠は「直心」の前に「菩提心を発こすに応じて直心あり」の一句を加える。また（支）は以下の一段、訳語全く他訳と対応せず。㋠「〜のある限り、その限り」

意調伏す（一〇3）㋠「観察する（＝nidhyāyati)」（玄）「止息」。この ni-dhyai に対応する「調伏」の訳は、このあとも頻出する。

衆生を成就す（一〇5）㋠（玄）なし。「成就」とは修行の完成の意か。

其の心を浄む（一〇8）「浄」は㋠によれば parikarman.「心浄（心浄し）」の「浄」は pariśuddha.

威神（一〇11）『注』は「別本に承仏聖旨という」とし、さらに「聖旨」は「梵本に神力と云う」とある。

仏慧に依らざる（一一7）㋠「仏慧に対する思いが浄くないから」（玄）「仏智慧意楽亦爾」

宝荘厳（一一11）㋠によれば Ratnavyūha.

譬えば諸天は……福徳に随いて飯の色に異有るが如し（一一19）神々の食器は同じでもその受ける果報によって飯色が異なるという。「飯色」に対し㋠は「天の食物たる甘露」

無生法忍（一二3）すべての法（存在）は不生であると認得（納得）すること。菩薩の初地においてこれを得るという説と、八地という説がある。ただし㋠は「随順忍（真現に随順する認得）」を挙げる。これは無生忍の一段下位。

意解（一三7）㋠「心解脱（漏＝煩悩から心が解脱した）」。㋠はこのあと「広大な仏国土を信解する八万四千の衆生もまた一切の存在（法）は妄想（viṭhapanā）によって想定されたものと知り、無上正等覚にむけて発心した」と加える。

方便品第二

善の本（一三11）善根と同じ（kuśalamūla)。什注は「功徳業なり」という（功徳は次の慧明と比較すると puṇya 福の意）。

無生忍（一三11）無生法忍に同じ。什注に「慧明業なり」という。さらに如来の場合は「智」といい、菩薩は未尽で能忍受不退であるので忍という、と説明。

神通に遊戯し（一三11）神通（abhijñā）は天眼など五種の超能力。遊戯（vikurvita）は自在に駆使すること。什注に「神通に因ってその化功を広め、亦た神通力を以って、その弁才を証す」ともいう。

魔の労怨を降す（一三12）㋠「魔と敵対者とを降し」（玄）「摧魔怨力」。（什）は（支）を踏襲。

大願成就（一三13）「大願」は菩薩の大誓願の意。たとえば『十地経』で初地の菩薩のたてる十大誓願のような。什注は「大願成就するのは唯だ法忍の菩薩〔以上〕のみ」という。

久しく仏道に於いて心已に純淑にして（一三13）「仏道」は、おそらく仏の菩提の意。ただし、㋠「〔有情たちの能力の優劣を知っているので〕出離し、各自の理解度に応じて法を説き」（玄）「智度成弁、説法淳熟」

心は大なること海の如し（三15）㋠「海の如き〔深き?-〕最勝の慧に住し」(玄)「入心慧海」。什注に「海に三徳有り。一に深広無辺、二に清浄にて雑穢を受けず、三に無量の珍宝を蔵積すという。菩薩の三徳は義、海に同ずるなり」

咨嗟（三15）なげく。讃歎する。(玄)「咨嗟・称揚・顕説」㋠も同様。「弟子」の語なし。

忍調行を以って……諸もろの無智を摂む（三17—三2）以上は維摩の六波羅蜜行。「忍調行」は忍辱と調伏（vinaya 訓練すること）の意。「一心禅寂」は㋠によれば、禅と念と定（三昧）。したがって、禅寂は禅定と直す方がよいかも知れない。ただし、寂は止と同義で心の散乱しないことを示す。また、一心はここでは心一境相の意であろう。

梵行（三3）独身。異性との交渉をもたないこと(brahmaca=rya)。肇注「清浄無欲行也」

異道を受けても正信を毀さず（三5）「異道」は pāṣaṇḍika の訳。外道と同義。(玄)「一切外道軌儀」㋠「異教の遊行者(caraka=pāṣaṇḍika)」。「正信」は㋠「不壊の（確固とした）志（abhed=yâśaya)」

一切に敬われて、供養中の最たるものと為る（三6）(支)同訳。この一句、㋠「どんな交際の場（saṃsarga）に姿を現わしても第一人者（sarvapramukha）として供養される（pūjita)」。しかし、什注は「諸もろの有徳者は能く供養を致す。能く供養を致せば、また此の賢を供養す。最と為す所以なり」という。

正法を執持して諸もろの長幼を摂め（三7）㋠によれば「世間に適合するために長幼の人々と交わるが、語るところは法に適っている」の意。原文の異同不詳。

一切の治生諧偶して、俗利を獲ると雖も、以って喜悦せず（三7）㋠「世間的な仕事にも従事するが、利得や享楽の為めではない」の意。「諧偶」とは「かない、そろう」の意。(支)の訳の踏襲。(玄)「世間の財宝を希求せずと雖も、然も俗利に於いて所習有ることを示す」

講論処（三9）㋠「法を聴いたり、正説すること〔を現わす〕」。(玄)は(什)と同じ。

酒肆に入りては能く其の志を立つ（三10）「酒肆」は śauṇḍ=ka-gṛha.「能立其志」とは、酔っている人々を正気に返すため、の意。(玄)は酒肆の代わりに「諸伎楽に遊ぶ」という。㋠は(什)と同じ。

長者に在りては長者中の尊として為めに勝法を説き（三10）「長者に在りては」とは、長者（śreṣṭhin）の姿を現じている場合には、の意。㋠は「勝法を説くために、長者の内の長者として、みなに敬われる」という構文を示す。以下、居士等についても同様。什注に「長者とは如今の四姓の豪族なり」といい、また次の「居士」について、「外国では白衣にして多財、富楽なる者を名づけて居士と為す」という。同じく「刹利（kṣatriya)」については「梵音中に二義を含む。一は忍辱（kṣam-）と言い、二に瞋恚（kṣan- 傷つける、害する）と言う。この人、大力勢有りて、能く大いに瞋恚す。

苦痛を忍受して、剛強にして伏すること難し。因って以って姓と為すなり」という。また「婆羅門」について「広く学問して邪道を求む。自ら智慧を恃みて驕慢自在なるを婆羅門と名づくるなり」という（これは語源とは関係ない）。なお、肇注は「刹利とは王種なり。秦言、田主（kṣetrapati）」として、別の語源論をのせる。

内官（一三15）　中国では、㈠宮中の侍臣、㈡女官、㈢宦官、の三種の用法がある。(チ)によれば「若い女官を教えるために後宮にあって宦官（nyung rum）として、みなに敬われる」とあるから、㈢の意味であろう。ただし、什注は「今の内官のようなものではなく、外国では歴世の忠良・耆宿・有徳のものを採用して内官とする」と説明している。

帝釈中の尊として無常を示現し（一三17）　帝釈天と無常との関係は『涅槃経』（『遊行経』）で仏の入滅に際し、帝釈天が諸行無常偈をうたったとされるところに原型がある。同じく大乗の『涅槃経』第十四巻の霊山童子と羅刹の話参照。什注に「梵は垢薄く、著浅き故、為めに勝慧を現ず。釈は愛重く、著深き故、為めに無常を現ずるなり」という。

護世（一三17）　Lokapāla　四天王およびその眷属をさす。什注に「護世四天王なり。諸悪鬼神は衆生を残食す。護世の四王は之れを護りて、害せしめざるなり」という。

身の疾を以って（一四4）　(チ)「四つの元素より成るこの身に関して」（「疾」の語なし）。「諸仁者」以下が法（おしえ）の内容。身体の無常を十種の譬喩などで語る。

聚沫（一四7）　以下(1)〜(10)、空をあらわす十喩〈法数一覧参照〉。(チ)は(4)芭蕉のあとに機（yantra　からくり）を加えて合計十一喩（この身は骨と筋のつながりで、からくりのごとくである）。什注に「如沫以下如電に至るは尽く無常を喩えるなり。あるいは不久を以って、あるいは不実を以って、あるいは因縁に属するを以って、その無常たる所以を明かすなり」という。

主無きこと（一四12）　以下(1)〜(4)の四項、四大〈法数一覧参照〉に喩えられている。そこで否定されている主・我・寿・人は我の異名。ただし、(チ)によれば最初の項は「作用がない（niśceṣṭa）」。また喩の順序は地・水・火・風で、最後に虚空の喩を加える（虚空の如く自性が無い）。(玄)も五種（無主・無我・無有情・無命・無有補特伽羅）を五大に喩える。

風力の転ずる所なり（一四15）　(チ)「風車のように風によって動き、無感覚（nirvedaka）である」。(玄)は(什)訳を踏襲（以下節末まで）。什注に「無知より無作に至るまでは更に空・無我の義を釈するなり」という。

虚偽（一四15）　うつろな（tuccha）。(チ)はこれを「不浄にして穢悪充満す」の文とつづける。あるいは、この「虚偽」は(チ)の次の文における「からの（空 rikta 欠けた）」に相当し、前の文の「うつろな」に当たる句を欠くとみるべきか。什注は「是身不浄」については、上に無常・苦・無我を説いたので、ここに不浄門を説いて四顛倒を破るとする。またこの「是身虚偽」以下は生老病死その他の諸苦についての喩を説くという。

仮すに澡浴衣食を以ってすとも、必ず磨滅に帰す（一四16） この一文は身体の状況を語る定型句として、多くの経典中に類似の表現がみられる。(ラ)は(チ)にもとづいて nityasnāpana-parimardana-bhedana-vidhvaṃsana-dharma（つねに洗ったり磨いたりして壊れ消滅する性質のもの）と還元している。

百一の病悩（一四16） (幺)(チ)は四百四病という。百一病に四大を掛けた数。

丘井の如し（一四17） (チ)「古びた井戸（泉 udapāna)」。什注は「丘虚枯井」と説明し、罪人が追われて故井戸にとびこんだが、上からは象が迫り、底には毒蛇がとぐろをまき、つかまった草はいまにも抜けおちるという有様という寓話を挙げて、生死のはかなさをたとえている。

毒蛇・怨賊・空聚（一四18） それぞれ四大（界）・五陰（陰）・六内処（入）を喩える（什注参照）。(チ)によれば「怨賊」は死刑執行人（vadaka-puruṣa)。「空聚」とは人の住んでいない村（śūnya grāma)。

法身（一五2） dharmakāya 諸法（功徳法すなわち徳性）より成る身体・諸法の集まりの意。必ずしも後の瑜伽行派の教理でいうような絶対的存在としての仏をさすわけではない。諸法とは以下に語られる功徳（puṇya 福徳）と智慧（jñāna）などの無量の清浄法をさす。

止・観（一五4） 舎摩他と毘鉢舎那とも音訳する。什注に「始めに観ずる時、心を一処に係けるを名づけて止と為す。静極まれば則ち明るし。明は即ち慧なり。慧を観と名づくるなり」という。

弟子品第三

舎利弗に告げたまえり（一五16） 以下、弟子品第三に出る仏弟子十人について、その名の原名および羅什等が『注維摩』に言うところを、一括して掲げる。

(1)舎利弗 Śāriputra 智慧第一

舎利弗は弟子中に於いて智慧第一なり。故に先ず之れに命ず。（肇曰）「舎利」は其の母の名。「弗」は秦に子と曰う。天竺、多く母の名を以って子に名づく。

(2)大目犍連 Mahā-Maudgalyāyana 神足第一

目連。婆羅門姓なり。倶律陀（kolita）と名づく。拘（＝倶）律陀は樹神の名なり。神に求めて得たるを以っての故に、因みに以って名と為す。生じて便ち大智慧有り。故に大目犍連と名づく。神足第一者なり。

(3)大迦葉 Mahākāśyapa 頭陀第一

仏より先に出家す。第一の頭陀者なり。昔一時、山中より出づ。形体の垢膩麁弊衣に著く。来たりて仏所に詣る。諸比丘之れを見て軽賤意を起こせり。仏、諸比丘の軽慢心を除かんと欲す。故に讃えて言わく、「善来、迦葉」と。即ち床を分かちて坐す。迦葉辞して曰わく、「仏は大師たり。我れは弟子たり。云何んが共座せん」。仏言わく、「我れ禅定・解脱・智慧・三昧・大慈・大悲もて衆生を教化す。汝も亦た是の如し。何の差別か有らん」と。諸比丘聞き已りて希有心を発こし、咸く恭敬を興こせり。迦葉是れを聞き已りて常に仏行を学び、慈悲もて苦人を救済す。

（肇曰）迦葉は弟子中苦行第一なり。婆羅門種に出づ。姓は迦葉なり。

(4)須菩提　Subhūti　解空第一

（什曰）秦に「善業」と言う。解空第一なり。善業の居士に造りて乃ち失を致す所以は、以《ゆえ》有りて往き、由《よし》有りて失うなり。請う、喩を以って之れを明かさんに、譬えば射を善くするの人は発して物を遺すこと無し。軽翼迅やかに逝くと雖も、其の舎を翔く能わざること、猶お維摩詰の弁慧深入、言会を失せざるが故に、五百の応真、敢てその門を闚くこと莫きがごとし。善業、自ずから智能く深く入り、弁は時に応ずるに足ると謂えり。故に直に造りて疑わず。此れ往の意なり。然れば其の入観に当たりて則ち心法相に順ず。其の出定に及んでは則ち情事に随いて転ず。失を致し、屈を招くは良く此れに由るなり。維摩は善業の自ずから深入と謂いて而も平等に乖くを以っての故に、此の章の言は切にして旨深き者なり。諸声聞は体兼備に非ず、則ち各おの偏能有り。其の偏能に因りて、之れを第一と謂う。故に五百の弟子、皆な第一と称するなり。又た上の四声聞は復た偏徳有り、供養有れば、能く現世の報を与う。故に独り四大声聞と名づく。余人には此の徳なし。故に第一と称するも大と名づけざるなり。

（肇曰）須菩提、秦に善吉という。弟子中解空第一なり。

（生曰）須菩提、無諍三昧を得ること人中第一なり。無諍三昧は空を解し、論を致す処無きを無諍と為すなり。

(5)富楼那弥多羅尼子　Pūrṇamaitrāyaṇīputra　説法第一

富楼那、秦に満と言うなり。弥多羅尼、秦に善知識と言う。善知識、是れ其の母の名なり。其の人、法師中に於いて第一に善く阿毘曇論を説くなり。

（肇曰）富楼那は字なり。秦に満と言う。弥多羅尼は母の名なり。秦に善知識と言う。母の名に通じる。字と為す。弟子中弁才第一なり。

(6)摩訶迦旃延　Mahā-Kātyāyana　解義第一

（什曰）南天竺の婆羅門姓なり。善く契経を解する者なり。

（肇曰）……即ち本姓を以って名と為す。弟子中解義第一なり。

(7)阿那律　Aniruddha　天眼第一

（什曰）天眼第一なり。

（肇曰）阿那律は秦に如意と言う。刹利種なり。弟子中天眼第一なり。

(8)優波離　Upāli　持律第一

（什曰）長夜に誓願して、世世に常に持律作《な》らんとす。故に今に於いて持律第一なり。

（肇曰）優波離は秦に上首と言う。弟子中持律第一なり。

(9)羅睺羅　Rāhula　密行第一

（什曰）阿修羅の月を食う時、羅睺羅と名づく。羅睺羅は秦に覆障と言う。謂わく、月明を障ぎるなり。羅睺羅は六年母胎に処し、覆障せらる。故に因りて以って名と為す。声聞法中密行第一と明かす。

（菩薩出家の日、諸もろの相師言う。若し今夜出家せざれば、明日、七宝自ずから至りて転輪聖王と為り、四天下に王たらん。王は即ち其の夜に於いて更に伎楽を増し、以って其の心を悦ばしめん、と。時に於いて菩薩欲心内に発せり。羅睺羅即時に胎に処せり。耶輸陀羅、其の夜、身有り。時に於いて浄居の諸天相与に悲しみて言わく、菩薩欲の為めに纏われ、女色に迷う。衆生愍むべし。誰れか当に度すべき者ぞ。即時に諸妓女に変ず。皆な死人の如し。甚だ怖畏すべし。菩薩をして心に厭わしめ、即ち出家を勧む。車匿馬を索き、四天王足を接して、城を踰えて去る。菩提樹下に到りて思惟す。苦行六年の已る夜に成仏す。時に羅睺羅乃ち生まる。生まれ已りて仏の乳母、問いて言わく、悉達出家より是こに於いて六年なり。汝今何くよりして身有るや。若し六年懐妊せば世に未だ聞かざる所なり。諸釈之れを聞きて相与に議して言わく、此れは是れ不祥なり。釈門を毀辱す。必ずや是れ私竊《しせつ》ならん。法に依りて之れを殺さんと欲す、と。耶輸曰わく、願わくは大王に見えて、爾して乃ち死に就かん、と。王是こに於いて縵を隔てて与に語る。具さに事を以って其の所由を詰問す。耶輸、如実に自陳す。我れは私竊に非ず。是れ太子の胤なるのみ。太子の出家して自り、我れ常に愁毒して冷地に寝臥せり。故に此の児、時に成就せざるのみ、と。王に語りて言わく、自ら此の児の顔貌、色相を看て、是れ孫子と為すや不や、と。王即ち抱きて之れを観る。其の色相を見るに太子と相い似たり。王乃ち涙を流して言いて曰わく、真に是れ吾が孫子なり。仏、証明せんと欲し、化して梵志と作り、来たりて王宮に入り、児を見て問いて言わく、汝は何等と名づくや。答えて言わく、我れ羅睺羅と名づく。梵志讃じて言わく、善きかな。汝は業の因縁を以っての故に胎に処すること六年なり。覆障せらるる故に応に此《か》く名づくるなり。王、何らの業因縁なるやと問う。答えて曰わく、我れ業因縁を知るも、何の業たるを知らず、と。仏、後に国に還る。羅睺羅、仏の身相荘厳を見て、敬心内に発こり願いて出家せんと欲す。其の母語りて言わく、此の人出家して聖道を成ずるを得とも、道は汝の分に非ず。何ぞ出家を用いん、と。羅睺羅言わく、若し一人をして道を得せしめなば、我れ要《かなら》ず当に得べし、と。人をして髪を剃らしむ。髪已に尽くるに垂《なんな》んとして唯だ頂上に少し許り有り。復た言う。若し髪都て尽きなば、則ち死人と異なること無けん。決定して汝が心、従無く後悔せん。答えて言わく、国位宝珍無量の妙楽、我れ能く之れを棄つ。況や少髪を惜まんや。道心堅固にして遂に国を棄てて出家し、舎利弗を以って和尚と為す。羅睺羅の因縁、及び出家事は、声聞法を以って略説するなり）。

(10)阿難　Ānanda　総持（多聞）第一

（什曰）秦に歓喜と言うなり。問うて曰わく、阿難は仏法蔵を持す。其の所聞に即して病無しと知るに足る。今、云何んが達せざる。答えて曰わく、真実及び方便は悉く是れ仏語なり。故に二説皆な信ず。又た云う、阿難も亦た共に方便と為すなり。（肇曰）阿難を秦に歓喜と言う。弟子中総持第一なり。

宴坐（一六1） pratisaṃlayana (P. paṭisalla) の訳。独居して沈思黙考すること（漢訳の意味は「くつろいで坐ること」）。午后（食後）の暑い時間を樹下などで、ひとり宴坐して過ごすのは仏弟子たちの慣習として行なわれていたこと。什注は「梵本に摂身心と云うなり」という。

煩悩を断たずして涅槃に入る（一六6） (チ)「輪廻の領域たる煩悩を断たずして、涅槃の境に入る」。(玄)は「生死を捨てず、而も煩悩無く、涅槃を証すと雖も所住無し」と訳し、無住処涅槃の意を強調する。

印可（一六7） (チ)は「このように宴坐をすれば、世尊はかれを真の宴坐者とよぶ」という。(玄)は(什)を踏襲。「印可」は漢語で「ゆるす、みとめる」の意。

里巷（一六13） (玄)「四衢道」(チ)「町の四辻」

仁者の所説の如くすべからず（一六15） 弟子たちの在家信者への説法は、いわゆる「次第説法」、すなわち、施・戒・生天論で、欲は過患、汚れであり、離欲が功徳であるとするもの。これをここでは正しい（如法の）説法ではないとする。

法（一六16） 以下に述べられる諸規定（法相）から帰結される「法」とは、教説の内容というよりは、教説を通じて示される、教説の基本としての「所証の法」、すなわち「悟られた真理」で、いわゆる「諸法の法性」である。

衆生の垢（一六16） (玄)「情塵」(チ)「衆生の塵垢（sattvarajas）、衆生（有情）というけがれ」。なお、(什)等漢訳は「離衆生垢故」と第二句を第一句の理由として読むが、(チ)は両句を併説するだけ。以下すべて同じ構文。

我の垢（一六16） (玄)(チ)は「貪欲のけがれ」という。(支)「染塵」

諸相を滅する（一六18） (チ)「貪欲を離る」。以下(チ)は(什)(玄)と句の切り方が正確に対応しない。

覚観を離る（一七1） (玄)「遠離一切波浪思」(チ)「一切の波を離る」。波（taraṅga）を心の動きにたとえたものか。(什)はそれを ta=rka（理論）とよみ、vitarka-vicāra（覚観）と関連づけたものか。(支)はこの前後同定しがたい。

形相無し（一七1） (玄)(チ)は「一切に遍ず」。ただし(什)の「形相無し」は次の句に相当。

戯論無し（一七2） (チ)「色（varṇa）特徴（liṅga 相）形状（sa=ṃsthāna）が無い」(玄)「無有顕（=varṇa 顕色）、無相、無形」。次の「畢竟空」の代わりに(玄)(チ)は「一切の行動がない」という。

分別（一七3） (玄)「了別（vijñapti）」=(チ)「識によって構想されたもの、表象」

法は因に属さず、縁に在らざるが故なり（一七4） (チ)「対応する因もなく、縁として想定されるものもない」。以上、法無我を説く。

法は法性に同ず。諸法に入るが故なり（一七4） (玄)「法同法界、等入一切真法界故」(チ)「法界に合致する故に、一切の法は安定する

(samāhita)」(支)「以法情正、学正諸情」（意味不詳）。したがって、(什)の「法性」は法界 dharma-dhātu に相当することは疑いないが、構文上、法界は(什)の諸法に相当する模様。(チ)によれば、以下の主語は「一切法」。

法は如に随う。随う所無きが故なり（一七5）(チ)「随わないというあり方で、〔諸法は〕真如に随順する」。如＝真如（tathatā）。あるがままなること。ものの真実のあり方。

法は実際に住す。諸辺の動かざるが故なり（一七5）(チ)「全く不動であるから、〔諸法は〕実際（真実の極限）に安住する」。実際 bhūtakoṭi。法界・真如・実際の三語は無為なる、法の究極のあり方を示す同義語とされる。什注に「この三は同一実なり。観時に深浅有るに因るが故に三名有り。始めはその実を見る。之れを如と謂う。転た深ければ之れを性と謂い、其の辺を尽くせば、之れを実際と謂う」とある。

空に順い、無相に随い、無作に応ず（一七7）空（śūnyatā）、無相（animitta）、無作（apraṇihita 無願）は三三昧、あるいは三解脱門〈法数一覧参照〉とよばれる。(チ)「空性に収約され、無相として顕わされ、無願を特質とする」

帰する所（一七8）(チ)「kun gshi（すべてのよりどころ＝ālaya）」(支)「執蔵」。「帰する所無し」とは、執取すべきものがない、の意。

観行（一七9）(チ)「rgyu ba（動き、行動＝caraṇa）」(支)はこの一項「法は一切の分別の所行を離る。一切戯論、畢竟断ずるが故に」という。

説法は説無く示無し。其の法を聴く者は聞無く得無し（一七10）(チ)「説法というのは増益（ないものを有りということ）のことばであり、誰れであれ、それを聴く者も、増益されたものを聴くのである」という。(支)はさらに長文で類似のことを述べたあと、(什)同様、説くべきものもなく、聞くべきものもない、という。

次に応じて（一八3）順序にしたがって。あるいは、「まさに次いで（順序にしたがって）乞を行ずべし」と読むべきか。(チ)「一切時に一切衆生を念って」という。

和合相を壊さんが為めの故に応に揣食を取るべし（一八4）「和合相」について、(チ)「かたまりの想い（ril por 'dsin pa＝piṇḍa grāha)」という（したがって「和合想」の方がよい）。他人を一かたまりの個体とみる観念。piṇḍa は同時ににぎりめし（揣食）を意味する（什注に「和合相は即ち揣食なり」という）。(支)はそこで直訳して「彼の食に於ける執を壊さんと欲するが為めの故に、乞食を行ずべし」という。

空聚想（一八5）村に誰れもいないとの想い。(チ)「grong stong par byin gyis brabs te=grāmaṃ śūnyam adhiṣṭhāya（村は空っぽだと思いこんで）」（渡辺照宏、一九七七）。この句のあと(支)「男女大小を成熟せしめんと欲するが為めに、諸城邑に入れ。仏家（bud=dhakula）に趣く想にて乞食の家に詣りて、不受の為めの故に応に彼の食を受くべし」と加える。(チ)も同じ。

諸もろの触を受けては智証の如くし（一八6）什注は「〝証〟の義は触に同じ。触るる時、当に智を以って実相に触るるごとくすべし」と説明する。(チ)「智に触れることなしに、〔触れられるものに〕触れるべし」——おそらくは「智によって触れつつ、可触物にふれるべし（jñānena spṛśya spraṣṭavyān spṛśate)」の誤訳であろう。

自性無く他性無き（一八7）　自性・他性（固有のあり方・他のあり方、svabhāva, parabhāva)。(チ)「固有の存在も、他者の存在もないもの」。什注は「指は会して拳を成ずる故に自性無し。指も亦た是の如くなる故に、他性無きなり」という。

定意に入る（一八11）　samāhita.

定意より起つ（一八11）　samutthita.

五逆相（一九8）　五無間罪〈法数一覧参照〉。この項、(チ)「五無間の平等性と、あなたの解脱が相応する」という。

法を聞かず（一九11）　(幺)はこのあとに「僧に事《つか》えず」を加える。(チ)も同じ。仏・法・僧の三宝がそろう方がよい。

外道の六師（一九12）　釈尊在世時の、六人の代表的な外教の師。以下、その原名および羅什等が『注維摩』に言うところを、一括して掲げる。

(1)富蘭那迦葉　Pūraṇa Kāśyapa

（什曰）迦葉は母姓なり。富蘭那は字なり。其の人邪見を起こして謂う、一切法は所有無し。虚空の如く生滅せざるなり。

（肇曰）……邪見を起こして謂う、一切法断滅性空、君臣父子忠孝の道無きなり。

(2)末伽梨拘賒梨子　Maskarin Gośāliputra

（什曰）末伽梨は字なり。拘賒梨は是れ其の母なり。其の人〔邪〕見を起こして云う、衆生の罪垢は無因無縁なり。

（肇曰）……衆生の苦楽は行に因りて得ず、自ずから然るのみなり。

(3)刪闍夜毘羅胝子　Saṃjayin Vairaṭīputra

（什曰）刪闍夜は字なり。毘羅胝は母の名なり。其の人見を起こして謂う、要《かな》らず久しく生死を逕り、劫数を弥歴して、然る後に自ずから苦際を尽くすなり。

（肇曰）……道は求むるを須たず、生死劫数を逕り、苦尽くせば自ずから得ること、縷丸を高山に転ずるに、縷尽くれば自ずから止むが如し。何ぞ求めるを仮らんや。

(4)阿耆多翅舎欽婆羅　Ajita Keśakambala

（什曰）阿耆多翅舎は字なり。欽婆羅は麁衣なり。其の人見を起こし、因に非ざるに因を計し、麁皮衣を著し、及び髪を抜き、煙を鼻に熏ずる等、諸苦行を以って道と為すなり。

（肇曰）阿耆多は字なり。翅舎欽婆羅は麁衣の名なり。其の人弊衣を著し、自ら髪を抜き、五熱にて身を炙り、苦行を以って道と為す。謂う、今、身併わせて苦を受くれば、後、身常に楽しむ者なり。

(5)迦羅鳩駄迦旃延　Kakuda Kātyāyana

（什曰）外道の字なり。其の人、物に応じて見を起こす。若し人問うて有りやと言わば、答えて有りと言う。問うて無きやと言わば、答えて無しと言うなり。

(肇曰) 姓は迦旃延、字は迦羅鳩駄。其の人謂わく、諸法は亦た相有り、亦た相無し。

(6)尼犍陀若提子 Nirgrantha Jñātiputra

(什曰) 尼犍は字なり。陀若提は母の名なり (正しくは尼犍陀と若提とに切るべきもの)。其の人見を起こして謂う、罪福苦楽は尽く前世に由る。要らず当に必償すべし。今、道を行ずると雖も、中断すること能わず、と。

(肇曰) 尼犍陀は其の出家の総名なり。仏法に出家を沙門と名づくるが如し。若提は母の名なり。其の人謂う、罪福苦楽は本より自ずから定因有り。要らず当に必受すべし。道を行じて、能く断ずる所に非ざるなり。

(什曰) 此の六師、尽く邪見を起こす。裸形にて苦行し、自ら一切智と称す。大同にして小異なるのみ。凡そ三種の六師有り。合わせて十八部あり。第一は自ら一切智と称す。第二は五通を得。第三は四韋陀経を誦す。上説の六師は是れ第一部なり。

(肇曰) 六師は仏の未出世の時、皆な道もて天竺に王たるなり。

八難 (九15) 不運な生まれつき、八種〈法数一覧参照〉。(玄)「八無暇」

汝は無諍三昧を得、一切衆生も亦た是の定を得ん (九16) 「無諍 (araṇa)」とは「激情をもたない」の意。須菩提は無諍に住するもの (araṇa-vihārin) の第一人といわれる。次の「是の定」は無諍三昧。この一文、(チ)は「一切衆生に煩悩のない (無諍) こと、それが大徳の煩悩のないことです」と訳す。什注は「無諍に二有り。一は三昧力を以って衆生を将護して諍心を起こさざらしむ。二に法性に随順して無違、無諍なり。今、平等に順ぜずして無諍を云わば、則ち衆生と差無きなり」という。

其の汝に施す者は福田と名づけず (九16) (チ)「あなたへの施者も清浄でない」。「福田」(puṇyakṣetra よい果報を生む田)、この場合、須菩提は、施しを受けることによって施者に福をもたらすもの (福田) ではないの意。

文字は性を離る……解脱の相は則ち諸法なり (二〇7) 「文字は性を離る」とは「文字にはその固有の自性は無い (空、幻化相であるから)」の意。次の「文字有ること無き、是れ則ち解脱なり」は、(チ)に「解脱は〔文字に〕属さない」という。「解脱の相は則ち諸法なり」も同様に「一切法は解脱〔と同じ〕相がある。〔すなわち、文字を超えている〕」という意味。

新学比丘 (二〇13) 新しく入門 (出家得度) したばかりの比丘。(支)「阿夷行比丘」＝(チ) las dang po=ādikarmika

水精 (二〇16) 水晶のこと。ただし、(チ)「ガラス玉」(玄)「危脆賤水精珠」

根源 (二〇17) (玄)「根性差別」(チ)「機根」(支)「(人) 根」。したがって原語は indriya

日光を以って彼の螢火に等しくすること無かれ (二一1) このあと、(玄)「大師子吼を以って野干の鳴に同じくする無かれ」の一句を加える。(チ)も同じ。

我れ小乗を観るに、智慧の微浅なること猶お盲人の如し (二一3)

「小乗」を(玄)「声聞〔の智慧〕」とする。(チ)はこの一文を「声聞乗は正しくない。衆生の次第を知る者には、これらの声聞たちは生まれつき目の見えないもののように思われる」という。

宿命（二5） 過去の数々の生涯。(玄)「無量宿住差別」

人根（二9） 衆生の機根。(玄)はこのあと、「如来に白さず」と加える（(チ)なし）。 また(チ)(玄)は「諸声聞は有情の諸根の勝劣を知らず、常に定に在ること如来の如くに非ず」をその理由として挙げる。

法要（二14） 教えの要点。(チ) gdams pa=apavāda（教誡）、uddāna（提要）。什注に「法要とは一切法の略説を言う。二種有り。有為と無為なり。迦旃延、後に演ぶ。有為は則ち四非常。無為は則ち寂滅義なり」とある。

敷演（二15） くわしく（vistareṇa）説明する。(玄)「分別、決択」(チ) gtan la dbab pa=nirṇaya

無常義、苦義、空義、無我義、寂滅義（二15） 「諸行(有為法)は無常であり、苦である。一切法は空であり、無我である。涅槃は寂静である」。 このうち「空義」を除いて、一般に四法印〈法数一覧参照〉という(チ)は「空義」を省くから全く四法印と同じ）。 これがここで「法要」というものに当たる。これについて維摩は新しい解釈を以下に示す。涅槃寂静を除く四つは例えば『倶舎論』など有部系の論書で「苦諦の四行相」として挙げられる。これはパーリ語系の「苦の三相」に当たる（「空」を除く三項）。

生滅の心行を以って実相法を説く無かれ（二16） 「実相法」は、おそらくは dharmatā（法性）の意。縁起の道理をさす。この一文、(チ)は「動きを伴い、生を伴い、滅を具する法性(?・)を説いてはならない」と訳す。

究竟して所有無き（二18） 「全く存在しない（atyanta-abhāva)」あるいは「知覚されない（anupalabdha)」。「空」の解釈の一つ。(チ)はこの一文を欠く。

我と無我とに於いて而も不二なる（二18） (チ)も全く同文。

厳浄（三7） (玄)同じ。(チ) dge ba bkod pa=śubhavyūha (支)「浄復浄」

天眼（三9） 阿那律は仏弟子中「天眼第一」といわれる（(チ)はその旨を説明する文を加える）。 そこでこの質問がある。

作相（三11） 諸縁によって作られた（abhisaṃskṛta）相。(玄)「有行相」(チ)=abhisaṃskṛtalakṣaṇa その反対は無作相 anabhisaṃskṛta-lakṣaṇa (玄)「無行相」

二相（三16） 主客対立の相。(玄)「二相及種々相」(チ)「二によって顕わされるもの〔はない〕」

律行を犯して（三4） (支)は「未践迹」と訳す。おそらく āpatti（tib. 'ltung ba）を a-patti（<pad 践む）と解したものであろう。

願わくは疑悔を解きて斯の咎を免るることを得ん（三6） (チ)「疑いを解き、われら二人を罪から救い出して下さい」。一般に、弟子は罪を犯したとき（atyayaṃ atyayataḥ）、師（世尊）の前で、告白し罪を罪と認めて如法に懺悔し、自制することが要求される。

如法に解説せり（三7） (チ)「法話（dharmi kathā）を説いた」。(玄)はあとに「憂悔を除き、所犯の清きを得しめ、示現・勧導・讃励

・慶慰せり」と加える（示現は法性を示現すること。「如法解説」と同一のこと）。

当に直ちに除滅すべし（二三8）（玄）「憂悔を除滅すべし」㋠「罪に対する後悔（'gyod pa=vipratisāra 自責の念）を除きなさい」

其の心を擾すこと勿かれ（二三8）㋠にはこの文なし。（玄）「所犯〔をもって〕其の心を乱すこと勿かれ」。これは（什）を踏襲して附加したものか。

心垢るるが故に衆生垢る。心浄きが故に衆生浄し（二三10）この経文、たとえば『相応部』XXII, 100（SN Vol.3, p. 151）: cittasaṃkilesā bhikkhave sattā saṃkilissanti, cittavodānā sattā visujjhanti=『雑阿含』二六七経（大正2、六九下）――比丘、心悩故衆生悩。心浄故衆生浄。梵文は『宝性論』所引のもの（梵本六七頁）に cittasaṃkleśāt sattvā viśudhyante, cittavyavadānād viśuddhyante と見える。

心相を以って解脱を得ん時、寧んぞ垢有るや不や（二三12）「心相」は、心のすがた。しかし（玄）「心本浄（あとでは心性本浄）という」、㋠ sems kyi rang bzhin=cittaprakṛti とある。したがって、心の本性、心の本来のすがたの意（支）も「意之浄」とあり、（玄）を支持する）。この文の意は、（玄）に「汝の心は本より浄し。〔汝が〕解脱を得る時、この本浄心は曾て染有りしや不や」とあり、㋠は「大徳の心がそれによって解脱するところの心の本性なるもの、その心の本性がかつて汚れたことがあったか」（支）も「以意浄、意為解。寧可復汚使浄耶」という。これらにしたがって、この文は「本来清浄な相をもつ心を以って解脱するとき、そもそも染汚していたことがあったであろうか」の意に読むべきであろう。

妄想（二三14）（玄）「分別、異分別（kalpa, vikalpa）」

……**是れ浄なり**（二三15）この一連の文の「垢」と「浄」は、前出の経文にしたがえば saṃkleśa と vyavadāna に対応するように見えるが、㋠によれば、「垢」は kleśa または saṃkleśa であるに対し、「浄」はその代わりに「本性（rang bzhin=prakṛti）」という（（玄）は「性清浄」という）。

相い待たず（二三16）（玄）「不相顧待」㋠ mi sdod pa=anavasthita（とどまらない）あるいは na pratikṣita（顧みない）。ここは「待」＝待つ、とどまる＝住の意であろう（次の法が生ずるのを待つ、次の法が生ずるまでとどまる）。

……**妄想を以って生ず**（二三17）以上、幻等の比喩の部分、（支）は単に「一切法可知見者、如水月形。一切諸法従意生形」とだけいう。

持律の上（二四1）㋠「世尊によって持律者中の最勝とよばれている」（支）「持仏上律」は正確でない。「優波離は持律者中第一とよばれているのに維摩を説得できない」との意。

如来を捨いてより（二四2）「如来はさて措き（tathāgataṃ sthāpayitvā）」の意。（玄）「唯除如来」

出家して道を為す（二四11）三訳とも同じ。㋠は単に「出家して」という。「為道」の「道」は修行の意であろう。

功徳の利（二四12）ただし、後の用例では「功徳と利」。㋠によればすべて「功徳（guṇa）と利益（anuśaṃsa）」〔（玄）「勝利」は

「すぐれた利益」の意に読むべきである。いわゆる勝利ではない」。

出家は……涅槃に処く（三四15） (チ)はこの文「出家は有形のもの（rūpin）でなく、形を離れている。はじめとおわりの両極を見ることがない。涅槃への道である」という。「六十二見を離れ」は、おそらく訳者の意訳。また、「処於涅槃」は、(支)「迹於泥洹」(玄)「涅槃路」とあり（居るではなく）「おもむく（処）」と読まねばならない。

智者の受くる所（三四16） (玄)「智者称讃」(チ)「智者によって称讃せられるもの（=paṇḍitavarṇita)」

聖の所行処（三四16） (玄)「聖所摂受=āryaparigṛhita」=(チ)「聖者たちによって採用されるもの」

我所無し（三四18） (玄)「離我我所」

衆もろの過を離る（三五1） (チ)「他者に非難されない」。(玄)はその前に「勤修勝観」を加える（「随順寂止」の対）。また、この句について「離一切悪、修一切善」という。

仏は世に値い難し（三五3） (玄)「仏の世に出づるは難し、無暇を離るること難し、人身を得ること難し、有暇を具足するは第一最も難し」という（(チ)は最後の一句なし）。無暇、有暇は akṣaṇa, kṣaṇa の訳。「暇」とは、仏の教えを聞いて悟りを得るチャンス→八難〈法数一覧参照〉

父母聴さざれば、出家することを得ざれ（三五4） この条項について『五分律』巻一七（大正22、一一七上）その他参照。諸律はこれを羅睺羅の出家に際し、その後見者浄飯王の願いによって、律の一項に加えたものとする。ここで羅睺羅を縁として、これについて説き、新解釈を示す所以である。

鉢を持ちて大婆羅門の家に詣り、門の下に立てり（三五12） 阿難は世尊の侍者として、つねに世尊の身の廻りの世話をしていた。この話の出典は、例えば『仏説犢子経』（大正No.八〇八）=『仏説乳光仏経』（仝No.八〇九）にある（大正17、七五四上—七五六中）。その換骨脱胎した話である（「仏遇風患当須水乳」七五四上）。

金剛の体（三五15） (玄)「金剛合成」(チ)「ダイヤモンドのように堅い」

他方の浄土より諸来の菩薩（三五18） (支)「他方仏国諸会菩薩」。「諸来」「諸会」の「諸（多くの）」は、菩薩にかかる。

無量の福会（三六2） (玄)「無量善根福智円満」

何ぞ名づけて師と為すや……而も能く諸疾を救えんや（三六4） この思念の内容を(チ)は省くが、漢三訳はすべてのせる。

法身（三六6） (チ) chos kyi sku=dharmakāya 元来、法を身体とするもの、の意。什注に「法身に三種あり。一は法化生身。〔今いう〕金剛身これなり。二は五分法身。三に諸法実相と和合するを仏と為す。故に実相を亦た法身と名づくるなり」という。

思欲身（三六6） (玄)「雑穢身」(支)は(什)と同じ (チ)「食物で養われた身」。同じく什注に「(非思欲身とは)非肉身、すなわち法化身なり。三界の形に非ざるが故に〝過於三界〟なり。生滅有りと雖も、老病衆悩十事の患無し。故に〝無漏〟と名づく。無漏なれば則ち体衆為を絶す。故に〝無為〟と名づく。形五道を超え、物の数に非ず。故に〝無数〟と曰うなり」という。

仏は世尊と為りて、三界を過ぎたまう（二六6） (チ)「如来は世間を超えた身体をもち、世間のあらゆる性質を超越している」

諸数に堕せず（二六7） (玄)「離諸有為、出過衆数、諸数永寂」(チ)「すべての作為を離れている」

五濁の悪世（二六10） 現在の劫（カルパ、宇宙的な年代周期）は次の五点で混濁している悪世であるという認識。すなわち、㈠命濁（寿命が短い）㈡見濁（思想がまちがっている）㈢煩悩濁（貪欲などの度がつよい）㈣衆生濁（性向がいやしい）㈤劫濁（兵馬・天災が多い、総じて時代が悪い）〈法数一覧参照〉

菩薩品第四

兜率天王及び其の眷属（二七2） (チ)「Saṃtuṣita をはじめとする兜率天の天子たち」。兜率天（(支)兜術天、(玄)都史多天）は欲界の第四天。弥勒は現在この天にあり、次生（五十六億七千万年の後）に娑婆世界に降生すると信じられている。

不退転地の行（二七2） 什注は、無生法忍をさすという。不退転地は、菩薩の第八地以上をさす。その行とは八地に入るための行の意。(チ)(玄)「不退転地の地位」

一生（二七4） 現在の一生が終われば、次生において成仏する。弥勒はこの故に「一生補《ふ》処《しょ》（一生だけ輪廻に縛られている。(玄)「一生所繋」）の菩薩」とよばれる。(チ)(玄)はそのとおり記す。

仏の所説（二七7） (ラ)は Khuddakapāṭha の註釈（Buddha=

ghosa: Paramatthajotikā) p. 78 の挙げる khandesu jāyamānesu jiyamānesu miyamānesu ca khaṇe khaṇe tvaṃ bhikkho jāyase ca jiyase ca miyase ca（諸蘊が生まれ、老い、死につつあるとき、比丘よ、汝は刹那刹那に生まれ、老い、死ぬのだ）を例として挙げる（ただし、この経文の出典未詳。同註釈の英訳 The Illustrator of Ultimate Meaning, tr. by Bhikkhu Ñāṇamoli, P. T. S. ed. 1 p. 81)。

正位（二七8） 正しいあり方（涅槃を得る資格、(玄)正性 sam=yaktva)。それが決定していること（正定 samyaktvaniyāma 正性離生)。無生法忍を得たとき、涅槃が確定するの意。

正位の中に於いては（二七8） (玄)「此の無生所入正性の中においては」と訳す。(チ)はこの一連の文を「生の無いことにおいてこそ、決定性（niyāmatā）に入るのであって、無生のものには記別はなく、無生はまのあたり完全に悟ること（abhisambodhi）でもない」と訳す。

一切衆生は皆な如なり……弥勒に至りても亦た如なり（二七12） (チ)「一切衆生の真如なるもの、一切法の真如なるもの、聖者（ār=ya）たちの真如なるもの、それが弥勒よ、あなたにとっても真如である」。しかし、漢訳は(支)以下、すべて同一構文。

不二、不異なり（二七14） (チ)「二として顕われず、種々としても顕われない」(玄)「非二所顕、非種種異性所顕」

一切衆生は即ち菩提の相なり（二七15） (チ)「一切衆生が覚ること（anubodha）こそが菩提であるからです」(玄)「夫菩提者、一切有情等所随覚」

一切衆生は……涅槃相なれば、復た更に滅せず（二七17） ㋠「すべての衆生が完全な涅槃に入らない限り、如来も完全な涅槃に入らないのです。それはかれら（如来たち）は、すべての衆生は畢竟じて完全な涅槃に入っており、涅槃の本性がある（＝涅槃相）ことをごらんになっているからです」。(玄)は「一切有情は般涅槃せざること非ず。仏は真如を説いて般涅槃と為す。仏は一切有情は本性寂静にして即ち涅槃相なりと観ずるを以っての故に、真如を説いて般涅槃と為すなり」と訳し、真如＝般涅槃という一項を加えている。類似の経文として㋶は『中論註』所引の『宝雲経』（Ratnameghasūtra）の ādiśāntā hy anutpannāḥ prakṛtyaiva ca nirvṛtāḥ / dharmās te vivṛtā nātha dharmacakrapravartane //（実に諸法は本より寂静、不生、かつ本性として涅槃している。ナータよ、それらは転法輪において開顕せられた）と、『解深密経』その他を挙げている。

阿耨多羅三藐三菩提に心を発こす者も無く、亦た退く者も無けん（二七18） 「退く」とは、阿耨多羅三藐三菩提から心が退転すること。㋠は「菩提に何びとも住まることなく、退くこともないのに」という。

寂滅は是れ菩提なり（二八2） ㋠「菩提とは、すべての特徴（nimitta）が寂滅していることである」という。以下各項も、漢訳が理由句（……故）とするところを単純な叙述文で示す。

不観（二八2） (玄)「不増（ないものを有ると増益しない）」㋠「所縁（ālambana）に関して増益しないこと」

障（二八4） ㋠「諸願を起こさないこと」。㋠はこの前に「動きや思いや心の動揺のすべてを離れていること」を加える。(玄)の「離繫是菩提。永離一切動乱法」に当たるか。一方、諸願を起こさないことに相当するのは(玄)「広大是菩提。一切弘願不測量故」か。

不入（二八5） ㋠「すべての執取を離れて無着であること」(玄)「不諍」

順（二八5） ㋠「真如を覚知（anugama）すること」。㋠(玄)は次項と順序入れ替え。(玄)「随至」

住（二八6） ㋠「法界の住によって住すること」(玄)「安住」

至（二八6） ㋠「真実の極限（実際）に住すること」(玄)「建立」

不二（二八7） ㋠「意《こころ》も〔その対象たる〕法《もの》もないから、菩提は不二である」。以下諸項では㋠も漢文と同様の理由句をもつ構文を示す。(玄)「差別法性皆遠離故」

不会（二八9） ㋠は「諸入（āyatana）の門ではない」(玄)「無門」

不合（二八9） ㋠「まじりけがない」(玄)「無雑」。㋠(玄)は「相続（輪廻をひきおこす）煩悩とその習気がないから」という。

無処（二八10） ㋠「処と非処（sthāna-asthāna 道理と非道理）を離れているから、場所にも方位にも住しない」。(什)「形色」の原語は saṃsthāna-rūpa か。このあと、㋠「菩提はまったく起こることなく、真如にも住しない」(玄)「無住是菩提、於一切処不可見故」を加える。

仮名（二八10） ㋠「名のみ」(玄)「唯名」。「名字の空なるが故に」に対して、㋠「名は不動である」(玄)「此菩提名無作用故」

如化（二六11）　(チ)「波がない」(玄)「無浪」。「如化」の原語不詳。

無乱（二六11）　(チ)「錯乱がない（abhrānti）」。(什)「常に自ら静なる」に対し、(チ)は「自性清浄（prakṛti-pariśuddhi）」。しかし(玄)「常自静」

善寂（二六12）　(チ)「光り輝く（prabhās ?）」。(玄)は「善寂――本性浄故」と「明顕――自性無雑故」の二項を有する。

諸法は知り難きが故に（二六14）　(玄)は以下、遍行・至頂・無染の三項を加え、「如是菩提、非身能証、非心能証」とむすぶ。(チ)はさらに「何となれば、身体は草木・石壁・道・影の如きもの、心は非物質で、目に見えず、拠りどころなく、表象されないからである」と加える（ただし、至頂・無染の項はない）。

道場（二七3）　bodhimaṇḍa（さとり〔＝道〕の座）。(玄)「妙菩提」(チ)「さとりの精髄」

直心（二七4）　āśaya (玄)「淳直意楽」。「直心、是れ道場なり」に対し、(チ)「菩提の座とは……思い（āśaya）の精髄（snying po＝maṇḍa）（あるいは「思いという座」）です」と訳す。以下、各項とも·maṇḍa の語をつける。「虚仮」は、人工のもの（kṛtrima）の意。

発行（二七4）　(玄)「発起加行」(チ)「修行（＝yoga, prayoga）」。(什)「事に辦むる」に対し、(玄)「所施為能成辦」(チ)「勤修した行為を完成させる」

深心（二七5）　すぐれた決意。(玄)「増上意楽（adhyāśaya）」

報を望まざる（二七6）　「報」とは死後に天に生まれるなどの果報（vipāka）。(玄)「世間異熟果」。この項以下、六波羅蜜に関説。

心無礙（二七7）　(玄)「心無恚（apratighacitta）」。pratigha には礙げると嫌う（憎む）の両義がある。

心調柔（二七8）　(玄)「其心調順有堪能」(チ)sems las su rung ba＝cittakarmaṇyatā（心が他に順応してよくはたらく）

捨（二七10）　upekṣā　特別の関心を特定のことに対してもたないこと。憎愛（(チ)愛着 anunaya と憎悪 pratigha）なく、怨親、敵味方にわけへだてなく平等に対処すること。以上四項（慈・悲・喜・捨）を四無量心〈法数一覧参照〉という。

背捨（二七12）　(玄)「離分別動」(チ)「無分別」。「背捨」の原語不詳。

聞の如くに行ずるが故に（二七13）　(玄)「起真実行故」(チ)「正行（pratipatti）の核心となるから」

伏心（二七13）　(玄)「調伏（心を制御すること）」。ただし(チ) nges par sems pa＝nidhyapti（心の洞察）

無尽（二七16）　(玄)「不尽」。しかし(チ)「〔煩悩の〕流出が尽きている（漏尽）」

諸煩悩（二七16）　しかし(玄)「息諸煩悩」(チ)「一切煩悩の鎮静」。(什)「如実に知る」に対し、(玄)「如実現証真法性」(チ)「如実に現等覚する故に」

無我（二七17）　(玄)「用無我為自性」(チ)「無自性（ngo bo nyid med pa＝niḥsvabhāva）」

所趣無き（二七18）　(玄)「遠離一切発趣事」。ここの趣（所趣）は輪廻の諸趣（gati）の意。(チ)「〔三界に〕入ることがないから」。(玄)は「三界」の代わりに「不離三界」という。

諸過無き（二九19）　（玄）「無訶厭」（チ）「非難されるところがない（anindita）」

余礙無き（三〇1）　煩悩の残余がない。このあとに（玄）「獲得究竟無余智」と加える。

諸波羅蜜に応じて衆生を教化せば（三〇2）　（チ）は「諸波羅蜜を具え、衆生の成熟を具え、正法の摂受を具え、善根を具えている限り」という。（玄）は波羅蜜の前に「真実発趣具足相応」、また最後に「供養如来具足相応」を加える。

仏法に住する（三〇3）　（チ）（玄）「諸仏法より来たり」を加える。この「仏法」は仏の教えの意。

持世菩薩（三〇7）　Jagatiṃdhara

静室（三〇9）　禅定に適した部屋。ただし（玄）（チ）「自分の住家」

堅法（三〇13）　（玄）「堅実法」（チ） snying po=sāra 核、果実の芯、確実なもの。身・命・財は不確実なもの（核のないもの）。その中に確実なものを見出せということ。

法楽の以って自ら娯しむ（三一8）　（チ）「法の楽園（dharmārā=ma）を喜び願う（dga' zhing mos pa）」（玄）「法苑楽」

敬養（三一13）　（あるいは敬仰）（玄）（チ）はこの項を僧衆供養の楽のあとに置く。さらにそのあと「三界を出離する楽しみ」を加える。

諸もろの功徳（三一16）　善法のこと。（玄）「福智二資糧」。（玄）はこの項を前項から別出する。

三脱門（三一17）　三解脱門〈法数一覧参照〉。この項の前後、（チ）「三解脱門において熟知することの楽しみ、涅槃を目標（adhyālanbana（玄）「正攀縁」）とする楽しみ、菩提座を厳る楽しみ、非時に（まだその時が来なければ）〔涅槃を〕得ない楽しみ」という。

同学（三一18）　自分と同類の人々（sabhāgajana）。「非同学」はその反対。異類の人々。（玄）「同類生」「異類生」

道品（三二1）　前に三十七品とあったのと同じ。菩提分法。（チ）（玄）はこの前に「方便において善く摂受する楽しみ」を加える。（什）「無量」は四無量心の意か。（チ）（玄）には「無量」の語なし。

無尽燈（と名づける法門）（三二8）　Akṣayadīpa

仏恩に報じ（三二13）　（チ）「如来に対し、〔その〕為されたことを知るもの（byas pa bzo ba=kṛtajña）となる」（玄）「知如来恩」

自在・神力・智慧・弁才（三二16）　（玄）は「変現説法」を加える。（チ）は単に「神通力」とだけ言う。

善徳（あるいは善得）（三三2）　（支）「善見」（玄）「須達多 Sudatta」=（チ）。什訳が同一原語によるか不詳。スダッタの名は、祇園精舎の施主給孤独を想起させるが、ここはヴァイシャーリーであり、長者の子の若者であるから別人。名前は「よく施す者」で、布施の徳をあらわす。

大施会（三三4）　什注によれば、単に広く布施する場合と、礼法施とがあり、ここは後者で、外道すなわちバラモンの経書に従って祭祀を兼ね行なうという。後文にあるように七日を期して梵天を祀り、七日目に大施を行ない、死後の梵界への生天を祈る。（玄）「大祠会（mahāyajña）」

法施（三三7）　財施（āmiṣadāna）が世俗の布施であるに対し、

出家者が法を説くのは法施（dharmadāna）といわれる。什注は、ここで布施に財施、心施、法施の三種ありという。

菩提を以って慈心を起こし（三10）㋠「菩提の相として完成する大慈」。什注は「菩提を求めんが為めに慈心を起こす」のは、菩薩の慈であるという。以下、四無量心に言及。

衆生を救うを以って大悲心を起こし（三10）「悲心」について㋠は「正法を摂《まと》めて実現する大悲」という。㋞はしかし「以諸有情解脱行相」で㋷に近い。

正法を持するを以って喜心を起こし（三10）「喜心」について㋠「衆生たちの大喜びを見て〔所縁として〕実現する大喜」。㋞「以諸有情随喜行相大喜」

智慧を摂するを以って捨心を行ず（三11）「捨心」について、㋠「智によって摂めて実現する大捨」は㋷と同じだが、㋞は「摂正法」を「摂智」の前に加える。

慳貪を摂する（三11）㋠㋞は「寂静と調伏によって成立する」という。㋷の方がわかりやすい。慳貪（mātsarya）は布施の反対。以下、六波羅蜜に言及。

身心相を離る（三13）㋠はこれを禅定波羅蜜の目的とし、ここで「菩提に向けての努力」を挙げる。この方が理に適う。㋷は前後入れ替える方がよい。ただし、什注はこのまま解説している。なお「梵本に云う」として「菩提相とは寂滅相」という。寂滅ならば「止」に近く禅定にふさう。しかし寂滅は「離身心相」により近い。

衆生を教化して空を起こし……無作を起こす（三14）以上三法は三解脱門に関わる。空で衆生を否定し、無相で有為法を否定し、無作（無願）で来生は否定されるが、その上に立って三者をいかすのが菩薩の法施である。「受生」は㋠「意《おも》いのままに生まれる」㋞「故作意受生＝saṃcintya〔bhava-〕upapatti」とある。菩薩の願生をいう。

方便力（三15）㋞「大力」㋠「力による施与」

六和敬（三17）㋞「浄妙諸法」㋠「喜ばるべき法（saṃmodaniya)」。什注に、衆を和せしめるための六法として、㈠—㈢慈心を以って身・口・意の三業を起こすこと、㈣食を得たらば、鉢中の飯を減じて、上座一人、下座二人に供養する、㈤持戒清浄、㈥漏尽智慧、を挙げる〈法数一覧参照〉。

悪人を憎まずして調伏心を起こし（三18）「悪人」は㋞「非聖」㋠「聖者でないもの」。「調伏心」は㋠「心の洞察（cittanidhyapti)」

如説の行を以って多聞を起こし（三19）「如説の行」は㋞「中道」㋠「勤修(nan tan)」。「多聞」は㋠「所聞（学んだこと śruta）への通暁」

宴坐（四1）㋠nang du yang dag 'jog pa (pratisaṃlayana)

修行地（四1）ヨーガ行の段階（yogācārabhūmi)。㋞「瑜伽師地」

福徳業を起こし……慧業を起こし（四2）「福徳業」は㋞「広大妙福資糧（puṇyasaṃbhāra)」。福の集積。以下、智業＝智資糧。慧業＝慧資糧。

一切善業（三四4） (玄)「一切善法資糧」

一切の智慧（三四4） (玄)「一切智智」。一切智すなわち仏の智。

福田（三四7） (玄)「所供養」(チ)「布施の対象 sbyin gnas (dakṣiṇiya)」

分かちて二分と作し（三四12） 『法華経』観音菩薩普門品、参照（分作二分、一分奉釈迦牟尼仏、一分奉多宝仏塔）。

一の最下の乞人（三四12） (チ)「一切世間によって蔑まれている城中の貧人たち」

難勝如来（三四13） Dusprasaha その浄土を光明国土（Marici (玄)陽炎世界）という。

厳飾して、相い障蔽せざる（三四14） (玄)は「種種荘厳甚可愛楽（ramaniya)」という。(チ)は「よく配列された」とだけいう。

一の最下の乞人に施すこと、猶お如来福田の相の如く（三四15） 如来を福田と考えるのと区別なく、乞人に対しても、福田とみなす、の意。「福田の相」は(チ)「福田なりとの想い」(玄)「福田之想」（相=想）

具足の法施（三四17） (玄)「円満法施祠祀」(チ)「法の施会を完全なものとする者」

文殊師利問疾品第五

上人（三六5） (玄)「大士」(支)(チ)は「毘耶離の維摩詰」と名を挙げる。

深く実相に達し（三六5） (チ)「深妙な道理（gambhiranaya）について弁説をふるい」(玄)「深入法門〔善能弁説〕」

善く法要を説く（三六6） (チ)「反転語と完全に表現された語の使用に巧みな（vyatyastapada-pūrṇapadâhārakuśala)」。什注は「法要」について「要言を以って法を説くと言うべし」という。

智慧礙げ無し（三六6） (チ)「無礙（apratigha, apratihata)」を「すべての衆生に対していかり（khong khro ba=pratigha）がない」と訳す。

法式（三六6） (チ)「なすべきこと（kārya)」(玄)「事業」。什注に「神通変化諸威儀なり」という。

諸仏の秘蔵（三六6） (チ)「諸菩薩、独覚の秘奥の教え」（この独覚はおそらく仏のあやまり。独覚に教えはない）

度（三六8） (チ)「〔方便と慧より〕出離している」(玄)「到大智慧巧方便趣」。(チ)はこのあと数句追加あり。(玄)も同様。

(チ)「無二、無分なる法界の行境の最勝の極（dam pa'i mchog）を得、一つとして飾られる法界を無辺の種類の飾りをもつごとくに説法することに巧みであり、すべての衆生の機根に飾りを得させることが巧みで、善巧方便を解することを心得、質問に対し決着を与えることができるので、貧弱な〔論理の〕鎧をもって、彼を喜ばすことはできませんが」。

(玄)「已に最勝無二無雑の法界の所行に到り、彼岸に究竟し、能く一相荘厳の法界に於いて、無辺相荘厳の法門を説き、一切有情の根行を了達し」（以上(什)「衆魔を降伏し」のあとに挿入）「已に一切の問答の決択を得て無畏自在にして、諸もろの下劣の言弁詞鋒の能く抗対する所に非ず」。

因みに(支)は以上の維摩についての叙述全体について、「深く法要に入り、其の徳は至淳にして弁才を以って立ち、智は称す可からず。一切の菩薩の法式悉く聞こえ、諸仏の蔵処にして入ることを得ざる無く、進んで衆魔を御し、之れを降すに徳を以ってし、権と慧を務行し、徒らに戯食するに非ず」という。

仏の聖旨を承けて（三六8）　仏のみこころを戴して。ただし原語は他の諸訳のように、「仏の御力添え（加持）をうけて」の意。(玄)「承仏威神」(支)「求依仏住（buddhâdhiṣṭhānena）」

神力を以って其の室内を空ぜん（三七2）　(チ)「このわが室が空《から》っぽになるよう神力を加えよう」。(チ)はこのあと同じことを「彼は……して」とくりかえす。(玄)はさらに「現疾而臥」までを思念の内容としてくりかえす。(什)訳はおそらく、くりかえしを省略したものであろう。ここでは一応、これまでを思念の内容とみておく。なお(支)「吾将立空室、合座為一座、以疾而臥」は、全体を思念の内容としている文と解せられる。

不来の相にして来たり、不見の相にして見る（三七5）　(チ)「よくいらっしゃった。かつて来たこともなく、見たこともなく、聞いたこともない方にお会いするとは」(玄)「不来而来、不見而見、不聞而聞」。この両訳によると、文意は、(什)訳から想定されているような般若経的矛盾表現ではなく、まだ来たことも、会ったこともない方がよく見えましたねという挨拶のようである。(支)「不面在昔、辱来相見（面せざるは昔に在り〔まだお目にかかったことがありませんでしたね〕）。辱《かたじけ》なくも来たりて相い見《まみ》ゆることよ）」もその意を示している。この部分『注』に什曰はなく、肇曰として後世の禅宗が好むような「実相不来、以之而来」といった解釈が見られる。訳文に相の字を加えたのは羅什であろうから、僧肇の釈は羅什の説を受けたものと見るべきであろうが、ただ羅什は、この前で「善来」を説明して「もし黙っていては、客も主人もうちとけない（不諧）、善来というのは、客が来て会うことができ、主人も成心なしにそれを受ける（虚受）ことを明かそうとしているのだ」と言っている。格別に難しいことは含意していないようである。

是の如し（三七7）　(チ)「おっしゃるとおりです」。以下、文殊はかえって理屈を弄している。「既に来たものは再び来ることはない」。『中論』観云来品など参照。

来る者は従来する所無く……更に見る可からず（三七8）　(チ)「まだ来ないものに来ることは知られず、すでに去ったものにも去ることは知られず、見られたものは後でまた見られるべきではない」(玄)「已に来たれるに非ざるものは来ると施設すべく、已に去るに非ざる者は去ることを施設すべくも、其の已に見しものは復た見るべからず。其の已に聞きしものは復た聞くべからず」。(支)は「所以者何」以下を全く欠き、ただちに世尊の伝言を述べる。おそらくそれが原型。つまり、前の文はただの挨拶のことば。(什)訳は前の続きで逆説的言辞と見ている。(玄)は理に適っているが面白味はない。(チ)は冒頭の否定詞が余分なのか、次の句との間に矛盾がある。

療治して損有りや（三七10）　治療すれば軽くなるか。(チ)(玄)はこの句の前に「元気でいるか、身体（界・諸要素）は不調ではないか」との問いを加える。

世尊は慇懃に問を致すこと無量なり（三七10）（チ）（玄）は細かに「苦しみは大きくないか」などの語を加える。これらは、問疾の常套句。

癡と有愛より（三七14）「癡」は無明。「有愛」は、生存への執着（bhavatṛṣṇā）（チ）による）。しかし、（什）は「癡より愛有り」と解せられていたことは、『注』の道融の釈などから知られる。この訳は（支）を踏襲。この句は、世間に無明と有愛があるかぎり、の意。

……**菩薩の病は大悲を以って起こるなり**（三八2）菩薩の大悲を長者の一子想（ekaputrakasaṃjñā）にたとえる例は、大乗経典中に数多い。『宝性論』所引の『大集経』海慧菩薩品など参照。

何を以って空と為すや（三八5）（玄）「何以空」（チ）「何によって空なるや（kena śūnyam)」。主語は諸仏国土。

空を以って空なり（三八6）（チ）「空性によって空」。什注は「無は物無きを以っての故なり。空は国土性空なるを以ってなり。即ち是れ畢竟空の故に空なり」という。

空は何ぞ空を用うるや（三八6）（チ）「空であることにおいて、また何か空なものがあるのか」。什注は「若し法性として自ずから空ならば、そのまま置いておいても空であろう。それを諸賢聖はまたどうして空慧を用いて諸法を空ずるのか」という。

無分別空を以っての故に空なり（三八6）（チ）「認識すること（分別 parikalpa）が空たること（すなわち無分別）によって［諸法が］空なのです」。什注は「上の空（すなわち無分別空）は空慧、下の空は法空をいう」という。

空は分別す可きや（三八7）（チ）「空性は認識できるのですか」。（什）「分別」を（支）「思想」と訳す。

分別も亦た空なり（三八7）（チ）「認識も空であり、空性は空たることにおいては認識されません」（玄）「この能分別も亦た空なり。所以は何んとなれば、空性は分別して空と為すべからず」

六十二見（三八8）外教の見解をまとめた数として仏典で広く使われる〈法数一覧参照〉。空性が六十二見中に求められるという点について、什注は、諸法は空であるが、心を構えて解を求めるときは、必ず手がかり（津）が必要で、その手がかりは迷いの中に求められ、迷いは異なった見解から生ずる。異見は正か邪かで、邪見（たる六十二見）を手がかりとすることが空を求める手がかりであるとの意を示す。

心行（三八11）（チ）「最初の心のはたらき」（「最初 prathama」とは「無始」というに近いか）。「心行」は惑心である。

楽（三八14）（玄）「欣讃」（チ）「讃辞を呈する人（varṇavādin)」

身と合するや、心と合するや（三九3）（支）「与身合、意合」（玄）「身相応、意相応」（チ）「身体（心）と結びついている」

身と相い離るるが故に（三九4）（チ）「身体は離脱している（vi=vikta）から」。（玄）は「身相離故」のあとに「如影像故」を加え、また、「非心相応」の理由に「心相離」を加える。

是の病は地大に非ず……是の故に我れ病む（三九6 7）この一項、（チ）は空大を加えながら、四大（khams bshi 四界）と言い、「是の病は地大に非ず」云々の議論を省いて、「衆生のわずらっている要素（界）に応じて、自分の要素もわずらう」の意をのべる。(玄)は(チ)と同じ原文と思われるが(什)を参照して意訳（「然此之病、非即四界、界性離故」）している。(支)は答えとして「是の種（＝大・界）は一切人の所習なり」とだけ言うから、(什)の「是病非地大……亦復如是」は、訳者の挿入と思われる。

慰喩（三〇9）　なぐさめさとす（諭）。(玄)「慰喩……令歓喜」(チ)「喜ばせるべきか（saṃmodaniya)」。(什)を除いて、他訳はすべて、この一段を、維摩が質問し、文殊が答えるものとする（(玄)も版本によっては(什)に準じて問者・答者を交換しているものもある）。

身は無常と説きて……畢竟寂滅と説かざれ（三〇10—12）　以上、いわゆる四法印に対応。いずれも声聞の教えと異なる菩薩としての対処を示す。什注は、各項に凡夫法、声聞法、菩薩法の三種のあり方（三種法）ありと示す（身に著して無常と観じない凡夫、無常と観じて身を厭う声聞、無常を観じて而も身を厭わない菩薩、など）。「畢竟寂滅」は、声聞の涅槃観。菩薩は生死即涅槃と見る。

過去に入ると説かざれ（三〇12）　(玄)「罪に移転有りと説かざれ」(チ)「遷移（'pho ba＝saṃkrānti）によってではない」。罪が懺悔（pratideśanā 告白）によって過去のものとなった（すなわち過去した状態で存在する）と考えてはいけない、の意。什注は「罪に常性有りて過去に入るに似」ているので、「常想を去らせる」ため、という。遷移説は有部の法恒有論による解釈。(支)はこの項欠。

宿世無数劫（三〇13）　(チ)「前世の極限（pūrvakoṭy［-anubhū＝ta］）」(玄)「前際所受」

浄命（三〇14）　什注は、正命に同じという。しかし(チ)「本来清浄（gzod ma nas rnam par dag pa＝ādiviśuddhi)」。(玄)は(什)に準ず。

其の心を調伏せん（四〇2）　(チ)「自心を考察（思慮）する（nidhyāyati)」。(玄)は(什)と同じ。(支)の「其意不乱」は(チ)に近いか。

前世の妄想・顚倒・諸煩悩より生ず（四〇3）　(支)(チ)は「前際以来の虚妄で顚倒した業の現起より生じ、虚妄分別の煩悩より生ず」と二項を挙げる。(玄)は(什)に準ずるも、全体を「煩悩所起の業より生ず」と結ぶ。これは理論的に正しい。

実法有ること無し（四〇4）　(チ)「真実の立場からすれば（paramārthataḥ)」(玄)「身中都て一法の真実無し」

四大（四〇4）　(チ)'byung ba chen po (mahābhūta)［＝khams＝dhātu］

此の病の起こるは皆な我に著するに由る（四〇5）　(チ)「我執を除いて、これ（身体）には、真実の立場からすれば、病気とよばるべきものは何もない」

既に病の本を知れば（四〇6）　(チ)は「我に執せず、病の根本をよく知る者たらんとて」と訳す。(玄)も同様。

法想（四〇7）　dharmasaṃjñā 以下の「応に是の念を作すべし」の内容をさす。「法想」は声聞の立場、アビダルマ、とくに有部の法有論を予想している。したがって、次にはこの法想ものりこえられるべきであるとされる。

……滅する時に我れ滅すと言わず（四〇10） 什注に「以上は法を以って我れを遺る。以下は空を以って法を遺る」という。「法想を滅せんが為めに」の代わりに㋠「法想をよく知らんがために」という。

我及び涅槃（四〇14） 「我」の代わりに㋠「輪廻と涅槃」。(玄)は(什)に準ずるが、㋠の方がよい。

名字（四〇15） ㋠「名として説かれたもの（nāmadheya）」 (支)「所言」(玄)「但以名字仮説為空」

余病有ること無し。唯だ空病有り。空病も亦た空なり（四〇16） 「余病」は、空性の他に病があるのではない、の意であろう。この文、㋠「病は別ではない。空性は別ではない。病こそが空性にほかならない（nânyā vyādhiḥ/ nānyā śūnyatā/ vyādhir eva śūnya=tā）」という。「空病」は、空なる病、の意であろうか。ただし什注は「上に無我、無法を明かしたが、まだ空を遺らず。まだ空を遺らざれば則ち空を累（わざわい）と為す。累は則ち是れ病なり。故に〝空病も亦た空なり〟と明かすなり」という。(玄)はここも(什)訳にひきずられている。

未だ仏法を具せざれば……悪趣の衆生を念いて大悲心を起こす（四〇17） ㋠「かれ（有疾菩薩）は滅受をも実現（取証）すべきではない。仏法を完全に具えたとき、二受は消滅するけれども、悪趣の衆生に対して、悲心が起こらないわけではない」（「設身有苦」の句なし）。

我れ既に調伏せば（四〇18） ㋠(支)なし。(玄)は「有疾菩薩、応作是念」の二句を挿入の上、「既に己れが疾を除き」という。したがって、この「我」は自己の意であろう。

法を除かず（四〇19） ㋠「いかなる法も附加したり除去したりすべきでない」

攀縁有り（四一3） (玄)「有縁慮」㋠「対象をとらえること（adhy=ālambana）」

是れ菩薩の菩提なり（四一7） ㋠なし。

己れが修治する所に慧利無しと為す（四一8） ㋠「かれの努力（ḥbad pa=yatna）は無駄になるであろう」

愛見の大悲（四一13） 什注に「まだ能く深く実相に入らざれば、衆生有るを見て心に愛著を生ず。此れに因りて生ずる悲を名づけて愛見大悲となす。愛見の大悲は虚妄不浄にして、能く人をして疲厭想を起こさしむるが故に応に捨つべきなり」という。㋠「効果（利益）をあてにする〔悲心〕」という。

縛無ければ（四一16） 菩薩は大悲心によって衆生済度の為めに願生するので、生死に縛られているのではない。㋠はこれを「解脱しつつ生まれる」と表現している。

仏の所説の如し（四一16） ㋠によれば、以下「斯れ是の処有り」まで。出典未詳だが、MN, III, P. 64-67 など参照。㋶p. 233（還元梵文および n. 24）参照。

何かを縛と謂い、何をか解と謂うや（四二3） 縛 bandhana と解 mokṣa

禅味に貪著する（四二3） ㋠「禅・定・等引などの味を嗜む」。㋠

はこれに方便を欠くか伴うかによって、縛と解を区別する。これに先立って、(チ)は「方便を欠いたままで輪廻生存から解脱するのは縛であり、方便を以って生まれるのが解である」という(什)は後半のみ挙げる)。

方便無き慧は縛し（四二4） 方便 upāya(支)「権」)と慧 prajñā、この二つは仏・菩薩にとっての両輪とされる。仏道品では、それぞれ、父と母にたとえられている（方便は慈悲でも示される)。

菩薩、愛見心を以って仏土を荘厳し……是れを方便有る慧は解すと名づく（四二5—9） 以上「無方便の慧」の説明は、「空等の三三昧に於いて自ら修練して疲厭しない」が慧の力で両方に共通だが、衆生済度を「愛見心を以って」するか「愛見心なしで（不以愛見心)」するかで縛解が別かれるとする。(チ)はそれを「洞察の有無」で区別する。原文がどのような構文であるか不詳だが、共通点を先に挙げる(チ)(玄)の方がわかりやすい（慧がありながら方便を欠くのが縛)。(支)も同じ順序をとる。

菩薩の貪欲・瞋恚・邪見……是れを慧有る方便は解すと名づく（四二10—13） (チ)によると、ここでは、諸煩悩の有無と、植えた衆徳を無上菩提に廻向しないか、廻向して、しかもそれに誇らないかが、縛解の区別とされている。(什)は前者で、無上菩提へ廻向しない点を省いている。なお、諸煩悩について、(チ)(玄)は「諸見と、諸煩悩（纏縛）とその残滓（随眠）のすべて」という。「徳本」は善根 kuśalamūla のこと。

身（四二14） (チ)「身体と心と病」(玄)「身と病」

非我（四二15） (チ)(玄)「無我」(支)「非身」

菩薩行（四三5） (玄)「菩薩所行」(チ)「菩薩の境涯 (gocara)」。したがって、いわゆる菩薩行（菩薩の実践 bodhi [sattva] caryā）ではない。以下同様。

垢行に非ず、浄行に非ざる、是れ菩薩行なり（四三7） (チ)なし。垢行は凡夫の境涯、浄行は声聞の境涯を示す。

非時の求め無き（四三8） 正当に求める時でなければ求めない。(玄)(チ)はこのあと「四諦の智を境涯としながら、非時に四諦を悟らない境涯」および「内に向かう観察を境涯としながら、生存（有）への生を摂受することを境涯とする」(チ)は「しない」）の二項を加える。

正位に入らざる（四三9） 前出。補註二一〇頁（二七8）参照。(玄)「不堕声聞正性所行」。

諸もろの邪見に入る（四三10） (チ)は「諸見を境涯としない」(玄)「遠離見所趣行」。(什)の方が逆説的、ただし、十二縁起を観ずるのでなく、(玄)のように「行一切縁起所行」が縁起した諸法を行じつつあるの意ならば、生死にあって、しかも諸見にとらわれないの意になる。

一切衆生を摂すると雖も（四三10） この一項、(チ)「人の雑踏するところ（憒閙）を境涯としつつも、煩悩とその残滓の境涯でない」に相当するか。(玄)は(什)に近い。ただし、(玄)は別に「若行一切有情諸法相離所行」の一項（後半はここと同じ）を加える。

法性を壊せざる（四三12） (チ)「法界 (dharmadhātu) を区別し

ない」(玄)「不壊乱法界」。法界はさとりの領域として三界と対す。

衆生の心・心数法を遍知する（四三15）　「心・心数法」は、心とその作用（心心所、心と心所有法）。(チ)はこの句を「すべての衆生の心や行為の彼岸に達する境涯」と訳し、(玄)は「不趣向」と反対にとる。

漏を尽くさざる（四三16）　漏（＝煩悩）を滅尽する（漏尽）は六通〈法数一覧参照〉のうち最も大事なこと。その力をもちながら、敢えて漏尽に入らないのが菩薩の境涯。(チ)(玄)はこのあとに「正法の建設を境涯とし、邪道を対象としない」という一項を加える（(玄)は次項のあと）。

梵世に生まるること（四三17）　四無量心〈法数一覧参照〉は四梵住ともいわれ、その行の果報として梵天に生まれるといわれている。(チ)(玄)はこのあと「六念の境涯ではあるが、有漏の境涯ではない」の一項を加える。(支)はこの項以下、三十七道品の末まですべて欠。代わりに「受道之行、不興小道」の一項にまとまっている。

禅に随いて生ぜざる（四三18）　(チ)「三昧などの力で生を受けるのではない」

身・受・心・法を離れざる（四三19）　(玄)「不楽求身受心法遠離」。しかし(チ)は「身・受・心・法を境涯としない」という。以下、三十七菩提分（覚支・道品）に関説。

身心の精進を捨てざる（四三19）　「精進」は正勤と同義。その「不捨」では四正勤との間の逆説は不明瞭である。(チ)(玄)は「善悪【の区別】を見ない」という。四正勤〈法数一覧参照〉は悪を妨げ、善を助長することが趣旨であるから、この説明の方が納得がいく。

衆生の諸根の利鈍を分別する（四四2）　「分別」、(玄)のみ「不分別（区別しない）」という。衆生の「根」は眼などの六根、ないし二十二根、また総合的能力についての利鈍など。

仏の智慧を分別する（四四3）　覚支はさとりを得るための手段であるから覚因、これに対し、仏の智慧は覚果。その対象をいうのであろう。ただし(チ)「慧（blo=mati）の区別を知るに巧み」という。(玄)はまた「不求仏法差別妙智善巧」と否定詞を加える。

無量の仏道を行ずるを楽しむ（四四4）　この「仏道」は八正道の縁語なので buddhamārga か何かであろう（あるいは bodhimārga か）。しかし(チ)「悪道を対象としない」(玄)は「不厭背邪道」で(チ)と反対（(支)の「受道之行、不興小道」はこれに当たるか。この訳は(チ)に近い）。

止観の助道の法（四四5）　(チ)「止と観という〔菩提の〕資糧」。したがって、(什)も「止観なる助道の法」の意によむべきであろう。「助道」の「道」は、菩提をさす。(玄)「資糧」。なお、「止観」について、什注は「初に心に係りて縁（対象）に在るを名づけて止と為し、止と相応するを名づけて観と為すなり」と説明している。

仏道（四四10）　これは仏の菩提をさす。ただし、(チ)は「得仏道」を省く。この項、Śikṣāsamuccaya p. 272 に引用があり、梵文が知られる。

Śikṣ S. (Bendall Ed. 〔Bibl. Bnd〕 p. 273, ll. 6–7) : saddharmacakrapravartanamahāparinirvāṇasaṃdarśana=

gocaraś ca bodhisattvacaryâparityāgaś câyam api bodhi=sattvasya gocaraḥ/

不思議品第六

求（四五1）　異本は「為」とし、下文で舎利弗の言には「為床座」とあるが、(チ)は法についても椅子についても、「欲して」という。この場合、為・求・欲はほとんど同義である。『注』も「求床座耶」。

夫れ法を求むる者は、色・受・想・行・識……欲・色・無色の求め有るに非ず（四五5―6）　以上、五陰・〔十八〕界・〔十二〕入・三界に関説〈法数一覧参照〉。前の三種は一切法をあらわす。三界は生死輪廻の世界。(チ)はこの文に先立って「舎利弗よ、法を求むる者は己れの身体すら顧みない。まして椅子を求めることがどうしてあろうか」の一文をのせる。

苦を見るの求め無く、集を断ずるの求め無く、尽証・修道を造るの求め無し（四五7）　以上、四諦の見（遍知）・断・証・修に言及〈法数一覧参照〉。「尽証」は「〔苦の〕滅の実現（nirodha-sākṣāt=karaṇa)」の意（(支)訳と同語）。次の「証滅」と同じ。

処所無し。若し処所に著すれば（四五14）　「処所」は(チ)「アーラヤ（gshi よりどころ)」(玄)「摂蔵」。「著処所」は(チ)「アーラヤを喜び（ālayarata)」

法を無為と名づく（四六1）　(チ)「法は有為でも無為でもない」(玄)「法名無為、離有為性」。(支)はこの項を欠く。

……法眼浄を得たり（四六4）　(支)はこの一段までを「諸法言品第五」、次の文殊への質問以下を「不思議品第六」とする。

須弥相（世界）（四六8）　(チ)「メール山の幢（Merudhvajā)」(玄)「山幢」(支)「須弥幡」

須弥燈王（如来）（四六8）　(チ)「メールの光の王（Merupradīpa=rāja)」(玄)「山燈王」

迫迮（四六13）　せばまること。前の「妨礙」と同義（(チ) bsgribs pa=āvaraṇa）の受動形。(支)「無罣礙」

上人（四六15）　(支)と同訳。他訳に特に対応する語なし。

新発意の菩薩（四六17）　はじめて菩提に向けて発心した菩薩。(チ)「初業（ādikarmika)」(玄)「新学菩薩」

解脱有り。不可思議と名づく（四七9）　(チ)「不可思議と名づけられる解脱」あるいは「不可思議なる解脱」とよばれる〔法門〕（ac=intyavimokṣa)。この名は経末に、この経の別名「不可思議解脱法門」として挙げられる。なお、(チ)(玄)はこの解脱に住する菩薩を「不退転の菩薩」に限定する。

応に度すべき者（四七12）　済度（教化）される資格のある者、の意。ただし(チ)(玄)は「他の、神通によって教化されたものたち」という。(支)は「異人（諸天たち以外のものたちの意)」。(玄)はこのあと「是の如きは不可思議解脱に安住する菩薩の、方便善巧と智力もて入る所なり。不可思議解脱の境界は諸声聞・独覚の測る所に非ず」という。(玄)はこの句を、以下各項ごとにくりかえす。

本相は故の如し（四七18）　(チ)(玄)によれば「神通力によって教化さ

れたものたちにはもとのとおりに見える」の意。

或るいは衆生にして久住を楽わず……之れを七日と謂わしむ （四八2—4） この頌、(チ)は文の配列順序は(什)と異なるが、内容はほぼ同じ。

十方に飛到して （四八6） (チ)は「"心の速力"という神通（cit=tajavanarddhi）によって」。(幻)は「乗意勢通」と附加する。

諸仏を供養するの具 （四八7） (チ)「[何であれ、ある限りの]仏への供養」（[具]すなわち道具の語なし）

鍼鋒を持ちて一棗葉を挙ぐるが如くして、而も娆ます所無し （四八12）「鍼鋒」は針の先。(チ)は「大力の男が」と加える。

能く神通を以って、仏身を現作す…… （四八14） (チ)「衆生を……の姿をもって加持する」。以下同じ構文（示現の順序は(什)とかなり異なる）。

能く之れを変じて、仏声と作し…… （四八17） 前註の「能く神通を以って」と同じく「加持する（adhi-sthā-）」を原語とする。逆にいうと「加持する」とは、力を加えて、何か（奇蹟）をあらわし、人を助けることをいう。

敗種 （四九7） 生命力のなくなった種子。(チ)「焼けたり腐ったりした種子」(幻)「焼敗種（dagdhapūtibīja）」。さとる能力のないもの（根絶者）の譬えとして、古来よく用いられる喩え。大迦葉は涅槃を得た点で、言うまでもなく敗種ではないが、逆にそのことが大乗においては、さとりの能力を欠くものとなったとする。この歎きは『法華経』にもみられ、また本経の「仏道品」でもくりかえされる。

頂受 （四九9） 頭上にいただく（頂戴）。(幻)(チ)「若い王子が王冠を授けられる（灌頂）ときのように」と加える。

信解 （四九10） (チ) mos pa=adhimukti (幻)「堅固信解」。心を開いてうけがうこと。「信解」は「法」と結びついて用いられることが多い。

其れを堅固ならしむるなり （四九18） (幻)「令其了知意楽堅固」(チ)「この堅い決意（dṛḍhâdhyāśaya）を示す」

威徳力有るが故に （五〇1） (チ)「強烈な苦行の力で（dka' thub drag pos=ugratapasā）」(幻)「増上勇猛」。(チ)はこのあと単に「このようなことをあらわす」とだけいう。

是の如く菩薩を逼迫すること能わず （五〇3） この文、(チ)「菩薩に難事（nyam nga ba=saṃkaṭa）をつくる（逼迫する）能力は、凡夫には全く余地なく（go skabs ma phyas par=anavakāśam）存在しない。全く[かれらは]取ったり捨てたりすることはできない」という。なお、(チ)(幻)はこのあと、次の比喩の前に別の比喩を掲げる。すなわち、(チ)「たとえば、蛍[の光]では日輪の光には勝てない。それと同様に、大迦葉よ、全く余地なく、菩薩に逼ることはできない」

龍象の蹴踏 （五〇3） (チ)「象や龍を打つこと」。(チ)はさらに「同様に、菩薩でないものが、菩薩に逼ることはできない。菩薩こそが菩薩を逼迫するのであって、菩薩が逼迫し、菩薩がそれに耐えるのです」とつづける。(幻)もほぼ同じ。

智慧・方便の門（五〇4）　㋠「方便を知る力」(玄)「方便善巧智力」

観衆生品第七

所幻人（五〇8）　幻術師のつくり出した幻人。(支)「幻事相」(玄)「所幻事」。幻師と幻事のように、菩薩も衆生もどちらも空というのが、ここの趣意。

智者（五〇9）　㋠ skyes bu mkhas (paṇḍita, nipuṇa, vidus, etc.) ここは喩であるから、世間でいう智者・賢者をさす。

電の久住の如く（五〇11）　㋠「電光のひらめきのように」。「久住」は前項の「芭蕉の堅」のように、逆説的な表現であろう（芭蕉の幹は芯（堅）がなく中空であり、電光が瞬時も住まらないように）。以上の十喩は現象としてあるが、実体がないものの例。

第五の大の如く……十九界の如し（五〇11）　以上は仏教の教理上、余分な数で、非存在の例（仏教では、四大・五陰・六根・十二入・十八界を数える）。「情」は根（indriya）と同じ。(什)訳によく見られる訳語。ただし㋠は「六入」を予想して「七入（七処）」という。また㋠は、第七陰・第十三入・第十九界は挙げない。「無色界の色」以下も理論上ありえないものの列挙。

焦穀の芽の如く（五〇12）　㋠(玄)はこのあと「亀毛でつくった衣服、頻死の者（(玄)「夭没者」）の嬉戯」の二例を加える。

須陀洹の身見の如く……阿羅漢の三毒の如く（五〇13）　以上、聖者位においてありえないこと。㋠(玄)は須陀洹の次に「一来」の項を入れる。しかし(支)は「如真人断三垢」の一項だけ（真人＝阿羅漢。「断」字は不必要か）。須陀洹（預流）果は有身見などの見惑の断によって得られ、一来はあと一度の生死をくりかえすので第三の生はなく、阿那含（不還）は退死はあるが、次に胎中に生まれることはなく（『注』肇曰、阿那含雖有暫退、必不経生也）、阿羅漢は三毒の漏尽を必要条件とする。

滅尽定に入れるものの出入息の如く（五〇14）　滅尽定（弟子品一六頁、註三参照）に入ったものにはいかなる意識現象もあらわれない。意識がなければ、呼吸もありえないというのがその理論（『注』肇曰、心馳動於内、息出入於外。心想既滅故、息無出入也）。

石女の児（五〇15）　子が産めない女性の子。亀毛・兎角とともに仏典でよく用いられる非存在物の例。㋠(玄)はこの前に「去勢した男の男根 pho mtsham (puṃliṅga ?)」の例を挙げる。(玄)「半択迦、根有勢用」。

滅度せる者（五〇16）　㋠「完全に涅槃に入ったもの（parinirvṛta）」＝無余依涅槃。したがって余依すなわち身体はない。(玄)の「観阿羅漢後有相続」がこれに当たる。㋠は次の喩と前後入れ替え。また、その前に「無分別者（kun tu mi rtog pa）における煩悩」の項を加える。(玄)「観諸畢竟不生煩悩」（「諸畢竟」の原語不明）

烟無きの火（五〇16）　㋠「因のない火」。(玄)の「観不生火有所焚焼」は意をとりにくいが、多分、因＝upādāna（燃料、薪、(玄)の「所焚焼」）で、(什)も元来は、「無因之火」だったのではないか。なお、『注』「肇曰、火必因質」という（質＝upādāna）。煙は火のある証拠にはなるが、無烟必ずしも無火とはいえない。

真実の慈（五一4）（チ）「真実の帰依処としての慈」（玄）「真実修於大慈、与諸有情究竟安楽（諸有情に究竟の安楽を与う）」。後半は真実の依たる理由であろう。什注は真実慈について、「諸法の空を観ずる、則ち是れ真実慧なり。真実慧中に無縁（anālambana）の慈を生ずるを名づけて真慈と為す。亦た慈を以って本と為し、人の為めに真実法を説くを真慈と名づく」という。つづけて、以下の諸慈について「亦た慈を本と為して、然る後に行ずる布施等の衆行を名と為し、或るいは自性を以って名と為し、或るいは所因を以って名と為す。此れより以下の例、尋ぬべきなり」、また各項の「行」字について「凡て此の中で慈の上の行の字、梵本中に無し」という。つまり「行寂滅慈」などという「行」字は訳文の都合上附けたということ。したがって、（什）訳の原本は（チ）と同じ文体と知られる。

所生無き（五一4）（チ）「取（len pa）が無い」（anupādāna 取＝煩悩）（玄）「無取」。取によって有すなわち輪廻生存がある。取がなければ涅槃すなわち寂滅をえる。

等の慈（五一5）（チ）（玄）「如実（ci bshin pa nyid＝yathāvattva）の慈」。（什）の原語は異なるか。

無諍の慈を行ず、所起無きが故なり（五一5）「無諍」は、（チ）「妨げのない（aniruddha）」（玄）「不違」。「所起」は纏 paryut=thāna で、現起した煩悩のこと。

無辺の慈を行ず（五一8）（チ）はこの項なく、代わりに「平等な意楽の故に、平等の慈である」という。（玄）は（什）に同じ。

結の賊を破る（五一8）阿羅漢の原語を arihan とし、煩悩（結）という敵（ari）を殺す（han-）ものとする通俗語源解釈にもとづく説明（什注「秦言殺結使賊也」）。

衆生を覚らす（五一10）（チ）「衆生を眠りから覚まさせる（prabo=dha）から」（玄）「覚悟睡夢諸有情」。これも「仏」の語義解釈（覚他）。

自然の慈を行ず、無因にして得るが故なり（五一10）「自然」、（チ）rang byung＝svayambhū は、独覚 pratyekabuddha のこと。これは（チ）（玄）の挙げる理由「自ら（svena）現等覚したから」。（玄）「任運等覚諸法性故」から明瞭である。「無因にして得る」について、什注は「無因即自然、自然即無師義也」という。釈尊は無師独悟の故に「独覚」とみなされる。

等一味（五一11）samarasa 等味は一般には涅槃についていわれる。

無等の慈（五一11）（チ）「増益のない（asamāropa）慈」（什）「無偏慈」。（什）の「無等」はしたがって誤訳か。

遺惜無きが故なり（五一13）「遺惜」はものおしみ、の意。（チ）「師拳（ācāryamuṣṭi）がないから」（玄）「離師捲」。「師拳」とは教師が教えることを拒否することを握りこぶしで示すのに由来する。釈尊は自ら師拳はないと宣言している。これ以下、六波羅蜜と方便に関説。

彼・我を護る（五一14）（チ）「自と他を護るから」。自他（彼我）を護るとは、什注に「若し忍を行ずれば、内に自ら累わさず、外、物（ひと）を傷つけざるが故」と示される。

時を知らざる無きが故なり（五三15）㋠「適時に得させるから」(玄)「於一切時現知法故」（適訳か？）什注は「行の未満にして果を求むるを不知時という」と示す。

一切の示現する（五三16）㋠(玄)「いたるところで門を示現するから」。(玄)はこのあとに、願・力・智に関わる三項（これは六波羅蜜・方便と併わせて、『華厳経』の十波羅蜜に当たる）、および〔四〕摂事・〔六〕神通、および無著の慈を附加する。

無隠の慈（五三16）㋠(玄)「詐りのない慈」。㋠はこのあと、「心底から行なうから、からくりのない慈である」の一項を加える。(玄)は「修無諂慈（へつらいのない慈）、加行浄故」を加える。

雑行無き（五三17）㋠「煩悩の無い」（玄）「離仮穢」

仏楽（五三18）㋠(玄)も同じ。什注は「梵本云、住涅槃楽」と示す。

菩薩の作る所の功徳は、皆な一切衆生と、之れを共にす（五三19）(玄)「所有の造作の善根を増長するは、悉く皆な棄捨して諸有情に施し、一切悋む無し」。什注は「此の布施は苦しむ衆生を救うなり」と註す。

作る所の福祐に、悕望する所無し（五三3）㋠「両者とも利益することである」(玄)「平等饒益、不望果報」。以上、四無量心〈法数一覧参照〉に関説。

如来の功徳の力（五三6）㋠「仏の偉大性（māhātmya）」(玄)「仏大我」

当に一切衆生を度脱せしむるに住すべし（五三8）㋠はこの前に「すべての衆生の平等性に住す」という一項を加える。(玄)は両者を合して「一切有情平等解脱」という。この段のはじめから、ここまでの梵文、Śikṣ. S, p. 145, 11-15 に引用あり。

saṃsārabhayabhitena kiṃ pratisartavyam/ āha/ saṃsārabhayabhitena, Manjuśrir, bodhisattvena buddhamāhātmyāṃ pratisartavyam/ āha/ buddhamāhātmye sthātukāmena kutra sthātavyam/ āha/ buddhamāhātmye sthātukāmena sarvasattvasamatāyāṃ sthātavyam/ āha/ sarvasattvasamatāyāṃ sthātukāmena kutra sthātavyam/ āha/ sarvasattvasamatāyāṃ sthātukāmena sarvasattvapramokṣāya sthātavyam/

これにより、(什)訳の「依」は pratisṛ-「住」は sthā- を原語とすると知れる。

正念（五三11）(玄)「如理観察作意」㋠「理に適って（yoniśas）修行すべし（prayoktavya）」

虚妄分別（五三16） abhūtaparikalpa

虚妄分別は孰れを本と為すや……（五三16） 以下、この一段の末まで、梵本、Śikṣ. S. p. 264, 3-5 に引用あり。

abhūtaparikalpasya kiṃ mūlam/ āha/ viparyastā saṃjñā mūlam/ āha/ viparyastāḥ saṃjñāyāḥ kiṃ mūlam/ āha/ apratiṣṭhānam mūlam/ āha/ apratisthāyāḥ kiṃ mūlam/ āha/ yan, Manjuśrir, apratiṣṭhānaṃ na tasya kiṃcin mūlam iti hy apratiṣṭhānamūlapratisthitāḥ sarva=

dharmāḥ/

無住の本より、一切法を立つるなり（五三1）　一切法は根底のない根に依って立っている（apratiṣṭhānamūla-pratisthitāḥ sarva=dharmāḥ）。

便ち……（五三3）　（チ）（玄）は「〔未曾有なりと〕喜び満足して」と加える。

如法ならず（五三7）　（チ）「〔出家の身に〕ふさわしくない（ayog=ya）」。什注は「梵本に不浄という。沙門は飾好を絶つ。故に華を不浄と謂う」という。

結習（五三13）　（チ）bag chags=vāsanā 習気・熏習。煩悩の余熏・残滓、これが諸勢力となってまた煩悩を生む。

久しきや（久如）（五三16）　什注に「梵本は幾久（どれくらい経ったか）と云う」とある。（チ）はそのとおり。

一切諸法は是れ解脱の相なり（五四6）　（チ）「あらゆる法の平等なところに、聖者の解脱がある」（支）「一切諸法、皆従等解」

何をか得る所なる。何を以って証と為し（五四9）　（チ）「何を得(prāpya)、何を実現して（sākṣātkṛtya）」。一般には、菩提を得、涅槃（滅）を証するというべきところである。什注は「有為の果を得と言い、無為の果を証と言う」と説明している。

仏法（五四12）　本品五三頁註六参照。そこと同語。ただし（支）「自然法律」という（自然は svayambhū だが、ここでは仏をさすか、あるいは善説 svākhyāta の誤訳?-）。

因縁法（五四14）　（チ）「十二縁起（rten 'brel bcu gnyis=dvāda=śapratityasamutpāda）」。（チ）は全文を「十二縁起の門より入るので、独覚（縁覚・辟支仏）乗に属する者です」。これは「縁覚」の語源解釈。（玄）「自然現覚真法性故」

瞻蔔林（五四15）　（チ）「チャンパカ campaka の森」（支）「栴檀林（candana-vana）」

鬼神（五四18）　（チ）「ヤクシャ・ガンダルヴァ・アスラ・ガルダ・キンナラ・マホーラガ」。いわゆる八部衆のうち、天と龍以外の存在をまとめて鬼神とよんだものと解せられる。

上人（五四18）　（チ）skyes bu dam pa=satpuruṣa（玄）「大士」

是れを二の未曾有・難得の法と為す（五五7）　この第二の未曾有・難得法の一項、全文が Śikṣ. S. p. 269, 11-12 に引用がある。

punar aparaṃ bhadanta Śāriputra ye praviśantîdaṃ gṛ=haṃ teṣāṃ samanantarapraviṣṭānāṃ sarvakleśā na bhā=dante yaṃ dvitiya āścaryâdbhuto dharmaḥ.

（什）には「入るやいなや」に当たる句が欠けている。

四大蔵（五五11）　（チ）「四つの大きな無尽の蔵」。四大蔵（mahā=nidhi）とは南閻浮提（インド）内の四箇所に所在するとされる宝蔵で、それぞれ守護する龍王がある。仏伝によって諸説があるが、一例を挙げると、㈠カリンガ国内にある宝蔵（ピンガラ龍王が守護する）、㈡ミティラー国にあるもの（パーンドゥカ龍王）、㈢ガンダーラ国にあるもの（エーラパトラ龍王）、㈣バーラナシー城にあるもの（シャンカ龍王）。〔Divyāvadāna, p. 61, 3-4〕他、ラモット、二七八—九頁 n 34 参照。

窮を賙し、乏しきを済い（五五11）　「賙」は施し恵むこと。「賙」は「周」と書く版もあるが同義（にぎわすことによってすくう）。この句は(支)の踏襲（前後とも）。(チ)「あらゆる困窮者たちに〔施すべく〕持出されても」。(蔵)は貧窮者の種類を「一切貧窮鰥寡孤独無依」と列挙する。

阿弥陀仏（五五12）　(蔵)「無量寿如来」。しかし(チ)によると「無辺光（Anantaprabha)」つまり「無量光（Amitābha)」。(チ)はここの十仏の他に多宝・師子吼の二仏名を加える。(蔵)は多宝を欠く十一仏名。

諸仏の秘要の法蔵（五五14）　(チ)「如来の秘密（Tathāgataguhyaka）と名づくる法門」。特定の経典に言及したものではあるまい。しかし、仏名と結んで検討の要はある。

女身を転ず（五六2）　(チ)「女性のあり方（stribhāva）から変わる（pari-vṛt-)」。いわゆる女人変成男子のこと。仏典はしばしば、女性は菩提を得るためには男子に生まれ変わる必要があると説く。ここもそれを踏まえて、しかもその考え方を揶揄している。

今、諸仏は……恒河の沙の如し（五七6）　(チ)はこの文を仏説とする。出典未調。

仏道品第八

仏道に通達する（五七17）　「仏道」は(チ)「仏の諸法」(蔵)「諸仏法」。仏の教え。「通達」の原語は(チ)によれば、'gro bar song ba＝gatiṃ gata（直訳すれば「道を行なった」）。おそらく、このgati（道、趣）を縁語として、以下の問答が進む。

悩恚（五八3）　(チ)(蔵)「悪意（恚悩vyāpāda）と害心（忿害vihiṃsā）と遺恨（毒心 pradveṣa〔あるいは praduṣṭacitta〕)」

地獄（五八3）　(チ)「地獄の衆生の道（趣)」。地獄は五道（あるいは六道）の最下位。この「道（＝趣)」がまた gati とよばれる。つまり、果としての悪趣。

畜生に至りても無明・憍・慢等の過有ること無く（五八4）　この項、(チ)「畜生道を歩みながらも愚昧の闇（＝無明）を離れ、アスラ道を歩みながらも、慢心・憍傲・不遜さがない」と二つに分ける。(蔵)も同様。

餓鬼に至りても功徳を具足し（五八4）　この項、(チ)(蔵)「ヤマの世界の道を歩みながら、福智の二資糧を具し」という。

色・無色界の道を行じても以って勝れりと為さず（五八5）　「行」は、什注は「梵本には〃至〃と云う」と註する。ここまでは六趣に関わるので、前項までと同様「至」と訳して然るべきところ。これを「行」と訳したのは何故か。以下各項はすべて「行」と訳す（原語はすべて同じ gatiṃ gacchati)。この項、(チ)「不動界・無色界に進みながら、そこに実際には入らない」(蔵)「不楽趣向」という。

恚閡（五八6）　pratigha（嫌悪）この前後三項、三毒〈法数一覧参照〉に関説。各項の「示」は(什)訳の補いであるが、実際に行ずるのではなく、そのようにみせる（衆生からそうみられる）という意をあらわすのであろう。

愚癡を行ずるを示すも世間・出世間の慧に通達し（五八10）　「愚

癡」は、(チ)(玄)「悪い知恵 (duṣprajñā)」。「世間・出世間の慧」は(チ)に「世間・出世間の論典 śāstra (玄信)」という。以上、六波羅蜜〈法数一覧参照〉。次は方便。

諂偽（五八10） 諂（へつらい）と偽（いつわり）。(玄)「諂詐」(チ)「詐り (dambha) と諂 (lapanā)」

諸経の義に随い（五八11） (チ)「経の密意 (ldem po=abhisaṃdhi) に通暁し」(玄)は「密語方便」を次項に結びつけるが、多分あやまり。

橋梁の如く（五八11） (チ)「橋 (setu) や欄杆となる」。什注は「人に践まれて忍受する」と説明する。(玄)「済度橋梁」

刑残（五八14） 刑をうけて身をそこなうこと。しかし、(玄)「缺根」(チ)「器官に欠陥がある (vikalendriya)」

仏種姓中に生まれて諸もろの功徳を具え（五八15） (チ)「福智の二資糧を集めて、如来の系統 (gdung=vaṃśa) を生む (rab tu skye ba)」(原文異なるか?)。(玄)は「生仏家、種姓尊貴」というが、これは『華厳経』的表現で意訳であろう。什注には「仏種姓とは無生忍のこと。この深忍を得れば、法生と名づけ、則ち下賤の身を超えて仏の境に入る」と説明する。

資生（五八17） 生活を資けるもの、財産。(チ) longs spyod=bhoga, upakaraṇa (玄)「求財位」

訥鈍（五八18） 口が下手で感が鈍い。(玄)「諸頑嚚（かたくなでおろか）」。しかし(チ)「諸陰・諸界・諸入の道」という。逆説としては弁才の反対として訥・鈍の方が理解しやすい（弁才・総持は前出。補註一頁（二1）参照）。

邪済・正済（五八19） (玄)「邪道」「正道」。前者は諸外道、後者は仏道。「済」は川をわたすこと、あるいは渡し。すなわち tīrtha（邪済は〔anya-〕tīrthika, -tīrthya 正済は na bhavati tīrthikaḥ）

遍ねく諸道に入るを現ずるも其の因縁を断ち（五九1） 「諸道」は、(チ)「一切世間の道」(玄)「一切生趣」、六道のことか。「其の因縁を断つ」に対し、(チ)「一切趣から撤退する」

如来の種（五九4） (玄)「如来種姓」(チ) de bshin gshegs pa rnams kyi rigs=tathāgatānāṃ gotram (rigs の原語には kula もあるが、おそらくは gotra が原語であろう。gotra には因・種子の意味があるが kula にはその意味はない。ここでも、因の意味が要求されるから、原語は -kula ではない)。

要を以って之れを言えば、六十二見及び一切の煩悩は皆な是れ仏種なり（五九7） (チ)は「及び一切の煩悩」はない、(玄)は「六十二見一切煩悩悪不善法所有種性」と説明的に附加する。(支)は「以要言之」以下のまとめ欠。

無為を見て正位に入れる者（五九10） 「正位に入れる者」は、前出。補註二〇頁（二七8）参照。(玄)「入正性離生者 avakrāntaniyāma」は、(玄)が補うように声聞あるいは独覚としての悟りの決定したもの。三乗それぞれに悟りが異なるという立場から、これを声聞の種姓あるいは独覚の種姓に決定すると称する。「無為」とは、涅槃で、涅槃に入れば、最早煩悩は全くないので、菩薩のように衆生の間に生をうけることもできない。次段の大迦葉の歎き参照。

復た阿耨多羅三藐三菩提に心を発こすこと能わず (五九10)　発菩提心の中には衆生を救う誓願が含まれる。この文のあと、(チ)(玄)は「煩悩の生ずる場所たる有為の中に住まり、四諦を見ていないものたちこそ、よく無上菩提に発心できる」と附加している。

譬えば高原の陸地は……此の華を生ずるが如し (五九11)　この比喩、及び次の空中の種子の喩は同じものが『宝積経』迦葉品の中に見られる。

我見を起こすこと、須弥山の如くなるも (五九15)　この比喩は『宝積経』迦葉品中で「須弥山ほどの我見があっても、空見の増上慢よりはましである」という文脈の中で用いられている。なお、この喩を含む一文、Śikṣ. S. p. 6, 10-11 に引用されている。

sumerusamām satkāyadṛṣṭim utpādya bodhicittam ut=padyate tataś ca buddhadharmā virohanti.

一切の煩悩を如来の種と為す (五九16)　諸煩悩が如来の「種」であるについて、什注は「衆生と為りて無数劫にわたり、煩悩を身に受けて生死に深く入り、広く善本(善根)を積み、兼ねて衆生を救い、然る後に仏道(仏菩提)を成ずることを得るので、種とよぶのである」と説明する。種 (gotra)=因 (hetu) である。(チ)は(什)と同文と思われる((支)も同様)が、(玄)は「一切生死煩悩種性、是如来種性」といい、またこの文を段末(大海の宝の喩のあと)に置く。

一切智の宝を得る (五九18)　(チ)は「一切智(=仏)の心を発こすこと[ができない]」という。「発一切智心」は発無上菩提心と同じであろう。(玄)は「一切智心」に「無価珍宝」という形容をつける。(什)は仏果を宝にたとえている。発心は入大海に当たると見てよいから、(什)の方がすなおな文である。

塵労の疇 (六〇3)　(玄)「煩悩」(支)「一切煩悩種性」。この訳語は元来(支)のもの、(支)は煩悩を塵労と訳す。疇=儔で、ともがら・類《たぐ》いの意。

譬えば根敗の士の如し……利すること能わず (六〇5)　「根敗の士」は、(チ)「感官の欠けているもの」(玄)「缺根士」。前出の「刑残」と同じ原語。「利」は、はたらき、効果。「復た利すること能わず」は、何の効果もない。

諸結の断ずる者は……復た益する所無し (六〇6)　「諸結の断ぜる者」は、(玄)「諸結永断」。「結」は結使 (saṃyojana) で、煩悩の異名、「一切の結を断ち切った声聞」とはアラカンのこと。「復た益する所無し」は、前掲の「復た利すること能わず」と同文(利=益)。

返復有るも (六〇7)　(玄)「能報仏恩」(チ)「如来に対し、恩を感じる (byas pa bzo ba=kṛtajña 知恩)」。肇注は「報恩有反復也」という。梵語には「恩」に直接該当する概念がなく、「なされたことを知る」がそれに近い。(什)はここで(支)を踏襲して「有返復」といい、知恩ないし報恩という訳語を用いていない。その理由を検討する要がある。

三宝を断たず (六〇9)　正確には、三宝種 (triratnavaṃśa 三宝の系統)を断たない、の意(種 vaṃśa (チ) gdung rgyun)。

普現色身 (菩薩) (六〇12)　Sarvarūpasaṃdarśana

父母…… (六〇12)　質問は(チ)「あなた(=維摩)の母や父」など。

答えは「菩薩の母、父」など。維摩詰は菩薩の代表である。なお、インドでは父母でなく、「母父」という㈠は漢訳同様「父母」)。

象・馬・車乗（六〇13）㈠「馬・象・車・歩（これはインドの四軍、すなわち四種の部隊の名）、および乗物」。㈡の「御人」は、象・馬・車の御者の意であろう。㈩㈡ともに「歩兵」を欠く。

智度は菩薩の母なり……是こ由り生ぜざる無し〔一〕（六〇16 17）「智度」は、般若波羅蜜（prajñāpāramitā）。般若 prajñā も般若波羅蜜も、何れも梵語は女性形、そこで母にたとえられる。『般若経』では「仏母（buddhajanani）」とよばれる。これに対し「方便 upāya」㈠「善巧方便 upāyakauśalya」）は男性形であるので、父にたとえられる（什注「度…梵音中に母義あり。……方便…梵音中に父義あり」）。方便は仏の慈悲（大悲 mahākaruṇā）を表わす。「一切衆の導師」㈠「導師 nāyaka」）とは元来仏をさす。仏は般若と慈悲から生まれるが、菩薩もまた、同じ。

法喜（六〇18） dharmapramuditā, f.

慈悲心（六〇18） 慈 maitrī, f. と悲 karuṇā, f.

善心・誠実（六一1） ㈠「法（dharmam.）と諦（satyan.）の二つ（両方）」。おそらくここは原文で 'dharmasatye'（並列複合語、中性・両数）とあったもので、また両語の意味は、教理的な術語としての法と諦ではなく、㈩のように、「正義と真実」といった意味であろう。インドではこの二つが並べられることが多い。『注』で什は「善心」については説明せず、「誠実」について「事に於いて能く弁ずること、猶お男に貞固の性有りて家業を済成するがごとくなり」という。慈悲の徳と対をなしていることも注意。

畢竟空寂を舎とす（六一1） ㈠は「空の意義を思う」㈡「思空勝義」。「舎」は日頃いるところ。日頃つねに空義（空の意味、あるいは空の目的）を思念する、という意味であろう。

道品は善知識（六一3） 「道品」は、菩提への支分。㈡のこの品名「菩提分」はこれ。そしてこの一段の全体に由来する。菩提分は菩提の手足であり、眷属である。「善知識」は親友（㈠ mza' bshes = mitra, suhṛd その他）。

伎女（六一4） ㈠は「家の女たち」。侍女の意か。㈩が伎女というのは、次の行の法の歌をうたうということとの関連であろう。

総持の園苑には……解脱と智慧の果あり〔五〕（六一6 7） 「無漏法」は、悟りにみちびく法（道諦と滅諦）。ただし、㈠「法の大財」。「林樹」は㈠「幹」。この偈は全体を園林の縁語でたとえている。なお「解脱」は無為の果、「智慧」は有為の果（什注）。

八解の浴池には……此の無垢の人を浴せしむ〔六〕（六一8 9）「八解」は「八解脱」〈法数一覧参照〉。「七浄華」〈法数一覧参照〉は、蓮花のごとき七種の浄業。戒と心と見と度疑と道非道の分別と行断知見と涅槃、什注に委しい解説がある。この偈は池水の縁起。

象馬の五通馳せ……八正路に遊ぶ〔七〕（六一10 11） ㈩は象・馬・車の三軍を挙げるが、㈠「神通がその乗物、すなわち無上の大乗」という。「調御」は御者の意。「一心」は、㈠㈡「菩提心」。「八正路」は、八聖道〈法数一覧参照〉。全体を馬車の縁語で飾る。

相は具して……深心を華鬘と為す〔八〕（六一12 13） 「相」は三十

二相。「好」は八十種好〈法数一覧参照〉をさす。「慚愧の上服あり、深心を華鬘と為す」は、(チ)「善への意欲（深心）と懺悔をその衣服とする」。この偈は身の飾りを縁語とする。

富は七財宝有り……廻向するを大利と為す〔九〕(六二14 15)「富は七財宝有り」は、(チ)「かれは正法という富（saddharmadhana）を有し」(什)は saptaratnadhana とよめる)。「七財宝」は、什注によれば、信・戒・聞・捨・慧・慚・愧〈法数一覧参照〉。次の「教授して以って滋息し」の「教授」は説法。「滋息」は、ふやすこと（＝殖）。(チ)は rab tu sbyar ba=prayojana（適用）。(玄)「方便」。「大利」は大きな得益（lābha）。「廻向」は得益を菩提にふりむけること。この偈は、財産とその運用を縁語とする。

四禅を床座と為し……以って自覚の音と為す〔一〇〕(六二16 17)「浄命より生じ」は、(チ)「浄命（清らかな生活）によって普ねくおおう」(玄)「浄命為茵蓐（しとね）」。「自覚」というのは文字通り（朝の）目覚めである。後半は(チ)「かれらの目覚めは智で、つねに〔法を〕聞いて心を集中する（samāhita）」。この偈は寝床（床座）の縁語を使用している。

甘露法の食は、……戒品を塗香と為す(六二18 19)(チ)「不死の食」。不死は涅槃。この偈は食事・沐浴などの生活の縁語を喩とする。

煩悩の賊を摧滅し……勝幡を道場に建つ〔一二〕(六三1 2) この偈は菩薩を勇者が敵を敗るのにたとえる。これは慣用の喩である。以下の諸偈はこの勇者の活躍をより教理に即してのべている。

起滅無きを知ると雖も……日の見れざる無きが如し〔一三〕(六三3 4)「起滅無きを知ると雖も、彼れらに示すが故に生有り」は、(チ)「思いどおりに生を〔人々に示すが、実際には〕生もなく滅もない」。「日の見れざる無きが如し」は「日が東に昇るごとし」。

供養(六三5) (チ)「導師（＝仏）へのあらゆる供養の品をもって……供養する」(玄)「尽持上妙供、奉献……」。

衆生の空を知る(六三7)「空」は(チ)「虚空の如し」。「衆生」については「衆生に衆生想は無い」。

諸有の衆生類の……一時に能く尽く現ず〔一六〕(六三9 10) この偈は Śikṣ. S. p. 324, 11 に引用されている。

sarvasatvāna ye rūpā rutaghoṣāś ca iritāḥ/
ekakṣaṇena darśenti bodhisatvā viśāradāḥ//

(什)訳はほぼ梵文に一致する。「威儀」は行動（irita）。「無畏力」は viśārada。「一時」は、一瞬に。

善方便の智を以って……皆な能く現ず(六三12)「善方便の智を以って」は、(チ)「方便の究竟（彼岸）に達したもの」(玄)「至究竟方便」。「皆な能く現ず」は、「その魔の所行をすべて」ということ。

或るいは老病死を示して……通達して礙有ること無し〔一八〕(六三13 14) この偈以下、末尾の偈を除く全てが Śikṣ. S. に引用される。それを各偈ごとに掲げる（以下註記に用いる梵語は、その引用偈による）。

te jirṇavyādhitā bhonti mṛtam ātmāna darśayi/
satvānāṃ paripākāya māyādharma vikriḍitāḥ//

後半二句は(梵)「幻の現象を自由にもてあそぶ（vikriḍita）」(玄)「如

遊戯幻法」

或るいは劫尽の焼を現じ……無常と知らしむ〔一九〕（六二15 16）

kalpoddhāhaṃ ca darśenti uddahitvā vasuṃdharāṃ/

nityasaṃjñina satvānām anityam iti darśayi//

「劫尽の焼」は kalpoddhāha 宇宙の劫末に起こる火事。「天地皆な洞然たり」は、(梵)「世界を焼きつくしつつ」（「洞然」はぬけて何もないさま）。

無数億の衆生……化して仏道に向かわしむ〔二〇〕（六二17 18）

satvaiḥ śatasahasrebhir ekarāṣṭre nimantritāḥ/

sarveṣāṃ gṛha bhuñjanti sarvān nāmanti bodhaye//

(梵)「ある国土で百千の衆生に招かれると〔同時に〕、そのすべての家で食事をうけてすべてをさとりに向かわせる」

経書・禁呪の術……群生を饒益す〔二一〕（六二19—六三1）

ye kecin mantravidyā vā śilpasthānā bahūvidhāḥ/

sarvatra pāramiprāptāḥ sarvasatvasukhāvahāḥ//

「経書・梵呪の術」は、(梵) mantravidyā（真言と明呪）。「工巧・諸伎芸」は、(梵) silpasthāna（技芸）。「尽く此の事を行ずるを現じて」は、(梵) pāramiprāpta（究極に達している）。

世間の衆もろの道法は……邪見に堕せず〔二二〕（六三2 3）

yāvanto loka pāṣaṇḍāḥ sarvatra pravrajanti te/

nānādṛṣṭigataṃ prāptāṃs te satvān paripācati*//

*Tib yongs su grol=parimuncati

「道法」は pāṣaṇḍa（異教）。この偈の全体、(梵)「世に有る限りの異教は、その中に入って出家し（pravraj-）、種々の見に陥っている衆生たちを成熟させる（paripācati (チ)は「解脱させる」= parimuñcati）」。(什)「〔因以〕解人惑」は(チ)を支持する（これは(支)と同訳）。一方(玄)「随方便利生」は何れともとれるが意訳であろうか。(什)「而不堕邪見」（(玄)も同じ）は「異教において学んでも、その見解には随わないで」の意であろう。これは(支)「非以随疑見」に由来すると思われる。原本の第三句に相違があったものか。

或るいは日月天……復た風・火と作る〔二三〕（六三4 5）

candrā vā bhonti sūryā vā śakrabrahmaprajeśvarāḥ/

bhavanti āpas tejaś ca pṛthivi mārutas tathā//

「世界主」は prajeśvara（チ）skye dgu dbang）。生物の支配者。この偈、(什)(梵)ほぼ同文。

劫中に疾疫有らば……衆毒を消す〔二四〕（六三6 7）

roga antarakalpeṣu bhaiṣajyaṃ bhonti uttamāḥ/

yena te satva mucyante sukhi bhonti anāmayāḥ//

「劫中」は kalpântara (チ) bskal pa bar ma（中間の劫）。一般に「小劫」とよぶ。一大劫（宇宙の成住壊空の一週期）の八十分の一。「劫中に疾疫有らば」は「病気の小劫」の意。次下も同様に「飢饉の劫」「刀兵（闘争）の劫」の意。それぞれの劫の長さは、病が七月七日、飢饉が七年、刀兵は七日。「病を除き、衆毒を消す」は(梵)「衆生たちは解脱し、病を除き（anāmaya）、幸福になる」

劫中に飢饉有らば……法を以って人に語る〔二五〕（六三8 9）

durbhikṣāntarakalpeṣu bhavanti pānabhojanam/

kṣutpipāsām apaniya dharmaṃ deśenti prāṇinām//

劫中に刀兵有らば……無諍地に住せしむ〔二六〕（六三10 11）

śastra antarakalpeṣu maitrīdhyāyī bhavanti te/
avyāpāde niyojenti satvakoṭiśatām bahūn//

「刀兵」は śastra（武器）。「慈心を起こし」は maitridhyāyi（慈を修習するもの）。「無諍地」は avyāpāda（憎悪のない）。

若し大戦陣有らば……和安ならしむ〔二七〕（六三12 13）

mahāsaṃgrāmamadhye ca samapakṣā bhavanti te/
sandhisāmagrī rocenti bodhisatvā mahābalāḥ//

「之れに立つに等力を以ってし」は、(梵)「〔敵、味方〕いずれの側にも平等（＝中立 samapakṣa）となり」。「降伏して和安ならしむ」は、(梵)「講和して和合する（samdhisāmagrī）ことを喜ぶ」（saṃdhi は同盟、媾和）。

一切の国土中……其の苦悩を勉済す〔二八〕（六三14 15）

ye cāpi nirayāḥ kecid buddhakṣetreṣu acintiṣu/
saṃcintya tatra gacchanti satvānāṃ hitakāraṇāt//

「一切の国土中」は、(梵)「諸仏国土において」。「仏国土における如何なる地獄であろうとも」とは如何なる事態か、不詳。仏国土すなわち浄土には三悪趣の衆生はいないというのが通説。偈の後半、衆生たちを利益すべく、(梵)「自らの意志でそこに行く」

一切の国土中……之れが為めに利益を作す〔二九〕（六三16 17）

yāvantyā gatayaḥ kāścit tiryagyonan prakāśitāḥ/
sarvatra dharmaṃ deśenti tena ucyanti nāyakāḥ//

この偈の前半、(梵)「動物界（畜生）として示されるどんな道（gati）であれ」、また第四句は「それ故、導師（nāyaka）とよばれる」という。(玄)も(什)と同様、第二句に「残害相食噉」の語をのこし、第四句も「利楽名本生」と別の文脈を示す。

五欲を受くるを……其の便を得る能わざらしむ〔三〇〕（六三18 19）

kāmabhogāṃś ca darśenti dhyānaṇ ca dhyāyināṃ tathā/
vidhvasta māraṃ kuruvanti avatāraṃ na denti te//

「五欲」は kāmabhoga 愛欲の享楽〈法数一覧参照〉。「其の便を得る能わざらしむ」は、(梵)「つけ入るすきを与えない（avatāraṃ na denti）」

火中に蓮華を生ず……亦た是の如し〔三一〕（六四1 2）

agnimadhye yathā padmam abhūtaṃ taṃ vinirdiśet/
evaṃ kāmāṃs ca dhyānaṃ ca abhūtaṃ te vidarśayī//

「希有」の原語は adbhuta（未曾有）、しかるに(梵)(チ)は abhūta（yang dag ma yin 非真実、虚妄）という。内容的には(什)の方がよい。(支)(玄)も(什)と同じ訳。

或るいは現じて……後に仏道に入らしむ〔三二〕（六四3 4）

saṃcintya gaṇikāṃ bhonti puṃsām ākarṣaṇāya te/
rājāṅku saṃlobhya buddhajñāne sthāpayanti te//

この偈、(什)(梵)ほぼ同じ。「婬女」は gaṇika。「諸もろの好色者」は(梵)は単に「男性」。「欲の鉤」は kāmāṅka。

或るいは邑中の主……衆生を祐利す〔三三〕（六四5 6）

grāmikāś ca sadā bhonti sārthavāhāḥ purohitāḥ/

agrāmātyātha cāmātyaḥ satvānāṃ hitakāraṇāt//
この偈、(什)(梵)ほぼ一致。「邑中の主」は grāmika。「商人の導」は sārthavāha 隊商のリーダー。「国師」は prohita。「大臣」は āmātya。

諸有の貧窮者……菩提心を発こさしむ〔三四〕（六四7 8）

daridrāṇāṃ ca satvānāṃ nidhānā bhonti akṣayāḥ/
teṣāṃ dānāni datvā ca bodhicittaṃ janenti te//

「無尽の蔵」は nidānā…akṣayaḥ。「菩提心」は bodhicitta。この偈も(什)(梵)ほぼ同じ。

我心憍慢の者には……無上道に住せしむ〔三五〕（六四9 10）

mānastabdheṣu satveṣu mahānagnā bhavanti te/
sarvamānasamudghātaṃ bodhiṃ prārthenti uttamāṃ//

「我心憍慢の者」は mānastabdha。「大力士」は mahānagna。「貢高」は māna（慢心）。「無上道」は bodhi… uttamā。

其の恐懼有る衆……後に道心を発こさしむ〔三六〕（六四11 12）

bhayârditānāṃ satvānāṃ saṃtiṣṭhante 'grataḥ sadā/
abhayaṃ teṣu datvā ca paripācenti bodhaye//

「前に居して慰安し」は(梵) saṃtiṣṭhante 'grataḥ（前に立つ）。「慰安」は saṃtuṣṭanti の訳か。「道心を発こさしむ」は、(梵)「菩提に向けて成熟せしめる」

或るいは婬欲……戒・忍・慈に住せしむ〔三七〕（六四13 14）

pañcâbhijñāś ca te bhūtvā ṛṣayo brahmacāriṇaḥ/
śile satvān niyojenti kṣāntisauratyasaṃyame//

「婬欲を離るる」は brahmacārin（梵行者、すなわち独身者）。「五通の仙人」は外道の聖仙。かれらはまだ漏尽通は得ていない。故に五通〔を得たもの〕pañcâbhijñā。「戒・忍・慈」は(梵)に「戒 śila と、忍 kṣānti と、柔和 sauratya と、規制 saṃyama」

供事を須る者……発こすに道心を以ってす〔三八〕（六四15 16）

upasthānagurūn satvān paśyantīha viśāradāḥ/
ceṭā bhavanti dāsā vā śiṣyatvam upayānti ca//

「供事を須る者」は upasthānaguru 給仕を重んじるもの。この偈の全体を(梵)は「この世で給仕を大切にする人々を畏れをもたない〔菩薩たち〕は見て、その召使 ceṭa あるいは奴隷 dāsa となり、また、弟子たることもあらわす」

彼の所須に随いて……能く之れを給足す〔三九〕（六四17 18）

yena yenaiva câṅgena satvo dharmarato bhavet/
darśenti hi kriyāḥ sarvā mahopāyasuśikṣitāḥ//

この偈の意味、(梵)「なんらかの手段 aṅga で、衆生が法を喜ぶもの dharmarata となるならば、大方便をよく学んだ〔かれら〕はあらゆる作業を示す」。「仏道に入るを得しめ」は原文異なるか。

是の如く道は無量……無数の衆を度脱す〔四〇〕（六四19—六五1）

yeṣām anantā śikṣā hi anantaś cāpi gocaraḥ/
anantajñānasaṃpannā anantaprāṇimocakāḥ//

「無数の衆を度脱す」は anantaprāṇimocakāḥ 果てしない衆生を解脱させる。第一句の「道」は śikṣā（学ぶこと）。

仮令一切の仏……尽くす能わざらん〔四一〕（六五2 3）

na teṣāṃ kalpakoṭibhiḥ kalpakoṭiśatair api/
buddhair api vadadbhis tu guṇāntāḥ suvaco bhavet//

この偈、(梵)「幾億劫、幾百億劫にわたって、たとい諸仏が語ったとしても(buddhair... vadadbhiḥ)、かれら〔菩薩たち〕の功徳の極みはよく語りつくせるもの(suvacas)ではない」。(梵)の vadat(説者)は(什)「讃歎」(玄)「讃述」に相当すると思われるが、(チ)はこれを bcom ldan と記す。すなわち bhagavat とよんでいることになる。この偈と次の最後の偈、(支)に欠く。

入不二法門品第九

受(六五15)(チ)「取ること(upādāna)」。什注に「不受は不取相」併わせて「有漏五陰を受という」と説明あり。

作無く、行無し(六五16)(チ)「あらゆる法を作らず、行なわない」。什注に「無作は受生の業を作らないこと、無行は心行の滅」という。

是れ動と是れ念(六六2) 什注に、惑心の微起を「動」、相を取り深く著するを「念」とよぶという。「念」は(チ) rlom sems=manyanā(思い・執心・慢心)。本品六五頁註一〇参照。「念無ければ」以下、(チ)「思いがなければ注意(作意)もなく、注意することがなければ、関心(lhag par bya ba=adhikāra)もなく、関心から離れる」という。

若し一相は……是れを不二の法門に入ると為す(六六4)(チ)「分別も妄分別もないものは、一相(ekalakṣaṇa)とも無相(alakṣaṇa)ともしない。〔ある〕相と、〔それと〕異なる相において平等に入ること、それが不二に入ることです」

声聞心も無し(六六7)(チ)このあと「心の相の等しいこと」と加える。

弗沙(六六8) Puṣya (玄)「育養」(支)「奉養」。プシュヤは二十八星宿の一つ。生まれた時の星宿を名としたものと什注にいう。(チ)skar gyal=Tiṣya

師子(六六10) Siṃha

罪と福(六六10)(チ)「咎めらるべきこと(sâvadya)と咎めなきこと(anavadya)」(什注は、三界の煩悩とそれに伴うもの、煩悩によって作られた三業のすべてを「罪」といい、一切の有漏の善を「福」という、と説明。「若し罪性は則ち福と異なること無しと達して」は、(チ)にない。(玄)は「有罪と無罪の二の平等を知れば」という。

師子意(六六13) Siṃhamati(師子のような智慧をもつ)。什注に「師子は水を度るに要《かな》らず流を截り直ぐに度り、曲れば則ち度らず。この大士は実智慧を以って直きに彼岸に過ぐ。故に借りて以って名と為す」と説明。

相に著せず……是れを不二の法門に入ると為す(六六14) 以下(チ)「想を起こさないものでもなく、平等性について平等性〔の想〕を得ることもなく、想の縛《むすぼ》れ(saṃjñāgrantha)がない、このように入る(通達する)のが入不二です」(什)訳の「相」はしばしば「想」と通じる)。

有為と無為(六六16) この項、(チ)は「楽と不楽の二」とする(以下の説明はほぼ同じ)。(支)は「有数と無数」、あとに「一切の数を離れる」とあるのと照応すると(支)が原の読みかも知れない。

那羅延（六六18） Nārāyaṇa (支)「人乗（nara-āyaṇa）」

入らず、出でず、溢れず、散ぜざる（六六19） (チ)「そこから超え出ず、入らず、行かず、行かざることもない」。「溢れず」について、什注は「梵本に流と云う」と註記。

縛無く解無く、生ぜず滅せず（六七3） (チ)「生死がなければ涅槃もない」（縛と解は、意味上、生死と涅槃に当たる）。(什)異本は「不生」の代わりに「不然」という。「然」は涅槃が寂滅であることの反対で、生死をあらわす。

……尽・不尽の相有ること無し（六七5） (チ)「尽とは徹底的に尽きること、徹底的に尽きたもの（究竟尽）はもはや尽くすべきものでない（(チ)北京版には否定詞なし）から不尽といわれる。また、不尽（(玄)は「有尽」）なるもの、それは刹那性で、刹那性のものには尽は無い」という。

普守（六七7） Samantagupta 什注に「万善を所持し、衆聖によって護られる故に普守と名づく」と説明。(チ) kun nas spos= Samantagandha (玄)「普密」

電天（六七9） Vidyuddeva

明も亦た取る可からず、一切数を離る（六七9） (チ)「明・無明倶に知覚されず（不可得）」。(什)「取る可からず」は、数えることができないの意。

其の中に於いて通達すれば（六七14） 上記の五陰即空観。(チ)は「執着された五陰に関して」という。通達＝入。

妙意（六七19） Pramati

布施の性は即ち是れ一切智に廻向するの性なり（六八4） (チ)「布施の本性は一切智であり、一切智の本質は廻向である」(玄)「〔若了〕布施即所廻向一切智性（一切智に廻向することを性とする）、此所廻向一切智性即是布施」。(チ)はあまり正確でない。ここは六波羅蜜〈法数一覧参照〉に言及。

深慧（六八8） Gambhīramati

若し空は無相・無作なれば、則ち心・意・識無けん（六八9） 無作（apraṇihita）は何ごとも願い求めないの意であるから、そこでは心意識は何らはたらかない（(玄)「無……可転」）。ここは三解脱門〈法数一覧参照〉の不二。

身と身滅とを二と為す……（六八14） 「身・身滅」は(チ)「有身（存在の集まり satkāya (玄)「薩迦耶」）とその滅」。「身の実相を見れば」とは、(チ)「有身見が生じなければ」の意。「其の中に於いて驚かず、懼れざれば」の句は(チ)にない。(玄)は「此の二の究竟滅性を証得して猜疑する所無く、無驚無懼なる」という。

善（六八18） (チ)「〔身・語・意による〕規制（saṃvara 律義）」。「善」はその意訳とみることができる。ただし『注』はこれを「業」とよみ、何の注記もない。しかし、少なくとも単に身口意の三業〈法数一覧参照〉にふれただけでない。律儀は通常の三業と異なり、形成されたもの abhisaṃskāra でない（無作）というのが、ここの主張と思われる。

福田（六九3） Puṇyakṣetra

福行・罪行・不動行……（六九3） puṇya-, apuṇya-, āniñjya-abhisaṃskāra 業をその果報によって分ける説。欲界の楽果を生むのが福行。苦果を招くのが非福行。上二界（色界・無色界）へ導く業が不動行（什注参照）。これらの abhisaṃskāra が空故に無作為 anabhisaṃskāra であるというのがここの主張。「此の三行に於いて起こらざれば」は㋠「このように〔行が〕成立しないこと」の意。

我より二を起こすを二と為す……（六九6）「二（二法）」は、自他・主客（識と所識）の二。「識有ること無く、所識も無ければ」を㋠「了別（vijñapti）なきによって了別なし（vijñapti）」という。後の了別は了別された世界をさす。vijñapti（「唯識」というときの「識」）にはこの両義があり、両義を不二と見るところに唯識説が成り立つ。

有所得相を二と為す……（六九9）「有所得相」は㋠「認得によって表わされるもの（dmigs pas rab tu phye ba=upalabdhi=prabhāvita)」。「二」は前項同様、主客対立の二であろう。ここの文の意は、「二法の対立は法の認得から生じるので、無所得（anupa=labdhi）であれば、取捨（承認と拒否）はない、それが不二に入ることである」

滅受想定（六九12） 滅尽定 Nirodhasamāpatti この定中にあっては、感受（受）も想念（想）も一切はたらかない。ただし、個体存続の機能は残っている。

正道と邪道とを二と為す……（六九18）「正道・邪道」は㋠「道 mārga と邪道 kumārga」。「此の二を離る」は㋠「〔この〕想を知る者は」。

実と不実とを二と為す……（七〇1）「実見者」は㋠「真実を見た者（dṛṣṭasatya)」。「不実」「非実」はいずれも mṛṣā（虚妄）の訳。

我が意の如くんば（七〇6）㋠はこれに先立って「皆さんはよく説明なさったが、あなた方の説明はすべて二である」の文を附す。そのあと「如我意」の句はなく、「所説を一つも示すことなく（bstan pa gcig ni ma rtogs te）、無語・無言・無説・無表示で、無説とすら言わない。これが不二に入ることである」という。(什)の「無識」は無表示、すなわち avijñapti に相当する。

黙然として言無し（七〇11）㋠ cang mi smra bar 'gyur to=tūṣṇīm babhūva (tūṣṇībhūto 'bhūt)

香積仏品第十

日時至らんと欲す（七一4）(支)「日時欲過」(玄)「食時将至」㋠「gdugs tshod 昼食時」。日は昼間であろうが、「日時」に「ひるどき（昼食の時刻）」という意味があるかどうか不詳。仏教の戒律では日中すなわち正午を過ぎると食事をとってはいけないことになっている。戒律を守るべき比丘として舎利弗はその時間の近づいたことを気にしているのである。

欲食を雑えて（七一7）㋠「食物（zang zin=āmiṣa-āhāra (玄)「財食」）を雑えた身で」。財施・法施というように、財（āmiṣa）と法

(dharma) は対立概念。

四十二恒河沙の〔如き〕仏土を過ぎて（七二11）「恒河沙」は gaṅgānadīvāluka (-upama ㊈如または sama ㊄等) ガンジス河の砂の数ほどの。これは数えきれないほどの多数を示す。その四十二倍の数。「過」=「度（わたる）」

衆香（世界）（七二12） Sarvagandhasugandhā ㊅この名は Śikṣāsamuccaya 所引（後出）と一致。ただし、類似の説話が『楞伽経』にあり（Laṅkāvatāra, p. 105, 8–12）、そこでは Gandhasugandhā また『中論』チャンドラキールティ註には『維摩経』に曰わくとして、『楞伽経』と同じ世界名が挙げられている（Prasannapadā, p. 333, 6–9）。

経行の香地・苑園（七三2）㊅「遊歩場（'chags=caṅkramaṇa）や園林・宮殿」㊄「〔彼世界中一切〕台観・宮殿・経行・園林・衣服」（「経行」だけで遊歩場を意味する）

彼の仏飯を致す（七三7）㊅「あの仏国土から食物を取ってくる〔者はいないか〕」㊄「往彼取妙香食」

仏の言う所の如くんば未学を軽んずること勿かれ（七三10）「仏の言う所の如くんば」は、出典未詳。「未学」は㊅ma slabs pa=aśikṣita まだ習学していないもの（ちなみに aśaikṣa〔無学〕はもはや学ぶべきことのないもので阿羅漢をさす）。この一連の問答について、肇注は、㈠維摩は有力なる者を推して飯を取らせようとした。㈡文殊は維摩の徳を顕わすべく、皆なを黙らせた。㈢維摩は「恥じないか」と言って、未成（未完成者）を励ました。㈣文殊は始学（学習をはじめたばかりのもの）を進めた（推薦した）と解釈している。

少病・少悩にして、気力安らかなりや不や（七三16） 什注は「無病・無悩といわずに少病などと言うのは身体が病の本であるからで、その本〔たる身体〕をよろしく捨てるべきである」と説明する。

仏事（七三17）㊅「仏の仕事（buddhakārya）」。什注に「衆生を化するを謂う」と説明。

小法を楽う者（七三17）㊅「劣ったものを信解する（hīnâdhimuktika）」。什注に「別本には楽小之人をいう」とあるのは、原本には「法」の字のないこと、すなわち㊅と同じことを示す。什は「楽いの遠くに勝れざる者は皆な名づけて小となす。但だに小乗のみには非ざるなり」と説明。

大道（七三18） 小法の対。㊅は単に「広大(崇高)なもの(udāra)」以下の二句、㊅は「崇高なものを信じる（dad pa）ことでしょう。如来の名号（mtshan=nāman）を弘めることでしょう」と訳す。

其の去りて衆香界に到り……礼したてまつるを見（七三1）㊅は「あまりに早く去ったので見えなかった」という。次の「又た其の言うを聞けり」の句もない。

大道（七三5）㊅はここでは「広大な仏法（udārabuddhadharma）」という。前の例では欠訳があったものか。㊄は両例とも「大慧を欣び、如来の無量の功徳と名称を普ねく聞かしむ」と訳す。

道教を敷演す（七三12）㊅「法を説く」㊄「宣揚正法」㊈「以法解説」。「道教」に特別な原語があったとは思われない。とにかくこれは仏の教えを「道教」と称した例。

往く可し（七四4）（チ）「いまがその時だと思うなら、行くがよい」（玄）「可往、今正是時」

身香を摂めて（七四4）（チ）「香りを無くせよ」（素晴しい香気をかぐと、喜んで執着を起こすから）。什注「大喜も亦た迷」

鄙恥（七四6）　いやしめはじる。（玄）「愧恥」（チ）「沈み、畏縮する（avasāda）」

長者主（七四16）　長者たちの主。（チ）「リッチャヴィ族の支配者（Licchaviśvara）」。什注に「彼の国に王無し。唯だ五百の居士、共に国政を治む。今、主と言うは衆の推す所なり」と説明。

月蓋（七四16）　Candracchatra

地神・虚空神及び欲・色界の諸天（七五1）（チ）「地上を領域とする神々（bhūmyavacara-devaputra 地居天）および欲界（kāmâvacara）色界（rūpâvacara）の天子たち」。地居天は帝釈天を含む忉利天・四天王天という須弥山を住居とする欲界の諸天をいう。それ以上の欲界諸天を「虚空天」ということもあるので、漢諸訳の虚空神はそれをさすか。そうすれば地神・虚空神と、欲色界天は重複することになる。

限意を以って……消せざらしむること無かれ（七五4）　「限意」は狭い了簡（prādeśikacitta）。什注は「消」（消化する）について「この飯を食すに応に大心を起こして大業を建つべし。是れを報恩と名づく。報恩を名づけて消となすなり」という。（チ）「限られた行為のために心を起こさぬように」。与えられたもの（=飯）を食べる（spyod pa=bhoga）ことができなくなるから。

譬えば一切楽荘厳国の……諸樹の香の如し（七五12）　「一切楽荘厳国」は Sarvasukhamaṇḍitā lokadhātu この一段 Śikṣ. S. p. 269, 13-p. 270, 3 所引。

Atha tato bhojanāt sarvāvati sā parṣat tṛptā bhūtā, na ca tad bhojanaṃ kṣiyate, yais ca bodhisattvaiḥ śrāvakaiś ca śakra-brahma-lokapālais tadanyaiś ca sattvais tad bhojanaṃ bhuktaṃ, teṣaṃ tādṛśaṃ sukhaṃ kāye vakrāntaṃ yādṛśaṃ Sarvasukhamaṇḍitāyāṃ lokadhātau bodhisattvānāṃ sukham/ Sarvaromakūpebhyaś ca teṣāṃ tādṛś gandhaḥ pravāti tad yathāpi nāma tasyām eva Sarvagandhasugandhāyāṃ lokadhātau ṛkṣāṇāṃ gandhaḥ/

剛強の語（七六4）（チ）「手に負えぬ（dmu rgod=khaṭuṅka）、教化し難いものたちを教化する語り（gtam=kathā）」。什注は「仏説に軟善語・剛強語・雑語の三種があり、善行楽果は軟善語、悪行苦果は剛強語、善を讃え、悪を毀つのが雑語（miśrakathā）」と説明。

愚人の生処（七六6）（チ）「不具としての生まれ」。以上、五種の生処。次は三業〈法数一覧参照〉。（支）は三業のあと「至不善悪行滋多。故為之説若干法要」というのみ。

無義語（七六10）（チ）「戯れ言（tshig khyal ba=saṃbhinnapralāpa）」。これは殺生以下邪見まで十不善業〈法数一覧参照〉を列挙した中にあり、通例「綺語」と訳されているもの。什注は「梵本に云う、雑説（=sambhinna-pralāpa）なり。凡そ善及び涅槃の為めならずして、心口業を起こすを悉く雑説と名づくるなり」と説明。(玄)「雑穢語」

瞋恚（七六12） (チ)「怒り（krodha）」。十不善業中の「瞋悩」は vyāpāda の訳。ここは「慳悋」以下「愚癡」まで、六波羅蜜の反対となる六種のあやまちを示す。したがって「瞋恚」は忍辱の反対。

是れ結戒なり。是れ持戒なり。是れ犯戒なり（七六14） 以下「離罪」までの九項は律蔵に関わる。「結戒」は受戒に相当する。ただし、(玄)は学処 śikṣāpada（学ぶべき条項、五学処は出家の五戒）と、非学処を挙げる（「受所学、越所学」）。(チ)は後者のみ。次いで「持戒」「犯戒」に相当するところは、(玄)「持別解脱・犯別解脱」で、(チ)は単に「別解脱（prātimokṣa 戒本）」とだけいう（持犯をいわない）。

応作・不応作（七六14） 為すべきこと（kārya）と、為すべからざること（akārya）。(玄)はそのあとに、適切なこと（yogya）、適切でないこと（ayogya）、断つべきこと（prahāṇa）、断つべきでないこと（aprahāṇa）の四項を追加する（「瑜伽・非瑜伽・永断・非永断」）。(チ)はそのうち、適切なこと、断つべきことの二つを挙げる。

障礙・不障礙（七六15） āvaraṇa, anāvaraṇa 肇注に「犯律には、罪は重いが道を障げないもの、罪は軽くても障道のものがある。また障には業障・報障・煩悩障の三障がある」という。

得罪・離罪（七六15） āpatti と āpatti-vyutthāna (玄)「犯罪・出罪」

浄・垢（七六16） vyavadāna と saṃkleśa 以下、「世間（=生死）」と「涅槃」まで、教理上基本的な対立概念の列挙。(チ)(玄)はさらに項目を追加。(チ)は以下の順、「道（mārga）・悪道（kumārga）、善・不善、可咎（sāvadya）・無可咎（anavadya）((玄)有罪・無罪)、有漏・無漏、世間・出世間、有為・無為、清浄・雑染、生死・涅槃」。(玄)はさらに有為・無為のあとに、「功徳（guṇa）・過失（doṣa）、有苦・無苦、有楽・無楽、可厭離・可欣楽（naiṣkāmya, kāmya）、可棄捨・可修習（prahātavya, bhāvayitavya）」を挙げ、「如是等法有無量門」と結ぶ。

心、猨猴の如き（七六17） (チ)「荒馬の如き心」 (支)「麁獷之意」。(玄)なし。制御しがたい心の喩え、意馬心猿ということもあるから、猿でも荒馬でもよかろうが、原語不詳。(ラ)は心猿の例に SN. II. p. 95 を挙げる（ただし、落ちつきのない心の喩え）。

乃至、骨に徹して（七七1） (チ)「急所（marman）を打つなどまでして」。(玄)はこの比喩全文(什)に同じ。

貧しきものの楽う所の法（七七4） 「貧」は(チ)に「低劣（hīna）、貧乏（daridra）で手に負えない（katuṅka）」という。「所楽法」に当たる語なし。

労謙（七七5） (支)同じ。(玄)「労倦」（謙=慊=倦、あきたりる）。倦まずつとめること。(チ)に相当する句なし。

布施を以って貧窮を摂し……智慧を以って愚癡を摂し（七七11） 以上、六波羅蜜行。「貧窮」以下前段の「慳疾」ないし「愚癡」に対応（貧窮だけは異なる）。ただし、ここはそれぞれ貧窮者など人をさす（原語(1)daridra (2)duḥśīla (3)kruddha (4)kusīda (5)vikṣi=ptacitta (6)duṣprajña)。「摂」は摂受、ひき入れる、の意。

此の世界に於いて行ずるに瘡疣無く（七七17）「此の世界に於いて行ずる」は(チ)「この娑婆世界から死没して」。「瘡疣」は、きずやいぼ。「瘡疣無く」は(チ)「傷害なく（ma smas ma snad par=akṣatânupahata)」

心を衆生に等しくし、謙下にして無礙なり（七八4）(チ)「すべての衆生に対し瞋心をもたない（khong khros ba med pa=apratigha)」。「無礙」=apratigha (玄)は(什)を支持（「平等心」と「無罣礙」)。ここは(什)の読みが原型で、かつ正しいであろう（ただし「謙下」は附け加え)。

声聞と相い違背せず（七八6）ここの「声聞」は、おそらく、既聞 śruta（未聞 aśruta の法の反対）の意味（あるいは誤訳というべきか）で、「すでにこれまでに聞いた法に違背しない（śrutenâ=viruddham)」の意であろう。(チ)「既聞・未聞の法を聞いて、これをそしらない」(玄)「菩薩信解増上、於未聴受甚深経典、暫得聴聞無疑無謗（未聞の甚深経典に対して信解し、これを聞いたときにそれを疑わず、そしらない)」(支)「菩薩所未聞経、恣聴不乱」（文脈は(玄)と(支)が一致。(チ)にも誤解がある模様)。

彼れの供（七八6）(チ)「他人の獲たもの」(玄)「他利養」

己れが過・彼れの短（七八7）(チ)bdag gi 'khrul ba=ātma=skhalita, gshan gyi nyes pa=paradoṣa

恒に一心を以って諸もろの功徳を求む（七八8）(チ)「不放逸を喜び、すべての徳性を引きうける（samādāna 受持、摂受)」(玄)「菩薩恒無放逸、於諸善法、常楽尋求、精近修行菩提分法」(支)「自検第一以学衆経」

菩薩行品第十一

広博の厳事あり（七八13）(支)同じ。(玄)「広博厳浄」(チ)「大きく広くなり」（厳事、厳浄に相当する語なし)。「厳事」は、おごそかな出来事、異変。つまり、広大になるという見事な異変がおこった、の意で、訳の上の附加であろう。

瑞応（七八15）めでたいしるし。(チ)「前兆（pūrvaṇimitta)」。「応」は「何の因縁を以って」と合わせて、「どんな原因があって、その結果として（原因に応じて）現われたのか」の意。次の文の「先」は、前もっての意（「前兆」の「前」)。

諸もろの大衆に恭敬・囲繞せられ（与諸大衆恭敬囲繞）（七八16）ここの「与」の用法は、周知の維摩、文殊の二人が、「諸大衆と「一緒に」」の意味。「恭敬・囲繞」はその諸大衆の動作の状態を表わす語。維摩たちはその対象。次の維摩の言葉の中の「諸菩薩と礼事・供養す（与諸菩薩礼事供養)」も同じ用法。ただし、そこの「礼事供養」の対象は仏。(チ)は「この菩薩たちも見仏して礼事・供養できるように」という。維摩たちも見仏・礼事・供養を共にするのはいうまでもない。

此れは従って来たる所ありや（七八16）(支)同じ。(チ)「どこから出るのか」(玄)「何縁而有」

七日（八〇2）　(支)(幺)「七日七夜」。ただこれは七日というに同じ。(チ)「七週間（七七日）とさらに七日」。(チ)の数え方の根拠不詳。什注は「七日にして乃ち消すに二因縁有り。或るいは人有り、香飯を食するに、飯、時に消せず。心に必ず厭捨する故に久しからしめざるなり。亦た云う、応に得道すべき者は、飯気時に熏ること七日を過ぎずして必ず聖道を成ず。道跡七生、七歩の蛇歯等、勢は七を過ぎず、事、久しく須いざる故に、七日を過ぎしめず」という。

心解脱（八〇4）　什注に「見諦十六心也」という。すなわち見道位。

此の飯を食わん者は……然る後に乃ち消せん（八〇5）　菩薩に関して、発心・得無生忍・一生補処の三段階を挙げる。無生忍および一生補処は前出（補註二〇頁〔二七4〕、同七頁〔二3〕）。(チ)は(什)と同じ。(幺)は無生忍のあとに不退位を加える。一生補処から仏位に至るについてふれないのは、仏位は無因得であるから（『注』道生曰）。「声聞人の未だ正位に入らず」から、菩薩の「無生忍」までの箇所、Śikṣ. S. 所引。

1. yaiś ca bhikṣubhir anavakrāntaniyāmair etad bhojanaṃ bhuktaṃ teṣāṃ evâvakrāntaniyāmānāṃ pariṇaṃsyati.
2. yair anutpāditabodhicittaiḥ sattvaiḥ paribhuktaṃ teṣāṃ utpāditabodhicittānāṃ pariṇaṃsyati.
3. yair utpāditabodhicittair bhuktaṃ teṣāṃ pratilabdha=kṣāntikānāṃ pariṇaṃsyati.

「消」の原語は pariṇam-.

薬有りて、名づけて上味と曰う（八〇7）　surasa　(支)「阿昏陀薬（agada 無病）」(チ)「具味（sarasa）」(幺)「最上味」

未曾有なり……能く仏事を作すことよ（八〇11）　什注に「神足・変化・説法にて人を度すは化（教化）の常なり。飯は本と体（身体?）に充つ。而して今は道を得。故に未曾有と歎ずるなり。仏は人を化するを以って事と為す。凡そ是れ人を化するを、皆な仏事と名づく。以って阿難は、仏事の妙を謂う。妙此こに尽く。故に下に広く仏事を明かし、以って其の心を広むるなり」という。以下、いろいろの仏国土におけるさまざまの仏事を説く。

仏の光明（八〇13）　たとえば『華厳経』で仏は光明を眉間より放ち、それが普賢等の菩薩に入り、その口から出て仏に帰ると、菩薩が旨を受けて法を説く。

諸菩薩（八〇14）　前註参照。什注に「仏は直ちに宗（siddhānta 第一義諦の意か）に居し、静黙たり。菩薩をして道を弘め、以って人を化するなり」という。

仏の化する所の人（八〇14）　肇注は「須扇頭比の如し」という。

菩提樹（八〇15）　たとえば『無量寿経』における阿弥陀仏の菩提樹。

仏の衣服・臥具を以って仏事を作す有り（八〇15）　什注は仏大衣を得、これを著して疾疫を止めた閻浮提王のことを挙げる。

三十二相・八十随形好を以って仏事を作す有り（八〇16）　什注に萍沙王（ビンビサーラ）が弗迦沙王に仏像を与えて、得道の因を作った例を挙げる。

仏身を以って仏事を作す有り（八〇17）　什注に「〔相好だけでなく〕身を全現すること」という。

虚空を以って仏事を作す有り（八〇17）　什注に、文殊師利が衆色像を滅し、虚空相を現じて阿闍世王を化した例を挙げる。

此の縁を以って律行に入るを得べし（八〇18）　以上の一段、㋠は菩薩、光明、菩提樹、如来の相好、衣服、食事、河、園林、宮殿、楼閣、化作されたもの、虚空、および大空（antarikṣa）の順で列挙する。

喩（八一1）　upamā　什注に「夢中において衆生を悟感せしむるなり。下の六事（幻等）は真ならざる形色を現じて深理を悟らしむることを為すなり」という。㋠は鏡中像を除く六種の喩、(玄)は十喩〈法数一覧参照〉を挙げる。

音声・語言・文字を以って仏事を作す有り（八一1）　肇注はこれは娑婆世界の仏事という。前の喩を以ってする例も同様であろう。

清浄な仏土の寂寞なる有り（八一2）　㋠「〔次のような無言などを以って仏事をなす〕清浄な仏国土もある」(玄)「或有仏土清浄寂寞」。したがって「寂寞」は仏国土の形容とみてよいが、なぜ寂寞かといえば、以下の無言・無説ないし無為によるわけで、(玄)は「所化有情は斯の寂寞に因って、自然に諸法性相に証入して仏事を作す」と結ぶ。

無言（八一2）　什注は維摩詰の黙然を「有形色、無言教」の例に挙げる。肇注は「真浄土有り。純法身菩薩は外に言説無く、内に情識無し。寂寞無為にして事外に超悟す。是れ言情の能く称述する所に非ず。此れ仏事の上なる者なり」という。ただし㋠(玄)は無作・無為とはいわず、したがってこれを法身の浄土（?）と言ってよいかどうか。什注のいうように、ここは「有形色、無言教」の例にとどまるのであろう。

此の法（八一5）　すなわち衆生をなやます四魔や八万四千の諸煩悩門。それすらも仏事のあらわれだということ。什注は以上をまとめて、仏事を、㈠善を以ってするもの——光明・神力・説法など、㈡無記——虚空など、㈢不善を以ってするもの——煩悩門の三種とする。

是れを〝一切諸仏法の門に入る〟と名づく（八一5）　㋠「〝一切の仏の徳性の門に入る〟と名づける法門（sarva-buddhadharma-dvāra-praveśo nāma dharmamukha）」

功徳は平等なり（八一10）　㋠「一切法の平等を御存知の諸仏」。(玄)は「諸仏世尊、一切功徳平等円満、得一切法究竟真実平等性故……」と両方を合わせた表現をとる。要は平等性と示現の種種性の対比にあり、そのことを未曾有と讃歎するのである。(支)「妙なるかな、一切仏法等を以って人を度す。而も仏土は不同なり」

色身に若干有る……無礙の慧には若干無きなり（八一11）　色（物質・肉体）は一定の空間を占拠して他を排除する。すなわち有質礙（sa-pratigha）。これに対し仏の智慧は無礙（a-pratigha）ですべてに平等に及ぶ。(玄)はこの部分、詳細な説明を加えた訳を与える。

色身・威相・種性（八一12）　㋠「形・色・光輝・身体・相好・尊貴な生まれ（rigs btsun pa=abhijāta (玄)「種性尊貴」)」。以下、五分法身〈法数一覧参照〉など大悲まで㈩と同じ。

悉く皆な同等なり（八一15）　什注は、この平等な徳性を有する仏を「真報応之身」とよび、さきの若干のある色身を「化現身」とよんで区別する。後の仏三身説でいえば、色身に報身（受用身）と化身（変化身）を分けるのに似ている。これに対し、無礙智は仏の法身を象徴することになろう。ただし、経意はその通りかどうか。㈱は「諸もろの仏法を具すること、悉く皆な同等なり」に相当する部分を欠き、「如来は身色威相性大……法を説き人を度。是の故に如来等と名づく」という。おそらくはこれが原意。

三藐三仏陀・多陀阿伽度・仏陀（八一15）　順次に、正等覚者（sa=myaksambuddha）、如来（tathāgata）、仏（buddha）の音写。什注にこの三語の解説あり。

尽と無尽との解脱の法門（八二17）　『注』は「尽無尽無閡法門」という。㈟「〃有尽と無尽〃とよばれる菩薩の解脱」。しかし、解脱＝無閡を成立させるには、この法門名は、尽における無閡＝尽からの解脱と、無尽における無閡＝無尽からの解脱と読むべきである。そして、これが以下の両門の説明に合致する。

何をか謂いて尽と為す……無為に住まらず（八二17）　これは菩薩の無住処涅槃の思想の別の表現である。「有為法」は無常という意味で尽法（vayadhamma, kṣayadharma）であり、「無為法」すなわち涅槃はその反対（生住滅がない）であるから無尽（akṣaya）。しかし、菩薩は涅槃にとどまらず、有為の生死輪廻の世界ではたらくので、有為法を滅尽しない（声聞の教えでは涅槃は有為法の滅尽と解釈されている）。什注は「尽に二種あり」とし、有為法が無常遷流滅尽する点を「有為尽」、智慧の力で、その有為法を断ち滅尽せしめることを「無為尽」とよんでいる。そして右の題目中の尽は有為尽をさすという。

何をか〝有為を尽くさず〟と謂う（八三2）　以下、「不尽有為門」＝「尽（有為）における無閡」

深く一切智心を発こして忽忘せず（八三2）　㈟「深心に導かれて、一切智の心を忘れない」。什注は「仏道（仏の菩提）を志求して、其の心堅固なること、譬えば樹を種うるに根深くして抜き難きが如し。故に劫を歴て愈いよ明らかにして暫くも失わざるなり」と説明。

終に厭惓せず（八三3）　『注』に「別本に心不厭倦という」という。

法を説きて悋み無し（八三5）　什注に「梵本に無師拳という」とあり、㈟も同じ。師拳については前掲。補註三五頁（五一13）参照。

故らに生死に入りても畏るる所無し（八三5）　肇注に「不以結生、曷為而畏」という。「故」は㈟「意の侭に（samcintya）」

遠離に於いて楽しむも、以って貴しと為さず（八三7）　「遠離に於いて楽しむ」は㈟に順じて読む。「遠離」は人里の喧騒を離れること（viveka）。「楽」は㈟「よろこぶ」。「貴しと為さず」とは「執着しない」の意。

一切智を具えんとの想あり（八三10）　㈟「一切智を完成させたいと想う」。什注に「衆生に給する時、此の施は必ず能く一切智を具足すると了知す」という。

道品の法（八三11）　菩提分法。菩提分の諸法を主人が従者を自由にするように駆使するの意か。什注は「聖道を助成して其れを尊勝せしむ。猶お人に眷属有りて其の貴を益すがごときなり」という。

善根を発行する（八三11）　(チ)「あらゆる善根を積み」。什注は前に「種善根」とあったのと区別して「修習増近を行という」と説明する。

無限の施（八三12）　(チ)「無遮の大会（gtan pa med pa'i mchod sbyin=nirargaḍayajña, argaḍa=argala 閂《かんぬき》)」。肇注に「四門を開き、求者の取る所を恣にす。無礙大施法なり」という。また「無限の施」は「別本に無閡施と云う」とある。

意いて勇有り（八三13）　(チ)はこれを次の句にかけている模様。(什)は次句の「志して倦まず」と対句としている。什注は「勇は其の力有ることを明かす。……意が浄にして有力なる故に大願の果成ずるなり」という。

常に無念・実相の智慧を求む（八三15）　(チ)「慢心を無くすべく、智を求める」。什注に「凡夫は有念智慧を行じ、則ち高慢益ます甚し。是の故に菩薩は無念智を求むるなり」という。両者原文同じか。

少欲・知足（八三16）　世俗の財・名誉などに対して望むところを少なくし、所有の少ないことにも満足することで、比丘たるものの第一の心掛け（頭陀法）、しかし、出世間すなわち菩提や涅槃を求めるについては、大いに積極的に求欲する。『注』では経文は「行少欲知足而不捨世法」とだけある。

梵天道を開く（八三19）　『注』に「別本に、四無量もて梵天に生ぜしむ、と云う」。四無量は別名を四梵住と云うように、それを修習したものは死後、梵天に生ずるとされる。梵天は色界天に属す。これと対比して、前項の天人福は欲界天の果報。

善本を厭わず（八四6）　「善本」は善根。「善根を積むことを厭わない」。以下、無常・苦・無我および涅槃（寂静）の四項、四つの法印〈法数一覧参照〉に相当する。

遠離（八四7）　什注に三種の遠離、すなわち、㈠人衆五欲を離れる、㈡煩悩を離れる、㈢諸法の性空としての遠離、を挙げ、ここは第三の意味という。すなわち、遠離 vivikta=空 śūnya（自性を離れた rahita）

所帰無しと観じて而も善法に帰趣す（八四8）　「所帰」は、依って立つ土台（(チ)gnas）。(玄)「阿頼耶（ālaya）」。「帰趣」は、したがって ā-lī- 依りかかる。ただし、(チ)(玄)は「不棄捨」（anālayaには無執着の意もある）。

空無（八四10）　(チ)(玄)に「無我」という。

正法位（八四10）　正性離生（samyaktvaniyāma）。この項(チ)(玄)は「無生を観察しても、二乗の正位に入らない」という。

本願未だ満たず……智慧を虚しうせず（八四11）　以下、(チ)(玄)との対応不詳。(チ)(玄)は「智慧を虚しうせず」のあとに次のように云う。「思惟は充足し、自生者（＝仏）の智において勧め、了義〔経〕という仏の家系を住処とする」と加える。了義については、下の法供養品第十三に説がある。

福徳を具するが故に……有為を尽くさず（八四13）　「福徳」と

「智慧」は、菩提の二資糧。前者は前五波羅蜜。後者は般若波羅蜜をいう。この一節の説くところでは、無為に住まらないことと、有為を尽くさないことは結局一つのこと、菩薩の利他行（の根拠）を現わすことが知られる。

大慈悲の故に……有為を尽くさず（八四13） (チ)は大慈と大悲の対比とする（「本願を満たす」とはいわない）。このあと、(チ)(玄)は十三項にわたる増広がある。

法薬を集むる故に……有為を尽くさず（八四14） (チ)「法の薬を集める……如法に薬を適用する……」

衆生病むと知るが故に……有為を尽くさず（八四15） (チ)「煩悩の病を知りつくす、……あらゆる病をしずめる、……」。ここでは苦諦を知り、集諦を断ずるのに対比される機能が知られる。

三千大千世界に散遍し（八五1） (チ)(玄)は「香花が地を覆うこと、深き膝を没す」と加える。

見阿閦仏品第十二

如来に見えんと欲せば……如来を観ずると為すや（八五6） 「如来を観ずる」は、什注に「観仏に三種あり、一に形を観、二に法身を観、三に性空を観ず」とし、ここでは「〔維摩は〕下尽く性空を以って答える」といい、さらに「この章では悉く中百観の破相の義を用いて如来性空を明かし、更に異義はないので、疏問せざるのみ」と言って、次の維摩の生まれを問うところまで、何も注を加えていない。「観」も「見」も(チ)によれば「見る」。世尊が問う所以は、先に維摩が文殊師利と連れ立って世尊に会いに来るということだったのに発している。(玄)参照。

自ら身の実相を観ずるが如く、仏を観ずるも亦た然り（八五8） この一文、(チ)(玄)は「如来を見るときは、何も見ないというあり方で見ます」という。(支)はこの一文を欠く。(什)の創作の可能性もある。「身の実相を観ずる」は、この身（維摩という存在）は無自性空であること。

前際にも来たらず、後際にも去らず、今も則ち住まらず（八五9） 如来は三世の範疇を超えている（無為）。

色を観ぜず、色の如を観ぜず、色性を観ぜず（八五9） この文、(チ)「如来は色の真如（tathatā (什)如）を自性とするものであって、色そのものではない」。(玄)もほぼ同様。また、(チ)(玄)とも、この文の前に「何以故」とつけ、前の超三世の理由づけとする。なお、(支)はこの文以下、五陰に関する部分を欠く。(什)の由来するところは不明。おそらく原文に「色ではなく（na rūpam）、しかし（api tu）色の如を性とする（rūpatathatāsvabhāvaḥ）」とあったものを、否定詞をすべてにかけたものか。あるいは逆に、原文に na ca rūpata=thatāsvabhāvaḥ とあったものが、後に(チ)(玄)のように変わったか、どちらかである。後の場合の可能性が強い。

四大より起こるに非ず、虚空に同ず（八五11） 「虚空」は無為法。仏教は物質の元素としては地水火風の四大〈法数一覧参照〉のみを数えるのが通例、そこでこの言がある。(支)は単に「空種是同」という。

六入は積無く……三界に在らず（八五11） 「六入に積無く」は(支)

「入無所積」(チ)(玄)「六入は〔仏を〕生まない」。この六入は外の六入すなわち色声香味触法であろうか〈法数一覧参照〉。肇注は「法身過六情、故外入無所積」と言う。次の眼等が内の六入（最後の「心」＝「意」。「心」という訳は(支)の踏襲)。

三明を具足すること無明と等し（八五12）　「無明と等し」は、(チ)「非得を正しく得る」(玄)「非明而明、非至而至」。前の三明（tri=vidyā）との縁語で、明の非得すなわち無明（avidyā）を予想していることは間違いない。(支)「得三達智、為無所至」。このあと(チ)「一切法への無執着の究極に達して〔しかも〕真実の極限（bhūta=koṭi ?）でないことと、真如に安住することとを相互に離れ、因より生ぜず、縁に依らず、相 lakṣaṇa でなく、相を具せず」の諸句が「一相でなく」の前に存する(玄)はさらに細説するが趣意はほぼ同じ)。また(支)にも「至一切法、得無礙立。積於誠信、如無所住。如慧無雜（如と慧と雜る無く)、不生因緣、不為相、不熟相、不暫相」の諸句があるので、(什)に脱落があったものと解せられる。

自相にあらず……相を取るに非ず（八五13）　(チ)「判断されたもの（kalpita）でなく、分別されたもの（parikalpita）でなく、判断されないもの（akalpita）でもない」。この三句、(玄)は自他、一異相（(什)と同じ）のほか所相（lakṣya)、能相（lakṣaṇa）に即離、同異の掛け合わせによる八相の否定を連ねる。他方、(支)は「不無現、不為視、不熟視、不暫視」の四項を挙げる。視＝kalpa 熟視＝pari=kalpa と見ることができれば、(チ)に近い。なお検討を要する。

而も衆生を化す。寂滅を観ずるも、亦た永滅せず（八五14）　(チ)(玄)(支)ともになし。あるいはその前の「此岸にあらず」などの三句に対する解釈か。肇注は「此岸と言わんと欲するも寂は涅槃に同じ、彼岸と言わんと欲するも生死是れ安し。又た中流に非ずして、而も衆生を教化す。此れ蓋し道の極なり。此岸は生死、彼岸は涅槃、中流は賢聖なり」というのを参照すべきである。

智を以って知る可からず、識を以って識る可からず（八五16）　(什)は智（jñāna）と識（vijñāna）の対句とするが、(チ)「識を以って求められるものでもなく、識に安住するものでもない」という。一方、(支)は「不解慧、不住識」で後半は(チ)と一致する。おそらく(什)の前半と(支)の後半を併わせたものが原型であろう。

名無く、相無し（八五17）　「名」は名称（nāman)、「相」は特徴（nimitta）で、名称を与える根拠となる相貌。この二つは唯識説中で、五法の前二として示されるものに相当。

示無く、説無し（八六1）　(玄)に「少事の示すべきものなく、少義の説くべきものなし」とあり、(チ)「どんな意味（義）としても語られるものでない」は(玄)の後半に相当すると考えられる。

……愚かならず（八六2）　以上、六波羅蜜〈法数一覧参照〉と、その対極にある煩悩を示して、共に否定する。

一切の言語の道を断たれ（八六3）　「言語の道を断たれ」とは、言葉によって表現する方法（道）がない、の意。(チ)「一切の言語と行為を断ち」(玄)「一切語言施為断滅」(支)「断諸雜声」

真際に同じ、法性に等し（八六5）　(チ)「平等性によって平等であり、法性と適合し、あるいは適合せず、それにふさう努力もない」

がこれに対応する箇所。「真際」は bhūtakoṭi（実際）。

大に非ず、小に非ず（八六6） これに対し(チ)「行くこともなく止まることもなく、それらを超越したものでもない」

諸智に等しく、衆生に同じ（八六7） (チ)は「一切智の智との適合を得、一切法に平等で、一切法に無差別なることを得る」

諸法に於いて分別無く（八六7） (チ)「一切法において咎められることなく（anavadya）」。あるいは、この「分別無く」は(チ)「判断せず、分別せず」に相当するか。

著無し（八六8） これは(チ)「アーラヤでなく」に相当するか。

一切の言説を以って分別・顕示す可からず（八六9） (チ)「あらゆる言説（言葉による説示）を以ってしても表現できない」(玄)「一切分別不能縁、一切名言所不能説」。これは(什)の分別・顕示に呼応した表現と思われる。

没とは虚誑の法の敗壊の相と為す……相続の相と為す（八七6） この没と生の説明、(チ)「死没（cyuti）とは現行（abhisaṃskāra）の相（lakṣaṇa）であり、出生（upapatti）もまた現行の流れ（あるいは相続 prabandha）です」。「現行の相」とは、現行、すなわち因縁によって現象する諸法（サンスカーラ）にとってさけられない特質の意味であろう。しかし(玄)(支)はいずれも(什)に近い表現で、没とは諸行の滅、という。(チ)も諸漢訳もいずれも意味はあり、原本の結着はつけがたい。なお(什)の「虚誑の法」は直訳とすれば mṛṣā=dharma であろうが、おそらく abhisaṃskāra の意訳であろう。「敗壊」は vikara、「相続」は prabandha と思われる（(玄)はそれぞれ「断相」「続相」）。

妙喜（国）（八七9） Abhirati (支)「阿維羅提」

無動（如来）（八七9） Akṣobhya 一般に阿閦と音写する。また不動とも訳す。(支)に「阿閦者漢言無怒（怒りをもたない）、阿維羅提者妙楽也」とある（元来は夾註）。

怒害多き処（八七12） (チ)「この罪が多くて過失に満ちた（仏国土）（bahudoṣaduṣṭa）」(玄)「多雑穢処」(支)「多怒之処」。「怒」という訳は doṣa 〈dveṣa（瞋・恚・怒）と解するもの（仏典中の doṣa は過失と瞋恚の二語がある）、また、娑婆世界に対するこの形容は、阿閦仏が無怒と意訳されることとも関連があろう。阿閦すなわち「震動がない」というのは、この仏が怒りや貪りによって動かされないという徳を現わしているから。それとの対比で「怒多き」と形容されたものと思われる。

即ち（八七14） この「即」はただちに（日が昇るやいなや）の意。(玄)「日輪纔挙、衆冥都息（日輪わずかに挙がるや、衆冥都て息む）」

衆を挙げて皆な見たり（八九10） この文、(チ)(支)なし。(玄)「彼此分離、両衆皆見」という（両衆は妙喜世界の衆生と此土の衆生の意か）。訳出上の附加であろう。

信解し、受持・読誦・解説して、如法に修行せん（八九16） 「信解」は(チ)「信解し（mos pa=adhimukti）、信順し（yid ches pa=abhisampratyaya）」。また(チ)は「〔自ら〕信じ受持・読誦・理解するもの、あるいは、信じ、説法や読誦を行って他人に解説し、修行するもの」という。

諸仏の護念したまう所（九〇1） 什訳『法華経』序品で無量義経をさして用いている場合の原語は、sarvabuddhaparigraha（すべての仏たちの摂受するもの）。ここは、この経を受持ないし修行するものを仏が護って下さるの意であろう。ただし(チ)は「この法門を読誦するものは如来の伴侶（grogs）となるであろう」という。

其の是の如くの人を……仏を供養すると為す（九〇1） (チ)「この法門を信じる者を敬い、供養するものは法を守護することになる」。(什)の「是の如くの人」とはこの法門を信解ないし如説に修行する人をさす。

一切智を取る（九〇3） (チ)「一切の福徳を護るもの（sarvapuṇyasaṃrakṣaṇa）」。(玄)には「摂受一切福徳一切智智」とある。(支)には「得仏福施」とあるので、原本は sarvajña-puṇya-saṃgraha とあったのかも知れない（一切智＝仏）。

一の四句偈（九〇4） 四句よりなる偈を一偈だけでも、の意。(チ)はその功徳を「大きな法会（mahāyajña）を営んだこと〔に等しい功徳がある〕」という。(玄)は「大法祠祀」はこの法門に随喜する功徳とし、一偈を演説する功徳は「逮不退転位」とする。

記を受く（九〇5） (チ)は授記を得る条件を「この法門を認許し、願求し、知り、理解し、正見し、信解するならば」という(玄)「信解、忍受・愛楽、観察」）。

法供養品第十三

我が仏の所説の義趣を解するが如くんば（九〇10） この句(チ)にない。(玄)は存す。

菩提を修治し（九〇13） 什注に「梵本、菩提の下に道の字あり。道すなわち菩提に赴く道なり」とある。(チ)は「菩薩の道 bodhisattvamārga（または-patha）を浄める」という。菩薩道は、菩提への道である。

為めに護ることを作す（九一1） (チ)「その信じている人の為めに、その信じている法を守護致しましょう」(支)「而営護法」

或るいは一劫、或るいは一劫を減じて（九一8） (チ)「一劫あるいは一劫以上」。(玄)も同じ。(支)「於一劫若百劫」。この句の元来の出典は阿含の『涅槃経』（『長阿含・遊行経』など）に、仏寿に関して、「如来はもし欲するならば、一劫の間あるいは一劫以上（kappâvasesaṃ）〔この世に〕留まることができるであろう」と世尊が阿難に説かれたのに由来する。その意味はパーリ文の註釈によれば「寿命より少し長く、すなわち百才以上も」の意である。したがって一劫とは寿劫で百才ということになる。しかし、後代の注釈類及び大乗経典は劫を宇宙的な劫と考え、また「一劫以上」を「劫の残余期間」と解釈している。なお、ここの(什)訳その他漢訳にしばしば見られる「減一劫」がいかなる解釈を示すのか未詳。

全身の舎利（九一9） 如来のからだ全体の遺骨。什訳『法華経』の訳例にてらすと、(チ)sku gdung＝śarīra＝舎利、または全身。ここも原語は tathāgata-śarīra で遺骨の意味。

菩提の相は……福も量る可からず（九一17） (チ)「それ（菩提あるいは仏）は法による供養によって可能であるが財物によってではな

い」という。(玄)は(チ)と同様であるが、そのあと(什)に合わせた訳文も加えている。(支)も「其能供養此正法者、非思欲施輩」というから、(チ)に近く、(什)とは異なる。

薬王如来（九二2） Bhaiṣajyarāja (支)「俾沙闍羅耶」。「応供」以下はいわゆる如来の十号。正式にはこのように十号を附して如来をよぶ。通常は正遍知までにとどめて、あとは省略する。十号の意味は法数一覧参照。

大荘厳（世界）（九二4） Mahāvyūhā (支)「太清」

荘厳（劫）（九二4） (チ)によれば Viśodhana (玄)「厳浄」(支)「浄除」

仏寿は二十小劫なり（九二4） viṃśaty-antarakalpa (什)「小劫」は一般に中劫とよぶ。一アンタラカルパは人寿八万歳から百年に一歳を減じて十歳に至り、また八万歳に戻るまでの長い期間。この八十倍が大劫。二十小劫はしたがって、その四分の一。

宝蓋（転輪聖王）（九二5） Ratnacchattra

一切に安んずるものを施せり（九二10） 前に「施諸所安」とあったのと同じ、(チ)「一切の安楽な資具（sukhapariṣkāra）」

月蓋（王子）（九二12） Candracchattra ただし(支)「善宿」

菩薩の法蔵（九三1） Bodhisattvapiṭaka 大乗経典というに等しい。什注は前の「諸仏所説深経」について「三蔵・雑蔵および菩薩蔵」の五蔵経を挙げている。

能く一切の毀禁の衆生を救いて（九三7） 什注に「小乗法中、五逆罪及び四重禁を犯せば、則ち皆な棄てて救わず。大乗の深法は則ち救わざる無きなり」という。「毀禁」は破戒に同じ。

義に依りて語に依らず……了義経に依りて不了義経に依らず（九三16） 以下、「四依（pratisaraṇa/ pratiśaraṇa）」を挙げる。〈法数一覧参照〉什注に「仏は、我が泥洹の後は当に四法に依止して以って大師と為すべしと言われた。所謂四依法のことで、此の法の依止すべく、信受すべきことを明かすものである」として、以下、四法を、㈠依法不依人とは、法は経教のことである。㈡その法に二種あり、文字・語言と、義法であり、前者に依るべきではない。㈢義にまた、識所知の義と、智所知の二種があり、識はただ虚妄な五欲を求めるだけであるから、実利を求める智に依るべきである。㈣その智所知の義にまた二種あり、了義経と不了義経である。たとえば、父母を殺しても罪無しと説き、未だ分別しない仏説は不了義であり、もし無明は父、愛（渇愛）は母、生死の根本を父母と名づく。其の本を断てば則ち生死は尽く。故に之れを殺すも罪なしと言いて既に分別するは是れ了義経なり」等と言っている。この四依の順序は『智度論』と同じ。一方、『維摩経』自体（四訳とも同一順序）と同じ配列は『大集経』系の『宝女経』と『無尽意所説経』に見られる。なお、次註参照。

法に依りて（九三17） この法を(チ)(玄)は「法性（dharmatā）」とする。(支)(什)の原語もすでにそうであったかどうか。少なくとも訳者羅什の注釈ではそう見えないが、順序配列に意図があるとすれば、最後に法＝法性を置くことは黙を標榜するこの経にふさわしい。ただし、その場合の標語は正確にいえば「法（＝経）に依らず、法性に依れ」ということになろう。この法性はまた次に十二因縁として説明されている（随順法相＝十二因縁無尽相観）。

法相に随順して（九三17）（チ）「仏の法性をあるがままに理解し」。肇注はここで「法は下の因縁法なり、上には因縁に順じて無生を知り、今は因縁に順じて法の無尽を知るなり」という。

所入無く、所帰無く（九三17）（支）「無受入無処所」。しかし、（チ）によると「所依（アーラヤ）無しと悟入し（あるいは無執着 anālaya に入り）、アーラヤ（所依あるいは執着）を打破する」。（玄）は「入無蔵摂、滅阿頼耶」と訳すが意味は明確でない。もし、この「アーラヤの滅」が以下の無明ないし老死の滅すなわち縁起の還滅をおこす根拠とされているとすれば、後の唯識説の説くアーラヤ識の位置に近くなる。ここのアーラヤは執着の意であろう。

是の如く十二因縁は尽相有ること無しと観ずることを作して（九四1）（チ）（次の「復た見を起こさざる」と合わせ）「〔十二縁起において〕衆生についての見方（sattvadṛṣṭi）は尽きることなく（akṣaya）、現成する（abhinirhāra）が、現成しても〔それら〕諸見を見ないこと〔これが最上の法供養である〕」。また、（玄）「〔是の如く十二縁起を観察して〕無尽の引発に常に引発せられ（abhi-nirhṛta）諸有情をして諸見趣を捨てんことを願う。〔是の如きを名づけて上法供養と為す〕」。（什）訳は無明以下の「畢竟滅（atyanta-nirodha）」の意味を十二因縁の「無有尽相（akṣayalakṣaṇa）」と説明しているものの如く、それを僧肇はさきに十二因縁の無生が説かれたことと対応させている。この解釈はそれなりに道理が通っている。（什）にはこのように「衆生」あるいは「衆生見」という観念が一切見られないが、元来なかったものかどうか。（支）は「如是観十二因縁起、以不可尽而受微妙、人所視見而以不視」とあり、これも難解であるが、少なくともそこに、sattva-dṛṣṭi（人所視見）の語は見える。（什）がそれを敢えて省いていることも考えられる。それにしても（チ）（玄）ともに難解で、なお検討を要する。

柔順忍（九四4）（チ）「法に随順する認得（anudharmakṣānti あるいは ānulomiki〔dharma〕kṣānti）」（玄）「順法忍」（支）「順忍」。「忍」は認める・受け入れることで、智の意味をもつ。

願わくは威神を以って……建立せられんことを（九四6）（チ）この全体に対し「どうか如来が加持（adhiṣṭhāna）をされますように」。「威神を以って」は anubhāvena であろうが、「哀を加え、建立せられんことを」は adhi-ṣṭhāna の訳と思われる。（玄）「以神通力哀愍加威」

末後に於いて（九四9）（チ）「後の時代、後の世に（paścime kāle paścime samaye）」。（玄）は「於如来般涅槃後」という。

無断弁才（九四11）（チ）「流れを断たない弁才」。什注に「弁才無尽、其の説の久近に随いて中断せざるなり」という。

其の所得の神通・総持・弁才の力を以って（九四11）什注に、「神通力を以っての故に能く変を現じて心を知り、聞持力（＝陀羅尼、総持）の故に、聞く所を失わず、弁才力の故に能く等しく人の為めに説く。この三力有るが故に、能く遺法を宣布する者なり」と説明。

宝炎（如来）（九四16）　Ratnārcis

賢劫中の千仏（九四16）「賢劫 Bhadrakalpa」は、現在の劫の名で、その間（一大劫＝八十小劫）に千仏が出現するといわれる。その最初の仏が迦羅鳩孫駄（Krakucchanda）、第四番目が釈迦牟尼、次が弥勒（未来仏）で以下次第して千番目の楼至（Roca）に至るという。なお、㋠は千王子は賢劫の菩薩たちというが、その菩薩たちが順次に千仏となるので意味は同じ。

迦羅鳩孫駄を始めと為して仏を得たるより（九四17）㋠は Kra=kucchanda をはじめとする四仏以下、という。Krakucchanda は過去七仏中の第四番目で、以下カナカ牟尼、カーシュヤパおよびシャーキヤ牟尼をいう。(支)は「四已出世、余在当来」と説明。

当に法の供養を以って（九五1）㋠「財物の供養によらず」と加え、さらに「財物による敬礼でなく、法による敬礼を為すべきである」と加える。

嘱累品第十四

付嘱（九五6）　parindanā (parind-) 経法の維持、流布を委嘱すること。阿含では阿難、また大乗経典でも阿難と帝釈天が多くその任を負う。什注は、阿難に付さないのは神力がないから、維摩に付さないのは此土の菩薩でないから、文殊に付さないのは諸仏土に遊行して定方がない（遊無定方）からで、弥勒はあとで此土で成仏するので、かれに付嘱するのであると説明している。

二相（九五13）㋠「諸菩薩たちの印（mudrā）は二つある」(支)「菩薩相印」

雑句・文飾の事を好む（九五13）㋠「種々の句や文字を信ずるという印」(支)「信楽種々綺飾文詞相印」

深義を畏れず、如実に能く入る（九五14）㋠「法の甚深なあり方（gambhīranaya）を畏れず、如実に（yathābhūtam）悟入するという印」(支)「不懼甚深法門、如其性相悟入相印」。以上の二種は、「文字に依らず義によれ」という趣旨に呼応する。

新学の菩薩（九五15）　ādikarmika

無染・無著なる甚深の経典（九五15）㋠はさらに「対句や逆の表現の語句や章句のあるこの経」と加える。これは巻末に列挙される経名に対応するが、㋠に特有の経題である。

久しく道行を修せり（久修道行菩薩）（九五17）㋠「長く梵行をなすもの（cirabrahmacārin）」(支)「久学菩薩」

甚深の法に決定すること能わず（九六1）㋠はその前に「自ら傷つけて」と加える。この句はこの項の末尾に「自ら毀傷を為して」とあるのに呼応するから、(什)の原文にも存在したものと思われる。また「決定すること能わず」は㋠に「洞察できない（na nidhyāya=te）」という。これも末尾の句対照のこと。

其の心を調伏すること能わざるなり（九六6）㋠によれば前註にあげた「決定すること能わず」にあたる文と同じ。nidhyāyate を「調伏其心」と訳すのは(什)の常套である。

二は深法を解すと雖も、相を取りて分別す（九六8）　第二について㋠は「深法を深くは信ぜず、学行を尊重せず、世間の財物を施して衆生を利益するが法の施によってではない」という。(玄)(支)もこれに準ずるから、(什)の「相を取りて分別す」という訳の根拠は不明。

面、百由旬にわたりて（九七6）　(チ)「その説法の拡がりが幾ヨージャナあっても」(支)「百由延内」

我れは已に要を受持したれば（我已受持要者）（九七10）　(支)「当受是経布現衆人要者」(チ)「この法門を受持したならば」(玄)「我已受持如是法門」。この「者」は条件をあらわす助辞であろう。

不可思議解脱の法門（九七12）　(玄)「説無垢称・不可思議自在神変解脱法門」(支)「維摩詰所説、不可思議法門之称」。(チ)のみ、この二名の間に次の一名を加える。

Phrugs su sbyar ba smrel shing mngon par bsgrub pa =Yuganaddha (or Yamaka-) vyatyasta-abhinirhāra.（対句の逆倒の出現）

また「不可思議解脱」については、あとに le'u=parivarta（品・章）と附ける。

仏の所説を聞きて、皆な大いに歓喜せり（九七15）　経末の定型句。(玄)はあとに「信受奉行」と附加する。

法数一覧

〔 〕をつけた見出し語は本文中にその名称のないもの。
見出し語の下の頁数は大正蔵による。頁数を（ ）で括ったものは、本文中にその見出し語がない場合。

三悪（三悪道） durgati 五三八中、五四〇下、（五五二下）
地獄と餓鬼と畜生の三趣→五道

三界 tridhātu (traidhātuka) 五三七下、五三九上、下、五四二上、五四三上、五四五上、下、五五五上
生死輪廻する生存の領域。㈠肉体を存し、貪欲をもつ欲界（kāma-dhātu）。㈡禅定（四禅）によって到達する肉体はあっても貪欲のない色界（rūpadhātu）。㈢さらにその上界にあるところの、肉体（の束縛）を離れ、精神の自由を存する無色界（ārūpyadhātu）。これは四無色定によって到達する。なお、滅尽定に入ると精神の機能も停止するが、涅槃界にはまだ入っていないので、これも無色界に属する道理である。また、色・無色両界は上二界とよび、そこには福・非福の業の果はおよばず、ただ、不動業の果だけみとめられる。果報としての天界は六欲天は欲界に属し、梵天界などの十八天は色界に属す。その最高天たる色究竟天はまた有頂天とよばれる（無色界には四無色定に対応する四天をあげるが、身形はない道理）。三界はまた三有とよばれる。

三垢→三毒 五五五上

三行 saṃskāra 五五一中
福・非福・不動の三種の行。前二は欲界の果報をひき、最後のものは上二界の果をひく。

三堅法 sāradharma 五四三上、下
身（kāya）命（jīvita）財（bhoga）との三において肉体的・物質的な無常なもの（中核のない空虚なもの asāra）をさり、精髄（sāra）を修得すること。すなわち、常住の法身、般若の慧命、解脱の法財は、それぞれ無極の身、無窮の命、無尽の財として三堅法とよばれる（『涅槃経』）。

三解脱門（三脱門） vimoksamukha （五四〇上）、五四三中、（五四五下）、五五一中、五五五上
㈠諸法（我と我所）は空である（空 śūnyatā）と観ずる三昧、㈡空なるものは捉えるべき相がない（無相 ānimitta）と観ずる三昧、㈢空・無相なる対象に対し、何ら願うべきではない（無作＝無願 apraṇihita）と観ずる三昧。この三種の三昧は解脱に向かう門であるとして、三解脱門と称する。

三業 karman 五五一中
身・口・意による業、身業は手足など身体の諸部分・器官を用いて行なう行為。口業はことば（語業ともいう）。意業は意志その他の

精神作用。身口二業は意業にもとづくというのが仏教一般の見解。

三邪行　duṣcarita（五五二下）

身邪行と口邪行と意邪行。十不善道をこれによって分ける（身三口四意三）ことがある。↓十不善道

三世　try-adhvan　五四八下

過去世と現在世と未来世。世とは世路とも訳し、人生を行路にたとえたもの。

三転法輪　五三七下

初転法輪において、四諦を三位に分けて繰り返し説いたこと。㈠「生は苦」などと説いたことを示転、㈡「苦は応に知るべし。集は断つべし」などと説いたことを勧転、㈢「苦を我れは已に知った」ないし「道を我れは已に修した」と証する（実現する）ことを証転という。四諦各に三転があるので、三転十二行相ともいう。↓四諦

三毒（婬怒癡）　五四七中、（五四八上）

貪（貪欲 rāga）瞋（瞋恚 dveṣa）、癡（愚癡 moha）はあらゆる煩悩の基本であるとして三毒あるいは三不善根とよばれる。

三宝　triratna　五三七上、五四〇上、五四九中、五五一中

仏（buddha）・法（dharma）・僧（saṅgha）。仏は仏教の開祖釈尊、法はその教え、僧はその教えを聞いて修行する仏弟子（声聞）の教団をさすのが原意。仏教に入門するにはこの三宝に帰依するのが第一条件（三帰）。大乗では菩薩の任務を「不断三宝種」あるいは「紹隆三宝」とする。

三明　tri-vidyā　五三九下、五四三上、五五五上

三種の超能力。㈠前世（および未来）についての知（宿住念智）、神変力の知および、漏尽（および輪廻の終焉）を知る智（漏尽智）の三をいう。六通のうちの三。仏はこの能力を具えており、阿羅漢もまたそれに達するといわれる。↓六通

〔四依〕　pratisaraṇa（五五六下）

信頼すべき四つの基準。㈠意義内容（義）によって、ことば（語）によらない。㈡智慧によって、〔分別的〕認識（識）によらない。㈢究極の教え（了義経）によって、便宜的な教え（不了義経）によらない。㈣おしえ（法）によって、〔教える〕人によらない。本文ならびに補註参照。

四正勤　samyakprahāṇa（五三八中）、五四五下

正しい努力についての四項。㈠未生の悪をおこさない。㈡すでに生じた悪は、これを断つ。㈢未生の善を生じさせる。㈣すでに生じた善を助長する。三十七道品の第二。

四摂事（四摂、四摂法）　saṃgrahavastu　五三八中、五四二下、五四三下、五四九下、五五三上、五五四中

菩薩が衆生を包容するときの四つの基本。㈠施し（布施 dāna）㈡慈愛のこもった言葉づかい（愛語 priyavāditā）㈢他人の役に立つ行為（利行 arthacaryā）㈣相手の身に同《どう》じてはからう（同事 samānârthatā）

四禅　caturdhyānāni　五四九下

色界に属する禅の四段階。初禅では禅定中の心のはたらきとして、粗大な観察（覚）、微細な観察（観）、喜び（喜）、楽しみ（楽）、

精神集中（心一境性）より成る。第二禅では覚と観が消え、内浄および喜・楽・一心がのこる。第三禅では喜びの感覚が消え無関心（捨）、記憶（念）、智慧（慧）、楽および一心より成る。第四禅は楽の感受が消え、不苦不楽、捨、念、一心の四支よりなる。

四諦　satya　五四〇中、（五四二下）、（五四六上）
㈠人生は苦であるという真理（苦諦）、㈡苦にはその原因があるという真理（集諦）、㈢原因をなくし苦を滅したのが理想境（涅槃）であるという真理（滅諦）、㈣苦の滅に至る道があるという真理（道諦）。これらは順次に知るべく、断つべく、実現すべく、修習すべきである。→三転

四大　mahābhūta　五三九中、五四三中、五四四下、五五五上
物質（rūpa）を構成する四つの元素。地・水・火・風をいう。

四天下　cāturdvīpa　五三七中、五四六中、五五六中
四大洲（四洲）のこと。須弥山をとりまく四つの大陸。㈠南閻浮提（Jambudvīpa）、㈡東毘提訶（Pūrvavideha）、㈢西瞿陀尼（Apa=ragodānīya）、㈣北欝単越（Uttarakuru）。

四顛倒　viparyāsa　五四九中
四種の錯倒した見方。㈠無常なものを常（nitya）とし、㈡苦なるものを楽（sukha）と考え、㈢無我なのに我（ātman）があると考え、㈣不浄なものを浄（śubha）と見る。→四念処

四如意足（神足）　ṛddhipāda　（五三八中）、五四五下
仏の神通力の基礎（足）となる修行。禅定において㈠善法を願い求め（欲 chanda）、㈡努力精進し（精進 vīrya）、㈢善法に心を専注し（心 citta）、㈣善法を思惟観察する（思惟 mīmāṃsā）。三十七道品の第三。

四念処　smṛtyupasthāna　（五三八中）、五四五下
禅定において記憶観察すべき四項。㈠身は不浄、㈡受（感覚）は苦、㈢心は無常、㈣法は無我と観ずること。三十七道品の第一。→四顛倒

〔**四法印**〕　dharmoddāna　（五四一上）、（五五六中）
仏教の基本主張を示す四項。諸行無常、一切皆苦（諸行は苦）、諸法無我、涅槃寂静。『維摩経』（第二例）は四項にならべて、第二に「諸行は空」という項目を挙げる（全部で五項）。

四魔（四種魔）　māra　五四九下、五五三下
衆生を懊悩させる四種を魔ものに喩える。㈠煩悩魔。貪欲・瞋恚などの心作用。㈡陰魔。身心を構成する五陰（→五陰）。㈢死魔。身命を断つ死の現象。㈣天魔。人の善行を邪魔するところの、欲界の第六天（他化自在天）の魔王。本経でもしばしば登場する。

四無畏（四無所畏）　vaiśāradya　（五三七上）、五三九上、下、（五四三上）、（五四九中）、（五五四上）
仏のもつ徳性の一種。説法に際し、次の四点について畏れをもたないこと。㈠自ら一切智者であると明言すること、㈡自ら煩悩の尽きたこと（漏尽）を明言すること、㈢（苦の因たる）惑・業などについて説くこと、㈣苦を滅尽すべき正行について説くこと。

四無量心（四無量）　apramāṇa　五三八中、（五三九下）、（五四二下）、五四五下、（五四七下）、五五四中

次の四種の心情を無量の衆生に及ぼすようにつとめる禅定の方法。その果として梵天界に生まれるので四梵住ともいう。㈠他者に楽を与える愛情（慈 maitra）、㈡他者の苦に同情し愛愍すること（悲 karuṇā）、㈢他者の幸福を喜ぶこと（喜 mudita）、㈣すべてのものに好悪なく平等に対すること（捨 upekṣā）。

五陰 pañcaskandha　五四三中、（五四六上）、（五五五上）

個人存在を構成する五種の要素のあつまり。㈠肉体（色 rūpa）、㈡感受作用（受 vedanā）、㈢表象作用（想 saṃjñā）、㈣意志作用（行 saṃskāra）、㈤認識作用（識 vijñāna）。㈠は身、㈡～㈣は心に関する。後者のうち、㈤は心そのもの、㈡～㈣はその作用、㈣には意志のほかさまざまの心作用が含められる。また、アビダルマの教学では一切法を五陰で分類する。

五蓋 nivaraṇa　（五三七上）、五四九中

心のはたらきを蔽いさまたげる五種のはたらき。㈠貪欲、㈡瞋恚（pratigha）、㈢はたらきを鈍らせる惛沈と睡眠（styāna-middha）、㈣心のたかぶりと後悔（auddhatya-kaukṛtya）、㈤信心・決断をさまたげる疑（vicikitsā）。

五逆　→五無間　五四〇中

五眼　cakṣus　五四一下

通常ないし超能力的な視覚五種。㈠肉眼 māṃsa-c. ㈡天眼 divyā-c. ㈢慧眼 prajñā-c. ㈣法眼 dharma-c. ㈤仏眼 buddha-c. ㈠は人間など、㈡は天界の神々、㈢は声聞や独覚、㈣は菩薩の眼とみなされる。

五根　indriya　（五三八中）、五四一下、五四五下

菩提を得るに役立つ五つの能力。㈠信 śraddhā, ㈡精進 vīrya, ㈢念 smṛti, ㈣定 samādhi, ㈤慧 prajñā. 三十七道品の第四。

五濁　kaṣāya　五四二上、五五二中

悪世を決定する条件としての五種の穢れ。㈠寿（āyus）が二万才ないし十才まで短縮する。㈡見（dṛṣṭi）について、有身見・辺見などの悪見がはびこる。㈢煩悩（kleśa）について、貪・瞋・癡など一切の惨惑の強いこと。㈣衆生（sattva）の心鈍く、体弱く、苦多く、福の少ないこと。㈤総じて劫（kalpa）つまり時代の悪いこと。

五通（五神通、外道五通、五通仙人）　五四一中、五四九下、五五〇中、五五六下

六通（→六通）のうち、仏に特有な漏尽通を除く、他の五種の超能力。これらは外教の徒、バラモンの仙人にも逮得可能とされる。すなわち天眼・天耳・他心・宿命・如意（神足）の五種をいう。

五道　gati　五三七上、五四一下

輪廻生存の中の五種の生存形態（生存領域）。㈠天上（神々）、㈡人間、㈢畜生（動物界）、㈣餓鬼（子孫がなくて供養の食事をえられない父祖の霊）、㈤地獄の衆生。本経にはないが、後には人間と畜生の間に阿修羅（魔神。神々の敵）の領域を別出して、六道（あるいは六趣）とよぶ。

〔五分法身〕　dharmakāya (dharmaskandha)　（五三九下）、（五五二下）、（五五四上）

仏および阿羅漢が身に備える五種の徳性。㈠戒（śīla）、㈡定（samā=

dhi)、㈢慧 (prajñā)、㈣解脱 (vimukti)、㈤解脱知見 (vimuktijñā=nadarśana)、これらはいずれも多くの徳性のあつまりであるので、身 (kāya) あるいは蘊 (skandha) という。元来は仏の教法の内容別のグループをいい、法のあつまりを意味していた。仏などの徳性と考えるときは、これを無漏（煩悩に汚されない）の五蘊とよんで、衆生の五蘊（五陰）――これは有漏――と対比される。なお、㈠―㈢は三学、㈤は解脱したと自覚すること、あるいは、解脱に伴って得られる知見。

五無間（五無間罪） ānantarya　五四九上、中

仏教において最も悪逆とみなされる五種の罪で、これを犯すと死後直ちに（無間に）最下の地獄に堕ちるとされる。㈠父、㈡母、㈢阿羅漢を殺すこと、㈣仏身より血を流すこと、㈤僧伽（教団）の団結を破る（分裂する）こと。

五欲楽 kāmaguṇa　五四三上、中、五四八上、五四九上、五五〇中

衆生の感官的快楽をひきおこす五種の対象、すなわち色（いろと形）、声（おと）、香、味、触（可触物）をいう。

五力 bala　（五三八中）、五四一下、五四五下

五根によって生まれる五種の力。㈠信、㈡精進、㈢念、㈣定、㈤慧の力。三十七道品の第五。

六師（外道六師）　五四〇下

ブッダ在世時の異端派宗教家の代表六師（本文参照）。㈠富蘭那迦葉 Pūraṇa Kāśyapa 道徳的因果律を認めない宿命論者。㈡末伽梨拘賖梨子 Maskārin Gośāliputra 因果論を認めない偶然論者。㈢刪闍夜毘羅胝子 Samjayin Vairatiputra 懐疑論者（舎利弗、目犍連の旧師）。㈣阿耆多翅舎欽婆羅 Ajita Keśakambala 四元素以外の存在を認めない極端な虚無論者。㈤迦羅鳩駄迦旃延 Kakuda Kātyāyana 唯物論者、生死はただ物質の変容にすぎない。㈥尼犍陀若提子 Nirgrantha Jñātiputra ジャイナ教祖マハーヴィーラ Mahāvīra のこと、不定主義 (syādvāda) を主張。

六塵 ṣaḍviṣaya　五四〇上

眼などの六根（六入）の対象（境＝塵）となる六つの領域。すなわち㈠色（いろかたち）、㈡声（おと）、㈢香、㈣味、㈤触（身体で触れられるもの、可触）、および㈥法（意識にのぼるあらゆる概念・表象など）。

六通（六神通） abhijñā　五三九下、五四二下、五四五下

仏や阿羅漢のもっている六種の超能力。㈠天眼通 divyacakṣus ㈡天耳通 divyaśrotra ㈢他心通 paracitta-jñāna ㈣宿命通 pūrvani=vāsânusmṛtijñāna（未来についての予知もふくむ）、㈤神力通 ṛddhividijñāna ㈥漏尽通 āsravakṣayajñāna 煩悩の滅尽を知る智。最後のものだけが仏や阿羅漢に特有で、他は異教徒の教師と共通するとされる。→五通

六入 ṣaḍāyatana　（五四三中）、五四九中、五五五上

身体に具わる六種の感官〔とそのはたらき〕。六根に同じ。㈠眼 cakṣus ㈡耳 śrotra ㈢鼻 ghrāṇa ㈣舌 jihvā ㈤身 kāya ㈥意 manas。㈤は手足その他の諸官を含む身体的機能、対象に接触して

知覚する。㈥は心を個体の一器官と考えたときの名。㈠〜㈤は物質（色）に属するが、㈥は心的機能。

六念　anusmṛti　五四三下

記憶すべき六種の対象を記憶すること。㈠仏、㈡法、㈢僧、㈣戒 śīla、㈤施 tyāga、㈥天 devatā

六波羅蜜（六度）（五三九下）、（五四二下）、五四五下、（五四七中）、五四八中、（五五一中）、（五五三上）、五五六上

菩薩が彼岸（涅槃）に度《わた》るために必要な六種の完全な修行。㈠布施 dāna ㈡持戒 śīla ㈢忍辱 kṣānti ㈣精進 vīrya ㈤禅定 dhyāna ㈥智慧（般若）prajñā。前五は福資糧とよばれ（来世のよい果報を集めるもの）、㈥は智資糧（さとりのための資糧）。また、㈥は前五波羅蜜のすべての基礎にあるべきだとされる。なお、本経はこの六波羅蜜を列挙したあとにしばしば「方便」をつけ加える。方便は利他のはたらきをいう。

また本経はこの六波羅蜜によって克服されるべき過失として、㈠慳悋 mātsarya ㈡毀戒 duḥśīla ㈢瞋恚 dveṣa ㈣懈怠 kausīdya ㈤乱意 vikṣipta-citta ㈥愚癡 moha を挙げる（五五三上）、（五五五上）

〔六喩〕　upamā　（五四一中）

諸法の空なることを示す六種の比喩。㈠幻 māyā ㈡電 vidyut ㈢夢 svapna ㈣炎 mṛgatṛṣṇā（かげろう）㈤水中月 udakacandra ㈥鏡中像 pratibimba

六和敬法　sāmicidharma　五四三下

同行者と仲好く接するための心がけ。㈠身行に慈しみを念ずる。㈡口行に慈しみを念ずる。㈢意行に慈しみを念ずる。㈣法利の具を得て、同行者たちに分かつ。㈤戒律を守って同行者にもすすめる。㈥正見を証得して同行者にも得させるよう努める。補註参照。

七覚分　sapta bodhyaṅgāni　五四五下

菩提を得るに必要な七種の行。㈠択法 dharma-pravicaya（法の真偽を見分けること）㈡精進 vīrya ㈢喜 prīti 善法を喜ぶこと、㈣軽安 praśrabdhi 身心を軽くし適応させること、㈤念 smṛti 常に定と慧を銘記して忘れないこと、㈥定 samādhi 心を安定集中させること、㈦捨 upekṣā 一切諸法に執着しないで心を平静に保つこと。三十七道品の第六。

七識処　vijñānasthiti　五四九中

衆生の心が好んで住著する境位、またその境位に属する衆生の分類七種。㈠互いに身形も想も異なる衆生の住処、㈡身形は異なっても想は同一である衆生の住処、㈢身形は同一で想の異なるものの住処、㈣身形・想ともに同じ衆生の住処、㈤身形のない（無色）衆生中、空無辺処にあるものの住処、㈥同じく識無辺処にある衆生の住処、㈦同じく無所有処定にあるものの住処。㈠は欲界の人天、㈡―㈣は色界の諸天、㈤―㈦は無色界の衆生の境位に対応する（㈠は色界の初禅天の一部を含む）。

七財（七財宝）　dhana　五四九下

㈠信、㈡戒、㈢聞（正法を聞くこと）、㈣慚（自己に恥じること）、㈤愧（他人にはじること）、㈥捨（一切に取著しないこと）、㈦慧

（事理の弁別）。この七つの徳行は修行者の七つの財宝。

七浄（七浄華） 五四九下

㈠戒、㈡心、㈢見、㈣度疑（法をよく見て後で疑いをおこさない）、㈤分別道（道をよく取捨弁別する）、㈥行断知見（行ずべきこと、断つべきことをよく知る）、㈦涅槃において完全に清浄であること。㈡の心は禅定心の意。㈠—㈢は八正道に当たり、㈣は見道位、㈤㈥は修行位、そして㈦は無学道位を示す。

七宝 saptaratna 五三七中、（五四七上）、五五六上、中

㈠金 suvarṇa ㈡銀 rūpya ㈢琉璃 vaiḍūrya ㈣頗璃 sphaṭika ㈤硨磲 musāragalva ㈥珊瑚 lohita-muktikā ㈦瑪瑙 aśmagarbha（名称・順序に異説がある）。このほか転輪聖王の七宝がある（五五六中・九二頁頭註二参照）。

八解脱 vimokṣa 五四〇中、五四九下、五五二上

禅定の段階による区分の一種。㈠肉体を有するもの（有色）が外界の身体を見て不浄観をおこす。㈡無色の観をもつものが外界の色形を見て不浄観をおこす。㈢外界の色相を見て浄想をおこして煩悩を生じない。㈣有対の色想をなくして空無辺処に入る。同様に㈤識無辺処、㈥無所有処、㈦非想非々想処に入る。㈧一切の心作用のはたらかない滅尽定に入る。本経の場合、八邪の反対であるから八正道を意味するとも考えられる。

八邪（八邪法、邪道） 五四〇中、五四九中、

八正道の反対。邪見、邪思惟、邪語、邪業、邪命、邪方便、邪念、邪定（→八正路）。

八正路（道、正道、聖道）（五三八中）、五四五下、五四九下、五五三上、

正見、正思惟、正語、正業、正命、正精進、正念、正定（正命は正しい生活のあり方の意）。四諦中の道諦の内容。三十七道品の第七。

八難 akṣaṇa 五三八中、五四〇下、五五三上

仏から法を聞くのに障碍となる八条件。㈠地獄、㈡餓鬼、㈢畜生の三悪道に生まれたこと（苦がはげしい為、聞法のゆとりがない）、㈣北クル洲に生まれること、㈤長寿天に生まれること（この二種は楽が多いので法が聞けない）、㈥感官に不具ある場合。㈦邪見に固執する場合（あるいは世俗の智慧が発達しすぎている場合）、㈧仏の在世より前、あるいは入滅後にこの世に生まれたこと。八無暇ともいう。

八部衆（天龍八部衆）（五三七中）

仏法を守護する八種の超能力を具えた存在。天（deva）龍（nāga）夜叉（yakṣa）乾闥婆（gandharva）阿脩羅（asura）迦楼羅（garuḍa）緊那羅（kiṃnara）摩睺羅伽（mahoraga）

八未曾有難得法 五四八中

維摩の室の現ずる八種の希有難得の法。経の本文参照。

九悩処 āghātavastu 五四九中

人を悩ます九種の因。㈠—㈢かれは私に不利を為した、為している、為すであろうと思う。㈣—㈥私の愛するもの（priya）に不利を為した、為している、為すであろうと思い、㈦—㈨私の嫌っているもの（apriya）に対し、善くした、善くしている、善くするであろう

と思って不快の念をいだくこと。

十号（如来十号）　五五六中

仏についての十種の称号。㈠如来 tathāgata（真如に到達したもの、真如の体現者）、㈡応供 arhat（供養を受ける資格あるもの）、㈢正遍知 saṃbuddha（完全に悟ったもの）、㈣明行足 vidyācaraṇasaṃ=panna（智慧と実践を完成したもの）、㈤善逝 sugata（善く彼岸に度ったもの）、㈥世間解 lokavid（世間をよく知るもの）、㈦無上士 anuttara〔-puruṣa〕（最上の人）、㈧調御丈夫 puruṣadamya=sārathi（人を指導するに巧みな御車）、㈨天人師 śāstā deva=manuṣyānām（神々と人間の教師）、㈩仏 buddha ⑪世尊 bhagavat（主、あるいは好運をもつもの）（㈩⑪を合わせて一項と数えることもある。あるいは如来は主題としてその同義語を十種ならべたものとみる）。

十事善法　五五三上

娑婆世界の有する十種の美点。経の本文参照のこと。

十善（十善道）　kuśalakarmapatha　五三八中、五五四中

十不善の反対。戒として守るべき十項。㈠不殺生、㈡不偸盗、㈢不邪淫、㈣不妄語、㈤不両舌、㈥不悪口、㈦不綺語、㈧不貪欲、㈨不瞋恚、㈩不邪見。十善は在家信者の戒。

十纏　paryutthāna（五三七上）

纏は現起した煩悩（潜在的な煩悩に対す）あるいは副次的な煩悩。十種は無慚、無愧、嫉、慳、悔、眠、掉挙、昏沈、忿、覆をいう。

→五蓋

十不善道　akuśala-karmapatha　五四九中、（五五三上）

十悪ともいう。仏教信者の行なってはならない十種の悪業。㈠殺生、㈡偸盗、㈢邪婬、㈣妄語、㈤両舌、㈥悪口、㈦綺語、㈧貪欲、㈨瞋恚、㈩邪見。㈠—㈢は身業、㈣—㈦は口業、㈧—㈩は意業。

十喩（五三九中）、（五四七中）

㈠幻、㈡水中月、㈢鏡中像、㈣熱時炎（かげろう）、㈤呼声響（こだま）、㈥空中雲、㈦水聚沫、㈧水上泡、㈨芭蕉堅、㈩電。以下、経中には〔四大以外の〕第五の大、〔五陰の外の〕第六の陰、〔六情（＝六根）の外の〕第七の情、〔十二入の外の〕第十三の入、〔十八界の外の〕第十九の界の名を挙げて、空無の喩としている。

十力　daśabala　五三七上、下、五三八上、五三九下、（五四三上）、五四五下、（五四九中）、（五五四上）

仏のもつ徳性の一種。㈠道理（処 sthāna）、非道理（asthāna）を知る力。㈡業とその果報（業報）を知る力。他の衆生の㈢種々の欲（信解 adhimukti）を知る力。㈣種々の性向（界、性 dhātu）を知る力。㈤種々の機根（indriya）を知る力。㈥あらゆる処に通ずる行道（sarvatragāmi-pratipat）を知る力。㈦諸種の禅や解脱・三昧・等至の染と浄と出観を知る力。㈧宿命を記憶する智の力。㈨〔天眼をもって〕衆生の死と生（cyuty-upapatti）を知る力。㈩煩悩の滅尽（漏尽 āsravakṣaya）を知る力。

十二縁起（十二因縁）（五四二下）、五四五下、五五六下

輪廻の苦をもたらす原因となる十二の支分(dvādaśa-bhavâṅgāni)。㈠無明、㈡行（身口意の三業）、㈢識（個体を存続させる精神機能）、

㈣名色（四種の精神現象＝名 nāman と肉体あるいは物質＝色 rūpa)、㈤六入（六種の感官)、㈥触 sparśa（感官と対象と認識作用の接触〔による知覚の成立〕)、㈦受（苦・楽・不苦不楽の感受作用)、㈧愛（渇愛 tṛṣṇā 本能的欲望)、㈨取（upādāna 対象への執着)、㈩有（bhava 未来の生存)、⑪生（jāti 未来の生存における誕生)、⑫老死 jarāmaraṇa その後にくる老いと死、〔ないし、それに伴う、憂・悲・愁・苦・悩など一切の苦のあつまり〕、この諸項が順次に前項を縁として、後項が起こる（生ずる）という意味で、縁起（縁りて起こること）という。

十八不共仏法（十八不共法、不共之法）āveṇika-buddhadharma 五三七上、五三九下、五四三上、五五四上

仏に特有な十八種の徳性（法＝徳 guṇa)。㈠身体に過失がない。㈡ことばに過失がない。㈢意に過失がない（忘失しない)。㈣散漫な心（不定心 asamāhitacitta）がない。㈤異想 nānāsaṃjñā をもたない。㈥無知に由来する無関心（捨）はない。㈦意欲（chanda)、㈧精進、㈨念 smṛti ㈩定 samādhi ⑪慧 prajñā および⑫解脱 vimukti に関して、後戻り（退）しない。一切の⑬身業、⑭口業、⑮意業はみな智慧にもとづいている（jñānapūrvaṃgama)、⑯過去世、⑰未来世、⑱現在世に関して何ら障礙なく知ることができる。

三十二相 mahāpuruṣalakṣaṇa （五三七上)、五三八中、（五四三中)、（五四九下)、五五三下

仏の色身（肉体をもって化現した身体)（および転輪聖王）の有する三十二種の特相。本経は名称のみで列挙なく、また経典によって少しづつ異なる。

三十七道品（三十七品、念処、正勤、神足、根、力、覚、道）bodhipakṣa, bodhipākṣikadharma 五三八中、五三九下、五四二下

菩提をうるために必要な三十七項の修行徳目。すなわち、四念処、四正勤、四神足（四如意足)、五根、五力、七覚分、八正道（八正路）をいう。各項を参照されたし。

六十二見 五四一下、五四四下、五四九中

外教の見解六十二種。『長阿含』十四によると、まず、㈠過去について起こす常見と㈡未来について起こす断見に分け、㈠の中に、四種の常論（我と世間について)、四種の常無常論、世間に関して四種の辺無辺論、種々論四種、無因論二種を挙げる（以上㈠の末論一八)。後者㈡に死後の意識について十六種の有想論、八種の無想論、八種の非有想非無想論、死後の断滅論七種、現在涅槃論五種を挙げる（以上㈡の末論四四種)。大乗経典は別種の内容を挙げるが省略。要するに六十二という数だけ伝承されている間に適宜の解釈を生んだものであろう（三十二相でも同様。実質的には四十種以上の特相があげてある)。

八十随形好 anuvyañjana （五三七上)、（五四三中)、（五四九下)、五五三下

仏のもつ副次的な身体的特徴八十種。内容は煩瑣につき省略。三十二相と合わせて「相好」とよぶ（lakṣaṇānuvyañjana)。

思益梵天所問経

河村孝照校註

凡　例

一、本国訳は大正蔵経第十五巻No. 586 鳩摩羅什訳の『思益梵天所問経』四巻を国訳書き下したものである。

一、本文の頭にある(大)は大正蔵経の頁数を示し、(チ)は影印北京版チベット大蔵経第三二巻所収 No. 827 Śākyaprabha, Dharmapāla, Jinamitra, Dharmatāśīla, Devendrarakṣita, Kumārarakṣita 等訳 *Ḥphags-pa tshaṅs-pa khyad-par-sems-kyis shus-pa shes-bya-ba theg-pa chen-poḥi mdo.*（*Ārya-brahma-viśeṣacinti-paripṛcchā-nāma-mahāyāna-sūtra*）の相応箇所の葉数（aは表、bは裏）である。

一、本文中におけるカッコの中は訳者が取意の便宜上補ったものである。

一、本文中にある細字の中の丹というのは契丹大蔵経のことである。

一、校註にあたって左の略符を用いた。

(大)＝大正蔵、(チ)＝チベット蔵、(三)＝宋・元・明三本、(宋)＝宋本、(元)＝元本、(明)＝明本、(聖)＝正倉院聖語蔵本（天平写経）、(宮)＝宮内省図書寮本（旧宋本）

思益梵天所問経　解題

河村孝照

一　本経の訳本
二　中国における訳出と蔵訳本
三　本経の註釈書
四　本経の梗概
五　本経の訳序について
六　本経の思想史的意義

一　本経の訳本

大正新脩大蔵経第十五巻、経集部二に収録されている本経は、
持心梵天所問経（四巻）　西晋　竺法護訳　No. 585
思益梵天所問経（四巻）　姚秦　鳩摩羅什訳　No. 586
勝思惟梵天所問経（六巻）　元魏　菩提流支訳　No. 587
右の三経である。なおインド撰述釈論において、
勝思惟梵天所問経論（四巻）　天親菩薩造　元魏　菩提流支訳　大正蔵経第二十六巻、釈経論部下　No. 1532

右の論文がおさめられている。

梵本〈*Viśeṣacinti-brahma-paripṛcchā-sūtra*〉は現在のところ発見されていない。

西蔵訳〈*Ḥphags-pa tshaṅs-pa khyad-par-sems-kyis shus-pa shes-bya-ba theg-pa chen-poḥi mdo*〉については文学修士五島清隆氏が五版本の外に五島氏私家本の六種をあげている。(1)

今回の国訳は、大正蔵経所収漢訳本のうち、羅什訳の『思益梵天所問経』四巻を中心とし、チベット訳北京版を照合して作業を進めたものである。漢訳は河村孝照が担当し、チベット訳は文学修士松本隆君が北京版をもって読み進めていたが、漢蔵間の異同の存するため、作業はおおかた漢訳本に相応すると考えられるところの頁数を指示するにとどまった。

二　中国における訳出と蔵訳本

本経の初訳は竺法護の『持心梵天所問経』四巻である。『出三蔵記集』序巻第八に、「経の後記に出づ」と註して、この経は太康七年(二八六)三月十日、敦煌《とんこう》の菩薩、竺法護が長安において梵文より訳出し摂承遠《しょうじょうおん》に授けたといっている。(2)

つぎの訳出は鳩摩羅什の『思益梵天所問経』四巻である。『出三蔵記集』序巻第八に僧叡の「思益経序」(3)が収めてあるが、これには訳出年代は記されていない。

『開元釈教録』によると巻四において思益梵天所問経四巻の項目があり、これに註して「弘始四年(四〇二)十二月一日、消遙園に於いて出だす」(4)と記している。これを第二訳としている。

つぎの訳出は菩提流支の『勝思惟梵天所問経』六巻である。『開元釈教録』巻六によれば、「神亀元年（五一八）、洛陽において訳す(5)」という。（一説に五三六年説がある。）

三訳にはそれぞれ特色があり、訳語の上からいえば羅什訳が我々になじみ易い。しかし具体的に内容を的確に示している点では竺法護訳がもっとも勝れ、菩提流支訳がこれにつぐ。菩提流支は明らかに羅什の訳本を参考としているが、より詳説されているところが多いことに気づく。

また竺法護訳と羅什訳は分品されているが、菩提流支訳はまったく分品がない。いま分品を示してみると、

羅什訳	竺法護訳	菩提流支訳
巻第一	巻第一	
三三a 序品 第一	一a 明網菩薩光品 第一	六二a 巻第一
三五a 四法品 第二	三a 四法品 第二	
分別品 第二	三c 分別法言品 第三	
（契丹本菩薩正問品 第三）		
三七c （契丹本菩薩出過世間品 第四）		
三八c 解諸法品 第四	六c 解諸法品 第四	六八a 巻第二
（契丹本為歎功徳品 第五）		
巻第二		
四〇b 解諸法品 第四之余		
（契丹本如来五力説品 第六）		

（契丹本如来大悲品　第七）
四二b　難問品　第五
（契丹品幻化品　第八）
四四a　問談品　第六
（契丹本品名なし）
巻第三
四七a　談論品　第七
（契丹本無二品　第十二）
四九a　論寂品　第八
五一c　仂行品　第九
（契丹本聖道品　第十六）
五二b　志大乗品　第十
（契丹本大乗行品第十七）
五四b　行道品　第十一
（契丹本発菩提心品　第十八）
巻第四

巻第二
一〇b　難問品　第五　　七三c　巻第三
一二b　問談品　第六
一五c　談論品　第七　　七九a　巻第四
巻第三
一八b　論寂品　第八
二一b　仂行品　第九　　八四b　巻第五
二三a　志大乗品　第十
二四a　行道品　第十一

五五a 称歎品 第十二 （契丹本品名なし）	二四c 歎品 第十二
五五a 詠徳品 第十三 （契丹本品名なし）	二四c 詠徳品 第十三
五五c 等行品 第十四 （契丹本品名なし）	二五b 等行品 第十四
	巻第四
五六a 授不退転天子記品 第十五 （契丹本師子吼品 第十九）	二六a 授現不退転天子莂品 第十五
	九〇c 巻第六
五九a 建立法品 第十六 （契丹本授記品 第二十二）	三〇a 建立法品 第十六
六〇a 諸天歎品 第十七 （契丹本如来神呪品 第二十三）	三一a 諸天歎品 第十七
六一c 嘱累品 第十八 （契丹本 第二十四）	三二b 嘱累品 第十八

右のとおりである。

これによってみれば、竺法護訳の分品と羅什訳の分品とは同じであることがわかる。しかし同じ羅什訳であっても、契丹本の分品はまったく異なるといってよい。菩提流支訳は、三本のうちもっとも分量が多いにもかかわらず分品がされていない。

チベット訳の本経に関して、五島清隆氏の〈『梵天所問経』研究ノート(1)(2)――西蔵大蔵経二写本を中心とした漢・蔵訳間の異同について――〉がある。五島氏は五島氏校訂テキスト私家版(The Tibetan Text of the Brahmaparipṛcchā (Volume 1), edited by K. Goshima, 1981.)と、その際使用した河口慧海本、トクパレス本(The Tog Palace Manuscript of the Tibetan Kanjur [Vol. 69―5], London, 1980)と五版本(Cone 版、sDe dge 版、lHa sa 版、sNar thaṅ 版、Peking 版)と前記漢訳三本と比較された論考であって、また他学者アイマー(H. Eimer)、スコルプスキー(T. Shorupski)の所論ともあわせて論述せられている。

三　本経の註釈書

本経の註釈書は、インドにあっては世親の註釈本が漢訳されて現存する。『勝思惟梵天所問経論』四巻(或いは三巻)は大正蔵経第二十六巻に収録されている。訳者は菩提流支であり、普泰元年(五三一)、洛陽の元桃楊の宅にて訳出されたという(6)。この註釈書は菩提流支本の註釈であり、かつまた六巻中の巻第二の終りまでの註釈であって全釈ではない。註釈にあたっては唯識思想をもって釈しているという特徴がある。大正蔵経所収のものはこのほかに見出されないが、現存するものでは卍続蔵経に、円澄の『思益梵天所問経簡註』四巻がある。円澄は禅の立場から本経を註している。

注

（1）『印度学仏教学研究』第三四巻第一号（昭和六十年十二月）および『印度学仏教学研究』第三六巻第二号（昭和六十三年三月）。

（2）大正蔵経第五十五巻、五七c。

（3）同。

（4）同、五一二c。

（5）同、二六八c。

（6）同、八三九b。

四 本経の梗概

序品第一

説法の場所を王舎城迦蘭陀竹林としており、大比丘六万四千人、菩薩七万二千人という。会座に列《つら》なる名をあげると、文殊、宝手、宝積《ほうしゃく》、宝印、宝徳、虚空蔵《こくうぞう》、発心転法輪、網明、障諸煩悩、能捨一切法、徳蔵、花厳、師子、月光、尊意、善荘厳（以上法王子）、跋陀婆羅《ばっだばら》、宝積、星徳、帝天、水天、善力、大意、殊勝意、増意、善発《ぜんほっ》意《ち》、不虚見、不休息、不少意、導師、日蔵、持地（以上菩薩）、四天王、釈提桓因、忉利《とうり》天、夜摩天、兜率陀天、化楽《けらく》天、他化自在天、梵王、梵天、天、龍、鬼神、夜叉、犍闥婆《けんだつば》、阿修羅、迦楼羅《かるら》、緊那羅《きんなら》、摩睺羅伽《まごらが》、人《にん》、非《ひ》人《にん》等をあげている。二、三の名を除き、なじみのうすい菩薩たちが多い。

この会中に網明菩薩がおり、如来に問を請うて許される。如来のいわれるには、如来に光明があり、その光明に三十三の名称（功徳）を経はあげている。網明菩薩は如来に放光をお願いした。その光を見て、もろもろの菩薩たちは娑婆世界に来集した。

その時、東の方、七十二恒河沙の仏土をすぎたところに、「清潔《しょうけつ》」と名づくる国があった。その国の仏を日月《にちがつ》光如来といった。その仏土に菩薩の梵天がいた。その名を思益《しやく》といったのである。日月光如来が思益梵天にいうには、十法をもって娑婆世界に至って奉行せよというのである。この時、娑婆忍土において護るべき十の教法が説かれた。日月光如来の国の菩薩一万二千人は、思益梵天とともに娑婆世界に趣き、十法を護るというのである。仏は網明菩薩に、この思益梵天に十一の最第一のあることを告げる。それは、正問、分別諸法、諸説随宜、慈心、悲心、喜心、捨心、軟語、不瞋礙、先意問訊、決疑の菩薩の中にあって最第一であるという。思益梵天は偈をもって仏を讃歎して序品を終るのである。

四　法　品　第　二

時に思益梵天は偈を説き終って仏に二十問を発するのである。

第一問　菩薩に疲倦《ひけん》なしという、何故か。
第二問　菩薩の所説は決定す、何故か。
第三問　菩薩は善根を増長す、何故か。
第四問　菩薩は恐れる所なし、何故か。
第五問　菩薩は白法《びゃくほう》を成就す、何故か。
第六問　菩薩は善く知り、一地より一地に至る、何故か。

第七問　菩薩は善方便を知る、何故か。
第八問　菩薩はよく衆生を化《け》す、何故か。
第九問　菩薩は世々菩提心を失わず、何故か。
第十問　菩薩に雑行《ぞうぎょう》なし、何故か。
第十一問　菩薩はよく法宝を求む、何故か。
第十二問　菩薩はよく毀禁《きごん》の罪を出す、何故か。
第十三問　菩薩はよく煩悩を断ずる、何故か。
第十四問　菩薩はよく大乗に入る、何故か。
第十五問　菩薩はよく法施を開く、何故か。
第十六問　菩薩は善根を失せず、何故か。
第十七問　菩薩は他教によらず、よく六波羅蜜を行ずる、何故か。
第十八問　菩薩は禅定を転捨して欲界に生ずる、何故か。
第十九問　菩薩は仏法において不退転を得る、何故か。
第二十問　菩薩は仏種を断ぜず、何故か。

仏は右の二十問の一々に、四法をもって答えるのである。従って仏の所説は都合、八十法となるのである。この二十問の四法を聞いた二万二千の諸天、および人は、みな阿耨多羅三藐三菩提心をおこし、そのうち五千人は無生法忍を得、十方より来集した菩薩たちは天華をふらして仏に供養し、その華はあまねく三千大千世界に雨《ふ》り、膝までつもったというのである。

分別品　第三

思益梵天が仏の二十の問をなし、仏は八十法の答をなして、それを聞いた諸天、人は大いなる利益を得たわけである。すると会中の網明菩薩は思益梵天にいう。仏がいわれるには、思益梵天は正問第一であるというが、それは何故か、というのである。思益梵天のいうには、彼我《ひが》をもって問えば邪であり、以下同様に、法分別、生《しょう》、滅、住、垢《く》、浄、生死《しょうじ》、涅槃、見、断、証、修、得、果、善、不善、世間法、出世間法、有漏《うろ》法、無漏《むろ》法、有為《うい》法、無為《むい》法、仏、法、僧、衆生、仏国、諸乗分別、一、異などをもって問うは邪であるといい、これらの分別をもってせずして問うを正問であるというのである。それ故、諸法の正性は、自性を離れ、欲際を離れてあるものであり、この諸法の正性を知れば、この人は法あることなくして法を得るものであり、諸法は平等であって実には生死もなければ涅槃もない。それにもかかわらず、衆生は妄想分別して、生死の法と涅槃の法の二相があるといっているのである。諸法の正性は、生死を出ることもなく、涅槃に入ることもないと説く。

この法が説かれたとき、二千人の比丘は漏尽《ろじん》して心解脱を得たが、会中の五百人の比丘は坐を起った。そしていう、我らは梵行を修して涅槃を求めた、しかし実には滅度なく、涅槃なしというならば、いかなる修行があり、いかなる智慧があるのかと。

網明菩薩は仏にいった。涅槃の決定相《けつじょうそう》を見る者は、さきには仏の正法において出家しながらも、今は外道の邪見におちた者である、これ増上慢である、正しく仏道を行ずる者には得果は無いのであると。

網明菩薩は思益梵天にむかって、この坐より起った五百人の比丘のために、方便を設けて引導し、邪見を離れしめよ、といった。梵天は五百人の比丘に、汝らは涅槃を求めて、涅槃の行を行じたが、涅槃を得ることはできないのである、それは涅槃とは名字があるだけで不可得であると諭した。これを聞いた五百人の比丘は漏尽きて心解脱を得たのである。この比丘に対して長老舎利弗《しゃりほつ》は、汝らは今は、福田となりよく供養をなす者であると讃めた。思益梵天は仏にむかって、三十一問をもって涅槃不可得の功徳の様相を問うている。仏はそれに答えて、世法を索《ひ》かず、無所取、菩提性を壊せず、慈心、仏種不断、無生の際に通達する、毀禁《きごん》せず、六根を覆う、七財成就、出世間の智慧を得る、所願なし、結使を断ず、貪著なし、五陰を知見する、六入を捨す、平等を知る、一切智心を教う、菩提心を捨てず、心相の念々に滅するを見る、不可得を求む、身心の麁相《そそう》を除く、戯論なし、衆生想を生ぜず、法想を生ぜず、我想を生ぜず、彼我想を生ぜず、無濁の法を信解す、一切の語言に著せず、内法を知見、外法を捨す、身口意業を浄くする等がそれである。説き終った世尊は偈を説いて、一切無分別をもって菩薩の行となすとしてしめくくっている。

この偈が説かれた後、思益梵天は仏に、菩薩の世間法に対する処し方について問うた。仏はまた偈をもってこれを説いて分別品を畢る。

解諸法品　第四

仏はまた思益梵天に告げられた。それは世間の苦集滅道《くじゅうめつどう》と、四聖諦《ししょうたい》と、仏に護念せられる所と、また虚妄について明らかにする。そして、もしは仏有るも、もしは仏無きも、法性は常住であり、生死を離れて涅槃を得るにあらずという、これが聖諦であると説く。

また仏は、未来世に比丘あり、彼は身を修めず、戒を護らず、慧を修せずして、四諦を説くに、生死の相はこれ苦諦、衆縁和合はこれ集諦、法の滅するはこれ滅諦、二法をもって相を求むるはこれ道諦と説く者がいるが、これは外道の徒であり、わが弟子にあらずと強調する。そして仏は、諸法は無所得であり、諸法は自性を離れており、それ故、わが菩提には貪愛の相はないのであると説く。宋元明三本と宮内省本は、以上をもって四諦品を終るとなしている。

さらに仏は、思益梵天にむかって、法の無所得の利益について説くのである。仏は、わが所得の法は見聞覚知することはできない、一切の法相を出て言説なく文字なく、あたかも虚空のごとくであるからであるという。梵天は仏の意を汲んで、大慈大悲をもって文字言説をもって人に教えて得せしめるのであるといい、よく如来の法の真実の義を信解する者の得る功徳を、百五句をもってあげ、この人は諸仏の阿耨多羅三藐三菩提においてよく信受し、その法を説く経典を読誦し、よく通じ、人のために広説し、如説に修行し、また他をして修行せしめるのであると説き、この人の得る功徳を無量であるといっている。

仏が梵天にいわれるには、如来は五力をもって法を説くと。五力とは、一に言説、二に随宜、三に方便、四に法門、五に大悲であるという。

一、言説とは、如来は過去、未来、現在、垢、浄、世間、出世間、有罪、無罪、有漏、無漏、有為、無為、我《が》、人《にん》、衆生、寿命、得証、生死、涅槃を説くが、実にはこの言説は説くところなしとする。諸法の相は不可説であるからである。

二、随宜とは、如来が垢法に浄を説き、浄法に垢を説くがごときをいう。もろもろの法性において不可得であるからである。仏は随宜をもって自らを、常辺者、断辺者、無作者、邪見者、不信者、不知報恩者、食吐者《じきと》、不受者などと説くが、これは衆生をして増上慢を捨てしめようとするためである。菩薩はよく如来の随宜の所説を知るのであるという。

三、方便とは、仏が六波羅蜜、十善道、四無量心を説くのは、衆生のために方便をもって讃歎するのであって、実には須陀洹《しゅだおん》、斯陀含《しだ》、阿那含、阿羅漢、辟支仏、阿耨多羅三藐三菩提、ないし涅槃もまた得るところはないのであるという。

四、法門とは、如来は一切の文字において解脱門を説示する。如来所説の法はみな解脱に入り、涅槃に住せしめるのであるから、菩薩はこの法門において修学すべきであるという。

五、大悲とは、如来は三十二種の大悲を説いて衆生を救護する。もし菩薩にして常にこの大悲心を修行すれば不退地に至り、大福田となり、一切衆生を利益する。この大悲の法門を説くとき、三万二千人はみな阿耨多羅三藐三菩提心をおこし、八千の菩薩は無生法忍を得たというのである。

難問品 第五

難問のやりとりは、網明菩薩、仏にいう。思益梵天のいう。網明が梵天に問う。梵天はこれに答えていう。網明が梵天に問う。梵天は答えていう。網明のいう。梵天が網明に問う。網明これに答えていう。梵天が網明に問う。網明これに答えていう。梵天のいう。網明のいう。梵天のいう。梵天の問う。梵天の問う。世尊、思益梵天を讃じていう。網明菩薩が梵天にいう。梵天がいう。網明が問う。梵天が答えていう。網明がいう。梵天が問うていう。梵天が答えていう。網明が問うていう。梵天が答えていう（以上問答）。この問答にあっては、一切の行は行にあらず、もし人、千万億劫の間、道を行じても、法性において不増不減であるから、一切の行は行にあらずという。同じく一切の説は説にあらず、如来は不説の相をもって一切法を説くのであると。また業を起こす中において行ずることはない、業力も法性力もともに如を出づるものではないのである、という。

時に舎利弗は、仏にむかって随宜説法が大功徳を得ることを申しあげた。そのとき会中に普華《ふけ》という菩薩がいた。舎利弗がいうには、仏は法を説く者、また法を聴く者、この二人は福無量を得ると説かれた。つまり汝はまさに説くべし、我はまさに聞くべしと。普華のいうには、滅尽定《めつじんじょう》に入って法を聞くことができるかと。舎利弗はこれに答えて、滅尽定に入ればさきの二行はないが、法を聞くことはあるという。普華のいうには、仏は一切法はこれ滅尽の相であるといわれる。それ故、常に法を聞くことはできない。しかも、一切の凡夫はつねに定中にあり、それは不壊法性三昧という。それ故、法性において、凡夫も聖人も差別のあるところはない。聖人は断ずる所なく、凡夫は生ずるところはない。この二つの法性は平等の相を出るものではない。舎利弗とて賢聖法を得るものでなく、凡夫法なるものも見ることはできない。ともに法性の如にあり、凡夫如は漏尽解脱如、漏尽解脱如は無余涅槃如であるという。舎利弗のいう、仏は聖者も凡夫もあるといわれた。普華菩薩は舎利弗のこの言葉をうけて、この如を、不異如、不壊如というのであると答えて、舎利弗と普華菩薩の問答をしめくくっている。

つぎに舎利弗は網明菩薩と問答をする。網明菩薩は舎利弗の智慧について問うに、舎利弗の智慧は声聞の智慧にして菩薩の智慧ではないという。網明は舎利弗に智慧は戯論であるか、智慧は平等相ではないのか、智慧最第一というように智慧に量があるのか、と質問する。舎利弗は、智慧は戯論の相にあらず、智慧は平等相であるという。網明はそれでは智慧第一とは意味をなさぬではないかとせまる。舎利弗はついに黙然として答えずというのである。

つぎには長老大迦葉が登場する。次章問談品の前半までつづく。大迦葉は仏に網明菩薩の因縁を問う。仏は網明に、網明の光明の因縁を現成せしめんとした。網明は右手の爪指の間より大光明を放った。その光明にあう者は、みな同一の金色となり、三十二相八十随好もて仏と異なることはなかった。この光明力によって、下方の世界より四菩薩が地より涌出した。仏は網明に光明を摂《おさ》めしめたところ、仏前の一会の衆はまたもとのすがたにもどった。その時、大迦葉は仏に問うた。この四菩薩はいずれの所より来るや、その国は何というか、仏は何と名づけるや、その仏国土はここからいくばく離れたところかと。四菩薩のいうには、下方の世界より来り、その国を現諸宝荘厳といい、その国の仏を一宝蓋と名づけ、そこはここを去ること七十二恒河沙のところであると。大迦葉は網明に、網明菩薩が光明を現ずれば、この大会の衆はみな金色となるのは何の因縁の故であるかと問う。仏がこの因縁を迦葉にむかって説かれるには、網明菩薩が成仏するときは、その会の大衆はみな同じ金色にして、ただ清浄の菩薩の会となるのである。かの国土に生れた菩薩はみな仏の如くになると。このことを聞いた会中の四万二千の人はみな阿耨多羅三藐三菩提心をおこして、かの網明菩薩の国に生れんことを願った。

問談品 第六

時に大迦葉は仏に、網明菩薩はいつ阿耨多羅三藐三菩提を得るかと問うと、網明菩薩のいうには、一切の諸法には決定の相はない、我も自相を離れ、異なく別なく、志す所の願いもない。それに衆生を利することもない。衆生をして菩提に住せしめるところもない。それではいずくに趣こうとしているかといえば、それは如々趣である。如々には趣なく転なく、衆生の教化もない。もし発願すれば衆生を教化することはできないし、法において転ずることがあれば、これもまた衆生を教化することはできない。生死の中において衆生を転ずることはできないし、衆生を教化して涅槃に住せしめることもできない。なに故に無量の衆生のために菩提を行ずるかといえば、菩薩の行は、すでに生死の中の行にあらず、涅槃の中の行にもあらず、衆生相の行でもない。一切衆生の所行も、この菩薩の所行の相と同じである。仏の所化の人には貪恚癡はない。一切衆生の所行がこの相のごとくであるならば、衆生の貪恚癡はどこから起こるかといえば、それは凡夫が勝手に妄想分別を起こして貪恚癡を生ずるのである。賢聖法はよく顛倒の実性を知るから妄想分別はない。一切法は、本来、貪恚癡の相を離れているのである、と網明菩薩はいうのである。この法が説かれたとき、四万二千人の菩薩は柔順法忍を得たのである。

時に大迦葉が仏にもうすには、もし衆生が網明菩薩を見れば、三悪道に堕せず、また網明所説の法を聞けば、魔も便りを得ず、網明の教化する所では声聞、縁覚の道に堕せず、この大利益を得る網明の功徳荘厳国について説かれよ、という。仏のいうには、網明の遊行するところはどこでも、無量の衆生が大利益を得るのである。網明の放つ光明にあえば、もろもろの衆生は菩提に住するのである。今、網明の説法の功徳を説けば、網明菩薩は七百六十万阿僧祇劫をすぎて成仏するであろう。その名を普光自在王如来といい、国を集妙功徳という。かの仏国土には女人なく、この如来は文字をもって法を説かず、ただ光を放って菩薩を照らす。光がその身に触れれば、ただちに無生法忍を得るのである。この光はまた三十二種の清浄なる法音を出す。それは、空、無明、無作、離欲、離瞋、離癡、無所従、無所去、不住、過三世、無異、不生、無業、不作、無起、無為、真、実、無衆生、無我、鈍、捨、離煩悩、無垢性、一相、離相、住実際、如相、入法性、無縁、菩提、涅槃である。仏寿は無量である、というのである。

大迦葉は仏にむかって、もし清浄の仏土を得んと欲せば、まさに網明菩薩の国土を取るべきであるともうしあげたのである。

そのとき思益梵天が網明菩薩に、汝はすでに仏より授記を得たかと問うた。網明は、一切衆生はみなすでに仏より授記を受けている、という。これより梵天と網明とが、授記と六度の関係について論議する。網明のいうには、所行無きところが菩提であって、六波羅蜜を行ずるも、六波羅蜜も実には所行はない。それにもかかわらず菩提の記を受けることを得たのは、それは如々法性が授記を得るのであって、自分の授記もそれなのである。他の菩薩の授記もそのようである、と説くのである。

その時、思益梵天は仏に、世尊は菩薩のいかなる所行に対して菩提の記を授けるのであるかと問うに、仏は菩薩が生法を行ぜず、滅法、善、不善、世間、出世間、有罪法、無罪法、有漏法、無漏法、有為法、無為法、修道、除断、生死、涅槃、見、聞、覚、知、施、捨、戒、覆、忍、善、発、精進、禅、三昧、慧、行、知、得等を行ぜずして行ずる者には菩提の記を授けるのである。それはもろもろの行はみな相を取る、無相無分別こそ菩提であるからである。われ仏は、過去、喜見劫のとき、七十二那由他の仏を供養した。またこの劫をすぎて善化劫のとき、二十二億の仏を供養した。またこの劫をすぎて梵歎劫のとき、一万八千の仏を供養した。このようにして無咎劫に三万二千の仏、荘厳劫に四百四十万の仏にそれぞれ供養したが、いずれの時、いずれの仏も我に授記されなかった。それは所行に依止して相を取るからである。それ故、菩薩が一切の諸行を出過《すいか》すれば、すなわち授記を得るのである。我はその後にあって燃燈仏を見て、無生法忍を得た。そのとき仏は我に授記されて、来世に釈迦牟尼仏となるであろうといわれた。我はただちに一切の諸行を出過して六波羅蜜を具足したのである。このように我は燃燈仏の所において六波羅蜜を具足したのである。それは、施を念ぜず、戒に依止せず、忍を分別せず、精進を取らず、禅定に任せず、慧において二ならず、これが六波羅蜜の具足である。これを具足しおわれば、薩《さ》婆《ば》若《にゃ》一切智を満足するのである。一切法の平等なるを薩婆若というのであると説き、以下、薩婆若の種々の相をあげるのである。(このところを薩婆若品と名づける流布本がある。)

談論品　第七

この会中にあって、文殊師利はなんら説くところがないことを思益梵天がとりあげて仏にそのことをもうしあげた。仏は文殊師利に法を説くべきことをすすめられた。しかし文殊は、法は説くべからず、演《の》ぶるべからず、論ずべからざるものであるから、示すことはできないと仏にもうしあげた。すると思益梵天が文殊師利に、それでは衆生のために法を説かないのかとせまった。文殊師利のいうには、一切法の法性は不二の相であるから、その法性中に入れば、法の説くべきものはない。説者と聴者と分別すれば説法はあるが、法性において二相はない。我に貪著を起こすことによって二と分別するのである。仏の法は如の所説であるから、六塵をもたざる者によって聞くことができるのであるといい、以下、思益梵天が問い、文殊師利が答えて、二十五番の問答をする。その終りにあたり、文殊師利は、四顛倒のために浄、常、楽、我を得ず、もし一切法の空、無我をみればこれを聖諦となし、この聖諦を得れば苦を見ず、集を断ぜず、滅を証せず、道を修することはない。そうすれば二相を離れ、この道をもって一切法を求め、求めて得ざれば、生死を離れず、涅槃に至らない。これが聖道である、と説くのである。

その時に摩訶羅梵《まからぼん》天子（等行菩薩）は文殊師利に、なにをさして優婆塞というか、菩薩にして菩提心をおこす者はいずれに趣くか、と問う。文殊師利は、二見をおこさざるものを優婆塞といい、菩薩の趣くところは虚空である、阿耨多羅三藐三菩提は虚空と同じであるからである、という。続いて等行菩薩は仏になにをさして菩薩となすかと問う。仏はそれに答えて邪定の衆生のために大悲を起こして菩提心をおこさしめる、これを菩薩というのであると説く。すると菩提菩薩は仏にむかって、我らも菩薩たる所以のものを説くであろうといい、つづいて各菩薩が菩薩たるの所以を説くのである。その菩薩の名をあげれば、堅意《けんに》菩薩、度衆生菩薩、断悪道菩薩、観世音菩薩、得大勢菩薩、無疲倦《むひけん》菩薩、導師菩薩、須弥山《しゅみせん》菩薩、那羅延《ならえん》菩薩、心力菩薩、師子遊歩自在菩薩、不可思議菩薩、善寂《ぜんじゃく》天子、実語菩薩、喜見菩薩、常惨《じょうさん》菩薩、心無礙菩薩、常喜根菩薩、散疑女菩薩、師子童女、宝女菩薩、毘舎佉達多《びしゃきゃだった》優婆夷、跋陀婆羅《ばつだばら》居士《こじ》、宝月童子、忉利天子曼荼羅華香菩薩、作喜菩薩、思益梵天、弥勒菩薩、文殊師利法王子、網明菩薩、普化菩薩等、都合三十二人を数えるのである。そのとき仏は等行菩薩にむかって、菩薩はよく一切衆生に代ってもろもろの苦悩をうけ、またよく一切の福事を捨ててもろもろの衆生に与える、これが菩薩であるというのである。

論寂品第八

思益梵天は等行菩薩に、菩薩の行について問うた。等行のいうには、それは一切の有為法の衆生の行に随うのである、そしてそれは諸仏の行ずる所であり、諸仏は第一義空をもって行とする、それでは凡夫の行と諸仏の行と差別はあるのかといえば、一切法は空であり、一切法には差別はないというのである。

つぎに、思益梵天は、文殊師利に問うた。菩薩が行ずるところの行は何であるかと。文殊師利は、それは四梵行である。そして何の行をもって清浄を知見するかといえば、我見を清浄にする行である。我《が》の実性を見る者はよく実の知見をなすものである。我の実性を得るのは、無我の法を得ることによる。我は畢竟して根本なく、決定《けつじょう》なく、このことをよく知る者は我の実性を得るのである。我を見るものは仏を見るものである。我性はすなわち仏性であるからである。それ故、我見を壊《え》せざるものはよく仏を見るのである。我見はすなわち法見である。一切法は空であるから、所行なきを正行という。正行は一切有為法を行ぜず（表現は前出と相反する）、見のために行ぜず、これ断となさず、証となさず、修となさず、これが正行である。また慧眼はいかなる法を見るかといえば、有為法を見ず、無為法を見ず、無為法は空にしてあるところなく、眼道を出過するからである。正行中には道なく果なく、得る所はない。もし得る所があれば増上慢の人である。もし法は不生であると知ればこれを得るというのである。これを正位に入るという。正位にあれば、我と涅槃と不二である。平等であり、了義である、これが正位である、等と説くのである。

仏はこの文殊師利の所説をほめた。この法を聞いた会中の七千人の比丘は漏尽して心解脱を得、三万二千人の諸天は法眼浄を得、一万人は禅定を得、二百人は阿耨多羅三藐三菩提心をおこし、五百人の菩薩は無生法忍を得た。

そのときに思益梵天は仏に、文殊師利はよく仏事をなしておおくの衆生を利益した、ともうしあげた。だが文殊師利は、衆生の決定相なきところには衆生はおらず、衆生教化のために仏が入滅せられることもない、仏は生死を得ず、涅槃を得ず、もろもろの仏弟子も解脱を得たるものもまた同じである。涅槃というも、ただ言説あるのみである。この法は、諸法に貪著せざるものが信ずるのである。滅度とは衆縁不和合をいう、それは因縁和合しなければ、諸行を起こさず、諸行を起こさなければこれを滅といい、相を起こさざるを畢竟滅という。これを四聖諦という、と説くのである。

その時に等行菩薩は文殊師利にいう、文殊の所説はみな真実であると。文殊師利のいう、提婆たちの語も如来の語も、異なく別はない。それは一切の言説は如を出でざるものであるから、みな如来の言説である。仏は二事を説かれた。それは、一つは如実説法、今一つは聖黙然である。仏法僧においてこの二事は、もし法を説いて仏に違わず、法に違わず、僧に違わなければこれ説法、もし法を知ればこれ仏、相を離れればこれ法、無為なればこれ僧、これを聖黙然という。これを四念処についていえば、四念処によって説く、これを説法といい、一切法において憶念するところなきを聖黙然という。このように三十七助道法において説法と聖黙然の二事を行ずべきである、と説くのである。

仏は文殊師利に、ただ諸仏にのみこの二事があるのであるといわれた。

ときに須菩提《しゅぼだい》は仏にいう、われ仏より親しく聞く、集会の人々は二事を行ずべしと。会中の声聞はいかにしてこの二事があるか。仏はいわれた、声聞、辟支仏にはこの二事はないと。文殊師利は須菩提にいう、如来は衆生の八万四千の行を了知せられている。二乗にはこの二事は及ばないことを知られている。菩薩にしてよくこのような功徳を成就する者も、この二事は及ばない。ただ仏のみ成就するのであると。仏が須菩提に告げられるには、菩薩も、入一切語言三昧を成就すれば、みなこの功徳を得るのであると。ときに文殊菩薩は等行菩薩にいう、衆生の八万四千の行のために、八万四千の法蔵が説かれた、これを説法という。そしてつねに滅受想行の定中にあるを聖黙然というと。

仏は等行菩薩にいわれた、無量無辺の昔、名聞劫のとき憙見《きけん》国に普光という仏がいた。この国に四百億の四天下があり、一々の天下に諸城あり、一々の城に一万五千の村落があり、一々の村落には無量百千人の人がいた。時の人民は念仏三昧を得ていた。この国の普光仏は三乗の法を説いた。それはまさに二事を行ずべし、それはもしは説法、もしは聖黙然であると。そのとき、上方の医王仏の国土に二菩薩がいた。一人を無尽意《むじんに》、もう一人を益意《やくい》といった。この二人の菩薩が普光仏のところに来詣した。普光仏は二人のために浄明三昧を説いた。それは一切諸法の性は常に清浄なりというのである。一切の法は空相、無相、無作の相であるからである。この常浄相をもって、生死《しょうじ》はこれ涅槃と知るのである。涅槃の性はこれ一切の法性である。心性も同じである。凡夫心も同じである。心相は実には不垢汚《ふくま》性であり、常に明浄である。この故に心は解脱を得るのである。これを浄明三昧門に入るというのであると説くのであった。かの二人はこの三昧を聞いて、諸法の中に不可思議の光明を得た。ときに無尽意菩薩は普光仏にいうには、我ら二人はすでに浄明三昧門を聞いてそれより入ったのであるが、何の行をもってこの法門を行ずればよいのかと。仏は答えられた、二行を行ずべきである、一は説法、一は聖黙然であると。そこで二菩薩は外に出て一園林に行き、神通力をもって宝楼を化作してその中において修行した。すると妙光という梵天が七万二千の梵衆をつれて来詣し、二菩薩に問うた。普光如来は、汝らはまさに二事を行ずべしと説かれたが、二事につき我らに説き示されよと。二菩薩は、この二事は如来のみよく通達するところであるが、我らまさに少しく説くであろうといい、二句の義をもって梵衆のために説いた。時に七万二千の梵衆はみな無生法忍を得、妙光梵天は普光三昧を得、この二菩薩は、七万六千年にわたって無礙弁才力をもってあらゆる所問に答え、互いに相問答してつきることはなかった。普光仏が虚空の中にあっていうには、文字をもって言説して、諍うことなかれ。言説は空にして響のごとく、問答もまたこのようなものである。汝ら二人は、無礙弁才と無尽陀羅尼を得た。仏法は寂滅相であり、この中に文字はない。それ故、文字に随ってはならぬと。二菩薩は仏の教えを聞いて黙然として問答をやめた。仏は等行菩薩に告げられた、二人は弁才説法をもって百千万劫を過ぎても尽きることはない。この二人のうち無尽意菩薩こそ今の文殊師利であり、益意菩薩は今の汝、等行菩薩であり、妙光梵天は今の思益梵天であると。

仂行品　第九

その時に等行菩薩は仏にもうしあげるに、衆生にしてよく勤精進するものは菩提を得る、懈怠《けたい》のものは、百千万仏にあうことがあっても、菩提を成ずることはできないと。ときに文殊師利は等行菩薩に勤精進はいかに行ずべきかを問う。それは諸法において分別するところなく、諸法の平等を見て聖道を得ることであると等行は答える。すると思益梵天がさらに文殊師利にむかって、もし行者が平等の中において諸法を見ざるとき、聖道を得おわるのであると説示するのである。文殊師利は諸法を見ざることについて、思益に問うた。思益は、それは二相を離れることである、二相を離れて見ざるはこれ正見であると答える。以下正見について十四番の問答をあげ、思益梵天はそれに答えて、一切法は平等にして差別あることなく、これ諸法実相の義であり、諸仏世尊は諸法の性相の如に通達するが故に、如来正遍知者と説くのであるというのである。

志大乗品　第十

ここにおいて等行菩薩は、大乗の中に住するとはいかなることかを仏に問うた。仏は偈をもって答えられた。それは菩提心をおこし、色はすなわち菩提と知ること、等しく如相に入り、正しく第一義を行じ、分別して二となさず、また不二をも得ず、世間法において処中にあり、法性の真実の相を知り、仏道において諸法を捨離せず、方便力をもって衆生の願う所を充満し、仏の正法を護持し、諸仏の慧を求めんとして願求に著せず、布施、持戒、忍辱、精進、禅定、智慧を修し、因縁の法を信解して邪見なく、また我見、仏見、空見、生死見、涅槃見なく、諸乗中、大乗を第一となし、この経を聞き、ないし一偈をも持つならば永く諸難を脱し、後の悪世においてこの経を聞けば、授記を得て仏道を成ずるであろう。我は燃燈仏のもとにおいて授記を得た。もしこの経を願う者あれば我は授記するであろう。仏の滅後においてこの経を解説《げせつ》するならば、仏、世におわさずともよく仏事をなすものである、と説かれたのであった。

仏がこの偈を説くとき、五千の天子は阿耨多羅三藐三菩提心をおこし、二千の菩薩は無生法忍を得、一万の比丘は漏尽し心解脱を得、三万二千人は法眼浄を得た。

行道品　第十一

文殊師利は仏にもうしあげた、わたくしの理解するところでは、菩提の願をおこしたならば、これは邪願である。それは得るところあるならば、それは邪であるからである。それ故、菩提を得んとする行はみな邪である。菩提は欲界にあらず色界にあらず無色界にあらず住処なく、虚空のごときであり、虚空願をおこすのである。二相をおこして菩提心をおこし、生死と菩提と異なり、邪見と菩提と異なり、涅槃と菩提と異なるといえば、これは菩提の道を行ぜざるものであると。

そのとき思益梵天は文殊師利に、菩薩はいかなる行を菩提の行というのかと問うた。文殊師利は、一切の行を出過するを菩提の行という。それは、六根所縁の相を離れ、一切法の平等を知り、三世の清浄心をもって菩提の願をおこす。発願は発願するところなく、そこに一切の願をおこし、これをもって道を行ずれば一切智を得る。一切智とは衆生と菩提と異なることなしと知ることである。一切法は如において住するのであり、これまた住するところなきものであるわけであると。

称歎品　第十二

そのとき、会中の釈、梵、四天王は仏にむかって、今、文殊師利の説くところを信解すれば、一切の妄想邪見を破斥する。我らはこの経を聞いて智慧の光明を得た。もし人がこの経を書写し読誦し解説するときは、無量の諸天は法を聞かんがためにその所に来至するであろうと称歎した。

詠歎品　第十三

世尊は釈、梵、四天王と大衆を讃歎して、この経を聞く者の功徳の勝れたること無量の珍宝より勝っている。この経を聞く者は、諸種の功徳をうることを窮め尽すことはできないと説かれるのである。

等行品　第十四

そのとき会中の不退転天子が仏に、法に随って行ずる者とは何をいうのかと問うた。仏は天子に、もし一切法を受けなければ、法に随って行ずる者という。一切法において憶念なく、分別なく、所行なきところ、これを法に随って行ずるというのであると説かれた。天子は仏に、この正行者は、諸法は平等に差別なき正道に住するものであるともうしあげた。

ときに思益梵天は天子に、汝は法に随って行ずるかと問う。天子は、今は二相なきため、不二の法をもって随法行を行ずる。分別を離れ、如を行ずるのである、法位の相は六根の所縁ではない。ただ如の相であり法位如もそうである。これが正見である、というのである。

授不退転天子記品　第十五

釈提桓因は仏に、この説かれた法は、これ法宝、実際であり、顚倒なく、過去は空、未来は不可得、現在は見を起こさず、増上慢を破し、善法を生じ、煩悩を断じ、諸法を断滅せず、そして仏法を護るのである。この法は一切の外道を降伏し、外道の論議師はこの無上の師子吼に堪えることができないのである、とこの法を称歎するのである。

そのとき不退転天子は釈提桓因に師子吼とは何かと問う。釈提桓因のいうには、行者が法を説いて貪著せず、また不生不滅不出の法を説き、一切法無我、無衆生、空と説き、作仏のための願をおこし、少欲知足、布施、持戒、怨親平等、精進、智慧を説く、これを師子吼というと説くのである。この師子吼の法が説かれるとき、地は六種に震動し、伎楽は鳴り、大光明は遍ねく天地を照らし、百千の諸天が歓喜していうには、この師子吼の法が説かれたとき、閻浮提にふたたび法輪が転ぜられたと。時に仏は微笑せられた。このとき諸仏の常法として、口より五色の光がでて普ねく世界を照らし、その光は上は梵世をすぎ、またかえって頂相より入っておさまった。思益梵天は仏にむかって合掌し、偈をもってこの光明を讃歎した。

仏は思益梵天にいわれた。この不退転天子は、今より後、成仏して須弥燈王如来と名づけると。梵天は天子にいった。今、如来は汝に授記されたと。天子のいう、如と如の法性の授記を得た。行ずる者は、我、衆生、寿命に住せずして梵行に住するのである。梵行とは不二の道に住するをいい、それは一切諸法に住せざることをいう。また道を修すとは見聞覚知せず、得、証をもってせず、また牢強の精進とは、諸法において一相、異相を見ず、法性を出過するをいうと。このとき世尊は不退転天子をほめ、思益梵天にいわれるには、我宿世の所行を思うに、牢強の精進、持戒、頭陀、供養恭敬、読誦、多聞、衆生愍念、難行苦行をしたが、過去の諸仏は授記せられなかった。後に、今、天子の所説のごとき牢強の精進により、燃燈仏より授記を得て、釈迦牟尼となったのである。それであるから、精進の相を起こさずして精進すべきである。布施に果報を求めず、持戒に貪著せず、忍辱に内外空を知り、精進に相を起こさず、禅定に依止せず、行慧に相をとらず、このように法忍を成就すれば世間の平等相を得て、二心、二法、二見なく、すなわち無我空法忍を得て、大悲心を起こして衆生を教化する。これが第一牢強精進であると。ときに八千の菩薩は無生法忍を得た。仏はこれを授記しみな阿耨多羅三藐三菩提を得ておのおのの異国において仏道を成じ、みな同じ堅精進の名号を得たのである。

その時、大迦葉は仏に、大法雨をもって、菩薩の心をふらされた、ともうしあげた。すると仏は、菩薩が他の衆生に法雨をふらさなかったのはその器が堪えなかったためで、今は智慧の無量をよく堪任する菩薩の心中にふらされたのである。しかも法は不増不減にして同一空味である。しかし衆生の根の利鈍によって、小乗、中乗、大乗と説いて、漸々に薩婆若一切智にむかうのである。正法の滅する時がきても、菩薩は身命を賭して正法を捨ててはならぬ。正法滅する時は七邪法が出るのであると説かれた。大迦葉は仏にもうしあげた、この菩薩の徳ははかることはできないと。仏は迦葉に、菩薩の功徳の無量なることを偈をもって称歎せられた。

建立法品　第十六

その時、思益梵天は文殊師利に、如来にこの経が後の末世五百歳の時、広く流布することを願うべきであるといった。文殊師利のいうには、一切法は無説、無示、護念あることがないから、この法を護らんとする者は、虚空を護念せんとする者であると。会中の三万二千の天子、五百の比丘、三百の比丘尼、八百の優婆塞、八百の優婆夷は文殊師利の説くところを聞いてみな無生法忍を得た。そして文殊師利にいった、聴法せざる者を聴法というと。

そのとき思益梵天は無生法忍を得たもろもろの菩薩に、汝らはこの経を聴かずやと問う。菩薩は、我らは聴かざるをもって聴くのである。一切法は得べからざるをもって無生法忍を得るのであるという。会中に浄相天子と名づけるものがいた。浄相は思益梵天にむかって、この経を聞くだけということでは仏が授記しなかったというならば、わたくしは授記を与えるであろう。なぜなればこの経はよく善法を生じて聖道を開くからであるといい、三十箇条にわたってこの経の功徳を説くのである。浄相天子がこの法を説くとき、大地は震動し、仏はほめて、天子の説くところのごとしといわれた。

そのとき思益梵天が仏にもうすには、この天子はかつて過去の諸仏より経を聞いたところのものであるかと。仏がいわれるには、浄相天子は、過去において六十四億の諸仏のもとにおいてこの経を聞き、四万二千劫をすぎて作仏して宝荘厳如来と名づけ、国を多宝国といった。その中間において、諸仏の出るところでは供養しまたこの経を聞く。この会中にあって無生法忍を得る者は、みなこの多宝国に生れるであろうと。ときに浄相天子は仏にむかって、わたくしは菩提を求めないのにどうして授記されるのかと問う。仏は、草、木、枝、葉を火中に投じて、燃えるなかれというようなものである。願わなくても燃えるように、菩提を求めなくても諸仏のもとにおいて菩提の授記を得るのであるといわれた。そのとき会中の五百の菩薩は仏に、我らは今、菩提を求めず願わずともうしあげた。この語がおわるや、五百の菩薩は仏の神力をもって上方の八万四千の諸仏を見た。諸仏は菩薩たちに授記を与えられたのである。

諸天歎品　第十七

その時に文殊師利は仏にもうして、願わくはこの法を未来世の後の五百歳において広宣流布《るふ》し、この閻浮提《えんぶだい》に久住せしめられよとお願いした。仏は文殊師利に、この経を久住せしめんがために、汝に天、龍、夜叉、乾闥婆、鳩槃荼等をよんで守護せしむべき呪を説くであろう、もし法師がこの呪を誦持すればよく守護せられるであろう、といって呪術の章句を示され、この呪は、現世において十種の力を得る、十力とは念力、慧力、行力、堅固力、慚愧力、多聞力、陀羅尼力、楽説弁力、深法力、無生忍力であると説かれた。

この呪術力を聞いた四天王は仏にむかって、我ら法師を衛護し、また経を持ち流通し解説する者を守護するであろう、また経典所住のところ、五十里四方には悪鬼便りを得せしめないであろうともうしあげた。そのとき毘楼勒迦天王、毘楼婆叉天王、犍駄羅吒天王、毘賒婆那天王、毘賒婆那天王の子、善宝はそれぞれ偈を説いて法師の衛護と経の利益をうたった。

ときに釈提桓因は仏に、法師の衛護をもうしあげた。釈提桓因の子、劬婆伽《くばか》は真珠の宝蓋を如来に献じ、偈を説いて、我は一切智を求め、経を守り、仏は我に授記を与えられ、成仏して為智王如来となる、とうたいあげた。ときに娑婆世界の主、梵天王は仏に、我も法師のもとに行き供養するであろうともうしあげた。ときに妙梵天王は偈をもって経を演説し、経の聞くべきことをうたった。

嘱累品第十八

そのとき世尊は神通力をもって、魔波旬と軍衆を召して、誓願を立たしめた。それはこの経の流布するところに魔事をおこさず、この経を守護するということである。そのとき世尊は金色の光を放って世界を照らし、文殊師利にいわれた。如来は今、この経を守り法師を護り、閻浮提にあって仏法を滅せしめずと。ときに会中の衆生は華香をもって仏を供養し、世尊よこの経を広宣流布せしめたまえともうしあげた。仏は阿難に、汝はこの経を受持するかと問い、阿難よ、我は汝にこの経を嘱累するであろう、よく受持し人のために広説せよといわれ、さらにその功徳は現世に十一功徳の蔵ありといわれた。それは、見仏蔵、聴法蔵、見僧蔵、無尽財蔵、色身蔵、眷属蔵、聞所未聞法蔵、憶念蔵、無所畏蔵、福徳蔵、智慧蔵であるというのである。

仏がこの経を説くとき、七十二那由他の衆生は無生法忍を得、無量の衆生は菩提心をおこして漏尽き心解脱を得た。阿難は仏にむかって、この経を何と名づけ、いかに奉持すべきかを問うた。仏はこの経を「摂一切法」

「荘厳諸仏法」「思益梵天所問」「文殊師利論議」と名づけるといい、この経を説きおわった。文殊師利、思益梵天、等行菩薩、大迦葉、阿難およびもろもろの天衆、一切世人はみな仏の言葉を受持して大いに歓喜した。

右が経の大筋である。不二の法を説き、言語道を断ずる境地を説く点において『維摩経』と同趣旨である。経の付嘱を阿難に托したところは、いまだ比丘教団を引きずっている。小乗の諸法分別を破斥し、諸法の実性は如であると教説し、大乗はこの如に通達するところを説いたものであることを強調する。

この経の叙述において、我々は小乗のいかなる点において真の仏法と乖離するかが読みとれる。この経は大乗を称讃しながら、小乗、中乗、大乗と衆生の利鈍を観察して説く点において教化の方便を忘れていない。小乗を破斥して大乗の教説へ導く過程を知ることのできる資料であるといえる。

五　本経の訳序について

『出三蔵記集』巻第八における僧叡の「思益経序」第十一によれば、「この経のインドの正音は毘絁沙真諦（Viśeṣacintā）と名づけ、これは梵天の殊妙なる菩薩の名である。詳らかに羅什の伝訳を聞くと、その名がしばしば変転して、充分その意を尽していないようである。中国語をよくせず、名と実とが一致しない。その語意を考え、その名の示すところは、これは「持意」であって、「思益」ではない。持の義を理解せず、ついに益の字を使ったのである。ここで益というのは、超絶、殊異、妙抜の謂であり、思というのは、進業、高勝、自強、不息の謂であり、旧訳が「持心」と名づけるのはもっともその実を得たものである」とこのように言っている。

主役である菩薩の名は Viśeṣacintin であり、Viśeṣa な cintā を持つ者であるとされる。なお「持心」の訳について viśeṣa の意味するところから、持は「特」の誤植とされる説がある（五島氏）ことを付記しておく。

六　本経の思想史的意義

本経は早くより大乗論釈に引用され、例えば『大智度論』には『網明菩薩経』、あるいは『明網経』等と記され、また『持心経』ともいわれている。『大智度論』が龍樹の著作とすれば、龍樹はすでに本経を知悉し、自己の教学、なかずんく中論の思想形成に影響を与えたものと考えられるわけである。無著はまた『摂大乗論』に、『梵問経』（梵天問経、婆羅門経、梵王経）として引用し、また『順中論』には『勝思惟梵天問経』として引用する。『大乗荘厳経論』には『梵天王問経』とし引用されており、『弥勒菩薩所問経論』にも『聖者思益梵天所問修多羅』として引用されている。これらは無著系、世親系仏教にも大乗仏教の思想的基礎とされていたことがわかる。また清弁（四九〇―五七〇）は『般若燈論』、『大乗掌珍論』等に引用しており、無自性空の根拠とされた。さらに月称（六五〇頃）は『プラサンナパダー』において、経名をあげることなく長い引用をしているという報告がある（五島氏の解題）。またシャーンティデーヴァ（寂天、六五〇―七五〇）の『スートラサムッチャヤ』（大乗宝要義論）にも引用されており、これらのことからして本経が大乗仏教の基本的な教説とみなされて、かなり後期に近いころまで依用されてきたことがわかる。

このように本経は大乗仏教の基本的な教説として龍樹をはじめ、中期大乗無著世親の教学、中観派の教学上のよりどころともなり、なかんずく中観派の清弁、スヴァートタントリカ派のみならず、プラサンギカ派、月称に至るまでひろく用いられてきたわけで、報告によれば（五島氏の解題）、カマラシーラ（七〇〇—七五〇）も自己の立論に依用したというのであるから、インドの思想史を通して各時代にあってまんべんなく依用され来ったといってよい。これらをもっても本経が後世の仏教思想家に与えたものは見逃すことができないものがあるといえる。

この解題は五島清隆氏の『梵天所問経』解題（『密教文化』一六一所収）に負うところがおおい。五島氏に感謝するとともに同解題をも併せ参照されんことを望む。

本書が成るにあたって、大蔵出版の桑室一之氏には、校正作業、索引製作作業等をはじめ、おおくの作業に積極的に手をかして頂いた。桑室氏の仕事への情熱と骨おしみしない氏の努力に感謝しつつ擱筆する。

思《し》益《やく》梵《ぼん》天《てん》所《しょ》問《もん》経《ぎょう》

姚秦《ようしん》亀慈《きじ》国《こく》三蔵《さんぞう》鳩摩羅什《くまらじゅう》及訳

巻の第一

序品第一

是《かく》の如く我れ聞けり。一時、仏、[一]王舎城迦蘭陀《おうしゃじょうからんだ》竹林《ちくりん》に住せり。[二]大比丘僧六万四千人と倶なりき。（また）[三]菩薩摩訶薩七万二千人あり。皆な衆に知識せらるる所なり。[四]陀羅尼《だらに》、[五]無《む》礙弁才《げべんざい》、及び[六]諸もろの三昧《さんまい》を得《え》、[七]諸もろの神通に於いて[八]罣礙《けいげ》する所無し。善能《よ》く諸法の実性を暁了《ぎょうりょう》して、悉く皆な[九]無生法忍を逮得《たいとく》す。

其の名を文殊師利《もんじゅしり》法王子、宝手《ほうしゅ》法王子、宝積《ほうしゃく》法王子、宝印手《ほういんしゅ》法王子、宝徳《ほうとく》法王子、虚空《こくう》蔵《ぞう》法王子、発心転法輪《ほっしんてんぽうりん》法王子、網明《もうみょう》法王子、障諸煩悩《しょうしょぼんのう》法王子、能捨一切法《のうしゃいっさいほう》法王子、徳蔵《とくぞう》法王子、花厳《けごん》法王子、師子《しし》法王子、月光法王子、尊意法王子、善荘厳法王子、及び跋陀婆羅《ばっだばら》等

一　王舎城迦蘭陀竹林　(大)三三上、㋠二三b　王舎城はマガダ国の首都、迦蘭陀竹林（Veṇuvana=Kalandakanivāpa）とは竹林精舎のこと。

二　大比丘僧　比丘（bhikṣu）とは出家して具足戒（二百五十戒）を受けた満二十歳以上の男子をいう。

三　菩薩摩訶薩　菩薩（bodhisattva）は「大士」といい、菩薩の通称。

四　陀羅尼　dhāraṇī とは「総持」と訳し、善法を散ぜしめず、悪法を起らざらしめる力とはたらきのこと。

五　無礙弁才　四無礙弁の一つ、衆生の願いに従って、自在に法を説く智慧の力をいう。

六　諸もろの三昧　仏および聖者は定に入ってその心を寂静ならしめる。その禅定を三昧（samādhi）という。

七　諸もろの神通　神通とは三昧の力によって得た自然を超えた不思議のはたらきをいう。神足通、天眼通、天耳通、他心通、宿命通、漏尽通の六種をあげる。　(大)三三中、㋠二三b

八　罣礙　さまたげとなること。

九　無生法忍　anutpattika-dharma-kṣānti　再び生れることがない。すなわち不生不死の法を認知し決定し安住すること。

二

の十六賢士、跋陀婆羅菩薩、宝積《ほうしゃく》菩薩、星徳菩薩、帝天菩薩、水天菩薩、善力菩薩、大意菩薩、殊勝意菩薩、増意菩薩、善発《ぜんほっち》意菩薩、不虚見《ふこけん》菩薩、不休息《ふくそく》菩薩、不少意菩薩、導師菩薩、日蔵菩薩、持地菩薩、是の如き等の菩薩摩訶薩七万二千人と、及び四天王、釈提桓因《しゃくだいかんにん》等、忉利《とうり》の諸天、夜摩天、兜率陀《とそつだ》天、化楽《けらく》天、他化自在天、及び梵王等、諸もろの梵天、并びに余の無量の諸天、龍、鬼神、夜叉、犍闥婆《けんだつば》、阿修羅《あしゅら》、迦楼羅《かるら》、緊那羅《きんなら》、摩睺羅伽《まごらが》、人《にん》と非人《ひにん》と普ねく皆な来集す。

爾《そ》の時、世尊は大衆に恭敬《くぎょう》し囲遶《いにょう》せられて、而して為《た》めに法を説く。時に於いて網明《もうみょう》菩薩、即ち坐より起ち、右肩を偏袒《へんだん》し、右膝を地に著《つ》け、頭面《ずめん》もて仏足を礼し、合掌して仏に向かう。此の三千大千世界[一]を動じて一切大衆を引導し起発《きほっ》して、而して仏に白《もう》して言わく、世尊よ、我れ仏より少しく問う所有らん欲す。若し仏、聴《ゆる》したまわば乃ち敢えて諮《と》うこと請わんとすと。仏、網明に告ぐ、恣《ほしいま》まに汝の問う所もて、当に為めに解説《げせっ》し爾の心を悦可せしむべしと。是こに於いて網明[二]既に聴許を蒙むり、心大いに歓喜し、即ち仏に白して言わく、世尊よ、如来の身相は、百千万の日月の光明を超ゆ。我れ自ら惟念《ゆいねん》す。若し衆生有りて能く仏身を見れば、甚だ為れ希有《こけう》なりと。我れ復た惟念すらく、若し衆生有りて能く仏身を見るは、皆な是れ如来の威神《いじん》の力なりと。仏、網明に告ぐ、是の如し、是の如し、汝が言う所の如し。若し仏にして威神を加えずんば、衆生の能く仏身を見ること有ること無く、亦た能く問うこと無し。網明よ当に知るべし、如来に光有り、寂荘厳《じゃくしょうごん》と名づく。若し衆生の斯の光に遇う者有れば、能く仏身を見て眼根《げんこん》を壊《え》せず。又た如来の光を無畏弁《むいべん》と名づく。若し衆生の斯の光に遇う者有れば、能く如来の其の弁の無尽を問う。又た如来

一　三千大千世界　インドの世界観。これは須弥山を中心とした一世界が十億集まった世界。

二　網明　本経において活躍する菩薩の一人。竺法護は「明網」と訳し、菩提流支は「網明」と訳している。網とは帝網のこと。帝網とは帝釈天の網。帝釈天の宮殿を飾る網は、その一々の目に宝珠があって、その宝珠が互いに他をうつして隠覆することがない。そのように本来大小一切を明らかにして、直ちに真心をあらわすことを網明という。　(大)三二下、㋠二四b

三　転輪聖王　インド神話にあらわれた

の光を集諸善根と名づく。若し衆生の斯の光に遇う者有れば、能く如来に[三]転輪聖王《てんりんじょうおう》の行業の因縁を問う。又た如来の光を浄荘厳《じょうしょうごん》と名づく。若し衆生の斯の光に遇う者有れば、能く如来は[四]天帝釈（をえたる）の行業の因縁を問う。又た如来の光を得自在と名づく。若し衆生の斯の光に遇う者有れば、能く如来に[五]梵天王《ぼんてんのう》（をえたる）の行業の因縁を問う。又た如来の光を離煩悩《りぼんのう》と名づく。若し衆生の斯の光に遇う者有れば、能く如来に[六]声聞《しょうもん》乗所行の道を問うなり。又た如来の光を善遠離《ぜんおんり》と名づく。若し衆生の斯の光に遭う者有れば、能《よ》く如来に[七]辟支仏《びゃくしぶつ》の所行の道を問うなり。又た如来の光を[八]益一切智《やくいっさいち》と名づく。若し衆生の斯の光に遇う者有れば、能く如来に大乗の仏事を問うなり。又た如来の光を名づけて[九]往益《おうやく》と為す。仏、来去の時の足下の光明に、衆生の遇う者は命終して天に生まる。又た如来の光を一切荘厳と名づく。若し仏が城に入るに斯の光明を放つ。衆生、遇う者は歓喜の楽を得ん。一切厳飾《ごんじき》の具、其の城を荘厳す。城中の宝蔵、地より涌出す。又た如来の光を名づけて震動と曰う。仏、此の光を以って、能く無量無辺の世界を動かす。又た如来の光を名づけて生《しょう》楽《らく》と曰う。仏は此の光を以って、能く[一〇]地獄の衆生の苦悩を滅す。又た如来の光を名づけて上慈と曰う。仏は此の光を以って、能く畜生をして相い悩害せざらしむ。又た如来の光を名づけて涼楽《りょうらく》と曰う。仏は此の光を以って、能く餓鬼の饑渇熱悩を滅す。又た如来の光を名づけて明浄と曰う。仏は此の光を以って、盲者をして視ることを得しむ。又た如来の光を名づけて聡聴と曰う。仏は此の光を以って、能く衆生の[一一]聾者《ろうしゃ》をして聴くことを得せしむ。又た如来の光を名づけて[一二]慚愧と曰う。仏は此の光を以って、能く衆生の狂者をして正《しょう》を得しむ。又た如来の光を名づけて[一三]止息と曰う。仏は此の光を以って、能く衆生をして[一四]十不善

世界を統一する帝王の理想像。三十二相を具し、正義によって世界を統一、支配する。

四　天帝釈　帝釈天のこと。須弥山の頂上におり、善法堂に諸天を集め、中でも四天王は善法堂において世間の善悪を帝釈天に奏聞するという。

五　梵天王　色界初禅天にあり、帝釈天と並んで仏法の守護神。梵天王の行業は五欲を離れ、禅を修することである。

六　声聞乗所行の道　四諦の法を修すること。

七　辟支仏の所行の道　十二因縁の法を観じ、十二因縁の法を還滅するを修行すること。

八　益一切智　ここでは如来の光。すなわち非有非空亦有亦空を照す智慧をいい、この智慧によって利益することをいう。

九　往益　往とは往来の往。如来の光の利他門をあらわしたもの。

一〇　地獄の衆生　ここでは、以下に畜生、餓鬼と三悪道の衆生に如来の光が利益する相を示している。

一一　聾者　耳の聞こえない人。

一二　慚愧　慚は、心に自らの罪を恥じること。愧は、自らの罪を人に告白して恥じ、罪のゆるしを請うこと。

一三　止息　止め息むこと。

一四　十不善道　苦しみを招く十種の罪悪。殺生、盗み、邪淫、妄語、悪口、二人の間を裂く語、偽りの語、貪り、瞋り、邪見の十をいい、この反対が十善道である。

道を捨せしめ、十善道に安住せしむ。又た如来の光を名づけて離悪《りあく》と曰う。仏は此の光を以って、能く邪見[一]の衆生をして皆な正見《しょうけん》[二]を得しむ。又た如来の光を名づけて能捨と曰う。仏は此の光を以って、能く衆生の慳貪《けんどん》の心を破し、布施[三]を行ぜしむ。又た如来の光を無悩《むのう》熱《ねつ》と名づく。仏は此の光を以って、能く毀禁《きごん》の衆生をして皆な持戒を得せしむ。又た如来の光を名づけて安利と曰う。仏は此の光を以って、能く瞋恨《しんこん》の衆生をして皆な忍辱《にんにく》を行ぜしむ。又た如来の光を名づけて勤修《ごんしゅ》と曰う。仏は此の光を以って、能く懈怠《けたい》の衆生をして皆な精進を行ぜしむ。又た如来の光を名づけて一心と曰う。仏は此の光を以って、能く妄《もう》念《ねん》の衆生をして皆な禅定を得せしむ。又た如来の光を名づけて能解《のうげ》と曰う。仏は此の光を以って、能く愚癡《ぐち》の衆生をして皆な智慧を得せしむ。又た如来の光を名づけて清浄《しょうじょう》と曰う。仏は此の光を以って、能く不信の衆生をして皆な浄信[四]を得しむ。又た如来の光を名づけて能持《のうじ》と曰う。仏は此の光を以って、能く少聞の衆生をして皆な多聞を得しむ。又た如来の光を名づけて威儀《いぎ》と曰う。仏は此の光を以って、能く無慚《むざん》の衆生をして皆な慚愧《ざんき》することを得しむ。又た如来の光を名づけて安隠《あんのん》と曰う。仏は此の光を以って、能く多欲《たよく》の衆生をして婬欲を断除せしむ。又た如来の光を名づけて歓喜《かんぎ》と曰う。仏は此の光を以って、能く多怒の衆生をして瞋恚《しんに》を断除せしむ。又た如来の光を名づけて照明と曰う。仏は此の光を以って、能く多癡[五]の衆生をして愚癡を断除せしむ。又た如来の光を名づけて遍行《へんぎょう》と曰う。仏は此の光を以って、能く等分[六]の衆生をして等分を断除せしむ。又た如来の光を示《じ》一切色《いっさいしき》[七]と名づく。仏は此の光を以って、能く衆生をして皆な仏身に無量種の色《しき》を見せしむ。網明よ、当に知るべし、如来は、若し[八]は一劫《いっこう》、若しは滅一劫を以って、此の光明の力用《りきゆう》の名号《みょうごう》

一 邪見　因果を否定する見解。因果や縁起を説く仏法に反する考え方。

(大)三四上、(チ)二五b

二 正見　正しい見解。正しく因果を信じ、功徳を信じ、聖人を信ずる等をいう。

三 布施　六波羅蜜の最初に示された徳目で、だれもが容易に行うことのできる修行法。

四 浄信　自心が本来清浄であることを信じて、空にあらず有にあらず、真如はこれが本来具わっていることを信ずるを浄信という。これに反するを不浄の信という。

五 多癡　愚癡多きものをいう。愚癡とはものごとの道理をわきまえないものをいい、これを無明という。

六 等分の衆生　等分とは区分を設けること。衆生は己れの考えに固執し、これが是で、あれが非であると執著する。

七 示一切色　色には顕色と形色とがある。顕色とは「いろ」のこと、形色とは「かたち」のこと。ここでは両方の意をあらわしている。

八 若しは一劫、若しは滅一劫　菩提流支は「若しは一劫を以って、若しは余の残れる劫（を以って）」と訳し、竺法護は、「たとい一劫、若しくは復た劫を過ぎるも」と訳している。つまり、如来の光明の力用を、一劫をもって、あるいは一劫を過ぎても、まだ説きたらないというのである。

を説くとも、窮尽《ぐうじん》すべからざることをと。爾《そ》の時に網明菩薩、仏に白して言わく、未曾有《みぞう》なり世尊よ。如来身は、即ち是れ無量無辺の光明の蔵なり。説法の方便も亦た不可思議なり。世尊よ、我れ昔より来《このか》た未だ曾て此の光明の名号を聞かざるも、我れ仏の所説の義を解《げ》するが如し。若し菩薩有りて、斯の光明の名号を聞きて心の清浄なることを信ぜば、皆な是の如きの光明の身を得るなり。世尊よ、惟《た》だ願わくは今日、諸もろの菩薩の光を放ち、他方の菩薩の善《よ》能く問難の者をして、斯の光を見せしめ已《おわ》って、発心《ほっしん》して此の[九]娑婆《しゃば》世界に来たらしめよと。

爾の時に世尊は網明菩薩の請いを受け已って、即ち光明を放ち、此の三千大千世界を照らしたもう。普ねく十方の無量の仏土に及べり。是こに於いて諸方の無量の百千万億の菩薩は、斯の光を見已《おわ》って、皆な此の娑婆世界に来至す。爾の時に、東方、七十二[一〇]恒河沙《ごうがしゃ》の仏土を過ぎて、国有り。清潔《しょうけつ》と名づく。仏を日月光如来[一一]応供正遍知と号《な》づく。今、現在、其の仏土に[一二]菩薩の梵天有り。名づけて思益《しやく》と曰う。[一三]不退転《ふたいてん》に住す。此の光を見已って日月光仏の所に到り、頭面《ずめん》して礼を作し、仏に白して言わく、世尊よ、我れ娑婆世界の釈迦牟尼仏の所に詣で、見奉りて供養し、親近《しんごん》し、諮受《しじゅ》せんと欲す。彼の仏も亦た復た我れ等を見んと欲《ほっ》するならんと。其の仏の告げて言わく、便《すなわ》ち往け、梵天よ。今、正に是の時なり。彼の娑婆国に若干の千億の諸菩薩の集まれる有り。汝、応《まさ》に此の十法を以って彼の土に遊ぶべし。何等《なんら》をか十と為す。毀《き》に於いて誉《よ》に於いて心に増減無きと、善を聞くも悪を聞くも心に分別無きと、諸もろの愚智に於いて等しく悲心を以ってすると、上中下の衆生の類に於いて意《こころ》、常に平等なると、供養を軽毀《きょうき》するに於いて心に二有ること無きと、他の闕失《けっしつ》

九　娑婆世界　娑婆は sahā の音訳。義釈して忍という。この世界は釈尊の教化せられるところで、須弥世界をさす。

一〇　恒河沙　恒河はガンジス河のこと、沙は砂である。ガンジス河の砂の数ほどにたくさんの、という意。

一一　応供正遍知　仏の十号のうち。如来は真如より来れる者、応供は供養に応ぜられる人、正遍知は正しく覚った者との意。　㊅三四中、㋠二六b

一二　菩薩の梵天　梵天は大梵天王をいう。初禅天を住所として、静寂にして清浄である。この梵天がすでに仏法帰依の菩薩となっている。これを「菩薩の梵天」という。ここでは「思益」と名づけられている。

一三　不退転　たとい凡夫であっても、すべての行いが聖者の境地にむかって進み、退くことのないところまで仏道を得たものの心境をいう。

一 五濁　悪世における五種の穢れ。一、劫濁、二、見濁、三、煩悩濁、四、衆生濁、五、命濁。
二 師子吼　siṁhanāda 仏の説法をいう。
三 彼の土　娑婆世界のこと。
四 旦より食に至る　旦は夜明けをいい、食は日がかけるすなわち夕方のこと。法護訳は羅什訳と同じであるが、菩提流支訳は「旦より中に至る」という。中は昼に通じるか。
五 瞋礙　瞋は己れの意に反するものに対するいかり、礙はさまたげ。菩提流支も瞋礙と訳すが、法護は「害心」と訳している。
六 忽然として現ぜざらしめ　原文は「忽然不現」、他の二訳も同じ、日月光仏の世界から、忽然として娑婆世界に到ることをいう。

㊅三四下、㊈二七b

六

するところに於いて其の過を見ざると、種種の乗は皆な是れ一乗なりと見ると、三悪道《さんなくどう》を聞くも亦た驚畏すること勿らんと、諸もろの菩薩に於いて如来の想を生ずると、仏、[一]五濁《ごじょく》に出ずるに希有《けう》の想を生ずるとなり。梵天よ、汝、当に此の十法を以って、彼の世界に遊ぶべしと。思益梵天、仏に白して言わく、世尊よ、我れ敢えて如来の前に於いて[二]師子吼《ししく》を作さず。我が能く行ずる所、仏、自ら之れを知る。今、当に此の十法を以って彼の世界に遊ぶに一心に修行すべしと。爾の時、日月光仏の国に諸もろの菩薩有り。其の仏に白して言わく、世尊よ、我れ大利を得て、是の如き悪衆生の中に生ぜずと。其の仏の告げて言わく、善男子よ、是の語を作すこと勿れ。所以《ゆえ》は何《いか》ん。若し菩薩あって此の国の中に於いて、百千億劫のあいだ梵行を浄修すとも、[三]彼の土において[四]旦《たん》より食《じき》に至るに[五]瞋礙《しんげ》の心無きには如《し》かざればなり。其の福を勝と為す。即ち時に万二千の菩薩有り。思益梵天と倶共《とも》に発来《ほつらい》して是の言を作《な》さく、我れ等、亦た此の十法を以って彼の世界に遊び、釈迦牟尼仏を見たてまつらんと。是こに於いて思益梵天は万二千の菩薩と倶に、彼の仏土に於いて、[六]忽然として（身を）現ぜざらしめ、譬えば壮士の臂を屈伸するが如きの頃《あいだ》に、娑婆世界の釈迦牟尼仏の所《みもと》に到り、却《かえ》って一面に住す。爾の時、仏は網明菩薩に告ぐるに、汝は是の思益梵天を見るや不《いな》やと。唯然《ゆいねん》たり已に見つと。網明よ当に知るべし、思益梵天は、諸もろの正問の菩薩の中に於いて、最第一と為す。諸もろの諸法を善く分別する菩薩の中に於いて最第一と為す。諸もろの経意を随宜《ずいぎ》に説く菩薩の中に於いて、最第一と為す。諸もろの慈心の菩薩の中に於いて、最第一と為す。諸もろの悲心の菩薩の中に於いて、最第一と為す。諸もろの喜心の菩薩の中に於いて、最第一と為す。諸もろの捨心《しゃしん》の菩薩の中に於いて、最第一と為す。諸もろの軟語《なんご》の菩薩の中に於いて、最第一と為す。諸もろの瞋礙[七]せざる菩薩の中に於いて、最第一と為す。諸もろの先に意を問訊《もんじん》する菩薩の中に於いて、最第一と為す。諸もろの疑いを決する菩薩の中に於いて、最第一と為すと。爾の時、思益梵天は、万二千の菩薩と倶《とも》に、頭面《ずめん》に仏足を礼して、右遶《うにょう》すること三匝《さんそう》、合掌して仏に向かい、偈《げ》を以って讃じて曰く、

世尊の大名称は、普ねく十方の所在の諸もろの如来に於いて聞こえ、称歎《しょうたん》せざる者無し。

諸もろの余の浄国有り、[八]三悪道《さんなくどう》の名無し。是の如きの妙土を捨てて、慈悲の故に此こに生まる。

[九]仏智は減少すること無く、諸もろの如来は与《とも》に等しく、大慈（悲）の本願を以って、斯の穢悪土に処《お》りたもう。

若し人、浄国に於いて、戒を持して一劫を満じ、此の土において須臾《しゅゆ》の間、慈を行ずるを最勝と為す。

若し人、此の土に於いて、身口意の罪を起こして、応に三悪道に堕《だ》して、現世に受くべきも除くことを得るなり。

此の土に生まるる菩薩よ、応に憂怖《うふ》を懐《いだ》くべからず。設《たと》い悪道の罪有るも、頭痛は即ち除くことを得ん。

此の土の諸もろの菩薩、若し能く法を守護せば、世世に生まるる処において、正念を失わず。

七　瞋礙　㊅は瞋礙につくり、㊊と㊒は瞋擬につくる。菩提流支訳は「瞋恨心」となっている。

八　三悪道　地獄、餓鬼、畜生の三悪所をいう。

九　仏智は減少すること無く　仏は浄妙の浄土を捨てて、衆生救済のために五濁の悪世に生れるが、仏土は常に清浄であるから、仏智は何の減少することもないという意味。

八

若し人、縛《ばく》を断じ、煩悩の業罪を滅せんと欲《ほっ》し、此の土に於いて法を護れば、一切智を増益《ぞうやく》せん。

[一]浄土において多億劫のあいだ、法を受持し解脱するよりは、此の娑婆世界に於いて旦《たん》より食《じき》に至るが勝れり。

我れ喜楽《きらく》国を見、及び安楽土[二]を見るに、此の中には苦悩無く、亦た苦悩の名無し。

彼れに於いて功徳を作すは、未だ以って奇と為すに足らず。此の煩悩の処に於いて能く忍ぶは、事《つか》うべからず。

亦た他に此の法を教うるは、其の福、最勝と為す。我れは無上尊の大悲救苦者《だいひくくしゃ》を礼す。

能く悪の衆生の為めには、法を説くこと甚だ難しと為す。仏は無量衆を、十方世界の中より集む。

名聞《みょうもん》の諸菩薩は、法を聴きて厭足《えんそく》すること無く、海の如く衆流《しゅうる》を呑み、是の如き等の人の為めに、広く仏道を説く。

釈[三]、梵[四]、四天王[五]の諸もろの天[六]、龍神[七]等、皆な法を求めんと欲して集まり、信ずる所に随って楽説《ぎょうせつ》す。

比丘、比丘尼、及び清信《しょうしん》の士女、是の四衆、普ねく集まり、時に為めに演説したまえと願う。

仏乗を楽《ねが》う者、及び縁覚声聞有り。仏は其の深心《じんしん》を知《しろ》しめして、悉く皆な為めに疑いを断ず。

[八]仏種《ぶっしゅ》を断ぜざる者は、能く三宝を出生す。是の諸もろの菩薩の為めに、我れ今、諸法

一　浄土に於いて　清浄なる国において一劫の間の持戒を、この娑婆穢悪土におけるわずかの慈悲行には及ばないとの意。

二　安楽土　法護訳は「安楽仏土」と訳されており、菩提流支は「無量寿仏国」と訳している。

三　釈　帝釈天のこと。(大)三五上、(チ)二八b　須弥山の頂上の真中にいるという。

四　梵　梵天すなわち大梵天王のこと。色界にいるという。

五　四天王　須弥山の中腹の東西南北に位置しており、その名を東は持国天、西は広目天、南は増長天、北は多聞天という。またおのおの一天下を護るところから、護世四天王ともいい、法護は「護世者」と訳している。

六　諸もろの天　この天を、上にかけて「帝釈、梵天、四天王などの諸もろの天」と理解した。

七　龍神　龍のことをいい、すぐれた力を具えているところから龍神という。これらが、法を求めて集まり来たのであるが、法護のみ、このほかに、「須倫、真陀」を追加している。須倫はアスラのこと、真陀はキンナラのこと。

八　仏種　仏のたねのこと。すなわち仏性。「仏種」の語は菩提流支も同じ。法護訳には仏種の語はない。このところを、「志求仏道、其立仏言、而不断絶」という。

の王たり。

名称《みょうしょう》は普ねく流布して、十方の菩薩は（これを）聞き、皆な悉《ことごと》く共に来集す。為めに無上道を説く。

此の無上の大法は、二乗の及ばざる所、我れ等、信力の故に、是の如き法に入ることを得《う》。

不可思議の慧は、我れ等の及ぶ所に非ず。仏、疲倦《ひけん》無しと雖も、而も我れ請う所有り。

世尊に於いて悔過《けか》す。願わくは菩提の道を説きたまえ。

四法品第二[九]

爾《そ》の時に思益梵天、此の偈を説き已《おわ》りて、仏に白《もう》して言わく、世尊よ、何ぞ菩薩の其の心堅固にして疲倦《ひけん》無しと謂うや。何ぞ菩薩の言う所は決定《けつじょう》して、悔に中《あた》らずと謂うや。何ぞ菩薩は善根を増長すと謂うや。何ぞ菩薩は恐れる所無く、威儀動ぜずと謂うや。何ぞ菩薩は白法《びゃくほう》を成就すと謂うや。何ぞ菩薩は善く知り、[一〇]一地より一地に至ると謂うや。何ぞ菩薩は衆生の中に於いて善く[一一]方便を知ると謂うや。何ぞ菩薩は善く衆生を化すと謂うや。何ぞ菩薩は世世、菩提の心を失なわずと謂うや。何ぞ菩薩は能く其の心を一にして而して雑行《ぞうぎょう》無しと謂うや。何ぞ菩薩は善く法宝を求むと謂うや。何ぞ菩薩は善く[一二]毀禁《きごん》の罪を出《い》だすと謂うや。何ぞ菩薩は善く煩悩を[一三]障《ふさ》ぐと謂うや。何ぞ菩薩は善く諸もろの大衆のなかに入ると謂うや。何ぞ菩薩は先きの因力を得て善根を失

九　四法品　これは仏が思益梵天にむかって、「菩薩に四法あり」といって四つの法を説くところである。この「菩薩に四法あり」とする項目が、都合二十ほど出ている。菩提流支の訳本はここに四法品の題を掲げていない。　(大)三五中、(チ)二九b

一〇　一地より一地に至る　菩薩が十地の修行において、初地より二地、三地と漸次に段階をへてゆくこと。

一一　方便　衆生を導くためのてだてのこと。

一二　毀禁の罪を出す　罪科を発露して懺悔すること。

一三　障　これは羅什訳であるが、菩提流支訳は断の字としている。

一〇

せずと謂うや。何ぞ菩薩は他教に由らずして而も能く自ら六波羅蜜を行ずと謂うや。何ぞ菩薩は能く[一]禅定を転捨して、還た欲界に生ずと謂うや。何ぞ菩薩は諸もろの仏法に於いて不退転を得ると謂うや。何ぞ菩薩は[二]仏種《ぶっしゅ》を断ぜずと謂うや。

爾の時に世尊、思益梵天を讃じて（言わく）、善き哉、善き哉、能く如来に此の如きの事を問えり。汝今、諦聴《たいちょう》し、善く之れを思念《しねん》せよと。（思益梵天の言わく）唯然《ゆいねん》たり世尊、願わくは楽《ねが》って聞かんと欲すと。仏、思益梵天に告ぐ、菩薩に四法有り。其の心、堅固にして疲倦《ひけん》せず。何等《なんら》をか四とす。一は諸もろの衆生に於いて大悲心を起こす。二は精進して懈《おこた》らず。三は生死《しょうじ》は夢の如しと信解《しんげ》す。四は正しく仏の智慧を思量すとなり。菩薩に此の四法有り。其の心、堅固にして疲倦せず。梵天よ、菩薩に四法有りて、言う所決定して而して[三]悔《け》に中《あた》らず。何等をか四とす。一は諸法無我と決定《けつじょう》して説く。二は諸もろの生処には、楽しむべき者無しと決定して説く。三は決定して常に大乗を讃ず。四は決定して[四]罪と福の業は失わずと説くとなり。是れを四と為す。梵天よ、菩薩に四法有り、善根を増長す。何等をか四とす。一は持戒《じかい》、二は多聞《たもん》、三は布施、四は出家なり。是れを四と為す。梵天よ、菩薩に四法有りて、恐畏《おそ》れる所無く、威儀転ぜず。何等をか四とす。一は[五]失利、二は悪名《あくみょう》、三は毀辱《きにく》、四は苦悩となり。是れを四と為す。梵天よ、菩薩に四法有り、[六]白法を成就す。何等をか四とす。一は人に教えて罪福あるを信ぜしむ。二は布施して果報を求めず。三は正法を守護す。四は智慧を以って諸もろの菩薩を教うとなり。是れを四と為す。梵天よ、菩薩に四法有り。善く一地より一地に至るを知るなり。何等をか四とす。一は久しく善根を殖《う》う。二は諸もろの[七]過咎《かきゅう》を離る。三は善く[八]方便廻向《えこう》を知る。四は精進を勤行《ごんぎょう》すとな

一 禅定を転捨　常におおく定中に住するのは小乗の分済であり、大乗では定より出て積極的に利他行を修する。

二 仏種　仏の子としての種。大乗の特徴は、一切の衆生が、仏の子としての自覚にあること。

三 悔　過去の作、不作の行動への思い、すなわち、なせばよかった、なさなければよかった、という思いのこと。これが「決定」によって捨せられる。

四 罪と福の業は失わず　もし無我として無生処であると執著すれば、罪福の業は報を得ることとなしとする邪見におちいる。維摩経に説くように、「無作、無造、無受者なれども、善悪の業は亡びず」というのが大乗の罪福業観であり、これを説くことを、ここで「決定」という。

五 失利、悪名、毀辱、苦悩　これらの逆境にあっては修行者はその心が動じ易く、おそれを生じ易い。失利といえども憂うるに足らず、悪名も患うに足らず、毀辱も恥じるに足らず、苦悩もおそれるに足らず、威儀常のごとくなるをいう。

㊅三五下、㊄三〇b

六 白法　黒法に対する。ここでは煩悩の黒法に対して、有漏の善法をいう。

七 過咎　あやまち。

八 方便廻向　自己の修行に資するようにいろいろなてだてをする。

り。是れを四と為す。梵天よ、菩薩に四法有り。善く方便を知る。何等をか四とす。一は衆生の意に順う。二は他の功徳に於いて随喜の心を起こす。三は[九]悔過《けか》し罪を除く。四は諸仏を勧請《かんじょう》すとなり。是れを四と為す。梵天よ、菩薩に四法有り。善く衆生を化す。何等をか四とす。一は常に衆生を利安することを求む。二には自ら己れの楽を捨つ。三は心和して忍辱《にんにく》す。四は[一〇]憍慢《きょうまん》を除捨すとなり。是れを四と為す。梵天よ、菩薩に四法有り。世世に菩提の心を失わず。何等をか四とす。一は常に仏を憶念《おくねん》す。二は所作《しょさ》の功徳、常に菩提と為《な》る。三は[一一]善知識に親近《しんごん》す。四は大乗を称揚すとなり。是れを四と為す。梵天よ、菩薩に四法有り。能く其の心を一にして而して[一二]雑行《ぞうぎょう》無し。何等をか四とす。一には声聞《しょうもん》心を離る。二には辟支仏《びゃくしぶつ》心を離る。三には法を求めて厭無し。四には、聞法する所は、広く人の為めに説くが如しとなり。是れを四と為す。梵天よ、菩薩に四法有り。善く法宝を求む。何等をか四とす。一には法中に宝想を生ず。二には法中に於いて薬想《やくそう》を生ず。得難《えがた》きを以っての故に。三には法中に於いて[一三]財利《ざいり》の想を生ず。失わざるを以っての故に。四には法中に於いて、一切の苦想を滅するを生ず。涅槃に至るが故に。是れを四と為す。梵天よ、菩薩に四法有り。[一四]善く毀禁《きごん》の罪を出だす。何等をか四とす。一には[一五]無生法忍《むしょうぼうにん》を得《う》。諸法の来たること無きを以っての故に。二には[一六]無滅法忍《むめっぽうにん》を得。諸法の去無きを以っての故に。三には因縁の忍を得。諸法は因縁より生ずと知るが故に。四には無住の忍を得。[一七]異心の相続無きが故にとなり。是れを四と為す。梵天よ、菩薩に四法有り。善く煩悩を障《さ》ゆ。何等をか四とす。一には正しく憶念す。二には[一八]諸根を障ゆ。三には善の法力を得。四には独り遠離《おんり》に処すとなり。是れを四と為す。梵天よ、菩薩に四法有り。善く諸もろの大

九　悔過　三宝に向って己の罪過を懺悔し、罪報をまぬがれんことを求めること。
一〇　憍慢　自ら高ぶって他をあなどる心をいう。
一一　善知識　正法を説いて、人をして仏道に入らしめ、解脱を得せしめる人をいう。
一二　雑行無し　有余涅槃を受けず、孤調解脱を願わず、今この経において聞く所のごとく説けば、自行化他備わって、そのほかの道なく、その心は常に一つであること。
一三　財利の想　法も世間の財利のごとく失せざるようにつとめること。
一四　善く毀禁の罪を出だす　諸法は三世に得ることとなければいずれが持戒、いずれの毀禁かを知らず。このように了達してよく毀禁の罪をいだすこと。
一五　無生法忍　不生の法性を忍知して決定して安住する位をいう。
一六　無滅法忍　諸法の不滅なるを認知し決定したる位をいう。(大)は無滅忍、今は(三宮)による。
一七　異心　前念の無漏心のあと、後念の有漏心がおきれば、これを異心という。
一八　諸根を障ゆ　六根が外界の妄境を縁ずることをやめること。

(大)三六上、(チ)三一b

乗に入る。何等をか四とす。一には法を求めて[一]勝を求めず。二には恭敬心《くぎょうしん》をもって憍慢《きょうまん》無し。三には、惟だ法利を求めて自ら[二]顕現せず。四には人に善法を教えて名利を求めずとなり。是れを四と為す。梵天よ、菩薩に四法有り。善く法施《ほうせ》を開く。何等をか四とす。一には法を守護す。二には自ら智慧を益《やく》し、亦た他人をも益せしむ。三には善人の法を行ず。四には人の[三]垢《く》と浄を示すとなり。是れを四と為す。梵天よ、菩薩に四法有り。先きの因力《いんりき》を得て善根を失わず。何等をか四とす。一には他人の闕けたるを見て、以って過と為さず。二には瞋恚《しんぬ》の人に於いて常に慈心を修す。三には常に諸法の因縁を説く。四には常に菩提を念ずとなり。是れを四と為す。梵天よ、菩薩に四法有り。他の教えに由らずして而して能く自ら[四]六波羅蜜《はらみつ》を行ず。何等をか四とす。一には施を以って人を導く。二には他人の毀禁の罪を説かず。三には善く法を摂《おさ》むるを知り、衆生を教化す。四には深法に解達《げたつ》すとなり。是れを四と為す。梵天よ、菩薩に四法有り。能く禅定《ぜんじょう》を転捨し欲界《よっかい》に還生《げんしょう》す。何等をか四とす。一には其の心柔軟にして、二には諸もろの根力を得。三には一切衆生を捨てず。四には善く智慧方便の力を修《しゅ》す。是れを四と為す。梵天よ、菩薩に四法有り。諸仏の法に於いて[五]不退転を得。何等をか四とす。一には[六]無量の生死を受く。二には無量の諸仏を供養す。三には無量の慈心を修行す。四には無量の仏慧を信解すとなり。是れを四と為す。梵天よ、菩薩に四法有り。[七]仏種を断ぜず。何等をか四とす。一には[八]本願を退せず。二には言あれば必ず行を施す。三には大いに精進せんと欲す。四には深心《じんしん》に仏道を行ずとなり。是れを菩薩に四法有りて仏種を断ぜずと為す。是の諸もろの四法を説く時、二万二千の天、及び人《にん》は、皆な阿耨多羅三藐三菩提《あのくたらさんみゃくさんぼだい》心を発《お》こし、五千人は無生法忍を得、十方よりの諸来

一　勝を求めず　諍論を絶すること。
二　顕現せず　顕現すればかえって法利を失うから。
三　垢と浄　五欲に執著するを垢といい、五欲の離れるを浄という。
四　六波羅蜜　六ハラミツ (pāramitā) は布施、持戒、忍辱、精進、禅定、智慧であるが、ここではとくに布施と持戒が取りあげられている。
五　不退転　菩薩の修行があるところまで進むと、身はたとい凡夫の分際にあっても、もはや退くことがなくなる。これを不退転という。
六　無量の生死を受く　凡夫は生死に迷い、二乗は生死を怖れてこれより解脱するが、菩薩は無量の生死をことさらに受けてその間、仏道に精進し倦むことを知らざるをいう。
七　仏種を断ぜず　つぎに示す四法を行じて仏種を断ぜずという。
八　本願　仏種を断ぜざらしめんとして大いに精進し、深心に仏道を行ずる。このことを本願としている。

の菩薩は、仏を供養し、所散の天花は、[九]三千大千世界に周遍し、積《つも》って膝に至る。

分[一〇]別品第三

丹本には菩薩正問品第三とす

爾の時に網明《もうみょう》菩薩は思《し》益梵天《やくぼんてん》に問うて言わく、仏は汝に、菩薩中に正問することを、最第一と為すと説く。何ぞ菩薩の所問を謂いて正問と為すや。梵天の言わく、網明よ、若し菩薩が、彼れと我れを以って問えば、名づけて邪問と為す。法を分別して問えば名づけて邪問と為す。若し彼れ、我れ無くして問えば、名づけて正問と為し、法を分別せずして問えば名づけて正問と為す。又た網明よ、[一一]生を以っての故に問えば、名づけて邪問と為し、滅を以っての故に問えば、名づけて邪問と為す。住を以っての故に問えば、名づけて邪問と為す。若し生を以ってせざるが故に問い、滅を以ってせざるが故に問い、住を以ってせざるが故に問えば、名づけて正問と為す。又た網明よ、若し菩薩が[一二]垢の為めの故に問えば、名づけて邪問と為し、浄の為めの故に問えば、名づけて邪問と為す。[一三]生死《しょうじ》の為めの故に問えば、名づけて邪問と為し、出生死の為めの故に問えば、名づけて邪問と為す。涅槃《ねはん》の為めの故に問えば、名づけて邪問と為す。若し垢浄《くじょう》の為めにせざる故に問い、生死、出生死の為めにせざる故に問い、涅槃の為めにせざる故に問えば、名づけて正問と為す。所以《ゆえ》は何《いか》ん。[一四]法位中は無垢、無浄、無生、無死、無涅槃なればなり。又た網明よ、若し菩薩が[一五]見《けん》の為めの故に問い、断の為めの故に問い、証の為めの故に問い、修の為めの故に問い、得《とく》の為めの故に問い、果の為めの故に問うは、名づけて邪問と為す。若し、無見、無断、無

九　三千大千世界　インド神話の世界観。須弥山を中心にした一世界が十億個集まった世界をいう。

一〇　分別品　法護訳も羅什訳と同じくここで分品しているが、菩提流支訳は分品していない。この品では梵天は二十一問をおこし、世尊はそれに逐一答えている。

(大)三六中、(チ)三一b

一一　生を以っての故に　以下、生、滅、住をあげて問うを邪問としている。すなわち、生住滅は世間相であって第一義ではない。世間相に執著して問えばこれを邪問となし、世間相に著せずして問えば正問となる。

一二　垢　第一義空の立場よりいえば、いずれが垢であり、いずれが浄であるかという観点から問うならば、これは邪問であるという。すなわちこの後、浄のために問うをもって邪問となすといっているのがそれである。

一三　生死　生死を能迷となせば出生死は能修である。この能修よりいえば涅槃は所証となり、生死、出生死、涅槃のための故に問えば、いずれも邪問となる。能所相対するが故である。

一四　法位中　法位とは真如のこと。

一五　見　対象の是非得失を推量し分別すること。

証、無修、無果の故に問えば、名づけて正問と為す。又た網明よ、是れ善、是れ不善を名づけて邪問と為す。是れ世間法、是れ出世間法、是れ罪法、是れ無罪法、是れ[一]有漏《うろ》法、是れ無漏《むろ》法、是れ[二]有為《うい》法、是れ無為《むい》法、是の如き等の二法の、所依に随って而して問う者は、名づけて邪問と為す。若し二を見ず、不二をも見ずして問うは、名づけて正問と為す。又た網明よ、若し菩薩が、仏を分別して問うは名づけて邪問と為す。法を分別し、僧を分別し、衆生を分別し、仏国《ぶっこく》を分別し、諸乗を分別して問うは、名づけて邪問と為す。若し法に於いて一異を作さずして問う者は、名づけて正問と為す。又た網明《もうみょう》よ、一切法は正、一切法は邪なりと。網明の言わく、梵天よ、何を謂って一切法は正、一切法は邪なるや。梵天の言わく、諸もろの法性に於いて[三]無心なるが故に、一切法を名づけて正と為す。若し[四]無心法の中に於いて、心分別を以って観ずるは、一切法を名づけて邪と為す。[五]一切法離相《いっさいほうりそう》を名づけて正と為す。若し是の離相を信ぜず、解達《げたつ》せざれば、是れ即ち諸法を分別す。若し諸法を分別すれば、則ち増上慢《ぞうじょうまん》に入る。分別する所に随《したが》うを、皆な名づけて邪と為すと。網明の言わく、何を謂いて諸法の正性と為すや。梵天の言わく、諸法は自性を離れ、欲際《よくさい》を離る。是れを正性と名づくと。網明の言わく、少しく能く是の如き正性《しょうしょう》を解す有り。梵天の言わく、是れ正性は不一不多なり。網明よ、若し善男子善女人有りて、能く是の如く諸法の正性を知り、若しは已に知り、若し今、知り、若しくは当に知るならば、是の人は法有ること無くして已に得、法有ること無くして今、得、法有ること無くして当に得るなり。所以《ゆえ》は何《いか》ん。仏は無得、無分別を説いて、名づけて[六]所作已弁《しょさいべん》の相と為せばなり。若し人、是の諸法の正性を聞いて、勤行し精進すれば、是れを如説修行《にょせつしゅぎょう》と名づく。（これ）[七]一

一　**有漏法**　迷いの世間法。悟りの出世間法を無漏法という。

二　**有為法**　現象界のこと。

三　**無心**　心が外界を縁じることのないことをいう。すなわち分別がなくなること。これを法位に住するという。

四　**無心法**　一切法はもともと無心で、それみずから無心となすということすら知らず、この法において、心を用いて分別するから、邪を生ずるわけである。

五　**一切法離相**　一切法は無心であるから、山高しと分別せず、水深しと分別せず。従って山も高相を離れ、水も深相を離れる。このように一切法は無心なるが故にそれぞれの相を離れていること。

㊅三六下、㋠三三b

六　**所作已弁**　所作とは身口意の三業をいい、已弁とは修行をすでになしおわったことをいう。

七　**一地より一地**　通常、修行するにあたっては一地より一地へと漸次に修するのであるが、ここでは然らずという。

地より一地に至らず。若し一地より一地に至らざれば、是の人は生死に在《お》らず、涅槃に在らず。所以は何ん。諸仏は生死を得ず、涅槃を得ざればなりと。網明の言わく、仏は生死を度《ど》せんが為めの故に法を説くにあらずやと。梵天の言わく、仏の示す所の法に生死を度すること有りやと。網明の言わく、無きなりと。梵天の言わく、是の因縁を以って、当に知るべし、仏は衆生をして生死を出でしめず、涅槃に入らしめざることを。但だ[八]妄想分別《もうそうふんべつ》の生死と涅槃の二相を度せんが為めの者なるのみ。此の中、実には生死を度して涅槃に至る者無し。所以は何ん。諸法は平等にして、[九]往来有ること無く、生死を出ずること無く、涅槃に入ること無ければなりと。爾の時、世尊は、思益梵天を讃《ほ》めて言わく、善き哉、善き哉、諸法の正性を説く。応に汝の説く所の如しと。是の法を説く時、二千の比丘は[一〇]諸法を受けず。[一一]漏《ろ》尽きて心、解脱を得たり。仏、梵天に告げたまわく、我れ生死《しょうじ》を得ず、涅槃をも得ず。如来は生死を説くと雖も、実には人の生死に往来すること有ること無し。涅槃を説くと雖も、実には人の[一二]滅度《めつど》を得る者有ること無し。若し此の法門に入る者有れば、是の人、生死の相に非ず、滅度の相に非ずと。爾の時、会《え》中の五百の比丘は、坐より起《た》って是の言を作《な》さく、我れ等、空しく[一三]梵行を修せり。今、実に滅度有るを見る者は、而も滅度有ること無しと言う。我れ等、何を用いて道を修し、智慧を求めんと為すやと。

爾の時に網明菩薩、仏に白して言わく、世尊よ、若し法に於いて[一四]見《けん》を生ずること有れば、（彼の人は生死の分斉に過ぎず）則ち其の人に於いて仏は世に出でず。世尊よ、若し決定して涅槃を見る者有れば、是の人、生死を度せず。所以は何ん。涅槃は名づけて、諸相を除滅すと為し、一切の[一五]動念《どうねん》[一六]戯論《けろん》を遠離《おんり》すと為せばなり。世尊よ、是の諸もろの比丘は、

八　妄想分別　妄想がはたらいて、そこに生死と涅槃という分別が生ずる。これを妄想分別という。

九　往来　法が法としての位置にあるときは世間のありさまは平等となり、生滅とか生死とかの対立はなくなる。往来は生死のこと。

一〇　諸法を受けず　この法が説かれたとき比丘は「無得」の益を受けたからである。

一一　漏　āsrava　煩悩の異名。

一二　滅度　nirvāṇa　涅槃の異名。

一三　梵行　brahma-carya　浄行ともいう。清らかな行い。修行のこと。

一四　見　darśana　認識を起こして分別すること。

一五　動念　次から次へと対象をとらえて認識し分別すること。

一六　戯論　prapañca　正しくない無益な議論。

仏の正法に於いて出家し、而も今は外道の[一]邪見に堕《だ》して、涅槃の[二]決定相《けつじょうそう》を見る。譬えば麻より油を出し、[三]酪《らく》より酥《そ》を出だすが如し。世尊よ、若し人、諸法の滅相《めっそう》の中に於いて涅槃を求むる者は、我れ、是の輩は皆な[四]増上慢の人と為すと説く。世尊よ、正しく道を行ずる者は、法に於いて生を作さず、滅を作さず、無得無果《むとくむか》なりと。網明、梵天に謂って言わく、是の五百の比丘、坐より起つ者は、汝、当に為めに方便を作して、其の心を引導し、此の法門に入り、信解《しんげ》を得て、諸もろの邪見を離れしむべしと。梵天の言わく、善男子よ、縦《たと》い去りて[五]恒河沙劫《ごうがしゃごう》に至らしむとも、此の如き法門を出ずること能わず。譬えば[六]癡《ち》人《じん》が虚空《こくう》に於いて畏《おそ》れ、空を捨てて走るも、至る処における在所は、虚空を離れず。此の諸もろの比丘も亦た復た是の如し。復た遠くに去ると雖も、[七]空相を出でず、無相の相を出でず、無作の相を出でず。又た一人の求索《ぐしゃく》して虚空を東西に馳走するが如し。我れ空を得んと欲す、我れ空を得んと欲すと言うも、是の人、但だ虚空の名字を説くのみにして、而も空を得ざるなり。空中に於いて行きて、而も空を見ず。此の諸もろの比丘も亦た復た是の如し。涅槃を求めんと欲し、涅槃の中に行じて、而も涅槃を得ず。所以は何ん。涅槃とは、但だ名字有るのみ。猶お虚空は但だ名字のみ有りて、得取《とくしゅ》すべからざるが如し。涅槃も亦た復た是の如し。但だ名字有るのみにして而して不可得なりと。爾の時、五百の比丘は、是の法を説くを聞きて諸法を受けず、漏尽きて心解脱《しんげだつ》を得、[八]阿羅漢《あらかん》道を得て、是の言を作さん。世尊よ、若し人、諸法の[九]畢竟滅相《ひっきょうめつそう》の中に於いて、涅槃を求むる者には、則ち其の人に於いて、仏は世に出でず。世尊よ、我れ等は今は凡夫に非ず、学に非ず、無学に非ず、生死に在《お》らず、涅槃に在らず。所以は何ん。仏の世に出づるが故に。名づけて一切の

(大)三七上、(チ)三四b

一　邪見　正理に反する考え方をいうが、その中でとくに因果論を無視する見方をいう。

二　決定相　これこれときまったすがた。

三　酪より酥　酪は乳を発酵させてつくったもの、酥はさらに酪からつくったもの。

四　増上慢　未だ悟ってもいないのに悟ったと思っておごり高ぶること。

五　恒河沙劫　恒河沙とはガンジス河のこと。ここではガンジス河の砂の数の意味で物の数が多いことをいう。劫とは時間の単位で非常に長い時間をあらわす。総じてガンジス河の砂の数のごとく莫大な時間のこと。

六　癡人　道理にくらいおろかな人。

七　空相　空という法のすがた。無相の相、無作の相も同じ意味。

八　阿羅漢道　阿羅漢とは三界の見、思の煩悩を断じて尽智を得、修学すでに成じてまた学ぶべき無く、世の供養を受くべき位に至ったもの。道とはその位のこと。小乗仏教では修行の最高位に達した人をさすが、大乗仏教では阿羅漢は小乗の聖者をさし、大乗の修行者には及ばないとされた。

九　畢竟滅相　畢竟とは、はてのはてまで極め尽すこと。滅相とは有為法が現在から過去に入るのを成立させる原理。

動念戯論《どうねんけろん》を遠離すと為すと。

爾の時、長老舎利弗《しゃりほっ》は、諸もろの比丘に謂わく、汝は今、正智を得るに己利《こり》の為めなりやと。五百の比丘の言わく、長老舎利弗よ、我れ等は今、諸もろの煩悩を得て、作すべからずして而も作すと。舎利弗の言わく、何故に此れを説く。諸もろの比丘の言わく、諸もろの煩悩の実相を知るが故に、諸もろの煩悩を得と言う。涅槃は是れ作性《さしょう》無く、我れ等は已に証するが故に、作すべからずして而も作すと説くと。舎利弗の言わく、善き哉、善き哉。汝等、今は[10]福田《ふくでん》に住して能く供養を消すと。諸もろの比丘の言わく、大師世尊《だいしせそん》すら、尚お能く諸もろの供養を消せず。何《いか》に況んや我れ等をや。舎利弗の言わく、何が故に此れを説く。諸もろの比丘の言わく、世尊は法性を知見す。性、常浄なるが故にと。是こに於いて思益梵天《しやくぼんてん》は仏に白して言わく、世尊よ、誰れが応《まさ》に供養を受くべき。仏の梵天に告ぐるに、世法の牽《ひ》く所の者の為めにせずと。世尊よ、誰れか能く供養を消すると。仏の言わく、法に於いて[11]無所取《むしょしゅ》の者なりと。世尊よ、誰れか世間の福田と為す。仏の言わく、菩提性を壊せざる者なりと。世尊よ、誰れか衆生の[12]善知識《ぜんちしき》と為る。仏の言わく、一切衆生に於いて慈心を捨せざる者なりと。世尊よ、誰れか仏恩を報ずるを知る。仏の言わく、[13]仏種を断ぜざる者なりと。世尊よ、誰れか能く仏を供養せん。仏の言わく、能く無生《むしょう》の際に通達する者なりと。世尊よ、誰れか能く仏に親近《しんごん》せん。仏の言わく、乃ち失命の因縁に至るまで毀禁《きごん》せざる者なりと。世尊よ、誰れか能く仏を恭敬せん。仏の言わく、善く[14]六根を覆う者なりと。世尊よ、誰れか財富と名づくる。仏の言わく、[15]七財を成就する者なりと。世尊よ、誰れか知足と名づくる。仏の言わく、出世間の智慧を得る者なりと。世尊よ、誰れか

一〇 福田　福徳を生み出す田、幸福を育てる田地の意味。人々が功徳を植える場所。直接には仏・僧侶または三宝をさす。これを尊崇し供養することが幸福を生むという趣意で田地にたとえられた。(大)三七中、(チ)三五b

一一 無所取　とらわれのないこと。

一二 善知識　教えを説いて、衆生を仏道に入らしめる人。

一三 仏種　仏となるところの種子。

一四 六根　六つの感覚機官、認識能力。視覚・聴覚・嗅覚・味覚・触覚の五つの感覚と認識し思考する心、すなわち眼耳鼻舌身意のこと。

一五 七財　仏道修行に必要なものを財にたとえて七つあげたもの。信財・戒財・慚財・愧財・聞財・捨財・慧財の七つをいう。悟りを得るための七種類の教え。

遠離《おんり》を為す。仏の言わく、三界の中に於いて、所願無き者なりと。世尊よ、誰れか具足と為す。仏の言わく、能く一切の諸もろの[一]結使を断ずるなりと。世尊よ、誰れか楽人と為す。仏の言わく、[二]貪著《とんじゃく》無き者なりと。世尊よ、誰れか無貪の者なる。仏の言わく、[三]五陰《ごおん》を知見する者なりと。世尊よ、誰れか欲の河を度する。仏の言わく、能く[四]六入を捨する者なりと。世尊よ、誰れか彼岸《ひがん》に住する。仏の言わく、能く諸道の平等を知る者なりと。世尊よ、何をもって菩薩が能く施主と為ると謂うや。仏の言わく、菩薩の能く衆生に一切智心を教うることなりと。世尊よ、何をもって菩薩、能く禁戒を奉ずと謂うや。仏の言わく、常に能く菩提の心を捨てざることなりと。世尊よ、何をもって菩薩、能く[五]忍辱《にんにく》を行ずと謂うや。仏の言わく、心相の念念に滅するを見ることなりと。世尊よ、何をもって菩薩、能く[六]精進《しょうじん》を行ずと謂うや。仏の言わく、心に不可得を求むることなりと。世尊よ、何をもって菩薩、能く禅定を行ずと謂うや。仏の言わく、能く身心の[七]麁相《そそう》を除くことなりと。世尊よ、何をもって菩薩、能く智慧を行ずと謂うや。仏の言わく、一切法に於いて[八]戯論《けろん》有ること無きことなりと。世尊よ、何をもって菩薩、能く慈心を行ずと謂うや。仏の言わく、[九]衆生想を生ぜざることなりと。世尊よ、何をもって菩薩、能く悲心を行ずと謂うや。仏の言わく、法想を生ぜざることなりと。世尊よ、何をもって菩薩、能く喜心を行ずと謂うや。仏の言わく、[一〇]我想を生ぜざることなりと。世尊よ、何をもって菩薩、能く[一一]捨心《しゃしん》を行ずと謂うや。仏の言わく、彼我の想を生ぜざることなりと。世尊よ、何をもって菩薩、信に安住すと謂うや。仏の言わく、[一二]無濁《むじょく》の法を信解することなりと。世尊よ、何をもって菩薩、[一三]空《くう》に安住すと謂うや。仏の言わく、一切の語言に[一四]著せざることなりと。世尊よ、何を謂いて菩薩、名

一　結使　煩悩と同じ。

二　貪著　むさぼり求めること。

三　五陰　五蘊に同じ。色受想行識の五種の要素。我々の存在を含めてあらゆる存在を五つの集まりの関係において捉える見方。

四　六入　精神活動がそれを通じて起こる六つの領域。対象を捉える六つの場。心と五官。内の六入とは六根、外の六入とは六境を意味し合わせて十二入（十二処）という。

五　忍辱　耐え忍ぶこと。心を安らかにして瞋恚の念を起こさないこと。六波羅蜜の第三。

六　精進　勇敢に悟りの道を歩むこと。六波羅蜜の第四。

七　麁相　四有為相のこと。一切の現象は生・住・異・滅の四相から成ると考え、これを実体視する見方。

八　戯論　無意味な言説。ここでは有無の二見論のこと。

九　衆生想　衆生の苦を抜き、楽を与えようとする思い。

一〇　我想　そこに人間が存在すると思えば、その人の善を見てはねたみ、その人の不善を見れば瞋る。

(大)三七下、㋠三六b

一一　捨心　苦ならず、楽ならず、平等心をいう。

一二　無濁の法　菩薩が自心を信じて無義の戯論から離れることをいう。

一三　空に安住す　一切の差別は、みな自

づけて慚《ざん》有りと為す。仏の言わく、[一五]内法を知見することなりと。世尊よ、何を謂いて菩薩、名づけて愧《き》有りと為す。仏の言わく、[一六]外法《げほう》を捨することなりと。世尊よ、何を謂いて名づけて菩薩の[一七]遍行《へんぎょう》と為す。仏の言わく、能く身口意業《しんくい》を浄《きよ》くすることなりと。爾の時に世尊は、而して偈を説いて言わく、

若し身、浄くして悪無く、口、浄くして常に実語す。心、浄くして常に慈を行ず。是れ菩薩は遍《あま》ねく行ずるなり。

慈を行じて貪著《とんじゃく》無く、不浄を観じて恚《い》無く、捨を行じて而して癡《ち》ならず。是れ菩薩は遍ねく行ずるなり。

若しは空野の若《ごと》きに聚《あつ》まり、及び与《とも》に大衆に処《お》り、威儀の終に欠けざる、是れ菩薩の遍ねく行ずるなり。

法を知るを名づけて仏と為し、離《り》を知るを名づけて法と為し、無を知るを名づけて僧と為す、是れ菩薩は遍ねく行ずるところなり。

多欲の所行を知り、恚癡《いち》の所行を知り、善く此の行の転ずるを知る。是れ菩薩は遍ねく行ずるなり。

[一八]欲界に依止《えし》せず、[一九]色無色に住せず、是の如きの禅定を行ず。是れ菩薩、遍ねく行ずるなり。

諸もろの[二〇]法空、及び[二一]無相[二二]無作《むさ》を信解し、而して[二三]諸漏《しょろ》を尽くさず、是れ菩薩は遍ねく行ずるなり。

善く声聞乗《しょうもんじょう》、及び辟支仏乗《びゃくしぶつじょう》を知り、[二四]仏乗に通達す。是れを菩薩は遍ねく行ずるなり。

心の影にすぎない。いま平等心に安住することをいう。
一四 著　執著のこと。
一五 内法　心内のまよい。
一六 外法　とらわれている対象。
一七 遍行　菩薩の身口意の三業、清浄なる行を菩薩の遍行という。
一八 欲界　kāma-dhātu 欲望にとらわれた生物が住むところ。
一九 色無色　色界 (rūpa-dhātu) と無色界 (arūpa-dhātu) のこと。色界は欲界の上にあり、婬・食の二欲を離れたものの住所、無色界は禅定にあって心のみあるものの住所。
二〇 法空　すべてのものは因縁にて生じ実体のないこと。
二一 無相　相のとらわれを脱した如の境地。
二二 無作　あらゆる願求や造作の念を離れた境地。
二三 諸漏　漏 (āsrava) とは煩悩のこと。
二四 仏乗　成仏すべき道を説いた教えをいう。

明らかに諸法を解して疑わず。道と非道とにおいて憎愛《ぞうあい》の心に異なる無し。是れを菩薩は遍ねく行ずるなり。

過去と未来と、及び現在世に於いて、一切分別無し。是れを菩薩は遍ねく行ずるなり。

此の下、丹本には、菩薩出過世間品第四と為す

爾の時、思益梵天、仏に白して言わく、世尊よ、何をもって菩薩は[1]世間法を過ぎ、世間法に通達《つうだつ》し、世間法に通達し已《おわ》って衆生を度し、世間法に於いて世間を行じ、而して世間を壊《え》せざるや。爾の時、世尊は偈を以って答えて言わく、

[2]五陰《ごおん》は是れ世なりと説けば、世間の依止《えし》する所なり。五陰に依止すれば、世間法を脱せず。

菩薩は智慧有りて、世間の実相を知る。所謂《いわゆ》る五陰は如なれば、世間法は染《ぜん》せず。利、衰及び毀《き》、誉《よ》、称、譏と苦、楽と、此の如きの[3]八法は常に世間を牽《ひ》く。

大智慧の菩薩は、世間法を散滅し、世の壊敗《えはい》の相を見、之れに処して而も動ぜず。

利心を得ても高からず、利心を失いても下ならず。其の心、堅《けん》にして不動なること、譬えば須弥山《しゅみせん》の如し。

利衰《りすい》と及び毀誉《きよ》と、称譏《しょうき》と苦楽と、此の世の八法に於いて、其の心、常に平等なり。

世間の虚妄《こもう》は、皆な顚倒《てんどう》より起こると知る。是の如きの人等は、世間の道を行ぜず。

世間の所有《あらゆ》る道を、菩薩は皆な識知す。故に能く世間に於いて、衆生の苦悩を度す。

世間に行ずと雖も、蓮華の染まらざるが如く、亦た世間を壊《え》せず。[4]法性《ほっしょう》に通達するが故に。

一 世間法　三界のあらゆる有情、非情など、惑業の因縁より生じたものをいう。これらみな有漏・無常である。　㊀三八上、㊁三七b

二 五陰　pañca-skandha 仏教にて物と心を五類に分けて観察したもの。

三 八法　八風ともいう。世間の利・衰・毀・誉・称・譏・苦・楽をいう。

四 法性　dharmatā 一切事物の本然の実性をいう。

世間にあって世間を行ずるは、是れ世間を知らざるなり。菩薩は世間に行じて、明らかに世間相を了す。

世間は虚空《こくう》の相なり。[五]虚空は亦た[六]無相なり。菩薩は是の如く知りて、世間に染《そ》まらず。

(菩薩)知る所の如く、世間を知る、随って而して演説す。[七]世間性《せけんしょう》を知るが故に、亦た世間を壊せず。

五陰に[八]自性《じしょう》無し、是れ即ち世間性なり。若し人、是れを知らざれば、常に世間に住す。

若し(人、是れを)見て、五陰を知れば、無生にして亦た無滅、是の人、[九]世間に行じて、而も世間に依らざるなり。

凡夫は(世間)法を知らず。世に於いて[一〇]諍訟《じょうしょう》を起こす。是れ実、是れ不実との、是の二相の中に住す。

我れ常に、世と諍訟の事を起こさず。世間の実相を悉く已《すで》に了知するが故に。

諸仏が法を説く所、皆な悉く諍訟無し。世の平等を知るが故に、実にも非ず、虚妄《こもう》にも非ず。

若し仏法が決定《けつじょう》して、実有り虚妄有れば、是れ即ち貪著《とんじゃく》と為す。[一一]外道と異なること無し。

而も今、実義の中には、実無く虚妄無し。是の故に、我れは常に、出世の法には二無しと説く。

若し人、世間の、是の如きの[一二]実性を知れば、実に於いて、虚妄に於いて、此の[一三]悪見を取らず。

五　虚空　ākāśa　大空のごとき無礙自在の空間をいう。

六　無相　形、すがたのないこと。

七　世間性　世間は有為転変して、もろもろの煩悩のさかんな世界で、その実際の性質をさして世間性という。

八　自性　prakṛti　事物そのものを展開する本体をいう。

九　世間に行じて　(大)三八中、(チ)三八b　(大)は「現行世」とするが、今は(三)(宮)による。

一〇　諍訟　諍も訟も争いのもととなる煩悩のことをいう。

一一　外道　仏教以外のいろいろの教学をいう。

一二　実性　事物の実際の本性。

一三　悪見　事物の真相に対して誤った見解を起こす汚れたる智慧、これに身見、辺見、邪見、見取見、戒禁取見の五種がある。

是の如く、世間の、清浄なること虚空の如きを知れば、是れ[一]大名称《だいみょうしょう》の人なり。世間を照らす日の如し。

若し人、世間を見ること、我が所見の如くんば、斯の如きの人等、能く十方の仏を見るなり。

諸法は縁より生じて、自《おの》ずから[二]定性《じょうしょう》有ること無し。若し此の因縁を知れば、則ち法の[三]実性に達す。

若し法の実相を知れば、是れ則ち[四]空相を知る。若し能く空相を知れば、則ち為《こ》れ[五]導師を見るなり。

若し人有りて、是の如きの世間の相を聞くことを得れば、世間に行ずと雖も、而も世間に住せず。

諸もろの[六]見《けん》に依止《えじ》する人は、此の事に及ぶこと能わず。云何《いか》んが世間に行じて、而も世間に依らざる。

若し仏の[七]滅度《めつど》の後において、是の法を楽しむ者有れば、仏は則ち其の人に於いて、常に[八]法身《ほっしん》を現ず。

若し人、此れに解達《げたつ》すれば、則ち我が法を守護し、亦た我れを供養すと為す。亦た是れ世の導師なり。

若し人、[九]須臾《しゅゆ》にも、世間の性の此の如きを聞かば、是の人、終《つい》に悪魔の便りを得る所と為《な》らず。

若し能く此の義に達せば、則ち大智慧と為す。法財《ほうざい》の施主は、亦た是れ[一〇]禁戒《ごんかい》を具す。

一　大名称　すぐれた徳をそなえて名のすみずみまで知られた人。

二　定性　定まった性質。

三　実性　事物の真実の本性。

四　空相　中観の偈にいうところの「因縁によって生ずるところの法を、我れは即ち是れ空なりと説く」という空をさす。すなわち空なる実相をいう。

五　導師　一切事物の真実のすがた（空相）を知れば、そこに仏を見ることができる。この仏が衆生を仏道へ導く導師であるという。

六　見　dṛṣṭi　この場合の見は、仏教の正見に対する外道の邪見をいう。たとえば六十二見のごときをいう。

七　滅度　parinirvāṇa　完全な悟り、生死を滅して彼岸に渡ることであるが、ここでは仏の入滅をいう。

八　法身　dharma-kāya　法を身体としていることをいい、ここでは真如を現ずることをいう。

九　須臾　(大)三八下、(チ)三九a　昼夜の三十分の一。百二十刹那を怛刹那とし、三十怛刹那を一須臾とする。転じて時刻の極少のことをいう。

一〇　禁戒　ここでは戒一般をいう。

若し世を知ること此の如きなれば、忍辱《にんにく》力、勇健に、諸もろの禅定を具足し、智慧に通達す。

所在に法を聞けば、其の方には則ち仏有《いま》す。是の如く諸もろの菩薩は、久しく道場に坐せず。

若し深く、是の如く世間法を愛楽《あいぎょう》する有れば、則ち能く、衆魔《しゅま》を降して、疾《と》く[一一]無上道《むじょうどう》を得るなり。

解諸法品第四

此の品名は丹本に無し。下二十四幅、爾の時の下、方に歎功徳品第五と為す

仏は復た思益梵天に告げらく、如来は世間を出過す。亦た[一二]世間の苦、世間の集《じゅ》、世間の滅、世間の滅道を説く。梵天よ、[一三]五《ご》陰《おん》を名づけて世間と為す。苦に貪著《とんじゃく》する五陰を名づけて世間の集《じゅ》と為す。五陰の尽きたるを名づけて世間の滅と為す。[一四]無二法を以って五陰を求むるを、名づけて世間の滅道と為す。又た梵天よ、言う所の五陰は但だ言説《ごんせつ》のみ有り。中に於いて[一五]相を取って、分別して[一六]見《けん》を生ず。而して是れを説いて世間の苦と名づく。是の見に於いて相を取って、是れを世間の集と名づく。是の見の[一七]自相を、是れを世間の滅と名づく。随うに見を捨てず、是れを世間の[一八]滅道と名づく。梵天よ、是の因何《いず》れの道を以ってし、是の見を取らざるを、是れを世間の滅道と名づく。梵天よ、是の因縁を以っての故に、我れ[一九]外道の仙人の為めに説言《せつごん》すらく、仙人よ、汝の身中に於いて、即ち世間の苦、世間の集、世間の滅、世間の滅道を説くと。爾の時、思益梵天、仏に白して言《もう》さく、世尊の説きたもう[二〇]四聖諦《ししょうたい》は、何等をか是れ真の聖諦《しょうたい》なる。梵天よ、苦は名づけて

一一　無上道　最上にして比ぶるものなき大道、つまり仏道をいう。

一二　世間の苦　世間の苦・集・滅・道をあげている。

一三　五陰　色受想行識をいう。

一四　無二法　相対する概念を二法といい、無二法とは出世間の法をいう。

一五　相　目に見えるすがた形。

一六　見　dṛṣṭi　邪見をいう。間違った考え。

一七　自相　svalakṣaṇa　それ自身の真実のすがた。

一八　滅道　ここでは四諦における道のこと、すなわち滅の道をいう。

一九　外道の仙人　外道のこと。とくに仙人についてとりあげなければならないことはない。竺法護訳も菩提流支訳もこの語はない。

二〇　四聖諦　四諦のこと。仏教で聖の字を用いるのは、それが聖者または聖位に関係しているから。

聖諦と為さず。苦の集は名づけて聖諦と為さず。苦の滅道は名づけて聖諦と為さず。所以は何ん。若し苦が是れ聖諦ならば、一切の牛、[一]驢、畜生等、皆な応に苦の聖諦有るべし。若し集が是れ聖諦ならば、一切の所生の処に在る衆生は、皆な応に集の聖諦有るべし。所以は何ん。集を以っての故に[二]諸もろの[三]趣中《しゅちゅう》に生ずればなり。若し苦の滅が是れ聖諦ならば、滅を観ずる者、（すなわち）[四]断滅《だんめつ》を説く者は、皆な応に滅の聖諦有るべし。若し道が是れ聖諦ならば、一切の[五]有為《うい》の道を縁ずる者は、皆な応に道の聖諦有るべし。梵天よ、是の因縁を以っての故に、当に知るべし、聖諦は、苦に非ず、集に非ず、滅に非ず、道に非ざるなり。聖諦とは、苦の無生を知る。是れを苦の聖諦と名づく。集の和合すること無きを知る、是れを集の聖諦と名づく。[六]畢竟《ひっきょう》滅法中に於いて、無生無滅を知る、是れを滅の聖諦と名づく。一切法の平等に於いて、[七]不二の法を以って道を得る、是れを道の聖諦と名づく。梵天よ、真の聖諦は、虚妄《こもう》有ること無し。虚妄とは所謂《いわゆる》[八]我《が》に著《じゃく》し、衆生に著し、人に著し、[九]寿命者に著し、養育者に著し、有《う》に著し、無に著し、生に著し、滅に著し、生死《しょうじ》に著し、涅槃《ねはん》に著するなり。梵天よ、若し行者の言わく、我れ、苦を知見すとは、是れ[一〇]虚妄なり。我れ、集を断ずとは、是れ虚妄なり。我れ、滅を証すとは、是れ虚妄なり。我れ、道を修すとは、是れ虚妄なり。所以は何ん。是の人、仏に護念《ごねん》せらるる所を違失《いしつ》すればなり。是の故に説いて虚妄と為す。何等をか是れ仏に護念せらるる所なる。謂わく、一切諸法を憶念せずと。若し行者、是の念中に住すれば、則ち一切の相に住せず。若し一切の相に住せざれば、則ち[一一]実際《じっさい》に住す。若し実際に住すれば、是れを[一二]不住心《ふじゅうしん》と名づく。若し不住心なれば、是の人を名づけて、非実語の者と為し、非妄語《ひもうご》の者

一　驢　ろばのこと。
二　諸もろ　この字は羅什訳にはないが、菩提流支訳によって補った。
三　趣　衆生が業の結果、生れたところを趣という。これに六つあり、六趣といい、また六道という。
(大)三九上、(チ)四〇a
四　断滅　常見に対するもの、人が死ねば断滅してしまって二度と生れることはないと執著する考え方。
五　有為の道　世間の外道、神仙、ないし諸子百家における道をいう。
六　畢竟滅法中　外道の断滅の思想や二乗の畢竟涅槃のことをいう。
七　不二の法　断常の二辺を離れた法をいう。
八　我　事物の本体的なものをいう。アートマン、以下に出てくる寿命者、養育者などそれぞれの本体をいう。
九　寿命者　寿命という一定の本体的なものがあるという考え方。
一〇　虚妄　実でないことを虚といい、真に反することを妄という。
一一　実際　bhūta-koṭi　相対的な差別相を越えた、事象のもっとも真実にして究極的な境界。
一二　不住心　よく心に住せしめることのないこと。

と為す。梵天よ、是の故に当に知るべし、若し実に非ず、虚妄に非ざれば、是れを聖諦《しょうたい》と名づく。梵天よ、実なる者は、終に不実を作さず。若しは仏有るも、若しは仏無きも、[一三]法《ほっ》性《しょう》は常住なり。所謂る生死の性、涅槃の性、常に実なり。所以は何ん。生死を離れて涅槃を得るに非ざるを名づけて聖諦と為せばなり。若し人、是の如く四諦《したい》を証せば、是れを世間の実語なる者と名づく。梵天よ、[一四]当来《とうらい》に比丘有り。身を修せず、戒を修せず、心を修せず、慧《え》を修せず。是の人、生死《しょうじ》の相は是れ苦諦《くたい》、衆縁和合是れ集諦《じったい》、法の滅する是れ滅《めつ》諦《たい》、[一五]二法を以って相を求む是れ道諦《どうたい》なりと説く。仏の言わく、我れ、此の愚人は是れ外道の[一六]徒《と》党《とう》なりと説く。我れは彼の人の師に非ず、彼れ我が弟子に非ず。是の人、邪道に堕《だ》して法を破失《はしつ》す。故に説いて諦有りと言う。梵天よ、汝、且《しば》らく我れ道場に坐する時、是れ実、是れ虚妄との一法を得ず。若し我れ法を得ざれば、是の法は寧《むし》ろ、衆中に於いて、言《ごん》説《せつ》有り、論議有り、教化有るべきや。梵天の言わく、不《いな》なり世尊。[一七](仏の言わく)梵天よ、諸法の[一八]無《む》所得《しょとく》を以っての故にと、諸法は[一九]自性を離るるが故に、我が菩提は是れ貪愛《とんあい》の相無しと。

爾の時に思益梵天、仏に白して言わく、世尊よ、若し如来、法に於いて無所得とは、何の利益《りやく》や有る。如来の菩提を得るを説いて、名づけて仏と為せばなり。仏の言わく、梵天よ、汝の意に於いて云《い》何《か》ん。我が所説の法は、若しは[二〇]有為《うい》、若しは[二一]無為《むい》、是の法を実と為《せ》んや[二二]虚妄と為んやと。梵天の言わく、是の法は虚妄にして実に非ずと。汝の意に於いて云何ん。若し法虚妄にして実に非ずとせば、是の法は有《う》と為んや無《む》と為んや。梵天の言わく、世尊よ、若し法、虚妄なれば、是の法は応に有と説くべからず。応《まさ》に無とも説くべからず。

一三　法性　事物の真実の性。
一四　当来　未来のこと。ここでは末世のこと。
一五　二法　末世の比丘が、断常、有無等の二法のもとにおいて、これが解脱に至る道であると説くことをいう。
一六　徒党　仲間の意であるが、とくに不善の輩をいう。
一七　菩提流支訳によって補う。
一八　無所得　一切の事物や法なるものは因縁性の故に空であるから得るところではないことをいう。
一九　自性　事物のそれぞれには不変不改の性質なるものを持っているという考え方によるもの。今はその考え方から離れること。
(大)三九中、㋠四一a
二〇　有為　因縁によって造られたものをいう。
二一　無為　一切の事物において、この因縁によってできた世界から離れた世界をいう。
二二　虚妄　実でないことを虚といい、真に反することを妄という。

一（仏の言わく）汝の意に於いて云何ん。若し法、有に非ず、無にも非ざれば、是の法を得る者有りや不《いな》や。梵天の言わく、得る者有ること無し。（仏の言わく）梵天よ、如来、道場に坐せし時、惟だ虚妄にして、二顚倒《てんどう》して起こす所の煩悩は、三畢竟空性《くうしょう》なることを得たり。四無所得《むしょとく》を以っての故に得、五無所知《むしょち》を以っての故に知るなり。所以は何ん。我が所得の法は、見るべからず、聞くべからず。覚《かく》すべからず、識《し》るべからず。取るべからず、著《じゃく》すべからず。説くべからず、難《なん》ずべからず。六一切の法相を出過して、語無く、説無く、文字有ること無く、言説道無し。梵天よ、此の法は、是の如く猶お虚妄の如し。汝は是の如きの法中に於いて利益を得んと欲するやと。梵天の言わく、不《いな》なり世尊。諸仏如来は甚だ希有《けう》と為す。未曾有《みぞう》の法を成就して、深く大慈大悲に入り、是の如き七寂滅《じゃくめつ》の相の法を得、而して文字言説を以って人を教えて得せしむ。世尊よ、其れ是（の法）を聞きて、能く信解《しんげ》する者有れば、当に知るべし、是の人、小功徳の来たれるに従わず。世尊よ、是の法は一切世間の信じ難き所なり。所以は何ん。世間は実（の我我所《ががしょ》）に貪著《とんじゃく》す。而も是の法は実無く虚妄無し、世間は法に貪著す。而も是の法は、法無く非法無し。世間は涅槃に貪著す。而も是の法は生死《しょうじ》無く涅槃無し。世間は善法に貪著す。而も是の法は善無く非善無し。世間は楽に貪著す。而も是の法は苦無く楽無し。世間は仏出世に貪著す。而も是の法は仏出世無く、亦た（仏の）涅槃無し。説法有りと雖も、而も是の法は説くべき相に非ず。僧を讃説《さんせつ》すと雖も、而も僧は即ち是れ八無為《むい》なり。是の故に、此の法は、一切世間の信じ難き所なり。譬えば水中に火を出し、火中に水を出すこと、九得信《とくしん》すべきこと難しが如し。是の如く、煩悩の中に菩提有り。菩提の中に煩悩有り。是れも亦た信じ難し。所以は何ん。如来の得るは、

一 菩提流支訳によって補う。

二 顚倒　すべては無常なるにもかかわらずこれを常とみなし、また苦なるものを楽とみるように、誤った考えをもつこと。

三 畢竟空性　すべては因縁によって生ずるものであるから、そこに本来定まった性というものはないということをいう。ここでは煩悩も所詮は煩悩というきまったものはないことをいう。

四 無所得　すべての真実の相というものは決定して得ることができない。それは一切は空であるから。

五 無所知　一切の事物は因縁によって生じたものであるから、知る所がない。

六 一切の法相を出過　すべての事物は因縁によって生じたものであるから空である、またその認識すらまた空であり、これが真実のすがた。

七 寂滅の相　寂静にして一切の相を離れることをいう。涅槃のこと。

八 無為　為とは因縁によって生じたものをいい、この因縁によって造られた世界を離れたところを無為という。

九 得信　たとえば水中の火、火中の水が信じ難いように、煩悩の中に菩提、菩提の中に煩悩ということは得心し難いことをいう。

(大)三九下、(チ)四二a

是の[10]虚妄煩悩の性にして、而して法として得ざるは無し。所説の法有るも、亦た形有ること無し。知る所有りと雖も、亦た分別[11]無し。涅槃を証すと雖も、亦た滅[12]する者無し。世尊よ、若し善男子、善女人有りて、能く是の如く法の義を信解する者は、当に知るべし、是の人は[13]諸見《しょけん》を脱することを得ることを。当に知るべし、是の人は已に無量の諸仏に[14]親近《しんごん》することを。当に知るべし、是の人は已《すで》に無量の諸仏に供養することを。当に知るべし、是の人は[15]善知識《ぜんちしき》に護られる所と為《な》すことを。当に知るべし、是の人の志意曠大《しいこうだい》なることを。当に知るべし、是の人の善根《ぜんごん》は深厚なることを。当に知るべし、是の人は諸仏の法蔵《ほうぞう》を守護することを。当に知るべし、是の人は能く善思量して善業《ぜんごう》を起こすことを。当に知るべし、是の人は[16]種姓《しゅしょう》尊貴にして如来の家に生まれることを。当に知るべし、是の人は能く大捨を行じ、諸もろの煩悩を捨《しゃ》することを。当に知るべし、是の人は持戒力（すなわち）煩悩に非ざる力を得ることを。当に知るべし、是の人は忍辱力《にんにくりき》（すなわち）非瞋恚《ひしんい》の力を得ることを。当に知るべし、是の人は精進力を得て疲懈《ひけ》有ること無きを。当に知るべし、是の人は禅定力を得て諸もろの悪心を滅することを。当に知るべし、是の人は智慧力を得て悪邪見を離れることを。当に知るべし、是の人は一切の悪魔の便《たよ》りを得る能わざることを。当に知るべし、是の人は一切の怨賊《おんぞく》によって破せらる能わざらしむることを。当に知るべし、是の人は世間を誑《たぶ》らかさざることを。当に知るべし、是の人は真語者なることを、善く[17]法相を説くが故に。当に知るべし、是の人は是れ実語者なることを、[18]第一義を説くが故に。当に知るべし、是の人は善く諸仏に護念せらるる所と為すことを。当に知るべし、是の人は柔和軟善《にゅうわなんぜん》にして同じく安楽に止まることを。当に知るべし、是の人を名づけて大富

一〇　虚妄煩悩の性　虚妄は真実ならざる法。ここでは如来は非真実の法、つまり煩悩性のすべての法も、法という法はみなこれを受けいれてしかもとらわれないことをいう。妙有の境界。

一一　分別　凡夫は法を知れば分別心を起こす。如来は分別を起こさず。

一二　滅　涅槃は煩悩を滅するが、如来の涅槃は煩悩すら滅することはない。

一三　諸見　断常の二見、六十二見等の外道の考え方をいう。

一四　親近　接し近づき正法を摂取すること。

一五　善知識　善道に導き入れる人のことをいう。

一六　種姓　家すじのことをいう。仏教では四姓の平等をいうが、如来蔵思想にあっては、一切の衆生は如来の子として生れる。

一七　法相　事物の真実のすがた、ありさま。

一八　第一義　究極の真理。

と為すことを、[1]聖財《しょうざい》有るが故に。当に知るべし、是の人は常に能く足るを知ることを、[2]聖《しょう》種《しゅ》を行ずるが故に。当に知るべし、是の人は[3]満を易《おさ》め[4]養を易めることを、貪著を離れるが故に。当に知るべし、是の人は安隠心《あんのんしん》を得ることを、彼岸に到るが故に。当に知るべし、是の人は未だ度せざる者を度することを。当に知るべし、是の人は未だ解《げ》せざる者を解することを。当に知るべし、是の人は未だ安《やす》んぜざる者を安んずることを。当に知るべし、是の人は未だ滅せざる者を滅することを。当に知るべし、是の人は能く正道《しょうどう》を示すことを。当に知るべし、是の人は能く解脱を説くことを。当に知るべし、是の人は大医王と為《な》って善く諸薬を知ることを。当に知るべし、是の人は猶お良薬の善く衆病を療するが如きなることを。当に知るべし、是の人は[5]智慧勇健《ゆうごん》なることを。当に知るべし、是の人は大力有りて堅固《けんご》究竟為《くきょうな》ることを。当に知るべし、是の人は精進力有りて他語に随わざることを。当に知るべし、是の人は師子の如く怖畏《ふい》する所無しと為さんことを。当に知るべし、是の人は象王の如く其の[6]心調柔《ちょうにゅう》と為《な》すものなることを。当に知るべし、是の人は老象の如く其の心随順すると為《な》すものなることを。当に知るべし、是の人は牛王《ごおう》の如く能く大衆を導くと為すものなることを。当に知るべし、是の人は大勇健にして能く[7]魔怨《まおん》を破すと為すものなることを。当に知るべし、是の人は大丈夫と為りて衆に処して畏れること無きを。当に知るべし、是の人は忌難する所無きことを、[8]無畏法《むいほう》を得るが故に。当に知るべし、是の人は畏難する所無きことを、[9]真諦《しんたい》の法を説くが故に。当に知るべし、是の人は清白の法を具すること月の盛満《じょうまん》なるが如きものなることを。当に知るべし、是の人は智慧光照すること、猶お日明の如きなることを。当に知るべし、是の人は諸もろの[10]闇冥《あんめい》を除くこと、猶お[11]炬《こ》を

一　聖財　聖は正道を証した境地をいう。仏道にかなった財産。
二　聖種　ここでは仏道にかなった諸種の行、それは成仏の種子であるから。
三　満　菩提をいっぱいにしてみつること。
四　養　法身を養いそだてること。
五　智慧勇健　智慧によって疑問の解けないものなく、また惑の断ぜざるものなく、実相を信解することによってよく真を主張して他教に随うことのないこと。
六　調柔　よく真理のはたらきを得て、ととのい柔軟となること。
七　魔怨　悪魔のこと。悪魔は仏の怨敵であるから魔怨という。
八　無畏法　仏が大衆の中にあって法を説く時、泰然として畏れることのないことをいう。これに四種あり四無畏という。
九　真諦　真実の道理のこと。俗事の道理を俗諦といい、涅槃の道理を真諦という。　(大)四〇上、㋠四二b
一〇　闇冥　闇も冥もともにくらいこと。
一一　炬　たいまつのこと。
一二　行捨の心　善心と相応する心所、心をして平等に任せしめて、あがらずさがらず平静をたもっていること。
一三　憎愛　憎しみと親しみの心。
一四　動念　煩悩に汚されて五感にふれるものに心が動くこと。欲界散地の心。
一五　須弥　インドの世界観における最高の山。

執るが如きものなることを。当に知るべし、是の人は[一二]行捨《ぎょうしゃ》の心を楽しみ、諸もろの[一三]憎愛《ぞうあい》を離れるものなることを。当に知るべし、是の人は衆生を載せ育てること、猶お地の如きものなることを。当に知るべし、是の人は諸もろの塵垢《じんく》を洗うこと、猶お水の如きものなることを。当に知るべし、是の人は諸もろの[一四]動念を焼くこと、猶お火の如きものなることを。当に知るべし、是の人は法に於いて障《さわ》り無きこと、猶お風の如きものなることを。当に知るべし、是の人は其の心の動ぜざること、[一五]須弥《しゅみ》の如きものなることを。当に知るべし、是の人は其の心堅固《けんご》なること[一六]金剛山《こんごうせん》の如きものなることを。当に知るべし、是の人は一切の外道と競い勝ち論者の動ずる能わざる所なることを。当に知るべし、是の人は一切の声聞《しょうもん》、辟支仏《びゃくしぶつ》の測ること能わざる所なることを。当に知るべし、是の人は多く法宝を饒《にょう》すること猶お大海の如くなることを。当に知るべし、是の人は煩悩の現ぜざること[一七]波陀羅《はだら》の如きものなることを。当に知るべし、是の人は法を求むるに厭《けん》無きことを。当に知るべし、是の人は智慧を以って足るを知ることを。当に知るべし、是の人は能く[一八]法輪を転ずること[一九]転輪《てんりん》王の如くなることを。当に知るべし、是の人は[二〇]身色《しんしき》の殊妙なること[二一]天帝釈《てんたいしゃく》の如きなることを。当に知るべし、是の人は心自在を得ること[二二]梵天王の如きなることを。当に知るべし、是の人の法を説く音声《おんじょう》は猶お雷震《らいしん》の如きなることを。当に知るべし、是の人は法の甘露《かんろ》を降らすこと猶お時雨《じう》の如きなることを。当に知るべし、是の人は能く[二三]無漏《むろ》の[二四]根、力、[二五]覚分《かくぶん》を増長することを。当に知るべし、是の人は已に生死の汚泥《おでい》を度《わた》ることを。当に知るべし、是の人は仏の智慧に入ることを。当に知るべし、是の人は仏の菩提に近づくことを。当に知るべし、能く学問を多くなし[二六]与等の者無きことを。当に知るべし、是の人は[二七]有量無く已

一六　金剛山　インドの世界観における鉄囲山のこと。これは須弥山を中心として世界ができ、その一番外側を囲っている山。

一七　波陀羅　原語を pātra とすれば比丘の持つ鉢（飯器）。すなわち、渇きをいやすこと。煩悩の渇きをいやして煩悩を不現ならしめること。他の二訳にはこの語なし。

一八　法輪　仏の説法のこと。

一九　転輪王　cakravarti-rāja　身に三十二相を具し、位につくとき天より輪宝を感得し、その輪宝を転じて四方を降伏する。

二〇　身色　からだの色つや。

二一　天帝釈　帝釈天のこと。須弥山の頂上の善法堂にあって、四天下の善悪を評議しはかる。

二二　梵天王　色界初禅天におり、尸棄と名づける。仏教に入った梵天は深く正法を信じ、仏の出世のときかならず転法輪を請う。

二三　無漏　有漏の対。漏れ出る不浄なもののないこと。汚れのないこと。煩悩のなくなった境地。

二四　根、力　五根五力。信進念定慧の五根と、その五根の力。信力等。

二五　覚分　七つあり、七覚分。

二六　与等　ともに等しきこと。

二七　有量　無量の対。事物が量的に限られていること。仏の悟りの世界が限定の無いことに対する。現象界のこと。

に[一]過量なることを。当に知るべし、是の人は智慧《ちえ》弁才《べんざい》において[二]障礙《しょうげ》有ること無きことを。当に知るべし、是の人は憶念すること堅固に[三]陀羅尼《だらに》を得ることを。当に知るべし、是の人は諸もろの衆生の深心《じんしん》の所行を知ることを。当に知るべし、是の人は智慧力を得て正しく諸法を観じ、義趣を解達《げたつ》することを。当に知るべし、是の人は勤行精進《ごんぎょうしょうじん》し、世間を利安することを。当に知るべし、是の人は世より超出することを。当に知るべし、是の人は汚染《ません》すべからざること猶お蓮華の如くなることを。当に知るべし、是の人は世法の為めに覆させられざることを。当に知るべし、是の人は[四]利根者に愛せらるる所なることを。当に知るべし、是の人は多聞者に敬せらるる所なることを。当に知るべし、是の人は智者に念ぜらるる所なることを。当に知るべし、是の人は人天《にんでん》に供養せらるることを。当に知るべし、是の人は坐禅者の為めに敬礼せらるる所なることを。当に知るべし、是の人は善人に貴ばれる所なることを。当に知るべし、是の人は声聞《しょうもん》、[五]辟支仏《びゃくしぶつ》の貪慕する所なることを。当に知るべし、是の人は[六]小行を貪せざることを。当に知るべし、是の人は罪を[七]覆蔵《ふくぞう》せず、功徳を顕わさざることを。当に知るべし、是の人は[八]威儀備具し、他をして浄心を生ぜしむることを。当に知るべし、是の人の身色端正《しんしきたんじょう》にして、見る者を悦楽せしめることを。当に知るべし、是の人は大威徳有りて衆の宗仰する所なることを。当に知るべし、是の人は[九]三十二相を以って其の身を荘厳《しょうごん》することを。当に知るべし、是の人は能く[一〇]仏種を継ぐことを。当に知るべし、是の人は能く法宝を護ることを。当に知るべし、是の人は能く僧を供養することを。当に知るべし、是の人は諸仏に見らるる所なることを。当に知るべし、是の人は[一一]法眼《ほうげん》を得ると為すことを。当に知るべし、是の人は仏の智慧を以って、而して[一二]受記《じゅき》を得

一 **過量** 学問のすでに数量を過ぎ、数量を越していること。
二 **障礙** 悟りを得るための障害となるもの。
三 **陀羅尼** dhāraṇi 善法を持して散ずることなく、悪法を遮して起こらなくする力とはたらき。
四 **利根者** 人の中にある悟りの性質が秀れている者。

㊅四〇中、㊉四三b

五 **辟支仏** 独覚、縁覚と同じ。無仏の世に出で性寂静を好み、加行満じて師友の教えなく、自然に独悟すれば独覚と名づく。また内外の縁を観待して聖果を悟れば縁覚と名づく。
六 **小行** 大乗の行法に対して小乗の行法をいう。
七 **覆蔵** 覆い隠すこと。
八 **威儀** 坐作進退にあって威徳がそなわり、規則にはまっていること。
九 **三十二相** 仏、転輪王の身に具する三十二種の相をいう。
一〇 **仏種** 仏となる種子。
一一 **法眼** 因縁によって生じた世界を明瞭に観察する力。
一二 **受記** 授記ともいう。vyākaraṇa 仏より未来に必ず作仏すべしと予告をうけること。

ることを。当に知るべし、是の人は[13]三忍を具足することを。当に知るべし、是の人は道場に安住することを。当に知るべし、是の人は魔軍《まぐん》を破壊《はえ》することを。当に知るべし、是の人は[14]一切種智《いっさいしゅち》を得ることを。当に知るべし、是の人は法輪を転ずることを。当に知るべし、是の人は無量の仏事を作すことを。若し人、是の如き法義を信解《しんげ》せば、怖畏《ふい》を驚疑《きょうぎ》せざる者にして是の如き功徳を得るなり。是の人は諸仏の[15]阿耨多羅三藐三菩提《あのくたらさんみゃくさんぼだい》の甚深《じんじん》にして、難解、難知、難信、難入に於いて、而も能く信受し読誦し、通利し奉持《ぶじ》し、人の為めに広説し、如説に修行し、亦た他人をして説の如くに修行せしむ。是の如きの人、我れ[16]一劫、若しは減一劫《げんいっこう》を以って、其の功徳を説くとも、猶お尽くすこと能わざらん。

思益梵天所問経巻第一

[13] 三忍　簡註には、苦行忍、生忍、第一義忍の三忍をあげている。

[14] 一切種智　とくに仏の智慧をいう。

[15] 阿耨多羅三藐三菩提　anuttara-samyak-sambodhi 仏のみよく得る所の無上の智慧をいう。

[16] 一劫、若しは減一劫　人寿十歳より百年に一劫を増して八万四千歳に至る間、減一劫はその逆の数え方。きわめて長い時間。

巻の第二

解諸法品　第四の余

丹は如来五力説品第六
五幅世尊何謂大悲の下は、弥勒大悲品第七と為す。

(大)四〇下、(チ)四四a

仏、梵天に告ぐ、汝、何《なん》ぞ能く是の人の功徳を説くこと称（歎）せん。如来の如く無礙の智慧の知る所を以って是の人の所有《あらゆ》る功徳は、復た此れに過ぎん。若し人、能く如来の所説の文字言説章句に於いて、通達し随順して違《たが》わず逆《さか》らわず、和合して一と為り、其の義理に随って、章句言辞に随わずして、而も善く[一]言辞《ごんじ》所応の相を知る。如来は何語を以って法を説き、何れの[二]随宜《ずいぎ》を以って法を説き、何れの方便を以って法を説き、何れの法門を以って法を説き、何れの大悲を以って法を説くかを知るなり。梵天よ、若し菩薩の能く、如来の是の[三]五力《ごりき》を以って法を説くを知らば、是の菩薩は能く仏事を作すなりと。梵天の言わく、何を如来用いる所の五力と謂うやと。仏の言わく、一は語説、二は随宜、三は方便、四は法門、五は大悲なり。是れを如来用いる所の五力と名づく。一切声聞《しょうもん》、辟支仏《びゃくしぶつ》の及ぶ能わざる所なりと。世尊、何を謂いて（語言）説法と為すや。仏の言わく、梵天よ、如来は過去法を説き、未来（法）、現在法を説き、[四]垢《く》（法）、浄法を説き、世間（法）、出世間法を説き、有罪《うざい》（法）、無罪法を説き、[五]有漏《うろ》（法）、無漏《むろ》法を説き、[六]有為《うい》（法）、無為《むい》法を

一　言辞所応の相　仏のことばや文字に相応するすがた。

二　随宜　よろしきに随って説くところ。声聞には四諦の法、縁覚には十二因縁、菩薩には六波羅蜜。

三　五力　如来が法を説くとき用いられる五つのはたらき。

四　垢　煩悩のこと。垢と漏とは同体異名。

五　有漏　漏とは煩悩のこと。一切世間の事体はすべて有漏法。煩悩を離れた出世間の事体はすべて無漏法。

六　有為　為とは造作の義、因縁所生の事物はすべて有為。本来自然であって因縁所生にあらざる者を無為法という。

七　寿命法　jivita 人間の一生を寿といい、それの連続を命といい、一生の間、連続して持ち、息風の断じないのを寿命という。これは命根を体とし、寿煖識を相とし活動を用とすると説明されている。

説き、我《が》（法）、人《にん》（法）、衆生（法）、[七]寿命法《じゅみょうほう》を説き、[八]得証法《とくしょうほう》を説き、生死（法）、涅槃法を説く。梵天よ、当に知るべし、是の諸もろの言説は、[九]幻人《げんにん》の説くが如し、決定《けつじょう》無きが故に。夢中に説くが如し、虚妄《こもう》の見の故に、響声《きょうしょう》の説くが如し、空（中）より出づるが故に。説くこと影の如し、衆縁《しゅえん》合するが故に。説くこと鏡中の像の如し、因って鏡に入らざるが故に、説くこと[一〇]野馬の如し、顛倒の見の故に。説くこと[一一]虚空の如し、生滅無きが故に。当に知るべし、是の説は説く所無しと為す。[一二]諸法の相は不可説なるが故に。梵天よ、若し菩薩の能く此の諸説を知る者は、一切の言説《ごんせつ》有りと雖も、而も諸法に於いて貪著《とんじゃく》する所無し。貪著せざるを以っての故に、[一三]無礙《むげ》弁才を得るなり。是の弁才を以って、若しは[一四]恒河沙劫《ごうがしゃごう》においてて法を説くとも、尽きること無く、礙《さまた》げ無し。諸もろの有らゆる言説は法性を壊《え》せず、亦た復た（法性に）著せず、法性を壊せず。梵天よ、是れを如来の（言）説と名づくと。梵天、世尊に言《もう》さく、何を[一五]随宜と謂うやと。仏の言わく、如来は或るいは[一六]垢法《くほう》に浄を説き、[一七]浄法に垢を説く。菩薩は此こに於いて応に知るべし、如来の随宜《ずいぎ》の所説なりと。梵天よ、何を垢法に浄を説くと謂うや。垢の法性を得ざるが故に。何を浄法に垢を説くと謂うや。浄法に貪著するが故に。又た梵天よ、我が布施は即ち是れ涅槃なりと説く。凡人は無智にして善く随宜の所説を解すること能わず。菩薩は応に是の如く思量し布施せば、後に大富を得るも、此の中、法は[一八]一念より一念に至るべき無し。若し一念より一念に至らざれば、即ち是れ諸法の実相なればなり。[一九]諸法実相《しょほうじっそう》とは即ち是れ涅槃なり。持戒は是れ涅槃なり、不作不起の故に。忍辱《にんにく》は是れ涅槃なり、念念滅するが故に。精進は是れ涅槃なり、[二〇]取する所無きが故に。禅定は是れ涅槃なり、[二一]味を貪せざるが故に。智慧は是れ涅槃なり、相を得

八　得証法　証とは悟り、悟りを得る法のこと。
九　幻人　幻は空なることをいったもの、幻術師が、実体のないものをあたかもあるように見せたもの、幻人はあたかもあるように見せかけた人のことをいったもの。
一〇　野馬　野馬の言は、竺法護訳は焔、菩提流支訳も焰となっている。
一一　虚空　虚空は一切無為の世界。
一二　諸法の相　諸法とはあらゆる事物、その真実のすがたを相という。
一三　無礙弁才　弁舌のよどみなきこと。
一四　恒河沙劫　恒河はガンジス河、沙は砂、ガンジス河の沙の数ほどの無数の劫。劫はきわめて長時の単位。kalpa の音訳。
一五　随宜　よろしきに随うこと。
一六　垢法　垢とは煩悩のこと、煩悩法のこと。
一七　浄法　浄とは清浄のこと、浄法とは仏道の修行法。
一八　一念より一念に至るべき無し　法を観じて小乗のように過去現在未来にわたれば、これは仏の所説ではない。実を観ずれば、法は一念より一念に至るというものではない。(大)四一上、㋠四五b
一九　諸法実相　すべての事物の真実のすがた。
二〇　取　煩悩心をもって対象をとらえ執著すること。
二一　味　身心の経験に執著すること。

ざるが故に。貪欲は是れ実際[一]なり、法性として欲無きが故に。瞋恚は是れ実際なり、法性として瞋無きが故に。愚癡は是れ実際なり、法性として癡無きが故に。生死は是れ涅槃なり、退無く生無きが故にとなればなり。涅槃は是れ生死なり、貪著するを以っての故に。実語は是れ虚妄なり、語見を生ずるが故に。虚妄は是れ実語なり、増上慢[二]の人の為めの故に。

又た梵天よ。如来は随宜を以っての故に、或るいは自ら我れは是れ常辺者《じょうへんしゃ》[三]なりと説き、或るいは自ら我れは是れ断辺者《だんぺんしゃ》[四]なりと説き、或るいは自ら我れは是れ無作者《むさしゃ》[五]なりと説き、或るいは自ら我れは是れ邪見者なりと説き、或るいは自ら我れは是れ不信者なりと説き、或るいは自ら我れは是れ報恩を知らざる者と説き、或るいは自ら我れは是れ食吐者《じきと》[六]なりと説き、或るいは自ら我れは是れ不受者[七]なりと説く。如来は此の如き諸事有ること無きも、当に是れ随宜の所説と為すべきと知るべし。衆生をして増上慢を捨てしめんと欲するが故に。若し菩薩の善く如来の随宜の説に通達する者は、若し仏の出《い》づれば則《すなわ》ち信受す、衆生に善業の色身《しきしん》の果報を示すが故に。若し仏、出《い》でざれば亦た信受す、是れ諸仏の法性身《ほっしょうしん》[八]を知るが故に。若し仏の説法を聞くも亦た信受す、文字を喜楽《きらく》する衆生の為めの故に。若し仏の法を説かざるを聞くも亦た信受す、諸もろの法位の性は不可説なりと知るが故に。若し涅槃有りと聞くも亦た信受す、顚倒《てんどう》の起こす所の煩悩を滅するが故に。若し涅槃無しと聞くも亦た信受す、諸仏は生滅の相無きが故に。若し衆生有りと聞くも亦た信受す、世[九]《せ》諦門《たいもん》に入るが故に。若し衆生無しと聞くも亦た信受す、第一義[一〇]に入るが故に。梵天よ、菩薩は是の如く善く如来の随宜の所説を知り、諸もろの音声《おんじょう》に於いて疑い無く畏れ無く、亦

一　実際　真如の実理を究めてその窮極に至ること。

二　増上慢　まだ聖道を得ていないのに、我はすでに得たりと慢心を起こすこと。

三　常辺者　常見論者ともいう。辺見の一分。人の心身は三世にわたって常住であるとの一辺を固執する人。

四　断辺者　断見論者ともいう。辺見の一分。人の心身は断滅して相続せずとする一辺を固執する人。

五　無作者　すべての事物は因縁によって生ずるということはないと固執するもの。因果を認めないもの。

六　食吐者　食べればついでに吐くこと。聖教の耳に入ってついでに口から出ることをいう。

七　不受者　食すればすなわち吐くから受納することがないという意。

八　法性身　法身のこと。仏が悟ったところの真如と、それを照らす智慧とを合して法身という。

九　世諦門　真諦門に対する語。世間の事実、または世俗の人の知っているところの道理。

一〇　第一義　究極の真理のこと。

一一　生天　四王天ないし非想非非想天のように、衆生の生ずべき天処をいう。持

た能く無量の衆生を利益す。

世尊、何を方便と謂うや。仏の言わく、如来は衆生の為めに説く。布施は大富を得、持戒は生天[一一]を得、忍辱《にんにく》は端正《たんじょう》を得、精進は諸もろの功徳の具わることを得、禅定は法喜を得、智慧は諸もろの煩悩を捨《す》つることを得るなりと。多聞は智慧を得るが故に、十善道[一二]を行ずるは人天《にんでん》の福楽《ふくらく》を得るが故に、慈悲喜捨[一三]は梵世に生ずることを得るが故に、禅定は如実の智慧を得るが故に、如実の智慧は道果[一四]を得るが故に、学地[一五]《がくじ》は無学地を得るが故に、辟支仏《びゃくしぶつ》地は諸もろの供養を消[一六]することを得るが故に、仏地は無量の智慧を得るが故に、涅槃は一切の苦悩を滅することを得るが故に。梵天よ、我れ是の如き方便もて、衆生の為めに是の法を讃説するなり。如来は実には、我[一七]《が》、人《にん》、衆生、寿命者なるを得ず、亦た施を得ず、亦た慳[一八]《けん》を得ず、亦た戒を得ず、亦た毀《き》戒《かい》を得ず、亦た忍辱《にんにく》を得ず、亦た瞋恚《しんに》を得ず、亦た精進を得ず、亦た懈《け》怠《たい》を得ず、亦た禅定を得ず、亦た乱心[一九]《らんしん》を得ず、亦た智慧を得ず、亦た智慧の果を得ず、亦た菩提を得ず、亦た涅槃を得ず、亦た苦を得ず、亦た楽を得ず。梵天よ、若し衆生にして是の法を聞く者、勤行精進《ごんぎょうしょうじん》す。是の人、何の利の為めの故なるや。勤行精進は是の法を得ず。若し須陀洹[二〇]《しゅだおん》果、斯陀含《しだごん》果、阿那含《あなごん》果、阿羅漢《あらかん》果、辟支仏《びゃくしぶつ》道、阿耨多羅《あのくたら》三藐三菩提《さんみゃくさんぼだい》、乃至、涅槃も亦た復た得ざるなり。梵天よ、是れを如来の方便説法と名づく。菩薩は此の方便説法の中に於いて、応に勤《つと》めて精進し、諸もろの衆生をして法利を得しむべしと。(梵天の云く)世尊、何を如来の法門と謂うや。仏の言わく、眼《げん》は是れ解脱門なり。耳鼻舌身意《にびぜっしんに》は是れ解脱門なり。所以《ゆえ》は何《いか》ん。眼は空《くう》にして、我《が》無く、我所[二一]《がしょ》無きの性なること自《おの》ずから爾《しか》るなり。耳鼻舌身意は空にして、我無く、我所無きの性なること自ずか

戒によって不殺、不盗、不婬の三善によって天に生れる。　㊅四一中、㊆四六a

一二　十善道　十善業道のこと、一に不殺生、二に不偸盗、三に不邪淫、四に不妄語、五に不離間語、六に不麁悪語、七に不雑穢語、八に不貪欲、九に不瞋恚、十に不邪見、この十はよく理に順うので善という。

一三　慈悲喜捨　仏菩薩の徳、四無量心という。無量の衆生を観てこの心を起こす。

一四　道果　道は菩提(智慧)、果は涅槃のこと。

一五　学地　修行を学といい、その究まったところを無学という。地とは修行の位のこと。

一六　消　消化し吸収すること。消す意味ではない。

一七　我、人、衆生　寿命者はそれぞれの本体的主宰者ありと考えること。アートマン。

一八　慳　けち、ものおしみする。

一九　乱心　心が散乱して一所にとどまらないこと。禅定の反対。

二〇　須陀洹果　srotāpanna 預流果という。つまり聖者の流れに預るという意で、はじめて聖者の仲間入りをした位。つづいて第二位目が斯陀含果、第三位目が阿那含果、第四位目が阿羅漢果でこれにて悟りをきわむ。

二一　我所　自身を我といい、我所とは自身外の事物をみな我の所有と思うこと。

ら爾るなり。梵天よ、当に知るべし、[一]諸入は皆な此れ解脱門なることを。正しく行ずれば則ち虚誑《こおう》ならざるが故に。色声香味触《しきしょうこうみそく》法も亦た復た是の如し。一切の諸法は皆な是の門に入る。所謂る[二]空門、無相門、無作門、無生門、無滅門、[三]従来する所無き門、従去する所無き門、無退門、無起門、性常に清浄なる門、[四]離自体門なり。又た梵天よ、如来は一切の文字の中に於いて、是の解脱門を示す。所以《ゆえ》は何《いか》ん。諸もろの文字は[五]合無く用無し。[六]性鈍《しょうどん》なるが故に。梵天よ、当に知るべし、如来は一切の文字の中に於いて聖諦を説き、解脱門を説く。如来の所説の法は[七]垢《く》有ること無く、一切の諸法は皆な解脱に入り、涅槃に住せしむればなり。是れを如来の説法は法門に入ると名づく。菩薩は此の法門に於いて、応当《まさ》に修学すべしと。

（梵天の問う）世尊、何を大悲と謂うや。仏の言わく、如来は三十二種の大悲を以って衆生を救護《くご》す。何等をか三十二なりや。[八]一切法無我なるも、而も衆生は信ぜず、解せず、我が生有りと説く。如来は此こに於いて而して大悲を起こす(一)。一切諸法無衆生なるも、而も衆生は衆生有りと説く。如来は此こに於いて而して大悲を起こす(二)。一切法無寿命者なるも、而も衆生は寿命者有りと説く。如来は此こに於いて而して大悲を起こす(三)。一切法無人たるも、而も衆生は人有りと説く。如来は此こに於いて而して大悲を起こす(四)。一切法無所《むしょう》有なるも、而も衆生は[九]有見《うけん》に住す。如来は此こに於いて、而して大悲を起こす(五)。[一〇]一切法無性なるも、而も衆生は（諸法に）住するところ有りとす。如来は此こに於いて、而して大悲を起こす(六)。[一一]一切法無帰処《むきしょ》なるも、而も衆生は帰処を楽しむ。如来は此こに於いて、而して大悲を起こす(七)。[一二]一切法非我所《ひがしょ》なるも、而も衆生は我所《がしょ》に

一　諸入　入とは新訳で処という。六根と六境の十二がある。

二　空門、無相門、無作門、無生門、無滅門　解脱に入る門を示したもの。空、無相、無作は三解脱門として仏教を通じて説かれるもの。

三　従来する所無き門　無生であるからよって来たるところなく、無滅であるからよって去るところがない。
㊅四一下、㊆四七a

四　離自体門　解脱すればその性が常に清浄であるから、一切の生滅もその相は自体を離れている。

五　合無く用無し　文字、語言そのものは解脱の相ではないから、文字は解脱に合することなく、また解脱のはたらきもない。

六　性鈍なるが故に　㊂(宮)にはこの語がない。

七　垢　煩悩のこと。また煩悩の性質を帯びていること。

八　一切法無我　以下に無衆生、無寿命、無人と続く。これら四相の無我を説くのは、衆生が我（本体的存在）等に執著して道に迷うから、如来は大悲をもって我あることなしと説く。

九　有見　すべての事物はつねに存在するという考え。

一〇　一切法無住　住とは止住の意。無住とは止まって住することのないこと。

一一　一切法無帰処　すべての事物は止住するところでないから、それをよりどこ

著す。如来は此こに於いて、而して大悲を起こす(八)。一切法無所属なるも、而も衆生は所属有りと計す。如来は此こに於いて、而して大悲を起こす(九)。[一三]一切法無取相なるも、而も衆生は（皆な）相を取る有り。如来は此こに於いて、而して大悲を起こす(一〇)。一切法は無生なり。而るに衆生は有生に住す。如来は此こに於いて、而して大悲を起こす(一一)。一切法は[一四]無退生なり。而るに衆生は退生に於いて住す。如来は此こに於いて、而して大悲を起こす(一二)。一切法は[一五]無垢《むく》なり。而るに衆生は垢に著す。如来は此こに於いて、而して大悲を起こす(一三)。一切法は[一六]離染《りぜん》なり。而るに衆生には染有り。如来は此こに於いて大悲を起こす(一四)。一切法は離瞋なり。而るに衆生には瞋《しん》有り。如来は此こに於いて、而して大悲を起こす(一五)。一切法は離癡《りち》なり。而るに衆生は癡有り。如来は此こに於いて、而して大悲を起こす(一六)。一切法は[一七]従来する所無し。而るに衆生従来する所有りと著す。如来は此こに於いて、而して大悲を起こす(一七)。一切法は[一八]所去《しょこ》無し。而るに衆生は[一九]後生《ごしょう》に於いて著す。如来は此こに於いて、而して大悲を起こす(一八)。一切法は無起なり。而るに衆生は所起有りと計す。如来は此こに於いて、而して大悲を起こす(一九)。一切法は戯論《けろん》無し。而るに衆生は戯論に著す。如来は此こに於いて、而して大悲を起こす(二〇)。一切法は[二〇]空《くう》なり。而るに衆生は有見《うけん》に於いて堕《だ》す。如来は此こに於いて、而して大悲を起こす(二一)。一切法は無相なり。而るに衆生は有相《うそう》に於いて著す。如来は此こに於いて、而して大悲を起こす(二二)。一切法は無作なり。而るに衆生は有作に於いて著す。如来は此こに於いて、而して大悲を起こす(二三)。世間は常に瞋恨《しんこん》と共に[二一]諍競《じょうきょう》す。如来は此こに於いて、而して大悲を起こす(二四)。世間は[二二]邪見によって顛倒《てんどう》し邪道を行ず。

ろとするところがない。

一二　一切法非我所　すべての事物に常恒の本体なるものがないから、一物といえどもこれわが所有であるというものはない。

一三　一切法無取相　たとえば水中の月のように見ることはできてもこれを取って手に入れることができないこと。

一四　無退生　退とは減る、ひっこむこと、無退生とは法が没することのないこと。不増不減の意。

一五　無垢　煩悩性のないこと。

一六　離染　染とは煩悩のこと。煩悩を離れること。

一七　従来する所無し　すべての事物は生ずることなきがために、よって来たるということはない。

一八　所去無し　すべての事物は滅することがないから、いずくへ去るということもない。

一九　後生　㊅は「有去」につくるが、今は㊂㊇によって「後生」とする。後において生ずること。　㊅四二上、㊈四八a

二〇　空……　有見　空以下、無相、無作は三解脱門。よって来たるところなく、またよって去るところもなければ起こるものなく、それ故戯論を離れる。戯論を離れれば三解脱を得る。

二一　諍競　あらそい競うこと。

二二　邪見　因果の道理を信じないところの考えをいう。

正道に住せしめんと欲し、如来は此こに於いて、而して大悲を起こす(二五)。世間は饕餮《とうてつ》して厭足《えんそく》すること有ること無く、互いに相い陵奪《りょうだつ》す。衆生をして聖財の信、戒、聞、施、慧等に於いて住せしめんと欲し、如来は此こに於いて、而して大悲を起こす(二六)。衆生は是れ業を産して妻子は恩愛の僕なり。此の危脆《きさい》の物に於いて堅固の想を生ず。衆生をして悉く無常なることを知らしめんと欲す。如来は此こに於いて、而して大悲を起こす(二七)。衆生は身を怨賊《おんぞく》と為し、養育に貪著するを以って親友《しんう》と為す。衆生の為めに真知識を作さんと欲して、畢(竟)して衆苦を究竟し涅槃(を得)せしむ。如来は此こに於いて、而して大悲を起こす(二八)。衆生は好んで欺誑《ぎおう》し邪命《じゃみょう》の自活《じかつ》を行ず。正命を行ぜしめんと欲して、如来は此こに於いて、而して大悲を起こす(二九)。衆生は衆苦不浄の居家《こけ》に楽著《らくじゃく》す。三界を出でしめんと欲して、如来は此こに於いて、而して大悲を起こす(三〇)。一切の諸法は、因縁によって有り。而るに衆生は聖解脱に於いて懈怠《けたい》を生ず。精進を説いて解脱を楽《ねが》わしめんと欲して、如来は此こに於いて、而して大悲を起こす(三一)。衆生は最上無礙《むげ》の智慧を棄捨《きしゃ》して、声聞、辟支仏の道を求む。之れを引導《いんどう》して大心を発《お》こし、仏法に於いて縁ぜしめんと欲し、如来は此こに於いて、而して大悲を起こす(三二)。梵天よ、如来は是の如く諸もろの衆生に於いて、此の三十二種の大悲を行ず。是の故に如来と名づけて大悲を行ずる者と為す。若し菩薩が衆生の中に於いて、常に能く此の大悲心を修集《しゅうじゅ》せば、則ち阿惟越致《あゆいおっち》に入ると為し、大福田の威徳具足と為し、常に能く一切衆生を利益す。是の大悲法門品を説く時、三万二千人は、皆な阿耨多羅三藐三菩提心を発《お》こし、八千の菩薩は無生法忍《むしょうぼうにん》を得たり。

一 饕餮　飲食を貪るもの。
二 陵奪　陵は(三)(宮)に従う。侵し奪うこと。
三 聖財　聖者の財産。
四 危脆　危うくてもろい人生。
五 怨賊　衆生の身あれば患あり、患あればこれ怨賊、つまりわが身はこれ怨賊であるという。
六 邪命の自活　仏教のきまりを護らないで生活の糧とすることをいう。
七 正命　正法に順って生活の糧をうること。
八 楽著　楽しみ執著すること。
九 聖解脱　解脱のこと。法は因縁によって生じもし滅しもする。三乗人はこの因縁の自性は生滅にあらざることを知らず、因縁法中においてみだりに取捨をくり返して精進せず、懈怠を生じる。
10 阿惟越致　avaivartika　成仏の進路を退転しないこと。不退転。
一一 大福田　田はよく生長させる。供養を受ける資格のあるものにこれを供養すれば、供養者はよくその福の報いをうける。それは農夫が田に種をまいて、秋、その収穫をうるようなものであること。
一二 無生法忍　無生法とは生滅を離れた真如実相のこと。この真如に安住して動ぜざるを無生法忍という。

難問品第五　丹は幻化品第八

(大)四二中、(チ)四九b

爾の時、網明《もうみょう》菩薩摩訶薩、仏に白して言さく、世尊、是の思益梵天は、云何んが是の大悲の法門を聞いて而も喜悦せざるや。梵天の言わく、善男子よ、若し二法[一三]に在ることを識れば、則ち喜悦有り。若し無二の実際法中に在ることを識れば、則ち喜悦無し。譬えば幻人《げんにん》の幻戯の事を見るが如きは、喜悦する所無し。菩薩の諸法の相を知ること是の如し。則ち如来の若しは説法、若しは神通[一四]に於けるも、亦た喜悦無し。又た善男子よ、仏の所化[一五]の人の如きは、仏の説法を聞くも、喜ばず、悦ばず。菩薩は諸法の相と化と異なること無きを知れば、如来の所説[一六]に於いて喜悦を加えず。諸もろの衆生に於いて下劣の想無しと。網明の言わく、梵天よ、汝、今、諸法を見るに幻相の如きや。梵天の言わく、若し人、諸法を分別すれば、汝、当に之れを問うべし。網明の言わく、汝、今、何《いず》れの処に於いて行ずるや。梵天の言わく、一切の凡夫の行ずる処、吾れ彼れに於いて行ず。網明の言わく、凡夫人は、貪欲、瞋恚、愚癡、身見[一七]、疑網《ぎもう》、我我《がが》所《しょ》等の邪道を行ず。汝は是の処に於いて行ずるや。梵天の言わく、善男子よ、汝、凡夫法の決定の相を得んと欲するや。網明の言わく、我れすら尚お決定して凡夫を得んと欲せず。何《いか》に況んや凡夫法をや。善男子よ、若し是の法が決定無き者ならば、寧《いずく》んぞ貪欲、瞋恚、愚癡の法有らんや。網明の言わく、無きなり。善男子よ、一切法は貪、恚、癡の相を離る。行相[一八]も亦た是の如し。善男子よ、凡夫の賢(行)、聖行を行ずるは、皆な無二無差別なり。善男子よ、一切の行は行に非ず。一切の説

一三　二法　ここでは方便と真実、また俗諦と真諦。

一四　神通　測ることのできない無礙自在の力とはたらき。

一五　所化　教化を受けるもの。

一六　所説　(大)は下の説の字はないが、今は(聖)によって説の字を加えて読む。

一七　身見　我々所ありと計するあやまった考え。わが身は五蘊が仮りに和合したものであることを知らないで、実に永久なるわが身ありと考え、またわが身辺の諸物はこれわが所有物であるという考え。身見はこの両者を合したもの。

一八　行相　心識が、各自のはたらきをもって対象の相の上を遊行し、また対象物の相状を行じとらえることを行相という。

は説に非《あら》ず。一切の道は道に非ず。網明の言わく、何をもって一切の行は行に非ずと謂うや。梵天の言わく、善男子よ、若し人、千万億劫（の間）、道を行ずるも、法性[一]に於いて不増不減なり。是の故に一切の行は行に非ずと言うなり。何をもって一切の説は説に非ずと謂うや。梵天の言わく、善男子よ、如来は不説の相を以って一切法を説く。是の故に、一切の説は説に非ずと言うなりと。何をもって一切の道は道に非ずと謂うや。梵天の言わく、至る所無きを以っての故に、一切の道は道に非ざるなりと。爾の時に世尊[二]、思益梵天を讃じて言わく、善き哉、善き哉。諸もろの法の相[三]を説くこと応当《まさ》に是の如くなるべしと。

網明菩薩、梵天に謂って言わく、汝は一切凡夫の行処[四]《ぎょうしょ》を説けり。吾れは彼の行者に於いて則ち行相[五]有りと。梵天の言わく、若し我れ所生の処[六]有れば、応《まさ》に行相有るべし。網明の言わく、汝、若し生ぜずんば、云何んが衆生を教化せんと。梵天の言わく、仏は化す所に生ず、吾れ彼れの如くに生ずと。網明の言わく、仏、化する所に生ずるに、生処有ること無しと。梵天の言わく、寧《いずく》んぞ見るべきや不《いな》や。網明の言わく、仏力[七]《ぶつりき》を以っての故に見ると。梵天の言わく、我が生も亦た是の如し、業力[八]を以っての故にと。網明の言わく、汝は業を起こす中に於いて行ずるや。梵天の言わく、我れは業を起こす中に於いて行ぜず。網明の言わく、云何んが業力を以っての故にと言うや。梵天の言わく、業（力）の如く（法）性[九]力も亦た是の如し。是の二は如[一〇]を出《い》でざればなりと。

爾の時に舎利弗《しゃりほつ》、仏に白して言さく、世尊、若し能く是の菩薩の随宜[一一]《ずいぎ》所説《しょせつ》の法中に入る者有れば、大功徳を得るなり。所以は何《いか》ん。世尊、乃至、是の上人[一二]の名字を聞くすら尚お大利を得、何《いか》に況んや其の所説を聞くをや。譬えば樹有るが如し、地に依らずして虚空の

一　法性　性とは不改の義、不改とは不変のこと。法性とは実相、真如の謂で、主として大乗仏教において多く用いられることば。
二　世尊　仏の十号（十の呼び名）の一つ。
三　法の相　存在するものの真実のすがた、特徴。
四　行処　修行を行うところ、環境。
五　行相　修行を行うすがた。修行の特徴。　㊅四二下、㊄五〇b
六　所生の処　生を受けるところ、環境。
七　仏力　仏がもつ能力。業力に対する。
八　業力　前世に行った行為が因となって果報をひき起こす力。
九　性力　ものの本質自体がもつ力、能力。
一〇　如　あらゆるものの、真実ありのままのすがた。
一一　随宜所説の法　教えを聞く者の状態に応じて説かれたこと。
一二　上人　すぐれた人。

中に在り。而も根、茎《きよう》、枝、葉、華《け》、果を現わすは甚だ希有と為すなり。此の人の行相も亦た復た是の如し。[一三]一切法に任せずして、而も[一四]十方に於いて行有り生死有ることを現ず。亦た是の如きの[一五]智慧弁才有り。世尊、若し善男子善女人有りて是れを聞かば、[一六]智慧自在力なる者、其れ誰れか[一七]阿耨多羅三藐三菩提心を発《お》こさざらんや。爾の時に一《ひと》り菩薩有り。名づけて普華《ふけ》と曰う。会中の坐に在って、長老舎利弗《しやりほつ》に謂う、仁者《きみ》は已に[一八]法性を得たり。仏も亦た汝は智慧人中に於いて最第一と為すと称せり。何を以って能く是の如きの智慧弁才の[一九]自在力を現ぜざるやと。舎利弗の言わく、普華よ、仏の諸もろの弟子は其の[二〇]智力に随って能く説く所有りと。普華の言わく、舎利弗よ、法性に多少有りや。舎利弗の言わく、無きなりと。普華の言わく、汝何を以って言うや。仏の諸弟子は、其の智力に随って能く説く所有るなりと。舎利弗の言わく、得る所の[二一]法に随って而して説く所有りと。普華の言わく、汝は法性の無量の[二二]相を証するや。舎利弗の言わく、然りと。普華の言わく、汝は云何んが所得の法に随って而して所説有りと言うや。法性の無量相《むりようそう》の如く、得ること亦た是の如し。得るが如く、説くことも亦た是の如し。何を以っての故に。法性は無量なるが故に。舎利弗の言わく、法性は相を得るに非ずと。普華の言わく、若し法性は相を得るに非ずとせば、汝は法性を出《い》だして[二三]解脱を得るや。舎利弗の言わく、不《いな》なりと。普華の言わく、何故に爾るや。舎利弗の言わく、若し法性を出《い》だして解脱を得るならば、則ち法性を壊《え》するなり。普華の言わく、是の故に舎利弗よ、仁者《きみ》、道を得るが如く法性も亦た爾《しか》なりと。舎利弗の言わく、我れは聴来《ちようらい》せんが為めにして、説かんが為めに非ざるなり。普華の言わく、一切法は皆な法性に入る。此の中に、寧《いずく》んぞ説く者有り聴く者（有り）[二四]とせんや不《いな》や。舎利弗《しやりほつ》

一三　一切法　あらゆる事物、すべての現象。物質的・精神的なすべてのもの。
一四　十方　四方四維の八方に上下の二方を加えた方角。あらゆる方向。
一五　智慧弁才　真理を見きわめるはたらきと、それを説き表す能力。
一六　智慧自在力　智慧を自在に発揮できる能力。
一七　阿耨多羅三藐三菩提心　仏のこの上ない正しい悟りを得ようと願う心。
一八　法性　真理の本質。ありのままのすがた。
一九　自在力　ものごとを自在にすることができる能力。
二〇　智力　真理を見きわめる能力。
二一　法　真理。
二二　相　ものごとの外面的特徴。
二三　解脱　苦しみから解かれ、のがれ出ること。苦しみ悩む世界から解放された平安な状態をいう。㊅四三上、㊈五一b　ここでは智慧第一の舎利弗であるから法を説くことによって解脱を得るかと問うのである。
二四　菩提流支訳による。

の言わく、不《いな》なりと。普華の言わく、若し然らば、汝は何が故に、我れ聴来の為めにして、説く為めに非ずと言うや。舎利弗の言わく、仏は二人に[一]福無量を得ると説きたまえり。一者は専ら精《くわ》しく法を説くもの、二者は一心に聴受《ちょうじゅ》するものなりと。是の故に汝は今、応に説くべし、我れ当に聴受すべしと。普華の言わく、汝、[二]滅尽定《めつじんじょう》に入って能く法を聴くや。舎利弗の言わく、滅尽定に入れば[三]二行有ること無きも、而も法を聴くなりと。普華の言わく、汝は仏が一切法は是れ[四]滅尽の相なりと説きたまえるを信ずるや不《いや》や。舎利弗の言わく、然り。一切の法は皆な滅尽の相なり。我れ是の説を信ずと。普華の言わく、若し然らば舎利弗は常に法を聴くこと能わず。所以は何ん。一切の法は常に滅尽相なるが故に。舎利弗の言わく、汝は能く[五]定《じょう》を起たずして、而も法を説くや。普華の言わく、頗《も》し一法にして是れ定に非ざるもの有りや。舎利弗の言わく、無きなりと。普華の言わく、是の故に当に知るべし、一切の凡夫は常に定に在ることを。舎利弗の言わく、何なる定を以っての故に、一切の凡夫は常に定に在るや。普華の言わく、[六]法性三昧《ほっしょうざんまい》を壊せざるを以っての故なり。舎利弗の言わく、若し然らば凡夫も聖人も差別《しゃべつ》有ること無けん。普華の言わく、是の如し、是の如し。我れ、凡夫と聖人とをして差別有ることを欲せざらしむるなり。所以は何ん。聖人は[七]断ずる所無く、凡夫は[八]生ずる所無し。是の二は[九]法性《ほっしょう》平等の相を出《い》でざればなり。舎利弗の言わく、何等をか是れ[一〇]諸法の平等相なる。普華の言わく、舎利弗の[一一]知見を得る所の如し。舎利弗よ、汝は[一二]賢聖法《けんしょうほう》を生ずるやと。答えて言わく、不なりと。汝は[一三]凡夫法を滅するや。答えて言わく、不なりと。汝は賢聖法を得るや。答えて言わく、不なりと。（普華曰わく）汝は凡夫法を見るや。答えて言わく、不なりと。（普華曰わく）舎利弗よ、汝は何

一　福無量　無限の功徳、よい果報。

二　滅尽定　心のはたらきがすべて尽き滅んでなくなる精神統一。

三　二行　滅尽定に入れば心を滅するから主観客観の作用はなく、それ故法を説くこと、法を聞くこと、この二行はない。

四　滅尽の相　滅尽定に入れば常に禅定の中にあるから、すべての事物は滅し尽した状態にある。

五　定　禅定 (dhyāna) のこと、心を一所に専注して三昧に入ること。今は㊂㊪㊍による。

六　法性三昧　三昧 (samādhi) の一種。法性にもっぱら心をとどめるところの精神統一。この法性とは煩悩と解脱と同一であること。

七　断ずる所　聖者は煩悩の断ずるところがない。

八　生ずる所　凡夫は煩悩の生ずるところがない。

九　法性平等　法性、すなわち真理の本性は凡夫聖者の差別なく平等。

一〇　諸法　もろもろの事物、現象のこと。

一一　知見　智慧によって見ること。

一二　賢聖法　善を行い悪を去ったが、なお真理を悟り得ない凡夫の位にある者を賢、真理を悟った者を聖という。

一三　凡夫法　凡夫を凡夫たらしめているもの。

見もて説きて道を得ると言うや。答えて言わく、汝、聞かずや、一四凡夫如は即ち是れ一五漏尽解《ろうじんげ》脱如《だつにょ》、漏尽解脱如は即ち是れ一六無余涅槃如《むよねはんにょ》なりと。一七(普華菩薩の言わく) 舎利弗よ、是の如を不異如、不壊如《ふえにょ》と名づく。応に是の如を以って一切法を知るべしと。

一八爾《そ》の時に舎利弗、仏に白《もう》して言さく、世尊よ、譬えば大火の一切の諸炎は皆な是れ一九焼相なるが如し。是の如く諸もろの善男子の所説の法は皆な二〇法性に入ると。仏、舎利弗に告げたまわく、汝の言う所の如し。是の諸もろの善男子《ぜんなんし》の所説の法は皆な法性に入ると。爾の時に網明菩薩は舎利弗に謂わく、仏は仁者《きみ》は二一智慧に於いて人中の最第一《さいだいいち》と為すと説きたまえり。何の智慧を以って第一たるを得るや。舎利弗の言わく、所謂《いわゆる》二二声聞《しょうもん》は声に因って二三解《げ》を得。是の智慧を以って説いて我れ中に於いて第一と為すのみ。菩薩の謂いに非ずと。網明の言わく、智慧は是れ二四戯論《けろん》の相なるや。答えて言わく、不《いな》なりと。網明の言わく、智慧は二五平等相に非ざるや。答えて言わく、是の如しと。網明の言わく、今、仁者《きみ》、平等の智慧を得。云何《いか》んが智慧に量有りと説くや。答えて言わく、善男子よ、二六法の性相を以っての故に、智慧に量無し。法性に随入《ずいにゅう》する多少の故に、智慧に量有りと。網明の言わく、二七無量法は終に有量を作さず。仁者《きみ》、何が故に智慧に量有りと説くや。即ち時に舎利弗は黙然として答えざりき。丹は爾時の上に菩薩光明品第九有り

爾の時、長老大迦葉《だいかしょう》は、仏の聖旨を承けて、仏に白《もう》して言わく、世尊、是の網明菩薩は、何の因縁を以って網明と号《な》づくるや。仏、網明に告げたまわく、善男子よ、汝の福報たる光明の因縁を現じて、諸もろの天人、一切世間をして皆な歓喜することを得せしめん。其の福徳の因縁有る者は、当に二八菩提心を発《お》こすべしと。是こに於いて網明は即ち仏の教えを受

一四　凡夫如　凡夫のありのままのすがた。
一五　漏尽解脱如　煩悩を断じ尽して解放されたすがたそのもの。
一六　無余涅槃如　煩悩も肉体も滅した完全な平安の境地の、ありのままのすがた。
一七　菩提流支本によって補う。
一八　菩提流支本は改行されている。　(大)四三中、㋠五二b
一九　焼相　焼くということを特徴としていること。
二〇　法性　真理の本質、一切のもののありのままのすがた。
二一　智慧　真理をみきわめるはたらき。
二二　声聞　仏の教えを聞いて修行する人々。
二三　解　教えを理解すること。ここでは解脱のこと。
二四　戯論の相　理にあらず、なんの義もなき言論をいう。
二五　平等相　差別的対立のないことを特徴とすること。
二六　法の性相　真理の本質が、そのものとしてもつ特徴。
二七　無量法　法性に入ったものの智慧には多少はない。従って悟られる法にも無量、有量はない。
二八　菩提心　仏の悟りを求める心。また悟りを求めて、人々を救済しようと願う心が含まれる。

一　爪指　(大)は爪は抓の字に作るが、今は㊂(宮)による。

二　十方の無量無辺　あらゆる方角の無限無際の数限りない仏のいる世界。

三　盲聾　眼と耳の不自由者。

四　瘖瘂　言葉の不自由者。

五　拘癖　拘はまがること。

六　醜陋　醜はみにくい、陋もみにくいこと。

七　囹圄　牢獄のこと。

八　慳貪　貪りおしむこと。

九　懈怠　なまける心をいう。

一〇　無慚無愧　無慚は自己にはじることがない、無愧は他に対してはじることなき悪心をいう。

一一　憍慢　自らたかぶり、他をさげすむ心。

一二　夜叉　yakṣa 人を傷害しくらう暴悪の鬼、仏教に入って毘沙門天の眷属として北方を護る。

一三　乾闥婆　gandharva もっぱら香を食とする。帝釈天に仕えて楽を奏する。

一四　優婆塞　upāsaka 在家の信者の男子をさしていう。

一五　優婆夷　upāsikā 在家の信者の女子をさしていう。

一六　三十二相八十随形好　仏の相好の一々を数えていったもの。三十二相は仏のほか転輪王もそなえている。

一七　下方　大地の下方は聖者の住するところという。

(大)四三下、㋠五三b

け、偏えに右肩を袒《あら》わにし、右手の赤白《しゃくびゃく》荘厳の[一]爪指《そうし》の間より大光明を放ち、普ねく[二]十方の無量無辺阿僧祇の仏国を照らして皆な悉く通達す。其の中の地獄、畜生、餓鬼、[三]盲聾《もうろう》、[四]瘖《いん》瘂《あ》、手足の[五]拘《く》癖《へき》せるもの、老病苦痛のもの、貪欲のために瞋恚するもの、愚癡により裸形《らぎょう》のもの、[六]醜陋《しゅうろう》貧窮のもの、飢渇《きかつ》[七]囹圄《れいご》のもの、繋閉《けへい》して困厄《こんやく》するもの、死に垂《のぞ》んで[八]慳貪《けんどん》なるもの、破戒瞋恚のもの、[九]懈《け》怠《たい》妄念のもの、無慧のために聞見に於いて少なきもの。[一〇]無慚《ざん》無《む》愧《き》のもの、邪疑の網に堕するもの、是の如き等の衆生の、斯の光に遇う者は皆な快楽《けらく》を得《え》、衆生にして貪欲《とんよく》、瞋恚《しんに》、愚癡《ぐち》、[一一]憍慢《きょうまん》、憂愁《うしゅう》、懐恨《えこん》等の為めに悩まされる所有ること無し。其の仏前に在る大会の衆、菩薩摩訶薩、天、龍、[一二]夜叉、[一三]乾闥婆《けんだつば》等、及び比丘、比丘尼、[一四]優《う》婆《ば》塞《そく》、[一五]優婆夷《うばい》の衆、是の諸もろの衆生は同一の金色なること、仏と異なること無く、[一六]三十二相八十随形好《ずいぎょうごう》有りて、頂を見る者無し。皆な宝の蓮華の座に坐し、宝は交絡《きょうらく》して蓋は其の上を羅覆《らふく》し、等しくして差別無く、諸会の衆生、皆な快楽を得たり。譬えば菩薩が発喜《ほっき》荘厳三昧に入るが如し。時に諸もろの大衆は未曾有なることを得《え》、各《お》の各《お》の相い見るに仏と異なること無きが如く、仏身を大と為し、己身を小と為すとは見ざるなり。又た光明力を以っての故に、尋《つ》いで時に[一七]下方に[一八]四菩薩有り。地より[一九]涌出して合掌して而して立ち、共に仏を礼せんと欲して、是の念言《ねんごん》を作さく、何者か真の仏ぞ、我れ礼敬《らいきょう》せんと欲すと。即ち空中の声を聞いて曰わく、是れ網明菩薩の光明の力は、一切の大衆は同一の金色にして仏と異なること無しと。時に四菩薩は希有《けう》の心を発《お》こし、是の如き言を作す、今、此の衆会は、其の色《しき》異なること無し。一切の諸法も亦た復た是の如し。若し我れ此の言誠実にして虚無ければ、世尊釈迦牟尼は、当に異相を現じて我れをして今、供養の礼事を得せしむべしと。即時に仏は蓮華宝師子座を以って上、虚空に昇ること、高さ一多羅樹《たらじゅ》なり。是こに於いて四菩薩は頭面《ずめん》に仏足を礼して、是の如きの言を作《な》さく、如来の智慧は不可思議なり。網明菩薩の福徳の本願[二〇]も亦た不可思議なり。能く是の如き無量の光明を放つと。爾の時、仏は網明菩薩に告げて言わく、善男子よ、汝は今、已に仏事を作して、無量の衆生をして仏道に於いて住せしめたり。光明を摂《おさ》むべしと。是こに於いて網明は即ち仏の教えを受けて、還《かえ》って光明を摂《おさ》む。光明を摂め已《おわ》れば、此の諸もろの大衆の威儀、[二一]色相《しきそう》は還って復た故《もと》の如く、仏は本《もと》の師子座の上に坐したまえるを見る。爾の時に長老大迦葉は仏に白して言《もう》さく、世尊、此の四菩薩は何れの所より来たりしやと。[二二]四菩薩の言わく、我れ等は下方の世界より来たるなり。迦葉の言わく、其の国は何と名づくるや、仏は何等と号《な》づくるや。四菩薩の言わく、国は現諸宝荘厳《げんしょほうしょうごん》と名づけ、仏は一宝蓋《ほうがい》と号づけ、今、現に法を説くと。大迦葉の言わく、其の仏国土は此こを去ること幾何《いくばく》ぞや。四菩薩の言わく、仏、自ら之れを知る。大迦葉の言わく、汝等は何故に此こに来たれるや。四菩薩の言わく、是れ網明菩薩の光明が、彼我等を照らし、之れに遇えば即ち釈迦牟尼仏の名《みな》、及び網明菩薩（の名）を聞く。是の故に我れ等、今、来たりて仏、并びに網明上人[二三]を見るなりと。大迦葉、仏に白して言わく、世尊、一宝蓋仏の現諸宝荘厳世界は此こを去ること幾何《いくばく》ぞや。仏、言わく、此こを去ること七十二[二四]恒河《ごうが》沙《しゃ》仏土なり。大迦葉の言わく、世尊、是の四菩薩は、彼れより発来するに、幾《いくば》くの時にて此こに至れるや。仏、言わく、一念の頃《あいだ》の如く、彼の[二五](国に) 於いて[二六]没してより忽然として而して至れり。大迦葉の言わく、世尊、此の諸もろの菩薩の光明が遠く照らし、[二七]神通の速疾《そくしつ》なること甚だ希有《けう》と為す。今、是の網明菩薩の光

一八　四菩薩　法華経の説相に同じ。
一九　今は(三)(宮)(聖)による。
二〇　本願　仏や菩薩が過去世に修行していたときに起こした、もとの願い。
二一　色相　外に現れて見ることのできる自体のすがた。
二二　四菩薩　大迦葉は仏に
一、この四菩薩はどこから来たのか
二、四菩薩の住する国の名
三、その国の仏の名
四、四菩薩は何故にここに来たのか
このように問いかけている。法華経の従地涌出品の説と同じ。
二三　上人　上徳のある人。
二四　恒河沙　ガンジス河の砂のこと。非常に多い数のたとえ。
二五　菩提流支訳によって補う。
二六　没　今は菩提流支訳による。四菩薩
(大)四四上、(チ)五四b
が国を去ってからこの国に至るのに、一念の間において忽然として至るという意であるから、羅什訳の「不現」と表現する訳語は日本語になじまず、むしろ菩提流支訳の没の字の方がわかりやすい。
二七　神通　神通力。超自然的な活動能力。

明が遠く照らして、是の四菩薩の発来すること速疾なり。仏、迦葉に言わく、汝が説く所の如く、菩薩摩訶薩の所行は不可思議なり。一切の声聞《しょうもん》[一]、辟支仏《びゃくし》[二]の及ぶこと能わざる所なりと。[三]爾の時に長老大迦葉は、網明菩薩に謂いて言わく、善男子よ、汝は光明を現じて、此の大会を照らして、皆な金色と作すは、何の因縁を以ってなるや。網明の言わく、長老大迦葉よ、世尊に問うべし。当に汝の為めに説くべしと。即時に大迦葉は此れを以って仏に白す。仏は迦葉に言わく、是の網明菩薩が成仏の時、其の会の大衆は同一の金色にして、咸《ことごと》く共に一切の智慧を信楽《しんぎょう》[四]し、其の仏の国土は、乃至、声聞、辟支仏の名無く、唯だ清浄の諸菩薩摩訶薩の会《え》有るのみと。大迦葉の仏に白して言わく、世尊、彼の（仏国土に）生まれたる菩薩は、当に知るべし仏の如くなることを。仏、言わく、汝が説く所の如し。彼れに生まれたる菩薩は、当に知るべし仏の如くなることを。是こに於いて、会中の四万二千人は皆な阿耨多羅三藐三菩提《あのくたらさんみゃくさんぼだい》[五]心を発こし已りて、彼の国に生ぜんと願い、仏に白して言わく、網明菩薩の成仏を得たる時、我れ等、其の国に生ぜんと願すと。

問談品第六

丹に此の品名無し

爾の時に長老大迦葉は、仏に白して言わく、世尊、網明菩薩は幾《いくば》くの時に当に阿耨多羅三藐三菩提を得べきや。仏、迦葉に言わく、汝、自《みずか》ら網明に問えと。是こに於いて迦葉は網明菩薩に問うて言わく、善男子よ、仁者《きみ》は幾くの時に当に阿耨多羅三藐三菩提を得るやと。網明の言わく、大迦葉よ、若し幻（師）[六]の所化の人に、汝は幾くの時に当に阿耨多羅

一　声聞　仏の教えを聞いて修行する人々。
二　辟支仏　pratyeka-buddha　独覚、縁覚のこと。師友なくひとりで悟り、他に教えを説こうとしない聖者。
三　持心梵天所問経は以下、問説品第六となっている。
四　信楽　素直に信じて喜ぶこと。
五　阿耨多羅三藐三菩提　anutlara-samyak-sambodhi　仏のこの上ない正しい悟り。無上正等覚に同じ。
六　竺法護の訳には「師」の字がある。

三藐三菩提を得べきやと問う有らば、是の幻人《げんにん》は当に云何んが答うべきや。大迦葉の言わく、善男子よ、幻の[七]所化《しょけ》の人は[八]決定《けつじょう》の相無し。当に何《いか》に答うる所あるべしと。網明の言わく、大迦葉よ、一切の[九]諸法も亦た、幻の所化の人の如く、決定の相無し。誰れか問うて、汝は幾くの時、当に阿耨多羅三藐三菩提《あのくたらさんみゃくさんぼだい》を成ずべしと言うべきや。大迦葉の言わく、善男子よ、幻の所化の人は[一〇]自相を離れ、異無く、別無く、志す所の願無し。汝も亦た是の如くなるや。若し是の如き者ならば、汝は云何んが能く無量の衆生を利益するや。網明の言わく、阿耨多羅三藐三菩提は、即ち是れ[一一]一切衆生性なり。一切衆生性は即ち是れ[一二]幻性《げんしょう》なり。幻性は即ち是れ[一三]一切法性なり。是の法の中に於いて我れ利有りと見ず、利無きをも見ざるなりと。大迦葉の言わく、善男子よ、汝は今、衆生をして[一四]菩提に住せしめざるや。網明の言わく、諸仏の菩提に[一五]住相有りや。大迦葉の言わく、無きなり。網明の言わく、是の故に我れ今、衆生をして菩提に住せしめざるなり。亦た声聞辟支仏道をして住せしめずと。大迦葉の言わく、善男子よ、汝は今、何《いず》れの所に趣かんと欲するや。網明の言わく、我が趣く所は[一六]如如趣《にょにょしゅ》なり。大迦葉の言わく、趣く所無きが如く、亦た転ずること有ること無し。網明の言わく、如如は趣無く転無し。[一七]一切法は[一八]如相に住するが故に。我れも亦た趣無く転無し。大迦葉の言わく、若し趣無く転無ければ、汝は云何にして衆生を教化せしや。網明の言わく、若し人が[一九]発願《ほつがん》すれば、則ち是れ衆生を教化すること能わず。若し人が法に於いて転ずること有れば、是れも亦た衆生を教化すること能わずと。大迦葉の言わく、善男子よ、汝は衆生の生死《しょうじ》を転ぜざるや。網明の言わく、我れすら尚お生死[二〇](の事)を得ず、何《いか》に況んや生死の中に於いて而して衆生を転ぜんや。大迦葉の言わく、汝は衆生をして[二一]涅槃《ねはん》を得

七　所化　教化せられた人。幻の人に教化せられた人は、どれほどの時を経て無上の悟りを得るのであろうか、幻人の教化するところには決定ということはないからその問には答えることができないとの意。

八　決定　定まったものであること。(大)四四中、(チ)五五b

九　諸法　もろもろの事物、現象。

一〇　自相　それ自体の定まったもの。

一一　一切衆生性　すべての生きとし生けるものの本質。

一二　幻性　幻を本質とすること。

一三　一切法性　あらゆる事物、すべての現象、物質的・精神的なすべてのものの本来そなわっている性質。

一四　菩提　仏の正覚の智、悟りの智慧。

一五　住相　変化せずにとどまっていること。それを特徴としていること。

一六　如如　ありのままのこと。真実のすがた。真如に同じ。

一七　一切法　あらゆる事物、すべての現象。物質的、精神的なすべてのもの。

一八　如相　もののありのままの真実のすがた。

一九　発願　悟りを求める心や、浄土を完成し、人々を救おうという心を起こすこと。

二〇　竺法護訳により補う。

二一　涅槃　迷いの火を吹き消した状態。智慧が完成する悟りの境地。

ざらしむるや。網明の言わく、我れすら尚お涅槃を見ず。何《いか》に況んや衆生を教化して涅槃に住せしめんをや。大迦葉の言わく、善男子よ、若し汝が生死（の事）を得ざれば、涅槃を見ざるなり。何故に今、無量の衆生の為めに菩提を行ずるや。此れ豈に滅度[一](を求むる)[二]衆生の為めならずや。網明の言わく、若し菩薩が生死（の事）を得て、涅槃を分別[三]し衆生に因って菩提を行ぜば、此れ則ち応に説いて菩薩と為すべからずと。大迦葉の言わく、善男子よ、汝は今、何の処行に於けるや。網明の言わく、我れ生死の中の行に非ず、涅槃の中の行に非ず、亦た以って衆生相[四]の行にあらずと。大迦葉よ、汝が問う所の如き、汝は何の処行の者なる。仏の化する所の人の行処[五]の如く、吾れ彼れに於いて行ずと。大迦葉の言わく、仏の化する所の人には行処有ること無し。網明の言わく、当に知るべし一切衆生の所行[六]も亦た是の相の如し。大迦葉の言わく、仏の化する所の人は、貪《とん》[七]無く、恚《い》無く、癡《ち》無し。若し一切衆生の行ずる所が是の相の如きならば、衆生の貪恚癡は何れの所より起こるや。網明の言わく、我れ今、汝に問う、意に随って我れに答えよ。大迦葉よ、汝は今、寧《むし》ろ貪恚癡有りや不《いな》や。答えて言わく、不なりと。網明の言わく、是れ貪恚癡尽《ことごと》く滅するや。答えて言わく、不なり。網明の言わく、若し大迦葉が今、貪恚癡無く、亦た尽く滅せざる者ならば、汝は貪恚癡を何れの所に置くやと。答えて言わく、善男子よ、凡夫は縦《ほしいまま》に顛倒《てんどう》[八]して妄想分別[九]を起こして貪恚癡を生ずるのみ。賢聖《けんしょう》[一〇]法の中は善く顛倒の実性[一一]を知るが故に、妄想分別無し。是れを以って貪恚癡無し。大迦葉よ、汝の意に於いて云何ん。若し法[一二]が顛倒より起これば、是の法を実と為すや虚妄と為すや。答えて言わく、是の法は虚妄にして是れ実に非ざるなりと。網明の言わく、若し法にして実に非ざるを実ならしむべ

一　滅度　nirvāṇa　涅槃に同じ。
二　竺法護訳により補う。
三　分別　外的な事物にとらわれた断定。
四　衆生相　迷える凡夫を本体とするもの。
五　行処　修行を行う場所、環境。
六　所行　修行することがら。
七　貪　(大)四四下、(チ)五六b　三つの根本的な煩悩の一つ。むさぼりを貪、いかりを恚、愚かさ、道理を理解せぬことを癡という。
八　顛倒　正しい理に反してさかさまである考え。
九　妄想分別　真実を誤って分別、判断すること。
一〇　賢聖法　仏道修行の教え。善を行い悪を去ったが、なお真理を悟りえない凡夫の位にある者を賢、真理を悟った者を聖という。
一一　実性　本性、そのもの。
一二　法　ここでは妄想分別によっておきたところの存在物、現象のこと。

きや。答えて言わく、不《いな》なりと。網明の言わく、若し法の実に非ざれば、仁者《きみ》は是の中に於いて貪恚癡を得んと欲するや。答えて言わく、不なりと。網明の言わく、若し然らば何れの所か是れ貪恚癡が能く衆生を悩ます者なる。答えて言わく、善男子よ、若し爾れば一切法は本より已来、貪恚癡の[13]相を離るるなりと。網明の言わく、是れを以っての故に、我れ一切の[14]法相《ほっそう》は仏の化《け》する所の如しと説く。是の法を説く時、四万四千の菩薩は[15]柔順法《にゅうじゅんほう》忍《にん》を得たり。

丹には菩薩授記品第十有り、二十五幅。梵天の上に薩婆若品第十一有り

爾の時に長老大迦葉、仏に白して言わく、世尊、若し網明菩薩が衆生において見られる所なれば、復た畏れて[16]三悪道に堕すること応ぜず。若し網明の説く所の法を聞く者は、畏《おそ》れて声聞辟支仏道に堕せず。魔も便《たよ》りを得ず。若し網明の為めに教化せらるる所の者は、世尊よ、願わくは網明の功徳荘厳国土を説きたまえと。仏は迦葉に言わく、是れ網明菩薩の在在の国土の遊行の処において、無量の衆生を利益《りやく》す。迦葉よ、汝は網明の放つ所の光明を見るや不や。答えて言わく、已《すで》に見つと。仏の言わく、若し[17]三千大千世界の中に満つる芥子も、尚お算数《さんじゅ》すべし。今、網明の、諸もろの衆生をして菩提に住せしめる者は、数うべからざるなり。迦葉よ、是の網明菩薩の放つ所の光明の[18]饒益《にょうやく》、尚お爾り。何《いか》に況んや説法をや。汝、今、諦《あきら》かに聴け。我れ当に粗略《ほぼ》其の功徳を説かん。迦葉よ、是の網明菩薩は七百六十万[19]阿《あ》僧祇《そうぎ》劫《こう》を過ぎて、当に[20]作仏することを得べし。普光自在王如来応供《おうぐ》正遍知と号《な》づく。世界は名づけて集妙功徳と曰う。其の仏、菩提樹に趣く時、国中の諸魔、魔民、悉く皆な正しく[21]阿耨多羅三藐三菩提に於いて定めり。其の仏国土は真の栴檀《せんだん》の宝を

一三　相　ものごとのすがた形の上の特徴。
一四　法相　存在するものの真実のすがた、特徴。
一五　柔順法忍　真理を素直に考えて悟ること。三法忍の一つ。
一六　三悪道　地獄・餓鬼・畜生の三つの悪しき世界。
一七　三千大千世界　古代インド人の世界観による全宇宙。須弥山を中心とした我々の住む世界を一つの小世界として、これを千集めたものを小千世界とする。さらに小千世界を千集めたものを一つの中千世界とし、さらに中千世界を千集めたものを大千世界という。このように、三千大千世界の三千とは、千の三乗の数の世界をいう。　㊅四五上、㊉五七b
一八　饒益　人を利益し、救うこと。
一九　阿僧祇劫　asaṁkhya 数えることのできない、無限の長い時間。
二〇　作仏　悟りを得て仏となること。
二一　阿耨多羅三藐三菩提　仏のこの上ない正しい悟り、無上正等覚に同じ。

以って地と為し、地平らかなること掌《たなごころ》の如く、柔軟細滑なること[一]迦陵伽《かりょうが》の衣の如く、処処に皆な衆宝を以って荘厳し、三悪道無く、亦た[二]八難無し。其の国広長にして皆な妙宝蓮華の色香の妙好なるを以って挍飾《きょうじき》と為す。普光自在王如来には無量の菩薩僧有りて、善く無量の法門を修し、無量の自在の神通を得、皆な光明荘厳を以って其の身を荘厳す。諸もろの陀羅尼蔵《だらにぞう》を得て[三]無礙《むげ》弁才たり。善《よ》能く法を説き、光明の神力、皆な悉く通達す。能く魔怨を破し、[四]慚愧し念慧す。諸もろの妙功徳を以って其の心を修す。彼の仏国土には女人有ること無く、其の諸もろの菩薩は、皆な宝蓮華の中に於いて、結跏趺坐《けっかふざ》して自然《じねん》に[五]化生《けしょう》す。[六]禅楽を以って食と為す。諸もろの須《もち》いる所の物、[七]経行《きんひん》の処、房舎、[八]床榻《しょうとう》、園林、浴池、応に念ずれば即ち至る。迦葉よ、是の普光自在王如来は、文字を以って法を説かず。但だ光明を放って諸もろの菩薩を照らす。光が其の身に触れれば、即ち[九]無生法忍を得るなり。其の仏の光明は、復た十方を照らして[一〇]通達無礙、諸もろの衆生をして煩悩を離るることを得せしむ。又た其の光明は常に三十二種の清浄なる法音を出《い》だす。何等をか三十二なる。所謂《いわゆ》る諸法は空なり、[一一]衆生見《しゅじょうけん》無きが故に（一）。諸法は[一二]無相なり、分別を離るるが故に（二）。諸法は[一三]無作なり、[一四]三界を出《い》づるが故に（三）。諸法は欲を離る、[一五]性寂滅の故に（四）。諸法は瞋《しん》を離る、[一六]礙《げ》有ること無きが故に（五）。諸法は癡《ち》を離る、闇冥無きが故に（六）。諸法は従って来たる所無し、本《もと》、[一七]無生なるが故に（七）。諸法は去る所無し、至る所無きが故に（八）。諸法は住せず、[一八]所依無きが故に（九）。諸法は三世を（超）過す、去来《こらい》現在、有る所無きが故に（一〇）。諸法は異無し、其の性一なるが故に（一一）。諸法は[一九]不生なり、報に於いて離るるが故に（一二）。諸法は業無し、業報の作者不可得なるが故に（一三）。諸法は[二〇]不作なり、

一　迦陵伽の衣　kalinga-paravāraka　カリンガ国に産する fine毛布でつくった衣。
二　八難　仏を見ず、仏法を聞くことができない八つの境界。地獄・餓鬼・畜生・長寿天・辺地・盲唖瘖瘂・世智弁聡・仏前仏後。
三　無礙弁才　何ものにも妨げられない表現能力。
四　慚愧　罪を省みて自らに恥じるのを慚、他に対して恥じるのを愧という。
五　化生　四生の一つ。何ものにも託するところなく、忽然として生ずるもの。
六　禅楽　禅定の楽しみ。
七　経行　一定のところをめぐり歩くこと。
八　床榻　寝台のこと。
九　無生法忍　不生不滅の真理を悟って安心すること。
一〇　通達無礙　通達して何ものにも妨げられないこと。
一一　衆生見　我見の異名。実の衆生ありと固執する間違った見解。
一二　無相　特定の特徴のないこと。
一三　無作　はたらきのないこと。
一四　三界　生きものが住んで生死をくり返す世界全体。欲界・色界・無色界の三つ。
一五　性　もののありのままの性質。
一六　礙　さまたげ、障害。
一七　無生　生滅変化のないこと。
一八　所依　よりどころとなるもの。

㊅四五中、㊆五八b

起こる所無きが故に(一四)。諸法は[二一]無起なり、[二二]無為性なるが故に(一五)。諸法は無為なり、生滅を離るるが故に(一六)。諸法は真なり、[二三]和合より生ぜざるが故に(一七)。諸法は実なり、[二四]一道門の故に(一八)。諸法に衆生無し、衆生不可得なるが故に(一九)。諸法は[二五]無我なり、[二六]第一義なるが故に(二〇)。諸法は鈍なり、知る所無きが故に(二一)。諸法は[二七]捨《しゃ》なり、憎愛を離るるが故に(二二)。諸法は煩悩を離る、熱(悩)有ること無きが故に(二三)。諸法は無垢なり、性汚れざるが故に(二四)。諸法は[二八]一相なり、欲際《よくさい》を離るるが故に(二五)。諸法は相を離る、常に定《じょう》の故に(二六)。諸法は[二九]実際に住す、性不壊《ふえ》の故に(二七)。諸法は[三〇]如相なり、[三一]分別せざるが故に(二八)。諸法は[三二]法性に入る、遍入《へんにゅう》をもっての故に(二九)。諸法は縁無し、縁の合せざるが故に(三〇)。諸法は是れ[三三]菩提なり、如実に見るが故に(三一)。諸法は是れ[三四]涅槃なり、因縁無きが故に(三二)。迦葉よ、普光自在王如来の光明は、常に是の如きの清浄なる法音を出《い》だして、能く諸もろの菩薩をして仏事を作《な》さしむ。其の仏の国土は、魔事有ること無く、仏寿は無量阿僧祇劫なりと。大迦葉は仏に白して言わく、若し人、清浄の仏土を得んと欲する者は、応に網明菩薩の所修の功徳の具足せる清浄の国土の如きを取るべし。是の如きは迦葉よ、是の網明菩薩が、諸もろの無量の阿僧祇の仏所に於いて、願《がん》に随って修行し、功徳を具足せし故なればなりと。

爾の時に思益梵天《しやくぼんてん》、網明菩薩に謂わく、仁者《きみ》、已《すで》に仏より[三五]記を受けたりや。網明の言わく、一切衆生は皆な仏より記を受くと。梵天の言わく、何《いか》なる事の中に於いて而して[三六]受記を得たるや。網明の言わく、業に随って報を受け、而して受記を得たりと。梵天の言わく、汝は何《いか》に業を作して而して受記を得たるや。網明の言わく、若し業にして[三七]身作《しんさ》に非ず、[三八]口《く》

一九　不生　生じたものでないこと。
二〇　不作　作られたものでないこと。
二一　無起　生じないこと。
二二　無為性　種々の原因、条件によって生成されたものではないこと。
二三　和合　種々の要素が結合して一つのものを構成すること。
二四　一道門　仏乗に通じる唯一無二の道。一乗に同じ。
二五　無我　我という実体のないこと。
二六　第一義　最高の真理のこと。
二七　捨　楽でも苦でもないこと。
二八　一相　差別も対立もない平等をいう。
二九　実際　真如の理を極めてその究極に至ることをいう。
三〇　如相　もののありのままの真実のすがた。
三一　分別　外的な事物にとらわれた断定。
三二　法性　真理の本質。ありのままのすがた。
三三　菩提　bodhi 仏の正覚の智、悟り。
三四　涅槃　迷いの火を吹き消した状態。智慧が完成する悟りの境地。
三五　記　未来に悟りを得て仏になるという、仏による修行者に対する予言。
三六　受記　修行者が、未来に仏となることの予言を仏から受けること。
三七　身作　身体的行為。
三八　口作　言語的行為。

作《さ》に非ず、[一]意作《いさ》に非ずとせば、是の業は示すことを得べきや不《いな》や。梵天の言わく、示すべからざるなりと。網明の言わく、菩提は是れ[二]作相《さそう》を起こすや。梵天の言わく、不《いな》なり。何を以っての故に。菩提は是れ[三]無為なれば作相を起こすに非ず。[四]網明の言わく、作相を起こすを以って、無為の菩提を得べきや不や。梵天の言わく、不なり。[五](網明菩薩の言わく、)梵天よ、是の故に当に知るべし、若し業無ければ業報無く、諸行無ければ諸行を起こすこと無きを。是れを菩提と名づく。菩提の如く、(菩提)性を得ること亦た是の如し。(菩提)性を得るが如く受記も亦た是の如し。以って[六]作法を起こすべからずして、而して受記を得るなりと。梵天の言わく、善男子よ、汝は不行の[七]六波羅蜜をもって、然る後に受記を得たるや。網明の言わく、汝の説く所の如し。菩薩は六波羅蜜を行じて、而して受記を得るなり。梵天よ、若し菩薩が一切の煩悩を捨すれば、名づけて[八]檀波羅蜜と為す。諸法に於いて起こす所無きを、名づけて[九]尸羅《しら》波羅蜜と為す。諸法に於いて傷《いた》む所無きを、名づけて[一〇]羼提《せんだい》波羅蜜と為す。諸法に於いて相を離るれば、名づけて[一一]毘梨耶《びりや》波羅蜜と為す。諸法に於いて住する所無きを、名づけて[一二]禅波羅蜜と為す。諸法に於いて[一三]戯論《けろん》無きを、名づけて[一四]般若波羅蜜と為す。梵天よ、菩薩は是の如く六波羅蜜を行ずるも、何に於いて処行ありや。梵天の言わく、処行無きなり。所以《ゆえ》は何《いか》ん。凡そ行有る所は皆な是れ不行なり。若し行ずれば即ち是れ不行、若し不行なれば即ち是れ行なり。梵天よ、是こを以っての故に当に知るべし、行ずる所無きは是れ菩提なることを。汝の問う所の如し。汝が菩提の記を受くることを得たるは、[一五]如如法性《にょにょほっしょう》が受記を得たるなり。我が受くる所の記も亦た是の如し。梵天の言わく、善男子よ、如如法性は記を受くる無しと。網明の言わく、諸もろの菩薩の受記の相

一 意作　心の作用、はたらき。
二 作相　因縁によっておこるところの作用、はたらき。
三 無為　因縁によって造られることなく、また生滅変化のないもの。
四 (大)は下に故の字があるが、今は(元)(明)菩提流支訳による。
五 菩提流支訳により補う。
六 作法　作用、はたらきのあること。
七 六波羅蜜　大乗の菩薩が悟りに至るために実践する六つの徳目。布施、持戒、忍辱、精進、禅定、智慧。
(大)四五下、(チ)五九b
八 檀　dāna の音写。布施と漢訳する。
九 尸羅　śīla の音写。持戒と漢訳する。
一〇 羼提　kṣānti の音写。忍辱と漢訳する。
一一 毘梨耶　vīrya の音写。精進と漢訳する。
一二 禅　dhyāna の音写。禅定と漢訳する。
一三 戯論　何の義もない言論をいう。
一四 般若　prajñā の音写。智慧と漢訳する。
一五 如如法性　あるがままの、真実そのもの。
一六 菩提流支本による。
一七 阿耨多羅三藐三菩提　anuttara-samyak-sambodhi 悟りの無上の智慧。
一八 世間　世俗的な凡夫の行い。
一九 出世間　世俗を離れた聖者の行い。
二〇 有漏法　煩悩を有することがら。

も皆な亦た是の如く、如如法性の如きものなりと。爾の時に思益梵天が仏に白して言わく、世尊、菩薩は何行を以って[一六](の故に)、諸仏は[一七]阿耨多羅三藐三菩提の記を授くる。仏、言わく、若し菩薩が、生法を行ぜず、滅法《めっぽう》を行ぜず、善を行ぜず、不善を行ぜず、[一八]世間を行ぜず、[一九]出世間を行ぜず、有罪法《うざいほう》を行ぜず、無罪法を行ぜず、[二〇]有漏法《うろほう》を行ぜず、[二一]無漏法を行ぜず、[二二]有為法を行ぜず、[二三]無為法を行ぜず、[二四]修道を行ぜず、[二五]除断《じょだん》を行ぜず、生死を行ぜず、涅槃を行ぜず、[二六]見法《けんぼう》を行ぜず、[二七]聞法《もんぼう》を行ぜず、[二八]覚法を行ぜず、[二九]知法を行ぜず、施を行ぜず、[三〇]捨《しゃ》を行ぜず、戒を行ぜず、[三一]覆《ふく》を行ぜず、忍を行ぜず、善を行ぜず、発《ほっ》を行ぜず、精進を行ぜず、禅を行ぜず、三昧を行ぜず、慧を行ぜず、行を行ぜず、知を行ぜず、得を行ぜず。梵天よ、若し菩薩にして是の如く行ずる者あらば、諸仏は則ち阿耨多羅三藐三菩提の記を授くるなり。所以《ゆえ》は何《いか》ん。諸もろの所有《しょう》の行は皆な是れ相を取る。[三二]無相無分別は則ち是れ菩提なり。(諸もろの所有の行は)皆な有所是《うしょぜ》なり、無所是《むしょぜ》は是れ菩提なり。諸もろの所有の行は皆な是れ分別なり、無分別は是れ菩提なり。諸もろの所有の行は皆な是れ[三三]起《き》作《さ》なり、無起作《むきさ》は是れ菩提なり。諸もろの所有の行は皆な是れ戯論《けろん》なり、戯論無きは是れ菩提なり。是の故に当に知るべし、若し菩薩が諸もろの行ずる所を過ぎれば、則ち記を受くることを得ると。(梵天の言わく)唯然たり世尊。記を受くる者は何の義有りや。仏の言わく、諸法の[三四]二相を離るるは、是れ[三五]受記の義なり。生滅の道を分別せざるは、是れ受記の義なり。身口意《しんくい》の業相《ごっそう》を離るるは、是れ受記の義なり。梵天よ、我れ過去に[三六]劫《こう》有り、憙見と名づくるを念《おも》うに、我れ此の劫に於いて、七十二[三七]那由他《なゆた》の仏を供養す。是の諸もろの如来は授記を見ず。又た是の劫を過ぎたる劫あり、善化《ぜんけ》と名づく。我れ此の劫に於いて二

二一　無漏法　煩悩を有しないことがら。
二二　有為法　もろもろの原因、条件によって生成されたもの。
二三　無為法　もろもろの因縁、条件によって生成されたのではないもの。
二四　修道　見道・修道・無学道の三道のうちの一つであるが、ここでは煩悩を断ずるための修行をいう。
二五　除断　煩悩を除き、断つこと。
二六　見法　真理を見ること。眼識のはたらき。
二七　聞法　仏の教えを聞くこと。耳識のはたらき。
二八　覚法　鼻、舌、身識のはたらき。
二九　知法　経典に書かれている真の意味を知ること。意識のはたらき。
三〇　捨　善くもなく悪くもなく物事に対すること。
三一　覆　自分の罪を覆い隠すこと。
三二　無分別　事物を分析、区別して考察しないこと。相対的な見方をしないこと。
㊅四六上、㊇六〇b
三三　起作　作為を起こすこと。
三四　二相　断・常、生・滅など、相対立するもの。
三五　受記　修行者が、未来に仏になることの予言を仏から受けること。授記ともいう。
三六　劫　kalpa 通常、きわめて長い時間の単位をいうが、ここでは授記された者のうける国土と時節をいう。
三七　那由他　nayuta きわめて大きな数

十二億仏を供養す。是の諸もろの如来も亦た授記を見ず。又た是の劫を過ぎて劫あり、梵《ぼん》歎《たん》と名づく。我れ此の劫に於いて万八千仏を供養す。是の諸もろの如来も亦た授記を見ず。又た是の劫を過ぎて劫あり、無咎《むきゅう》と名づく。我れ此の劫に於いて三万二千仏を供養す。是の諸もろの如来も亦た授記を見ず。又た是の劫を過ぎて劫あり、荘厳と名づく。我れ此の劫に於いて四百四十万仏を供養す。我れ皆な一切供養の具を以って、而して之れを供養す。是の諸もろの如来も亦た授記を見ざるなり。梵天よ、我れ往昔《むかし》に於いて、諸仏を供養し、恭敬し、尊重し、讃歎せり。[一]梵行を浄修し、一切の布施、一切の持戒、及び[二]頭陀《ずだ》を行じ、瞋恚《しんい》を離れ、[三]忍辱《にんにく》慈心す。所説の如く行じ、勤修《ごんしゅ》し精進《しょうじん》し、一切の聞く所は皆な能く受持す。[四]独処《どくしょ》して[五]遠離《おんり》し、諸もろの禅定に入る。所聞の慧に随い、[六]読誦《どくじゅ》し、思問す。是の諸もろの如来も亦た授記を見ず。何を以っての故に、所行に依止するが故に。是れを以って当に知るべし、若し諸菩薩が一切の諸行を出過すれば則ち受記を得ることを。我れ若し一劫、若しは[七]減一劫を以って、是の諸仏の名号を説くに、尽くすことを得べからず。梵天よ、我れ是の後に於いて[八]燃燈《ねんとう》仏を見、即ち[九]無生法忍《むしょうぼうにん》を得たり。仏は時に我れに記を授けて言わく、汝は来世に於いて当に[一〇]作仏《さぶつ》を得べし。釈迦牟尼如来応供《おうぐ》正遍知と号《な》づく。我れ爾の時に一切の諸行を出過し、[一一]六波羅蜜を具足せり。所以は何《いか》んとならば、若し菩薩が能く諸相を捨せば、名づけて[一二]檀波羅蜜と為すなり。能く諸もろの受持する所を滅せば、名づけて[一三]尸羅《しら》波羅蜜と為す。[一四]六塵《ろくじん》の為めに傷《いた》む所とならざるを、名づけて[一五]羼提《せんだい》波羅蜜と為す。諸もろの所行を離るるを、名づけて[一六]毘梨耶《びりや》波羅蜜と為す。一切法を憶念せざるを、名づけて禅波羅蜜と為す。能く諸法の[一七]無生性《むしょうしょう》を忍ずるを、名づけて[一八]般若波羅蜜と為す。我れは燃燈仏《ねんとうぶつ》の所に

の単位。千万とも、千億ともいう。
一　梵行　梵は清浄の意で、欲望を断ずる修行をいう。
二　頭陀　dhūta 衣、食、住に関する貪りを払い除く修行。
三　忍辱　苦難を耐え忍ぶこと。
四　独処　静かな山林にひとり住むこと。
五　遠離　世俗と交わらないこと。
六　(大)は讃とするが、今は㊂と(宮)による。
七　減一劫　人寿八万四千歳から百年ごとに寿一歳を減じて人寿十歳に至ること。
八　燃燈仏　Dīpaṁkara 過去に出世して釈迦菩薩に成仏の記莂を授けた仏。
九　無生法忍　絶対不生の真理を悟って安心すること。
一〇　作仏　悟りを得て仏となる。
一一　六波羅蜜　大乗の菩薩が悟りに至るために実践する六つの徳目。布施・持戒・忍辱・精進・禅定・智慧。
一二　檀　dāna の音写。布施と訳す。
一三　尸羅　sīla の音写、持戒と訳す。
一四　六塵　六つの感覚の対象。色・声・香・味・触・法の六をいう。
一五　羼提　kṣānti の音写、忍辱と訳す。
一六　毘梨耶　vīrya の音写、精進と訳す。
一七　無生性　生滅変化することがないという本性。
一八　般若　prajñā の音写、智慧と訳す。
(大)四六中、㋠六一b

於いて、是の如く六波羅蜜を具足せり。

梵天よ、我れ初め[一九]菩提心を発《お》こしてより已来、作す所の布施は、此の五[二〇]（蓮）華の布施に於いて百分の一に及ばず、百千分、百千万億分、乃至、算数《さんじゅ》すとも、譬喩《ひゆ》すとも、及ぶこと能わざる所なり。我れ[二一]初発心《しょほっしん》より已来、受戒し、持戒し、頭陀《ずだ》を行ず。此こに於いて常に戒を滅すること、百分の一に及ばず、乃至、算数すとも、譬喩すとも、及ぶこと能わざる所なり。我れ初発心《しょほっしん》より已来、柔和《にゅうわ》にして忍辱《にんにく》たり。畢竟《ひっきょう》の忍法[二二]に於いて、百分の一に及ばず、乃至、算数すとも、譬喩すとも、及ぶこと能わざる所なり。我れ初発心より已来、[二三]勤精進《ごんしょうじん》を発こせり。此こに於いて不取不捨の精進は、百分の一に及ばず、乃至、算数すとも、譬喩すとも、及ぶこと能わざる所なり。我れ初発心より已来、禅定独処す。此こに於いて無住の禅定は、百分の一に及ばず、乃至、算数すとも、譬喩すとも、及ぶこと能わざる所なり。我れ初発心より已来、思惟し、智慧を籌量《ちゅうりょう》す。此こに於いて[二四]無戯論《むけろん》の智慧は、百分の一に及ばず、百千分、百千万億分、乃至、算数すとも、譬喩すとも、及ぶこと能わざる所なり。梵天よ、是の故に当に知るべし、我れ爾の時に六波羅蜜を具足するを得たることを。[二五]（梵天の言わく）世尊、云何《いか》んが六波羅蜜を具足すと名づくる。[二六]（仏の言わく）梵天よ、若し施を念ぜず、戒に依止《えし》せず、忍を分別[二七]せず、精進を取らず、禅定に住せず、慧に於いて二ならざれば、是れを六波羅蜜を具足すと名づく。[二八]（梵天が）又た問う、六波羅蜜を具足《ぐそく》し已《おわ》れば、能く何に法を満足するやと。仏の言わく、六波羅蜜を具足し已《おわ》れば、能く[二九]薩婆若《さばにゃ》を満足すと。[三〇]（梵天の言わく）世尊は云何んが六波羅蜜を具足し已って、能く薩婆若を満足せしや。[三一]（仏の言わく）梵天よ、布施の平等なるは即ち是れ薩婆若の平

一九　菩提心　仏の悟りを求め、人々を救済しょうと願う心。
二〇　竺法護訳による。
二一　初発心　初めて悟りを求める心を起こすこと。
二二　忍法　真理に安住して不動なること。
二三　勤精進　修行につとめはげむこと。
二四　無戯論　無意義にして理にあらざることをいう。
二五　菩提流支訳により補う。
二六　菩提流支訳により補う。
二七　分別　外的な事物にとらわれた断定。
二八　菩提流支訳により補う。
二九　薩婆若　sarvajñāna の音写、一切智と訳す。真如一切を知る智慧。
三〇　菩提流支訳により補う。
三一　菩提流支訳により補う。

等なり。持戒の平等なるは即ち是れ薩婆若《さばにゃ》の平等なり。忍辱《にんにく》の平等なるは即ち是れ薩婆若の平等なり。精進の平等なるは即ち是れ薩婆若の平等なり。禅定の平等なるは即ち是れ薩婆若の平等なり、智慧の平等なるは即ち是れ薩婆若の平等なり。是の平等にして等しき一切法を以って、名づけて薩婆若と為すなり。又た梵天よ、布施相、持戒相、忍辱相、精進相、禅定相、智慧相を具足するは、是れ薩婆若と名づくるなり。梵天よ、是の如く六波羅蜜を具足すれば、能く薩婆若を満足するなりと。[一]（梵天の言わく）世尊、云何んが当に薩婆若を満足すと知るべきや。[二]（仏の言わく）梵天よ、若し眼《げん》を受けず、色《しき》を受けず、耳《に》を受けず、声《しょう》を受けず、鼻《び》を受けず、香《こう》を受けず、舌《ぜっ》を受けず、味《み》を受けず、身《しん》を受けず、触《そく》を受けず、意を受けず、法を受けず、若し是の[三]内外の十二入を受けざれば、名づけて薩婆若を満足すと為す。我れ是の如く薩婆若を満足することを得たり。眼に於いて著《じゃく》する所無く、色、耳、声、鼻、香、舌、味、身、触、意、法に於いて著する所無し。是の故に如来は名づけて無礙《むげ》にして薩婆若を知見すと為す。梵天よ、薩婆若は法に於いて受する所無し。何を以っての故に、用無きを以っての故に。用無きは即ち是れ[四]無所有《むしょう》の義なり。無所有の義は即ち是れ空、（是れ）虚空の義なり。虚空の相に同じきは是れ薩婆若《さばにゃ》なり。是の故に法に於いて受する所無し。梵天よ、譬えば一切の所作は皆な虚空に因るも、而も虚空は所依無きが如し。是の如く諸もろの智慧は皆な薩婆若より出づるも、而も薩婆若は所依無きなりと。梵天が仏に白して言わく、世尊の説かれる所の薩婆若、（是の）薩婆若とは何の謂いと為すや。[五]（仏の言わく）梵天よ、一切の所行は是れ智、（是れを）真と為す。諸もろの声聞《しょうもん》、辟支仏《びゃくしぶつ》の及ぶ所に非ず。故に薩婆若と名づく。能く一切の所念、戯論を破す

一　菩提流支訳により補う。(大)四六下、(チ)六二一b
二　菩提流支訳により補う。
三　内外の十二入　内の六入と外の六入とをいう。内の六入は、眼根、耳根、鼻根、舌根、身根、意根の認識の主観的能力。外の六入は、色、声、香、味、触、法の客観的対象。
四　無所有　また無所得ともいう。有るところなき、空のことをいう。
五　菩提流支訳による。
六　菩提流支訳による。
七　正行　真智より出るところの一切の

るが故に、薩婆若《さばにゃ》と名づく。諸もろの教勅する所、諸もろの防制する所、此《かく》の如き衆生の所行の法は、皆な（[六]薩婆若）中より出づるが故に、薩婆若と名づく。諸もろの聖智、（即ち）若しは学智、若しは無学智、若しは辟支仏智は、皆な（薩婆若）中より出づるが故に、薩婆若と名づく。[七]正行《しょうぎょう》なるが故に薩婆若と名づく。能く一切の薬を分別するが故に、薩婆若と名づく、能く一切の衆生の病を滅するが故に、薩婆若と名づく。能く一切の煩悩の[八]習《じっ》気《け》を除くが故に、薩婆若と名づく。常に定《じょう》に在るが故に、薩婆若と名づく。一切法の中に疑い無きが故に、薩婆若と名づく。一切世間、出世間の智慧は、皆な（薩婆若の）中より出《い》づるが故に、薩婆若と名づく。善く一切の智慧の[九]方便の相を知るが故に、薩婆若と名づくるなりと。爾の時に思益梵天《しやくぼんてん》は仏に白して言わく、未だ曾て有らざるなり、世尊。諸仏如来の智慧の甚深心は、[一〇]所縁無くして、而して一切衆生の心心所の行を知る。世尊よ、薩婆若には是の如き無量の功徳有り。其れ誰れか善男子、善女人、阿耨多羅三藐三菩提心を発《お》こさざらんや。是こに於いて網明菩薩は仏に白して言わく、世尊よ、若し菩薩有りて功徳の利を悕望《けもう》し、而して菩提心を発《お》こす者は、大乗を発こすと名づけざるなり。所以《ゆえ》は何《いか》ん。一切法は功徳の利無し、[一一]無対の処なるを以っての故に。世尊、[一二]菩薩摩訶薩《ぼさつまかさつ》は、応《まさ》に功徳の利の為めの故に、[一三]菩提心を発こすべからず。但だ大悲心の為めの故にと、衆生の諸もろの苦悩を滅するが故にと、自《みずか》ら憂苦《うく》せざるが故にと、諸もろの善法を生ずるが故にと、諸もろの[一四]邪見を解脱するが故にと、諸もろの病を除くが故にと、[一五]我所《がしょ》の貪著《とんちゃく》を捨するが故にと、憎愛《ぞうあい》を観ぜざるが故にと、世法を没せざるが故にと、[一六]有為《うい》を[一七]厭患《えんげん》するが故にと、涅槃に安住するが故にとにて菩提心を発こすなり。世尊よ、菩薩は応に衆生《しゅじょう》に於いて其の恩

行をいう。

八 習気　煩悩のくすぶりついたところ、煩悩そのものではない。それ故、三界に流転するようなことはないが、智慧をおおい、諸法の差別に通達することができないから、利他行はかなわない。

九 方便　仏の智慧が衆生にむかって慈悲をもって法を説くこと。

一〇 所縁無くして……を知る　縁ぜられる対象がないのに知ることができるという。小乗にあっては、過去と未来、あるいは夢の中に見る像は、対象が現在前しなくても見ることができるという。今はさらに現在においてもそれができるという如来の智慧の威力を示したもの。

一一 無対　すべての事物は本来無相、すなわちかげ、形のないものであるからとらえることのできないもの、それ故無対という。

(大)四七上、(チ)六三b

一二 菩薩摩訶薩　bodhisattva-mahāsattva 菩薩の通称。

一三 菩提心　仏となることを願い、仏道を修行しようとする心。

一四 邪見　間違った考え。とくに因果を無視する見解をいう。

一五 我所　自己の所有物をいう。凡夫はこれをわが所有であると執著するから我所有ともいう。

一六 有為　有為転変、すなわち輪廻転生をくり返す世界。

一七 厭患　厭はいとう、患はわずらう。

の報を求めず、亦た応に作《さ》と不作《ふさ》とを観ぜず、又た苦楽の心に於いて傾動《きょうどう》せざるなり。世尊は何を菩薩家の清浄《しょうじょう》と謂うや。仏の言わく、善男子よ、菩薩にして若し[一]転輪聖王《てんりんじょうおう》の家に生まれれば、家清浄と名づけず。若し[二]帝釈《たいしゃく》中に生まれ、若しは[三]梵王中に生まれるも亦た家清浄と名づけず。生ずる処《ところ》在り、乃至、畜生の、自《みずか》ら善根を退失せず、亦た衆生をして諸もろの善根を生ぜしめるは、是れを菩薩家清浄と名づく。又た網明の慈《じ》は是れ菩薩家、心平等なるが故に。悲《ひ》は是れ菩薩家、深く心に念ずるが故に。喜《き》は是れ菩薩家、法喜を生ずるが故に。[四]捨《しゃ》は是れ菩薩家、貪著を離るるが故に。[五]菩提を捨《しゃ》せざるは是れ菩薩家、声聞辟支仏地を貪《むさぼ》らざるが故にとなればなり。

思益梵天所問経巻第二

一 転輪聖王　正義をもって世界を治める王。これに金銀銅鉄の四つがある。すがたは三十二相を具している。

二 帝釈　須弥山の頂、忉利天に住む最大の神、万民の善行を喜び、悪行をこらしめる。

三 梵王　梵天王のこと。色界初禅天の主。

四 捨　慈、悲、喜の三心を捨して怨親平等なる心。

五 菩提　bodhi　悟りの智慧。

巻の第三

談論品第七

丹は菩薩無二品第十二

爾の時に思益梵天は仏に白して言わく、世尊よ、是の[六]文殊師利《もんじゅしり》法王《ほう》子は此の大会《だいえ》に在って而も説く所無しと。仏、即ち文殊師利に告げたまわく、汝は此の会の所説の法中に於いて、少しく之れを説くべし。文殊師利は仏に白して言わく、世尊よ、仏の得たまえる所の法は、寧《いずく》んぞ識るべきや不《いな》や。仏の言わく、識るべからざるなりと。[七](文殊師利の言わく)世尊よ、是の法は説くべく、演《の》ぶべく、論ずべきや不や。仏の言わく、説くべからず、演ぶべからず、論ずべからず。[八](文殊師利の言わく)世尊よ、若し是の法が説くべからず、演ぶべからず、論ずべからざる者なれば、則ち示すべからざるなりと。爾の時に思益梵天は文殊師利に謂《い》う、汝は衆生の為めに法を演説せざるかと。文殊師利の言わく、梵天よ、法性《ほっしょう》中に[九]二相有りや。梵天の言わく、無きなり。文殊師利の言わく、一切法は法性に入らざるや。梵天の言わく、然りと。文殊師利の言わく、若し法性が是れ[一〇]不二の相にして一切法は法性中に[一一]入るとせば、云何《いか》んが、当に衆生の為めに法を説くべきや。梵天の言わく、頗《も》し説法有れば、亦た[一二]二相無きや。文殊師利の言わく、若し決定して説く者と聴く者を得

六　文殊師利法王子　文殊は菩薩の上首であるから、文殊のみ如来法王の子であるという法王子をつける。

七　菩提流支訳により補う。　(大)四七中、(チ)六四b

八　菩提流支訳により補う。

九　二相　法を説くといえば、説者あり聴者あって人に執著する。これでは法性を得ることはできない、法性には彼此の二相がないから。

一〇　不二の相　彼と此とあっても、彼と此を区別し差別をしないことをいう。

一一　法性　事物の不変の本性は、彼と此という対立はない。

一二　(大)に相なし。今は(三)による。

れば、説法有るべきも、亦た二有ること無し。[一](梵天の問うて言わく)文殊師利よ、如来は法を説かざるや。文殊師利の言わく、仏は法を説くと雖も、[二]二相を以ってせず。何を以っての故に。如来性は二無きが故に。説く所有りと雖も、而も無二なり。梵天の言わく、若し一切法無二なれば、其れ誰れか二と為す。文殊師利の言わく、凡そ[三]我《が》に貪著《とんじゃく》するを起こすが故に、二と分別するのみ。不二とは法性は終に二と為さず。種種に分別して二と為すと雖も、然も其の実際は二相有ること無しと。梵天の言わく、云何んが二無きの法を識る。文殊師利の言わく、若し二無きを識るべくんば、則ち二無きに非ず。所以は何《いか》ん。二相無きは識るべからざるなり。梵天よ、二は即ち是れ[四]業を識る、[五]法を識るべからずとは仏の説く所なり。[六]是の法は爾らず、説く所の如し。何を以っての故に、是の法は文字無きが故に。[七](梵天の問うて言わく)文殊師利よ、仏の所説の法は、終に何の至る所なると。文殊師利の言わく、仏の所説の法の至るは、至る所無し。梵天の言わく、仏の所説の法は、涅槃に至らざるや。文殊師利の言わく、涅槃の中に、至るを得べきや。梵天の言わく、涅槃は来たる処無く、至る処無し。文殊師利の言わく、是の如く仏の所説の法の至るは、至る所無し。梵天の言わく、是の法は誰れが聴くや。[八]答えて言わく、説く所の如し。梵天の言わく、云何んが説く所の如しや。(文殊師利)答えて言わく、識らず、聞かざるが如しと。梵天の言わく、誰れか能く如来の是の如きの法を聴く。(文殊師利)答えて言わく、[九]六塵《ろくじん》を漏《もら》さざる者なりと。梵天の言わく、誰れか能く是の法を知る。[一〇](文殊師利)答えて言わく、識る無く、分別無く、[一一]諍訟《じょうしょう》無き者なりと。梵天の言わく、云何んが比丘にして諍訟多きものと名づく。(文殊師利)答えて言わく、是れ好、是れ悪《お》という、此れを諍訟と名づく。

一　菩提流支訳により補う。
二　二相を以ってせず　能説と所説の相のないこと。つまり説者もなければ聴者もないというすがたをいう。
三　我　ここでは我々所のことをいう。我とは自己、我所は自己の所有物。両方ともに執著するから、我と他、彼と此の差別を生じて誤った分別を起こす。
四　業を識る　業は相を示すから識ることができる。
五　法　ここでは法性のこと。
六　是の法は爾らず　この法は業相のように知ることのできるようなものではないとの意。
七　菩提流支訳により補う。
八　答えて言わく　これは文殊師利の答。
九　六塵　認識の対象である色、声・香・味・触・法の六。(大)四七下、(チ)六五b　これは衆生の心を汚すから塵という。
一〇　菩提流支訳により補う。
一一　諍訟　あらそいごと、あらそいの根本は煩悩による。

是れ理[一二]、是れ非理という、此れを諍訟《じょうしょう》と名づく。是れ垢《く》[一三]、是れ浄という、此れを諍訟と名づく。是れ善、是れ不善という、此れを諍訟と名づく。是れ持戒、是れ毀戒《きかい》という、此れを諍訟と名づく。是れ応《まさ》に作すべし、是れ応に作すべからずという、此れを諍訟と名づく。是の法を以って道を得、是の法を以って果を得るという、此れを諍訟と名づく。梵天よ、若し法の中に於いて高下の心有り、心が取受《しゅじゅ》[一四]に貪著すれば、皆な是れ諍訟なり。仏の所説の法には諍訟有ること無し。梵天よ、戯論《けろん》[一五]を楽しむ者、諍訟ならざるは無し。諍訟を楽しむ者は、沙門法《しゃもんほう》[一六]無し。沙門法を楽しむ者は、妄想《もうそう》、貪著《とんじゃく》有ること無しと。梵天の言わく、若し比丘云何んが比丘、仏の語に随い、仏の教えに随うや。（文殊師利）答えて言わく、若し比丘が、称讃あり、毀辱《きにく》[一七]あるも、其の心動ぜざれば、是れを仏の教えに随うと名づく。若し比丘が、文字、語言《ごごん》に随わざれば、是れを仏語に随うと名づく。又た比丘が、一切の諸相[一八]を滅すれば、是れを仏の教えに随うと名づく。義に於いて違わざれば、是れを仏語に随うと名づく。若し比丘が法に於いて守護すれば、是れを仏の教えに随うと名づく。若し[一九]仏語に違わざれば、是れを仏語に随うと名づくと。梵天の言わく、云何んが比丘、能く法を守護するや。（文殊師利）答えて言わく、若し比丘が平等に逆《さか》らわず、法性[二〇]を壊《え》せざれば、是れを能く法を守護すと名づく。梵天の言わく、云何んが比丘、仏に親近《しんごん》[二一]するや。（文殊師利）答えて言わく、若し比丘、諸法の中に於いて、法の若しは近《ごん》に、若しは遠《おん》に有るを見ざれば、是れを仏に親近《しんごん》すと名づくと。梵天の言わく、云何んが比丘、仏に於いて給侍《きゅうじ》するや。（文殊師利）答えて言わく、若し比丘が身口意《しんくい》において作す所無ければ、是れを仏に於いて給侍すと名づく。梵天の言わく、誰れか能く仏を供養するや。（文殊師利）答え

一二 理　道理にかなうこと。
一三 垢　煩悩のこと。煩悩はその性不浄であるから。
一四 取受　取は対象をとって執著すること、受は受け入れる感覚のこと。
一五 戯論　修道に関係のない言論や分別をいう。
一六 沙門法　śramaṇa 出家し受戒した者の修行法。
一七 毀辱　毀はそしる。辱ははずかしめをうける。
一八 一切の諸相　有為転変するすべての現象。
一九 若の字は㊁(宮)により補う。
二〇 法性　存在する事物の本性。
二一 親近　親しみ近づく、仏法因縁の基本。

て言わく、[一]福業を起こさず、[二]不動業を起こさざる者なり。梵天の言わく、誰れか能く仏を見たてまつる。（文殊師利）答えて言わく、若し肉眼に著せず、天眼《てんげん》に著せず、[三]慧眼《えげん》に著せざれば、是れを能く仏を見たてまつると名づく。梵天の言わく、誰れか能く法を見る。（文殊師利）答えて言わく、諸もろの因縁の法に逆らわざる者なりと。梵天の言わく、誰れか能く諸もろの因縁法を順見《じゅんけん》するや。（文殊師利）答えて言わく、平等を起こさず、[四]平等所生《しょしょう》の相を見ざる者なりと。梵天の言わく、誰れか能く[五]真智を得る。（文殊師利）答えて言わく、諸もろの[六]漏《ろ》を生ぜず滅せざる者なりと。梵天の言わく、誰れか能く如来に随い学するや。（文殊師利）答えて言わく、諸法を起こさず、受けず、取らず、捨せざる者なりと。梵天の言わく、誰れか正行《しょうぎょう》と名づくる。（文殊師利）答えて言わく、[七]三界に堕《だ》せざる者なり。梵天の言わく、誰れか善人と為す。（文殊師利）答えて言わく、[八]後身を受けざる者なりと。梵天の言わく、誰れか[九]楽人《らくにん》と為す。（文殊師利）答えて言わく、[一〇]我《が》無く、[一一]我《が》所《しょ》無き者なりと。梵天の言わく、誰れか[一二]解脱を得る者と為すや。（文殊師利）答えて言わく、縛《ばく》を壊《え》せざる者なりと。梵天の言わく、誰れか[一三]度《ど》を得ると為す。（文殊師利）答えて言わく、生死《しょうじ》に住せず、涅槃に住せざる者なりと。梵天の言わく、[一四]漏《ろ》尽《じん》の比丘は何事《なにじ》を尽くすや。（文殊師利）答えて言わく、若し尽くす所有れば漏尽と名づけず。諸もろの漏の空相《くうそう》を知り、是の如く知るに随うを、名づけて漏尽と為すと。梵天の言わく、誰れか実語と為す。（文殊師利）答えて言わく、諸もろの[一五]言論《ごんろん》の道を離るる者なりと。梵天の言わく、誰れか道に入ると為す。（文殊師利）答えて言わく、凡夫にして[一六]聖道《しょうどう》の行《ぎょう》に入る者有り。一切の有為法《ういほう》は従来する所無く、従去する所無しと知れば、則ち道に入ること[一七]無きな

一　**福業**　福の結果を得る業。これを起こさないとは、凡夫世間の事物に執著しないこと。㊅は福の上に若の字あり。今は㊂㊪により若の字を除く。

二　**不動業**　不動を得る業。これを起こさないとは、無為の世界に執著しないこと。㊅は不を無に作るが、今は㊊による。

三　**慧眼**　智慧の眼、一切の事物の空なることを見る眼。

四　**平等所生の相**　この相を見ないとは、真の空に達すれば一切の世間の事物が自在に縁起によって生じるからである。

五　**真智**　この文でいえば、漏（煩悩）の体はもと無生なりと体達する智。　㊅四八上、㊈六六b

六　**漏**　煩悩のこと。

七　**三界**　欲界・色界・無色界をいう。輪廻転生の世界。

八　**後身**　ふたたび生れること。阿羅漢および一生の菩薩はふたたび生れることはない。

九　**楽人**　苦を受けざる人。

一〇　**我**　自個の本体。

一一　**我所**　我に附属するもの、これわが所有物と執著する。

一二　今は㊄㊊による。

一三　**度**　涅槃のかの岸に渡すこと。

一四　**漏尽**　煩悩を断じ尽したこと。

一五　**言論の道を離るる**　如来は言論をもって凡夫の虚妄を破すが、これは言論の道をかりるのみで、言語があるわけではない。

り。梵天の言わく、誰れか能く[一八]聖諦《しょうたい》を見る。(文殊師利)答えて言わく、聖諦を見る者有ること無し。所以は何《いか》ん。見ること有る所に随うは皆な虚妄《こもう》と為す。見る所無き者は、乃ち[一九]見諦《けんたい》と名づくと。梵天の言わく、何《なに》法を見ざるを名づけて見諦と為すや。(文殊師利)答えて言わく、[二〇]一切の諸もろの見《けん》を見ざるを名づけて見諦と為すと。梵天の言わく、是の諦は当に何に於いて求むべきや。(文殊師利)答えて言わく、当に[二一]四顚倒《してんどう》の中に於いて求むべし。梵天の言わく、何が故に是の如き説を作すや。(文殊師利)答えて言わく、四顚倒を求めて浄《じょう》を得ず、常《じょう》を得ず、楽《らく》を得ず、我《が》を得ざるなり。若し浄を得ざれば、是れ即ち不浄なり。若し常を得ざれば、是れ即ち無常なり。若し楽を得ざれば、是れ即ち苦と為す。若し[二二]我を得ざれば、是れ即ち無我なり。梵天よ、一切法は[二三]空《くう》、無我《むが》なり。是れを聖諦と為す。若し能く是の如く[二四]諦を求めれば、是の人は[二五]苦を見ず、集《じゅ》を断ぜず、滅を証せず、道《どう》を修せざるなりと。梵天の言わく、云何んが修道と名づく。(文殊師利)答えて言わく若し是れ法、是れ非法と分別せず、[二六]二相に於いて離れるを、名づけて修道と為す。是の道を以って一切法を求めて得ざれば、是れを名づけて道と為す。是の道は、人をして生死《しょうじ》を離れて涅槃に至らしめず。所以《ゆえ》は何《いか》ん。離れず、至らざるは乃ち聖道と名づくればなり。

爾の時に[二七]摩訶羅《まから》梵天子有り、名づけて等行と曰《い》う。文殊師利に問う、何をもって[二八]優婆塞《うばそく》の帰依《きえ》仏、帰依法、帰依僧と謂うや。(文殊師利)答えて言わく、優婆塞が二《に》見《けん》を起こさず、(即ち)我の見《けん》を起こさず彼《ひ》の見を起こさずと、我の見を起こさず仏の見を起こさずと、我の見を起こさず法の見を起こさずと、我の見を起こさず僧の見を起こさずとなり。是れを帰依仏、帰依法、帰依僧と名づく。又た優婆塞が[二九]色《しき》を以って仏を見ず、[三〇]受想行識《じゅそうぎょうしき》を

一六　聖道の行に入る　凡夫が聖者の行に入る者があると考えること。
一七　(大)は為に作るが、今は(三)(宮)(聖)をとる。
一八　聖諦　聖者が見る所の真理。
一九　見諦　真理を見ること。
二〇　一切の諸もろの見　通常六十二見と数えている。
二一　四顚倒　凡夫は有為転変の世を常・楽・我・浄と見る。聖者はこれを四顚倒という。
二二　我　自己の中心的実体。
二三　空、無我　すべてのものはたんに因縁によって生じたものであるから空であり、無我であること。
二四　諦　聖諦に同じ。
二五　苦……集……滅……道　聖者の見た四つの真理。集とは苦の原因である煩悩のこと。滅とは涅槃のこと。
二六　二相　すべての事物を相対的に分別すること。
二七　摩訶羅梵天子　法護は普行と訳し、菩提流支は平等行梵天婆羅門大婆羅子と訳す。
二八　優婆塞　upāsaka　男性の在俗の信者。
二九　色　物質、いろ、形。
三〇　受想行識　五蘊の中で物質を除いた心のはたらきをいう。

(大)四八中、(チ)六七b

以って仏を見ざる、是れを帰依仏と名づく。優婆塞が、法に於いて分別する所無く、亦た非法を行ぜざる、是れを帰依法と名づく。若し優婆塞が、[一]有為《うい》法を離れずして[二]無為《むい》法を見、無為法を離れずして有為法を見る、是れを帰依僧と名づく。又た優婆塞が、仏を得ず、法を得ず、僧を得ざる、是れを帰依仏、帰依法、帰依僧と名づくと。

爾の時に等行《とうぎょう》菩薩が文殊師利に問うて言わく、是の諸もろの菩薩の菩提心を発《お》こす者は、何《いず》れの所に趣くと為《な》すや。(文殊師利) 答えて曰く、[三]虚空《こくう》に趣くなり。所以《ゆえ》は何《いか》ん。[四]阿耨《あのく》多羅《たら》三藐三菩提《さんみゃくさんぼだい》は虚空に同じきが故に。等行の言わく、云何んが菩薩の阿耨多羅三藐三菩提心を発こすと名づく。(文殊師利) 答えて言わく、若し菩薩が一切の発《ほっ》と非発《ひほっ》とを知れば、一切法は法に非ず。一切の衆生は衆生に非ず。是れを菩薩の阿耨多羅三藐三菩提心を発こすと名づくるなりと。[五]爾の時に等行菩薩は仏に白《もう》して言わく、世尊が言う所の菩薩、(即ち) 菩薩たる者は、何を謂いて為すや。仏の言わく、善男子よ、菩薩の若《ごと》きは[六]邪定《じゃじょう》の衆生に於いて大悲心を発こし、[七]正定の衆生に於いて殊異《しゅい》を見ず。故に菩薩と言うなり。所以は何《いか》ん。菩薩は正定の衆生の為めにせず、不定の衆生の為めにせざるが故に発心《ほっしん》す。但だ邪定の衆生を度せんが為めの故なり。而して大悲を起こして、阿耨多羅三藐三菩提心を発こす。故に菩薩と言うなりと。

爾の時等行菩薩仏に白して言わくの下、丹は名字義品第十三と為す

爾の時に菩提菩薩は仏に白して言わく、世尊よ、我れ等も亦た菩薩為《た》る所以《ゆえん》を楽説《ぎょうせつ》せんと。仏の言わく、便ち説かんと。菩提菩薩の言わく、譬えば男子、女人が、一日戒を受けて無《む》毀《き》無《む》欠《けつ》なるが如し。若し菩薩が是の如く初発心《しょほっしん》より乃至、仏と成る、其の中間に於い

一　有為法　有為転変の世界。
二　無為法　不生不滅の世界。
三　虚空　大空のこと、大空は何ものにもさまたげとならないから。
四　阿耨多羅三藐三菩提　annttara-samyak-sambodhi　悟りの無上の智慧。この智慧を求める心が発菩提心。
五　(丹)(宮)は、ここから名字義品第十三とする。
六　邪定　悟ることのない衆生。
七　正定　必ず仏となる衆生。

て常に浄行を修す。是れを菩薩と名づく。堅意《けんに》菩薩の言わく、若し菩薩が深固《じんこ》の慈心を成就すれば、是れを菩薩と名づく。度衆生《どしゅじょう》菩薩の言わく、譬《たと》えば橋、船が人を渡すに倦《あ》きず、分別有ること無きが如く、若し心が是の如きなれば、是れを菩薩と名づく。断悪道《だんなくどう》菩薩の言わく、若し菩薩が、諸もろの仏の国の投足の処に於いて、即時に一切の悪道が皆な滅す。是れを菩薩と名づく。観世音《かんぜおん》菩薩の言わく、若し菩薩にして衆生を見る者は、即時に阿耨多羅三藐三菩提を[八]畢定《ひつじょう》す。又た其の名を称する者は衆苦を免るることを得、是れを菩薩と名づく。得大勢《とくだいせい》菩薩の言わく、若し菩薩の投足する処、[九]三千大千世界、及び[一〇]魔の宮殿《くうでん》を震動す。是れを菩薩と名づく。無疲倦《むひけん》菩薩の言わく、若し[一一]恒河沙《ごうがしゃ》等の[一二]劫《こう》を一日一夜と為し、是れを以って三十日を一月と為し、十二月を歳と為す。是の歳数《さいしゅ》を以って、若しは百千万億劫を過ぎて一仏に値うことを得、是の如く恒河沙等の仏の所《みもと》に於いて諸もろの[一三]梵行《ぼんぎょう》を行じ、功徳を修集《しゅじゅう》し、然る後に阿耨多羅三藐三菩提の記を受くるに、心、休息せず、疲倦《ひけん》有ること無し。是れを菩薩と名づく。導師菩薩の言わく、若し菩薩が邪道に堕《だ》する衆生に於いて大悲心を生じ、正道に入らしめて恩報を求めず。是れを菩薩と名づく。須弥山《しゅみせん》菩薩の言わく、若し菩薩が一切法に於いて分別する所無きこと、[一四]須弥山《しゅみせん》が衆色《しゅしき》に於いて一なるが如し。是れを菩薩と名づく。那羅延《ならえん》菩薩の言わく、若し菩薩が一切の煩悩の為めに壊《え》せられる所とならず。是れを菩薩と名づく。心力菩薩の言わく、若し菩薩が心を以って一切の諸法を思惟するに、[一五]錯謬《しゃくみょう》有ること無し。是れを菩薩と名づく。師子遊歩《ししゆぶ》自在菩薩の言わく、若し菩薩が諸論の中に於いて、怖《おそ》れず畏《おそ》れずして深く[一六]法忍を得、能く一切の外道をして怖畏《ふい》せしむ。是れを菩薩と名づく。不可思議菩薩の言わく、若し菩薩が[一七]心相の不可思議

八　畢定　畢とはことごとくの意。
九　三千大千世界　インドの世界観、一須弥山の世界の千倍が小千世界、この千倍が中千世界、中千世界の千倍が三千大千世界。
一〇　魔の宮殿　魔王の宮殿は容易に震動しないが、今、菩薩は無明を破するから魔王もこれに屈する。
一一　恒河沙　恒河はガンジス河、ガンジス河の砂のように多くの数。
一二　劫　kalpa　きわめて長い時間の単位。
一三　梵行　仏道修行のこと。
一四　須弥山　Sumeru　世界最高の山。
一五　錯謬　誤り。
一六　法忍　法を認識して自己のものとすること。この後に法智を得る。
一七　心相　心の現象はものや形ではかることができないこと。

を知り、思惟《しゆい》し分別する所無し。是れを菩薩と名づく。善寂《ぜんじゃく》天子の言わく、若し菩薩が能く一切の[一]天宮の中に於いて生まれ、而も[二]染《ぜん》せらるる所無く、亦た是れ無染《むぜん》の法なることをも得ず。是れを菩薩と名づく。実語菩薩の言わく、若し菩薩にして言《ごん》を発する所有るに、常に真実を以ってす。乃至、夢中にも亦た[三]妄語無し。是れを菩薩と名づく。喜見《きけん》菩薩の言わく、若し菩薩が能く一切の[四]色《しき》を見るに皆な是れ[五]仏色なり。是れを菩薩と名づく。常惨《じょうさん》菩薩の言わく、若し菩薩が生死《しょうじ》に堕《だ》する衆生を見るに、其の心、世間の諸楽を楽しまず。自ら己身《こしん》を[六]度せんとし、亦た衆生を度せんと欲す。是れを菩薩と名づく。心無礙《しんむげ》菩薩の言わく、若し菩薩が一切煩悩の衆魔に於いて、而も[七]瞋礙《しんげ》せず。是れを菩薩と名づく。常喜根菩薩の言わく、若し菩薩が常に[八]喜根を以って自《みずか》ら其の願《がん》を満じ、亦た他願を満じて所作皆な弁ず。是れを菩薩と名づく。散疑女《さんぎにょ》菩薩の言わく、若し菩薩が一切法の中に於いて疑惑を生ぜざれば、是れを菩薩と名づく。師子童女菩薩の言わく、若し菩薩にして男法《なんほう》無く女法《にょほう》無くして而も種種の色身《しきしん》を現ず。衆生を成就為《す》るが故に、是れを菩薩と名づく。宝女菩薩の言わく、若し菩薩が、諸もろの宝中に於いて愛楽《あいらく》を生ぜず、但だ三宝のみを楽しむ。是れを菩薩と名づく。毘舎佉達多優婆夷《びしゃきゃだったうばい》の言わく、若し菩薩にして[九]有《う》所得《しょとく》の者なれば則ち菩提無し。若し一切法を得ざれば、一切法を生ぜず、一切法を滅せず。是れを菩薩と名づく。跋陀婆羅居士《ばっだばらこじ》の言わく、若し菩薩にして衆生が其の名を聞く者あれば、阿耨多羅三藐三菩提を[一〇]畢定《ひつじょう》す。是れを菩薩と名づく。宝月童子の言わく、若し菩薩が常に童子の梵行を修し、乃至、心に[一一]五欲を念ぜず。何《いか》に況んや[一二]身受をや。是れを菩薩と名づく。忉利天子《とうりてんし》曼陀羅花《まんだらけ》香《こう》菩薩の言わく、若し菩薩が、戒を持して心に薫《くん》じ、常に諸もろの善法の香を流して余香

一　天宮　天人の宮殿。
二　染　汚されること。
三　妄語　うそいつわり。
四　色　色や形、すがた。
五　仏色　仏のすがた。
六　度　煩悩を除いて悟りの世界にわたすこと。
七　瞋礙　いかりの煩悩のために さまたげるとなること。
八　㊅は善の字であるが、今は㊁㊊による。㊅四九上、㊈六九b
喜根は七覚支の第四喜支根をいう。
九　有所得　法において得る所あるのは悟りというものではないこと。
一〇　畢定　完全に決定すること。
一一　五欲　眼耳鼻舌身の五識がもとめてやまない欲望となる対象。
一二　身受　五根によって生ずる感覚。

を流さず。是れを菩薩と名づく。作喜菩薩の言わく、若し菩薩が[一三]三法を喜楽《きぎょう》すれば、謂わく仏を供養し、法を演説し、衆生を教化する、是れを菩薩と名づく。思益梵天の言わく、若し菩薩の見る所の法が皆な是れ仏法なれば、是れを菩薩と名づく。弥勒菩薩の言わく、若し菩薩にして衆生を見る者が、即ち慈心三昧《じしんさんまい》を得るならば、是れを菩薩と名づく。文殊師利法王子の言わく、若し菩薩が、諸もろの法を説いて而も[一四]法の相を起こさず、非法の相をも起こさず、是れを菩薩と名づく。網明菩薩の言わく、若し菩薩の光明が能く一切衆生の煩悩を滅すれば、是れを菩薩と名づく。普花菩薩の言わく、若し菩薩にして諸もろの如来が[一五]十方世《じっぽうせ》界《かい》に満つるを見るに、林に花の敷くが如し、是れを菩薩と名づく。是の如く諸もろの菩薩は各《お》の各《お》の楽《ねが》う所に随って説くのみ。

爾の時に仏は等行菩薩に告げたまわく、若し菩薩が能く一切衆生に代わって諸もろの苦悩を受け、亦た復た能く一切の福事を捨して諸もろの衆生に与《あた》う、是れを菩薩と名づく。

論寂品第八

爾の時に思益梵天は等行菩薩に問うて言わく、善男子よ、汝は今、何《なに》行を以って行と為すや。答えて言わく、我れは一切有為法《ういほう》の衆生の行に随うを以って行と為すと。[一六](思益梵天)又た問う、[一七]一切有為法の衆生に随うとは、何を以って行と為すや。答えて言わく、諸仏の行ずる所、是れ一切有為法の衆生の行に随うなりと。[一八](思益梵天)又た問う、諸仏は何を以って行と為すや。答えて言わく、諸仏は[一九]第一義空を以って行と為すと。[二〇](思益梵天)

一三 三法　ここでは仏供養、法演説、衆生教化をいう。

一四 法の相　文殊菩薩は実相を証了しているので、法を願っても法の相を起こさず、また非法の相も起こさない。無説にして説くからである。

一五 十方世界　四方と、その中間の四方向と上と下との世界。

一六 菩提流支訳により補う。

一七 一切有為法　有為転変する世界のすべて。　(大)四九中、(チ)七〇b

一八 菩提流支訳により補う。

一九 第一義空　第一義とは涅槃のこと。深い解脱は真如の実際をきわめつくす。これを第一義空という。

二〇 菩提流支訳により補う。

又た問う、凡夫の行ずる所、諸仏も亦た是れを以って行ず。何の差別《しゃべつ》か有る。等行《とうぎょう》の言わく、汝は空《くう》の中に差別有らしめんと欲するや。答えて言わく、不《いな》なりと。[一]等行の言わく、如来は一切法は空なりと説かざるや。(思益梵天) 答えて言わく、然りと。([二]等行の言わく) 是の故に梵天よ、一切法は差別有ること無し。是の諸もろの[三]行相《ぎょうそう》も亦た復た是の如し。所以は何《いか》ん。如来は、諸法に差別有りと説かざればなり。

爾の時に思益梵天、文殊師利に問うて言わく、言う所の行ずる[四]処《ところ》の行は、何を為すを謂うや。(文殊師利) 答えて言わく、諸もろの行の中に於いて、[五]四梵行有り。是れを処行を行ずと名づく。若し人、四梵行を離るれば、処行を行ずと名づけず、能く四梵行を行ずるを、是れを処行を行ずと名づく。梵天よ、若し人、四梵行を成就せば、[六]空閑《くうげん》に於いて曠野《こうや》の中を行くと雖も、是れを処行を行ずと名づく。若し四梵行を成就せざれば、[七]楼殿堂閣《ろうでんどうかく》、金銀の[八]床榻《しょうとう》、妙好の[九]被褥《ひにく》、此の中に於いて行ずと雖も、処行を行ずと名づけず。亦た復た善く行処の相を知ること能わず。(思益梵天) 又た問う、菩薩は何の行を以って清浄を知見するや。(文殊師利) 答えて言わく、諸行の中に於いて能く[一〇]我見《がけん》を(清《しょう》) 浄《じょう》にすと。(思益梵天) 又た問う、若し[一一]我《が》の実性を得れば、即ち実知見を得るや。答えて言わく、然り。若し我の実性を見れば、即ち是れ実の知見なり。譬えば国王の金蔵を典《つかさ》どる人、己れに因って用を出し、余に在るを知る者の如し。是の如く我の実性を知るに因るが故に、実の知見を得るなりと。(思益梵天) 又た問う、云何《いか》んが我の実性を得るや。答えて言わく、無我の法を得たるが若《ごと》きなり。所以《ゆえ》は何《いか》ん。我は畢竟して根本無し。決定無きが故に。若し能く是の如く知る者は、是れを我の実性を得ると名づく。(思益梵天) 又た問う、我れの

一　等行　菩提流支訳は文殊菩薩が思益梵天に問うて言わく、……となる。
二　菩提流支訳により補う。
三　行相　無常にてうつり流れるもの、有為差別の現象をいう。
四　今は㊁㊪によって処の字を補う。
五　四梵行　簡注の著者は四安楽行としている。ちなみに法華経の四安楽行は身・口・意・誓願の四つである。
六　空閑　村を離れた閑静な所。
七　楼殿堂閣　楼は二階以上の建物、殿は御殿、堂は大きい建物、閣は四方を見ることのできる高い建物。
八　床榻　こしかけやベッド。
九　被褥　きものやふとん。
一〇　我見　自性の我がありとする考え。
一一　我の実性　我無く、我所無しというのが我の実性。

文殊師利の所説の義を解するが如きは、我《が》を見るを以っての故に、即ち是れ仏を見るなり。所以《ゆえ》は何《いか》ん。[一二]我性は即ち是れ仏性なればなり。文殊師利よ、誰れか能く仏を見たてまつる。答えて言わく、我見を壊せざる者なり。所以は何ん。[一三]我見《がけん》は即ち是れ[一四]法見《ほっけん》なり。法見を以って能く仏を見たてまつると。（思益梵天）又た問う、頗《も》し行ずる所無きこと有れば名づけて正行《しょうぎょう》と為すや。答えて言わく、有り。若し[一五]一切有為法を行ぜざれば、是れを正行と名づくと。（思益梵天）又た問う、云何なる行を名づけて正行と為すや。答えて言わく、若し[一六]見《けん》の為めの故に行ぜざれば、断と為さず、証と為さず、修と為さざるが故に行ず。是れを正行と名づく。（思益梵天）又た問う、[一七]慧眼《えげん》は何《なに》法を見ると為すや。答えて言わく、若し見る所有れば、慧眼と名づけず。慧眼は有為法を見ず、[一八]無為法を見ず。所以は何ん。有為法は皆な[一九]虚妄《こもう》分別す。虚妄分別無きを、是れを慧眼と名づく。無為法は空にして有る所無し。諸もろの眼道《げんどう》を過ぐ。是の故に慧眼も亦た無為法を見ず。（思益梵天）又た問う、頗《も》し因縁の正行の比丘にして道果《どうか》を得ざるもの有りや。答えて言わく、有り。正行の中は、道無く、果無く、行無く、得無く、得果の差別《しゃべつ》有ること無し。梵天よ、得る所無きが故に、乃ち名づけて得ると為す。若し得る所有れば、当に知るべし、是れ増上慢《ぞうじょうまん》の人と為すことを。正行なる者は[二〇]増上慢無し。増上慢無ければ、則ち行無く得無し。（思益梵天）又た問う、何《いか》に法を得るが故に名づけて得道と為すや。文殊師利の言わく、若し法が、自より生ぜず、他より生ぜず、亦た衆縁より生ぜず、本より已来、常に生有ること無し。是の法を得るが故に説いて道を得と名づくと。（思益梵天）又た問う、若し法にして生ぜざれば、何の得る所と為すや。答えて言わく、若し法は不生と知らば、即ち名づけて得と為す。是

一二　我性　我性とは空のこと。我性は空であると見ればこれは仏性を見たことになる。
一三　我見　我の実性は空なりと見ること。
一四　法見　我の実性を見るには法を見ることによる。
一五　一切有為法　有為転変する無常の世界のすべて。
一六　見　ここでは四諦の法の中、苦を見ること。㊅四九下、㋠七一b
一七　慧眼　悟り（空）の智慧の眼。
一八　無為法　不生不滅の存在。
一九　虚妄分別　真実のすがたを誤って分別すること。
二〇　増上慢　すぐれた法を得ていないのにすでに得たと思い上ること。

の故に仏は、若し諸もろの有為法を見れば相を生ぜず。即ち正位[一]に入るなりと。（思益梵天）又た問う、何等をか名づけて正位と為す。答えて言わく、我《が》[二]と涅槃等とは二を作さず。是れを正位と名づく。又た行の平等の故に、名づけて正位と為す。平等を以って諸もろの苦悩を出づるが故に、名づけて正位と為す。了義《りょうぎ》[三]の中に入るが故に、名づけて正位と為す。一切の憶念を除くが故に、名づけて正位と為すと。爾の時に世尊は文殊師利を讃《ほ》めて言わく、善き哉、善き哉。快《こころ》よく此の言を説けり。誠に説く所の如し。是の法を説く時、七千の比丘は諸法を受けず、漏尽き、心解脱《しんげだつ》を得たり。三万二千の諸天は遠塵離垢《おんじんりく》[四]し、法眼浄《ほうげんじょう》[五]を得、十千人[六]は離欲[七]し定《じょう》[八]を得、二百人は阿耨多羅三藐三菩提心[九]を発《お》こし、五百の菩薩は無生法忍[一〇]を得たり。

爾の時に思益梵天、仏に白《もう》して言わく、世尊よ、是の文殊師利法王子は、能く仏事を作して大いに衆生を饒益《にょうやく》すと。文殊師利の言わく、仏の世に出でたもうは、法を益《やく》する為めならざる故に出で、法を損する為めならざる故に出《い》づと。梵天の言わく、仏、豈に無量の衆生を滅度せざらんや。仁者《きみ》、亦た無量の衆生を利益せざらんや。文殊師利の言わく、汝は衆生無き中に於いて衆生を得んと欲するや。（梵天）答えて言わく、不《いな》なり。（文殊師利の言わく）梵天よ、汝は衆生の決定相《けつじょうそう》[一一]を得んと欲するや。答えて言わく、不なり。（文殊師利の言わく）梵天よ、汝は諸仏の出生の相を世間に有ることを得んと欲するや。答えて言わく、不なり。（文殊師利の言わく）梵天よ、何等《なんら》[一二]をか是れ衆生、仏が滅度せられる所と為す者なるか。梵天の言わく、仁者《きみ》の所説の義の如し。生死無く、涅槃無しと。文殊師利の言わく、是《かく》の如し。諸仏世尊は生死を得ず、涅槃を得ず。仏の諸もろの弟子の解脱を

一　正位　この正位についてはつぎに説明がある。
二　我　簡注は「我および我所」とする。竺法護は「吾我」と訳す。ここでは我の実性をいう。
三　了義　真実の義理を完全にあらわすこと。
四　遠塵離垢　煩悩を遠離すること、見我を断じ初果に入ること。
五　法眼浄　諸法の真相を見て四諦の真理を見ること、初果のこと。
六　十千人　一万人のこと。
七　離欲　二辺の欲を離れたところをいう。十地中第六地にあたる。
八　定　この定は一分の無明の惑を破した中道の定をいう。
九　阿耨多羅三藐三菩提心　通常菩提心と略称し仏智を求めんと発願するの心をいう。
一〇　無生法忍　不生不滅の真理を体認する、十地中第七地にあたる。　(大)五〇上、㋠七二b
一一　決定相　決定して声聞、縁覚、菩薩等となるべき性。
一二　何等をか是れ衆生　菩提流支は、「何等衆生如来令入於涅槃耶」と訳している。

得る者も亦た、生死を得ず、涅槃を得ず。所以《ゆえ》は何《いか》ん。是れ涅槃は是れ生死、但だ名字を仮《か》りて言説有るのみ。実は生死の往来無く、滅尽して涅槃を得ると。(文殊師利)又た問う、誰れか能く是の法を信ずるや。答えて言わく、諸法の中に於いて貪著《とんじゃく》無き者なりと。(文殊師利)又た問う、若し貪著する者は、何に於いて貪著するや。答えて言わく、虚妄《こもう》に貪著するなり。梵天よ、若し是れ実なる者に貪著すれば、終に増上慢〔一三〕の人無し。虚妄に貪著するを以っての故に。行者は之れを知って而して貪著せず。若し貪著せざれば則ち流〔一四〕有ること無し。若し流有ること無ければ則ち生死《しょうじ》を往来すること無し。若し生死を往来すること無ければ是れ則ち滅度〔一五〕《めつど》なり。(文殊師利)又た問う、何故に説いて滅度と言うや。答えて言わく、滅度とは、名づけて衆縁《しゅえん》の不和合〔一六〕と為す。若し無明〔一七〕《むみょう》が諸行の因縁と和合せざれば、則ち諸行を起こさず。若し諸行を起こさざれば、是れを名づけて滅と為す。相〔一八〕を起こさざるは、是れ畢竟滅なり。是の道を得るが故に、則ち生処無し。是の如きを名づけて四聖諦〔一九〕《ししょうたい》と為す。

爾の時の下は丹は如来二事品第五と為す

爾の時に等行菩薩は、文殊師利に謂いて言わく、汝が説く所の如き、皆な真実為《た》りと。(文殊師利)答えて言わく、一切の言説は皆な真実為り。(等行菩薩)又た問う、虚妄の言説《ごんせつ》も亦た真実なりや。(文殊師利)答えて言わく、是《かく》の如し。所以《ゆえ》は何《いか》ん。是の諸もろの言説は皆な虚妄と為す。〔二〇〕処無く方無ければなり。若し法が皆な虚妄にして処無く方無ければ、是の故にこそ一切の言説は皆な是れ真実なり。善男子よ、〔二一〕提婆達《だいばだつ》の語も、如来の語も、異無く別無し。所以《ゆえ》は何《いか》ん。一切の言説は皆な是れ如来の言説なり。〔二二〕如を出《い》でざるが

一三 増上慢　いまだ悟りを得ていないのに悟ったとおごりたかぶること。ここではもともとありもしないものに貪著するのであるから、増上慢ということはありえないこと。
一四 流　煩悩の流れのこと。
一五 度滅　永く生死の大苦を滅すること。
一六 不和合　縁に出会うことのないこと。
一七 無明　煩悩のもっとも本のもの。十二因縁のはじまり。
一八 相　十二因縁の無明等の十二の相のこと。
一九 四聖諦　苦集滅道の四諦。
二〇 処無く方無ければ　一切の言説はみな無性であるから、よって来たるところが無いから処無く、至るところがないから方無しという。
二一 提婆達　Devadatta 釈尊に敵対した仏弟子。竺法護訳にはこの名無く、菩提流支は提婆達多と訳す。
二二 如　真如のこと。

故に。一切の言説の所説事有る事は、皆な説く所無きを以っての故に、説く所有るを得るなり。是の故に一切の言説は皆な等し。文字同じきが故にと、文字念[一]無きが故にと、文字空《くう》なるが故にとなり。等行の言わく、如来は凡夫の語言《ごごん》、賢聖《けんしょう》の語言を説かざるや。文殊師利の言わく、然り。文字を以って凡夫の語言を説き、亦た文字を以って賢聖の語言を説く。是の如く善男子よ、諸もろの文字は、是れ凡夫の言説、是れ賢聖の言説と分別すること有りや。等行の答えて言わく、不《いな》なりと。文殊師利の言わく、諸もろの文字の如きは無分別なり。一切の賢聖も亦た無分別なり。是の故に賢聖に言説有ること無し。所以は何ん。賢聖は文字の相を以ってせず、衆生の相を以ってせず、法の相を以ってせずして、説く所有るなり。譬えば鐘鼓《しょうこ》は衆縁《しゅえん》和合して而して音声《おんじょう》有るが如し。是の諸もろの鐘鼓も亦た分別無し。是の如く諸もろの賢聖は善く衆《もろ》もろの因縁を知るが故に、諸もろの言説に於いて無貪《むとん》、無礙《むげ》なりと。等行の言わく、仏の説く所の如く、汝等は集会《しゅうえ》して当に二事[二]を行ずべし。（即ち）若しは法を説き、若しは聖は黙然《もくねん》たれと。何をか法を説くと謂い、何をか聖黙然と謂うや。（文殊師利）答えて言わく、若し法を説いて、仏に違《たが》わず、法に違わず、僧に違わざれば、是れを法を説くと名づく。若し法を知れば[三]即ち是れ仏、相を離るれば[四]即ち是れ法、無為なれば[五]即ち是れ僧、是れを聖黙然[六]と名づく。又た善男子よ、四念処《しねんじょ》[七]に因って説く所有るを、名づけて法を説くと為す。一切法に於いて憶念する所無きを、聖黙然と名づく。四正勤《ししょうごん》[八]に因って説く所有るを、名づけて法を説くと為す。諸法の（平）等を以って（平）等を作さず、不（平）等を作さざれば、聖黙然と名づく。四《し》如意《にょい》足《そく》[九]に因って説く所有るを、名づけて法を説くと為す。若し身心を起こさざれば、聖黙然と名づく。五根《ごこん》[一〇]、五[一一]

一　念　文字の念想分別のこと。　㊅五〇中、㋠七三b

二　二事　説法と聖黙然との二つ。

三　法を知れば即ち是れ仏　諸法の平等なることを覚ればこれ仏。

四　相を離るれば即ち是れ法　虚妄の幻相を遠離したところを法という。

五　無為なれば即ち是れ僧　法は無生であり無為であることを了証すれば僧と名づけることができる。

六　聖黙然　仏法僧三宝が自己にそなわり不言にして存在するという。

七　四念処　身受心法の四つが、無常・苦・空・無我と観ずる正しい見方。

八　四正勤　精進努力を四項目に分けたもの。

九　四如意足　四神足のこと、神通を得るためのすぐれた禅定を、四方面から見たもの。欲神足・精進神足・心神足・思惟神足の四つをいう。

一〇　五根　ここでは信・勤（精進）・念・定・慧の五種をいう。

一一　五力　右の五根が能力であったのに対して、これが実際はたらく具体力をいったもの。

力《りき》に因って説く所有るを名づけて法を説くと為す。若し他語に随わずして（法を）信ずる所有れば、（法を）取らず、（法を）捨せずと為すが故に、諸法を分別す。一心安住して、無念の念中に一切法の[一二]常《じょう》の定性《じょうしょう》を解し、一切の戯論《けろん》の慧を断ずれは、聖黙然と名づくるなり。[一三]七菩提分《ぼだいぶん》に因って説く所有るを、名づけて法を説くと為す。若し常に[一四]捨心《しゃしん》を行じ、分別する所無く、増無く、減無きを聖黙然と名づくるなり。[一五]八聖道《はっしょうどう》分に因って説く所有るを、名づけて法を説くと為す。若し法の相を説くこと[一六]栰喩《ばつゆ》の如しと知り、法に依らず、非法に依らざるを、聖黙然と名づく。善男子よ、是の[一七]三十七助道法《じょどうほう》に於いて、若し能く開解《かいげ》し演説せば、名づけて法を解くと為す。若し是の法を身証し、亦た身を離れずして法を見、亦た法を離れずして身を見る、是の観中に於いて[一八]二相を見ず、[一九]不二の相を見ず、是の如く現前に知見して、而も亦た見ざるを、聖黙然と名づくるなり。又た善男子よ、若し妄《みだ》りに想って我れに著せず、妄りに想って彼れに著せず、妄りに想って法に著せずして説く所有るを、名づけて法を説くと為す。若し説くべからざるの相に至って、能く一切の言説の音声を離れ、不動の処を得て相を離るる心に入りなば、聖黙然と名づくるなり。又た善男子よ、若し一切衆生の諸根の利鈍《りどん》を知り、而して之れを[二〇]教誨《きょうかい》すれば、名づけて法を説くと為す。常に定《じょう》に入り心、散乱せざれば、聖黙然と名づくるなりと。等行の言わく、我れ文殊師利の説く所の義の如きにあっては、一切の声聞、辟支仏の法を説くこと有ること無く、亦た聖黙然無し。所以《ゆえ》は何《いか》ん。一切衆生の諸根の利鈍を了知すること能わず、亦た復た常に定に在ること能わざればなり。文殊師利よ、若し真実に問う有らば、何等《なんら》をか是れ世間の法を説く者なる、何等をか是れ世間の聖黙然《しょうもくねん》の者なると。則ち当に説くを為すべきは諸

一二　常の定性　禅定力を得ることをいい、菩提流支訳は諸法自性清浄という。
一三　七菩提分　悟りに至る直前の修行の七項目をいう。念・択法・精進・喜・軽安・定・捨の七つ。
一四　捨心　念々に執著することがない心のこと。
一五　八聖道分　聖道は悟りの世界における修行法、これに八つがある。正見・正思惟・正語・正業・正命・正精進・正念・正定である。
一六　栰喩　仏の教えは栰のごとく、河を渡りおわれば、すなわち涅槃の岸に至れば捨てるべきであるということ。
一七　三十七助道法　三十七の悟りへの助けとなる修行法。三十七と数えるのは前述の四念処・四正勤・四神足・五根・五力・七覚支・八聖道をいう。
(大)五〇下、(チ)七四b
一八　二相　断と常、法と非法というように相対する片よったものの見方をいう。
一九　不二の相　相対する片よった見方でなく、両辺の存在しないという見方。
二〇　教誨　教えさとすこと。

仏是れなり。所以《ゆえ》は何《いか》ん。諸仏は善《よ》能く一切衆生の諸根の利鈍《りどん》を分別し、亦た常に定に在ればなりと。仏は文殊師利に告げたまわく、是《かく》の如し、是の如し、等行の説く所の如し。唯だ諸仏如来のみ此の[一]二法有りと。

爾の時に[二]須菩提《しゅぼだい》、仏に白《もう》して言わく、世尊よ、我れ親しく仏より聞く、汝等の集会は当に[三]二事を行ずべし、（即ち）若しは法を説くと、若しは聖黙然たりと。世尊よ、若し声聞にして行ずる能わざる者は、云何んが如来は諸もろの比丘に勅して、此の二事を行ぜしめしや。仏、須菩提に告げたまわく、汝の意に於いて云何ん。若し声聞《しょうもん》が他より聞かずして、能く法を説き、聖黙然するや不《いな》や。須菩提の言わく、不《いな》なりと。（仏の言わく）須菩提よ、是の故に当に知るべし、一切の声聞、辟支仏は、法を説くこと有ること無く、聖黙然無しと。爾の時、文殊師利は須菩提に謂いて言わく、長老須菩提よ、如来は衆生の八万四千の行を了知したもう。汝は此の中に於いて智慧有り。能く其の応ずる所に随って法を説くと為すや不《いな》や。（須菩提）答えて言わく、不《いな》なり。[四]（文殊師利の言わく）今、須菩提は能く[五]観一切衆生心三昧に入り、是の三昧に住し、一切の衆生心の心の行ずる所に通達す。自心他心において妨礙《ぼうげ》する所無きや不《いな》や。（須菩提）答えて言わく、不《いな》なり。[六]（文殊師利の言わく）須菩提よ、如来は衆生の八万四千の行に於いて、其の応ずる所に随って為めに[七]法薬《ほうやく》を説きたまえり。又た常に定の平等相の中に住し、心、動揺せず、而して一切の衆生心の心の行ずる所に通達したまえり。須菩提よ、是の故に当に知るべし、一切の声聞、辟支仏は此の事に及ばざることを。須菩提よ、或るいは衆生にして婬欲多き者有れば、浄を観ずるを以って、解脱を得たり。[八]不浄を以ってせず。唯だ仏のみ能く知れり。或るいは衆生の瞋

一　二法有り　さきには動静・説黙等の両辺を有する二法のないのが真如のあり方であったが、今、如来は動静等の二見を起こすことなく二法を行ずる、これを二法有りという。

二　須菩提　Subhūti　解空第一の弟子。

三　二事を行ずべし　平等心をもって、説黙等の二法を行ずることをいう。

四　菩提流支訳により補う。

五　観一切衆生心三昧　一切衆生の心を観察する三昧。

六　菩提流支訳により補う。

七　法薬　病に応じて薬を与えるように、苦の衆生に応じた薬。

八　不浄を以ってせず　小乗の修行道にあっては、多淫欲の衆生には不浄観を修せしめたが、今は小乗の観を依用しないとのこと。㊅五一上、㋠七五b

恚多き者有り。九過を観ずるを以って解脱を得たり。一〇慈心を以ってせず。唯だ仏のみ能く知れり。或るいは衆生の愚癡《ぐち》多き者有り。一一不共語《ふぐ》を以って解脱を得たり。法を説くを以ってせず。唯だ仏のみ能く知れり。或るいは衆生にして、一二等しく行を分かつ者有り。浄を観ずるを以ってせず、不浄を以ってせず、過を観ずるを以ってせず、慈心を以ってせず、不共語を以ってせず、法を説くを以ってせずして解脱を得る者は、其の根性に随って、諸法の平等を以って、而して為めに法を説き、解脱を得せしめしなり。唯だ仏のみ能く知れり。是の故に如来は、諸もろの法を説く人中に於いて、最第一と為し、禅定の人中にも亦た最第一と為すなり。爾の時に須菩提、文殊師利に問う、若し声聞、辟支仏にして是の如く法を説く能わず、是の如く聖黙然すること能わざる者あり、諸もろの菩薩は是の如き功徳を成就すること有るなれば、能く法を説き、能く聖黙然するや不《いな》や。答えて言わく、唯だ仏のみ当に知るべしと。是こに於いて仏は須菩提に告げたまわく、三昧《さんまい》有り、一切の語言に入るも、一三心、散乱せざると名づく。若し菩薩にして此の三昧を成就すれば、皆な是の功徳を得るなりと。爾の時に文殊師利は等行菩薩に謂わく、善男子よ、衆生の八万四千行の為めの故に、八万四千の法蔵を説くを、名づけて法を説くと為す。常に一切の一四滅受想行《めつじゆそうぎよう》の定中に在るを、聖黙然と名づく。善男子よ、我れ若し一劫、若しは一五滅一劫《げんいっこう》において能く是の義を説くを、是れを法を説く相と名づけ、是れ聖黙然の相と名づけ、猶お尽くす能わずと。是こに於いて仏は等行菩薩に告げたまわく、善男子よ、乃往《いまし》、過去の無量無辺不可思議一六阿僧祇劫の時の世に、仏有《いま》せり。号《な》づけて普光《ふこう》と曰い、劫を名聞《みょうもん》と曰い、国を憙見《きけん》と名づく。彼の国の厳浄《ごんじょう》なること、豊楽《ぶらく》にして安隠《あんのん》、天人は一七熾盛《しじょう》なり。其の地は皆な衆宝《しゅほう》を以って荘《しょう》

九 過　とが、あやまち。

一〇 慈心を以ってせず　小乗の修行道にあっては、多瞋の衆生には慈心観を修せしめたが、今は小乗の観を依用しないとのこと。

一一 不共語　如来の対機説法は二乗と共に説く所ではないこと。

一二 等しく行を分かつ者　衆生にして貪瞋癡が等分にはたらく者。

一三 心、散乱せざる　「入一切語言心不散乱」と名づける三昧のこと。

一四 滅受想行　滅尽定のこと。この定は断滅するに似ているから、外道や凡夫はおそれてこの定に入れない。聖者の中でも、小乗にあっては不還果と倶解脱阿羅漢だけが入ることができる。この定は有頂地の定を所依とするから身体なく、その上、定に入って心々所を滅する。

一五 滅一劫　人寿八万歳から十歳に至る間をいう。

一六 阿僧祇劫　asamkhya-kalpa　阿僧祇は無数の意、劫は長い時分の単位。

一七 熾盛　熾も盛もさかんという意。活気のあること。

厳《ごん》し、柔軟《にゅうなん》にして細滑《さいこつ》なり。宝の蓮の花を生じ、一切の香樹は其の中に充満し、常に妙香を出《い》だす。善男子よ、憙見の国土は、四百億の四天下有り。一一の天下は、縦広《じゅうこう》八万四千[一]由旬《ゆじゅん》なり。其の中の諸城は縦広一由旬にして、皆な衆宝を以って[二]校飾《きょうじき》す。一一の城には一万五千の聚落村邑《じゅらくそんゆう》有り、而して之れを囲遶《いにょう》す。一一の聚落村邑には無量百千人の衆ありて其の中に充満す。彼の時の人民の見る所の色像《しきぞう》によりて、心皆な喜悦し憎悪《ぞうお》すべき無く、亦た悉く皆な念仏三昧を得たり。是の国土を以って名づけて憙見と曰う。若し他方の世界より諸もろの来たる菩薩は、皆な快楽《けらく》を得るも、余国にあっては爾らず。善男子よ、其の普光仏は、[三]三乗の法を以って弟子の為めに説く。亦た多く是《かく》の如きの法音を[四]広説す。汝等比丘よ、当に[五]二事を行ずべし。若しは法を説くと、若しは聖黙然なりと。善男子よ、爾の時に上方の医王仏の土に二菩薩有り。一を無尽意《むじんに》と名づけ、二を益意《やくい》と名づく。普光仏の所に来詣し、頭面《ずめん》もて足《みあし》を礼し、右に遶《めぐ》ること[六]三匝《さんそう》、恭敬《くぎょう》し合掌して、[七]却《かえ》って一面に住す。時に普光仏は二菩薩の為めに広く浄明三昧《じょうみょうさんまい》を説く。名づけて浄明三昧と曰う所以の者は、若し菩薩が是の三昧に入れば、即ち一切の諸相と及び煩悩の著を解脱することを得、亦た一切の仏法に於いて、浄光明を得るなり。是の故に名づけて浄明三昧と為す。又た[八]前際の一切法は浄、[九]後際の一切法は浄、現在の一切法は浄、是の三世は畢竟浄にして、不浄ならしめること能《あた》う無し。性が常に浄なるが故に。是れを以って一切諸法の性は常に清浄なりと説く。何を諸法の性が浄なりと謂うや。謂わく、一切の法は[一〇]空相《くうそう》なり、有所得《うしょとく》を離るるが故に。一切の法は無相の相なり、[一一]憶と想との分別を離るるが故に。一切の法は[一二]無作《むさ》の相なり、取らず捨せず、求める無く、願う無く、畢竟[一三]自性《じしょう》を離るるが故に。是れを性、常

一　由旬　yojana 長さの単位。帝王が一日行軍する里程をいうとする。

二　校飾　建物の飾り。

三　三乗の法　普光仏の世界にあっては三乗の教えを説くという。(大)五一中、㋠七六b

四　(大)は楽に作るが、今は菩提流支訳により広の字とする。

五　二事　次下の説法と聖黙然。

六　三匝　匝はめぐるの意。

七　却って　あとずさりする動作をいう。

八　前際　三世における未来のこと。

九　後際　三世における過去のこと。

一〇　空相　すべての事物は因縁より生じて得る所がないから空であること。つづいて無相の相、無作の相と、三解脱門をあげている。

一一　憶と想との分別　通常、憶想分別の語を用いる。憶は忘れないように心を一所にかけること。想は対象をとって心中におもいうかべること、そのようにして分別すること。

一二　無作の相　すべての事物は因縁生であり、そこには能所、主観、客観の関係はどこにもないから無作であること。

一三　自性を離る　すべての事物は因縁生であるから定まった体性のないことをいったもの。

に清浄と名づく。是の常浄相を以って、生死《しょうじ》の性は即ち是れ涅槃と知るなり。涅槃の性は即ち是れ一切の法性《ほっしょう》なり。是の故に[一四]心性《しんしょう》は常に清浄なりと説く。善男子よ、譬えば虚空の如し。垢汚《くま》を受くるが若《ごと》きは、是の処《ことわ》り有ること無し。心性も亦た是の如し。垢汚有る若きは是の処《ことわ》り有ること無し。又た虚空の如きなり。烟、塵、雲、霧の為めに翳《えい》に覆われ、明《みょう》ならず浄ならずと雖も、而も虚空の性を染汚《ぜんま》すること能わず。[一五](虚空の性)設《も》し染汚《ぜんま》なる者ならば、復た浄なるべからず。虚空は実には不染汚《ふぜんま》なるを以っての故に、還《ま》た清浄を見るなり。凡夫心も亦た是の如し。邪の憶念が諸もろの煩悩を起こすと雖も、然も其の心相を垢汚すべからず。設《も》し垢汚する者ならば復た浄なるべからず。心相は実には[一六]不垢汚性《ふくましょう》なるを以って、常に明浄なり。是の故に心は解脱を得るなり。善男子よ、是れを浄明三昧門に入ると名づく。彼の二菩薩は是の三昧を聞き、諸法の中に於いて不可思議の法の光明を得たり。爾の時に無尽意菩薩は、普光仏に白して言さく、世尊よ、我れ等、已に浄明三昧門を開きて入れり。当に何《なに》行を以って此の法門を行ずるや。仏、無尽意に告げたまわく、善男子よ、汝等、当に[一七]二行を行ずべし。若しは法を説くと、若しは聖黙然となりと。時に二菩薩は仏より教えを受け、頭面に仏足を礼《らい》し、遶《めぐ》ること三匝《さんそう》而して出づ。一園林に趣き、自ら神力を以って[一八]宝楼《ほうろう》を化作《けさ》し、中に於いて修行す。時に梵天有り、名づけて妙光と曰う。七万二千の梵(天)と倶に其の所に来至し、頭面もて足《みあし》を礼し、二菩薩に問う。善男子よ、普光如来は言を説きたまえり。(即ち)汝等比丘は集会して当に二事を行ずべし。若しは法を説くと、若しは聖黙然となりと。善男子よ、何をもて法を説くと謂い、何をもて聖黙然と謂うやと。二菩薩の言わく、汝よ今、善く聴け。我れ当《まさ》に少しく説くべし。唯だ如来

一四　心性　心のいろいろなはたらきの本性をさしていったもの。

一五　菩提流支訳により補う。

一六　不垢汚性　不染汚性のこと、清浄ということ。

一七　二行　次文につづくように、説法と、聖黙然をさしていう。㊅五一下、㊈七七b

一八　宝楼　宝をもってちりばめた高殿。

のみ乃《いま》し通達《つうだつ》有るのみと。是こに於いて二菩薩は、[一]二句義を以って諸もろの梵衆の為めに広く分別して説く。時に七万二千の梵[二]は皆な無生法忍[三]を得、妙光梵天は普光三昧を得、是の二菩薩は七万六千歳に於いて、[四]無礙弁力を以って其の所問に答え、懈《おこた》らず息《やす》まず、二句を分別し、互いに相い問答して而して窮尽《ぐうじん》せず。是こに於いて普光仏は、虚空の中に在りて是の如きの言を作《な》さく、善男子よ、文字に於いて言説し、而して諍訟《じょうしょう》[五]を起こす勿れ。凡そ諸もろの言説は皆な空にして響の如し。問答する所の如きも、亦た是の如し。汝等二人は、皆な無礙弁才、及び無尽陀羅尼《むじんだらに》[六]を得たり。若しは一劫に於いて若しは百劫に於いて[七]、此の二句の弁は尽くすべからず。善男子よ、仏法は是れ寂滅相の第一の義なり。此の中に文字有ること無く、説くこと得べからず。諸もろの言説する所、皆な義利[八]無し。是の故に汝等は、当に此の義に随って文字に随うこと勿るべしと。是の二菩薩は仏の教えを聞き已《おわ》って、黙然として而して止《や》む。仏は等行に告げたまわく、是れを以って当に知るべし、菩薩は若しは弁才説法を以って、百千万劫[九]に於いて、若しくは百千万劫を過ぎるも、窮尽《ぐうじん》すべからずと。又た等行に告げたまわく、意に於いて云何ん。彼の二菩薩は豈に異人《ことひと》ならんや。斯の観を造ること勿れ。無尽意《むじんに》なる者は今の文殊師利是れなり。益意《やくい》菩薩なる者は、今の汝の身是れなり。妙光梵天なる者は、今の思益梵天是れなりと。

仂[一〇]行品第九

丹には此の品幅末無し。爾の時文殊師利の下を聖道品第十六と為す
(夾註幅末当今本紙左十九行)

爾の時に、等行菩薩は仏に白して言わく、未曾有なり世尊。諸仏の菩提は大饒益《にょうやく》と為《な》る。

一　二句義　真実義と方便義をいう。すなわち真実義には言説なく、方便義をもって言説を得るとする。
二　梵　梵天のこと。
三　無生法忍　生死をこえた諸法実相の智慧を信受し通達すること。
四　無礙弁力　弁舌の才が自由自在であること。㊄㊅力を才に作る。
五　諍訟　二辺に執著するとあらそいが起こる。寂滅の世界と相対する。
六　無尽陀羅尼　陀羅尼（dhāraṇī）の無尽なること。陀羅尼は総持といい、法をよく受け持つこと。
七　於の字、菩提流支訳による。
八　義利　実義と利益。
九　劫　kalpa 長時間の単位、これにいくつかの解説がある。たとえば一劫の時間とは、一辺四十里立方の大石があり、それを天人がきわめて軽い天衣をもって、三年に一度、その石をさっとなでて天に帰る。これをくり返してついに石がなくなってしまうまでの長年月を、一劫というとする。
一〇　仂　「りき」と読む。つとめはげむこと。

(大)五二上、(チ)七八b

説く所の如く精進を行ずる衆生は[一一]（菩提を得るなり）。世尊よ、其れ懈怠《けたい》にして説の如く行ずる能わざる者は、百千万仏に値《あ》うと雖も、能く為すこと無きなり。当に知るべし、勤精進によって菩提を出だすことを得るなりと。爾の時に文殊師利は等行菩薩に謂わく、善男子よ、汝は菩薩は云何んが行ずるを勤精進と名づくると知るや。答えて言わく、若し菩薩が能く聖道を得れば、勤精進と名づくるなりと。又た問う、云何んが行じて能く聖道を得るや。答えて曰わく、若し諸法に於いて分別する[一二]所無く、是の如く行ずる者は、能く聖道を得るなりと。又た問う、云何んが名づけて聖道を得已《えおわ》ると為[一三]すや。答えて曰わく、若し行者が、平等の中に於いて諸法の平等を見れば、是れを聖道を得已ると名づくと。又た問う、平等は見ることを得べきや。答えて言わく、不《いな》なり。所以は何ん。若し平等を見るべければ、則ち平等に非ずと。思益梵天は文殊師利に謂わく、若し行者が平等の中に於いて諸法を見ざるとき、是れを聖道を得已《えおわ》ると名づくと。文殊師利の言わく、何が故に（諸法を）見ざるや。思益の言わく、二相を離るるが故に見ざるなり。見ざるは即ち是れ正見なりと。（文殊師利）又た問う、誰れか能く世間を正見するや。答えて言わく、世[一四]間の相を壊《え》せざる者なりと。（文殊師利）又た問う、云何なるをか世間の相を壊せずと為すや。答えて言わく、色（と如）は別無く、異無きが如く、受、想、行、識も（如と）別無く異無きが如く、（是の如く）若し行者が五陰《ごおん》[一五]において平等の如相《にょそう》[一六]を見れば、是れが世間を正見すと名づくと。（文殊師利）又た問う、何等をか是れ世間の相なる。答えて言わく、滅《めつ》[一七]尽《じん》は是れ世間の相なりと。又た問う、滅尽相は復た尽くすべきや。答えて言わく、滅尽相なる者は、尽くすべからざるなり。又た問う、何が故に説いて世間は是れ滅尽相と言うや。

一一　カッコの文は羅什訳にはない。今、竺法護訳、菩提流支訳により意を取り訳者これを補う。

一二　分別する所無く　得と不得と分別したり、行と不行と分別したりすることのないこと。

一三　今は㊁及び㊪によってこの字を加う。

一四　世間の相を壊せざる者　五蘊は妄見の相といえば正見ではない、また諸法は空華のごとく存在するなしというのも正見ではない、また無見というのも正見ではない、五蘊と如とは無異、無別であるといえばこれが正見であり、これ世間の相を壊せずしてこれ如なりと観ずる。

一五　五陰　五蘊ともいう。一切法を色受想行識の物と心の五要素において分類観察すること。

一六　如相　すべての事物の本性。

一七　滅尽　念々刹那にもとどまることのないこと。

答えて言わく、世間は畢竟[一]（滅）尽相なり。是の相は尽くすべからず。所以《ゆえ》は何《いか》ん。已に尽くせる者は、復た尽くさざればなり。（文殊師利）又た問う、仏は一切の有為法[二]は是れ尽相と説かざるや。答えて言わく、世間は是れ尽相にして終に尽くすべからず。是の故に仏は、一切有為法は是れ尽相と説く。又た問う、何が故に数《せ》[三]めて有為法と名づくるや。答えて言わく、尽相を以っての故に有為法と名づくるなりと。（文殊師利）又た問う、有為法なる者は、何所に住すと為すや。答えて言わく、無為性[四]の中に住するなりと。（文殊師利）又た問う、有為法と無為法と何の差別《しゃべつ》か有る。答えて言わく、有為法と無為法とは、文字、言説の差別有るのみ。所以は何ん。文字言説を以って、是れ有為、是れ無為と言う。若し有為、無為の実相を求むれば、則ち差別無し。実相は差別無きを以っての故に。（文殊師利）又た問う、何等をか是れ諸法の実相の義なりや。答えて言わく、一切法は平等にして、差別有ること無し。是れ諸法実相の義なり。（文殊師利）又た問う、何等をか義と為す。答えて言わく、文字を以って説き、人をして解《げ》することを得せしむるが故に、名づけて義と為す。所以は何ん。実相の義とは文字の説く所の如きにはあらず。諸仏は、文字を以って言説する所有りと雖も、而も実相に於いては、増減[五]する所無し。文殊師利よ、一切の言説は皆な言説に非ず。是の故に仏語を不可説と名づく。諸仏は言相《ごんそう》を以って説くべからざるが故に。（文殊師利）又た問う、云何《いか》にして仏の相を説くことを得るや。答えて言わく、諸仏如来は、色身《しきしん》[六]を以って相を説くべからず。三十二相[七]を以って相を説くべからず。諸もろの功徳の法を以って相を説くべからずと。（文殊師利）又た問う、諸仏は、色身、三十二相、諸もろの功徳の法を離れて、而して相を説くべきや。答えて言わく、不な

(大)五二中、(チ)七九b

一　畢竟　徹底してという意味。

二　有為法　生滅変化する一切の現象をいう。

三　数　この字は責の字に同じ。また道理の義がある。中国仏教で数論といえば、アビダルマのこと。

四　無為性　生滅変化することなき本性、真如実性のことで、有為法も実相を求めれば無為を出るものでないことをここではいう。

五　増減　仏は文字をもって法を説くけれども、文字の性は空であるから実相において増減することはないという。

六　色身　肉身のこと。

七　三十二相　仏の相好の一つ。

り。所以は何ん。色身は如[八]なり。三十二相は如なり。諸もろの功徳法は如なり。諸仏に即せざる、是れ如なり。亦た離れざるも如なり。是の如く仏の相を説くべし。(即ち)如を失なわざるが故に。(文殊師利)又た問う、諸仏世尊は、何等の故に、名を号して仏と為すことを得るや。答えて言わく、諸仏世尊は、[九]諸法の性相の如に通達するが故に、説いて如来正遍知者[一〇]と名づくるなりと。

志大乗品　第十　丹は大乗行品第十七

是こに於いて等行菩薩は仏に白して言わく、世尊よ、何をもて菩薩が大乗を発行《ほつぎょう》すと謂うやと。爾の時に、世尊は偈《げ》を以って答えて言わく、

菩薩は色[一一]《しき》を壊《え》せずして、菩提心を発行す。色は即ち菩提と知る、是れを菩提を行ずと名づく。

色と菩提は然りと知れば、等しく如相[一二]に入り、諸もろの法性を壊せず。是れを菩提を行ずと名づく。

諸もろの法性を壊せざれば、則ち為《こ》れ菩提の義なり。是の菩提の義の中に、亦た菩提有ること無し。

正しく第一義[一三]を行ずる、是れを菩提を行ずと名づく。

[一四]陰界入《おんかいにゅう》に於いて愚かにして、而して菩提を求めんと欲す。[一五]陰界入は即ち是れ離るれば、是れ菩提無し。

八　如　真如実相のこと。
九　諸法の性相　すべての事物の実性や実相。
一〇　正遍知者　正しくよく悟った者。
一一　色　ここでは現象界。
一二　如相　真如の実相。
一三　第一義を行ずる　非空非有の中道を修すること。
一四　陰界入　五陰・十八界・十二入のこと。通常五蘊十二処十八界という。ここでは五陰は色法のこと、界入は法性のことを指している。
一五　陰界入は即ち是れ離るれば、是れ菩提無し　愚人はかの色法や法性を離れて菩提を求めるけれども、菩提はこの陰界入を離れて求めることはできないとの意。

若し諸もろの菩薩有りて、[一]上中下の法に於いて、取らず、亦た捨せず。是れ菩提を行ずと名づく。

若し法と及び非法と、分別して二と為さず、亦た不二をも得ざれば、是れ菩提を行ずと名づく。

若し二なれば則ち[二]有為《うい》、非二なれば則ち[三]無為《むい》なり。是の二辺を離るれば、是れ菩提を行ずと名づく。

是の人は凡夫を過ぎ、亦た[四]法位に入らず。未だ果を得ざるも而も聖なり。是れ世間の[五]福田なり。

世間法に於いて行ずるも、[六]処中《しょちゅう》にして蓮華の如し。最上道を遵修《じゅんしゅ》する、是れ菩提を行ずと名づく。

世間の所行の処《ところ》は、悉《ことごと》く是の中に於いて行ず。世間の貪著《とんじゃく》する所、中に於いて解脱を得たり。

菩薩は畏《おそ》るる所無し。生死《しょうじ》の渕《ふち》に没せず。憂い無く、[七]疲惓《ひけん》無く、而も菩提の道を行ず。

斯の人は能《よ》く法性の真実の相を知る。是の故に、是れ法、是れ非法と分別せず。

仏道に於いて行ずる時、[八]法の捨離すべきもの無し。亦た[九]法の受くべきもの無し。是れを菩提の相と名づく。

一切法の無相なること、猶お虚空の如し。終に是の念を作さず、（すなわち）[一〇]是れ相、是れ可相と。

善く世の所行を知り、遍ねく[一一]方便力《ほうべんりき》を知る。能く一切の衆生の願う所を充満す。

一　上中下の法　(大)五二下、(チ)八〇b　小乗の法、権大乗の法、実大乗の法。
二　有為　生死輪廻の世界。
三　無為　生死をこえた世界。
四　法位に入らず　空に住せざることをいう。
五　福田　人に幸福の収穫を得させるすぐれた田のようなもの。
六　処　非有非空の中道におること。
七　疲惓　疲れてあきること。
八　法の捨離すべきもの無し　仏道において実相に達すれば、有為法も捨てるべきものはない。
九　法の受くべきもの無し　仏道において実相に達すれば、無為法も取るべきものではない。
一〇　是れ相、是れ可相　一切法は虚空のように無相であるから相としてとるべきものなく、また捨すべきものもないことをいう。
一一　方便力　仏智は方便智を用いて人を導く。これを方便力という。

常に平等に於いて住し、仏の正法を護持《ごじ》し、[一二]一切の念ずる所無きは、是れ則ち如来の法なり。

若し仏有るも仏無きも、是の法は世に常住なり。能く此の相に通達する、是れ法を護持すと名づく。

諸法の実相に了達し、其の義を知り、此の中に安住して、而して人の為《た》めに演説す。

甚深の法に於いて行ずるは、[一三]魔《ま》の測ること能わざる所なり。是の人は諸法に於いて貪著する所無きが故に、諸仏の慧を求めんと願うも、亦た願求《がんぐ》に著せず。

是の慧は[一四]十方に於いて、之れを求むれども得べからず。

諸仏の慧は無礙《むげ》なれば、法と非法とに著せず。若し能く此れに著せざれば、究竟《くきょう》して仏道を得るなり。

其の諸もろの善を楽《ねが》う人は、布施を転じて高尊たり。一切の所有を捨てて、而して心は傾動《きょうどう》せず。

諸法は捨つべからず、亦た復た取るべからず。一切の世間法は、根本は得べからざればなり。

能く一切の法を知り、施に非ず、[一五]捨相に非ず、是れを大施主と名づく。法に於いて見る所無ければなり。

是れ等の諸もろの菩薩は、[一六]我我所《ががしょ》を計《けい》せず。是の故に施を行ずる時、貪惜心《とんしゃくしん》を生ぜざるなり。

諸もろの所有《あらゆ》る布施は、皆な仏道に廻向《えこう》す。布施と及び菩提との、是の二相に住せず。

一二　一切の念ずる所無き　無念の心のことをいう。

一三　魔の測ること能わざる所　諸法実相の甚深の法は、魔はよく測ることができない、仏のみよくすること。(大)五三上、(チ)八一b

一四　十方　四方とその中間と上下。

一五　捨相に非ず　真如実相にもとづく布施のすがたは捨でもないとの意。

一六　我我所　我なり我所なりとのおもい。我とは自我、我所とは自我の所有するものとの実体的観念。

八四

[一]無作と無起の戒は、当に此の中に住すべし。亦た是の念を作さず、(すなわち)我れは是れ持戒に住すと。
智者は戒相の、不生にして亦た不作なるを知る。是の故に戒の清浄なること、猶お虚《こ》空《くう》の如し。

身を観ずること鏡像《きょうぞう》の如く、言説すること響声《きょうしょう》の如く、心は則ち幻化《げんけ》の如く、以って戒を自ら高しとせず。

其の心は常に柔軟《[二]にゅうなん》にして、寂滅性《[三]じゃくめっしょう》に安処し、悉く一切の悪を除き、善法に於いて通達す。
[四]持戒と及び毀戒《きかい》との、此の二相を得ず。是の如く法性を見れば、則ち無漏戒《[五]むろかい》を持す。
已に忍辱《[六]にんにく》の岸に度し、能く一切の悪を忍ぶ。諸もろの衆生の類に於いて、其の心、常に平等なり。

諸法は念念に滅せば、其の性は常に住せざるなり。中に於いて罵辱《[七]めにく》無く、亦た恭敬《くぎょう》有ること無けん。

若し節節[八]に身を解せば、其の心終に動ぜず。心は内に在らず、亦た復た外に在らずと知る。

身怨《[九]しんおん》の刀杖《とうじょう》に及ぶは、皆な四大[一〇]によって起こる。地水火風[一一]に於いて、未だ曾て[一二]傷損すること有らず。

此の事に於いて通達し、常に忍辱の法を行ず。菩薩の行は是の如し、衆生は動ずる能わず。

一　無作と無起の戒　小乗の止持戒に対して大乗の戒は無相戒、それ故無作無起戒。
二　柔軟　素直なこと。これは定共戒の徳をいったもの。
三　寂滅性　これは道共戒の徳をいったもの。聖道中の戒。
四　持戒と及び毀戒　大乗の戒は無相であるから、持戒と毀戒の二相がないことをいう。
五　無漏戒　出世間の戒で聖道中の戒・正語・正業などをいう。
六　忍辱　侮辱をうけてもいかり、うらみのないこと。
七　罵辱　ののしりはずかしめること。
八　節節に身を解せば　節は時間をあらわし、念々というほどの意。つまり、念々に法が滅することをもってわが身について解了すればとの意。
九　身怨の刀杖に及ぶ　あだのために身を刀杖をもって傷つけること。(大)五三中、(チ)八二b
一〇　四大によって起こる　身体のなした行為というものは、もとをいえば地水火風の四大の原理によったもの。
一一　地水火風　人の身体は地水火風の四原理によって成立しているとする。
一二　未だ曾て傷損すること有らず　地水火風の四大そのものが人の身体の傷を損なうものではないとの意。

勇猛に精進を勧め、堅く大乗に於いて住し、是の人、身心に於いて而も依止する所無し。

生死の本を知ると雖も、其の際[13]を得べからず。諸もろの衆生の為めの故に、大誓願を荘厳す。

法は決定して生ずること無ければ、何ぞ滅相有ることを許さん。本際は不可得なれども、[14]顛倒《てんどう》の為めの故に説く。

法性は議すべからず。常に世間に住す。若し能く是の如きを知らば、不生にして亦た不滅なり。

菩薩は、衆生が是の法相を解せざるを念ず。之れが為めに勤めて精進し、顛倒を離るることを得しむ。

諸仏は常に衆生の決定の相を得ず。而して彼れは本願《ほんがん》を弘めて、当に精進の力を観ずべし。

一切法を思惟するに、皆な[15]幻化《げんけ》の如く、堅牢の相を得ず。之れを観ずること虚空の如しと知る。

虚妄《こもう》の分別によって、貪著して苦悩を生ず。斯の為めに法門を開き、涅槃に入ることを得せしむ。

彼の行精進を為して、而も法を壊《え》せず。法と非法を離るるが故に、常に真の精進を行ず。

是れ等は遠離《おんり》を行じ、[16]無諍定《むしょうじょう》に了達し、独《ひと》り[17]無《む》憒閙《かいどう》に処し、常に生死を畏《おそ》る。

一三 際　生死の本の窮極のところ。

一四 顛倒　真実を見ることができず、無常を常、苦を楽、無我を我、不浄を浄とさかさまに見ること。

一五 幻化　幻と化、空の喩え。幻は幻人のなす所、化とは神通力の変化(へんげ)をいう。

一六 無諍定　諍とは煩悩のこと、すなわち無漏空のことをいう。無漏定は強い厭離心によって発生する。ここでは声聞定をさす。

一七 無憒閙　憒とはみだれるという意。閙とはさわぐという意。つまりみだれさわぐことのないこと。

一閑居《げんこ》に住するを楽しむこと、猶お犀《さい》の一角の如し。諸もろの禅定に遊戯《ゆげ》し、諸もろの神通に明達《みょうだつ》す。

心、常に平等に住し、二空閑《くうげん》の聚落《じゅらく》に処し、威儀は変異無く、恒に禅定を楽しむ。

三常定の法と、及び四寂滅の無漏を信解し、其の心、解脱を得。故に常定者と説く。

自ら平等の法に住し、此れを以って衆生を導く。平等の行に違せず、故に常定者と説く。

志念、常に堅固にして、菩提心を忘れず、亦た能く衆生を化す。故に常定者と説く。

常に諸仏の真実法性心を念じて、色身の相を遠離す。故に常定者と説く。

常に修して法に於いて諸法実相の如しと念じ、亦た憶念有ること無し。故に常定者と説く。

常に修して、僧に於いて、僧は即ち是れ五無為なりと念ず。六数《しゅ》と及び非数《ひしゅ》を離れ、常に是の如きの定に入る。

悉《ことごと》く十方国の七一切衆生の類を見るに、而も眼色《げんしき》の中に於いて、終に二相を生ぜず。

諸仏の所説の法を、一切は能く聴受するも、而も耳声《にしょう》の中に於いて、亦た二相を生ぜず。

能く一心の中に於いて、諸もろの衆生心を知るも、自心と及び彼心と、此の二は分別せず。

過去世を憶念《おくねん》すること、八恒河沙劫《ごうがしゃこう》の如きも、是の先、及び是の後を、亦た復た分別せず。

一　閑居　静かな処。
二　空閑　静かな処。(大)五三下、(チ)八三b
三　常定の法　生相なく滅相なき、意のなすところでない無作の定をいう。ここでは大乗の定をいう。
四　寂滅の無漏　生滅のないことを寂滅という。
五　無為　生滅を超えたところ。
六　数と及び非数　数とは筋道、道理のこと。
七　(大)は仏に作るが、(三)(宮)(聖)によって国とする。
八　恒河沙劫　ガンジス河の砂の数ほどの数の劫、劫は長時の単位。

能く無量土に至って、諸もろの神通力を現ず。而も身心の中に於いて、疲倦《ひけん》の想有ること無し。

分別して諸法を知り、楽説《ぎょうせつ》し、弁じて尽きる無く、一〇無央数《むおうしゅ》の劫に於いて、一一法の性相《しょうそう》を開示す。

智慧は彼岸に度し、善く一二陰《おん》、界《かい》、入《にゅう》を解し、常に衆生の為めに説き、一三取《しゅ》無く、一四戯論《けろん》無し。

善く一五因縁の法を知り、二辺の相を遠離し、是れは煩悩の因なりと知り、亦た是れは浄の因なりと知る。

因縁の法を信解すれば、則ち諸もろの一六邪見無し。法は皆な因縁に属し、定んで根本有ること無し。

一七我見と、一八仏見と、空見と、生死の見と、涅槃の見等は、皆な是の諸もろの見無し。

無量の智慧光は、諸法の実相を知る。闇無く、障礙《しょうげ》無く、是れ菩提の道を行ずるなり。

是の乗を、大乗の不可思議乗と名づく。悉く衆生を容受し、猶お其の量を尽くさず。

一切諸乗の中にあって、是の乗を第一と為す。是の如きの大乗者は、能く余の乗を出生す。

余乗は限量有り、一切を受くること能わず。唯だ此の無上乗のみは、能く悉く衆生を受く。

若し此の無量の虚空の大乗を行ぜば、一切衆生に於いて一九慳悋《けんりん》の心有ること無し。

虚空は量有ること無く、亦た形色《ぎょうしき》有ること無し。大乗も亦た是の如し、無量にして無

一〇　無央数の劫　無央数とはつきることのない数をいい、劫は長時の単位。
一一　法の性相　事物の本性と現象。
一二　陰、界、入　五蘊十二処十八界のこと。一切法、つまりすべての事物（心も含む）のこと。
一三　取　煩悩のこと。
一四　戯論　無意義で徒らな言論、分別のこと。
一五　因縁の法　すべての事物は因縁によって生滅するということ。
(大)五四上、(チ)八四b
一六　邪見　とくに因果の道理をうそ、いつわりの理であるとして否認する見方、考え方をいう。
一七　我見　わが身には永久堅固のものがあるという考え方にたつもの。
一八　仏見　仏には仏たるものがあるという考え方。以下同じ。
一九　慳悋　おしみ、けちなること。

障礙なり。

若し一切衆生ありて、此の大乗に於いて乗じ、当に是の乗相を観ぜば、寛博《かんぱく》にして容《い》るる所多し。

無量の無数劫《むしゅこう》に、大乗の功徳を説くと、及び此の乗に乗ずる者は、得ること窮尽《ぐうじん》すべからず。

若し人、是の経を聞き、乃至、一偈をも持《たも》たば、永く諸難を脱し、[一]安隠処《あんのんしょ》に到るを得るなり。

敬まって此の経を念ずる者、是の身を捨てし已後は、終に悪道に堕せずして、常に天人の中に生まれん。

後の悪世の時に於いて、若し是の経を聞くを得ば、我れ皆な[二]授記を与え、成仏道を究竟せん。

若し此の経に住する者は、仏法は是の人に在り。是の人は仏法に在りて、亦た能く[三]法輪を転ぜん。

若し人、是の経を持《たも》てば、能く無量劫に[四]転じ、諸もろの往来に生死するも、仏道に近づくことを得るなり。

若し能く是の経を持ち、[五]大智慧を精進せば、是れを極《ご》く勇猛と名づけ、能く魔の軍衆を破す。

我れは[六]燃燈仏《ねんとうぶつ》に於いて、[七]忍に住して[八]受記を受く。若し是の経を楽《ねが》う有らば、我れ授記すること亦た然り。

一　安隠処　安穏処に同じ。

二　授記　未来において成仏するであろうという、仏から証明を与えられること。

三　法輪を転ぜん　法を説くこと。

四　転じ　輪廻転生することをいう。

五　大智慧を精進　竺法護は「大進無極慧」と訳し、菩提流支は「智慧大精進」と訳す。それ故、「精進の大智慧」とも訳しうる。　(大)五四中、(チ)八五b

六　燃燈仏　各部派においてあげられる過去仏の一人。

七　忍に住し　忍とは無生忍のこと。法が生滅することなきことを確認することができる位にあること。

八　受記　さきの授記に同じ。未来に成仏するであろうことを仏から証明せられること。

若し人、仏の後に於いて、能く是の経を解説《げせつ》せば、仏は世に在らずと雖も、為めに能く仏事を作すなり。

仏が、是の偈《げ》を説く時、五千の天子は、皆な阿耨多羅三藐三菩提心[9]を発《お》こし、二千の菩薩は無生法忍[10]を得、十千[11]の比丘は諸法を受けず、漏尽き[12]、心解脱を得、三万二千人は遠塵離《おんじんり》[13]垢《く》し、諸法の中に於いて法眼浄《ほうげんじょう》[14]を得たり。

行道品 第十一

丹は発菩提心品第十八

爾の時に文殊師利法王子[15]は、仏に白《もう》して言わく、世尊よ、我れの、仏の所説の義を解する如きんば、若し人有りて、菩提の願を発《お》こさば是れ邪願《じゃがん》[16]と為す。所以は何《いか》ん。諸もろの得る所有れば、悉く皆な是れ邪なればなり。若し菩提を得んと計[17]して、而して願を発《お》こす者は、是の人の諸もろの作す所の行は、皆な是れを邪と為す。所以は何ん。菩提は欲界[18]に在らず、色界《しきかい》[19]に在らず、無《む》色界《しきかい》[20]に在らずして、菩提に住処有ること無ければ、応に願を発こすべからざればなり。世尊よ、譬えば人有りて虚空を得んと願うが如し。寧《いずく》んぞ虚空を得るや不や。仏の言わく、不なり。（文殊師利の言わく）世尊よ、菩薩も亦た復た是の如し。虚空の相に同じき菩提の願を発こすなり。即ち是れ虚空願を発こす。菩提は三世を出過すれば、是れ受相に非ず。願すべからざるなり。若し菩薩が二相を起こして、菩提心を発こし、是の念を作さば、（すなわち）生死と菩提と異なり、邪見と菩提と異なり、涅槃と菩提と異なりといわば、是れ則ち菩提の道を行ぜざるなりと。

九　阿耨多羅三藐三菩提心　anuttara-samyak-sambodhi 仏の悟りの無上の智慧を求めんことを願う心。

一〇　無生法忍　もはや生滅することなき法を確認する位。

一一　十千　これは「万」のこと。

一二　漏尽き　漏は煩悩のこと。煩悩がつきること。

一三　遠塵離垢　塵垢を遠離すること。塵垢とは煩悩のこと。

一四　法眼浄　初地に無生法忍を得ること。

一五　文殊師利法王子　文殊菩薩のこと。文殊のみ法王の子という。

一六　邪願　よこしまな間違った願。

一七　計して　考えて。

一八　欲界　感覚的欲求のさかんな状態。

一九　色界　禅定に入って感覚的な欲求がなくなり、物質的なものが残存している状態をいう。

二〇　無色界　禅定に入って物質的なものがなくなり、純粋精神でしかも心が極めて静まった状態をいう。

爾の時に、思益梵天、文殊師利に謂わく、菩薩は云何なる行を菩提の行と名づくるやと。答えて言わく、若し菩薩が、一切法を行じて、而も法に於いて行ずる所無きを、是れ菩提の行を行ずと名づく。所以は何ん。一切の所行を[一]出過すれば、是れは菩提を行ずればなり。(思益梵天)又た問う、云何んが、一切の所行を出過すれば、是れ菩提を行ずるなりや。(文殊師利)答えて言わく、[二]眼耳鼻舌身意《げんにびぜっしんい》の諸縁の相を離るるを、是れを一切所行を出過すと名づくるなりと。(思益梵天)又た問う、出過には何の義有りや。答えて言わく、[三]平等を出過せざるをいうなり。所以は何ん。一切法の平等なるは即ち是れ菩提なればなり。(思益梵天)又た問う、云何んが是れ菩提の願を発こすと。(文殊師利)答えて言わく、当に菩提の如し。(思益梵天)又た問う、云何なるをか菩提と為す。(文殊師利)答えて言わく、菩提は過去に非ず、未来に非ず、現在に非ず。是の故に菩薩は応に三世の清浄心を以って、菩提の願を発するなり。梵天よ、過去、未来、現在法の如きは本より以来、常に生ぜず。生ぜざるが故に説くべからず。是の如く、発願は発願する所無し。是れ、(即ち)一切の願を発するなり。所以は何ん。是れを以って道を行ずれば、能く[四]薩婆若《さばにゃ》を得ればなり。(思益梵天)又た問う、何が故に説いて薩婆若と言うや。(文殊師利)答えて言わく、悉く一切を知る真の智慧なるが故に、薩婆若と名づくるなり。(思益梵天)又た問う、何等をか是れ真の智慧なるや。(文殊師利)答えて言わく、[五]無変異相なり。衆生が無変異相なるが如し。真智慧も亦た無変異相なればなり。(思益梵天)又た問う、云何んが是れ衆生相なるや。(文殊師利)答えて言わく、[六]仮名字は畢竟、是れ衆生相を離る。是の如きの相は即ち無変異なり。衆生と菩提と異なると名づくるは、是れ変異と為す。菩提の相の如

一　出過　超出すること。

二　眼耳鼻舌身意の諸縁　六根の縁ずるところはこれ煩悩の対象であること。

(大)五四下、(チ)八六b

三　平等を出過せざる　平等を出過しない、つまり平等を持っていること。

四　薩婆若　sarvajñāna　一切智のこと。仏の成就した智慧をいう。

五　無変異相　一如実相の智慧には、生死、迷悟の変異の相はないこと。

六　仮名字　かりに設けた名字。これは所詮不可得であること。

く、衆生も亦た爾り。是の故に無変異なり。菩提は余の道を以って得べからず。但だ[七]我《が》の平等なるを以っての故に、菩提平等なり。[八]衆生性は、我無きが故に。是の如く菩提を得べし。是の故に菩提は変異有ること無し。所以は何ん。虚空の無変異相なるが如く、一切諸法も亦た無変異相なればなり。

爾の時に思益梵天、文殊師利に謂わく、如来は是れ実語者なり。能く是の如きの法を説くと。文殊師利の言わく、如来は法に於いて説く所無し。何を以っての故に。如来は尚お諸法を得ず。何《いか》に況んや法を説くをやと。思益の言わく、如来は豈に諸法の是れ[九]世間、是れ[一〇]出世間、是れ[一一]有為、是れ[一二]無為を説かざるやと。文殊師利の言わく、汝の意に於いて云何ん。是れ虚空は説くべきや、分別すべきや不《いな》や。思益の言わく、不なり。文殊師利の言わく、今、虚空は名字なるを以って説く所の故に、生有り滅有りと説くや。思益の言わく、不なり。文殊師利の言わく、如来の説法も亦た復た是の如し。説くを以ってせざるが故に、諸法は生有り滅有り。此の如く法を説くは是れ不可説の相なり。亦た此の法を以って[一三]教誨する所有れば、是れ教誨する所無し。所以は何ん。[一四]法性を説くが如く、法性を説かざるも亦た是の如し。是の故に一切法は[一五]如中に於いて住す。是の如く亦た住する所無し。

思益梵天所問経巻第三

七　我　すべての事物において、体あることなく、体無きが故に平等であり、これを菩提平等といい、この菩提をここで我と称し、経は菩提平等則我平等といっている。

八　衆生性……　原本には「衆生性平等無我故」とあるが、(三)(宮)(聖)に「平等」の二字無く、今はこれによる。

九　世間　三界六道の迷いの世界をいう。

一〇　出世間　迷いの世界を抜き出た悟りの世界。

一一　有為　有為転変の生滅の世界。

一二　無為　不生不滅の世界。

一三　教誨　教えさとす。

一四　法性　法の真性、すべての事物の真実の性。

(大)五五上、(チ)八七b

一五　如中　真如の中、法性の中に同じ。

巻の第四

称歎品第十二

丹には此の品名無し

爾の時に釈[一]、梵[二]、四天王[三]は倶《とも》に会中《えちゆう》に在り。即ち天花を以って仏の上に散じ、而して是の言を作さく、世尊よ、若し善男子、善女人が、文殊師利の是の法を説くを聞きて、信解《しんげ》[四]を有する者あれば、当に知るべし、是の人は能く魔怨《まおん》を破すなり。所以は何ん。文殊師利の今、説く所の法は、能く一切の邪見[五]の妄想を破すればなり。世尊よ、若し善男子、善女人が、是の法を聞いて驚かず、怖れざれば、当に知るべし、是の人は小功徳より来たらざ[六]ることを。是の経の所在の処の若《ごと》きは、当に知るべし、此の処は則ち諸仏擁護《ようご》の受用と為《な》ることを。是の経を聞く処の若きは、当に知るべし、此の処に法輪を転ずることを。是の経の所住の処に在りては、聚落、村邑、山林、曠野《こうや》[七]、塔寺、僧坊、経行《きんひん》[八]の処において、諸もろの魔、外道、貪著の人の侵嬈[九]すること能わざるなり。世尊よ、若し人、多く過去の諸仏を供養すれば、乃ち能く是の如きの経典を聞くことを得るなり。世尊よ、我れ等は此の経中に於いて、智慧の光明を得たり。而るに仏、及び文殊師利、思益梵天の恩に報ずること得ること能わず。世尊よ、我れ等、経を聞くことに従う所、是こに於いて法師[一〇]は世尊の

一　釈　帝釈天のこと。
二　梵　梵天のこと。
三　四天王　須弥山の中腹の東西南北に住む四天王。
四　信解　教えを信じ了解すること。
五　邪見　よこしまな間違った考え。
六　小功徳より来たらざる　下位なる聖者の得るところの功徳ではない。すなわち如来の使いというほどの意。
七　曠野　曠はひろいこと。ひろくて何もない野原。
八　経行　一定の地区を往復すること。
九　侵嬈　侵しかきみだすこと。
一〇　法師　この経をよく読誦し講説する者のこと。

想を生じ、我れ等は常に当に随侍《ずいじ》して是の経を説く者なり。此の善男子は、常に諸天の擁《よう》護《ご》する所と為《な》る。若し人、是の経を書写し、読誦し解説《げせつ》する時は、無量の諸天は法を聴かんが為めの故に其の所に来至するなり。

詠徳品第十三

丹には此の品名無し

爾の時に世尊は、釈、梵、四天王等と大衆を讃じて言わく、善き哉、善き哉。汝の所説の如し。若し[11]三千大千世界の中に満つるほどの珍宝も、以って一分と為すも、是の経を聞く者の得る所の功徳を以って一分を為すとき、福は彼れより勝れり。是の三千大千世界を置きて、[12]恒河沙《ごうがしゃ》等の十方世界の若《ごと》き中に満つる珍宝も、是の経を聞く者の得る所の功徳は、復た彼れより勝れり。諸もろの善男子よ、若し功徳を得んと欲する者は、当に是の経を聴くべし。身色の端正を得んと欲せば、（また）財富を得んと欲せば、（また）[13]眷属《けんぞく》を得んと欲せば、（また）自在を得んと欲せば、（また）天楽、人楽を具足することを得んと欲せば、（また）名称を得んと欲せば、（また）多聞して憶念堅固ならしめ、威儀を正行し、[14]戒定智慧もて経書を解達《げたつ》することを得んと欲せば、（また）[15]善知識を得んと欲せば、（また）[16]三明《さんみょう》六通《ろくつう》を得んと欲せば、（また）一切の善法を得んと欲せば、（また）[17]阿耨多羅三藐三菩提を得んと欲せば、（また）一切衆生に楽具を与えんと欲せば、（また）涅槃を得んと欲する者は、当に是の経を聴きて、受持し読誦し、如法に修行して広く人の為めに説くべし。諸もろの善男子よ、若しは是の経を行ずる者は、我れ、其の人が此の如き快楽《けらく》を具足することを得

一一　三千大千世界　仏教の世界観、須弥山世界の千倍が小千世界、小千世界の千倍が中千世界、中千世界の千倍が三千大千世界。(大)五五中、㋠八八b

一二　恒河沙　恒河（ガンジス河）の沙（すな）の数ほどという意。

一三　眷属　一族、親族。

一四　戒定智慧　戒・定・慧の三学。

一五　善知識　仏道に縁を結ばしめる善き賢人のことをいう。

一六　三明六通　三明と六通、いずれも阿羅漢の具する徳。

一七　阿耨多羅三藐三菩提　anuttra-samyak-sambodhi 無上の正しい悟りの智慧、仏の智慧のこと。

ざるを見ざるなり。諸もろの善男子よ、我れ今、汝に語らく、若し人、所従の是の経を聞く処、若しは和上[一]にても、若しは阿闍梨《あじゃり》[二]にても、我れは世間の供養の具を見ずして、能く其の恩に報ず。是の法は世間を出で、世間の供養の報ずること能わざるなり。是の法は世間を度す。世間の財物は報ずること能わず。是の法には染[三]無し。染汚《ぜんま》の物は報ずること能わざる所なり。諸もろの善男子よ、是の法の余は、能く報ずる無し。惟《た》だ一事のみ有り。説の如く修行するなるのみ。若し人、此の法中に於いて説の如く（修）行する者は、是れを能く師恩を報ずと名づく。亦た師を恭敬すと為す。浄にして報恩を畢る。是れを空にして人の信施《しんせ》[四]を食せずと名づく。是れを如来の語に順じ、如来の教えに順ずと名づく。是れを諸流《しょる》[五]を越渡《おつど》すと名づく。是れを諸もろの険道を過ぎると名づく。是れを勝幢《しょうどう》[六]を建立すと名づく。是れを能く敵陣を破すと名づく。是れを師子の王と名づく。畏るる所無きが故に。是れを象王心[七]と名づく。柔軟《にゅうなん》の故に。是れを牛王《ごおう》[八]と名づく。外道の論師の能く壊すること無きが故に。是れを医王と名づく。能く一切衆生の病を療するが故に。是れを驚怖する所無しと名づく。能く甚深の法を説くが故に。是れを能く捨[九]を具足すと名づく。諸もろの煩悩を捨するが故に。是れを清浄戒を持《たも》つと名づく。善法を究尽《くじん》するが故に。是れを大忍辱[一〇]を得ると名づく。我我所[一一]を離るるが故に。是れを大精進力と名づく。無量劫に於いて心、倦《う》むこと無きが故に。是れを禅定を具足すと名づく。常に念ずるに心を繫けるに一処に住するが故に。是れを大智慧有りと名づく。善く言説、諸章句を解《げ》するが故に。是れを大威徳有りと名づく。無量の福を以って身相を荘厳するが故に。是れを大威徳有りと名づく。能く日月の諸もろの光明を蔽《おお》うが故に。是れを大力《だいりき》と名づく。仏の十力[一二]を持するが故に。

一 和上　和尚のこと。授戒の時の師のことをいう。
二 阿闍梨　ācārya 師範となるべき高僧。
三 染　不浄のこと。執著の心、およびその対象物をいう。
四 信施　信者が三宝に捧げる布施をいう。
五 諸流　流は流転の意。六道を流れまわること。
六 勝幢　すぐれたはたぼこ。
七 象王心　象王は何ものにも畏れるところがなく、しかも心が柔和であること。
八 牛王　牛王は群牛を畏伏する。
九 捨　平等平安の心、また非苦非楽の心。
一〇 大忍辱　侮辱や悩害を受けてもいかり、うらみのないこと。
一一 我我所　我は自身のこと、我所は自身以外の事物をいう。
（大）五五下、（チ）八九b
一二 仏の十力　仏のみ具えている徳に十八あり、その中の十力。

是れを大雲と名づく。能く法雷を震うが故に。是れを大雨と名づく。能く煩悩の塵を滅するが故に。是れを捨[一三]と為すと名づく。涅槃に至るが故に。是れを大救と名づく。生死を畏るるを救うが故に。是れを燈明と名づく。[一四]無明《むみょう》の闇を離るるが故に。是れを帰趣《きしゅ》と名づく。魔が怖るる所の所依なるが故に。是れを衆生究竟の道と名づく。是れを位を得ると名づく。道場に坐するが故に。是れを已に法眼[一五]を得ると名づく。是れを諸法の[一六]如《によ》を見ると名づく。是れを空の法相を知ると名づく。是れを大悲に安住すと名づく。是れを大慈を安立すと名づく。是れを一切衆生を捨せずと名づく。是れを小乗に背くと名づく。是れを大乗に向かうと名づく。是れを[一七]顛倒《てんどう》を除捨《じょしゃ》すと名づく。是れを平等に至ると名づく。是れを法[一八]位に入ると名づく。是れを道場に安住すと名づく。是れを諸もろの魔を破壊すと名づく。是れを法輪[一九]を転ずと名づく。諸もろの善男子よ、我れ若し一劫[二〇]、若しは滅一劫に、是の如説の修行の功徳を説くを、称揚し讃歎するも、窮尽すべからず。如来の弁も亦た尽くすべからず。

等行品第十四　丹には此の品名無し

爾の時、会中に天子有り。不退転[二一]と名づく。仏に白して言わく、世尊よ、説く所の随法行、(すなわち)法に随って行ずる者とは、何の謂いを為すや。仏、天子に告げたまわく、法に随って行ずる者は、一切法を行ぜざるなり。所以は何ん。若し諸法を行ぜざれば、則ち是れ正、是れ邪を分別せず。是の如く行ずる者は、則ち善を行ぜず、不善を行ぜず、[二二]有《う》

一三 捨　㊅は舎に作る。今は㊂によって捨とする。心を平等中立ならしめれば涅槃に至るからである。
一四 無明　無知のこと、四諦や縁起の道理を知らないこと。
一五 法眼　悟りの智慧。四諦や縁起の理論的な理解を得られた位。
一六 如　真実のすがた。
一七 顛倒　さまざまの見方、考え方。仏教にあっては、正見の無常・苦・無我・不浄に対して、常・楽・我・浄を顛倒という。
一八 法位　法の安住する位、つまり真如のこと。
一九 法輪を転ず　説法をすること。
二〇 一劫、若しは滅一劫　増劫と減劫のこと、増劫とは人寿十歳より百年に一年を増しつつ人寿八万四千歳に至る間をいう。減劫はその反対。
二一 不退転　善根功徳において退失し転変することのないこと。
二二 有漏　世間凡夫のことがら。

漏《ろ》を行ぜず、[一]無漏《むろ》を行ぜず、世間を行ぜず、出世間を行ぜず、[二]有為を行ぜず、[三]無為を行ぜず、生死を行ぜず、[四]涅槃を行ぜず。是れを法に随って行ずと名づく。若し法の相を起こす者は、是れ則ち法に随って行ずと名づけざるなり。若し我が行は是れ法なりと念言《ねんごん》すれば、是れ則ち[五]戯論《けろん》にして法に随って行ぜざるなり。若し一切法を受けざれば則ち法に随って行ずるなり。一切法に於いて、憶念無く、分別無く、行ずる所無き、是れを法に随って行ずと名づくと。爾の時、不退転天子は仏に白して言わく、世尊よ、若し能く是の如く、法に随って行ずる者は、是の人、畢竟して復た邪行せず。所以は何ん。正行者は、名づけて畢竟と為す。邪道に住する者は、法に随って行ずる無し。正道に住する者は、法に随って行ずる有り。世尊よ、正行を行ずる者には、邪法有ること無し。所以は何ん。諸法は平等にして差別《しゃべつ》無きが故にと。

爾の時に思益梵天の謂わく、不退転天子よ、汝は此の中に於いて法に随って行ずるや不《いな》や。答えて言わく、若し世尊が説く所の法の中に[六]二相の者有れば、我れ当に随法行を行ずべし。今は二相無きを以って、是れ法に随って行ずるなり。中に於いて行ずる者、及び所行の法は、倶《とも》に得べからず。梵天よ、我れ[七]不二の法を以って、随法行を行ずるなり。諸もろの分別を離るるが故に。諸法の如を行ずるが如き、是れを随法行と名づくと。（思益梵天言わく）汝は未だ曾て此の仏土を見ざるや。天子の言わく、此の仏土も亦た未だ曾て我れを見ざるなり。思益の言わく、此の仏土は、見と不見と思惟し分別すること能わずと。天子の言わく、我れも亦た、曾て仏土に於いて見と不見と思惟し分別せざるなりと。思益の言わく、何人ぞ[八]未見、[九]能見なる。答えて言わく、一切の凡夫は未だ聖の[一〇]法位を見ず。若

一　無漏　出世間聖者のことがら。
二　有為　生滅転変の世界。
三　無為　生滅を超えた寂静の世界。
四　涅槃　生死を解脱したところ。
五　戯論　無意義の論。

(大)五六上、㋠九〇b

六　二相　ここでは能所の二相をいう。すなわち能行たる随法行、所行たる随法行、ともに仏は説かずという。
七　不二の法　一切法は如であるという思想。
八　未見　凡夫が未だ聖者の法を見ざることをいう。
九　能見　聖者の位に入ればよく法を見ることができる。
一〇　法位　諸法が安住する位。真如のことをいう。

し能く入る者は、是れ先に、未だ見ざる所と為すを而も見る。是の法位の相は眼の所見に非ず。耳鼻舌身意識《にびぜっしんいしき》の所知に非ず。但だ応に如の相に随うべし。一一見如、眼如、乃至、意如、法位如も亦た是の如し。若し能く是の如く見る者は、是れを正見と名づく。

授不退転天子記品　第十五

丹は師子吼品第十九

爾の時に一二釈提桓因《しゃくだいかんにん》は仏に白して言わく、世尊よ、譬えば一三賈客《こきゃく》の主が一四宝洲に入るが如し。其の人の見る所は皆な是れ宝物なり。是の如く不可思議の功徳を成就する者は、一五楽説《ぎょうせつ》する所有れば皆な是れ法宝なり。楽説する所の者は、皆な是れ一六実際なり。楽説する所の者は、諸法の中に於いて貪著する所無く、彼我に著せず。楽説する所の者は、過去際は空、未来際は不可得、現在際は見を起して一七顛倒有ること無し。楽説する所の者は、信解せざる者は信解することを得、信解する者は解脱を得るなり。楽説する所の者は、一八増上慢を破す。増上慢無き者は、自ら所作已に弁ずと説く。楽説する所の者は、魔は一九便りを得ず、法を聴く所の者は、魔事を超度す。楽説する所の者は、未だ善法を生ぜざるものをして生ぜしめ、已に善法を生ぜしものをして増長することを得しむ。楽説する所の者は、已に生ぜし諸煩悩をして断ぜしめ、未だ生ぜざる諸煩悩をして生ぜざらしむ。楽説する所の者は、未だ大いなる荘厳せざる者をして大いなる荘厳をなさしめ、已に大いなる荘厳をせしものをして、退転せざらしむ。楽説する所の者は、諸法を断滅せず、而して仏法を護《う》るなり。世尊よ、是の楽説を以って、能く一切の外道を

一一 見如……法位如　法位に入れば分別が生ぜず、分別が生じなければ六根如・六塵如・六識如・根塵識如・法位如となる。
一二 釈提桓因　帝釈天のこと。
一三 賈客　商売人のこと。
一四 宝洲　宝の島。
一五 楽説　これに二意がある。菩薩が楽しんで法を説くこと、つぎは衆生の欲するところに随って法を説くこと。
一六 実際　真実の極まれる境地。つまり真如のことをいったもの。
一七 顛倒　無常を常とみ、苦を楽とみ、無我を我とみ、不浄を浄とみるさかさまの誤った見方。
一八 増上慢　未だ解脱を得ていないのに、我は得たりと思う者。
一九 便り　たくみにやってくること。

(大)五六中、(チ)九一b

降伏す。所以は何んとならば、一切の[一]野干《やかん》は、師子王の前に於いて、自ら其の身を現わすこと能わず。況んや其の吼を聞くをや。世尊よ、一切の外道の諸もろの論議師は、無上の師子の吼を[二]堪忍すること能わざること、亦た復た是の如し。八幅の爾の時仏告げたまわくの下、丹には梵行牢強精進品第二十と為す

爾の時に不退転天子、釈提桓因に謂わく、[三]憍尸迦《きょうしか》よ。言う所の師子吼《ししく》、師子吼とは何の謂いと為すや。答えて言わく、若し行者にして法を説くも貪著する所無し。是れを師子吼と名づく。若し行者にして、[四]所見に貪著して而して説く所有り。是れ野干の鳴にして、師子吼と名づけず。諸もろの邪見を起こすが故に。天子よ、汝、当に復た、師子吼と為す者の所以を説くべしと。天子の言わく、憍尸迦《きょうしか》よ、法を説く所有り、乃至、如来にすら尚お貪著せず。何《いか》に況んや余法をや。是れを師子吼と名づく。又た憍尸迦よ、如説に修行するを師子吼と名づく。決定して法を説くを師子吼と名づく。法を説くに畏るる無きを師子吼と名づく。又た憍尸迦よ、若し行者が、不生、不滅、不出の為めの故に法を説くを、師子吼と名づく。若しは無垢《むく》、無浄《むじょう》、無合《むごう》、無散《むさん》の為めの故に法を説くを、師子吼と名づく。又た憍尸迦よ、師子吼は、決定して[五]一切法無我、無衆生と説くに名づく。（また）師子吼は、決定して、諸法は[六]空《くう》なりと説くに名づく。（また）師子吼は、法を守護するが故に、而して説く所有るに名づく。（また）師子吼とは、是の願を作して、我れ当に作仏して、一切衆生の苦悩を滅すべしと言うに名づく。（また）師子吼とは、[七]清浄なる須《もち》いる所の物の中に於いて、[八]少欲知足なるに名づく。（また）師子吼とは、常に能く[九]阿蘭若《あらんにゃ》の住処を捨せざるに名づく。（また）師子吼とは、行施を唱導するに名づく。（また）師子吼とは、持

一　野干　狐。
二　堪忍　堪え忍ぶこと。
三　憍尸迦　Kauśika　帝釈の姓をいう。
四　所見　凡夫の見たり考えたりすること。
五　一切法無我　すべての事物には、実体的なものはないという意。
六　空　すべての事物は因縁によって生じたもの故、そこには実体的なものは何ものもなく、現象のみであること。
七　清浄なる須いる所　清浄なるが故に善を生ずる。すなわち生善のところにおいてはよく修行ができること。
八　少欲知足　少欲においてよく煩悩を断ずる。
九　阿蘭若　āraṇya　人里離れて静かな修行の場所。

戒を捨せざるに名づく。（また）師子吼とは、心、怨と親とに等しきに名づく。（また）師子吼とは、常に精進を行じ、[一〇]本願を捨せざるに名づく。（また）師子吼とは、能く煩悩を除くに名づく。（また）師子吼とは、智慧を以って善く所行を知るに名づく。是の師子吼の法を説く時、[一一]三千大千世界は六種に震動し、百千の伎楽は鼓《う》たずして自ら鳴り、其の大光明は普ねく天地を照らし、百千の諸天は踊躍歓喜《ゆやくかんぎ》して言わく、我れ等は、不退転天子が師子吼の法を説くを聞き、[一二]閻浮提《えんぶだい》に於いて、再び[一三]法輪《ほうりん》を転ずるを見るなり。時に仏は微笑せり。諸仏の常法は、若しは微笑せし時は、若干《そこばく》の百千種の青、黄、赤、白、紅、紫等の光、口中より出で、普ねく無量無辺の世界を照らし、上は[一四]梵世《ぼんぜ》を過ぎて日月の光を蔽い、還って身を繞ること三匝して、[一五]頂相より入る。是こに於いて思益梵天は仏に向かって合掌し、偈を以って讃じて曰わく、

一切を度する慧もて最勝尊は、悉く三世の衆生の行を知る。

智慧の功徳と及び解脱もて、唯だ願わくは演説し因縁を笑《ひら》きたまえ。

仏慧は無量にして障礙無く、声聞、縁覚の及ばざる所なり。

衆生心を知ろしめして意に随って説く。願わくは最上尊よ、縁も笑《ひら》くことを説きたまえ。

仏光は楽、浄にして穢無く、普ねく天人を照らし、日月を蔽うべし。
[一六]須弥と[一七]鉄囲《てっち》と及び[一八]衆山《しゅせん》において、願わくは無比の尊、縁を笑《ひら》くことを説きたまえ。
大聖は寂然として瞋恨《しんこん》を離れ、天人は瞻仰《せんごう》して厭足すること無し。

一切は皆な蒙《ひら》いて快楽《けらく》を得。願わくは為めに分別して因縁を笑《ひら》かせたまえ。

一〇　本願　四弘誓願等をいう。
一一　三千大千世界　須弥山世界の九乗の数の世界、一仏の教化の単位。
一二　閻浮提　jambudvipa　須弥山の南方の大洲、すなわち人間の住処。
一三　法論を転ずる　仏が法を説くこと。
一四　梵世　色界中にある。　(大)五六下、(チ)九二b
一五　頂相　仏の頂上の肉髻をいう。
一六　須弥　Sumeru　一小世界の中心にある山。周囲を鉄囲山に囲まれている。
一七　鉄囲　須弥山を中心とした小世界の、もっとも外側にある山。
一八　衆山　持雙・持軸・担木・善見・馬耳・象鼻・持辺等の山をいう。

一〇〇 諸法の空、無我に通達すれば、水沫、雲、露のごとく、夢の見る所なり。
水中の月影は虚空の相なり。願わくは妙音を以って説きて縁を笑《ひら》かせたまえ。
分別想たる諸もろの邪見を離れ、空[一]、無相、及び無作を了す。
常に禅定[二]、寂然[三]の法を楽しみ、願わくは此の浄光を放つの縁を説きたまえ。
文字、言音の声に著せず、法及び衆生に依らずして説く。
彼れ各おの自ら我が為めに説くと謂《おも》えり。願わくは神通の智もて説きて縁を笑《ひら》かせたまえ。
仏は医王と為《な》り衆病を滅す。那羅[四]延[五]力の救世者なり。
捨[六]の光明は究竟の道に趣き、天人の供養は説きて縁を笑《ひら》く。

爾の時に仏は、思益梵天に告げたまわく、汝は是の不退転天子を見るや不《いな》やと。（思益梵天の言わく）唯然《ゆいねん》たり。已に見つと。（仏の言わく）梵天よ、此の不退転天子は、今より已後、三百二十万[七]阿僧祇劫を過ぎて、当に作仏することを得て、須弥燈王如来[八]応供《おうぐ》正遍知明行足善逝世間《みょうぎょうそくぜいぜいせけん》解《げ》無上士調御丈夫天人師仏世尊と号《な》づく。世界を妙化と名づけ、劫[九]を梵歎と名づく。其の仏の国土は、閻浮檀金琉璃《えんぶだんごんるり》を以って地と為す。純《もっ》ぱら菩薩を以って僧と為す。諸もろの魔怨無く、須いる所の物は、応に念ずれば即ち至るべし。仏寿は無量にして計数《けいしゅ》すべからずと。是こに於いて思益梵天は、不退転天子に謂う。如来は今、已に仁《き》者《み》に記を授くと。天子の言わく、梵天よ、如と如の法性と記を受く。我れと受記と亦た復た是の如しと。思益の言わく、如の法性は授記すべからずと。天子の言わく、如の法性は授記すべからざれば、当に知るべし、一切の菩薩の受記も亦た復た是の如しと。思益の言

一 空、無相、及び無作　これは三解脱門といい、諸種の修行をこの三門のいずれかに集約して解脱に入ることができる。この三門はいずれも三昧である。

二 禅定　禅（dhyāna）、これを訳して定というが、また定の原語は三昧、あるいは三摩地であり、心を一点に集中すること。

三 寂然　寂静にして無事の状態。

四 那羅延力　那羅延（Nārāyaṇa）は天上の力士の名。那羅延力とは、那羅延のごとくきわめて力の強いこと。

五 この字、(大)に廷の字に作るが、廷の字は誤植。今は延とする。

六 捨と光の字は、今、㊂㊪による。

七 阿僧祇劫　asaṃkhya-kalpa　阿僧祇は無数と訳す。劫はきわめて長年時の単位。

八 応供正遍知明行足善逝世間解無上士調御丈夫天人師仏世尊　仏の十の名号、応供・正遍知・明行足・善逝・世間解・無上士・調御丈夫・天人師・仏・世尊の十号。

九 劫　kalpa ここでは仏が生れる年時のこと。

(大)五七上、㋠九三b

わく、若し如来が汝の記[一〇]と与《とも》ならざれば、汝は過去の諸仏の所《みもと》に於いて、則ち空[一一]にして梵行に住すと為すと。天子の言わく、若し住する所無ければ、是れ梵行に住するなりと。思益の言わく、云何んが住すること無くして而も梵行に住するや。（天子の）答えて言わく、若し欲界[一二]に住せず、色界[一三]に住せず、無色界[一四]に住せざれば、是れ梵行に住するなり。又た梵天よ、若し行ずる者、我[一五]《が》に住せず、衆生[一六]に住せず、寿命[一七]に住せず、人[一八]に住せざれば、是れ梵行[一九]に住するなり。要を以って之れを言わば、若し法に住せず、非法に住せざれば、是れ（即ち）梵行に住するなり。（思益梵天の）又た問う、梵行とは何の義有りや。（不退転天子）答えて言わく、不二[二〇]の道に住する、是れ梵行の義なりと。（思益梵天の）又た問う、不二の道に住するは、何の所に住すと為すや。（不退転天子）答えて言わく、不二の道に住するとは、是れ即ち一切諸法に住せざるなり。所以は何ん。衆の賢聖には住する所無し。法を取らず、能く諸流を度すと。（思益梵天）又た問う、云何んが道を修すと為すや。（不退転天子）答えて言わく、有《う》に堕せず、無に堕せず、亦た、是れ有、是れ無と分別せず。是の如く習する者を、名づけて道を修すと為すなりと。（思益梵天）又た問う、何の法を以って道を修するや。（不退転天子）答えて言わく、見、聞、覚、知の法を以ってせず、得を以ってせず、証を以ってせず。一切法に於いて、相無く、示無きを、名づけて道を修すると為すなりと。（思益梵天）又た問う、何を菩薩の牢強精進《ろうごうしょうじん》と謂うや。（不退転天子）答えて言わく、若し菩薩が諸法に於いて一相を見ず、異相を見ざれば、是れを菩薩の牢強精進の大荘厳と名づくるなり。諸法に於いて法性《ほっしょう》を壊《え》せざるが故に、諸法に於いて著無く、断無く、増無く、減無く、垢《く》と浄とを見ず、法性を出過[二一]す。是れを菩薩の第一精進と名づ

一〇 記　授記のこと。仏から未来成仏の印可証明をうけること。ここでは授記されたように成仏することができない場合にはとの意。
一一 空　ここでは因としての菩薩行もなく、果としての成仏もなきことをいう。
一二 欲界　欲望のままに生活する凡夫の世界。
一三 色界　禅定の世界。ただし禅定心のよりどころの存する世界。
一四 無色界　禅定の世界。ただし禅定心のみの世界。
一五 我　事物の実体。
一六 衆生　衆生たるの本体。
一七 寿命　人の寿命の本体。
一八 人　人たるの本体。
一九 梵行　仏道修行をいう。
二〇 不二の道　たとえばオーケストラにおいて、ヴァイオリンの音、セロの音、クラリネットの音等を聞きわけるのは分別心をもって聞くからであって、これでは円聞にあらず、心が無住ならば、多音交作してしかも明らかにオーケストラを聞く。これを不二という。
二一 (大)は於とするが、今は(三)(宮)による。

く。所謂《いわゆ》る身の起こる所無く、心の起こる所無しと。是こに於いて世尊は不退転天子を讃《ほ》めたまわく、善き哉、善き哉と。讃じ已って、思益梵天に語って言わく、此の天子の所説の如く、身の起こる所無く、心の起こる所無し。是れを第一牢強精進[一]と為す。梵天よ、我れ、宿世《しゅくせ》[二]の一切の所行を念ずるに、牢強精進、持戒、頭陀[三]、諸もろの師長を供養し恭敬し、空閑処《くうげんしょ》に在りて専精に道を行じ、読誦し、多聞し、衆生を愍念《みんねん》し、其の須いる所を給し、一切の難行苦行を殷懃《いんぎん》に精進し、而して過去の諸仏が、阿耨多羅三藐三菩提[四]の記を授けるを見ざるなり。所以は何ん。我れ身、口、心に住して精進の相を起こすが故に。梵天よ、我れ後に、天子の所説の如き牢強の精進を得るが故に、然燈仏[五]が我れに記を授けて言わく、汝は来世に於いて、当に作仏することを得、釈迦牟尼と号《な》づくべしと。是の故に梵天よ、若し菩薩にして、疾《と》く記を受けんと欲せば、応当《まさ》に是の如く、牢強の精進を修習《しゅじゅ》すべし。謂わく、諸法に於いて精進の相を起こさずと。（梵天の言わく）世尊よ、何等をか是れ不起相の精進なると。仏の言わく、三世等《ひと》しく空精進[六]なり。是れを、不起相の精進と名づくと。（梵天の言わく）世尊よ、云何んが、三世等しく空精進と為すや。仏の言わく、過去心は已に滅し、未来心は未だ至らず、現在心は住すること無し。若し、法が滅すれば、復た更に起きず。若し（法が）未だ至らざれば、即ち生相《しょうそう》無く、（若し法が）住すること無ければ、即ち実相に住す。又た実相も亦た生有ること無し。若し法にして無生なれば、則ち去[七]、来、今、無し。若し無去来今なれば、則ち、本より已来、常に不生なり。是れを三世等しく空精進して、能く菩薩をして疾く受記を得しむと名づく。梵天よ、菩薩にして是の如きの法忍[八]を成就する者は、能く一切の法の捨する所無しと了達す。是れを檀波羅蜜[九]と

一　牢強精進　堅固にして強い精進のこと。
二　宿世　さきの世のこと。
三　頭陀　dhūta　衣食住の執著を離れる行法。
四　阿耨多羅三藐三菩提　anuttara-samyak-saṃbodhi　仏の無上の智慧。(大)五七中、(チ)九四b
五　然燈仏　dīpaṃkara　釈尊が菩薩のとき出あって供養し、それによって釈尊が未来成仏の記莂をうけたという。
六　空精進　三世の空相を成就することにつとめること。ちなみに有部は三世の実有を主張した。
七　去、来、今　過去・未来・現在のこと。
八　法忍　惑を断じて法を確認すること。
九　檀波羅蜜　dāna-pāramitā　布施波羅蜜のこと。六波羅蜜の一つ。
10　尸羅波羅蜜　śīla-pāramitā　戒波羅蜜のこと。六波羅蜜の一つ。
一一　(三)(宮)により羅の字を補う。
一二　羼提波羅蜜　kṣānti-pāramitā　忍

名づく。一切法は無漏なりと了達する、是れを[一一]尸羅《しら》波羅蜜と名づく。一切法は無傷なりと了達す。是れを[一二]羼提《せんだい》波羅蜜と名づく。一切法は起こる所無しと了達す。是れを[一三]毘梨耶《びりや》波羅蜜と名づく。一切法平等なりと了達す。是れを[一四]禅波羅蜜と名づく。一切法は分別する所無しと了達す。是れを[一五]般若波羅蜜と名づく。若し菩薩が、是の如く了達すれば、則ち諸法に於いて、増無く、減無く、正無く、邪無し。是れ菩薩は、布施すと雖も果報を求めず、持戒すと雖も貪著する所無く、[一六]忍辱《にんにく》すと雖も[一七]内外空を知り、精進すと雖も相を起こすこと無きを知り、禅定すと雖も依止《えし》する所無し。[一八]行慧《ぎょうえ》すと雖も相を取る所無し。梵天よ、菩薩が、是の如きの[一九]法忍を成就せば、一切所行を示現すと雖も、而も染汚せらるる所無し。是の人、世間の平等相を得て、[二〇]利、衰、毀、誉、称、譏、苦、楽、傾動する所と為《な》らず。一切世間の法を出過するが故に。自ら高ならず、自ら下ならず、喜ばず慼《うれ》えず、動ぜず[二一]逸せず、[二二]二心無くして諸縁を離れ、二法無きを得るなり。[二三]二見の法に堕する衆生の為めに大悲心を起こし、為めに其の身を受けて、而して之れを教化す。梵天よ、是れを第一牢強精進と名づく。所謂る[二四]無我空法忍を得て、而して衆生に於いて大悲心を起こし、之れが為めに身を受くるを、是れ牢強精進の相と説くなりと。時に八千の菩薩は[二五]無生法忍を得たり。仏は為めに受記し、皆な当に阿耨多羅三藐三菩提を得、各おの[二六]異土に於いて成仏道を得て、皆な同一号をもって、堅精進《けんしょうじん》と号《な》づくべしと。

爾の時に大迦葉は、仏に白して言さく、世尊よ、譬えば諸もろの大龍の、若しは雨《ふ》らさんと欲する時、大海に雨るが如し。此の諸もろの菩薩も亦た復た是の如し。大法雨を以って菩薩心を雨らすと。仏の言わく、迦葉《かしょう》よ、汝の説く所の如し。諸もろの大龍王が[二七]閻浮提《えんぶだい》

辱波羅蜜のこと。屈辱を忍び苦難に堪えること。六波羅蜜の一つ。

一三 毘梨耶波羅蜜　vīrya-pāramitā　精進波羅蜜のこと。六波羅蜜の一つ。

一四 禅波羅蜜　dhyāna-pāramitā　六波羅蜜の一つ。禅定波羅蜜のこと。

一五 般若波羅蜜　prajñā-pāramitā　智慧波羅蜜、六波羅蜜の一つ。

一六 忍辱　屈辱を忍び苦難に堪えること。

一七 内外空　内空は能忍の心を見ず、外空は所忍の対象を見ないこと。

一八 行慧　智慧を行ずること。

一九 法忍　悟りの智慧によって法を確認すること。

二〇 利、衰……楽　世間の八風をいう。この八風は愛憎の心を動かすから心、平穏ならず。

二一 逸　はしること。

二二 二心　分別心をもって断常等の相対的な考え方をすること。

二三 二見　(大)は見二とするが、今は(二)(宮)による。二心による考え方をいう。

二四 無我空法忍　無我であり空である悟りの法を確認すること。(大)五七下、(チ)九五b

二五 無生法忍　無生という悟りの法を確認すること。

二六 異土　成仏の国が、菩薩行を修するところと異なるから、異土にて成仏するという。

二七 閻浮提　jambudvīpa　須弥山の南方の大陸。

に雨《ふ》らさざる所以の者は、[一]悋《りん》有るに非ざるなり。但だ其の地を以って[二]堪受せざるが故なり。所以は何《なん》とならば、大龍の雨らす所の雨澍は車軸の如し。其の雨の若《ごと》きは、是の閻浮提、及び城邑、聚落、山林、[三]陂池《はち》、悉く皆な漂流し、[四]棗葉《そうよう》の漂うが如し。是の故に大龍は閻浮提に於いて大雨を雨らさず。是の如し迦葉よ。此の諸もろの菩薩が、余の衆生に於いて、法雨を雨らさざる所以の者は、亦た悋心無きなり。其の器の、是の如き等の法を堪受せざるを以って、是の故に此の諸もろの菩薩は、但だ、甚深の智慧の無量の大海の菩薩の心中に於いて、是の如き等の不可思議の無上の法雨を雨らすなり。迦葉よ、又た大海は、大雨[五]澍の車軸の如きをも堪受して不増不減なるが如く、此の諸もろの菩薩も亦た復た是の如し。若しは[六]一劫に於いて、若しは復た百劫において、若しは聴き若しは説くも、其の法は湛然として不増不減なり。迦葉よ、又た大海は百川の衆流、其の中に入れば、同一[七]鹹味《かんみ》なるが如し。此の諸もろの菩薩も亦た復た是の如し。種種の法を聞き、種種に論議して、皆な能く信解し、[八]一空味と為すなり。前幅の雨の時大迦葉の下、丹本は海喩品第二十一と為す

迦葉よ、又た大海の澄浄無垢なること、濁水の流入するも即ち皆な清潔となるが如く、此の諸もろの菩薩も亦た復た是の如く、諸もろの[九]結、[一〇]恨、[一一]塵労《じんろう》の垢を浄うす。迦葉よ、又た大海の甚だ深きこと底無きが如く、此の諸もろの菩薩も亦た復た是の如し。能く思惟して無量の法に入るが故に、名づけて甚深と為す。一切の声聞、辟支仏の測ること能わざるが故に、名づけて無底と為す。迦葉よ、又た大海が無量の水を集むるが如し。此の諸もろの菩薩も亦た復た是の如く無量の法、無量の智慧を集む。是の故に諸もろの菩薩心を、大海の如しと説く。迦葉よ、又た大海が、種種の無量の珍宝を積聚《しゃくじゅう》するが如し。此の諸も

一　悋　ものおしみすること。
二　堪受　受けてたえること。
三　陂池　ためいけ。
四　棗葉　なつめの木の葉。
五　澍　そそぐという意味。
六　一劫　kalpa　長時の単位。
七　鹹味　塩からいこと。
八　一空味　一味の真如心をさしていう。
九　結　煩悩の異名。
一〇　恨　煩悩の一つ、うらむ心。
一一　塵労　煩悩のこと。

ろの菩薩も亦た復た是の如く、種種の法門に入って諸もろの法宝を集め、種種に道を行じ、無量の法宝の聚[一二]を出生するなり。迦葉よ、又た大海に三種の宝の有るが如し。一は少価《しょうか》、二は有価《うか》、三は無価《むか》なり。此の諸もろの菩薩の説くべき所の法も亦た復た是の如し。諸もろの衆生の根[一三]の利鈍に随って解脱を得せしむ。小乗を以って而して解脱を得る有り。中乗を以って而して解脱を得る有り。大乗を以って而して解脱を得る有り。迦葉よ、又た大海の漸漸《ぜんぜん》に深に転ずるが如し。此の諸もろの菩薩も亦た復た是の如し。[一四]薩婆若《さばにゃ》に向かうに漸漸に深きに転ずるなり。迦葉よ、又た大海の死屍《しし》を宿さざるが如し。此の諸もろの菩薩も亦た復た是の如し。声聞、辟支仏の心を宿さず。亦た[一五]慳貪《けんどん》、毀戒《きかい》、瞋恚《しんに》、懈怠《けたい》、[一六]乱念、愚癡の心を宿さず。亦た[一七]我《が》、人《にん》、衆生の見を宿さず。迦葉よ、又た[一八]劫の尽《ことごと》く焼くる時、諸もろの小陂池《はち》、江河の泉源は前《さき》に枯渇する在りて、然る後に大海は乃ち当に消尽すべし。正法の滅する時も亦た復た是の如し。諸行の小道の正法は先に尽き、然る後に菩薩の大海の心の正法、乃ち滅するなり。迦葉よ、此の諸もろの菩薩は、寧《むし》ろ身命を失うとも正法を捨せず、汝、菩薩は正法を失うと謂うや。斯の観を造ること勿れ。迦葉よ、彼の大海に[一九]金剛《こんごう》珠《しゅ》有り。諸宝を集むものと名づく。乃ち七日の出ずる時に至りて、火[二〇]梵世に至る。而も此の宝珠は焼けず失せず。転じて他方の大海の中に至るが如し。若し是の宝珠が此の世界に在るなれば、世界の焼かるるは、是の処有ること無し。此の諸もろの菩薩も亦た復た是の如し。正法滅する時、[二一]七邪法の出づるも爾なり。乃ち他方の世界に至るなり。何等をか七なる。一は外道論、二は[二二]悪知識、三は邪《よこしま》に道法を用う、四は互いに相い悩乱《のうらん》す、五は邪見の[二三]棘林《きょくりん》に入る、六は福徳を修せず、七は得道有ること無しとなり。此の七悪の出づる時、

一二　聚　集った多くの品物をいう。(大)五八上、(チ)九六b

一三　根　衆生の生れながらの資質。

一四　薩婆若　sarvajñāna　一切智のこと。仏の悟りの智慧。

一五　慳貪　ものおしみし、貪り求める心。

一六　乱念　心の乱れること。

一七　我、人、衆生の見　ものや人や衆生にそれぞれそれならしめる本体的なものがあると考える見方。

一八　劫の尽く焼くる時　この世界が壊の時代に入ったときの大火災をいう。

一九　金剛珠　ダイヤモンドのこと。

二〇　梵世　梵世界のこと。婬欲を離れた梵天の住処、色界にあり。

二一　七邪法　七つのよこしまな法。次文にあげている。

二二　悪知識　悪い師・友。知識とは人に知られること。

二三　棘林　とげの林。

一　所依止　よりどころ。

二　鹹　塩のこと。

三　三千大千世界　(大)五八中、(チ)九七b　一須弥山の世界の千倍が小千世界、小千世界の千倍が中千世界、中千世界の千倍が三千大世界、インドの世界観。

四　厭足　あきたりること。

是の諸もろの菩薩は、諸もろの衆生の度すること得べからざるを知ること爾なり。乃ち他方の仏国に至り、見仏《けんぶつ》、聞法《もんぼう》を離れず。衆生を教化し、善根を増長す。迦葉よ、又た大海は無量の衆生の所依止[一]と為るが如し。此の諸もろの菩薩も亦た復た是の如し。衆生は三種の楽を得ることに依止す。人楽、天楽、涅槃の楽なり。迦葉、又た大海の鹹《かん》[二]は飲むべからざるが如し。此の諸もろの菩薩も亦た復た是の如し。諸もろの魔、外道は呑み滅すること能わずと。是こに於いて大迦葉は仏に白して言わく、世尊よ、大海は深きも尚お測量《しきりょう》すべしと雖も、此の諸もろの菩薩は測るべからざるなりと。仏は迦葉に告げたまわく、三千大[三]千世界を微塵とするも、猶お数知すべし。此の諸もろの菩薩の功徳は無量にして数うべからざるなりと。爾の時に世尊は重ねて此の事を宣べんと欲して、而して偈を説きて言わく、

　譬えば大海の能く悉く受け、一切の衆水の満つる時無きが如く、此の諸もろの菩薩も亦た是の如し。常に法利を求めて厭足《えんそく》[四]無し。

又た大海が衆流を納め、一切悉く無《む》損益《そんやく》に帰するが如く、此の諸もろの菩薩も亦た是の如し。深法を聴受して増減無し。

又た大海は濁を受けず、濁水流入するも悉く清浄となるが如く、此の諸もろの菩薩も亦た是の如し。一切の煩悩の垢を受けず。

又た大海は無涯底なるが如く、此の諸もろの菩薩も亦た是の如し。功徳、智慧は無有量にして、一切の衆生は測ること能わず。

又た大海は別異無く、百川流入して皆な一味なるが如く、此の諸もろの菩薩も亦た是の如し。聴受する所の法は同じく一相なり。

又た大海の成す所以のものは、但だ一衆生の為めの故に非ざるが如く、此の諸もろの菩薩も亦た是の如し。普ねく一切の為めに道心を発《お》こす。

海の宝珠を集宝と名づけ、是の宝に因《い》るが故に衆宝有るが如く、菩薩の宝聚も亦た是の如し。菩薩の宝より、諸宝を出だす。

大海は三種の宝を出だし、而も此の大海は分別すること無きが如く、菩薩の説法も亦た是の如し。三乗にて人を度するに、彼此《ひし》あること無し。

又た大海が漸漸に深くなるが如く、此の諸もろの菩薩も亦た是の如し。衆生の為めの故に功徳を修し、甚深の[五]薩婆若《さばにゃ》に廻向《えこう》す。

又た大海は屍《しかばね》を宿さざるが如く、此の諸もろの菩薩も亦た是の如し。清浄心の[六]菩提の願を発こし、声聞《しょうもん》の煩悩心を宿さず。

大海に堅牢の宝有り、其の宝を名づけて集諸宝と曰う。[七]劫の尽く焼くる時にも終に焼けず、転じて他方の諸仏国に至るが如く、正法の滅する時も亦た是の如し。堅精進する者は能く法を持するも、諸もろの衆生の度すべからざるを知り、転じて他方の諸仏の所に至る。

[八]三千世界が壊せんと欲する時、[九]火劫、将《まさ》に起きて天地を焼く。百川の衆流は前に在りて涸《か》れ、爾の時、水王は後に於いて竭す。

小道を行く者も亦た是の如し。法の尽きんと欲する時、前に在りて滅す。菩薩は勇猛《ゆうみょう》にして身を惜しまず、正法を護持し、後に乃《つ》ち尽く。

若しは仏の在世も滅度の後も、是の心中の法宝は滅せず。深心清浄なるところに是の

五　薩婆若　sarvajñāna 一切智のこと。

六　菩提　bodhi 無上の智慧のこと。

七　劫　kalpa ここでは世界滅尽の時代をいう。

八　三千世界　三千大千世界のこと。

九　火劫　大の三災の一つ。この世界は成、住、壊、空を繰り返す。住の時代をすぎて壊の時代に入り、初めの十九増減劫の時代において生命のあるものは壊滅し、最後の一増減劫の時代に物質世界を破壊する。それには火災・水災・風災の順に破壊がすすむ。これを大の三災という。（大）五八下、（チ）九八b 第一の火災のときには、七箇の太陽が同時に出て、この世界を焼きつくす。下は無間地獄より上は色界の初禅天に至るもので、この時代を火劫という。

法住し、此の善法を以って行道を修す。百千の衆生は海に依止し、海の成るは一衆生の為めに非ず。菩薩の発心《ほっしん》も亦た是の如し。　一切衆生を度せんが為めの故なり。

[一]十方世界の諸もろの大海は、猶尚《なお》、其の量を測ることを得べし。是の諸もろの菩薩の所行の道は、声聞縁覚の測《はか》ること能わず。

迦葉よ当に知るべし、諸もろの菩薩は勇猛精進をもって[二]廻向し、心に願って作仏して衆生を度せんと欲すること、尚お与《とも》に等しきもの無く、何《いか》に況んや勝れるものをや。是の徳の宝珠は大海の如く、是れ供養すべき良[三]福田なり。是れ最上の大医王の、能く一切の衆生の病を療《いや》すと為す。

是れ世の帰依にして救護を作す。[四]洲渚《しゅうしょ》たり燈明たり、これ究竟道なり。能く世間の[五]無明眼の与《た》めなり。眼を得れば則ち能く甘露を服す。是れを世間の諸法王と為す。是れを[六]帝釈《たいしゃく》の決断の智と為す。是れを梵王の四禅を行ずと為す。是れを能く梵法輪を転ずと為す。

是れを大智の世を導く師と為す。諸もろの[七]邪径と正真の道を示す。是れを勇猛に能く魔を破すと為す。是れを清浄にして悩穢を除くと為す。

是れ[八]白法を修すること満月の如く、光明高顕なること猶お日の如く、智慧の超出すること須弥の如く、猶お密雲の如く甘露を雨《ふ》らす。

是れ畏るる所無きこと師子の如く、是れ心の[九]調柔なること象王の如し。是れ則ち譬えば金剛山の如く、一切の外道、壊すること能わず。

一　十方世界　東・西・南・北、上下・東南・東北・西南・西北の十方をいう。

二　廻向　己の修したところの功徳を、願うところに趣かしめることを廻向という。廻は廻転、向は趣向をいう。

三　福田　田とは生長の義、供養をうける資格者に対して供養するならば、供養した者はよく福報を受ける。このことから、供養をうける資格のある者を福田という。

四　洲渚　高くして前後際断し、安全なよりどころ、ひいては涅槃にたとえる。

五　無明眼　無明におおわれて真理の見えない眼。

六　帝釈　帝釈天のこと。須弥山の頂上の中央におり、ここにおいて人中の善悪を評論する。

七　邪径　よこしまな道。

八　白法　善法をいう。

九　調柔　やわらぎ柔軟なこと。

是れ則ち清浄なること猶お水の如く、是れ威猛有ること大火の如く、是れ則ち風の如く障礙《しょうげ》無く、是れ則ち地の如く能く動ずる無し。

是れ憍慢[一〇]《きょうまん》、我根《がこん》等を抜き是れ薬樹の如く分別無し。是れ浄戒を持すること蓮華の如く、是れ世法に於いて染する所無し。

是れ優曇鉢羅[一一]《うどんはつら》の華の如く、千万億劫の時、一たび出づ。是れ報仏の恩を知る。是れ諸もろの仏種を断ぜずと為す。

是れ精進して大悲を行ずと為す、是れ慈喜を用《も》って而して超出す。是れ能く五欲心[一二]を捨離す。是れ常に仏法の宝財を求む。

是れ布施を行ずるに最勝と為す、是れ浄戒を持すること等侶[一三]《とうりょ》無し。是れ忍辱の健《つよ》きこと疇匹[一四]《ちゅうひつ》無し、是れ勤精進して厭倦[一五]《えんけん》すること無し。

是れ禅定を行じて神通を具し、能く無量の諸仏土に至る。常に諸仏を見、法を聴受し、其の聞く所の如く人の為めに説く。

是れ衆生の所行の道を知り、其の性欲[一六]、根[一七]《こん》の利鈍に随う。是れを善く方便力[一八]《ほうべんりき》を知ると名づく。是れ慧燈を然《とも》して済処[一九]を得るなり。

是れ能善《よ》く一切法は皆な和合せる因縁より生ずと知る。是れ能く因縁相を決了して、我見[二〇]《がけん》を離れ平等を楽しむ。

是れ能く諸法を正観し、何《いず》れより来たりしか何れの所に至るかと為す。善く諸法は去来[二一]無く、常住の法性にして而して動ぜざるを知る。

是れ有為法[二二]《ういほう》は皆な空なりと見て、大悲を増益《ぞうやく》して衆生を済《すく》う。衆生の妄想[二三]は衆苦を起

一〇　憍慢　高ぶりの心。

一一　優曇鉢羅　udumbara　三千年に一回華がさくというきわめて珍しい花。葉は梨に似て、果実は拳の大きさ、その味は甘い。希有の者にたとえられる。　(大)五九上、(チ)九九b

一二　五欲心　色声香味触の五境が、人の欲心を起こす。これを五欲心という。

一三　等侶　等しい同じような仲間のこと。

一四　疇匹　ともがら、仲間。

一五　厭倦　あいていやになること。

一六　性欲　過去の習性を性といい、現在の欲望を欲という。

一七　根の利鈍　人がもっている資質のすぐれたものと劣ったもの。

一八　方便力　方便のはたらき。

一九　済処　済とはわたる、救うの義。すなわちわたるところ。

二〇　我見　すべてのことがらに不変の本体があるという考え方。

二一　去来　過去と未来。

二二　有為法　生滅変化する存在。

二三　妄想　みだりに分別して種々の相をとること。

こし、為めに度せんと欲するが故に、行道を修す。

凡夫は[一]我我所《ががしょ》を分別し、種種の諸もろの邪見を行ず。是れは能く法の[二]実相を暁了し、為めに諸見を断じ法を講説す。

無常を常と為すは清浄ならず、無我を我と謂い、苦を楽と為す。凡夫は顛倒して貪著するが故に、生死の[三]前際を知るべからず。

是れは能く此れ顛倒に従うと知る。無我、無人、無衆生なり。我れ当に是の如く正道を修す、常、楽、我無く、及び不浄なりと。

迦葉、当に知るべし、此の菩薩は、我れ諸功徳を称讃する所なることを。其の所行に於いて尽くすべからざること、猶お大地が一塵を挙ぐるが如し。

若し[四]菩提心を発こして退かず、[五]三千大千の供養具わり、若し復た供（養）是れに過ぎる有り。此の人は応に是の供養を受くべし。

若し人、発心して作仏を願えば、是れ則ち我れを恭敬し供養すべし。諸もろの[六]去、来、現在の仏に於いて、亦た皆な恭敬し供養し已ればなり。

建立法品　第十六　丹は天子授記品第二十二

爾の時に、思益梵天は、文殊師利法王子に謂わく、当に如来に、斯の経を護念し、[七]後の末世五百歳の時、広く流布《るふ》せしむることを請うべしと。文殊師利の言わく、意に於いて云何ん。仏は是の経に於いて、法として有説、有示、可護念有りや不《いな》や。思益の言わく、不《いな》

一 我我所　我とは自身のことをいい、我所とは自分以外のすべてのもの。
二 実相　真実のすがた。
三 前際　さきのもとをいう。
四 菩提心　悟りを求める心。
五 三千大千　三千大千世界のこと。それほどの広大なとの意。
六 去、来、現在　過去・未来・現在のこと。
七 後の末世五百歳　仏滅後、末法の世の五百歳のこと。

(大)五九中、(チ)一〇〇a

り。（文殊師利の言わく）梵天よ、是の故に当に知るべし、一切法は無説、無示、護念有ること無きと。是の法は終に滅すべからず、護念すべからず。若し此の法を護らんと欲する者は、為めに[八]虚空《こくう》を護念せんと欲するなり。梵天よ、菩薩が、若し法を受くる所有らんと欲すと言わば、即ち法の言に非ざるなり。所以は何ん。一切の言論を出過すれば、是れを菩薩が[九]諍訟《じょうしょう》無きを楽しむと名づくればなり。梵天よ、若し菩薩が、此の衆中に於いて是の念を作す有り。今、是の法を説くは、当に知るべし、是の人、即ち聴法に非ざることを。所以は何ん。聴法せざる者を、乃ち聴法と為せばなり。梵天の言わく、何故に聴法せざる者を、乃ち聴法と為すと説くや。文殊師利の言わく、眼、耳、鼻、舌、身、意において[一〇]漏ならず、是れ聴法なり。所以は何ん。若し[一一]内の六入が漏ならざれば、色《しき》、声《しょう》、香、味、触《そく》、法の中において乃ち聴法と為せばなりと。爾の時に会中の、三万二千の天子、五百の比丘、三百の比丘尼、八百の[一二]優婆塞《うばそく》、八百の[一三]優婆夷《うばい》は、文殊師利の所説を聞いて、皆な[一四]無生法忍を得たり。是の忍を得已《おわ》って是の言を作さく、是の如し、是の如し。文殊師利よ、仁者《きみ》の説く所の如し。聴法せざる者を乃ち聴法と為すと。

爾の時に思益梵天は、[一五]忍を得たる諸もろの菩薩に問うて言わく、汝等、豈に是の経を聴かざるや。諸もろの菩薩の言わく、我れ等の聴くが如きは、聴かざるを以って聴と為す。（思益梵天）又た問う、汝等は云何んが是の法を知るや。答えて言わく、不知を以って知と為すと。（思益梵天）又た問う、汝等は何等を得るが故に、名づけて忍を得と為すや。答えて言わく、[一六]一切法の得べからざるを以っての故に、我れ等は名づけて忍を得と為すと。思益の言わく、云何んが是の法に随って行ずるや。答えて言わく、行に随わざるを以っての故

八　虚空　形なく、障礙なきことをいう。
九　諍訟　あらそいのこと。あらそいのもととなる煩悩をいう。
一〇　漏　身体の諸門から漏れ流れる、つまり煩悩のこと。
一一　内の六入　六内処のこと。眼・耳・鼻・舌・身・意の六つの入ってくる場所をいう。
一二　優婆塞　upāsaka　男の在家信者。
一三　優婆夷　upāsikā　女の在家信者。
一四　無生法忍　生滅を離れた真如に住して不動であること。
一五　忍　認と同じ、真如に住して不動なること。
一六　一切法　すべての事物。

に、行に随うなりと。（思益梵天）又た問う、汝等は此の法の中に於いて明了に通達するや。答えて言わく、一切の諸法に、皆な明了に通達す。彼我[一]無きが故にと。爾の時に会中[二]に天子有り、浄相と名づく。思益梵天に（対して）謂わく、若し但だ此の経を聞くのみ有りて、仏が受記[三]を与えざれば、我れは当に其の阿耨多羅三藐三菩提[四]の記を授くべし。所以は何ん。此の経は因果を破せず、能く一切の善法を生じ、能く魔怨《まおん》[五]を壊し、諸もろの憎愛[六]を離れ、能く衆生心をして清浄なることを得せしめ、能く信ずる者をして皆な歓喜を得しめ、諸もろの瞋恨《しんこん》[七]を除かしめればなり。斯の経は一切の善人の修行する所、斯の経は一切の諸仏の護念する所、斯の経は一切の世間、天人、阿修羅[八]の共に守護する所なり。斯の経は決定して不退転[九]に至るが故に、斯の経は誑《まど》わせず道場に至るが故に。斯の経は真実にして能く衆生をして諸もろの仏法を得しむ。斯の経は能く法輪[一〇]を転ず。斯の経は能く疑悔《ぎけ》[一一]を除く。斯の経は能く聖道《しょうどう》を開く。斯の経において解脱[一二]を求むる者は、応ずる所において善く聴く。斯の経において陀羅尼《だらに》[一三]を得んと欲する者は、応ずる所において善く持す。斯の経において福を求むるの人は、応ずる所において善く説く。斯の経において法を楽《ねが》うの人は、応ずる所において善く念ず。斯の経は能く快楽を与え涅槃に至る。斯の経は、若し魔、外道[一四]の得る所有るも、人の能く断ぜざる所。斯の経は、応に供養を受くべき人の、能く其の義に随う。斯の経は能く利根の者をして欣悦《ごんえつ》[一五]せしむ。斯の経は能く智慧者をして歓喜せしむ。斯の経は人に慧[一六]を与う、諸見[一七]を離るるが故に。斯の経は人に智を与う、愚癡[一八]を破するが故に。斯の経は文辞次第して善く説く。斯の経は善を究竟し、義に随って説く。斯の経は多く利益する所にして、第一義[一九]を説く。斯の経は法を愛楽《あいぎょう》する人の貪惜《とんしゃく》する所なり。斯の経は智

一　彼我　彼と我、対立観念。
二　会中　説法の座を会という。
三　受記　記莂を受けること。また授記ともいう。二乗や衆生に成仏の印可を与えることをいう。
四　阿耨多羅三藐三菩提　anuttara-samyak-sambodhi 無上の智慧、仏の悟りの智慧のことをいう。
五　魔怨　悪魔のあだ。
六　憎愛　憎しみや愛。
七　瞋恨　いかりやうらみ。
（大）五九下、（チ）一〇一b
八　阿修羅　asura 須弥山の北、大海の下に住む仏法の守護神。かつて帝釈と闘いをこととしていた神。
九　不退転　修行が進んで、ふたたび退失することのない位をいう。
一〇　法輪を転ず　説法をすることをいう。
一一　疑悔　疑念と後悔。
一二　解脱　諸経も解脱を説くけれども、この経においてこそよく聖道を開くのであるからの意。
一三　陀羅尼　dhārani 総持、能持などと訳す。善法を散失せず、悪法を起こらしめざるはたらきをいう。
一四　魔、外道……　箇註の著者は、このところの訳文は誤りであるといい、「斯の経は人の得る所有れば、天魔外道の断ずる能わざる所なり」と補訳している。
一五　欣悦　喜ぶこと。
一六　慧　煩悩を断ずるはたらきをもつ智慧のこと。

有る人の能く離れざる所なり。斯の経は施す者の大蔵なり。斯の経は熱悩の者の清涼池《しょうりょうち》なり。斯の経は、能く慈者をして心を等しくせしむ。斯の経は、能く懈怠の者をして精進せしむ。斯の経は、能く妄念の者をして定を得せしむ。斯の経は、能く愚者に慧明[二〇]を与う。梵天よ、斯の経は一切の諸仏の貴重する所なりと。浄相天子が是の法を説く時、三千大千世界は皆な大いに振動す。仏は即ち讃《ほ》めて言わく、善き哉、善き哉。天子よ、汝の説く所の如しと。

爾の時に思益梵天は、仏に白して言わく、世尊よ、是の天子は曾て過去の諸仏に於いて、是の経を聞きし所の是の経なるや。仏の言わく、是の天子は已に六十四億の諸仏[二一]の所に於いて、是の経を聞くことを得て、四万二千劫を過ぎ、当に作仏して宝荘厳と号《な》づけ、国を多宝と名づく。其の中間に於いて諸仏の出づる有り、皆な供養を得て、亦た是の経を聞く。梵天よ、是の諸もろの比丘、比丘尼、優婆塞《うばそく》[二二]、優婆夷《うばい》[二三]、諸もろの天、龍、鬼神など、此の会中に在って法忍を得る者は、皆な当に多宝国土に生ずることを得べしと。爾の時に浄相天子は仏に白して言わく、世尊よ、我れ菩提[二四]を求めず、菩提を願わず、菩提を貪らず、菩提を楽しまず、菩提を念ぜず、菩提を分別せず。云何んが如来は、授記[二五]せらるるを見るや。仏、天子に告げたまわく、草木の茎節《けいせつ》[二六]、枝葉を以って、火中に投じて、而して之れに語って言わく、汝等、然《も》える莫れ、汝等、然《も》える莫れと。若し是の語を以って而して然えざるは、是の処《ことわ》り有ること無し。天子よ、菩薩も亦た是の如し。菩提に貪著することを喜楽せずと雖も、当に知るべし、是の人は已に一切諸仏の記する所と為ることを。所以は何ん。若し菩薩にして、菩提を喜ばず、楽しまず、貪《むさぼ》らず、著せず、得ざれば、則ち諸仏に於いて必ず

一七　諸見　もろもろの分別心をもってあれこれと考えること。
一八　愚癡　ものごとの道理のわからないこと。
一九　第一義　すべての事物の真正の真理。
二〇　慧明　悟りの智慧のあかり。
二一　六十四億の諸仏　簡註のいう、何故に六十四億の仏の所においてこの経を聞くのか詳かならずと。
二二　優婆塞　upāsaka 男の在家信者。
二三　優婆夷　upāsikā 女の在家信者。
二四　菩提　bodhi 修行によってえた覚智。
二五　授記　二乗に仏から与えられた成仏の印可と予言。　㊅六〇上、㊆一〇二b
二六　茎節　茎や節。

阿耨多羅三藐三菩提[一]の記を受くることを得ればなりと。爾の時に会中に五百の菩薩有り。仏に白して言わく、世尊よ、我れ等は今、菩提を求めず[二]、菩提を願わず、菩提を喜楽せず。菩提に貪著せず、菩提を思念せず、菩提を分別せずと。是の語を作し已って、仏の神力を以って、即ち上方[三]の八万四千の諸仏を見たてまつるに、其の阿耨多羅三藐三菩提の記を授けたもう。爾の時に五百の菩薩、仏に白して言わく、未曾有なり世尊。如来の所説は甚だ善快《よ》き哉。所謂る菩薩にして菩提を求めず、願わず、貪らず、喜ばず、得ざれば、而して諸仏に授記す。世尊よ、我れ等、今上方八万四千の諸仏を見たてまつる。（八万四千の）諸仏[四]は皆な我れ等の与めに、阿耨多羅三藐三菩提の記を授けたもう。

諸天歎品 第十七　丹は如来神呪品第二十三

爾の時に文殊師利は仏に白して言わく、惟だ願わくは世尊よ、是の法を護念し、当来世[五]の後の五百歳に於いて広宣流布し、此の閻浮提に久住《くじゅう》を得せしめよ。又た大荘厳の善男子、善女人をして、咸《ことごと》く之れを聞くことを得しめよ。設《も》し魔事が種種に起こるも、而も能く魔に随わず。若しは魔民[六]も亦た便りを得ず。是の経を受持するを以っての故に、終に阿耨多羅三藐三菩提を退失せず、爾の時に仏は、文殊師利に告げたまわく、是の如し、是の如し。汝よ今、善く聴け。此の経を久住せしめんと欲するが故に。当に汝が為めに、諸もろの天、龍、夜叉、乾闥婆《けんだつば》、鳩槃茶《くばんだ》等を召すところの呪術を説くべし。若し法師[七]にして此の呪を誦持すれば、則ち能く、諸もろの天、龍、夜叉[八]、乾闥婆《けんだつば》[九]、阿修羅[一〇]、迦楼羅《かるら》[一一]、緊那羅《きんなら》[一二]、摩睺羅《まごら》[一三]

一　阿耨多羅三藐三菩提　anuttara-samyak-sambodhi 仏の悟りの無上の智慧。
二　菩提を求めず　悟りの智慧には貪愛の想がない。もし貪愛を起こして菩提を求めるならば、ついに菩提を得ることができないから。
三　上方　上方とは実際なりという。実際とは真如のこと。
四　(大)は受に作る。
五　当来世の後の五百歳　未来末世の五百歳のこと。
六　魔民　魔界の民衆。
七　法師　法を説き供養する者。
八　夜叉　yaksa 主として森林に住む神霊。八部衆の一つ。
九　乾闥婆　gandharva 天上界にいる楽師。八部衆の一つ。
10　阿修羅　asura 闘争をこのむ鬼神の一つ。仏法の守護神となる。八部衆の一つ。六道輪廻の一趣。
二　迦楼羅　garuda 金翅鳥ともいう。四天下の大樹におり、龍をとって食となす鳥。八部衆の一つ。
三　緊那羅　kinnara 美妙の音声にてよく歌舞をなす天の楽神。八部衆の一つ。
一三　摩睺羅伽　mahoraga 楽神、人身蛇首。八部衆の一つ。

伽《が》等が、常に之れを随護するを致す。是の法師が、若しは道路を行き、若しは道を失う時、若しは聚落に在り、若しは空閑[一四]に在り、若しは僧房に在り、若しは宴室に在り、若しは経行《[一五]きんひん》の処、若しは衆会に在るとき、是の諸神等は、常に当に随侍し、衛護し、益《ます》ます其れ楽説《ぎょうせつ》弁才なるべし。又た復た為めに堅固の憶念を作し、慧力の因縁もて、怨賊の其の便りを得る者有ること無く、是の法師をして、行立坐臥、一心に安詳なさしむ。文殊師利よ、何等をか呪術の章句と為す。

欝頭隷 一 頭頭隷 二 摩隷 三 遮隷 四 魔隷 五 梯隷緹隷 六 弥隷 七 睺楼 八 睺楼 九 睺楼 十 堙婆隷 十一 韋多隷 十二 麴丘隷 十三 阿那弥 十四 伽帝 十五 摩醯履 十六 摩那従 十七 摩弥 十八 婆睺乾地薩波楼帝 十九 羅婆婆伽帝 二十 辛頭隷 二十一 南無仏駄遮黎帝隷 二十二 南無達摩涅伽陀弥 二十三 南無僧伽和醯陀和醯陀 二十四 毘婆扇陀弥 二十五 薩婆波波弥魔帝隷弥浮提履 二十六 薩遮涅提舎梵摩波舎多予利師鞞波舎多阿哆羅提侘 侘は勅写の反 提薩婆浮多伽羅呵 呵は呼奈の反 南無仏駄悉纏闘曼哆邏

[一六]一切衆生の中において、慈もて聖諦[一七]を説く。梵天の讃歎する所、諸もろの賢聖の讃歎する所なり。此の中に住して一切諸神を召し、諸仏に南無し、当に是の呪術を成就すべし。

文殊師利よ、是れを呪術の章句と為す。若し菩薩摩訶薩にして此の経を行ぜんと欲する者は、当に是の呪術の章句を誦持[一八]すべし。応に一心に行じて、調戯《[一九]ちょうげ》せず、散乱せず、挙動進止は悉く浄潔《じょうけつ》ならしめ、余食《[二〇]よじき》を畜《たくわ》えずして少欲知足し、独り遠離に処して、憒鬧《[二一]かいとう》を楽しまず、身心は遠離し、常に慈悲を楽しみ、法を以って喜楽す。実語に安住して人を欺誑《[二二]ごおう》せず。坐禅を貴《とう》とび、楽《ねが》って法を説かんと欲す。正念を行じ、常に邪念を離れ、常に頭陀《[二三]ずだ》細行の法を楽しむ。得と不得とに於いて、憂、喜有ること無し。涅槃に趣向して生死を畏厭

一四 空閑 聚落を去ること三百歩ないし五百歩の閑静な修行地をいう。

一五 経行 一定の地区を遶り、または往来すること。

(大)六〇中、(チ)一〇三b

一六 以下「呪術を成就すべし」まで(三)(宮)にはない。

一七 聖諦 四聖諦のこと。

一八 誦持 暗誦してよく持つこと。

一九 調戯 あざけり戯れる。

二〇 余食 きめられた食事以外の食べ物をいう。

二一 憒鬧 憒は乱れる、鬧は騒ぐ、乱れ騒ぐこと。

二二 欺誑 悪心をもってことさらに他人を欺くこと。

二三 頭陀 dhūta 比丘の衣食住の生活の行法。

し、心の憎、愛の離別、異相を等しくし、身命、及び一切の物を悋《おし》まず、貪惜有ること無し。[一]威儀成就して常に持戒を楽しむ。[二]忍辱し調柔《じょうにゅう》し、悪言を能く忍ぶ。顔色は和悦し、悪しき姿容無し。先に意を問訊し、[三]憍慢を除去し。心に歓楽を同じうす。文殊師利よ、此の諸もろの法師は、是の如き法に住して、是の呪術を誦す。即ち現世に於いて[四]十種の力を得るなり。何等をか十と為す。念力を得るなり、妄失せざるが故に。[五]慧力を得るなり、善く法を択するが故に。[六]行力を得るなり、経意に随うが故に。堅固力を得るなり、生死を行ずるが故に。[七]慚愧《ざんぎ》力を得るなり、[八]彼我を護るが故に。多聞力を得るなり、慧を具足するが故に。[九]陀羅尼《だらに》力を得るなり、一切を聞きて能く持するが故に。楽説弁力を得るなり、諸仏が護念するが故に。深法力を得るなり、[一〇]五通を具するが故に。[一一]無生忍力を得るなり、速やかに[一二]薩婆若《さばにゃ》を具足することを得るが故に。文殊師利よ、若し法師が能く是の行に住して呪術を誦持せば、現世に是の十力を得るなり。仏が是の呪術力を説きたもう時、[一三]四天王は驚怖して毛竪《た》ち、無量の鬼神の眷属と与《とも》に囲遶《いにょう》し、前に仏所に詣り、頭面もて足《みあし》を礼し、仏に白して言わく、世尊よ、我が是の四天王にして、[一四]須陀《しゅだ》洹道《おんどう》を得て仏の教えに順う者は、我れ等は各おの当《まさ》に、諸もろの親属営従《ようじゅう》の人民を率いて、法師を衛護《えご》すべし。若し善男子、善女人にして法を護念する者が、能く是の如き等の経を持し、読誦し解説《げせつ》せば、我れ等、四天王は常に往いて衛護せん。是の人の所在の処、若しは城邑、聚落にあれ、若しは[一五]空閑《くうげん》静処にあれ、若しは在家、若しは出家にあれ、我れ等、及び眷属は、常に当に随侍し供給して、心をして安隠ならしめ、[一六]厭倦《えんけん》有ること無し。亦た一切をして能く嬈《みだ》す者無からしむるなり。世尊よ、又た是の経の所在の処の[一七]面五十里は、若しは天、天子をも、若しは龍、

一　威儀　四威儀のこと。行・住・坐・臥の行法。
二　忍辱　よく堪忍してたえること。
(大)六〇下、(チ)一〇四b
三　憍慢　おごりたかぶること。
四　十種の力　以下に述べている。
五　慧力　修行によってえた智慧力のこと。
六　行力　修行する力。
七　慚愧力　自心に恥じ、他に恥じること。
八　彼我　自分と他人。
九　陀羅尼　dhāraṇī 善法を持ち、悪法を起こらざらしめる法。
一〇　五通　五神通。
一一　無生忍力　無生滅の理に住して動かざる位の力。
一二　薩婆若　sarvajñāna 仏の一切智をいう。
一三　四天王　帝釈の外将。須弥山の中腹におり、東は持国天、南は増長天、西は広目天、北は多聞天。
一四　須陀洹道　srota-āpanna 預流向ともいう。見道位の聖者をいう。
一五　空閑　静かな坐禅に適した所。聚落を去ること三百ないし五百歩という。
一六　厭倦　あいていやになること。
一七　面五十里　一面が五十里の意。

龍子をも、若しは夜叉[18]、夜叉子をも、若しは鳩槃荼[19]《くばんだ》、鳩槃荼子等をも、便りを得ること能わざるなり。爾の時、毘楼勒迦護世天王[20]《びるろくかごせてんのう》は、即ち偈を説いて言わく、

我が所有の眷属、親戚、及び人民は、皆な当に共に、是の法師を衛護し供養すべし。

爾の時に毘楼婆叉天王[21]《びるばしゃてんのう》は、即ち偈を説いて言わく、

我が是の法王子は、法より化生す。菩提を求むる仏子にして、我れ皆な当に供給すべし。

爾の時に犍駄羅吒[22]《けんだらた》天王は即ち偈を説いて言わく、

若し諸もろの法師にして能く是の如きの経を持するもの有れば、我れは常に衛護を為すこと、十方に於いて周遍なるべし。

爾の時に毘賒婆那天王[23]《びしゃばなてんのう》は即ち偈を説いて言わく、

是の人、道心を発こし、所応の供養を受く。一切諸もろの衆生、能く之れを弁ずる者無し。

爾の時に毘賒婆那天王子、名づけて善宝と曰う。七宝の蓋を持ちて如来に奉上し、即ち偈を説いて言わく、

世尊よ、我れは今、当に是の如きの経を受持すべし。亦た他人の為めに説くべし。我れは是の如きの心を有す。

世尊は、我が心、及び先世の所行を知りたまえり。初め発意《ほっち》する所より、至誠《しじょう》もて仏道を求めしことを。

世尊無見頂[24]に、今、此の妙蓋[25]を奉る。願わくは我れは、是の如きの、無見の頂相を得

一八　夜叉　yakṣa 主として森林に住む神霊。八部衆の一つ。
一九　鳩槃荼　kumbhāṇḍa 人の精気を噉う鬼、その疾きこと風の如しという。馬頭人身に描かれる。(大)六一上、(チ)一〇五b
二〇　毘楼勒迦護世天王　Virūḍhaka 増長天王のこと。四天王の一つ。
二一　毘楼婆叉天王　Virūpākṣa 広目天王のこと、四天王の一つ。
二二　犍駄羅吒天王　Dhṛtarāṣṭra 持国天のこと。四天王の一つ。
二三　毘賒婆那天王　Vaiśravaṇa 多聞天のこと。四天王の一つ。
二四　無見頂　仏の三十二相の一つ。頂上肉髻相のこと。一切の人天が見ることのできない頂点という意。
二五　妙蓋　すばらしいかさ。

させたまえ。

我れ愛敬心を以って、世尊を瞻仰《せんごう》[一]したてまつる。願わくは清浄眼を成して、[二]弥勒仏を見ることを得せしめたまえ。

智慧もて度するところの世尊は、即時に偈を以って答えたもう。汝は此の命終に於いて、即ち[三]兜術天《とじゅってん》に生ぜんと。兜術より下生して、弥勒仏を見ることを得ん。二万歳のあいだ供養して、爾《なんじ》は乃ち出家を行ず。既に出家を得已《お》わり、[四]梵行を浄修す。[五]賢劫中の諸仏に、一切悉く見《まみ》ゆるを得ん。亦た之れを供養することを得て、彼れに於いて梵行を修す。六十億劫を過ぎて、汝は当に成仏することを得べし。号を名づけて宝蓋と為し、国土は甚だ厳浄《ごんじょう》す。唯だ菩薩の僧有りて、為めに妙法を講説す。寿命は一劫を尽くし、若しは滅度の已後、正法、半劫のあいだ住し、諸もろの衆生を利益せん。

爾の時に[六]釈提桓因《しゃくだいかんにん》は、無数の百千の諸天と与《とも》に囲遶《いにょう》し、仏に白して言わく、世尊よ、我れ今、亦た当に、能く是の如きの経を持する諸もろの法師等を衛護し、供養し、供給すべし。是の経の所在の処は、若しは読誦し、[七]解説《げせつ》せば、我れ、法を聴受せんが為めの故に、其の所に往詣せん。又た当に法師の気力を増益《ぞうやく》し、法句次第して漏失せざらしむべしと。

爾の時に釈提桓因子、名づけて[八]劬婆伽《くばか》は、真珠の蓋の七宝の荘厳を持して、如来に奉上

一　瞻仰　あおぎみる。
二　弥勒仏　Maitreya 一生補処の菩薩。仏に先立って入滅し、兜率天の内院に生まれて、五十六億七千万歳を経て人間に下生し、仏となる。
三　兜術天　Tuṣita 菩薩の最終の住所、ここより人間界に下生して成仏する。兜率天ともいう。
四　梵行　仏道修行のこと。
五　賢劫中の諸仏　世界の成住壊空の時代観の中、現在の住劫を賢劫といい、この現在の住劫の二十増減中に千仏が出世するという。これを称讃して賢劫の諸仏という。
　　(大)六一中、㋠一〇六b
六　釈提桓因　Śakra devānām indra 帝釈天のこと。須弥山の頂上の忉利天の主。中腹の四天王を従える。
七　(大)は解脱に作るが、今、解説と改む。
八　劬婆伽　帝釈天の子。

九　一切智　仏の一切を了知する智慧。

10　受記　また授記ともいう。仏が二乗に対して成仏の印可と予言をすることをいう。

11　梵天王　色界の初禅天に梵衆・梵輔・大梵とあるが、このうち、大梵天を梵天王という。

12　(大)は若と作るが、今は(聖)をとる。

13　帝釈　さきには釈提桓因という。須弥山の頂上に住し、三十三天の主。中腹の四天王を従え、人民等の善悪を量り、悪に傾いて阿修羅を利せんとすればこれをたおして善事を修せしめる。　(大)六一下、(チ)一〇七b

14　梵王　さきの梵天王のこと。

し、即ち偈を説いて言わく、

我れ常に、世尊の所説を了知するを現じ、亦た当に是の如く行じて、仏の[九]一切智を求むべし。

世尊は前世に於いて、物として施与せざるは無し。我れ当に此の行に随って、亦た諸もろの所有を捨すべし。

我れ今、法王の前《みまえ》において、是の如きの経を受持す。当に数《しば》しば人の為めに説き、以って如来の恩に報ぜん。

若し是の経を愛念せば、是れ則ち我れと与に同じきなり。我れ当に之れを供養す、菩提を得んが為めの故なり。

世尊よ、声聞の人は、法を守護する能わず。後の恐怖の世に於いて、我れ当に是の経を護るべし。

世尊は我れを安慰し、又た諸天の疑いを断じたもう。我れ今、当に久如《ひさし》く、仏を得んとすること世尊の如くなるべし。

仏は智慧に通達し、即ち時に[10]受記を与えたもう。汝は後に当に作仏すべしと。我れ今、異なること無きが如し。

千億劫を過ぎ、又た復た百億を過ぎ、爾は乃ち成仏を得べし、号して為智王と曰う。

爾の時に、娑婆世界の主、[11]梵天王は、仏に白して言わく、世尊よ、我れ禅定の楽を捨て、法師のもとに往詣せん。（彼の法師は）若しは善男子、善女人にして、[12]能く是の法を説く者なり。所以は何ん。是の如き等の経より[13]帝釈、[14]梵王、諸豪尊等を出だせばなり。世尊よ、我れ当に是の諸もろの善男子を供養すべし。是の諸もろの善男子は、応に一切世間の天、人、阿修羅[一]の供養する所を受くべしと。爾の時に妙梵天王[二]は、即ち偈を説いて言わく、

比丘、比丘尼、諸もろの清信の士女[三]は、其れ能く是の経を受く。是れ世の供養する処なり。

乃至、一人のみ有りても、能く是の経を行ずる者は、我れ要《かなら》ず当に之れが為めに、是の如きの経を演説すべし。

衆《もろ》もろの妙花の座を敷き、高きこと梵天に至る。此の座の上坐に於いて、是の如きの経を演説す。

若しは悪世の中に於いて、此の経を聞くに従う所、応に希有の心を発こし、踊躍《ゆやく》して善き哉と称すべし。

若し、無量の世界に、大火悉く充満す[四]とも、要《かなら》ず当に中より過ぎて、往いて是の如きの経を聴くべし。

能く仏道の経を開くなり。若し聞くことを得んと欲する者は、宝を積むこと須弥[五]《しゅみ》の如くして、応に是の人に供えることを尽くすべし。

嘱累品第十八　丹は第二十四

爾の時に世尊は、神通力を現じ、魔波旬《まはじゅん》[六]、及び其の軍衆をして仏所に来詣せしめ、(而して)是の言を作さく、世尊よ、我れ、眷属と与《とも》に今、仏前に於いて此の誓願を立つ。是

一　阿修羅　asura　須弥山の北、大海の下に住み、闘争を好む鬼神。後、仏法の守護神となる。

二　妙梵天王　梵天王の尊称。㊂㊪は「梵天子」に作る。

三　諸もろの清信の士女　清信士を優婆塞といい、清信女を優婆夷という。

四　大火悉く充満す　世界は成・住・壊・空を繰り返すといい、この無量の世界の破壊はまず火による破壊から始まるとされている。

五　須弥　Sumeru　須弥山のこと。

六　魔波旬　māra-pāpīyān　波旬というは名、悪魔である波旬のこと。

の経の流布せらるる処、若し法を説く者、及び法を聴く者あれば、并びに彼の国土には魔事起こらず。亦た当に是の経を擁護《ようご》すべしと。爾の時に世尊は、金色《こんじき》の光を放って此の世界を照らし、文殊師利に告げて言わく、如来は今、是の経を護念す。諸もろの法師を利益するが故に。是の経は、[七]閻浮提《えんぶだい》に在りて、[八]其の歳の数に随って仏法滅せずと。爾の時に[九]会中の衆生は、一切の花、一切の香、一切の末香《まっこう》を以って、而して仏上に散じて是の言を作さく、世尊よ、願わくは是の経をして、久しく閻浮提に住せしめ、広宣流布せしめたまえと。是こに於いて仏は阿難《あなん》に告げたまわく、汝、是の経を受持するや不《いな》や。阿難の言わく、唯然《ゆいねん》たり受持せんと。(仏の言わく) 阿難よ、我れ今、是の経を以って汝に嘱累《ぞくるい》せん。受持し、読誦し、人の為めに広説せよと。阿難は仏に白して言わく、世尊よ、若し人、是の経を受持し、読誦し、解説せば、幾《いくば》くの功徳する所を得るや。仏は阿難に告げたまわく、是の経の所有の文字、章句の数に随うなり。[一〇](若し人) 寿尽きるまで、一切の楽具を以って爾所《そこばく》の諸仏及び僧を供養すると、若し[一一](復た) 人の乃至、是の経巻を供養し、恭敬し、尊重し、讃歎するとは、其の福は(前より) 勝と為すなり。是の人は現世に十一功徳の蔵あり。何等をか十一と為す。(一)仏蔵を見る、天眼を得るが故に。(二)法蔵を聴く、天耳を得るが故に。(三)僧蔵を見る、不退転の菩薩僧を得るが故に。(四)無尽の財蔵、宝手を得るが故に。(五)色身《しきしん》蔵、三十二相を具するが故に。(六)眷属《けんぞく》蔵、眷属を壊《え》すべからざるを得るが故に。(七)未だ聞かざる所の法蔵を得、[一三]陀羅尼《だらに》の故に。(八)憶念《おくねん》蔵、楽説弁《ぎょうせつべん》を得るが故に。(九)無所畏蔵、一切の外道の論を破壊するが故に。(十)福徳蔵、衆生を利益するが故に。(十一)智慧蔵、一切の仏法を得るが故にとなり。仏、是の経を説く時、七十

七 閻浮提 jambudvipa 須弥山の南方にある大洲の名。いわゆる人間の住むところ。

八 其の歳の数に随って 菩提流支訳は、「歳は久近を数うるも」となっている。

九 会中 説法の坐にいるところのという意。

(大)六二上、(チ)一〇八b

一〇 菩提流支訳により補う。

一一 菩提流支訳により補う。

一三 陀羅尼 dhāraṇi 総持、能持能遮等と訳され、よく持つことをいう。

二[一]那由他《なゆた》の衆生は無生法忍[二]を得、無量の衆生は阿耨多羅三藐三菩提心を発《お》こし、無数の衆生は諸法を受けず、漏[三]尽き、心解脱を得たり。爾の時、阿難は即ち坐より起って、右肩を[四]偏袒《へんだん》して、頭面もて仏足を礼《らい》し、仏に白して言わく、世尊よ、当に何《いか》に此の経に名づけ、云何んが奉持するやと。仏、阿難に告げたまわく、此の経を名づけて摂一切法《しょういっさいほう》と為す。亦た荘厳諸仏法と名づけ、又た思益梵天所問と名づけ、又た文殊師利論議と名づくるなり。当に之れを奉持《ぶじ》すべしと。仏、是の経を説き已《おわ》る。文殊師利法王子、及び思益梵天、等行菩薩、長老摩訶迦葉、[五]慧命阿難《えみょうあなん》、及び諸もろの天衆、一切世人は、仏語を受持して、皆な大いに歓喜せり。

思益梵天所問経巻第四　（終）

一　那由他　nayuta　数の名、億にあたる。

二　無生法忍　生滅を超えた真如の世界に安住し不動なること。

三　漏　煩悩のこと。

四　右肩を偏袒し　右肩を顕わにして着する比丘の作法。

五　慧命　智慧を寿命とすること。つまり法身をいうが、また比丘を尊称していうことがある。そのときは博聞強識、慧をもって命となすの義。ここでは後者をさす。新訳にては具寿という。

首楞厳三昧経

河村孝照校註

凡　例

一、本国訳は大正蔵経第十五巻 No. 642、鳩摩羅什訳の『首楞厳三昧経』二巻を国訳書き下したものである。

一、本文の頭にある(大)は大正蔵経の頁数を示し、(チ)は影印北京版チベット大蔵経第三二巻所収 No. 800 Śākyaprabha, Ratnarakṣita 訳 *Ḥphags-pa dpaḥ-bar ḥgro-baḥi tiṅ-ṅe-ḥdsin ces-bya-ba theg-pa chen-poḥi mdo.* (*Ārya-śūraṃgama-samādhi-nāma-mahāyāna-sūtra*) の相応箇所の頁・段数である。これは中央公論社刊『大乗仏典』7を参照した。

一、本文中におけるカッコの中は訳者が取意の便宜上補なったものである。

一、校註にあたって左の略符を用いた。
(大)＝大正蔵、(チ)＝チベット、(三)＝宋・元・明三本、(宋)＝宋本、(元)＝元本、(明)＝明本、(聖)＝正倉院聖語蔵本（天平写経）、(宮)＝宮内省図書寮本（旧宋本）

首楞厳三昧経　解題

河村孝照

一　本経の訳本

『大正新脩大蔵経』に、収録されている本経は、

首楞厳三昧経二巻　大正蔵経第十五巻　経集部二　No,642

右の一経のみである。本国訳の底本である。

僧祐の『出三蔵記集』巻七には、『首楞厳三昧経』に関する序、また記が四点ほど収められてあり、それらによれば、後漢の支讖《しせん》、竺法護《じくほうご》、竺叔蘭《じくしゅくらん》、支施崙《しせろん》、帛延《はくえん》、羅什《らじゅう》等の名がみえる。今、智昇の『開元釈教録』巻十四の別録中の「有訳無本録」によれば

○首楞厳経二巻　後漢月支三蔵支婁迦讖訳　第一訳

○方等首楞厳経二巻　呉月支優婆塞支謙訳　第二訳

○蜀首楞厳経二巻　曹魏失訳　第三訳

○後出首楞厳経二巻　曹魏失訳　第四訳

○首楞厳経二巻　曹魏西域三蔵白延訳　第五訳

○勇伏定経二巻　西晋三蔵竺法護訳　第六訳

○首楞厳経二巻　西晋西域優婆塞竺叔蘭訳　第七訳

○首楞厳経二巻　前涼月支優婆塞支施崙訳　第八訳

右八経同本。前後九訳。第九本存。前八並闕。

右の八経は同本であり前後九回訳出され、第九本は存し、前の八本はすべて闕本である、という。この第九訳が羅什訳であり、『開元釈教録』巻十二に、

○首楞厳三昧経三巻　姚秦三蔵鳩摩羅什訳　第九訳・九訳八闕。

と記録されている。

第一の支婁迦讖の訳出が中平三年（一八六）二月八日とされており、第九の鳩摩羅什の訳出が弘始二年から十四年の間（四〇〇―四一二）とすれば二百数十年の間に七回の訳出をみたことになるわけである。

梵本〈*Śūraṃgamasamādhisūtra*〉は散佚して伝わっていないが、その一部分が『大乗集菩薩学論』に引用されている。（*Śikṣasamuccaya*, ed. by Bendall, Petersburg. 1902,）。

チベット訳〈*Ḥphags-pa dpaḥ-bar-ḥgro-baḥi tiṅ-ṅe-ḥdsin ces-bya-ba theg-pa chen-poḥi mdo*〉はデルゲ版『東北目

録』No,132、北京版『大谷目録』No,800に収録されている。本国訳文におけるチベット相応文は、さきに北京版の頁段数を示された『大乗仏典』7「維摩経・首楞厳三昧経」(中央公論社、昭和四十九年刊)の成果をお借りしたものである。記してもって甚深の謝意を表する。

二 本経の同名異経

略称すれば本経と同じく『首楞厳経』といった経典があるが、まったく別本の経典である。具名は「大仏頂如来密因修証了義菩薩万行首楞厳経」という。この経典は唐代般刺密帝の訳出にかかるもので、十巻本である。内容も著しく異なるが、禅定を力説するところは同じである。この経典は比較的後期に製作されたもののごとく、かなり密教の色彩が濃い。しかし禅を強調していることから宋代以後中国の禅宗においてよく流行し、この経典の注釈書は多い。それにひきかえ、『首楞厳経』の注釈書は非常にすくない。この経典の力点は禅定の力と白傘《はくさん》蓋陀羅尼《がいだらに》の功徳力《くどくりき》を説くところにあり、白傘蓋陀羅尼によってあらゆる魔障を撃退し、それによって禅定に専注して如来の真実知見を得、生死を解脱するというのである。

三 内容の梗概

本経は上下二巻に分巻されているのみであって、内容による分品はされていない。今は諒解し易くするために前の業績をかりて項目をあげて内容を摘示すれば、次のとおりである。

巻の上

一　首楞厳三昧の特質

1　序　あるとき仏は王舎城の霊鷲山におられた。ときに大比丘三万二千人、菩薩七万二千人がいた。いずれも三昧に安住して動転することはなかった。そこで経は菩薩の名を二十六人あげ、これらを代表者とし、また忉《とう》利《り》天《てん》以下の諸天、ならびに天龍八部衆、人《にん》と非人《ひにん》等、みな大法を願う者が集まっていた。

2　**堅意菩薩の質問**　大衆の中に堅意菩薩なるものがいて、仏に質問した。それは、菩薩がすぐれた徳をあらわすことができる三昧は、何という三昧でございましょうかという問いであった。

3　**仏、はじめて首楞厳三昧の名をあかす**　仏はこの問いに答えられて、それは「首楞厳三昧」と名づける三昧であり、この三昧に入れば仏国土の功徳を得て、畢竟涅槃に入ることはないと説示される。

4　**諸天神、おのおの師子座を設ける**　会中の天帝釈、梵天、四天王等は、おのおの如来のために師子座を設けて、各神それぞれ仏から首楞厳三昧を聞こうとした。

5　**各師子座に如来現われる**　天帝釈、梵天、四天王等は座を敷きおわって、おのおの仏に、どうぞ私の座に坐して首楞厳三昧をお説きください、とお願いした。即時に仏はそれぞれの座に坐したもうた。

6　**化作の如来の虚妄性と平等性**　ときに梵天衆の中に等行という梵天がいて仏にもうしあげるには、この如来は、私の座の仏が真実であるのか、あるいは他の座の仏が真実であるのか、いずれでございましょうかと問うのであった。仏がいわれるには、一切諸法は空であり幻のごときである。このもろもろの如来はみな真実である。諸法はみな等しいのであるからこのもろもろの如来は平等であり、またこの如来はあらゆるものと平等である、と宣説せられたのである。如来が神通力をもとにおさめられると、化作の如来は消えて、ただ一仏を集会は見たてまつるのであった。

7 **首楞厳三昧の特質** 仏は堅意菩薩に首楞厳三昧の特質について説かれた。漢訳にあっては百項目、チベット訳にあっては百三項目にわたって説かれている。チベット訳ではこの項目がさらに偈頌をもって再説されている。

8 **諸善を集約する首楞厳三昧** 仏は続いて堅意菩薩に、一切の禅定、解脱、三昧、神通如意、無礙の智慧、これらもろもろの法門はすべて首楞厳三昧の中に摂《おさ》められるのであると説かれた。

二 六波羅蜜と首楞厳三昧の修練

1 **布施波羅蜜** 仏が堅意菩薩にいわれるには、菩薩が首楞厳三昧に住すれば、財を求めることを行ぜずして布施行を成就すると。

2 **持戒波羅蜜** 仏が堅意菩薩にいわれるには、菩薩が首楞厳三昧に住すれば、戒を受けることをしないで戒において動ずることはない。もろもろの衆生を教化せんとするために、戒行を受持する威儀を現ずるからであると。

3 **忍辱波羅蜜** 仏が堅意菩薩にいわれるには、菩薩が首楞厳三昧に住すれば、衆生は畢竟して滅して不生であると忍受し、諸法は不起であると忍受するのであると。

4 **精進波羅蜜** 仏が堅意菩薩にいわれるには、菩薩が首楞厳三昧に住すれば、大精進を発《おこ》して善法を得るのであるが、しかも身口意の業を発動しないのであると。

5 **禅定波羅蜜** 仏が堅意菩薩にいわれるには、菩薩が首楞厳三昧に住すれば、もろもろの威儀、行住坐臥を現じながらも心はつねに寂然として禅定にあるのである。また生老病死のあることはない。しかし衆生教化のために老死を示現する。これが首楞厳三昧に住する菩薩の禅波羅蜜であると。

6　智慧波羅蜜　仏が堅意菩薩にいわれるには、菩薩は首楞厳三昧に住して智慧を修行すれば、ことごとくもろもろの禅を知り、また禅分を知って自在によく禅に入り禅を出る。衆生を教化するために意に随って一切の生処に身をうけ、つねに深妙の智慧を成就して、一切衆生の所行を除断するのであると。

7　この三昧における衆生教化のはたらき　仏が堅意菩薩にいわれるには、菩薩が首楞厳三昧に住すれば、名を聞く者があれば三毒の箭は自然に抜け出し、邪見の毒はみな除滅し、一切の煩悩もまた発動しない。また死んだ肉を食する者、畜生であれ人間であれ、それらのもろもろの衆生は、菩薩の戒願力をもっての故に、死して後、天に生ずることができ、病痛や衰悩の患がないのであると。

8　六波羅蜜はつねに同時に起こる・香粉のたとえ　仏が堅意菩薩にいわれるには、菩薩が首楞厳三昧に住すれば、挙足下足、入息出息、念々につねに六波羅蜜があるのである。あたかも百千種香中より一種香を求めても余香が薫ずるようなものである。それは菩薩の身はこれ法であり、行がまた法であるからである。すなわち菩薩が、すべてを捨して心に貪著のないのは布施波羅蜜であり、心よく寂静にして滅するところ悪なし、これ戒波羅蜜であり、心の本性を知ればもろもろの対象において傷つけられることがないのは、これ忍辱波羅蜜である。心が努めて観察して正確にものごとを択びわけ、心が煩悩から離脱したことを知る。これ精進波羅蜜である。畢竟して寂静となる。これ禅波羅蜜である。心を観じて心を知り、心相に通達する。これ般若波羅蜜である。このように念々に六波羅蜜を具足するのであると。

ときに衆の中に成慈大梵王なるものがいて仏と問答をなし、首楞厳三昧に住する菩薩は一切の凡夫の行を行ずるを現じて、しかも心には貪瞋癡三毒の行なく、それ故、一切凡夫の行を行ぜんとすれば、まさに首楞厳三昧を学ぶべきことを説いている。

9　**学習の階梯、弓術のたとえ**　仏は堅意菩薩にいわれた。首楞厳三昧を学習せんとするならば、弓術のごとく上達にともなって至難の技を得るように、まず善法を楽《ねが》う心を養え。しかる後、法を求める深重なる心を学べ。大慈、大悲を学び、慈悲喜捨の四梵行を習せよ。その結果五神通を得るであろう。この神通を学びおわってそのとき六波羅蜜を成就するのである。波羅蜜行を成就しおわればよく方便に通達する。方便に通達しおわれば第三柔順忍に住する。この忍に住しおわれば無生法忍を得る。その後に授記を得てよく第八菩薩地に入る。この地に入りおわれば諸仏現前三昧を得る。この境地に至れば諸仏の因縁を具足し、よく仏土を荘厳する功徳を起こし、これを起こしおわってよく生家の種姓を具足する。これをおわって入胎出生し、出生しおわってよく十地を具足する。十地を具足しおわればそのとき仏の名号を受ける。仏の名号をうけおわって一切の菩薩三昧をうる。一切の菩薩三昧を得おわって、しかる後に首楞厳三昧を得るというのである。

三　諸天による首楞厳三昧の解説

1　**首楞厳三昧を成就した持須弥頂天帝釈との問答**　持須弥頂天帝釈と堅意菩薩の問答において天帝釈は、菩薩が首楞厳三昧に住すれば、諸法の中においてすべて得る所なく、またすべて住する所はないというのである。

2　**妙身と宝珠のたとえ**　釈提桓因と持須弥山釈と「妙身」について問答する。仏は持須弥山釈に真実の妙身を示すべしという。持須弥山釈は妙身を示すが、首楞厳三昧を得ない者はあたかも墨のごとくみえるが、実の妙身は須弥山王のごとく、高大にして光明かがやき遠くを照すのである。

仏は釈提桓因にいわれた。この首楞厳三昧を体得した菩薩が天帝釈に姿をかえたときには、彼は自分の首にあらゆる光が集まるところの摩尼珠をつけるのであろう。いろいろな摩尼珠の照明はこの光に及ばず、摩尼珠のすがたを消してしまうであろう。このように菩提心を発《おこ》さないものは、この清浄な妙身を得ることはできないのであると。

3　**瞿域天子の解説**　ときに瞿域天子が釈提桓因にむかっていうには、声聞の法位に入ったものは、仏の法を称歎し愛楽することがあっても、それは仏の功徳が身につかない。それ故、もしこの妙身の大智慧を得んとするならば、まさに無上仏の菩提心を発すべきである。そうすればこの上妙の色身を得ることができるからと。ときに一万二千の天子が菩提心を発した。

4　**変成男子**　瞿域天子は堅意菩薩の問いに答えていうには、大乗を志すものには男女の区別はない。一切智の心は、三界におけるがごとく分別あり、男女ありとするものではないからである。一切法には成ずる、転ずるがごときことはない。諸法は一味であるからである。それ故、首楞厳三昧に住すれば、願う所に随って女身あり男身あり、女身にして男子を成ずるを願えば、女身の相を壊せず捨せずして男子を成ずるのである。これ男、これ女と執するのはともに顚倒の見であると。

5　**若き日の釈尊と首楞厳三昧**　瞿域天子が堅意菩薩にいうには、我《われ》は首楞厳三昧を、他《かれ》が得たるを知るが我《われ》自らにはこれを証することはできない。過去世の釈尊の若き日のとき、首楞厳三昧に住して神力感応し、愛欲にあっても、また国事を治めても三昧から離れることはなかったことを梵天王から聞き、菩薩のところにおいて世尊の想を生じ菩提心を発した。これが我の見る所であってこのように少分に首楞厳三昧を知るのみであって、やがて無量の不可思議の功徳、勢力を得ることができるであろうと。

そこで堅意菩薩は仏にもうしあげた。瞿域天子はまもなく首楞厳三昧に住して今の世尊のように自在の神変の勢力を得るであろうと。

6 **集会の衆、首楞厳三昧を体得す** 堅意菩薩は仏に、この会中に首楞厳三昧を得たるものありやと問うた。それを聞いていた現意天子が堅意菩薩に、今、如来の大智海会における菩薩は、自ら首楞厳三昧を得て帝釈身を現じ、梵王身を現じ、ないし八部衆、四衆等を現じている。如来が種々に示現するのもみな首楞厳三昧によるものであると。仏は堅意菩薩にいわれた。この現意天子はすでに首楞厳三昧に通達しているのでこの説をなすのであると。

7 **首楞厳三昧による種々の変身** 仏が現意天子に、首楞厳三昧による種々の身を示現するようにいわれた。すると現意天子は集会の者をしてみな転輪聖王となさしめ、またつぎにはみな釈提桓因となさしめ、またつぎにはみな長老大迦葉となさしめ、またつぎにはみな釈迦牟尼仏身となさしめた。

8 **菩薩の名に価いするもの** そのとき大弟子、八部衆、天部等は異口同音に仏にもうしあげた。もし人が首楞厳三昧を得たならば、この人は仏道を究竟し、智慧神通を成就する。それ故、菩薩が仏法に通達し彼岸に至らんとするならば、一心に首楞厳三昧を聴いて受持し読誦し他人のために説くべきである。この人が首楞厳三昧を得たならば、この人は仏の境界に入って智慧自在であると。

9 **凡夫の徳性と仏陀の徳** 現意天子が堅意菩薩にいうには、もしよくもろもろの凡夫法と仏法との二無きに通達すれば、これを首楞厳三昧の修集と名づけるのであると。

10 **首楞厳三昧はどこに行くのか** 現意天子が堅意菩薩にいうには、首楞厳三昧は一切衆生の心行に至り、また去って一切のもろもろの所生の処に至り、また去って一切世界の仏所に至り、また去って一切の音声語言に至り、このように普ねくよく一切の仏法を開示する。しかも畢竟して尽処に至らない、つまり仏の至る所に随って至るのであると。

11　**仏陀の涅槃の意味**　現意天子が堅意菩薩にいうには、如来は涅槃には至らない、もともと如来は涅槃性であるからであると。

12　**無立場の立場**　現意天子が堅意菩薩にいうには、如来は無生無滅の相であって、このようにして成道せられたのである。諸仏が世に出ることも、あるいは涅槃に入ることも、その差別はないのである。如来は、一切諸法はこれ寂滅相であると通達するのである。如来は不住法に住して化人を作り法を説くのであると。

13　**楽説弁才について**　現意天子が堅意菩薩にいうには、菩薩は我他彼此の相をもってせず、法相をもってせず、しかも説くところを楽説弁才を具足するというのであると。

14　**現意天子の故地と仏陀の予言**　仏が堅意菩薩にいわれるには、この現意天子は阿閦仏の妙喜世界から来ってここに至ったのである。そしてつねに首楞厳三昧を説くのである。この現意天子はこの娑婆世界においてまさに成仏するであろう。この人はこの娑婆世界の五濁の悪を断じて仏土をつくり、衆生を教化して首楞厳三昧を修習し増長せしめんがためにここに来たのである。そしてこの賢劫をすぎて千仏が滅しおわったあと、六十二劫にわたって仏は出現されないであろう。その間にはただ百千万億の辟支仏が出るのみである。その中の衆生は善根を種えることができて、この劫をすぎおわって成仏するであろう。それらの名を浄光称王如来といい、国土を浄見という。ときに浄光称王如来はよく衆生の心を清浄ならしめ、三毒を除き、法の浄信を得て善法を行ずるのである。この如来の寿命は十小劫であり、三乗の法をもって衆生を度脱し、その中の菩薩はみな首楞厳三昧を得て諸法において自在力を得るのである。

そのとき、魔や魔民はみな大乗を修して衆生を慈愍するのである。その仏国土には三悪道や難処なく、荘厳し清浄なること北瞿盧洲のようである。仏の滅度の後、正法の世にとどまること千万歳である。この現意天子はこの清浄国土において成仏を得るのであると。

この法を説くとき、二万五千の天子、それはかつて先世においておおくの徳本を種えたるもの、みな仏無上の菩提心を発し、一方の菩薩は無生法忍を得たのである。

巻の下

四　魔王と魔界菩薩の物語

1　五縛に縛られた魔王　仏は悪魔を見んとする舎利弗に告げられた。悪魔が五縛を被《こうむ》り自ら解くことができないでいるが、これは首楞厳三昧の威神力によるものである。仏国土において首楞厳三昧を説くとき、その中のもろもろの魔が悪心をもってそれを礙げようとすれば、首楞厳三昧、および諸仏の威神力によってこの悪魔は、みずから身は五縛を被るのである。それ故、この首楞厳三昧を説くところにおいて、仏の現在においても、もしくは滅後にあっても、すべての魔や魔民、および悪心をいだく者は、首楞厳三昧の威神力をもってみな五縛を被るであろうと。

2　十二の謬見　そのとき会中の天、龍、夜叉、乾闥婆等の八部衆は仏に、我らはこの三昧において疑うところなく、何の礙げをするものではない。それ故、五縛を被ることはない。我らはこの三昧を世尊と想い恭敬するのであるから、この三昧を説く者を守護するであろう、ともうしあげる。仏は、汝らはこの故に十二見縛から解脱するであろう、といわれ、十二見縛の名をあげる。

3　首楞厳三昧の名を聞くことの功徳　仏が舎利弗にいわれた。もし人が、ただ首楞厳三昧の名を聞くだけでも、仏はこの人は大いに善利を得て、四禅、四梵処に生れるよりも勝れていると説くのである。もし悪魔がこの首楞厳三昧の名字を聞くことができたならば、この因縁によって一切の魔事を出過《すいか》し、十二見縛を解脱することができるであろうと。

4　**魔界行不汚菩薩の説法**　そのとき会中の魔界行菩薩は会中から消えて魔宮に姿をあらわし、悪魔にむかっていうには、仏の首楞厳三昧を聞きなさい。おおくの衆生はみな仏無上の菩提心を発して魔の境界より出て、また人々をも済度し解脱せしめたのであると。魔がいうには、首楞厳三昧を聴受する者を礙げようとして我は身に五縛を被ったのであるが、また、諸仏菩薩には大威徳があってこれを壊し乱すことはできないと思ったとき、五縛より解脱をえたことに気づいたのである、と魔界行菩薩に語った。菩薩は、憶想分別、戯論に縛があるのだ、実には縛者もなければ解者もない、本来無縛であるからである、と説いた。

5　**魔界天女の回心**　ときに魔界行菩薩は魔衆の中の七百の天女にむかって、汝らは六十二見をもって魔の縛に縛せられているが、諸見は本より来ることとなく去ることとなく、諸見来々の相のなきことを知れば魔の縛より解脱するであろうと説き、七百の天女はこの法を聞いて順忍を得た。

6　**悪魔の偽りの発菩提心**　魔界行菩薩は悪魔と、汝の眷属がこのように菩提心を発したのであるから悪魔も菩提心を発すようにすすめた。すると五縛に縛られている悪魔は他を欺く心を生じ、七百の天女が菩提心を捨離するのであれば我は菩提心を発すであろうといった。すでに方便力を具えている天女は菩提心を捨てたと悪魔に伝えると悪魔は魔界行菩薩に、我今、まさに菩提心を発すであろうことを告げ、ついに身、解脱することができた。

7　**婬欲天女の回心**　ときに魔界行菩薩は神通力をもって大光明を放ち妙身を現じて魔宮を照らした。魔衆の中の二百の天女は深く婬欲に執していて、菩薩の妙色身端正なるを見て情欲を起こしていった。菩薩がもし我とともに事に従ったならば、我らはこの人の教えに随うであろうと。この魔界行菩薩はこの二百の天女を教化するために、菩薩と同じき天子を二百人化作し、また二百の魔宮を化作し、化作の菩薩とともにあい娯楽せしめた。婬欲の意の喰むを得たる後、愛敬せられたる菩薩は天女の求めに応じて法を説き、これを聞いた天女はみな仏無上の菩提心を発した。

8　**悪魔の新たな偽り、末世の発菩提心**　ときに魔界行菩薩は悪魔に、仏のもとに至って礼すべきことを告げた。さきに偽りの菩提心を発して縛の解けた悪魔は仏のもとに至り、二度とこの首楞厳三昧を説かないでください、この三昧を説けばわが身はまた五縛を被るから他事を説きたまえ、ともうしあげた。ときに仏は堅意菩薩に告げられた。この悪魔は縛よりまぬがれるために菩提心を発した。清浄の心によるものではない。わが滅後、後五百歳になると、比丘比丘尼、優婆塞優婆夷は、軽戯の心、利養を貪る心等をもってこの三昧を聞いて菩提心を発すのである。それでも仏無上の菩提のために因縁となるのであると。

9　**悪魔に対する仏の予言**　仏は堅意菩薩にいわれた。今、この悪魔は縛からのがれるために首楞厳三昧を聞き菩提心を発した。しかしこの発菩提心の因縁の故に悪魔は未来世において魔事を捨てることができるであろう。今より以後、漸々に首楞厳三昧を得て仏道を成就するであろうと。堅意菩薩は悪魔に告げた。仏は汝に授記されたと。

10　**四種の授記**　仏は衆会の者に悪魔の授記の疑いを除くために、堅意菩薩に四種の授記を説示された。一に未発心の者の授記、二に発心した者の授記、三に密の授記、四に無生法忍を得たる現前の授記である。

11　**未発心者に対する授記**　仏は堅意菩薩にいわれた。諸根がすぐれ、大法を好楽する者は、たとい六道を輪廻しても未来によく発心することを如来はよく了知するからであると。

12　**大迦葉の誓い**　そのとき大迦葉が仏にもうしあげるには、今より後は、我《われ》は一切衆生において世尊の想を生ずるであろう。いずれが菩薩の根を有するとなすやを知ることができないからである、という。仏は、そのとおりである。だから経中に、「みだりに他の衆生を称量してはならぬ」といったのである。この故に声聞、菩薩、衆生においてまさに仏の想を生ずべきである、と迦葉にいわれたのである。

13　**発心と同時に与えられる授記**　ある人、長い間、徳本を種え、善行を修め、つとめて精進し、諸根猛利にして大法を好楽し、大悲の心あり、衆生のために解脱を求める者は、発心すればたちどころに不退の位に住して菩薩となる。如来はこの人に発心と同時に授記を与えられるのである。

14　**秘密裡に与えられる授記**　菩薩あり、久しく六波羅蜜を行じ、衆みないつ授記を得るかと思うとき、仏が衆の疑いを晴らさんとしてこの菩薩に授記を与える。そのとき衆はこの菩薩の授記を知るが、菩薩自らは授記を得たることを知らないのであると。

15　**仏の面前で与えられる授記**　菩薩あり、久しく善根を積み梵行を修し、無我、空を観じ、一切法において無生法忍を得たるとき、一切の衆のいる中にあって、仏の面前において授記を与えられた。ときに無数の人がこれにならって仏無上の菩提心を発した。授記を得た菩薩は虚空に昇った。仏はこのような四種の授記を堅意菩薩に語られた。

16　**授記された菩薩たち**　ときに仏は堅意菩薩にいわれた。師子吼王菩薩と楽欲居士の子、ならびに他方世界の無数の菩薩には、未発心において授記を与えた。寂滅菩薩と大徳法子菩薩、文殊師利菩薩等にはまさに発心するとき授記を与えた。智勇菩薩や益意菩薩等には密かに授記を与えた。仏と弥勒と賢劫の千仏は、みな無生法忍を得て現前に授記を受けたのであると。

17　**仏の微笑―天女の授記**　魔界行菩薩の教化をうけた天女が、仏無上の菩提心を発して、仏に現前の授記を願った。ときに仏は微笑して口より妙光を発した。これを見た阿難は仏に、何故に微笑せられたかと問うた。仏は阿難に告げられた。この二百の天女は昔、五百の仏所において深く善根を植え、後、無数の仏に供養し、七百阿僧祇劫をすぎて成仏するであろう。この天女は命終の後は女身を転じて兜率天に生れ、弥勒菩薩を供養するであろうと。

18　**魔界の真如と仏界の真如**　ときに悪魔が天女の授記を見て仏に、首楞厳三昧を聞くことのできた天女たちはもう自分のままにならないことを告げる。天女は臆することなく悪魔にいう。悪魔よ嘆くなかれ、魔界の真如も仏界の真如も別ではない。一切の諸法には決定せる法はないのであると。

19　**悪魔宮殿を仏に寄進**　そのとき悪魔は苦悩して天上に還ろうとした。それを知った魔界行菩薩は悪魔をひきとめ、今、汝は本の宮殿にいると告げ、この宮殿を仏に寄進することをすすめる。仏が宮殿にあって首楞厳三昧を説かれる。

20　**布施の功徳**　阿難は仏に、施食後成道するのと、仏の所住の処において首楞厳三昧を説くのといずれが福おおきかを問う。仏は答えられた。施食後成道の功徳も、施食後法輪を転ずるも、施食後首楞厳三昧を説くも、この三つの食の福に差別はない。また施食後初めて法輪を転ずると、法師が施食後、この首楞厳三昧を説くと、この二施食の福は等しい。また仏が精舎にて十八神通をもって衆生を度脱すると、また人が精舎の中で首楞厳三昧を読誦すると、その福は異ならないのであると。ときに阿難は悪魔にいった。汝は宮殿を仏に施し大利益を得たと。悪魔は魔界行菩薩の恩を感じた。

21　**魔界行菩薩の首楞厳三昧の威力**　堅意菩薩は仏に、魔界行菩薩が首楞厳三昧に住して神力自在なるかと問うた。仏はいわれた。この菩薩は首楞厳三昧に住して神力自在である。魔界行を行ずるを示現し、また天女とともに娯楽し、魔宮に入るを現ずる等、しかもいずれにも染せず著せず、仏法をもって衆生を教化するのであると。

五　釈尊および菩薩たちの奇瑞

1　首楞厳三昧による釈尊の奇蹟　仏は堅意菩薩に如来の首楞厳三昧に住するところの自在神力を説かれた。この三千大千世界の閻浮提において六波羅蜜を現じ、五通の神仙となり、一生補処にあるを現じ、転輪聖王となるを現じ、あるいは六欲の天王、あるいは長者、居士、バラモン、刹利、菩薩等々を現じたのであると。

2　一燈明世界に在《まし》ます如来　会中の天龍八部衆菩薩大弟子等は、釈尊はこの三千大千世界のみにおいて神力あり、他の世界に及ばないのかと考えた。文殊師利はこの疑いをはらすため仏にもうしあげた。私が遊行する国土の、この世界を越えて六十恒河沙を過ぎたところに一燈明という仏国土があった。仏が法を説いているのでかの仏の名を聞いたが、それは釈尊に聞くようにいわれた。この国には菩薩のみいて法を説いていた。世尊よ、この如来の名を教えたまえと。仏は文殊師利に告げられた。かの一燈明の国に法を説く者の名は示一切功徳自在光明王であり、その仏はすなわち我《われ》釈尊である。これはわが宿世に修したところの浄土である。我は無量の国土において神力がある。これは首楞厳三昧の勢力であると。

3　菩薩の四徳　そのとき、集会の者みな驚き喜び仏およびもろもろの弟子に供養した。仏はいわれた。この首楞厳三昧を聞いてよく信受する者に四法がある。一には過去の諸仏においてこの三昧を聞くこと、二には善知識を得て深く仏道を願うこと、三には善根深厚にしてよく大法を願うこと、四には自ら大乗の深法を証することのできるもの、である。この三昧は一切の声聞、縁覚の通達することのできないところであると。

4　大迦葉の述懐　長老摩訶迦葉が仏にもうしあげた。我らは仏の深法において智慧あることなく、それにひきかえ菩薩は真に天眼を得、深い智慧を得たるを知る。人にして一切智の心なければ、智者とは言われず福田とは謂われえないと。仏はそのとおりといわれた。摩訶迦葉がこの語を説くとき、八千の衆生がみな無上の菩提心を発した。

5　**福田十種の徳**　文殊師利は堅意菩薩の問いに答えて福田の十法をあかした。文殊菩薩のいう、一に空無相無願の解脱門に住する。二に四諦を見る。三に八解脱を行じてしかも菩薩の行を捨てず。四に三明を具す。五に声聞の形式を現じてしかも音教を求めない。六に辟支仏の形色を現じてしかも法を説く。七につねに禅定にあってしかも諸行を行ずる。八に正道にあって邪道に入るを現ずる。九に深く染愛を貪ってしかも一切の煩悩を離れる。十に涅槃に入ってしかも生死を捨せず。この十種を具えればこの人は真実の福田であると。

6　**須菩提福田第一について**　堅意菩薩が須菩提に問うた。仏は何故に十法具足せざる汝を福田第一といわれたのかと。須菩提のいう、我は声聞辟支仏の中において福田第一であるが、仏、菩薩のところでは福田と名づけずと。

7　**多聞について**　堅意菩薩は文殊師利に問うた、多聞とは何かと。文殊のいう、一句の中に千万億の義を解す。また無量の諸仏の所説を聞いてよく受持し、持《たも》ちて忘れず、衆生のために説き、しかも身と衆生と法と差別なきことをいうと。

8　**阿難多聞第一について**　会中に浄月蔵菩薩がいた。阿難に問うた、何故に仏は阿難を多聞第一といわれたのかと。阿難のいう、今文殊の示す十法のごとき徳は具えていない。音声によって解脱を得た中で第一というのみである。法を受持することをえたのはこれ如来の神力によるのであると。そのとき仏は浄月蔵菩薩に告げられた。如来が説くところの法は無量無辺であって、阿難が持つところのものは甚だ少ないのであると。

9　**浄月蔵天子の授記**　そのとき浄月蔵天子は十万の七宝の華蓋を如来にたてまつった。蓋はただちに虚空に舞い上って空中にとどまり、覆われたる衆生は金色となった。そして仏にもうしあげた。この福をもって衆生をして説法すること世尊のごとく、受持すること文殊師利のごとくなさしめたまえと。仏は浄月蔵の深く仏道を願うを知って授記を与え、今四百四十万劫をすぎてまさに成仏するであろうと。

10　**二百の菩薩**　この法が説かれたとき、二百の菩薩は怠惰の心を生じた。諸仏の説かれた法は無辺であり、深遠である。仏無上の菩提は得難いから辟支仏乗をもって涅槃に入るにしくはないと考えた。そのとき文殊師利はこの二百の菩薩の心中を知ってかえって菩提心を起こさしめようとした。文殊師利は仏にいった。私の過去世を思うに、照名といった。三百六十億世に辟支仏乗をもって涅槃に入ったと。衆は疑った。舎利弗は仏にもうしあげた。涅槃に入った文殊師利がどうして再生し過去世を物語るのかと。

11　**文殊師利菩薩辟支仏の涅槃に入る**　ときに舎利弗は文殊師利に問うた。涅槃に入ってまた再生したのかと。文殊師利のいうには、かの照明劫のとき仏あり、弗沙《ほっさ》といった。涅槃に入り、法のとどまること十万歳、法の滅した後、その中の衆生はみな辟支仏乗をもって解脱した。我文殊はそのとき衆生を教化せんがために辟支仏となり、衆は我に食を供養し、供養をうけおわって虚空に飛んだ。これを見た衆生は大いに喜び、我もこのような法利を得せしめたまえという。そこでこの衆生に無量の善根を種えしめた。衆人が我に供養するを倦《う》んだと観察したとき、我はただちに衆に我涅槃の時至ると告げ、衆は我を焼き実に滅すといった。我は時に異国の大城に至り、また辟支仏身なりといい、同じくまた涅槃に入ったのである。我は一小劫、三百六十億世の間、辟支仏身となって入涅槃を示し、三十六億の衆生を解脱せしめたのである。実には永く滅することはなかったのである、というのである。

12 **菩薩の聖者のありよう**　文殊師利がこのことを説くとき、三千大千世界は六種に震動し、光明は遍ねく照らした。千億の天が文殊師利を供養して世尊に、文殊師利は何の三昧に住してこの未曾有のことがあるのかと問うた。仏は天に告げた。文殊師利は首楞厳三昧に住してこの希有の難事を現じた。阿羅漢となり辟支仏となって衆生を教化してきた。菩薩がこの聖者となって賢聖の行を行じたが、しかもその中に住するのではないと。

13 **五逆の者も聖者にまさる**　仏のこの義を聞いた天はみな涕涙して仏にいう。すでに声聞、辟支仏の位にあれば永く首楞厳三昧を失うのである。むしろ五逆の人ならばこの首楞厳三昧を聞けば菩提心を発して仏となることができるが、漏尽の阿羅漢になれば、破れた器のごときであって三昧を受けることはできない。容器の破れたるものは、飽くほど食してもこれを持ち帰り余人に施すことはできない。完器をもつものは菩薩であると。

14 **菩薩の十力**　先に退転の心をもった二百の天子は、このもろもろの天子の語を聞き、また文殊の不思議の功徳を聞いて菩提心を発して仏にもうしあげた。我らは危害にあって失命することがあってもこの心をもって衆生を捨てることはない。願わくは首楞厳三昧を聞いて菩薩の十力を得たいものである。一に菩提心堅固、二に仏法における深信力、三に多聞の不忘力、四に生死を往来しても無疲力、五に衆生における堅い大悲力、六に布施における堅い捨力、七に持戒における不壊力、八に忍辱における堅い受力、九に魔も壊することのできない智慧力、十に深法における信楽力であると。そのとき仏が堅意菩薩に告げられるには、わが滅後においてこの首楞厳三昧を聞いてよく信楽する者はみなこの菩薩の十力を得るであろうと。

15 **十八目的の実現**　会中に名意菩薩（チベット訳ではジナマティ菩薩となっている）がいた。仏にもうしあげるには、福徳を得んとする者、慧を得んとする者、好処に生ぜんとする者、大富を得んとする者、妙色を欲する者、弁才を欲する者、陀羅尼を欲する者、智を得んと欲する者、楽を得んとする者、衆生を利益せんとする者、妙音声を欲する者、功徳を欲する者、法を求めんとする者、坐禅を欲する者、思慧を欲する者、梵世に生ぜんとする者、天人に生ぜんとする者、涅槃を得んとする者、一切の功徳を得んとする者はまさに首楞厳三昧を聞き受持読誦し、他のために説き、如説に修行すべきであるというのである。

16　**首楞厳三昧の修習**　仏が名意菩薩にいわれるには、諸法の空を観ずればこの三昧の修習に入っているのである。また憎愛を離れ、衆生の心々所に随い、諸根の入門に随い、衆生の名色に随い、仏の名色相貌に随い、諸仏の国土に随う等、このように一事をもってするのではないと。

17　**弥勒菩薩の神通**　そのとき名意菩薩が仏に問うた。この一生補処の弥勒菩薩は首楞厳三昧を得たのかと。仏がいわれるには、十地に住し一生補処の仏の正位につくものは誰もこの三昧を得るのであると。すると弥勒はただちに神力をもって種々の人物に変現した。名意菩薩は仏に、菩薩がよく首楞厳三昧に通達すれば声聞乗、辟支仏乗、仏大乗に通達するものであることをもうしあげた。

18　**文殊師利菩薩の過去**　ときに長老摩訶迦葉は仏に、我の思うところでは、文殊師利は前世において仏事をなし、道場に坐し、法輪を転じ、衆生に大滅度に入るを示されたものであるともうしあげた。仏はそのとおりであるといい、文殊師利の前世のありさまを説かれた。ここで平等国の龍種上仏の名が出て、智明菩薩に授記した。この龍性上仏が今の文殊師利であるという。

19　**存在の理法に従う**　長老摩訶迦葉が文殊師利にいうには、このような難事をよく施作して衆生に示現すると。文殊師利は、一切諸法は因縁によってあり、我はこれに力を用いるわけではない。よくこのことを知ればこのような所為もとくに難いことはない。四諦を見て神通を得たならばこのような事業も難しとなすものではない、というのである。

20　**十方の諸仏と堅意菩薩の授記**　そのとき世尊は虚空に昇り、結跏趺坐して身より光明を放ち、遍ねく十方の世界を照らした。集会のものが十方の無量の諸仏をみると、みな首楞厳三昧を説いていた。十方の諸仏もまた虚空に昇り、結跏趺坐して身より光明を放ち十方の世界を照らした。おおくの衆生はまた釈迦牟尼仏が虚空に昇って結跏趺坐するを見た。この土の菩薩および天龍八部衆が華を釈迦牟尼仏や諸仏に散ずると、これがみな仏の上で華蓋となった。そのとき釈迦牟尼仏は神足をおさめてもとの如く本座にもどり、堅意菩薩にいわれた。これが如来の神通力である。衆生の功徳を増益せんがためにこの事を示現したのであると。神通力を現じたとき、八千の天人は菩提心を発した。そしてこの首楞厳三昧を説いたが、その説きおわらんとするとき、堅意菩薩と五百の菩薩は首楞厳三昧を得、第十地に住して仏の職の位を受けた。このとき三千大千世界は六種に震動し大光明を放った。

六　法の委嘱と護持

1　**法の委嘱と持須弥山頂釈の誓い**　そのとき仏は阿難に告げられた。汝はこの首楞厳三昧を受持し読誦して人のために説けと。持須弥山頂釈は仏に、阿難は声聞の人、他の音声に随うのみ。我よく今世来世にこの三昧を流布するであろう。この言まことならばすべての樹はみな菩提樹となり、その樹下にはみな菩薩を見るであろうという。もろもろの菩提樹は、そのとおりである。この人はかならず首楞厳三昧を流布せしめるであろうと証明する。そのとき天龍八部衆は仏にもうしあげた。どれほどおおくの衆生を教化しても、声聞乗をもって教化せられるのであれば、この首楞厳三昧をもって教化せられることにはとうてい及ばない。それは菩薩を成就せしめるからであると。

2　**仏寿の長さ**　仏は仏寿について堅意菩薩に語られた。東方三万二千の仏土に荘厳国があり、そこに照明荘厳自在王如来という仏がいて今、法を説いている。わが寿命はこの仏と同じであると。堅意菩薩は仏の神力と首楞厳三昧力をもって荘厳世界に往ってかの仏に寿命を尋ねた。かの仏は堅意菩薩につげた。わが寿命は七百阿僧祇劫であると。このとき阿難は仏に、かの仏というのはこの釈迦牟尼仏であられるといい、釈迦牟尼仏もそのとおりだといわれ、わが寿は七百阿僧祇劫をもって涅槃に入るといわれた。ときに大衆は仏にもうして、釈迦牟尼仏のように、ここにおいては短寿であっても、かしこにては七百阿僧祇劫の寿を、一切衆生にも具足せしめたまえというのである。

3　**首楞厳三昧の二十の徳**　仏は堅意菩薩に、この首楞厳三昧を書写、読誦、解説《げせつ》すれば二十の徳のあることを宣べられた。それは福徳、智慧、方便、弁才、法明、総持、法門、憶念随義、神通力、語言分別、衆生心を知る、諸仏を見る、諸法を聞く、衆生教化、自在三昧、浄土成就、形色最妙、功徳自在、波羅蜜修治、仏法不退転であると。

4　**この説法の恩恵に浴した人々**　この首楞厳三昧が説かれたとき、無量の衆生が仏無上の菩提心を発し、また倍数のものが不退地に住し、また倍数のものが無上の法忍を得た。一万八千の菩薩は首楞厳三昧を得、一万八千の比丘比丘尼は漏尽解脱して阿羅漢を得、二万六千の優婆塞優婆夷は法眼浄を得、三十那由他の諸天は聖位に入った。仏が経を説きおわると、文殊師利菩薩、堅意菩薩等の一切の菩薩、および声聞の大弟子、天龍八部衆等、世間人民等は歓喜し信受した。

四　他経との関係

『首楞厳三昧経』に説かれる首楞厳（śūraṁgama）すなわち「英雄的な行進」の三昧は、第十地の境地においてはじめて修せられる三昧であり、それ故、十地を説く経典とはつねにかかわりをもつわけで、例えば『華厳経』十地品の第十法雲地に説かれるところと比較すると、三昧において『華厳経』が離垢三昧、法界差別三昧、荘厳道場三昧、両一切世間華光三昧、海蔵三昧、海印三昧、虚空広三昧、観察一切法性三昧、随一切衆生心行三昧、如実知一切法三昧、得如来智信三昧等の諸三昧を説くのに対して本経は首楞厳三昧の一つの三昧に集約しており、また『華厳経』が第十地の諸徳をアトランダムに説示し、終りにこの第十地の菩薩は諸仏の大法の雲雨を堪受すると結んでいる。『首楞厳経』は十地の諸徳を、『華厳経』と同じく雑然とはしているが百句（チベット訳は百三句）におさめ、第百句において大滅度に入って、しかも永く滅せずと説いている。この説相の相違からは、『首楞厳経』は『華厳経』よりはなにほどかまとめられているといえる。

つぎに『維摩経』との関係ははなはだ深いというのがこれまでの定説である。教説の上で、不可思議解脱の法門として不二の法門を説く『維摩経』と、首楞厳三昧における不二の境地とはまったく趣を同じくする。そうした中で『維摩経』との類似点の若干をあげてみると、

一、首楞厳三昧の特質のなかで無量の仏国を一毛孔に入れると説いていることは、『維摩経』において、一切の仏土を一国に集め、すべての衆生を右の掌の上にのせて飛び、十方の諸仏の供養を一毛孔のなかに見せしめる等（五四六c）などと類似すること。

一、『首楞厳経』が首楞厳三昧の徳において、善にあっても悪にあっても、みな福田を同じくすると説いていることは、『維摩経』において善においても不善においても慈を等しくする（五三七c）と説くに類似すること。

一、同じく首楞厳三昧の徳において、一切の水を一毛孔の中に入れても水の性（魚類などを養う）を乱さないと説くところは、『維摩経』において、四大海の水を一毛孔の中に入れても水中の生きものをそこなうことはない（五四六c）と説くに類似すること。

一、同じく首楞厳三昧の徳において、衆生を教化するためにはもろもろの不具者のすがたを示現すると説くのは、『維摩経』において老病死を示して衆生を成就せしめると説くこと（五五〇a）に相応すること。

一、『首楞厳経』にあって堅意菩薩と瞿域天子との問答において、大乗をおこすもの首楞厳三昧に住すれば女性から男性への変身を説くことは、『維摩経』に天女の神力によって舎利弗も天女となり、またもとの舎利弗となる。このように女身もまた変成男子となる（五四八b）ことを説いていること。

一、『首楞厳経』が首楞厳三昧による種々の変身を説くなかで、三昧に住する菩薩はこの三千大千世界を一粒の芥子に変えることができると説くのは、『維摩経』において、須弥山をもって芥子の中に入れることができると説く（五四六b）ことに相応すること。

一、『首楞厳経』が巻上の終り近くになると、凡夫の徳性と仏陀の徳の同一性を説くに至っている。このことは『維摩経』が諸法の平等を説き、癡愛を滅せずして解脱をおこし、五逆の相をもって解脱を得る（五四〇b）と説くことと相応すること。

一、『首楞厳経』が、五縛を被った悪魔が解脱を得たこと、『維摩経』において説かれる不二法門、師子菩薩の無縛無解（五五〇c）、また宝印手菩薩の本より縛なし、誰か解を求めん（五五一c）という不二法門と対応すること。

一、『首楞厳経』が魔界の天女が魔より解脱を得んとして回心する条は、『維摩経』において、魔波旬が天女を魔宮につれもどす、維摩が無尽燈の摩法門を説く、天女が菩提心を発す（五四三b）、このことと類似すること。

一、『首楞厳経』が、漏尽の阿羅漢はこの首楞厳三昧を受けるにはたえず、五逆罪者もこの三昧を聞けば菩提心を発す、これ阿羅漢にまさるとなす説は、『維摩経』にあっては迦葉述懐して、我らは仏無上の菩提心を発すことはできない、五無間罪の者はよく仏法を生ずる（五四九b）ということと相応すること（カッコ内の数字は、大正蔵経第十四巻、羅什訳『維摩経』の頁数）。

このほかにも指摘されているように、両経は教理の上からも、説相の上からもきわめて近い関係にあることが知られるのである（『大乗仏典』7「維摩経・首楞厳三昧経」中央公論社、昭和四十九年発行、註および解説参照）。しかしながら『維摩経』がただ二乗を弾呵してやまないのに対して、本経が三乗おのおのその利益を得せしめているところは相異するところである。

また先覚の指示するところによれば、本経と『法華経』との関係に及ばなければならない。本経で目立つところはまず授記の多さである。巻上において、現意天子に授記して経は一応の役目を果したのであるが、巻下において経はがらりと様相一変して、悪魔および悪魔の世界をえがき、その悪魔に対しても授記している。しかも四種の授記を説いて懇切丁寧である。『法華経』も授記作仏をもって二乗および提婆龍女の成仏を説く。つぎにとりあげられるのが仏寿に関する両経の記述である。本経にあっては仏寿七百阿僧祇劫という。『法華経』にあっては五百千万億那由他阿僧祇劫という。いずれも仏寿の長遠をいったものであろう。『法華経』が仏の本地を顕わそうとしているのに対して、本経はかえって本地より短命なる釈尊を示現したことを説いている。しかしこの教えに浴した人々は、三乗それぞれに利益を得ているのに対して、『法華経』はあくまで成仏を目標としているところにニュアンスの相異をみる。これを『法華経』以前のいまだ成仏思想が徹底するに至らない時期の作品とみれば先覚の指摘するとおりである。

本経の先駆として『般若経』を予想せしめるものがあるとするのが大方の見解である。大乗の法を説きながらも、三乗の得益を明かすところは『般若経』に通じる。また須菩提の福田第一をとりあげ、しかもこの三昧にあえば大菩薩の一切智の勝れるを知る、とわが身を顧みることを知るというのも『般若経』の雰囲気である。大迦葉もまた菩薩の智慧の深きを知って、我その身を視ること生れながらの盲人のごとく、仏の深法において智慧あることなく、仏の所行を知らず、どうして我福田というべきとなげくがごときも、同じく『般若経』に通じる。このように菩薩の徳を説くことを先にし、二乗の救済にまで至らないのは『般若経』より出でてまだ『法華経』に至っていないとみなければならないから、『般若経』―『首楞厳三昧経』―『法華経』という順序となるであろう。このとき菩薩の十地の修習はすでに本経にとり入れられているのであるから、『十地経』は本経以前とすべきであろう。それでは『維摩経』とはいかなる関係にあるかといえば、両経は並行して流行したといってよいと思う。訳経史の上からは『首楞厳三昧経』の初出が中平二年（一八五）であり、『維摩経』の初出が後漢の厳仏調であるとする支謙訳が黄武の説であるから、訳出年代はほとんどかわらない。これまでのところでは『維摩経』が『首楞厳三昧経』より以前とされているから、今は両経の並行説をもって目途としておいたわけである。

五　本経の思想史的位置

本経の中国初訳が一八五年という古さから、インドにあっては西紀を余り降らないころにはすでに製作されていたとみてよい。この経典はその性格上、大乗仏教の基本的な三昧を説いたものであるから、修定者のテキストとなったことは疑いない。事実、『大智度論』にはその名を出だすことほとんど全巻にわたっている（第三、四、五、十、十七、二十三、二十八、二十九、三十、三十三、三十四、四十、四十一、四十三、四十七、五十一、七十五の各巻）。降って寂天（Śāntideva 六五〇—七五〇）は、その著『大乗集菩薩学論（*Śikṣāsamuccaya*）』の第一巻、および第六巻に本経を引用している。

中国にあっては前掲のように前後九回にわたって翻訳され、『高僧法顕伝』には、法顕が霊鷲山において本経を誦したといっている（大正蔵第五十一巻、八六三a）から、当時この経はきわめてポピュラーの経典として依用されていたことがわかる。このことによっても、その後の羅什の翻訳をみるに至ったものであろう。

チベットの伝訳本には、現存する羅什訳より、なにほどか増広がある。しかし増広についてとくに紹介しなければならないほどのものではない。この点は、羅什訳を仏訳したラモットも、漢訳の部分においてのみ仏訳をおこなっている。

このように本経は、「首楞厳」すなわち英雄的な行進といわれるほどの三昧の徳を説いたものであるから、インドにあっても、また中国に移入されても、ながく仏道修行者によって依用され珍重されていたものといえる。仏教がその後、教理に関心を示すようになってきたために、かかる修行上の基本的な典籍がとかく等閑視され勝ちであるが、かかる三昧の上に立って、弥勒の浄土、阿閦仏国、文殊の浄土などが言及され、ついには仏魔一如にまで展開しているところなど、大乗仏教の可能性をこの中に見る思いがするのである。

六　本経に関する研究図書

本経は中国に訳出され久しきにわたるが、中国における研究註釈書はついにあらわれなかった。唐代に訳された『大仏頂首楞厳経』の方は、枚挙に遑のないほどに研究し註釈され、多くの著述が残されている。

本経の研究図書は、一九六五年、ベルギーのラモット（E. Lamotte）、"*La Concentration de la Marche Héroïque*" と題して、『首楞厳三昧経』の仏訳を丁寧な註を付してブリュッセルから出版している（全三〇八頁）。訳註は後半、一一七頁から始まり、分品されていない本経を、文意のまとまったところで区切って数字をもって項目別とし理解し易く工夫してある。この分節の方法は『大乗仏典』7の訳者も踏襲されており、本解題もそれを参照して「内容の梗概」に依用した。また本経のコータン語訳の断片に関する研究がアンメリックによって〈R. E. Emmerick, *The Khotanese Śūraṅgamasamādhisūtra*, London〉ロンドンから出版され、コータン文の相応箇所にチベット訳と英訳とが付され出されている。またヘルンレは、サンスクリット断片を、〈A. F. R. Höernle, *Manuscripts Remains of Buddhist Literature found in Eastern Turkestan*, 1, Oxford〉において、チベット訳と対照して英訳とともに刊行した。

本国訳書下しに際し大東出版社刊『国訳一切経』経集部七、および、中央公論社刊『大乗仏典』7の本文ならびに解題を参照させて戴いた。記して甚深の謝意を表する。

(大)六二九中、㋠七一一

仏《ぶっ》説《せつ》首《しゅ》楞《りょう》厳《ごん》三《さん》昧《まい》経《きょう》

後秦《こうしん》亀茲《きじ》国《こく》三蔵《さんぞう》鳩摩羅什《くまらじゅう》訳

巻の上

是の如く我れ聞けり。一時、仏は[一]王舎城耆闍崛山《おうしやじようぎじやくつせん》の中に在《おわ》しまして、大比丘僧《だいびくそう》三万二千人と倶なり。菩薩摩訶薩《ぼさつまかさつ》七万二千あり。衆に知識《ちしき》せられ、[二]陀羅尼《だらに》を得、弁才《べんざい》を成就《じようじゆ》し、楽《ぎよう》説無尽《せつむじん》なり。[三]三昧《さんまい》に安住して動転せず、善能《よ》く無尽の慧《え》を了知し、深き[四]法忍を得、深き法門に入り、諸《もろ》もろの無量《むりよう》[五]阿僧祇劫《あそうぎこう》に於いて、修する所の善法《ぜんぽう》、皆な悉《ことごと》く成就せり。衆魔《しゆま》を摧伏《さいふく》し、諸《もろ》もろの怨敵《おんてき》を降《くだ》し、最尊を摂取して、仏土を厳浄《ごんじよう》し、大慈悲《だいじひ》有《あ》って、諸相もて身を厳《かざ》り、大精進《だいしようじん》に於いて、彼岸《ひがん》に到《いた》るを得《え》、善《よ》く一切の言辞《ごんじ》の方便《ほうべん》を知り、所行《しよぎよう》の威儀《いぎ》は具足して清浄《しようじよう》なり。悉く以って[六]三解脱門《さんげだつもん》に住するを得、[七]無礙智《むげち》を以って三世に通達《つうだつ》し、決定心《けつじようしん》を発《お》こして一切を捨せず、義趣を憶念《おくねん》して、智慧《ちえ》を[八]堪忍《かんにん》せり。其の諸もろの菩薩の徳は皆な是の如し。其の名を転不退法輪《てんふたいほうりん》菩薩、発心即転法輪《ほつしんそくてんぼうりん》菩薩、無礙転法輪《むげてんぼうりん》菩薩、離垢浄《りくじよう》菩薩、除諸蓋《じよしよがい》菩薩、示浄威儀《じじよういぎ》見皆愛喜《けんかいあいき》菩薩、妙相厳浄王意《みようそうごんじようおうい》菩薩、不誑一切衆生《ふおういつさいしゆじよう》菩薩、無量《むりよう》

一 王舎城耆闍崛山　マガダ国の首都にある耆闍崛山（Gṛdhrakūṭa）、霊鷲山。
二 陀羅尼　dhāraṇī 仏の教えを記憶して持すること、またその力。
三 三昧　samādhi 禅定のこと。
四 法忍　法を信じうけて煩悩がでないようになること。
五 阿僧祇劫　asaṁkhya-kalpa 無数の劫。劫はきわめて長時の名。
六 三解脱門　空・無相・無作のこと。この各一門はよく解脱に入る。
七 無礙智　通達自在の智慧。
八 堪忍　うけ入れ堪えていることのできる位、またその力。

二

功徳海意《くどくかい》菩薩、諸根常定不乱《しょこんじょうじょうふらん》菩薩、実音声《じつおんじょう》菩薩、一切天讃《いっさいてんさん》菩薩、陀羅尼自在王《だらにじざいおう》菩薩、弁才《べんざい》荘厳《しょうごん》菩薩、文殊師利《もんじゅしり》法王子《ほうおうじ》菩薩、弥勒《みろく》菩薩、須弥頂王《しゅみちょうおう》菩薩、海徳宝厳浄意《かいとくほうごんじょうい》菩薩、大厳浄《だいごんじょう》菩薩、大相《だいそう》菩薩、光相《こうそう》菩薩、光徳《こうとく》菩薩、浄意《じょうい》菩薩、喜王《きおう》菩薩、堅勢《けんせい》菩薩、堅意《けんに》菩薩と曰う。是の如《ごと》き等の菩薩摩訶薩《ぼさつまかさつ》七万二千人、及び[一]三千大千世界の所有《あらゆ》る[二]釈、梵、護世天王丼びに諸もろの[三]天、龍、夜叉《やしゃ》、[四]乾闥婆《けんだつば》、[五]阿修羅《あしゅら》、[六]迦楼羅《かるら》、[七]緊那羅《きんなら》、[八]摩睺羅伽《まごらが》、人《にん》と非人《ひにん》と、(皆な)衆に知識せられ、多く善根《ぜんこん》を種《う》え、大法《だいほう》を楽《ねが》う者、皆な来たって集会《しゅうえ》せり。

爾《そ》の時に堅意菩薩、大会の中に在《あ》って、是《こ》の念言《ねんごん》を作《な》さく、我れ今者《いま》に於いて、当《まさ》に如来に問うべし。是《こ》の問う所を以って、仏種《ぶつしゅ》、法種《ほうしゅ》、僧種《そうしゅ》を守護せんと欲す。(すなわち)諸もろの魔宮をして隠蔽して現われざらしめ、自ら大増上慢の者を摧伏せしめん。未だ善根を種えざる者には、今、当《まさ》に種えしめ、已に善根を種えたる者には、当に増長《ぞうちょう》せしむべし。若《も》し未だ[九]阿耨多羅三藐三菩提《あのくたらさんみゃくさんぼだい》心を発《お》こさざる者有《あ》らば、当に発心《ほっしん》せしむべし。已に発心したる者には、退転《たいてん》せざらしめん。已に[一〇]不退《たい》の者には、当に疾《すみや》やかに阿耨多羅三藐三菩提を得せしむべし。得る所有りと計して諸もろの見《けん》に住する者には、皆な悉《ことごと》く、捨離《しゃり》の心を発こさしめん。小法《しょうぼう》を楽《ねが》う者をして大法《だいほう》を疑わざらしめ、大法を楽《ねが》う者をして歓喜《かんぎ》を生ぜしめんと。

是の念を作し已《おわ》って、即ち座より起ち、右肩《うけん》を[一一]偏祖《へんだん》し、右膝《みぎひざ》を地に著《つ》け、合掌して仏に向かい、仏に白《もう》して言《もう》さく、世尊よ、我れ今、[一二]如来の法中に於いて少しく問う所有らんと欲す。唯だ願わくば聴許《ゆる》したまえと。

仏は、堅意に告げたまわく、汝が問う所に随え。吾れ、当に解説《げせつ》して汝をして歓喜せし

一 三千大千世界　㊅六二九下、㊆七一—三　須弥山を中心とする世界が十億ある世界。
二 釈、梵、護世天王　帝釈 (Śakra)、梵天 (Brahmā)、四天王のこと。
三 天、龍、夜叉　欲界六天の神と龍と夜叉 (yakṣa)、空中飛行の鬼神。
四 乾闥婆　gandharva 香をかいで食事とする帝釈天の楽神。
五 阿修羅　asura 果報により天部にあるが実は非天、容貌醜悪。
六 迦楼羅　garuḍa 龍をとって食事とする金翅鳥。
七 緊那羅　kiṃnara 非人、また歌神。人に似て頭上に角あり。
八 摩睺羅伽　mahoraga 地龍。
九 阿耨多羅三藐三菩提　anuttara-samyak-saṃbodhi 悟りの無上の智慧。
一〇 不退　凡夫の心にもどらないこと。
一一 偏祖　片肌をぬぐこと。
一二 如来　仏のことをいう。
一三 値見　であって見ること。
一四 自在慧　自在をうる慧。
一五 自在智　自在をうる智。
一六 自然智　自然にわきでる仏智。
一七 無生智　何ものも生ずることのない仏の智慧のこと。
一八 未来際　未来世のはし。
一九 如意足　意の如く満足する。

むべしと。堅意菩薩は仏に白して言わく、世尊よ、頗《も》し三昧有って、能く菩薩をして疾やかに阿耨多羅三藐三菩提を得しめ、常に、諸仏に離れずして[一三]値見《ちけん》することを得しめ、能く光明を以って普ねく十方を照らし、[一四]自在慧《じざいえ》を得て以って諸魔を破し、[一五]自在智《じざいち》を得、[一六]自然智《じねんち》を獲、[一七]無生智《むしょうち》を得るに、能く他《か》れに随わずして得。弁才を断ぜず、[一八]未来際《みらいさい》を尽くし、[一九]如《にょ》意足《いそく》を得て無量の命《みょう》を受く。[二〇]声聞《しょうもん》を楽《ねが》う者には声聞乗を示し、[二一]辟支仏《びゃくしぶつ》を楽《ねが》う者には辟支仏乗を示し、大乗を楽う者には為めに大乗を示し、声聞法に通達して而も声聞道に入らず、辟支仏法に通達して而も辟支仏道に入らず、仏法に通達して而も畢竟《ひっきょう》して[二二]滅尽《めつじん》せず。声聞の[二三]形色《ぎょうしき》[二四]威儀を示現《じげん》して、而も内に仏の[二五]菩提心《ぼだいしん》を離れず、辟支仏の形色威儀を示現して、而も内に仏の[二六]大悲心《だいひしん》を離れず、[二七]如幻三昧《にょげんさんまい》力を以って、如来の形色威儀を示現し、善根力を以って[二八]兜率《とそつ》天上に在るを示現し、現に[二九]後身を受けて[三〇]胞胎に入り、初生し出家して、仏の道場に坐するを現じ、深い慧力を以って[三一]転法輪を現じ、[三二]方便力を以って[三三]涅槃に入るを現じ、三昧力を以って[三四]分舎利を現じ、[三五]本願力を以って法の滅尽を現ず。唯然たり、世尊よ、何《いか》なる三昧を行じてか、能く菩薩をして是の如き諸もろの功徳の事を示現して、而も畢竟、涅槃に入らざらしめんと。

仏は堅意菩薩に告げて言わく、善《よ》き哉《かな》、善き哉。堅意よ、能く如来に是の如きの義を問いたり。当に知るべし。汝は能く、衆生を[三六]饒益《にょうやく》し、安楽《あんらく》する所多きことを。世間を[三七]憐愍《れんみん》し、天人を利安す。今世、後世の菩薩、益を蒙《こうむ》らん。当に知るべし、汝は已に深く善根を種えたり。過去の無量百千億仏に供養し、[三八]親近せり。遍ねく諸道を行じて魔の怨敵《おんてき》を降《くだ》せり。仏法中に於いて[三九]自在智を得、諸もろの菩薩衆を教化し、守護せり。已に一切諸仏の[四〇]法蔵《ほうぞう》を

二〇 声聞　仏の教えを聞いて、輪廻より解脱することを目的とするもの。
二一 辟支仏　pratyeka-buddha　十二因縁を観じて輪廻より解脱するもの。
二二 滅尽　小乗のいう無余涅槃。
二三 形色　すがた、色、形。
二四 威儀　行・坐・臥をいう。
二五 菩提心　bodhi-citta　仏の道を求める心。
二六 大悲心　仏が衆生の苦を救う心を大悲という。
二七 如幻三昧　(大)六三〇上、(チ)七二一―二　すべてが幻のごときものなることを現前にあらわす三昧。
二八 兜率天　Tuṣita　菩薩身の最後の住所。
二九 後身　つぎにうける身体。
三〇 胞胎　胎児をつつむもの。
三一 転法輪　法輪を転ずる、すなわち法を説くことをいう。
三二 方便力　悟りをもってかりに示す力。
三三 涅槃　ここでは灰身滅智。
三四 分舎利　釈尊の滅後、舎利を分配した。
三五 本願力　本来救済の願力。それ故、法の滅尽を示して衆生を警める。
三六 饒益　多くの利益を与える。
三七 憐愍　愍れむこと。
三八 親近　近づき供養すること。
三九 自在智　すべての法に自在に通じることのできる智慧。
四〇 法蔵　仏の教えのこと。

四

知り、曾て[1]恒河沙《ごうがしゃ》等の仏所に於いて、問答を成就せり。堅意よ、如来は此の衆会《しゅえ》の中に於いて、天、龍、夜叉《やしゃ》、乾闥婆《けんだつば》、及び諸もろの声聞《しょうもん》、辟支仏《びゃくしぶつ》を求むる者の能く是の問いを作すを見ず。唯だ汝等大荘厳の者のみ有りて、乃ち能く是の如きの問いを啓発《けいはつ》す。汝よ今、諦聴《たいちょう》して善く之れを思念せよ。吾れ当に汝が為めに諸もろの菩薩が成就せる三昧の、是の功徳を得ること、復た此れに過ぐるを説くべしと。堅意は仏に白して言わく、願《ねが》楽わくは聞かんと欲すと。仏は堅意に告げたまわく、三昧有り。[2]首楞厳《しゅりょうごん》と名づく。若し菩薩が是の三昧を得る有れば、汝が問う所の如く、皆な能く、[3]般涅槃《はつねはん》を示現《じげん》して而も永く滅せず。諸もろの[4]形色《ぎょうしき》を示して而も色相《しきそう》を壊《え》せず。遍ねく一切諸仏の国土に遊びて、而も国土に於いて分別する所無く、悉く能く一切諸仏に値《あ》うを得て、而も[5]平等法性《びょうどうほっしょう》を分別せず。遍ねく一切の諸行を行ずるを示現して、而も能《よ》善く諸行の清浄なるを知る。諸もろの天、人に於いて最尊最上《さいそんさいじょう》にして、而も自ら高うして[6]憍慢放逸《きょうまんほういつ》ならず。一切の魔の自在力《じざいりき》を現行《げんぎょう》して、而も魔の所行の事に依《よ》猗らず。遍《あま》ねく一切の[7]三界《さんがい》の中に行じて、而も[8]法相《ほっそう》に於いて動転する所無し。遍ねく諸もろの[9]趣《しゅ》の道《どう》の中に生ずるを示現して、而も諸道の相有るを分別《ふんべつ》せず。善《よ》能く一切の[10]法句《ほっく》を解説《げせつ》し、諸もろの言辞《ごんじ》を以って其の義を開示《かいじ》して、而も文字の平等相《びょうどうそう》に入るを知って諸もろの言辞に於いて分別する所無し。常に[11]禅定《ぜんじょう》に在って、而も衆生を化するを現ず。[12]尽忍《じんにん》、[13]無生法忍を行《ぎょう》じて、而も諸法に生滅の相《そう》有りと説く。独歩して畏《おそ》れ無きこと、猶お師子の如しと。

爾の時、会《え》の中の諸もろの[14]釈、[15]梵、[16]護世天王、一切の大衆、皆な是の念を作す。我れ等、猶《な》尚《お》、未だ曾て是の三昧の名字だにも聞かず。何《いか》に況んや其の義を解説することを聞くを

一 恒河沙　恒河（ガンジス河）の沙（すな）の数ほど多いこと。
二 首楞厳　śūraṃgama 堅固にしてよく魔の壊することなきをいう。健相、健行と訳す。
三 般涅槃　無余涅槃。
四 形色　色やすがた、形。
五 平等法性　真如の平等性。
六 憍慢放逸　ほこりたかぶり、思いのままにすること。
七 三界　欲界・色界・無色界。凡夫の生死往来するところ。
八 法相　真如の世界のすがた。
九 趣の道　地獄・餓鬼・畜生・修羅・人・天の六所に生れる道。　(大)六三〇中、(チ)七二―五
一〇 法句　教えのことばや文章。
一一 禅定　禅は禅那（dhyāna）の音をとったもの、定はそれを訳したもの。
一二 尽忍　忍とは法を信じ確認すること。尽とはその忍に徹底して達すること。
一三 無生法忍　無生法忍を確認する智慧。無生法とは生滅を離れた真如実相をいう。
一四 釈　シャクラ（Śakra）帝釈のこと。
一五 梵　Brahmā 梵天のこと。
一六 護世天王　四天王のこと。

得んや。今、来たりて仏を見たてまつり、快よく善利を得、皆な共に[一七]首楞厳三昧《しゆりようごんざんまい》の名字を説きたもうを聞くを得ん。若し善男子、善女人の仏道を求むる者にして、首楞厳三昧の義《ぎ》趣《しゆ》を聞きて、信解《しんげ》して疑わずんば、当に知るべし、是の人は仏道に於いて復た退転《たいてん》せじ。何《いか》に況んや信じ已《おわ》って、受持《じゆじ》し、読誦《どくじゆ》し、他人の為めに説き、説の如く修行せんをやと。時に諸もろの釈、梵、護世天王、皆な是の念を作《な》さく、我れ等、今、当に仏如来の為めに、師子の座、正法《しようぼう》の座、[一八]大上人の座、大荘厳《だいしようごん》の座、[一九]大転法輪《だいてんぼうりん》の座を敷《し》くべし。当に如来をして我が此の座に於いて、首楞厳三昧を説かしむべしと。是の中の人人、各《お》の各《お》の自ら謂う。唯《た》だ我れのみ仏の為めに師子の座を敷く、余人は能わずと。

爾の時に、釈、梵、護世天王、各おの如来の為めに師子の座を敷き、[二〇]荘挍清浄《しようきようしようじよう》にして[二一]端厳高顕《たんごんこうけん》なり。無量の宝衣《ほうえ》を、以って其の上に敷き、悉く皆な衆の妙なる[二二]宝蓋《ほうがい》を張り施《ほどこ》す。又た衆宝《しゆほう》を以って而して[二三]欄楯《らんじゆん》と為す。座の左右に無量の宝樹あり。枝葉[二四]間錯《しようけんしやく》して、行列相当す。諸もろの[二五]幢幡《どうばん》を垂《た》れ、大《だい》[二六]宝張《ほうちよう》を張る。衆宝[二七]交絡《きようらく》して諸もろの宝鈴《ほうりよう》を懸《かか》ぐ。衆の妙なる雑華《ぞうげ》を以って其の上に散ず。諸天の雑香《ぞうこう》を焼《た》きて以って之れを薫《くん》じ、金銀《こんごん》衆宝の光明は間錯《けんじやく》す。種種の厳浄《ごんじよう》、具有《ぐゆう》せざる靡《な》し。[二八]須臾《しゆゆ》の間に、如来のみ前に於いて、八万四千億[二九]那由他の宝の師子座有り。悉く衆会《しゆえ》に於いて[三〇]妨礙《ぼうげ》する所無し。一一の天子は、余座を見ずして、各おの是の念を作《な》さく、我れ独りのみ仏の為めに師子の座を敷きたり。仏は当に我が敷く所の座の上に於いて、首楞厳三昧を説きたもうべしと。

時に諸もろの[三一]釈、梵、護世天王は、座を敷き已竟《おわ》って、各おの仏に白《もう》して言わく、唯だ願わくば、如来よ。我が座の上に坐して、首楞厳三昧を説きたまえと。即時に、世尊は大《だい》

一七 首楞厳三昧 śūramgama-samādhi 健相・健行・一切事竟と訳されている。英雄的な行進という定。

一八 ㊁には上の字なし。

一九 大転法輪 仏の説法のこと。

二〇 荘校 飾られた囲い。

二一 端厳 端正にしておごそか。

二二 宝蓋 宝で飾られたおおい。

二三 欄楯 てすりのこと。

二四 間錯 いりまじること。

二五 幢幡 飾り旗。

二六 宝張 宝で飾った幕。

二七 交絡 交わり絡むこと。

二八 須臾 わずかの時間をいう。

二九 那由他 nayuta 数の単位、姟と訳す。十億を兆といい、十兆を京といい、十京を姟という説あり。

三〇 妨礙 さまたげることをいう。

三一 釈、梵、護世天王 帝釈・梵天・四天王のことをいう。

(大)六三〇下、(チ)七三一―二

神力《じんりき》を現じて、遍ねく八万四千億那由他の師子の座の上に坐したもう。諸天は各の各の仏が其の敷く所の座の上に坐したもうを見て、余の座を見ざるなり。一帝釈《たいしゃく》有り。余の釈に語って言わく、汝よ、如来が我が座の上に坐したもうを観よと。是の如く、釈、梵、護世天王、各おの相い謂いて言わく、汝よ、如来が我が座の上に坐したもうを観よと。一釈有って言わく、如来は今、我が座にのみ坐したまいて、汝が座には在《お》さずと。爾の時に如来は、諸もろの釈、梵、護世天王の宿縁[一]あって、応《まさ》に度[二]すべきを以って、又た少しく首楞厳三《しゅりょうごんざん》昧《まい》の勢力《せいりき》を現ぜんと欲し、亦た大乗の行を成就せんが為めの故に、諸もろの衆会《しゅえ》をして、皆な如来が遍ねく八万四千億那由他の宝の師子座に在すを見せしめたもう。一切の大衆《だいしゅ》は、皆な大いに歓喜《かんぎ》し、未曽有なることを得たり。各おの座より起って、合掌して仏を礼《らい》し、咸《み》な是の言を作す。善き哉、世尊よ、威神《いじん》[三]無量にして、諸もろの天子をして各おの所願を満《まん》ぜしめたもうと。其の諸もろの天子、(すなわち)如来の為めに座を施設《せせつ》せる所の者は、仏の神力《じんりき》を見たてまつりて、皆な阿耨多羅三藐三菩提《あのくたらさんみゃくさんぼだい》[四]心を発こし、倶《とも》に仏に白《もう》して言わく、世尊よ、我れ等は、如来を供養して、一切衆生の苦悩を滅除《めつじょ》し、正法《しょうぼう》を守護し、仏種を断ぜざらんと欲するが為めに、是の故に皆な阿耨多羅三藐三菩提の心を発こしぬ。願わくば我れ等をして、未来世《みらいせ》に於いて作仏し、是の如き、威神《いじん》の力もて、今、如来が作《な》す所の変現《へんげん》[五]の如くならしめたまえと。爾の時に仏は、諸もろの天子を讃《ほ》めて言わく、善き哉、善き哉、汝が説く所の如し。一切衆生を利益《りやく》せんと欲するが為めに、阿耨多羅三藐三菩提心を発するなり。是れを第一の如来を供養すと為すと。

時に、梵衆《ぼんしゅ》[六]の中に一梵王《ぼんのう》有り。名づけて等行《とうぎょう》と曰う。仏に白して言わく、世尊よ、何等

一 宿縁　過去の因縁。
二 度　衆生済度のこと。
三 威神　威勢の勇猛なること。
四 阿耨多羅三藐三菩薩　anuttara-samyak-sambodhi 無上の悟りの智慧。またその智慧を求める心。
五 変現　神通力のはたらきの一つ。
六 梵衆　梵天衆のこと。

の如来をか、是れ真実と為す。我が座上が是れなる。余の座上が是れなると。仏は等行《とうぎょう》に告げたまわく、一切諸法は皆な[七]空《くう》にして[八]幻《げん》の如く、[九]和合によって有り。[一〇]作者《さしゃ》有ること無く、皆な[一一]憶想分別《おくそうふんべつ》によって、而して起こる。[一二]主有ること無きが故に、[一三]意に随《したが》って出づ。是の諸もろの如来は、皆な是れ真実なり。云何んが実と為す。是の諸もろの如来は、本と自ら生ぜざるなり、是の故に実と[一四]為《な》す。是の諸もろの如来は今、[一五]亦た滅無し、是の故に実と為す。是の諸もろの如来は、[一六]四大の摂《しょう》に非ず、是の故に実と為す。諸もろの[一七]陰《おん》、入《にゅう》、界《かい》の、皆な摂せざる所なり。是の故に実と為す。是の諸もろの如来の如は、先も中も後も等しくして差別《しゃべつ》無し、是の故に実と為す。梵王よ、是の諸もろの如来は等しくして差別無し。所以《ゆえ》は何《いか》ん。是の諸もろの如来は[一八]色の如《にょ》を以っての故に等し。[一九]受、想、行、識の如を以っての故に等し。是れを以っての故に等し。是の諸もろの如来は、過去世の如を以っての故に等し。未来世の如を以っての故に等し。現在世の如を以っての故に等し。[二〇]如幻《にょげん》の法を以っての故に等し。如影《にょよう》の法を以っての故に等し。[二一]無所有《むしょう》の法を以っての故に等し。よって来たる所無く、よって去る所無きを以っての故に等し。是の故に、如来を名づけて平等と為す。一切法の等しきが如く、是の諸もろの如来も亦た復た是の如し。一切の衆生の等しきが如く、是の諸もろの如来も亦た復た是の如し。諸もろの一切世間の仏の等しきが如く、是の諸もろの如来も亦た復た是の如し。一切[二二]世間の等しきが如く、是の諸もろの如来も亦た復た是の如し。是の故に、諸仏を名づけて平等と為す。梵王よ、是の諸もろの如来は、一切諸法の如に過ぎざるが故に、名づけて平等と為す。梵王よ、当に知るべし、如来は、悉く一切諸法は是の如く平等なりと知る。是の故に、如来は、一切法に於いて名づけて平等と

七　空　すべてのものに実体がないこと。
八　幻　すべてのものには実体がないから幻のごときである。
九　和合　因縁和合のこと。
一〇　作者　外道において神我をたて、我をもって諸法を作る作者としていることをいう。
一一　憶想分別　ここでは凡夫の心をもって対象をとらえて想いうかべ、これを憶念して分別すること。
一二　主　造物主のこと。
一三　意　心の欲するまま。
一四　(大)・㋠はすべて虚妄としている。
一五　(大)の後亦無を今は(元)(明)によって亦無滅とした。
一六　四大　地水火風を四大といい、物質はこの四大を依りどころとする。　(大)六三一上、㋠七三—四
一七　陰、入、界　五蘊・十二処・十八界のこと。
一八　色の如　如来身は色によるが、それは色と非色を超えてありのままにある、それを如とという。
一九　受、想、行、識の如　色の場合と同じ。
二〇　如幻の法　すべては因縁によって起こるから空であり、空であるから幻のごときものであるという。
二一　無所有の法　また無所得ともいう。空のこと。
二二　㊂は界につくる。

為すと。等行梵王《ぼんのう》は、仏に白して言わく、未曾有[一]なり、世尊よ。如来は是の諸法の等しきを得已《えおわ》って、妙色身《みょうしきしん》[二]を以って衆生に示現したもうと。仏の言わく、梵王よ、是れは皆な首《しゅ》楞厳三昧《りょうごんざんまい》を本と行ぜし勢力の致す所なり。是の事を以っての故に、如来は此の諸法の等しきを得已《えおわ》って、妙色身を以って、衆生に示現するなりと。是の法を説く時、等行梵王と及び万の梵天は、諸法の中に於いて、柔順忍[三]を得たり。爾の時に、如来が還《かえ》って神力《じんりき》を摂《おさ》めるに、諸仏、及び座は皆な復た現ぜず。一切の衆会《しゅえ》は、唯だ一仏を見たてまつるのみなりき。

爾の時に、仏は堅意菩薩に告ぐ、首楞厳三昧は、初地[四]、二地、三地、四地、五地、六地、七地、八地、九地の菩薩の能く得る所に非ず。唯だ、十地に住在する菩薩のみに有って、乃ち能く是の首楞厳三昧を得るなり。何等をか是れ首楞厳三昧なる。謂わく、心を修治すること猶お虚空[五]の如く（一）、現在の衆生の諸心を観察し（二）、衆生の諸根[六]の利鈍を分別し（三）、衆生の因果を決定了知し（四）、諸業の中に於いて業報[七]無きことを知り（五）、種種の楽欲[八]に入り、入り已《おわ》って忘れず（六）、現に無量の種種の諸性を知り（七）、常に能く華音三昧に遊戯して、能く衆生に金剛心三昧[九]を示し、一切の禅定[一〇]にあって自在随意なり（八）、普ねく一切の至る所の諸道を観じ（九）、宿命《しゅくみょう》智[一一]に於いて礙《さ》える所無きを得（十）、天眼[一二]障り無く（十一）、漏尽智[一三]を得て非時[一四]に証せず（十二）、色[一五]、無色に於いて等しく智に入ることを得（十三）、一切の色に於いて遊戯を示現し（十四）、諸もろの音声を知ること猶お響相の如く（十五）、念慧[一六]に順入し（十六）、能く善言を以って衆生を悦可し（十七）、応に随って法を説き（十八）、時《じ》、非時《ひじ》を知り（十九）、能く諸根を転じ[一七]（二十）、説法は虚ならず（二十一）、真際[一八]に順入し（二十二）、善《よ》く能く衆生の類を摂伏[一九]し（二十三）、悉く能く諸波羅蜜[二〇]を具足し（二十四）、威儀[二一]進止、未だ曾て異有らず（二十五）、諸もろの憶想[二二]、虚妄の分別を破し（二十六）、法性を壊せ

一　未曾有　未だかつて有らざるをいう。

二　妙色身　仏の身体はすぐれた色身であること。

三　柔順忍　心が柔軟で智慧に随順して実相の理に離れないことを柔順といい、その位に安住することを忍という。

四　初地、二地、三地、四地、五地、六地、七地、八地、九地　この経で説く首楞厳三昧は、この初地から九地に至るまでは得ることができないという。

五　虚空　さまたげのないこと。

六　諸根の利鈍　衆生の資質のすぐれたるとおとれるもの。

七　業報　業の報い。

八　楽欲　願い求めること。

九　金剛心三昧　不動心の三昧。

一〇　禅定　禅は禅那（dhyāna）のこと、定はその訳語。

一一　宿命智　過去世の命を知る智慧。

一二　天眼　すべてのものを見ることができる眼。

一三　漏尽智　一切の煩悩を断尽する智慧。

一四　非時　もっとも適切な時でなければ証をとらないことをいう。

一五　色、無色　色界と無色界。

㊅六三一中、㊈七四―一二

一六　念慧　現在よく記憶して忘れることがない智慧。

一七　諸根を転じ　六根がよく作用すること。

一八　真際　真如実際の略、真如。

一九　摂伏　おさめおおうこと。

ずして其の辺際[二三]を尽くし二十七、一時に身を現じて一切の仏所に住し二十八、能く一切の仏の所説の法を持《たも》ち二十九、普ねく一切の諸世間の中に於いて、自在に変身すること猶お影現《ようげん》の如く三十、善く諸乗を説きて衆生を度脱[二四]し、常に能く三宝を護持して絶えざらしむ三十一、大荘厳を発こして、未来際を尽くして、而も心に未だ曾て疲惓《ひけん》の想有らず三十二、普ねく一切の諸もろの所生の処に於いて、常に能く身を現じて、時に随って絶えず三十三、諸もろの生処に於いて作す所有るを示し三十四、善《よ》能く一切衆生を成就し三十五、善能く一切衆生を識知し三十六、一切の二乗は測量すること能わず三十七、善能く具《つぶ》さに諸もろの音声の分を知り三十八、能く一切諸法をして熾盛ならしめ三十九、能く一劫《こう》をして[二五]阿《あ》僧祇《そうぎ》劫《こう》と作さしめ四十、阿僧祇劫を一劫と作さしめ四十一、能く一国をして阿僧祇の国に入らしめ四十二、阿僧祇の国を一国に入らしめ四十三、無量の仏国が一毛孔に入り四十四、一切衆生が一身に入るを示し四十五、諸仏土が同じく虚空の如しと了し四十六、身は能く遍ねく至って余の仏土無く四十七、一切の身をして法性に入らしめ、皆な身無からしめ四十八、一切の法性が無相[二六]と通達し四十九、善能く一切の方便[二七]を了知し五十、一音の所説もて悉く能く一切の法性に通達し五十一、一句を演説して能く無量阿僧祇劫に至り五十二、善く一切法門の差別を観じ五十三、普ねく同異、略広を知りて法を説き五十四、善く一切の魔道を出過[二八]するを知り五十五、大方便[二九]智慧の光明を放ち五十六、身口意業の智慧を首と為し五十七、神通を行ずる無くして常に前に現在し五十八、四無礙智[三〇]を以って能く一切衆生をして歓喜せしめ五十九、神通力を現じて一切の法性に通じ六十、能く摂法を以って普ねく衆生を摂し六十一、諸もろの世間の衆生の語言を解し六十二、如幻の法[三一]に於いて疑う所有ること無く六十三、一切の生処に遍ねく能く自在にして六十四、所須[三二]の物は意に随って乏《とぼ》しきこと無く六十五、自在に

二〇 諸波羅蜜　pāramitā 六波羅蜜。
二一 威儀進止　人の動作をいう。
二二 憶想　この場合は妄想のこと。
二三 辺済　ものの窮極をいう。
二四 度脱　済度し解脱すること。
二五 阿僧祇劫　asaṃkhya-kalpa 無数の劫。劫は極めて長時の単位。
二六 無相　空にして相なきこと。
二七 方便　目的に至るてだて。
二八 出過　抜け出ること。
二九 大方便　仏の方便をいう。衆生を済度するてだてのこと。
三〇 四無礙智　仏智の四種の通達自在の智慧。
三一 如幻の法　すべてのものは空にして幻のごとしとみること。　(大)六三一下、(チ)七四—四
三二 所須　必要とするところ。

一〇

一切衆生に示現し六十六、善悪の者に於いて皆な福田[一]を同じくし六十七、一切の菩薩の密法[二]に入るを得《え》六十八、常に光を放って無余[三]の世界を照らし六十九、其の智は深遠にして能く測る者無く七十、其の心は猶お地水火風[四]の如く七十一、善く諸法の章句言辞に於いてし、而して法輪を転じ[五]七十二、如来地[六]に於いて障礙する所無く七十三、自然にして而も無生法忍[七]を得七十四、如実心[八]を得て、諸もろの煩悩垢の汚すこと能わざる所七十五、一切の水をして一毛孔に入らしめて、水性を嬈《みだ》さず七十六、無量の福徳善根を修集し七十七、善く一切の方便[九]、廻向[一〇]を知り七十八、善能く変化して遍ねく一切の諸もろの菩薩の行を行じ七十九、仏の一切法に、心の安穏を得《え》八十、已に宿業[一一]の本身を捨離するを得八十一、能く諸仏の秘密の法蔵に入り八十二、自ら恣《ほしいまま》に諸欲に遊戯するを示現し八十三、無量の法を聞いて、具足して能く持ち八十四、一切法を求めて心に厭足《えんそく》[一二]すること無く八十五、諸もろの世法に順って而も染汚《ぜんま》[一三]せず八十六、無量劫に於いて人の為めに法を説きて、皆な旦[一四]より食に至るが如しと謂《おも》わしめ八十七、種種の癃残《りゅうざん》、跛蹇《はけん》・聾盲《ろうもう》・瘖瘂《おんあ》を示現して、以って衆生を化し八十八、百千の密跡金剛力士[一五]が常に随って護侍し八十九、自然に能く観じて諸もろの仏道を知り九十、能く一念に於いて無量無数劫《むしゅこう》の寿を示現し九十一、一切の二乗の儀法[一六]を現行して、而も内には諸もろの菩薩行を捨てず九十二、其の心は善く寂[一七]し、空にして相有ること無く九十三、衆《もろ》もろの伎楽に於いて、現に自ら娯楽し、而も内に念仏三昧[一八]を捨てず九十四、若しは見、若しは聞き、及び触れて共に住するも、皆な能く無量の衆生を成就し九十五、能く念念に於いて仏道を成ずるを示し、本の化する所に随って解脱を得しむ九十六、入胎、初生を示現し九十七、出家して仏道を成就し九十八、法輪を転じ九十九、大滅度《だいめつど》[一九]に入って、而も永く滅《めつ》せず一百。

一 福田　供養すべきものに対して供養すればよく福報をうる。
二 密法　甚深なる法。
三 無余　余すことのないこと。
四 地水火風　堅・湿・煖・動の性質をいう。
五 法輪を転じ　説法をすること。
六 如来地　仏の位。
七 無生法忍　無生法を確認する智慧。無生法とは生滅を離れた真如実相をいう。
八 如実心　心が真如実相の状態となっていること。
九 方便　解脱に至るためのてだて。
一〇 廻向　すべての修行の功徳を仏道にむけること。
一一 宿業　過去世になした業。
一二 厭足　あきたりること。
一三 染汚　心が汚されること。
一四 旦より食に至る　旦は夜明け、食は食事。夜があけて夕方の食事まで。
一五 蜜跡金剛力士　手に金剛の武器を持って仏を警固する夜叉神。
一六 儀法　威儀や教え。
一七 寂　滅ともいい、涅槃のこと。
一八 念仏三昧　仏身を現前する定。
一九 大滅度　完全涅槃、灰身滅智。

堅意よ。首楞厳三昧は、是の如く無量なり。悉く能く仏の一切の神力を示して、無量の衆生は皆な[二〇]饒益《にょうやく》を得。堅意よ。首楞厳三昧は、一事、一縁、一義を以って知るべからず。一切の禅定《ぜんじょう》、解脱《げだつ》、[二一]三昧《さんまい》、神通《じんずう》、[二二]如意《にょい》、[二三]無礙智慧《むげちえ》、皆な摂《せつ》して首楞厳（三昧）の中に在り。譬えば、[二四]陂《は》泉江河《せんこうが》の諸流は、皆な大海に入るが如し。是の如く菩薩の有《あ》らゆる禅定《ぜんじょう》は、皆な首楞厳三昧に在り。譬えば、[二五]転輪聖王《てんりんじょうおう》は大勇将《だいゆうしょう》有って、諸もろの[二六]四種の兵が、皆な悉く随従するが如し。堅意よ、是の如く、所有《あ》らゆる三昧門《さんまいもん》、禅定門《ぜんじょうもん》、[二七]弁才門《べんざいもん》、解脱門《げだつもん》、[二八]陀羅尼門《だらにもん》、神通門《じんずうもん》、[二九]明解脱門《みょうげだつもん》、是の諸もろの法門は、悉く皆な摂して首楞厳三昧に在り。随って、菩薩有って首楞厳三昧を行ずれば、一切の三昧は皆な悉く随従す。堅意よ、譬えば、転輪聖王の行く時、[三〇]七宝も皆な従うが如く、是の如く、堅意よ、首楞厳三昧に、一切の[三一]助菩提法が皆な悉く随従す。是の故に、此の三昧を名づけて、首楞厳と為すと。

仏は堅意に告げたまわく、菩薩が首楞厳三昧に住するや、財を求むるを行ぜずして、而して以って布施す。[三二]大千世界及び諸もろの大海、天宮、人間の、所有《あ》らゆる宝物、飲食、衣服、象馬、車乗、是の如き等の物を自在に施与す。此れ皆な是の本の功徳の致す所なり。況んや神力を以って意に随って作す所をや。是れを菩薩、首楞厳三昧に住する[三三]檀波羅蜜の本事の果報と名づくと。

仏は堅意に告げたまわく、菩薩、首楞厳三昧に住するや、復た戒を受けずして、戒に於いて動ぜず。諸もろの衆生を化導《けどう》せんと欲するが為めの故に、戒行を受持する諸もろの威儀を現じ、犯す所有るを示して[三四]過罪を滅除し、而して内は清浄にして常に闕失無し。諸もろの衆生を教化せんと欲するが為めの故に、欲界に於いて転輪王と作《な》り、諸もろの[三五]婇女《さいにょ》衆

二〇　饒益　多くの利益をうること。
二一　三昧　samādhi 善心が一所に止まって動かないこと。定ともいう。
二二　如意　自在であること。㊅六三二上、㊆七六一二
二三　無礙智慧　通達自在の仏智。
二四　陂泉江河　陂は堤、泉、大河、曲った川など。
二五　転輪聖王　輪宝をもって四方ないし一方を平定する大王。
二六　四種の兵　歩兵・騎兵・戦車・象兵。
二七　弁才門　自在に法を説く智慧。
二八　陀羅尼門　dhāraṇī 総持と訳し、善を散ぜず悪を起こさしめないところの力とはたらきのこと。
二九　明解脱門　三明と八解脱に解釈できるところ。
三〇　七宝　転輪王には輪宝のほかに六宝があり、合して七宝がある。
三一　助菩提法　三十七種の菩提の法をいう。三十七菩提分法のこと。
三二　大千世界　三千大千世界のこと、須弥山世界の十億倍ある。
三三　檀波羅蜜　dāna-pāramitā　布施波羅蜜のこと。
三四　過罪　あやまちや犯した罪。
三五　婇女　采女に同じ、宮中の女官。

は恭敬し囲遶《いにょう》し、妻子有って[一]五欲自《おの》ずから恣にするを現じて、而も内は常に禅定、[四]浄戒に在って、善能《よ》く[二]三有《さんう》の[三]過患《かげん》を了見《りょうけん》す。堅意よ、是れを菩薩、首楞厳三昧に住する尸波羅蜜の本事の果報と名づくと。

仏は堅意に告げたまわく、菩薩の首楞厳三昧に住して、[五]忍辱を修行するや、畢竟して尽きるが故に、衆生は[六]不生なりと、而して忍を修し、諸法不起なりと、而して忍を修し、心は[七]形色無しと、而して忍を修し、[八]彼我を得ずと、而して忍を修し、生死を念ぜずと、而して忍を修し、涅槃性を以ってすと、而して忍を修し、法性を壊せずと、而して忍を修す。菩薩が是の如く忍辱を修行して、而も修する所無く、亦た修せざるは無し。衆生を化せんが為めに[九]欲界に生じ、[一〇]瞋恨《しんこん》有るを現じて、而も内は清浄なり。遠離《おんり》を行ずるを現じて、而も遠近無し。衆生を浄めんが為めに、[一一]世の威儀を壊して、而も未だ曾て諸法の性を壊《え》せず、忍ずる所有るを現じて、而も法有ること無し。常に定《さだ》んで、以って忍ずべき者を壊せず。菩薩が是の如く忍辱を成就し、衆生の多くの瞋悪心《しんあくしん》を断ぜんが為めに、而して常に忍辱《にんにく》の福を称歎《しょうたん》す。亦た復た、瞋恚《しんに》、忍辱を得ざるなり。堅意よ、是れを菩薩、首楞厳三昧に住する[一二]羼提波羅蜜《せんだいはらみつ》の本事の果報と名づくと。

仏は堅意に告げたまわく、菩薩の首楞厳三昧に住するや、大精進を発《お》こして諸もろの善法を得て、而も身口意の業を発動《はつどう》せず。[一三]懈怠《けたい》の者の為めに精進を現行《げんぎょう》し、衆生をして随って我れの学に効《なら》わしめんと欲して、而も諸法に於いて発《はっ》する無く、受くる無し。所以《ゆえ》は何《いか》ん。菩薩は悉く一切諸法を知り、常に[一四]法性に住して来たらず、去らず。是の如く身口意の行を遠離して、而も能く精進を発行《はつぎょう》するを示現《じげん》して、亦た法の成就有る者を見ず。世間に

一　五欲　色・声・香・味・触の五境。これは人の心を乱す。
二　三有　凡夫の側の三界。欲有・色有・無色有。有は存在の意。
三　過患　あやまちや悩み。
四　尸波羅蜜　śīla-pāramitā　戒波羅蜜のこと。
五　忍辱　あなどり辱しめをたえ忍んでうけ、うらみを残さない。
六　不生　本来生ぜずの意。
七　形色　色や形。
八　彼我　我他　彼此、すなわちものを対立的に考えること。
九　欲界　輪廻の世界の中で、もっとも煩悩のさかんなところ。
一〇　瞋恨　いかりや恨み。　(大)六三二中、(チ)七六—五
一一　世の威儀　世間のあたり前の立居振舞のこと。
一二　羼提波羅蜜　kṣānti-pāramitā　忍辱波羅蜜のこと。
一三　懈怠　怠けること。
一四　法性　真如・実相・涅槃ともいい、すべてのものの真実の本性。

於いて精進を発行するを現じて、而も内外に於いて作為する所無し。常に能く無量の仏国に住来して、而も身相に於いて平等にして動ぜず。一切の善法を発行するを示現して、而も諸法に於いて善悪を得ず。法を求め、諮受する所有るを現行して、而も仏道に於いて他教に随わず。和上[一]諸師に親近《しんごん》するを現行《げんぎょう》して、而も一切の諸天、人の尊為《た》り。請問[二]を勤むるを現じて、而も内に自《おの》ずから無障礙《むしょうげ》の弁を得。恭敬《くぎょう》[三]を行ずるを現じて、而も一切の天、人の為めに戴仰《たいごう》[四]せらる。胞胎《ほうたい》[五]に入るを現じて、而も諸法に於いて染汚《ぜんま》[六]する所無し。出生有るを現じて、而も諸法に於いて生滅を見ず。小児と為《な》るを現じて、而も身の諸根は悉く皆な具足せり。伎芸《ぎげい》、医方、呪術《じゅじゅつ》、文章《もんしょう》、算数《さんじゅ》、工巧《くぎょう》[七]、事能を行ずるを現じて、而も内には先より来《このか》た皆な悉く通達す。病苦有るを現じて、而も已に永く諸もろの煩悩の患を離る。衰老を示現して、而も先より来《このか》た諸根を壊せず。死有るを示現して、而も未だ曾て生滅退失有らず。堅意よ、是れを、菩薩の首楞厳三昧に住する精進波羅蜜の本事の果報と名づくと。

仏は堅意に告げたまわく、菩薩の首楞厳三昧に住するや、諸法は常に是れ定相[八]なりと知ると雖も、而も衆生に諸禅の差別を示す。身、禅に住して乱心[九]の者を化するを現じ、而も諸法に於いて乱有るを見ず。一切諸法は法性[一〇]の相の如くなるに、以って心を調伏《じょうぶく》[一一]し、禅に於いて動ぜず、諸もろの威儀《いぎ》、来去坐臥《らいこざが》を現じて、而も常に寂然《じゃくねん》として禅定《ぜんじょう》に在《あ》り。衆人に同《どう》じて言説する所有るを示して、而も常に諸もろの禅定の相を捨てず。衆生を慈愍[一二]して域邑、聚落、郡国に入りつつ、而も常に定に在り。諸もろの衆生を饒益《にょうやく》[一三]せんと欲するが為めの故に、食《じき》する所有るを現じて、而も常に定に在り。其の身の堅牢なること猶お金剛の若《ごと》く、

一 上の字、㊂は尚に作る。天台宗では「かしょう」とよび、法相、律宗は「わじょう」とよび、禅宗は「おしょう」とよぶ。
二 請問　質問すること。
三 恭敬　うやうやしくすること。
四 戴仰　いただき仰ぐ。
五 胞胎　胎児をつつむもの。
六 染汚　汚れること。
七 工巧　たくみな大工。
八 定相　常住の相、ここでは生滅を越えた常住のこと。
九 乱心　心が散乱して一所にとどまることがないこと。
一〇 法性　真実の本性。
一一 調伏　法をもって調え、力をもって伏する。悪行を制伏すること。
(大)六三二下、(チ)七七―二
一二 慈愍　慈はいつくしむ、愍はあわれむ。
一三 饒益　多くの利益を与える。

内は実にして虚《むな》しからず、破壊《はえ》すべからず。其の内には[一]生蔵《しょうぞう》、[二]熟蔵《じゅくぞう》、大小便利、臭穢不浄有ること無きも、食《じき》する所有るを現じて、而も入る所無し。但だ衆生を慈愍し、饒益せんが為めなり。一切処に於いて[三]過患《かげん》有ること無きも、一切凡夫の所行を行ずるを現じて、而も実には[四]已過《いか》の諸行を行ずること無し。堅意よ、菩薩の首楞厳三昧に住するや、[五]空閑や聚落に在っても異なること無きを現ず。[六]居家や出家に在っても異なること無きを現ず。[七]白衣《びゃくえ》と為《な》るを現じて、而も放逸ならず。[八]沙門と為《な》るを現じて、而も自ら高うせず。諸もろの外道の出家の法中に於いて、衆生を化する為めに出家する所無し。一切の[九]邪見の為めに染せられず。亦た中に於いて清浄を得ると謂わず。一切の外道の[一〇]儀法を行ずるを現じて、而も其の行ずる所の道に随順《ずいじゅん》せず。堅意よ、譬えば、導師が諸もろの人衆を将《ひき》いて、嶮道を過ぎ已《お》わって、還《かえ》って余人を度すが如し。是の如く、堅意よ、菩薩の首楞厳三昧に住するや、諸もろの衆生が発《お》こす所の道の意に随って、若しは[一一]声聞道《しょうもんどう》、若しは[一二]辟支仏道《びゃくしぶつどう》、若しは仏道を発こすも、宜《よろ》しきに随って示し導き、度を得せしめ已《お》われば、即ち復た来還《らいげん》して、余の衆生を度す。是の故に大士を名づけて導師と為《な》す。譬えば、[一三]牢船は此の岸より無量の人を度して彼の岸に至らしめ、彼の岸に至り已って還《かえ》って余人を度するが如し。是の如く、堅意よ、菩薩の首楞厳三昧に住するや、諸もろの衆生を見るに、生死の水に堕して[一四]四流に漂《ただよ》わされる所なり。度脱して出づるを得せしめんと欲するが為めの故に、其の種《う》える所の善根に随って成就す。若し[一五]縁覚を以って度すべき者を見れば、即ち為めに身を現じて[一六]涅槃の道を示し、若し声聞を以って度すべき者を見れば、為めに[一七]寂滅を説きて共に涅槃に入り、首楞厳三昧力の故に、還《かえ》って復た[一八]生を現じて余人を度脱す。是の故に[一九]大士を名づけて船師

一　生蔵　生の食べもの。
二　熟蔵　火を加えた食べもの。
三　過患　あやまちや悩み。
四　已過　すでに過去において。
五　空閑　聚落を去ること三百ないし六百歩のところ。閑静にして修行に適したところ。
六　居家　在家生活のこと。出家に対する。
七　白衣　俗人のこと。
八　沙門　śramaṇa 出家者のこと。
九　邪見　よこしまな考え。とくに因果の道理を信じないもの。
一〇　儀法　威儀と教え。
一一　声聞道　阿羅漢となることを求める修行道。
一二　辟支仏道　pratyeka-buddha 辟支仏となることを求める修行道、縁覚。
一三　牢船　堅牢なる船。
一四　四流　欲・有・見・無明の四煩悩のこと。
一五　縁覚　ひとり十二因縁を観じて解脱することを目的としたもの。
一六　涅槃　輪廻より解脱した位。
一七　寂滅　輪廻より解脱し、身心ともに滅失した位。
一八　生　寂滅に入ればすべて生死はないが、三昧力をもって再生する。
一九　大士　菩薩のこと。

と為す。堅意よ、譬えば幻師[20]の多衆の前に於いて、自《みずか》ら身、死して膖脹爛臭《ほうちょうらんしゅう》[21]するを現じ、若しは火に焼かれ、鳥獣に食われ、衆人の前に於いて是の如きの身を現じ、(衆人より)財物を得已《おわ》って、而して便ち還《かえ》って起つが如し。其の善能《よ》く幻術を学ぶを以っての故なり。菩薩は、是の如く、首楞厳三昧に住して、衆生を化せんが為めに老死を示現し、而も実には生老病死《しょうろうびょうし》有ること無し。堅意よ、是れを首楞厳三昧に(住する)禅波羅蜜[22]の本業果報と名づくと。

仏、堅意に告げたまわく、菩薩の首楞厳三昧に住するや、智慧を修行して諸根は猛利《みょうり》なるも、未だ曾て衆生の性[23]有るを見ず。化せんと欲するが為めの故に衆生有りと説くなり。寿者[24]、命者[25]を見ずして、寿者、命者有りと説く。業性[26]及び業報性[27]を得ずして、而も衆生に業、業報有るを示す。生死の諸もろの煩悩性を得ずして、而も当に生死煩悩《しょうじぼんのう》を知見すべしと説く。涅槃を見ずして、而も涅槃に至るを説く。諸法の差別相有るを見ずして、而も諸法に善、不善有りと説く。已《すで》に能く度《ど》して無礙《むげ》の智岸《ちがん》に至りつつ、欲界[28]に生ずるを現じて、而も欲界に著せず。色界《しきかい》[29]の禅を行ずるを現じて、而も色界に著せず。無色の定《じょう》[30]に入るを現じて、而も色界に生ず。色界の禅を行ずるを現じて、而も欲界に生ず。欲界に現じて、而も欲界の行を行ぜず。悉《ことごと》く諸もろの禅を知り、及び禅分[31]を知って、自在に皆な能く禅に入り禅を出づ。衆生を化せんが為めに、意に随って所生す。一切の生処《しょうしょ》に悉く能く身を受け、常に能く深妙《じんみょう》の智慧を成就して、一切衆生の諸行を除断《じょだん》す。衆生を化せんが為めに、所行《しょぎょう》有るを現じて、而も諸法に於いて実には所行無く、皆な已に一切の諸行を出過《すいか》す。久しく已に我《が》[32]、我所《がしょ》の心を滅除《めつじょ》して、而も諸もろの所須《しょしゅ》[33]の物を受くるを示現す。菩薩、是の如

二〇 幻師　幻術をする人、魔法使い。
二一 膖脹爛臭　死人の腐れゆく様。
二二 禅波羅蜜　dhyāna-pāramitā　禅定の完成行。
二三 衆生の性　衆生なるもの。㊅六三三上、㊈七八―一
二四 寿者　一期の長短は寿によるという考え方。
二五 命者　命の本体、連続して絶えずという考え方。
二六 業性　身口意三業による業はその本体ありという考え方。
二七 業報性　業による結果にその本体ありという考え方。
二八 欲界　凡夫の住所。
二九 色界の禅　婬食の二欲のない世界で、これに四種の禅定界がある。
三〇 無色の定　ここでは物質界はなく心のみをもって深妙な禅定に住する、これに四種がある。
三一 禅分　禅の分斉、禅の階梯。
三二 我、我所　我とは自身、自身に本体ありという考え。我所とは自身以外のもの、身外の万物をいう。これら我、我所に執著すること。
三三 所須の物　求める所の物。

き智慧を成就して、施作《せさ》する所有れば皆な智慧に随い、而も未だ曾て業果[一]の為めに汚《けが》されず。衆生を化せんが為めに瘖瘂[二]《おんあ》を示現《じげん》して、而も内には実に微妙[三]《みみょう》の梵音《ぼんのん》有り。語言《ごごん》、経書《きょうしょ》、術算[四]《じゅつさん》に通達《つうだつ》して、先に当に何《いか》なる法を説くべきかを思量《しりょう》せず。所に随って衆に至り、説く所皆な妙にして、悉《ことごと》く能く喜んで、心堅固《けんご》を得《え》しめ、其の所応《しょおう》に随って為めに説法するに、而も是の菩薩の智慧は減《げん》ぜず。堅意《けんい》よ、譬えば、男女の、若しは大なる、若しは小なる、持する所の器《うつわ》に随って、行きて水所《すいしょ》の、若しは泉、若しは池、渠河[五]《きょが》、大海に詣《いた》り、器の大小に随って、各おの満じて而して帰るに、而も此の諸水の減少する所無きが如し。是の如し、堅意よ。菩薩の首楞厳三昧に住するや、所に随って衆の、若しは刹利衆[六]《せつりしゅ》、婆羅門[七]《ばらもん》衆《しゅ》、若しは居士衆[八]《こじ》、釈衆[九]《しゃくしゅ》、梵衆[一〇]《ぼんしゅ》に至り、是の諸もろの衆に至って、心力を加えずして、能く善言《ぜんごん》を以って皆な喜悦《きえつ》せしめ、所応《しょおう》に随宜《ずいぎ》して而して為めに法を演《の》ぶるに、然《しか》し其の智[一一]《ち》弁《べん》は減少する所無し。堅意よ、是れを、菩薩の首楞厳三昧に住する般若波羅蜜[一二]の本事の果報と名づくと。

仏、堅意に告げたまわく、菩薩の首楞厳三昧に住するや、衆生の見る者は皆な度脱[一三]することを得。名字を聞く有り、威儀を見る有り、説法を聞く有り、黙然《もくねん》たるを見る有り、而して皆な度を得るなり。堅意よ、譬えば、大薬樹王《だいやくじゅおう》を名づけて憙見《きけん》と為す。人の見る者有れば、病、皆な愈《い》ゆることを得るが如し。是の如し、堅意よ。菩薩の首楞厳三昧に住するや、衆生の見る者は、貪《とん》、恚《い》、癡《ち》の病、皆な除愈《じょゆ》することを得るなり。（また）大薬王を名づけて滅除《めつじょ》と曰《い》う。若し闘戦《とうせん》の時、用《もち》うるに鼓に（薬を）塗るを以ってせば、諸もろの箭射《せんしゃ》を被《こう》むり、刀、矛にて傷つけられたるも、鼓声《こしょう》を聞くことを得て、箭《や》は出《い》で、毒は

一　業果　善悪業の結果、果報。この場合は主として悪業の果をいう。
二　瘖瘂　生まれつきものの言えない人のこと。
三　微妙の梵音　たえなる五種清浄の音。
四　(大)は彼岸に作るが、今、(元)(明)によって術算をとる。
五　渠　みぞ。
六　刹利衆　kṣatriya　王様の種族。インド四階級の第二。
七　婆羅門衆　brāhmaṇa　大梵天に奉事する司祭者の種族。インド四階級の第一。
八　居士衆　kulapati　家にいて仏道を志すもの、また多財の修行者。
九　釈衆　śakra　帝釈の一族。
一〇　梵衆　brahmā　梵天の一族。
一一　智弁　智慧弁才のこと。快く理を照すを智といい、智より発する説法を弁という。
一二　般若波羅蜜　prajñā-pāramitā　智慧波羅蜜のこと。
一三　度脱　済度し解脱すること。
(大)六三三中、(チ)七八—三

除くが如し。是の如く、堅意よ、菩薩の首楞厳三昧に住するや、名を聞く者有れば、[一四]貪、恚、癡の箭《や》は自然《じねん》に抜出《ばっすい》し、諸もろの[一五]邪見の毒は皆な悉《ことごと》く除滅し、一切の煩悩は復《ふたた》び発動せず。堅意よ、譬えば、薬樹を名づけて具足と為す。人有って[一六]根《こん》を用いれば、病除愈《やまいじょゆ》することを得。[一七]茎節《けいせつ》、[一八]心皮《しんぴ》、枝葉花果《しようけか》も、皆な能く除愈す。若しは生も、若しは乾《かん》も若しは[一九]段《だん》段截《だんせつ》も、悉く能く衆生の諸もろの病を除愈するが如し。菩薩の首楞厳三昧《しゅりょうごんざんまい》に住するや、亦た復た、是の如し。諸もろの衆生に於いて、時として益せざる無く、常に能く一切の衆の患《わずら》いを滅除す。謂いて以って法を説き、兼ねて[二〇]四摂《ししょう》、諸波羅蜜を行じて、度脱《どだつ》を得しむ。若しは人の供養するも、若しは供養せざるも、益有るも、益無きも、是の菩薩は皆な法の利を以って安穏《あんのん》を得しむ。乃至、身死して肉を食する者有れば、若しは諸もろの畜生の二足、四足、及び諸もろの鳥獣、人《にん》と[二一]非人《ひにん》と、是の諸もろの衆生は、皆な菩薩の[二二]戒、願力を以っての故に、死して天に生ずるを得て、常に病痛、衰悩の諸患《しょげん》無し。堅意よ、首楞厳三昧に住する菩薩は、猶お薬樹の如しと。

仏、堅意に告げたまわく、菩薩の首楞厳三昧に住するや、六波羅蜜を世世自ら知って、他より学ばず。[二三]挙足《こそく》、下足《げそく》、入息《にっそく》、出息《しゅっそく》、念念に常に六波羅蜜有り。何を以っての故に。堅意よ、是の如く、菩薩は、身は皆な是れ法なり、[二四]行は皆な是れ法なり。堅意よ、譬えば、若し人有王（有り）、若しは諸大臣有って、百千種の香を擣《つ》きて以って末と為すが如し。若し人有って、来たって中の一種を索《もと》め、余香の共に相《あ》い薫雑《くんぞう》するを欲せざらんに、堅意よ、是の如き百千の衆《もろ》もろの香末《こうまつ》の中に、一種の余を雑《まじ》えざるを得べきや、不《いな》やと。不なり、世尊。堅意よ、是の菩薩は、一切の波羅蜜を以って身心を薫《くん》ずるが故に、念念の中に於いて常に

一四 貪、恚、癡　貪はむさぼり、恚はいかり、癡は道理にくらい煩悩。
一五 邪見　よこしまな考え。とくに因果の理を認めない考え。
一六 根　ここでは薬樹の根。
一七 茎節　茎と節。
一八 心皮　真中と皮。
一九 段段截　細かく切ること。
二〇 四摂　四摂法のこと。一に布施、二に愛語、三に利行、四に同事をいう。
二一 非人　夜叉、悪鬼等をいう。
二二 戒、願力　戒の力と過去の誓願力。
二三 挙足　足をあげる動作をいう。
二四 行　身体の動作そのもの。

六波羅蜜を生ず。堅意よ、菩薩は云何んが、念念の中に於いて六波羅蜜を生ずる。堅意よ、是の菩薩は、一切悉《ことごと》く捨《しゃ》して心に貪著《とんじゃく》無し。是れ[一]檀波羅蜜《だんはらみつ》なり。心善く[二]寂滅《じゃくめつ》して畢竟《ひっきょう》して悪無し。是れ[三]尸波羅蜜《しはらみつ》なり。[四]心の尽相《じんそう》を知って、諸塵《しょじん》の中に於いて傷つくる所無し。是れ[五]羼提《せんだい》波羅蜜《はらみつ》なり。[六]勤観択心《ごんかんちゃくしん》して、心の離相《りそう》を知る。是れ[七]毘梨耶波羅蜜《びりやはらみつ》なり。畢竟して善く[八]寂《じゃく》にして其の心を[九]調伏《じょうぶく》す。是れ[一〇]禅波羅蜜《ぜんはらみつ》なり。心を観じて心を知り、[一一]心相に通達《つうだつ》す。是れ[一二]般若《はんにゃ》波羅蜜《はらみつ》なり。堅意よ、菩薩の首楞厳三昧に住するや、是の如き法門、念念に皆な六波羅蜜有りと。

爾の時、堅意菩薩は仏に白《もう》して言《もう》さく、未曾有なり、世尊よ。菩薩の首楞厳三昧を成就するや、其の施行《せぎょう》する所、不可思議なり。世尊よ、若し諸もろの菩薩が仏の行を行ぜんと欲せば、当に是の首楞厳三昧を学ぶべし。何を以っての故に。世尊よ、是の菩薩は一切諸の凡夫の行を行ずるを現じて、而も其の心に於いて[一三]貪《とん》、恚《い》、癡《ち》無しと。

時に、衆の中に、[一四]大梵王《だいぼんのう》有り。名づけて成慈《じょうじ》と曰う。仏に白して言さく、世尊よ、若し菩薩が一切諸の凡夫の行を行ぜんと欲せば、当に首楞厳三昧を学ぶべし。何を以っての故に。是の菩薩は一切諸の凡夫の行を行ずるを現じて、而も心に貪、恚、癡の行有ること無しと。仏の言わく、善き哉、善き哉。成慈よ、汝が説く所の如し。若し菩薩にして一切諸の凡夫の行を行ぜんと欲せば、当に首楞厳三昧を学ぶべし。一切諸の所学を念ぜざるが故にと。

堅意菩薩は仏に白して言さく、世尊よ、菩薩が首楞厳三昧を学ばんと欲せば、当に云何《いか》んが学ぶべきと。仏は堅意に告げたまわく、譬えば射を学ぶが如し。先ず大[一五]堆《い》を射、大堆

一　檀波羅蜜　dāna-pāramitā　布施波羅蜜のこと。(大)六三三下、(チ)七八―五
二　寂滅　ここでは無余涅槃の意味ではなく、まったく滅しさること。
三　尸波羅蜜　śīla-pāramitā　戒波羅蜜のこと。
四　心の尽相　たとえば滅尽定に入って生ずる心々所を滅せしめるがごとき無心定。
五　羼提波羅蜜　kṣānti-pāramitā 忍辱波羅蜜のこと。
六　勤観択心　観法をすすめて、心に智慧を生じ、法を択びわける。
七　毘梨耶波羅蜜　vīrya-pāramitā　精進波羅蜜のこと。
八　寂　ここでは心の静かなさま。
九　調伏　調は心をととのえる、伏は煩悩をおさえて動かないようにする。
一〇　禅波羅蜜　dhyāna-pāramitā　禅定波羅蜜のこと。
一一　心相　心の真実のありさま。
一二　般若波羅蜜　prajñā-pāramitā　智慧波羅蜜のこと。
一三　貪、恚、癡　貪はむさぼり、恚はいかり、癡は道理に暗いこと。
一四　大梵王　大梵天王のこと。仏教では初禅天の王。
一五　(大)は準につくるが、今、(宋)によって堆とする。堆とは土のうず高くつもったすがたをいう。
一六　著す　つく、矢があたる。

を射《い》已《おわ》って小堆を射るを学ぶ。小堆を射已って次に的《まと》を射るを学ぶ。的を射るを学びて已《おわ》って次に杖を射るを学ぶ。杖を射るを学び已って百毛を射るを学ぶ。百毛を射已って十毛を射るを学ぶ。十毛を射已って一毛を射るを学ぶ。一毛を射已って百分毛の一分を射るを学ぶ。能く是れを射已れば、名づけて善射と為す。意に随って空《むな》しからず。是の人、若し夜闇《やあん》の中に於いて、聞く所の音声《おんじょう》が、若しは人なるも、非人なるも、心力《しんりき》を用いずして、之れを射んと欲せば皆な[一六]著《じゃく》す。是の如く、堅意よ、菩薩が首楞厳三昧を学ばんと欲せば、先ず当に[一七]愛楽心《あいぎょう》を学ぶべし。愛楽心を学び已って当に[一八]深心《じんしん》を学ぶべし。深心を学び已って当に[一九]大慈を学ぶべし。大慈を学び已って当に[二〇]大悲を学ぶべし。大悲を学び已って当に[二一]四聖《ししょう》梵行《ぼんぎょう》を学ぶべし。所謂《いわゆ》る、慈、悲、喜、捨なり。四聖梵行を学び已って、当に報得せる最上[二二]五通の常に自ら身に随《したが》うを学ぶべし。是の通《つう》を学び已って爾の時に便《すなわ》ち能く六波羅蜜を成就す。六波羅蜜を成就し已って、便ち能く[二三]方便《ほうべん》に通達《つうだつ》す。方便に通達し已って、第三[二四]柔《にゅう》順忍《じゅんにん》に住するを得。第三柔順忍に住し已って、[二五]無生法忍《むしょうぼうにん》を得、無生法忍を得已って、諸仏は記を授く。諸仏が記を授け已って、能く[二六]第八菩薩地に入る。第八菩薩地に入り已って、[二七]諸仏現前三昧《しょぶつげんぜんさんまい》を得。諸仏現前三昧を得已って、常に諸仏を見ることを離れず。常に諸仏を見ることを離れず、已って、能く一切仏法の因縁《いんねん》を具足す。[二八]一切仏法の因縁を具足し已って、能く仏土を荘厳《しょうごん》するの功徳を起こす。能く仏土を荘厳するの功徳を起こし已って、能く[二九]生家《しょうけ》の種姓《しゅしょう》を具す。能く生家の種姓を具し已って、入胎生《にったいしょう》出《しゅつ》す。入胎生出し已って、能く十地を具す。[三〇]十地を具し已って、爾の時、便ち仏の職号を受くることを得。仏の職号を受け已って、便ち[三一]一切の菩《ぼ》薩三昧《さつざんまい》を得。一切の菩薩三昧を得已って、然る後、乃ち首楞

一七 愛楽心　愛は親愛、楽は楽欲のこと。世間、出世間の善法を信じ願う心。
一八 深心　増上意楽とも訳されることば。願いをこめた意欲の深められたもの、悟りに向って発心すること。
一九 大慈　一切の衆生に楽を与えること。
二〇 大悲　一切の衆生の苦を抜くこと。
二一 四聖梵行　四梵住ともいう。慈悲喜捨の四無量心のこと。
二二 五通　五神通のこと。神足通・天眼通・天耳通・他心通・宿命通。これらは四無量心の禅定による。
二三 方便　ここでは衆生済度の手段をいう。
二四 柔順忍　真理に順っているという確信。(大)六三四上、㋠七九—三
二五 無生法忍　すべてのものの無生無滅の実相の悟りの確信。
二六 第八菩薩地　十地の段階の第八地、菩薩の位。
二七 諸仏現前三昧　諸仏が現前におわすという三昧。
二八 一切仏法の因縁　すべてが仏法にかかわってくること。
二九 生家の種姓　菩薩の最後身として、つぎに生れるところの家柄と氏族を選びわけること。
三〇 十地　修行階位を十に分け、その第十番目、菩薩としての最高位。
三一 一切の菩薩三昧　菩薩が修すべきすべての三昧。

厳三昧を得。首楞厳三昧を得已って、能く衆生の為めに仏事を施作《せさ》し、而も亦た菩薩の行法《ぎょうぼう》を捨てず。堅意よ、菩薩が若し是の如き諸法を学べば、則ち首楞厳三昧を得るなり。菩薩、已に首楞厳三昧を得ば、則ち諸法に於いて復た学ぶ所無し。何を以っての故に。先に已に善く一切法を学ぶが故に。譬えば、射《しゃ》を学ばんに、能く一毛分を射ば、復た余を学ばざるが如し。所以《ゆえ》は何《いか》ん。先に已に学べるが故なり。是の如く、堅意よ、菩薩の首楞厳三昧に住するや、一切法に於いて復た学ぶ所無し。一切の三昧、一切の功徳、皆な已に学べるが故なりと。爾の時に、堅意菩薩は仏に白して言さく、世尊よ、我れ今、譬喩《ひゆ》を説かんと欲す。唯だ願わくば聴許されんことをと。仏の言わく、便ち説けと。世尊よ、譬えば、[一]三千大世界の[二]大梵天王は、自然《じねん》に普ねく、能く遍ねく、三千大千世界を観じて、[三]功力《くりき》を加えざるが如し。是の如く、菩薩の首楞厳三昧に住するや、一切の法に於いて自然に能く観じて、功力を用いず、又た亦た能く一切衆生の[四]心、心所の行を知ると。仏は堅意に告げたまわく、汝が説く所の如し。若し菩薩が首楞厳三昧に住すれば、悉《ことごと》く、一切の諸もろの菩薩法と、一切の仏法とを知ると。

爾の時に、会《え》の中に、[五]天の帝釈《たいしゃく》有り。持須弥頂《じしゅみちょう》と名づく。此の三千大千世界に於いて最も[六]辺外《へんがい》に在り。仏に白して言さく、世尊よ、譬えば須弥山《しゅみせん》の頂《いただき》に住して、悉く能く一切の天下を観《と》見《けん》するが如し。菩薩、是の如く、首楞厳三昧に住すれば、諸もろの声聞《しょうもん》、辟支仏《びゃくしぶつ》の行と及び諸もろの一切衆生の行とに於いて、自然《じねん》に能く観ずるなりと。爾の時に、堅意菩薩は是の[七]持須弥頂釈に問うて言わく、汝は何れの許《もと》の[八]四天下《してんげ》より来たり、何れの須弥山の頂に住するやと。是の[九]釈、報《こた》えて言わく、善男子よ、若し菩薩にして、首楞厳三昧を得

一　三千大千世界　須弥山世界の千倍が小千世界、その千倍が中千世界、またその千倍が三千大千世界。
二　大梵天王　三界の中の色界の初禅天の天主。
三　功力　そのものに力を注ぐこと。自然に対することば。
四　心、心所の行　心とは心王、心のはたらきのよりどころ。心所はその心のはたらき。行ははたらき。
五　天の帝釈　帝釈天のこと。須弥山の頂上、忉利天の主。
六　辺外　須弥山の頂上は、地のさいはて。その上は空居天となる。　(大)六三四中、㋠八〇—一
七　持須弥頂釈　持須弥頂という帝釈天。
八　四天下　須弥山の四方にある大陸。東方勝身州、南方贍部州、西方牛貨州、北方倶盧州。
九　釈　Sakra 帝釈のこと。

る有らば、応に其の所住の処を問うべからず。所以《ゆえ》は何《いか》ん。此の菩薩の如きは、一切の仏国が皆な是れ住処にして、而も住処に著《じゃく》せず、住処を得ず、住処を見ずと。堅意は問うて言わく、仁者《きみ》、是の首楞厳三昧を得たるやと。釈の言わく、是の三昧の中に、寧《いずく》んぞ復た得《とく》と不《ふ》得《とく》との相《そう》有らんやと。堅意の言わく、不《いな》なりと。釈の言わく、善男子よ、当に知るべし。菩薩が是の三昧を行ずるや、諸法の中に於いて都《すべ》て得る所無しと。堅意の言わく、汝の弁ずるが如きは、必ず已に是の首楞厳三昧を得たらんと。釈の言わく、善男子よ、我れは法の所住《しょじゅう》の処有るを見ず。一切法に於いて所住無くば、乃ち首楞厳三昧を得たるなり。善男子よ。是の三昧に住せば、則ち諸法に於いて都《すべ》て住する所無し。若し住する所無ければ、即ち取る所無し。若し取る所無ければ、即ち説く所無しと。爾の時に、仏は堅意菩薩に告げたまわく、汝は是の持《じ》須弥《しゅみ》山釈《せんしゃく》を見るや、不《いな》やと。已に見たり、世尊よ。堅意よ、是の釈は、自然《じねん》随意《ずいい》に、能く首楞厳三昧を得たり。是の三昧に住すれば、此の三千大千世界の諸もろの[10]帝釈《たいしゃく》の宮に於いて、皆な能く身を現ずと。

　爾の時に、此の間の[11]釈提桓因《しゃくだいかんにん》は仏に白して言さく、世尊よ、若し持須弥山釈が、諸もろの釈の宮に於いて、能く身を現ぜば、我れ一切の帝釈の処所に於いて、何故に見ざるやと。爾の時、持須弥山釈は、此の釈に語って言わく、[12]憍尸迦《きょうしか》よ、若し我れ今、実の身を以って汝に示さば、汝は宮殿《くうでん》に於いて復た喜楽せず。我れ常に汝が所住の宮殿に至るも、汝は我れを見ざるなりと。爾の時に、釈提桓因は仏に白して言さく、世尊よ、我れ此の[13]大士の成就せる妙身を見んと欲すと。仏の言わく、憍尸迦よ、汝は見んと欲するやと。世尊よ、願《ねが》わくば見んと欲すと。仏は持須弥山釈に語って言わく、善男子よ、汝は此の釈に真実の妙身

一〇　帝釈の宮　須弥山の頂上には四隅に四つの峰があり、中央に善見城がある。この中心地に殊勝殿があり、ここが帝釈天の住む宮殿である。これをとり囲んで三十二天がある。

一一　釈提桓因　Śakradevendra　帝釈のこと。

一二　憍尸迦　Kauśika　帝釈の姓。

一三　大士　士とは凡夫、凡夫と異る者を大という。菩薩のこと。

を示すべしと。彼の釈、即ち真実の妙身を現ず。爾の時、会《え》の中の其の諸もろの釈《しゃく》、[一]梵《ぼん》、[二]護《ご》世天王《せてんのう》、声聞《しょうもん》、菩薩《ぼさつ》の、首楞厳三昧を得ざる者は、身《み》、皆な現ぜざること猶お[三]聚墨《しゅぼく》の若《ごと》し。持須弥山釈の身は、須弥山の王の如く、高大に、巍巍《ぎぎ》として、光明遠く照らす。爾の時に、仏身は、倍す。更に明顕たり。

釈提桓因は仏に白して言さく、未曾有なり、世尊よ。今、此の大士の[四]身色《しんしき》は、清浄殊《しょうじょうしゅ》妙《みょう》にして及ぶこと難し。是の諸もろの釈、梵、護世天王は、身、皆な現ぜざること猶お聚《しゅ》墨《ぼく》の如し。世尊よ、我れ須弥山の[五]善妙堂上《ぜんみょうどうじょう》に於いて、[六]釈迦毘楞伽摩尼《しゃかびりょうがまに》[七]瓔珞《ようらく》を著す。是の光明を以って一切の天の衆は、身、皆な現ぜず。我れ今、此の大士の光明を以って、身、復た現ぜず。著する所の宝瓔珞も亦た光色無《こうじきな》しと。

仏は釈提桓因に告げたまわく、憍尸迦《きょうしか》よ、若し此の三千大千世界の中に満つる釈迦毘楞伽摩尼珠《まにしゅ》あらんに、更に照明《しょうみょう》なる諸天の摩尼珠有れば、能く此の珠をして皆な復た現ぜざらしむ。憍尸迦よ、若し此の三千大千世界の中に満つる照明なる諸天の摩尼珠あらんに、更に金剛明の摩尼珠有れば、能く此の珠をして皆な復た現ぜざらしむ。憍尸迦よ、若し此の三千大千世界の中に満つる金剛明の摩尼珠あらんに、更に諸もろの明集《みょうじゅ》の摩尼珠有れば、能く此の珠をして皆な復た現ぜざらしむ。憍尸迦よ、汝、是の釈が著する所の諸もろの明集の摩尼珠を見るや、不《いな》やと。已に見たり、世尊よ。但だ此の珠、其の光猛盛《みょうじょう》なる為めに、我が眼、堪えずと。仏、憍尸迦に告げたまわく、若し菩薩にして、首楞厳三昧を得る有らば、或るいは帝釈《たいしゃく》と作《な》りて、皆な是の如き摩尼の瓔珞《ようらく》を著《じゃく》せんと。爾の時に、釈提桓因は仏に白して言さく、世尊よ、[八]諸有《しょう》の[九]阿耨多羅三藐三菩提《あのくたらさんみゃくさんぼだい》心を発《お》こさざる者は、是の如き清

一　梵　brāhma　梵天のこと。
二　護世天王　四天王のこと。
三　聚墨　墨の塊。
（大）六三四下、（チ）八〇―三
四　身色　肉体のこと。色とは身体のこと。
五　善妙堂　須弥山上の西南の角にある講堂。法の理非を論じるところ。
六　釈迦毘楞伽摩尼　śakarābhilagna=maṇi 宝珠の名。
七　瓔珞　keyūra　身の飾り。
八　諸有の　もろもろの、あらゆる。
九　阿耨多羅三藐三菩提　anuttara-sa=myak-saṃbodhi 無上の悟りの智慧。

浄の妙身を得ざるなりや。亦た復た、是の首楞厳三昧を失うなりと。時に、瞿域天子《くいきてんし》、釈《しゃく》提桓因《だいかんにん》に語って言わく、諸もろの声聞《しょうもん》の人の已に[一〇]法位に入れるは、復た仏道を称 歎愛楽《しょうたんあいぎょう》すると雖も、能く為《な》すこと無し。已に[一一]生死《しょうじ》に於いて障隔《しょうきゃく》を作すが故なり。若し人已に阿耨多羅三藐三菩提心を発こせば、今、発こすも、当に発こすも、是の人は則ち応に仏道を愛楽し、能く是の如き上妙の色身《しきしん》を得べし。譬えば、人の生まれてより而して盲《めしい》なる有れば、復た日月を称歎し、愛楽すると雖も、然も其の日月の光明を蒙《こうむ》らざるが如し。是の如く、声聞の法位に入る者は、復た仏法を称歎し、愛楽すると雖も、而も仏の功徳は身に於いて益《やく》無し。是の故に、若し此の[一二]妙身の大智慧を得んと欲せば、当に無上の[一三]仏菩提心《ぶつぼだいしん》を発こすべし。便ち是の如き上妙の色身を得んと。瞿域天子《くいきてんし》、是の語を説く時に、万二千の天子は阿耨多羅三藐三菩提心を発こせり。

爾の時に、堅意菩薩は瞿域天子に問うて言わく、何の功徳を行じてか、女人の身を転ぜんと。答えて言わく、善男子よ、大乗を発こす者は、男女《なんにょ》の而して別異有るを見ず。所以《ゆえ》は何《いか》ん。[一四]薩婆若《さばにゃ》の心は[一五]三界に在らず。分別有るが故に、男有り、女有り。仁者《きみ》が問う所の、何の功徳を行じてか、女人の身を転ぜんとならば、昔より菩薩に事《つか》えて、心に[一六]諂曲《てんごく》無きなりと。云何《いか》にして而して事えしや。答えて言わく、世尊に事うるが如しと。云何んが其の心にして、而して諂曲ならざるや。答えて言わく、身業は口に随い、口業は意に随う。是れを女人の心に諂曲無しと名づくと。問うて言わく、云何んが女人の身を転ずるやと。答えて言わく、[一七]成ずるが如しと。問うて言わく、云何んが成ずるが如きやと。答えて言わく、転ずるが如しと。問うて言わく、天子よ、此の語は何の義なるや。答えて言わく、善

一〇 法位に入れる　ここでは輪廻からぬけ出たところをさす。欲界の見修の二惑を断尽すれば、ふたたび欲界に生れることはない、これは不還果である。

一一 生死に於いて障隔を作す　生死の輪廻の世界とへだてる。つまり解脱する。

一二 妙身の大智慧　上妙の身体を得ることができるという仏のもつ偉大な智慧。(大)六三五上、(チ)八〇—五

一三 仏菩提心　仏の無上の悟りの智慧を求めようとする心。

一四 薩婆若　sarvajñāna　一切智のこと。仏智をいう。

一五 三界　欲界・色界・無色界。輪廻転生をくり返す世界。

一六 諂曲　他を欺くためにへつらい曲げて他人に順う。

一七 成ずるが如し　でき上っているように、との意。

男子よ、一切諸法の中にあっては、成ぜず、転ぜず。[一]諸法は一味なり。[二]法性味を謂う。善男子よ、我れは所願に随って、女人の身有り。若し我が身をして、男子を成ずることを得せしむるも、女身の相に於いて、壊《え》せず、捨せず。善男子よ、是の故に、当に知るべし、是れ男《なん》、是れ女《にょ》、倶《とも》に顛倒《てんどう》と為すことを。一切諸法と及《およ》び顛倒と、悉《ことごと》く皆な畢竟《ひっきょう》して、[三]二相を離るるなりと。

堅意《けんに》菩薩《ぼさつ》、瞿域《くいき》に問うて言わく、汝は、首楞厳三昧《しゅりょうごんざんまい》に於いて、少分を知れるや。答えて言わく、善男子よ、我れは他の得たるを知るも、身自らは証せず。我れ過ぐる世の釈迦牟尼仏を念《おも》うに、浄飯王《じょうぼんのう》の家に在《あ》って菩薩為《た》りし時、宮殿の内、衆の采女《さいにょ》の中に於いて、[四]夜半清浄なり。爾の時に、東方の、恒河沙《ごうがしゃ》等の[五]諸もろの梵王《ぼんのう》来たって、菩薩乗を問う者有り、声聞道《しょうもんどう》を問う者有り。菩薩は、各おの問う所に随って而して答う。[六]梵衆《ぼんしゅ》の中に一梵王有り。菩薩が行《ぎょう》ずる所の方便を解《げ》せず。而して是の言《げん》を作す、仁者《きみ》は乃《な》ち是の如き智慧有って、善く所問に答えつ。云何んが[七]王位の色欲を貪愛《とんない》するやと。余の諸もろの梵王は、菩薩の智慧方便を了知して、此の梵に語って言わく、菩薩は王位の色欲を貪《むさぼ》らず。将《まさ》に教化して衆生を成就せんが為めに、居家に処在して菩薩と為るを現ず。而して今、他方には、仏道を成就して[八]妙法輪を転ずと。是の梵、聞き已って是の言を作す、何《いか》なる[九]三昧《さんまい》を得てか、能く是の如きの自在《じざい》[一〇]神変《じんぺん》を作すと。余の[一一]梵、謂いて言わく、是れ、首楞厳三昧の勢力《せいりき》なりと。善男子よ、我れ、爾の時に是の念を作す、菩薩は三昧に住して、神力感応《じんりきかんのう》して[一二]未曾有に至る。愛欲に処在し、国事を[一三]領理して、而も能く是の如き三昧を離れずと。我れ、此れを聞き已って、[一四]恭敬《くぎょう》を倍加《ばいか》し、菩薩の所に於いて、世尊の想を生じ、深く、阿耨多羅三藐三菩《あのくたらさんみゃくさんぼ》

一　**諸法は一味なり**　ものの本性の世界にあってはすべてのものは一味であること。
二　**法性味**　ものの本性の世界においていうところの味。
三　**二相**　ここでは男女の二相をいうが、普遍的相対の二相をいう。
四　**夜半清浄なり**　ここでは瞿域、すなわち釈迦族の娘。宮中の采女となって釈迦菩薩に仕えたが、夜半清浄をもって菩薩に随従したこと。
五　**諸もろの梵王**　もろもろの大梵天王。
六　**梵衆**　梵天衆のこと。
七　**王位の色欲**　王位にあって色欲をほしいままにすること。
八　**妙法輪を転ず**　妙なる正法を説くこと。
九　**三昧**　smādhi 心を一所に集中して真理に到達し自由自在をうる。
一〇　**神変**　人間の智慧ではおしはかれない不思議な変化のこと。
一一　**梵**　梵天。
一二　**未曾有に至る**　いまだ経験したことのない境地に入る。(大)六三五中、(チ)八一―三
一三　**領理**　処理すること。
一四　**恭敬**　うやうやしくすること。
一五　**希有**　まれにしかないこと。珍しい

提心《だい》を発《お》こせり。願わくば来世に於いても、亦た、当に是の如き功徳《くどく》を成就すべしと。善男子よ、我れの見る所は是の如く少分なり。我れは唯《た》だ此の首楞厳三昧を知るのみにして、当に無量不可思議の功徳、勢力《せいりき》有るべしと。

堅意は仏に白して言さく、[一五]希有《けう》なり、世尊よ。是の瞿域天子《くいきてんし》の[一六]深心《じんしん》に此れを説くは、皆な是れ如来の為作《いさ》なり。[一七]善知識に常に守護せらるる所なるが故に。世尊よ、瞿域天子は、久しからずして、亦た当に首楞厳三昧に住して、是の自在神変勢力を得ること、今の世尊が為す所の如くにして、異なり無かるべしと。

堅意菩薩、仏に白して言さく、世尊よ、今、此の会《え》の中に、寧《むし》ろ是の首楞厳三昧を得たる者有りや、不《いな》やと。爾の時に、会の中に天子有り、現意と名づく。堅意菩薩に語って言わく、譬《たと》えば、[一八]賈客《こきゃく》の大海に入って、而して是の言を作すが如し、此の大海の中に[一九]摩尼珠有り。持ち去るべきや、不やと。汝が語は是れに似たり。所以《ゆえ》は何《いか》ん。今、如来の大智海《だいちかい》会《え》に於いて、其の中の菩薩は、法宝《ほうぼう》を成就して、大荘厳《だいしょうごん》を発《はっ》す。汝は中に在り、坐して是の問を作す。（すなわち）此の会の中に於いて、寧《いずく》んぞ菩薩の是の首楞厳三昧を得たる者有りや、不やと。堅意よ、今、此の会《え》の中に、自ら菩薩の首楞厳三昧を得て帝釈《たいしゃく》の身を現ずる有り。[二〇]梵王の身を現ずる有り。諸もろの[二一]天、[二二]龍、[二三]夜叉《やしゃ》、[二四]乾闥婆《けんだつば》、[二五]阿修羅《あしゅら》、[二六]迦楼羅《かるら》、[二七]緊《きん》那羅《なら》、[二八]摩睺羅伽《まごらが》の身を現ずる有り。首楞厳三昧を得て、比丘《びく》、比丘尼《びくに》、[二九]優婆塞《うばそく》、[三〇]優婆夷《うばい》の身を現ずる有り。首楞厳三昧を得て、諸もろの相好《そうごう》を以って、而して自ら、身を厳《かざ》る有り。自ら菩薩として衆生を化《け》せんが為めに、女身《にょしん》の[三一]形色《ぎょうしき》、相貌《そうみょう》を作すを現ずる有り。声聞《しょうもん》の形色、相貌を現ずる有り。辟支仏《びゃくしぶつ》の形色、相貌を現ずる有り。堅意よ、如来は自在に、随所

こと。
一六　深心　願いをこめた深い意欲。
一七　善知識　仏道に引き入れるもののすべてにいう。その友達のこと。
一八　賈客　賈とは商い、商う人、商人のこと。
一九　摩尼珠　maṇi 珠のこと。
二〇　梵王　大梵天王のこと。
二一　天　天界の神々。輪廻の世界に属するが、過去の善業に報いられ、人間の上に位するもの。
二二　龍　蛇属の長、神力を有して雲雨を変化する。
二三　夜叉　yakṣa 空中を飛行する鬼神。
二四　乾闥婆　gandharva 香をかいで食事とする帝釈天の楽神。
二五　阿修羅　asura 果報により天部にあるが実は非天、容貌醜悪。但し美女をもち酒はない。つねに帝釈と闘争をこととする。
二六　迦楼羅　garuḍa 金翅鳥、龍をとって食事とする。
二七　緊那羅　kiṃnara 歌神という。人に似て頭上に角があり、帝釈天の楽神。
二八　摩睺羅伽　mahoraga うわばみ、地龍。
二九　優婆塞　upāsaka 五戒を受けた在家の男の信者。
三〇　優婆夷　upāsikā 五戒を受けた在家の女の信者。
三一　形色、相貌　形やすがた。

に衆《しゅ》に至り、若しは[一]刹利衆《せつりしゅ》、[二]婆羅門衆《ばらもんしゅ》、若しは[三]居士衆《こじしゅ》、[四]釈衆《しゃくしゅ》、[五]梵衆《ぼんしゅ》、[六]諸もろの護世衆《ごせしゅ》、是の諸もろの衆に随って、普ねく能く形色、相貌を示現《じげん》す。当に知るべし、皆な是れ首楞厳三昧の本事の果報なることを。堅意よ、若し如来が説法せらるる処を見れば、当に知るべし、此の中には則ち無量の諸大菩薩あり、大智もて自在に大荘厳を発こし、一切法に於いて自在に行ずる者、能く如来に随って[七]法輪を転ずる者、有ることを。

堅意菩薩は、仏に白して言さく、世尊よ、我れ、今、謂《おも》えらく、是の現意天子は、此の首楞厳三昧を得て、其の智慧[八]弁才の如く、無礙神通なること是の如しと。仏の言わく、堅意よ、汝が説く所の如し。是の現意天子は、已に首楞厳三昧に住し、是の三昧に通達するが故に、能く是の説を作すなりと。

爾の時に、仏は現意天子に告げたまわく、汝は、首楞厳三昧の本事の少分を示現すべしと。現意天子は堅意に語って言わく、仁者《きみ》は首楞厳三昧の少しき勢力《せいりき》を見んと欲《ほっ》するや、不《いな》やと。答えて言わく、天子よ、願楽《ねが》わくば見んと欲すと。現意天子、善く首楞厳三昧力を得るが故に、即ち[九]変応《へんのう》を現じ、衆会《しゅえ》の者をして、皆な[一〇]転輪聖王《てんりんじょうおう》と作《な》りて、三十二相をもって、而して自ら荘厳し、及び諸もろの[一一]眷属《けんぞく》、七宝《しっぽう》をして侍従せしむ。天子、問うて言わく、汝は、何等をか見る。堅意の答えて言わく、我れ衆会を見るに、皆な転輪聖王の[一二]色相《しきそう》を作して、眷属七宝侍従すと。爾《そ》の時に、天子は復た衆会の、皆な[一三]釈提桓因《しゃくだいかんにん》と作りて[一四]忉利宮《とうりぐう》に処《お》り、百千の天女は衆《もろ》もろの伎楽《ぎがく》を作して、囲遶《いにょう》し、娯楽するを現ず。復た神力《じんりき》を以って、普ねく衆会をして、皆な[一五]梵王の色相威儀《しきそういぎ》を作し、梵宮《ぼんぐう》に在って、[一六]四無量を行ぜしむ。又た、堅意に問えらく、汝は何等をか見るやと。答えて言わく、天子よ、我れ衆会を見るに、皆な

一　刹利衆　kṣatriya　王様の種族。インド四階級の第二。

二　婆羅門衆　brāhmaṇa　大梵天に奉事する司祭者の種族。インド四階級の第一。

三　居士衆　kulapati　家にいて仏道を志す者、また多財の修行者。　㊅六三五下、㊉八一―五

四　釈衆　śakra　帝釈の一族。

五　梵衆　brahmā　梵天の一族。

六　諸もろの護世衆　四天王。

七　法輪を転ずる　法を説くこと。

八　弁才　たくみに法義を説く才能。四無礙弁のこと。

九　変応　神変によって吉相をあらわすこと。

一〇　転輪聖王　この王は身に三十二相を具し、位につくとき天より輪宝を感得し、その輪宝を転じて四方を降伏せしめるから転輪聖王という。

一一　眷属、七宝　眷属をひきつれ、七宝を所有するとの意。

一二　色相　すがた形。

一三　釈提桓因　Śakradevendra　帝釈天のこと。

一四　忉利宮　忉利天（Trāyastriṃśa）にある帝釈天の宮殿。

一五　梵王　梵天王。

一六　四無量　慈・悲・喜・捨の四無量心。この四心は無量の衆生をして無量の福を引生するから無生という。

是れ梵王なりと。復た神力を現じ、普ねく衆会をして、皆な長老摩訶迦葉《まかかしょう》の一七形色相貌《ぎょうしきそうみょう》を作して、一八衣鉢《えはつ》を執持《しゅうじ》し、諸もろの禅定《ぜんじょう》に入り、一九八解脱を行じて、皆な異なり有ること無からしむ。復た神力を現じ、普ねく衆会をして、皆な釈迦牟尼仏身の相好威儀《そうごういぎ》の如く、各おの比丘《びく》、眷属《けんぞく》有って囲遶《いにょう》せしむ。又た問えらく、堅意よ、汝は何等をか見るやと。答えて言わく、天子よ、我れ大衆《だいしゅ》を見るに、皆な是れ釈迦牟尼仏身の相好威儀にして、各おの比丘、眷属の囲遶する有りと。現意天子は堅意に謂いて言わく、是れを首楞厳三昧の自在勢力と為す。是の如く、堅意よ、菩薩が首楞厳三昧を得ば、能く二〇三千大千世界を以って芥子《けし》の中に入れ、(その芥子の中に)諸もろの山河、日月、星宿をして、現ぜしむること皆な故《もと》の如く、而も二一迫迮《はくさく》せず、諸もろの衆生に示す。堅意よ、首楞厳三昧の不可思議なる勢力は是の如しと。

爾の時に、諸もろの大弟子、及び諸もろの天、龍、夜叉《やしゃ》、乾闥婆《けんだつば》、釈、梵、護世天王《ごせてんのう》、声を同じくして仏に白して言さく、世尊よ、若し人、是の首楞厳三昧を得ば、是の人の功徳は思議すべからず。所以は何ん。是の人は則ち究竟《くきょう》の仏道を為して、智慧、二二神通の諸明を成就すればなり。我れ等、今日、一座の上に於いて、普ねく衆会が種種の色相の若干《そこばく》の変現《へんげん》を見て、我れ等二三惟念《ゆいねん》すらく、若し人、首楞厳三昧を聞かずば、当に知るべし、是れ魔の便りを得たる所と為す、若し聞くことを得ば、当に知るべし、是の人は諸仏の護る所、何《いか》に況《いわ》んや、聞き已りて説に随って行ずる者をやと。世尊よ、菩薩が、若し仏法に通達して彼岸《ひがん》に至らんと欲せば、当に一心に首楞厳三昧を聴きて、受持し、読誦し、他人の為めに説くべし。世尊よ、菩薩が若し普ねく一切の二四形色威儀《ぎょうしきいぎ》を現ぜんと欲し、悉《ことごと》く普ねく一切

一七 形色相貌　すがた形。
一八 衣鉢　三衣と一鉢、僧の資物。
一九 八解脱　八種の禅定、三界の煩悩から離れるので解脱という。八背捨のこと。
二〇 三千大千世界　須弥山を中心とした世界が十億個集まった世界。
二一 迫迮　ちぢこまること。

(大)六三六上、(チ)八二―三

二二 神通の諸明　いろいろな神通をいう。通常、五神通を数える。
二三 惟念　おもうこと。
二四 形色威儀　すがた形や法にかなった立居振舞、行住坐臥をいう。

衆生の心、[一]心所の行を知らんと欲し、又た、普ねく一切衆生を知って、病に随って薬を与えんと欲せば、当に善く是の三昧《さんまい》の法宝《ほうぼう》を聴きて、受持し、読誦すべし。世尊よ、若し人、是の首楞厳三昧を得ば、当に知るべし、是の人は仏の境界《きょうがい》に入りて、智慧自在なることをと。仏の言わく、是の如し、是の如し、汝等が説く所の如し。若し人、首楞厳三昧を得ずば、名づけて深行《じんぎょう》の菩薩と為すを得ず。如来は、此の人が、布施《ふせ》、持戒《じかい》、忍辱《にんにく》、精進《しょうじん》、禅《ぜん》定《じょう》、智慧《ちえ》を具足《ぐそく》せりと謂わず。是の故に、汝等が、若し遍ねく一切の道を行ぜんと欲せば、当に是の首楞厳三昧を得んと学ぶべし。一切の諸もろの学する所を念ぜざるが故にと。

爾の時に、堅意菩薩は、現意天子に問うて言わく、菩薩が若し是の三昧を得んと欲せば、当に何なる法をか修行すべきやと。天子の答えて言わく、菩薩が、若し是の三昧を得んと欲せば、当に凡夫法[二]を修行すべし。若し凡夫法を見ば、仏法は合《がっ》[三]せず、散《さん》せず。是れを首楞厳三昧を修集《しゅじゅう》すと名づくと。堅意は問うて言わく、仏法の中に、合、散有りや。天子の答えて言わく、凡夫法の中にだも尚《な》お合散無し。何《いか》に況《いわ》んや仏法をや。云何《いか》んが修行と名づくと。(答えて言わく)若し能く諸もろの凡夫法と仏法との無二《むに》に通達せば、是《こ》れを修集《しゅじゅう》と名づく。而も実には此の法に合無く、散無し。善男子よ、一切の法集《ほうじゅう》には生相《しょうそう》[四]無きが故に、一切の法集には壊《え》相《そう》[五]無きが故に、一切の法集は虚《こ》空相《くうそう》[六]の故に、一切の法集には受相[七]無きが故にとなりと。堅意の復た問うらく、首楞厳三昧は去って何《いず》れの所に至るやと。天子の答えて言わく、首楞厳三昧は、去って一切衆生の心行[八]に至って、而も亦た心行の取相[九]に縁《よ》らず。去って一切の諸もろの所生《しょしょう》[一〇]の処に至って、而も亦た生処《しょうしょ》[一一]の汚《けが》す所と為らず。去って一切世界の仏所に至って、而も仏身の相好《そうごう》を分別せず。去って一切の音声《おんじょう》、語言《ごごん》に至って、

一　心、心所の行　心や心のはたらき。
二　凡夫法　凡夫の本性のこと。聖者に対する凡夫をいったものではなくて、凡夫たるものそのもののすがた。
三　合せず、散せず　凡夫法と仏法とを別々の法と考えて、仏法と合するとか、仏法と離れるとかいうような観念をもたないこと。
四　生相　すべてのものが過去から現在に生じて、そこにすがた形をあらわそうとすること。
五　壊相　現在のすべてのものが、衰え変化すること。
六　虚空相　大空のように障えることがない本性をもっていること。
七　受相　心のはたらき。
八　心行　心が善悪について考えおもうこと。
九　心行の取相　心の思うことに執著しようとする煩悩をいう。(大)六三六中、㋠八三―一
一〇　所生の処　輪廻の境界をいう。
一一　生処　輪廻の世界（有為法）。

而も諸もろの文字の相《そう》を分別せず。普ねく能く一切の仏法を開示して、而も[一二]畢竟尽処《ひっきょうじんしょ》に至らず。善男子よ、是の三昧は何《いず》れの処《ところ》に至るやと問わば、仏の至る所に随って、是の三昧は亦た是の如くに至るなりと。堅意の問うて言わく、仏は何れの処に至りたもうやと。天子の答えて言わく、仏は[一三]如如の故に、至るに至る所無しと。又た問うらく、仏は[一四]涅槃《ねはん》に至らずや。答えて言わく、一切諸法の究竟《くきょう》は涅槃なり。是の故に、如来は涅槃に至らず。所以は何《いか》ん。[一五]涅槃性《ねはんしょう》の故に涅槃に至らずと。又た問うらく、過去の[一六]恒河沙等《ごうがしゃとう》の諸仏は、涅槃に至らざりしやと。答えて言わく、[一七]恒沙の諸仏は、是れ生ずると為《な》すやと。堅意の言わく、如来が説きたもう所の、恒沙の諸仏は、生じ已って[一八]滅度せりと。天子の言わく、善男子よ、如来は云わずや、一人出世して、衆生を饒益《にょうやく》し、安楽する所多しと。意に於いて云何《いか》ん。如来は定《さだ》んで諸もろの[一九]衆生の生滅有るを得ると為すやと。答えて言わく、天子よ、如来は、法に於いて[二〇]生滅を得ず。善男子よ、当に知るべし、如来は、諸仏は、世間に出《い》づと説くと雖も、如来の[二一]相《そう》に於いては、而も実に生《しょう》無く、諸仏は涅槃に至ると説くと雖も、如来の相に於いては、而も実に滅《めつ》無きことをと。

又た、問えらく、今、現に、無量の如来は、道《どう》を成《じょう》ずるを得るや、不《いな》やと。答えて言わく、如来は無生無滅の相にして、是の如くにして成道《じょうどう》したもう。善男子よ、若しは諸仏の出《い》づるも、若しは涅槃に入るも、差別《しゃべつ》有ること無し。所以《ゆえ》は何《いか》ん。如来は、一切の諸法は是れ[二二]寂滅相《じゃくめつそう》なりと通達す。是れを名づけて仏と為すと。又た問えらく、若し、一切の法が畢竟[二三]寂滅ならば、涅槃の相は通達すべきやと。答えて言わく、一切法の如きは畢竟寂滅にして涅槃の相に同じ。通達の相も、亦た復た是の如し。善男子よ、如来は[二四]生、住、滅を以

一二　畢竟尽処　究極的に到達するところ。
一三　如如　正しい智慧によって照しだされた真知の世界。
一四　涅槃　nirvāṇa ここでいう涅槃は小乗の灰身滅智をいうものではない。
一五　涅槃性　すべてのものは本来涅槃の徳を具えていること。
一六　恒河沙　ガンジス河の砂ほど多いこと。
一七　恒沙　恒河沙のこと。
一八　滅度　悟れる者の命終。灰身滅智をいう。
一九　衆生の生滅　輪廻転生をいう。
二〇　生滅を得ず　如来は世間にあっても本性において生滅することはない、ということ。
二一　相　本来のすがたの意。
二二　寂滅相　一切の相を離れたる涅槃の相をいったもの。
二三　寂滅　その本体が寂静であって一切の相を離れていること。
二四　生、住、滅　すべてのものは未来より現在を経て過去へうつりゆく、その相を示したもの。

って出でたまわず。生、住、滅無くば、是れを仏出づと名づくと。堅意、問うて言わく、汝は首楞厳三昧に住して、能く是の如き説を作すやと。答えて言わく、善男子よ、意に於いて云何《いか》ん。[一]如来の化人《けにん》は、何なる法中に住して説く所有りやと。堅意の答えて言わく、仏の神力《じんりき》に乗じて、能く説く所有りと。又た問えらく、仏は何れの処に住してか、化人と作《な》ると。答えて言わく、仏は[二]不二の神通に住して化人と作ると。天子の言わく、如来の如きは、[三]不住法に住して化人と作る。諸もろの化人も亦た、不住法に住して而して説く所有りと。堅意の言わく、若し住する所無くば、云何んが説くこと有らんと。天子の言わく、住する所を説くこと無きが如きも、亦た是の如しと。又た問えらく、菩薩は云何んが[四]楽《ぎょう》説弁才《せつべんざい》を具足するやと。答えて言わく、菩薩は[五]我相《がそう》を以ってせず、[六]彼相《ひそう》を以ってせず、法相を以ってせず。而も説く所有り。是れを楽説弁才を具足すと名づく。所に随って法を説き、文字の相尽きず、法の相も亦た尽きず。是の如く説く者は[七]二を以って説かず。是れを楽説弁才を具足すと名づく。又た善男子よ、若し菩薩が諸法の[八]幻相を捨てず、諸もろの音《おん》声《じょう》に於いて響相《きょうそう》を捨てずば、是れを楽説弁才を具足すと名づく。又た諸もろの文字、音声、語言《ごごん》の如きは、処《しょ》無く、方《ほう》無く、内《ない》無く、外《げ》無く、所住有ること無く、衆縁《しゅえん》によって有り。一切諸法も亦た復た是の如く、処無く、方無く、内無く、外無く、亦た所住も無し。是れ過去、未来、現在に非ず、文字、言辞《ごんじ》の表わす所と為らず、内に自ら通達《つうだつ》して、而して説く所有り。是れを楽説弁才を具足すと名づく。譬《たと》喩えば響の如し。一切の音声は、皆な[九]響相に随って、而して説く所有りと。堅意の問うて言わく、随の義とは云何《いか》んと。（答えて言わく）善男子よ、虚空《こくう》に随うは是れ随の義なり。虚空には随う所無きが如く、一切諸

一　如来の化人　仏が神通力をもってかりに人となったもの。

(大)六三六下、(チ)八三―四

二　不二の神通　仏の神通は禅定による不二の境地をもってする。

三　不住法　世間に住することのないこと。

四　楽説弁才　好んで衆生のために弁才を振う、

五　我相　つぎの彼相と相対して、我と彼、我なるもの。

六　法相　真如を説いた教え。

七　二　相対関係にある二者。

八　幻相　実体なく幻のごときさま。

九　響相　響、つまり音の本性。

法も亦た随う所無し。諸法に比無く、譬喩有ること無ければなり。得る有りと為《な》さば、言に随う所有るなりと。爾の時に、世尊は天子を讃《ほ》めて言わく、善き哉、善き哉。汝が説く所の如し。菩薩は此こに於いて応に驚怖《きょうふ》せず。所以は何ん。若し随う所有らば、[一〇]阿《あ》耨多羅《のくたら》三藐三菩提《さんみやくさんぼだい》を得じと。

堅意菩薩は仏に白して言さく、世尊よ、是の現意天子は、何《いず》くの仏土より来たって、此の間《かん》に至るやと。天子の謂いて言わく、問うて何等をか作す。堅意の答えて言わく、我れ今、彼方《かなた》に向かって礼を作さんと欲す。是の[一一]大士の遊行《ゆぎょう》の住処なるを以ってなりと。天子の謂いて言わく、若し人、手ずから是の首楞厳三昧を得ば、一切世間の諸天、人民は皆な応に礼敬《らいきょう》すべしと。爾の時に、仏は堅意菩薩に告げたまわく、是の現意天子は、[一二]阿閦仏《あしゆくぶつ》の妙喜世界より来たって此こに至る。是の人は彼《かしこ》に於いて、常に首楞厳三昧を説く。堅意よ、一切の諸仏は、首楞厳三昧を説かざる者有ること無し。堅意よ、是の現意天子は、此の[一三]娑《しゃ》婆《ば》世《せ》界《かい》に於いて、当に成仏を得べし。是の人は此の[一四]五濁《ごじょく》の悪を断じて浄《きよ》き仏土を取り、衆生を教化《きょうけ》して、首楞厳を修習《しゅうじゅ》し、増長せんと欲するが故に、来たって此こに至るなりと。

堅意は仏に白して言さく、今、此の天子は、幾《いくば》くの時にか、当に此の間の世界に於いて、仏道を成《じょう》ずるを得べき。其の号《な》は云何《いか》ん。世界を何と名づくるやと。仏の言わく、是の天子は、是の[一五]賢劫《げんごう》を過ぎて、千仏滅し已って、六十二劫は復た[一六]仏有ること無く、中間《ちゅうげん》には但だ百千万億の辟支仏の出《い》づる有るのみ。其の中の衆生は、[一七]善根《ぜんごん》を種《う》うることを得て、是の劫《こう》を過ぎ已って当に成仏を得べし。浄光称王如来《じょうこうしょうおうにょらい》と号し、世界は、爾の時、名づけて浄見《じょうけん》と為す。時に於いて、浄光称王如来は能く衆生の心をして清浄《しょうじょう》なるを得せしむ。世界の衆

一〇 阿耨多羅三藐三菩提 anuttara-samyak-sambodhi 悟りの無上の智慧。

一一 大士 菩薩のこと。

一二 阿閦仏 Akṣobhya 東方にいる仏。

一三 娑婆世界 sahā 煩悩を忍受（安んじて受け入れる）するから忍土といい、また雑然たる集りともいう。釈尊の教化する世界。その範囲に瞻部州とする説、四天下とする説、三千大千世界とする説等がある。

一四 五濁 五つの汚れ。㊅六三七上、㊆八四―一 劫濁（時代の汚れ）、煩悩濁（煩悩の汚れ）、衆生濁（人間の汚れ）、見濁（悪い思想）、命濁（生活の汚れ）。

一五 賢劫 過去の住劫を荘厳劫といい、未来の住劫を星宿劫といい、現在の住劫を賢劫という。現在の住劫の長さは一大劫であり、それは八十中劫である。その中には千仏の出世があるとされ、それを称讃して賢劫といい、また善劫ともいう。

一六 仏有ること無く チベット訳は「仏陀が出現されるであろう」という。

一七 善根 善の身口意三業をいう。

生は[一]貪欲《とんよく》、瞋恚《しんに》、愚癡《ぐち》の為めに覆《おお》われず、法の浄信を得て、皆な善法を行ず。堅意よ、是の浄光称王仏の寿は[二]十小劫なり。[三]三乗の法を以って衆生を度脱《どだつ》し、其の中の無量無辺の菩薩は首楞厳三昧を得て、諸法の中に於いて自在力《じざいりき》を得。爾の時に、魔、若しは[四]魔民は、皆な大乗を修して、衆生を慈愍《じみん》す。其の仏国土《ぶっこくど》には、[五]三悪道《さんなくどう》及び諸もろの難処無く、荘厳し清《しょう》浄《じょう》なること[六]欝単越《うったんのつ》の如し。衆《もろ》もろの魔事無く、諸もろの[七]邪見を離る。仏の[八]滅度の後、法の住《とど》まること千万億歳なり。堅意よ、是の天子は当に是の如きの清浄の国土に於いて、而して仏道を成ずべしと。爾の時に、堅意菩薩は天子に謂いて言わく、汝は大利を得たり、如来は汝に阿耨多羅三藐三菩提《あのくたらさんみゃくさんぼだい》の[九]記を授けたもうと。天子の答えて言わく、善男子よ、一切法に於いて、若し無所得なれば、是れを大利《だいり》と名づく。法に於いて得る有れば、是れ則ち利無きなり。善男子よ、是の故に、当に知るべし。若し、法を得ずんば、是れを大利と名づくることをと。是の法を説く時、二万五千の天子は、曾て先世に於いて衆《もろ》もろの[一〇]徳本を殖《う》えたるもの、皆な阿耨多羅三藐三菩提心を発こし、万の菩薩有って、[一一]無生忍を得たり。

仏説首楞厳三昧経巻上

一　貪欲、瞋恚、愚癡　煩悩の強いものを三つあげ、これを三毒という。
二　十小劫　小劫とは一増減劫をいい、これを十重ねた年月。一増一減劫は住劫の初めの人寿無量から百年に一歳を減じてついに人寿十歳となり、つぎにこれを逆に百年に一歳を増して人寿八万歳に至る。このサイクルを十重ねたものが十小劫。
三　三乗　声聞乗・縁覚乗・菩薩乗をいう。
四　魔民　魔界の民衆、魔王の眷属の民衆、仏道修行を妨げる働きをするもの。六欲天の最上階に住む。
五　三悪道　地獄・餓鬼・畜生のこと。
六　欝単越　uttarakuru　北方の大洲。この洲の人の作すところは、他の三洲にすぐれている。
七　邪見　よこしまな見解、思想。とくに因果の理を信じない思想。
八　滅度　入滅し命終すること。
九　記　印可証明のこと。
一〇　徳本　善根に同じ。善行が菩提の本となる。
一一　無生忍　無生無滅の真理に住して不動なる境地。

巻の下

爾の時に、舎利弗《しゃりほっ》、仏に白して言さく、世尊よ、未曾有《みぞう》なり。今、首楞厳三昧を説くに、而も是こに悪魔来たって[一二]嬈乱《にょうらん》せずと。仏は舎利弗に告げたまわく、汝は、魔の衰悩《すいのう》せる事を見んと欲するや、不《いな》やと。（答えて言わく）[一三]唯然《ゆいねん》たり、見んと欲すと。爾の時に、仏は[一四]眉間《みけん》の白毫《びゃくごう》の大人相の光を放ちたもうに、一切の衆会《しゅえ》は皆な悪魔が[一五]五繋縛《ごけばく》を被り、自ら解くこと能わざるを見る。仏は舎利弗に告げたまわく、汝は悪魔の五縛《ごばく》を被るを見るや、不やと。（答えて言わく）唯然たり、已に見つ。此の悪魔は誰れの為めに縛《ばく》せられたるやと。仏、言わく、是れ首楞厳三昧の威神力《いじんりき》なり。在所の仏土に首楞厳三昧を説かんに、其の中の諸もろの魔が悪心を以って障礙《しょうげ》を作さんと欲せば、首楞厳三昧、及び諸仏の威神力の故に、其の諸もろの悪魔は、皆な自ら、身は五繋縛を被るを見ん。舎利弗よ、在所の首楞厳三昧を説く処に、若しは我が現在にも、若しは我が滅後にも、其の中の所有《あら》ゆる諸もろの魔、魔民、及び余の人衆《にんしゅ》の悪心を懐《いだ》く者は、首楞厳三昧の[一六]威神力を以っての故に、皆な五縛を被らんと。

爾の時に、会《え》の中の[一七]天、[一八]龍、[一九]夜叉《やしゃ》、[二〇]乾闥婆《けんだつば》等仏に白して言さく、世尊よ、我れ等は此の三昧《さんまい》に於いて、心に疑い有ること無く、障礙《しょうげ》を為《な》さず。我れ等は、身《み》に五縛を被るを欲せず。世尊よ、我れ等は此の三昧を恭敬《くぎょう》するが故に、皆な当に往《ゆ》きて是の法を説く者を護《まも》る

一二　嬈乱　嬈はわずらわす、乱はみだれる。
一三　唯然たり　はいそうですとの意。
一四　眉間の白毫の大人相　仏の三十二相の一つ。仏の眉間には白い毛があり、右にまいている。これより放つ光明のこと。
一五　五繋縛　五つの煩悩。ここでは五つの煩悩によって、両手、両足、頭をしばられることをいっている。
一六　威神力　威勢さかんにして測るべからざる力。
一七　天　天界の神々。
一八　龍　蛇族の長、神力を有して雲雨を変化する。
一九　夜叉　yaksa　空中を飛行する鬼神。
二〇　乾闥婆　gandharva　香をかいで食事とする帝釈天の楽神。

べし。是の三昧に於いて、世尊の想を生ずと。仏は諸もろの天、龍神に告げたまわく、汝は是の故を以って、当に[一]十二見縛《けんばく》に於いて、而して解脱を得べし。何等をか十二なる。[二]我《が》見縛《けんばく》、[三]衆生見縛《しゅじょうけんばく》、[四]寿命見縛、[五]人《にん》見縛、[六]断見縛、[七]常見縛、[八]我作《がさ》見縛、[九]我所見縛、[一〇]有《う》見縛、[一一]無見縛、[一二]此彼《しひ》見縛、[一三]諸法見縛、是れを十二と為《な》す。汝等《なんだち》よ当に知るべし。若し、衆生の、仏法の中に於いて、[一四]瞋恨心《しんこんしん》を起こして、毀壊《きえ》せんと欲する者有らば、皆な以って是の十二見縛に住せん。若し人[一五]信解し、随順《ずいじゅん》して逆《さか》らわずば、此の十二見縛に於いて、当に解脱を得べしと。

爾の時に、舎利弗、仏に白して言さく、世尊よ、悪魔は今に於いて、此の首楞厳三昧の名を説くを聞くを得るや、不《いな》やと。仏の言わく、亦た聞かんも、縛を被るを以っての故に、能く来たるを得ずと。舎利弗の言わく、如来は何《いか》んが威神力を以って、魔をして首楞厳三昧の名字を説くを聞かざらしめざると。仏の言わく、且らく止《や》みなん。此の語《ことば》を作《な》すこと勿れ。仮使《たと》い、[一六]恒河沙等《ごうがしゃとう》の世界に、中に大火を満たしむるも、此の首楞厳三昧を説くを聞かんが為めには、当に中に従って過ぐべし。何を以っての故に。若し、人、但だ首楞厳三昧を説くを聞かば、我れは、此の人は大いに善利を得、[一七]四禅を得て[一八]四梵処《しぼんしょ》に生ずるに勝ると説かん。舎利弗よ、若し、悪魔をして、今、首楞厳三昧の名字を説くを聞くを得せしめば、此の因縁《いんねん》を以って、当に一切の魔事を出過《すいか》するを得べし。若し以って縛《ばく》を被り、而も聞くを得ば、亦た当に此の十二見縛に於いて解脱を得べし。是の故に、舎利弗よ、邪見悪人の魔網《まもう》に入る者も、尚お応に此の首楞厳三昧を聞くべし。何《いか》に況《いわ》んや浄心に歓喜《かんぎ》して聞かんと欲するをやと。

一　十二見縛　十二の誤った見解、思想に縛られること。
二　我見縛　自我ありとする謬見にしばられること。
三　衆生見縛　衆生ありという謬見にしばられること。
四　寿命見縛　生命なるものありという謬見にしばられること。
五　人見縛　人なるものありという謬見にしばられること。
六　断見縛　因果の相続の理を認めず、諸法は断滅するとの謬見にしばられること。

(大)六三七下、(チ)八五一—一

七　常見縛　諸法は常住であるという謬見にしばられること。
八　我作見縛　行為の主体ありという謬見にしばられること。
九　我所見縛　所有ありとする謬見にしばられること。
一〇　有見縛　自分の身体ありとする謬見にしばられること。
一一　無見縛　自分の身体は後身において無しとする謬見にしばられること。
一二　此彼見縛　此あり、彼ありという謬見にしばられること。
一三　諸法見縛　あらゆる存在ありとする謬見にしばられること。
一四　瞋恨心　瞋はいかり、恨はうらみ、怒ったりうらんだりする心。
一五　信解　自ら明らかに理を見て心に疑いなきことをいう。

爾の時に、会《え》の中に一菩薩有り。魔界行不汚《まかいぎょうふま》と名づく。仏に白して言さく、［一九］唯然《ゆいねん》たり、世尊よ。我れ今、当に魔界の中に現じて、自在神力《じざいじんりき》を以って、魔をして首楞厳三昧に住するを得せしむべしと。仏の言わく、［二〇］随意なりと。時に、魔界行不汚菩薩は即ち会の中に於いて忽然《こつねん》として現ぜず。魔宮《まきゅう》に現じて悪魔に語って言わく、汝は寧《いずく》んぞ、仏の首楞厳三昧を説きたもうを聞かざる。無量の衆生は皆な［二一］阿耨多羅三藐三菩提心《あのくたらさんみゃくさんぼだいしん》を発こして、汝が境界《きょうがい》を出《い》でたり。亦た皆な当に復た余人を度脱して、汝が境界より出だすべしと。魔は即ち報《こた》えて言わく、我れ仏が首楞厳三昧の名字を説きたもうを聞くも、五縛を被るを以って能く往《ゆ》くを得ず。所謂《いわゆ》る、両手、両足、及び頭《こうべ》なりと。又た悪魔に問えらく、誰れか汝を繋《け》する者なると。魔、即ち答えて言わく、我れ適《まさ》に心を発こして、往きて首楞厳三昧を聴受《ちょうじゅ》する者を壊乱《えらん》せんと欲するに、即ち［二二］五縛を被りぬ。我れ適に復た念ずらく、諸仏菩薩は大威《だいい》徳《とく》有り。壊乱すべきこと難し。我れ若し往かば、或るいは当に自ら壊《え》すべし。自ら此の宮《くう》殿《でん》に住するに如《し》かずと。是の念を作し已って、即ち五縛に於いて、而して解脱を得たりと。菩薩は答えて言わく、是の如く一切凡夫の［二三］憶想分別は、顛倒して相を取る、是の故に縛有り。［二四］動念し、［二五］戯論す、是の故に縛有り。見聞《けんもん》し、覚知す、是の故に縛有り。此の中に実には縛者、解者《げしゃ》無し。所以は何ん。諸法に縛無し。本より解脱の故に。諸法に解無し、本より縛無きが故に。常に解脱の相には、［二六］愚癡《ぐち》有ること無し。如来は此の法門を以って法を説きたもう。若し、衆生有って、此の義を知るを得て、解脱を欲求《よくぐ》して［二七］勤心《ごんしん》に精進せば、則ち諸もろの縛に於いて解脱することを得んと。

時に、魔の衆の中の七百の天女、天の［二八］香華《こうげ》、［二九］末香、［三〇］塗香《ずこう》、及び諸もろの［三一］瓔珞《ようらく》を以って、

一六　恒河沙　ガンジス河の砂ほどに多いこと。

一七　四禅　色界と無色界の四禅をいう。

一八　四梵処　色界、無色界に生れてかの地の果報をうける、色界の四天、無色界の四天をいう。ここでいう梵処とは清浄なるところの意。

一九　唯然たり　はいそうですという意味。

二〇　随意なり　思うとおりにしなさいという意味。

二一　阿耨多羅三藐三菩提心を発こして　悟りの無上の智慧を求める心を起こして。

二二　五縛　縛とは煩悩によって、くぎづけになることをいうが、ここではつぎにあるように、両手・両足・頭（チベット訳は首）の五つをいう。

二三　憶想分別　妄想分別のこと。そのために顛倒してすべてのものをとってそれに執著する。

二四　動念　心が散って動くこと。

二五　戯論　空疎な議論。

二六　愚癡　仏法の理にくらく、また通達し解了する智慧のないこと。

二七　勤心　つとめはげむ心。

二八　香華　香と華。

二九　末香　粉末の香のこと。

三〇　塗香　身体に塗る香のこと。
㊅六三八上、㊆八五―四

三一　瓔珞　飾り。宝玉を連ねて、身または宮殿の飾りとするもの。

魔界行不汚菩薩に散じ、而して是の言《げん》を作さく、我れは当に何れの時にか魔の境界より、而も解脱を得べきやと。菩薩、報《こた》えて言わく、汝等が、若し能く魔の縛を壊せざれば、則ち解脱を得んと。云何んが名づけて魔の縛と為すや。[一]六十二見を謂うなり。若し人、此の[二]諸見を壊せずんば、即ち魔の縛により、而も解脱することを得ん。天女、復た言わく、云何んが名づけて、諸見を壊せずして而も解脱を得ると為すや。答えて言わく、諸見は本より従って来去する所無く、至る所無し。若し諸見に去来の[三]相の無きことを知らば、即ち魔の縛に於いて而も解脱することを得ん。諸見は有に非ず、無に非ず。若し有無を分別せざれば、即ち魔の縛に於いて、而も解脱することを得ん。若し見る所無ければ、是れを[四]正見と為す。是の如きの正見は、正無し、邪無し。若し、法に、正無く、邪無く、作《さ》無く、[五]受無ければ、即ち魔の縛に於いて解脱することを得ん。是の諸もろの見は、内に非ず、外に非ず、亦た中間にも非ず。是の如き諸見を、亦た復た念ぜざれば、則ち魔の縛に於いて解脱することを得んと。七百の天女、此の法を説くを聞きて、即ち[六]順忍を得たり。而して是の言を作さく、我れ等も亦た当に魔界の中に於いて、[七]無所汚《むしょま》を行じ、一切の魔に縛せらるる者を度脱すべしと。

爾の時に、魔界行不汚菩薩は悪魔に語って言わく、汝の諸もろの眷属は、已に阿耨多羅三藐三菩提心を発こしたり。汝は何等をかを作すと。悪魔、答えて言わく、我れ五縛を被り、作す所を知らずと。菩薩の答えて言わく、汝が阿耨多羅三藐三菩提心を発こさば、当に此の縛より而も解脱することを得べしと。時に、諸もろの天女は魔を[八]慈愍するが故に、皆な是の言を作さく、阿耨多羅三藐三菩提心を発こすべし。安隠《あんのん》に於いて怖畏の想を生ず

一　六十二見　外道の間違った六十二の思想見解。
二　諸見　外道の多くの誤った思想見解をさしていっている。
三　相　本性というほどの意。
四　正見　正しく如実に見ること。
五　受　六識において苦・楽・憂・喜・捨の五受と相応する。今定中にあれば非苦非楽の捨受が作用する。これすなわち受無しの意。
六　順忍　菩提の道に順じて無生の果に趣こうとする位。
七　無所汚　汚されるところがないこと。
八　慈愍　いつくしみ憐れむ。

九　諂曲の心　へつらいまがれる心。

(大)六三八中、(チ)八六一一

一〇　墨聚　墨の塊。

一一　染愛　情欲と染まり、愛著してやまないこと。
一二　宿縁　宿とは、さきの世のこと。さきの世の因縁。
一三　化作　神通力をもって変化し造作すること。
一四　色貌端厳　すがた形が端正なること。
一五　宝交露台　宝を散りばめたバルコニー。
一六　深心　強い意欲。

ること勿れ。楽中に於いて苦の想を生ずること勿れ。解脱に於いて縛の想を生ずること勿れ。

爾の時に、悪魔は[九]諂曲《てんごく》の心を生じて、是の言を作さく、若し、汝が菩提心を捨離《しゃり》せば、我れは当に発心すべしと。時に、諸もろの天女は、方便力を以って、而して魔に謂いて言わく、我れ等は皆な已に此の心を捨離せり。汝は便ち、阿耨多羅三藐三菩提心を発こすべし。若し一菩薩が菩提心を発こせば、一切の菩薩も亦た是の心に同ず。所以は何ん。心に差別無ければなり。諸もろの衆生に於いて心は皆な平等なりと。

爾の時に、悪魔は魔界行不汚菩薩に謂いて言わく、我れ今、当に阿耨多羅三藐三菩提心を発《お》こし、是の善根を以って、我が縛を解かしむべしと。此の言を説き已って、即ち自ずから、身は縛より解するを得たることを見る。時に、魔界行不汚菩薩は、神通力を以って大光明を放ち、浄妙身を現じて魔宮を照らす。魔は自ら、身に威光有ること無く、猶お[一〇]墨《ぼく》聚《じゅ》の如きを見る。

時に魔の衆の中に二百の天女あり。深く婬欲に著す。此の菩薩の身色端正なるを見て、[一一]染愛の心を起こし、各おの是の言を作さく、是の人、若し能く我れと与《とも》に事に従わば、我れ等、皆な当に其の教えに随順すべしと。時に、此の菩薩は、諸もろの天女の[一二]宿縁を知り、応に度すべく、即時に二百の天子を[一三]化作《けさ》す。[一四]色貌端厳《しきぼうたんごん》にして、身の如く異なること無し。又た二百の[一五]宝交露台《ほうきょうろだい》の魔の宮観に勝れたるを作る。是の諸もろの天女は、皆な自ら身は此の宝台に在るを見る。各《お》の各《お》の自ら謂《おも》えらく、此の菩薩と共に相い娯楽せん。願う所は婬欲を満たして意息むことを得んと。皆な[一六]深心を生じて菩薩を愛敬《あいぎょう》す。菩薩は即時に其の応《もと》むる所に随って為めに法を説く。皆な阿耨多羅三藐三菩提心を発こしたり。時に、魔界行不汚菩薩は悪魔に謂いて言わく、汝、仏に詣《もう》ずべしと。魔は是の念を作さく、我が縛は已に解けたり。当に仏所に詣《まい》って、説法を壊乱すべしと。爾の時に、悪魔の眷属は（悪魔を）囲遶して、行きて仏所に詣り、白して言わく、世尊よ、復た是の首楞厳三昧を説くこと勿れ。所以は何ん。是の三昧を説かば、我が身は、即時に[一]五繋縛を被《こうむ》らん。唯だ願わくば、如来は更に[二]余事を説きたまえと。時に、堅意菩薩は、悪魔に謂いて言わく、誰れか汝の縛を解けるやと。答えて言わく、魔界行不汚菩薩こそ我が繋縛を解けりと。汝が許《もと》の、何事か、縛を解くを得たる。魔の言わく、我が許に、阿耨多羅三藐三菩提心を発《お》こせばなり。

爾の時に、仏は堅意菩薩に告ぐ。今、是の悪魔、縛を解せんが為めの故に、菩提心を発こせり。[三]清浄の意には非ず。是の如く、堅意よ、我が滅度の後、[四]後の五百歳に多く比丘有って、利養の為めの故に菩提心を発こさん。清浄の意には非ず。堅意よ、汝は首楞厳三昧の勢力、仏法の威神を観たり。是の諸もろの比丘、比丘尼、[五]優婆塞、優婆夷は、[六]軽戯《きょうけ》の心、[七]利養を貪るの心、他に[八]随逐するの心を以って、是の三昧を聞きて而して菩提心を発こしぬ。我れは皆な此の心を知って阿耨多羅三藐三菩提の与《ため》に、因縁を作すを得るなり。何《いか》に況んや、是の首楞厳三昧を聞きて、能く浄心を以って阿耨多羅三藐三菩提を発こすをや。当に知るべし、此の人は仏法の中に於いて、已に[九]畢定を得ることをと。堅意菩薩は仏に白して言わく、世尊よ、今、此の悪魔は首楞厳三昧を説くを聞きて、縛より解せんが為めの故に菩提心を発こせり。亦た仏法の因縁を具足するを得るや。仏の言わく、汝の説く所の如し。悪魔は是の三昧の[一〇]福徳の因縁、及び菩提心を発こすの因縁を以っての故に、未来世に於い

一　五繋縛　両手、両足、頭の五ケ所がしばられること。

二　余事　ここでは首楞厳三昧以外のこと。

三　清浄の意には非ず　よこしまな計りごとで起こした菩提心であっても、仏となる原因であるということ。

四　後の五百歳　釈尊入滅以後、最初の五百年につづく、第二の五百年のこと。

五　優婆塞、優婆夷　upāsaka, upāsikā　優婆塞は五戒を受けた在家の男の信者、優婆夷は五戒を受けた在家の女の信者。

六　軽戯　軽はいやしい、戯はたわむれふざけること。

㊅六三八下、㊉八六―三

七　利養　利をもって身を養うこと。

八　随逐　親近して離れないこと。

九　畢定　必定に同じ。仏道において退転しないこと。

一〇　福徳　善行によって得るところの福をいう。

て、一切の魔事、魔行、魔の諂曲[二]の心、魔の衰悩の事を捨つるを得ん。今より已後、漸漸に、当に首楞厳三昧力を得て仏道を成就すべし。堅意菩薩は悪魔に謂いて言わく、如来は今已に汝に授記[三]を与えたもうと。魔の言わく、善男子よ、我れ今、清浄心を以って阿耨多羅三藐三菩提を発こすにあらず。如来は何が故に我れに授記を与えたもうや。仏言の曰うが如くんば、心に従って業有り、業に従って報[一三]有りと。我れ自ら、心に菩提[一四]の道を求むる無し。如来は、何が故に我が与《ため》に授記したもうや。時に、仏は衆会《しゅえ》の疑いを断ぜんと欲するが故に、堅意に告げて言わく、菩薩の授記に凡そ四種有り。何らをか謂いて四と為す。未だ発心せずして授記を与うる有り、適《まさ》に発心して授記を与うる有り、密の授記有り、無生法忍[一五]を得て現前に授記する有り。是れを謂いて四と為す。唯だ如来のみ能く此の事を知る有り。一切の声聞《しょうもん》、辟支仏の知る能わざる所なり。堅意よ。云何《いか》んが名づけて、未だ発心せずして授記を与うる有りと為す。或るいは衆生の五道[一六]に往来する有り。若しは地獄に在るも、若しは畜生に在るも、若しは餓鬼《がき》に在るも、若しは天上[一七]に在るも、若しは人間に在るも、諸根猛利《みょうり》にして大法を好楽す。仏は、是の人が、此の若干の百千万億阿僧祇《あそうぎ》劫《こう》[一八]を過ぎて、当に阿耨多羅三藐三菩提心を発こすべく、又た若干の百千万億阿僧祇劫に於いて、菩薩の道を行じ、若干の百千万億那由他《なゆた》の仏を供養し、若干の百千万億無量の衆生を教化して、菩提[一九]に住せしめ、又た若干の百千万億阿僧祇劫を過ぎて、当に阿耨多羅三藐三菩提を得べく、号字是の如く、国土是の如く、声聞衆の数、寿命是の如く、滅後において、法の住する歳数《さいしゅ》是の如しと知りたもうと。仏は堅意に告げたまわく、如来は悉く能く此の事を了知すること、復た是れに過ぐ。是れを未だ発心せずして授記を与うと名づくと。

二 諂曲　へつらいのために曲った心。
三 授記　未来において成仏するという予言。
一三 報　業がむくいた結果。
一四 菩提　bodhi 煩悩を断じて悟りをうること。
一五 無生法忍　無生無滅の法を確認すること。
一六 五道　地獄・餓鬼・畜生・人間・天の五種の境界。これに阿修羅を加えたものを六道という。
一七 天上　この天は五道における天。これに六種があり、六欲天という。初めの二天を地居天、後の四天を空居天という。この天は光明あり、尊高にして神力自在。
一八 阿僧祇劫　asaṁkhya-kalpa　無数の劫、劫は長時の単位。
一九 菩提　bodhi 仏智仏道のこと。

爾の時に、長老摩訶伽葉《まかかしよう》、前《すす》んで仏に白して言わく、今より以後、我れ等は当に一切衆生に於いて、世尊の想を生ずべし。所以《ゆえ》は何《いか》ん。我れ等は是の如き智慧有ること無し。何等の衆生か菩薩の根《こん》[一]有り、何等の衆生か菩薩の根無き。世尊よ、我れ等は是の如き事を知らざるが故に、或るいは衆生に於いて軽慢《きようまん》[二]の心を生ずれば、則ち為めに自ら傷つくと。仏の言わく、善き哉、善き哉。伽葉よ、快よく此の言を説く。是の事を以っての故に、我が経中に説かく、人は則ち応に妄りに衆生を称量[三]すべからず。所以は何ん。若し妄りに他の衆生を称量すれば、則ち為めに自ら傷つく。唯だ如来有るのみ、応に衆生及び与等の者を量るべし。是の因縁を以って、若し諸もろの声聞及び余の菩薩、諸もろの衆生に於いて、応に仏の想を生ずべしと。

適《まさ》に発心し已って受記[四]を得るとは、或るいは自ら人有り。久しく徳本を殖《う》[五]え、善行を修《しゆ》習《じゆう》し、勤心[六]に精進し、諸根猛利[七]にして大法を好楽し、大悲心[八]有り、普ねく衆生の為めに解脱の道を求む。是の人、発心して即ち阿惟越致《あゆいおつち》[九]に住し、菩薩の位に入る。畢定[一〇]の数に堕して、八難[一一]を出過《すいか》す。是の如き等の人が適に発心する時、諸仏は即ち与《ため》に阿耨多羅三藐三菩提の記を授く。名号是の如く、国土是の如く、寿命是の如しと。是の如き等の人を、如来は心を知って而して授記を与うるなり。是れを、発心して即ち授記を与うと名づく。

密授記とは、自ら菩薩有り。未だ受記を得ざるも而も常に精勤し、阿耨多羅三藐三菩提を求む。種種の施を楽《ねが》い、一切の施を楽う。法を受けて堅固に、戒を持ちて捨てず。深く荘厳を発こし、大忍力[一二]有り、心を衆生に等しくし、勤行精進して諸もろの善法を求む。身心懈《おこた》らざること、頭の然《も》えるを救うが如し。安隠《あんのん》を行念し、能く四禅[一三]を得。智慧を楽求《らくぐ》し、

一　根　菩薩としての性質や菩薩たるの潜在的な力。　㊅六三九上、㊆八六―五

二　軽慢　人を軽しめあなどる。

三　称量　秤や舛ではかる。

四　受は㊁㊂には授につくる。

五　殖は㊂には植につくる。

六　勤心　つとめはげむこと。

七　諸根猛利　ここでは菩薩たるの力が強く鋭いこと。

八　大悲心　一切衆生の苦を抜かんとする心。

九　阿惟越致　avaivartika 不退転。成仏の進路を退転しないこと。

一〇　畢定　必ず解脱すると定められた境界。

一一　八難　見仏聞法において障礙となる八つのことがら。地獄、餓鬼、畜生、欝単越、長寿天、聾盲、世智弁聡、仏前仏後の八つである。

一二　大忍力　大は修行をたたえていう。忍力は忍辱の力、侮辱や悩害を忍び受ける力のこと。

一三　四禅　色界と無色界に四禅がある。

[一四]仏菩提を行ず。久しく[一五]六度を行じて成仏の相有り。時に、余の菩薩、[一六]天、[一七]龍、[一八]夜叉、[一九]乾闥《けんだつ》婆《ば》等、皆な是の念を作さく、此の菩薩の如きは、勤心精進すること実に[二〇]希有と為す。幾《いくば》くの時にか、当に阿耨多羅三藐三菩提を得べき。其の号、云何ん。国土を何と名づけ、声聞衆の数の多少、云何んと。仏、此の衆生の疑いを断ぜんが為めの故に而して授記を与え、普ねく衆会をして、皆な聞知することを得しむ。唯だ是の菩薩のみ、独《ひと》り聞くを得ず。仏の神力の故に、一切の衆をして、是の菩薩は成仏して、号字、国土是の如く、声聞衆の数の多少是の如きを知らしむ。衆の疑う所は、時に、悉く決了し、此の菩薩に於いて、世尊の想を生ず。而も是の菩薩は、我れ記を得たりと為すや、未だ記を得ずと為すやを知る能わず。是れ、菩薩の密に受記を得ると為す。

現前受記とは、菩薩有って久しく善根を集め、見得せざるは無し。常に[二一]梵行を修し、無《む》我《が》・空《くう》を観じ、一切法に於いて[二二]無生忍を得。仏は此の人の功徳、智慧の悉く已に具足するを知って、則ち一切の天、人、[二三]魔、[二四]梵、[二五]沙門《しゃもん》、[二六]婆羅門《ばらもん》、大衆の中に於いて、現前に記を授けて、是の言を作さく、善男子よ、汝は若干百千万億劫を過ぎて、当に成仏するを得べし。号字是の如く、国土是の如く、声聞衆の数、寿《じゅ》命、是の如しと。時に、無数の人、随って是の人に効《なら》い、皆な阿耨多羅三藐三菩提心を発こす。是の人、仏のみ前に、受記を得已って、身、[二七]虚空《こくう》に昇ること、高さ[二八]七多羅樹《しちたらじゅ》なり。堅意よ、是れを、第四の現前受記と名づくと。

爾の時に、堅意菩薩、仏に白して言さく、今、此の会の中に、寧《むし》ろ菩薩の此の[二九]四事を以って受記を得る有りや、不や。仏、答えて言わく、有りと。（堅意の問う）世尊よ、誰れ

一四 仏菩提　仏の悟りの智慧。
一五 六度　六波羅蜜のこと。
一六 天　天界の神々（六欲天）。
一七 龍　蛇族の長、神力がある。
一八 夜叉　yakṣa　空中を飛行する鬼神。
一九 乾闥婆　gandharva　香をかいで食事とする帝釈天の楽神。
二〇 希有　まれにあるのみの意。
二一 梵行　仏道修行をいう。(大)六三九中、(チ)八七―三
二二 無生忍　無生無滅を確認する境界。
二三 魔　māla 欲界の第六天主を魔王といい、その眷属を魔民、魔人という。人命を害し、人の善事をさまたげる。
二四 梵　brahmā　梵天。
二五 沙門　śrāmaṇa　出家者。出家の仏道修行者。
二六 婆羅門　brāhmaṇa　大梵天に奉事する司祭者。
二七 虚空　空中のこと。
二八 七多羅樹　多羅樹（tāla）の七倍の高さ。
二九 四事　四つの授記の方法。

ぞ是れなる。仏、言わく、此の獅子吼王《ししくおう》菩薩と楽欲居士の子は、是れ、未だ発心せずして受記を得たるなり。是の如き等の、[一]他方世界の無数《むしゅ》の菩薩等も、亦た、未だ発心せずして、受記を得たり。復た寂滅菩薩、大徳法王子菩薩、文殊師利法王子菩薩有り。是の如き無量の諸もろの菩薩等、適《まさ》に発心せし時、即ち授記を与う。皆な[二]阿惟越致《あゆいおっち》の中に住す。是の中に、復た智勇菩薩、益意《やくい》菩薩有り。是の如き無量の諸もろの菩薩等に密に授記を与う。堅意よ、我れ及び弥勒（および）[三]賢劫の千菩薩は皆な[四]無生法忍を得て、現前に記を受けしなりと。

堅意菩薩、仏に白して言さく、希有なり世尊よ。菩薩が行ずる所は思議すべからず。記を受くるも亦た思議すべからず。一切の声聞、諸もろの[五]辟支仏も、尚お知る能わず。況んや余の衆生をや。仏の言わく、堅意よ、菩薩の所行、所発の精進威神勢力は、思議すべからずと。

爾の時に、魔界行不汚菩薩の化《け》する所の天女は阿耨多羅三藐三菩提心を発こしたる者をして、各おの天華を以って、仏のみ上に散ぜしめ、（魔界行不汚菩薩は）仏に白して言さく、世尊よ、我れ等は密に受記を得るを楽《ねが》わず。我れ等は願わくば、無生法忍を得て、現前に受記を得んことを。唯だ願わくば世尊よ、今に於いて、我がために阿耨多羅三藐三菩提の記を授けたまえと。仏は時に、微笑《ほほえ》みたまいて、口より種種なる[六]妙色《い》の光明を出だし、諸もろの世界を照らし、還って[七]頂より入れり。阿難は仏に白して言さく、世尊よ、何に因るが故に笑《え》みたもうやと。仏は阿難に告げたまわく、汝、今、是の二百の天女、合掌して如来に敬礼する者を見るや、不やと。（阿難答う）已に見つ、世尊よ。（仏の言う）阿難よ、

一　他方世界　娑婆世界のほかの世界をいう。

二　阿惟越致　avaivartika 不退転の位をいう。

三　賢劫　現在の住劫をいい、これに千仏が出世する。

四　無生法忍　無生無滅の法を確認する境地。

五　辟支仏　pratyeka-buddha 十二因縁を観じて輪廻より解脱した者。

六　妙色　妙なる色。　(大)六三九下、(チ)八七―五

七　頂　頭のこと。

是の諸もろの天女は、已に会って、昔の五百の仏所に於いて、深く善根を種《う》う。是れより已去、当に復た無数の諸仏を供養すべし。七百[八]阿僧祇劫を過ぎ已って、皆な成仏を得、号を浄王と曰う。阿難よ、是の諸もろの天女は、命終《みょうじゅう》の後、女身を転ずるを得て（男子となり）、皆な当に[九]兜率天《とそつてん》上に生じ、弥勒菩薩に供養し、奉事すべしと。

爾の時に悪魔は諸もろの天女の受記を得るを聞き已って、仏に白して言わく、世尊よ、我れ今、自ら、所有の眷属に於いて、自在を得ず。（眷属が）是の首楞厳三昧を説くを聞くを以っての故に。況んや余の聞く者をや。若し、人、首楞厳三昧を聞くを得ば、即ち畢定して仏法の中に住するを得んと。爾の時に、天女は[一〇]無怯《むきょう》の心を以って悪魔に語って言わく、汝よ、大いに愁うること勿れ。我れ等、今は汝の界を出でざるなり。所以は何ん。[一一]魔界如は即ち是れ仏界如なり。魔界如と仏界如は、二ならず、別ならず。我れ等、是の[一二]如を離れず。魔界相は即ち是れ仏界相なり。魔界法と仏界法は、二ならず、別ならず。我れ等は此の法相に於いて、出でず、過ぎず。魔界は、[一三]定法の示すべきもの有ること無く、仏界も亦た、定法の示すべきもの無し。魔界と仏界と二ならず、別ならず。我れ等は、此の法相に於いて、出でず、過ぎず。是の故に、当に知るべし、一切諸法は[一四]決定《けつじょう》有ること無し。決定無きが故に、眷属有ること無く、眷属に非ざることも無しと。

爾の時に、悪魔は憂愁苦悩して、[一五]天上に還らんと欲す。（時に）魔界行不汚菩薩は悪魔に謂いて言わく、汝は何《いず》くにか去らんと欲すと。魔の言わく、我れ今、住する所の宮殿に還らんと欲すと。菩薩は謂いて言わく、是の衆を離れざるところ即ち是れ汝が宮殿ならんと。爾の時に、悪魔、即ち自ら、身は本の宮殿に処《お》るを見る。菩薩は語って言わく、汝、

八　阿僧祇劫　asaṁkhya-kalpa　無数の劫という長い間。

九　兜率天　tusita　夜摩天と楽変化天の間、下より第四の天処。内院は弥勒の浄土、外院は天衆のすむ所。

一〇　無怯　おじけることのない。

一一　魔界如　魔界の真如のこと。

一二　如　真如のこと。

一三　定法　定まった法、つまり概念によって示すことのできるもの。

一四　決定　これこれときまったもの。

一五　天上　悪魔の住所は、六欲天の最上階。

何等をか見る。悪魔の答えて言わく、我れ自ら、身が本の宮殿に処るを見る。好林園池、是れ我が有する所なりと。菩薩、語って言わく、汝は今、以って如来に奉上《たてまつ》るべしと。魔の言わく、爾るべしと。適《まさ》に是の語を作すとき、即ち、如来、声聞、菩薩、一切の大衆が皆な其の中に在って、首楞厳三昧を説くを見る。

爾の時に、阿難、仏に白して言わく、世尊よ、仏、所住の処において、首楞厳三昧を説きたもうと。有る[一]は食を施し已って、仏、道を成ずることを得たると、此の二の施主[二]は、何者《いずれ》ぞ福多きやと。仏の言わく、阿難よ、仏に食を施し已って、仏、阿耨多羅三藐三菩提を成ず。食し已って、法輪を転じたもう。食し已って、首楞厳三昧を説きたもう。此の三[三]つの食の福に差別《しゃべつ》有ること無し。阿難よ。我れ何れの処に於いてか、阿耨多羅三藐三菩提を得たる。当に知るべし。其の処は即ち是れ金剛[四]なり。過去、未来、現在の諸仏、皆な其[五]の中に於いて仏道を成ずるを得たり。所住の処に随って、首楞厳三昧を説き、等しくして差別無し。及び、読誦、書写有る処も、亦た復た是の如し。阿難よ、仏に食を施し已って、初めて法輪を転ずると、若しは法師[六]有って、施食を得已り、読誦して、是の首楞厳三昧を説くと、此の二の施の福、等しくして異なり有ること無し。又た復た、阿難よ、仏が精舎《しょうじゃ》に住して、十八種[七]の神通変化を以って、衆生を度脱す。復た精舎有り。中に於いて読誦して是の首楞厳三昧を説く。此の二つの施す処、其の福は異ならずと。

爾の時に、阿難は悪魔に語って言わく、汝は大いなる利を得たり。能く宮殿を以って仏に施し、住せしめたてまつれりと。魔の言わく、是れ、魔界行不汚菩薩の思力[八]の致す所なりと。堅意菩薩は仏に白して言わく、世尊よ、是の魔界行不汚菩薩は、首楞厳三昧に住し

一　有るは食を施し已って仏、道を成ずること　スジャーターが苦行の釈尊に乳がゆを差しあげたこと。釈尊はこれを食しおわって菩提樹下で成道された。

二　二つの施主　スジャーターの布施と、今、魔王が宮殿を布施して仏が首楞厳三昧を説かれること。
(大)六四〇上、(チ)八八—三

三　三つの食　ここで説かれる食は経験というほどの意。一はスジャーターの施食、二は法輪を転ずる、すなわち説法すること、三は首楞厳三昧を説かれること。これらによって受ける功徳は同じとの意。

四　金剛　菩提樹下の金剛宝座。

五　其の中　さきの金剛宝座。

六　法師　法を弘める人。

七　十八種の神通変化　入定中において十八種の神変を現ずることができる。五神通の中の神足通を十八種に分けたもの。

八　思力　思念の力、念力。(大)は恩力に作るも、今は思力とする。

九　随意自在　心の思うまま。

一〇　是の善男子　魔界行不汚菩薩のこと。

一一　三千大千世界　須弥山世界の千倍が小千世界、小千世界の千倍が中千世界、中千世界の千倍が三千大千世界。

一二　四天下　須弥山をとりまく東西南北の四大洲をいう。

一三　四天王処　須弥山の中腹に四天王がおり、その住処。六欲天の第一処。

一四　忉利天　Trāyastriṃśa 須弥山の頂

て、神力自在なること乃《いま》し是の如きかと。仏の言わく、堅意よ、汝が説く所の如し。今、此の菩薩は、是の三昧に住して、能く神力を以って[九]随意自在なり。一切に魔界行を行ずるを示現して、而も能く、魔行の為めに汚されざる所なり。諸もろの天女と与《とも》に、現に相い娯楽して、而も実には婬欲の悪法を受けず。[一〇]是の善男子は首楞厳三昧に住して、魔宮に入ることを現じ、而も身は仏の会を離れず。魔界の遊戯、娯楽を行ずるを現じて、而も仏法を以って衆生を教化すと。

　堅意菩薩は仏に白して言わく、世尊よ、如来は是の首楞厳三昧に住して、能く幾《いくばく》の所にか自在神力を現じたもう。善き哉、世尊よ、願わくば少しく演説したまえと。仏の言わく、堅意よ、我れ今、此の首楞厳三昧に住し、此の[一一]三千大千世界に於いて、百億の[一二]四天下、百億の日月、百億の[一三]四天王処、百億の[一四]忉利天《とうりてん》、百億の[一五]夜摩天《やまてん》、百億の[一六]兜率陀天《とそつだてん》、百億の[一七]化楽天《けらくてん》、百億の[一八]他化自在天《たけじざいてん》、乃至、百億の[一九]阿迦膩吒天《あかにたてん》、百億の須弥山王、百億の大海、是れを三千大千世界と名づく。堅意よ、我れ首楞厳三昧に住して此の三千大千世界に於いて、或るいは[二〇]閻浮提《えんぶだい》に於いて、[二一]檀《だん》波羅蜜を行ずるを現じ、或るいは閻浮提に於いて、[二二]尸《し》波羅蜜を行ずるを現じ、或るいは閻浮提に於いて、[二三]羼提《せんだい》波羅蜜を行ずるを現じ、或るいは閻浮提に於いて、[二四]毘梨耶《びりや》波羅蜜を行ずるを現じ、或るいは閻浮提に於いて、[二五]禅波羅蜜を行ずるを現じ、或るいは閻浮提に於いて、[二六]五通の[二七]神仙と為るを現じ、或るいは閻浮提に於いて、[二八]居家に在るを現じ、或るいは閻浮提に於いて、出家を行ずるを現じ、或るいは四天下に於いて、兜率天の[二九]一生補処《いっしょうふしょ》に在るを現じ、或るいは四天下に於いて、[三〇]転輪聖王と為るを現じ、或るいは[三一]釈提桓因と為り、或るいは[三二]梵王と為り、或るいは[三三]四天王と為り、或るいは夜摩天王と

上にあり、三十三天を数える。六欲天の第二の天。
一五　夜摩天　yāma　六欲天の第三の天。
一六　兜率陀天　tuṣita　六欲天の第四の天。
一七　化楽天　六欲天の第五の天。
一八　他化自在天　六欲天の最上階の天。
一九　阿迦膩吒天　Akaniṣṭha　色界の最上階。第四禅天のこと。
二〇　閻浮提　jambudvīpa　須弥山の南にある大洲。人間の住んでいる所。
二一　檀波羅蜜　dāna-pāramitā　布施波羅蜜。
二二　尸波羅蜜　śīla-pāramitā　持戒波羅蜜。
二三　羼提波羅蜜　kṣānti-pāramitā　忍辱波羅蜜。
(大)六四〇中、(チ)八八―五
二四　毘梨耶波羅蜜　vīrya-pāramitā　精進波羅蜜。
二五　禅波羅蜜　dhyāna-pāramitā　禅定波羅蜜。
二六　五通　五神通のこと。
二七　神仙　人間界から抜けでた世界に遊ぶもの。
二八　居家　在家の家にあるもの。
二九　一生補処　つぎの生には仏の位処を補うこと。弥勒菩薩は今、兜率天に住しているが、次生には人間界に下生して釈迦の位処を補うとされる。
三〇　転輪聖王　この王は位につくとき天より輪宝を感得し、その輪宝を転じて四

為り、或るいは兜率陀《とそつだ》天王と為り、或るいは化楽《けらく》天王と為り、或るいは他化自在天王と為り、或るいは長者を現じ、或るいは[一]居士を現じ、或るいは復た小王、大王と為るを現じ、或るいは[二]刹利《せつり》と為り、或るいは[三]婆羅門と為り、或るいは[四]薩薄《さっぱ》と為り、或るいは四天下に於いて、兜率より世間に下生《げしょう》せんと欲し、或るいは入胎を現じ、或るいは処胎を現じ、或るいは生ぜんと欲するを現じ、或るいは生じ已って、而も七歩行き、手を挙げて自ら、[五]天上天下唯我為尊と称し、或るいは宮に処って[六]采女《さいにょ》と倶《とも》なるを現じ、或るいは出家を現じ、或るいは苦行を現じ、或るいは[七]草を取るを現じ、或るいは道場に坐するを現じ、或るいは降魔を現じ、或るいは成仏を現じ、或るいは樹王を観ずるを現じ、或るいは[八]釈梵の法輪を転ぜんことを講ずるを現じ、或るいは[九]転法輪を現じ、或るいは寿を捨つるを現じ、或るいは入涅槃を現じ、或るいは焼身を現じ、或るいは[一〇]全身舎利を現じ、或るいは[一一]散身舎利を現じ、或るいは、法の滅せんと欲するを現じ、或るいは法の已に滅したるを現じ、或るいは寿命の無量を現じ、或るいは寿命の短促を現じ、或るいは国土に[一二]悪道の名無きを現じ、或るいは諸もろの悪道有るを現じ、或るいは[一三]閻浮提の清浄厳飾《ごんじき》なること天の宮殿の如きを現じ、或るいは[一四]弊悪を現じ、或るいは上中下を現ず。堅意よ、是れ皆な首楞厳三昧の自在神力なり、菩薩は涅槃に入るを示現するも、畢竟して滅せず。而して三千大千世界に於いて、能く是の如き自在の神力を現じ、是の如き諸もろの荘厳の事を示現す。堅意よ、汝は如来が此の四天下に於いて法輪を転じ、余の閻浮提にて未だ仏道を成ぜざるを観たてまつる。或るいは閻浮提にて滅度に入るを現ずる有り。是れを首楞厳三昧の所入法門と名づくと。

爾の時に、会の中の、諸もろの[一五]天、[一六]龍、[一七]夜叉、[一八]乾闥婆等、諸もろの菩薩大弟子は咸《ことごと》く、

方を降伏する。金輪は四大洲、銀輪は三大洲、銅輪は二大洲、鉄輪は一大洲を領有する。

二一　釈提桓因　Śakradevendra 帝釈天。

二二　梵王　Brahmā 大梵天王のこと。色界の初禅天をすみかとする。

二三　四天王　須弥山の中腹を住処とする天神。以下六欲天の王を示す。

一　居士　在家の男性の仏道修行者、また受財者。

二　刹利　kṣatriya 王様の種族。

三　婆羅門　brāhmaṇa 大梵天に奉事する司祭者の種族。

四　薩薄　sattva 衆生、命あるもの。㊂は菩薩につくる。

五　天上天下唯我為尊　天上天下、唯だ我れのみ尊しと為す。

六　采女　宮中の女官。

七　草を取る　菩提をうる座にして草を手に入れること。

八　釈梵　Śakra, Brahmā 帝釈と梵天。

九　転法輪　法の輪法を転ずる。説法教化すること。

一〇　全身舎利　全身一体となっていること。

一一　散身舎利　分散せる遺骨。

一二　悪道　悪趣ともいう。悪い世界、地獄等のことをいう。

㊅六四〇下、㋠八九一―二

一三　閻浮提　jambudvīpa 須弥山の南方の大洲。人間が住むところ。

是の念を作す。釈迦牟尼仏は、但だ能く此の三千大千世界に於いてのみ、是の神力有りや。余の世界に於いても亦た是の力有りやと。時に、文殊師利法王子、衆会の意を知って、疑う所を断ぜんと欲し、仏に白して言わく、世尊よ、我が遊行する所の諸もろの仏国土に、是の世界より上なること、六十[19]恒河沙の土を過ぎて仏世界有り。一燈明と名づく。仏、其の中に於いて、人の為めに法を説く。我れ其の所に至り、頭面にみ足を礼し、問うて言わく、世尊の号字は何等ぞ。我れ等、云何んが仏のみ名を持ち奉らんと。彼の仏、我れに答えたまわく、汝は釈迦牟尼仏に詣《いた》れ。自ら当に汝に答えたもうべしと。世尊よ、彼の仏国土の功徳の荘厳は、之れを説くこと[20]一劫なるも、猶お尽くすべからず。復た是れを過ぎて、彼の国に、声聞、辟支仏の名有ること無し。但だ諸もろの菩薩僧のみ有って、常に[21]不退転の法輪を説く。唯だ願わくば、世尊よ、此の仏の一燈明と名づくる土《くに》に、法を講説する者を説きたまえと。爾の時に、仏、文殊師利法王子に告げたまわく、汝等、善く聴くべし。恐怖を懐き、而も[22]疑悔を生ずること勿れ。所以は何ん。諸仏の神力は思議すべからず。首楞厳三昧の勢力も亦た思議すべからず。文殊師利よ、彼の一燈明の土に法を講説する者、仏を示一切功徳自在光明王と号す。文殊師利よ、一燈明土の示一切功徳自在光明王仏とは、則ち是れ我が身なり。彼の国土に於いて、仏の神力を現じ、我れ彼の土に於いて、不退転の法輪を説く。是れ、我が[23]宿世に修する所の浄土なり。文殊師利よ、汝は今、当に知るべし。我れ無量無辺百千万億[24]那由他の土に於いて、尽《ことごと》く神力有り。一切の声聞、辟支仏の知ること能わざる所なり。文殊師利よ、此れは則ち皆な是れ首楞厳三昧の勢力なり。菩薩は常に無量の世界に於いて[25]神変を示現し、此の三昧に於いて而して動転せず。文殊師利よ、

一四 弊悪　苦しむことと悪いこと。
一五 天　天界の神々。
一六 龍　蛇族の長。神力を有して雲雨を変化する。
一七 夜叉　yakṣa 空中を飛行する鬼神。
一八 乾闥婆　gandharva 香をかいで食事とする帝釈天の楽神。
一九 恒河沙　恒河 (Gaṅgānadi) の砂ほど多くの数をいう。
二〇 一劫　kalpa 長時をいう。数をこえるために譬喩をもって説明することが多い。
二一 不退転の法輪　仏菩薩の説法。
二二 疑悔　疑念と後悔。
二三 宿世　宿とは過去のこと。過ぎたさきの世のこと。
二四 那由他　nayuta 数、億のこと。
二五 神変　神通力によって変化すること。

譬えば、日月が、自ら宮殿に於いて初めより移動せずして、而も一切の城邑[一]、聚落[二]に現ずるが如し。菩薩、是の如く、首楞厳三昧に住するや、初めより移動せずして、而も能く遍ねく無量の世界に於いて、其の身を示現し、衆の楽う所に随って而して為めに法を説くと。

爾の時に、衆会は未曾有なることを得て、皆な大いに歓喜し、踊躍《ゆやく》すること無量、合掌して恭敬す。及び諸もろの天、龍、夜叉、乾闥婆、阿修羅[三]、迦楼羅《かるら》[四]、緊那羅《きんなら》[五]、摩睺羅伽《まごらが》[六]等は、真珠華、雑色妙華《ぞうしきみょうげ》[七]、末香[八]、塗香《ずこう》[九]を以って、仏のみ上に散じ、皆な諸天の所有《あら》ゆる伎楽を作し、如来を供養す。及び諸もろの弟子も亦た各おの上衣を脱して、仏に奉上《たてまつ》る。諸もろの菩薩等は妙色華の大いなること須弥の如きと、并びに衆の雑香、末香、塗香、珍宝、瓔珞を以って、仏のみ上に散じ、皆な是の言を作さく、唯然たり、世尊よ。若し首楞厳三昧を説く処有れば、其の地は則ち金剛[一〇]為り。若し人、是の三昧を説くを聞くことを得て、信受し、読誦し、人の為めに演説して、驚かず、畏れざれば、当に知るべし。此の人も亦た是れ金剛にして不壊忍《ふえにん》[一一]を成じ、深く信に住して諸仏に護られ、厚く善根を種《う》え、大いなる善利を得、魔の怨敵を降し、諸もろの悪趣[一二]を断じ、善知識[一三]の守護する所と為ることを。世尊よ、我が、仏の説きたもう所の義を解するが如くんば、若し衆生有りて、是の首楞厳三昧を聞き、即ち能く信受し、読誦して義を解し、人の為めに演説して、説の如く修行せば、当に知るべし、是の人は仏法に住するを得て、畢定して退せざることを。仏の言わく、是の如し、是の如し。汝等の説くが如し。若し、人厚く諸もろの善根を種えざれば、首楞厳三昧を聞くも信受すること能わず。少しく衆生の首楞厳三昧を聞いて能く信受する者有り、多く衆生の能く信受せざるもの有り。善男子よ、人に四法有って、是の三昧を聞けば

一　城邑　都市のこと。
二　聚落　村落のこと。
(大)六四一上、(チ)八九—四
三　阿修羅　asura 果報により天部にあるが実は非天、容貌醜悪。但し美女あり、酒なし。つねに帝釈天と闘争した。
四　迦楼羅　garuda 金翅鳥のこと。龍をとって食事とする。
五　緊那羅　kinnara 非人、また歌神という。人に似て頭上に角あり、帝釈天の楽神。
六　摩睺羅伽　mahoraga うわばみ、地龍。
七　雑色妙華　いろいろな色の美しい花。
八　末香　粉末となっている香。
九　塗香　身体に塗る香。
一〇　金剛　悟りを開く金剛宝座のこと。
一一　不壊忍　金剛の宝は堅固にして壊れないこと。忍とは認識不動の心をいう。
一二　悪趣　苦の多い世界。地獄・餓鬼・畜生等の世界をいう。
一三　善知識　仏道に導く友人。

能く信受を得るなり。何等《なんら》をか四と為す。一には曾て過去の諸仏に於いて是の三昧を聞く。二には善知識の為めに護られて、深く仏道を楽《ねが》う。三には善根深厚にして好く大法[14]を楽う。四には身自ら大乗の深法を証することを得るとなり。是の四法有って則ち能く是の如き三昧を信受す。善男子よ、復た満願[15]の阿羅漢《あらかん》と、及び正見[16]《しょうけん》を具足する者と、信行[17]と見行[18]との者有って、是の人、如来のみ語《ことば》に信順するが故に、是の三昧を信ずるも、而も身に証せざるあり。所以《ゆえ》は何《いか》ん。是の三昧は、一切の声聞、辟支仏の通達する能わざる所なり。況んや余の衆生においてをやと。

爾の時に、長老摩訶迦葉は仏に白して言さく、世尊よ、譬えば、生まれながらの盲人、夢の中に眼（根）を得、種種の色《しき》を見て心大いに歓喜し、即ち夢の中に於いては、眼有る者と共に住し、共に語るも、是の人覚め已れば復た色を見ざるが如し。我れ等も亦た爾なり。未だ是の首楞厳三昧を聞かざる時、心に歓喜を懐き、天眼[19]《てんげん》を得て、諸もろの菩薩と共に住し、共に語り、義理を論説すと謂《おも》えり。世尊よ、我れ今、仏より是の三昧を聞きて其の事を知らざるは、生まれながらの盲人の、諸仏や菩薩の所行の法を知ることを得る能わざるが如し。我れ等、今より已往、自ら其の身を視ること、生まれながらの盲人の如し。仏の深法に於いて智慧有ること無く、世尊の所行を知らず、見ず。我れ等、今より已往[20]、諸もろの菩薩が、真に天眼を得、能く是の如き諸もろの深き智慧を得たるを知る。世尊よ、若し人、薩婆若[21]の心の有ること無くば、誰れか当に自ら我れは是れ智者、我れは是れ福田[22]なりと謂うべきと。仏の言わく、是の如し、是の如し。迦葉よ、汝が説く所の如し。菩薩が得る所の諸もろの深き智慧は、声聞、辟支仏の及ぶこと能わざる所なりと。摩訶迦葉が

一四　大法　すぐれた教え。

一五　満願の阿羅漢　阿羅漢果をえたもの。

一六　正見を具足する者　見惑を断じて預流果をえたもの。

一七　信行　随信行のもの。預流向の聖者の中で鈍根のもの。

一八　見行　随法行のもの。預流向の聖者の中で利根のもの。

一九　天眼　㊅六四一中、㊠九〇—二　天界にて具わる眼、衆生の未来を前知する能力がある。今は天界に生れて清浄強力な眼を得たること。

二〇　已往　これからさき。

二一　薩婆若　sarvajñāna　一切智。

二二　福田　田に生長の義あり。供養すべき者に供養すればよく福報をうける。これを農夫と田に譬えたもの。つぎに十種の福田をあげる。

是の語を説く時、八千の衆生は皆な阿耨多羅三藐三菩提心を発こしぬ。

爾の時に、堅意菩薩は文殊師利法王子に問うて言わく、文殊師利よ、言う所の福田とは、云何んが名づけて福田と為すと。文殊師利の言わく、十法行有って名づけて福田と為す。何等をか十と為す。[一]空無相無願の解脱門に住して、而も[二]法位に入らず(一)。[三]四諦《したい》を見知して而も[四]道果を証せず(二)。[五]八解脱を行じて而も菩薩の行を捨てず(三)。能く[六]三明《さんみょう》を起こして而も三界に行ず(四)。能く声聞《しょうもん》の[七]形色威儀《ぎょうしきいぎ》を現じて、而も[八]音教に随って他より法を求めず(五)。辟支仏の形色威儀を現じて、而も[九]無礙の弁才を以って法を説く(六)。常に禅定に在って、而も能く一切の諸行を行ずるを現ず(七)。正道を離れずして而も邪道に入るを現ず(八)。深く[一〇]染愛を貪って、而も諸欲、一切の煩悩を離る(九)。涅槃に入って而も生死《しょうじ》に於いて壊《え》せず、捨《しゃ》せず(十)。是の十法有れば、当に知るべし、是の人は真実の福田なりと。爾の時に、堅意菩薩は須菩提に問うて言わく、長老須菩提《しゅぼだい》よ、世尊は汝を第一福田と説きたもう。汝は是の十法に在るを得ると為すや、不《いな》や。須菩提の言わく、我れ是の法に於いて、尚お其の一だも無し。何に況んや十有るをやと。堅意の言わく、汝は何を以って第一福田と名づくるや。須菩提の言わく、我れ仏と諸もろの菩薩との中に於いては、第一の福田とならず。仏は我れを声聞、辟支仏の中に於いて第一福田なりと説きたもう。堅意よ、譬えば辺地の小王も亦た名づけて王と為すも、若し[一一]転輪聖王にして辺地に至らば、諸もろの小王等は名づけて王と為さず、爾の時に唯だ転輪聖王のみ有るが如し。聖王の威徳、殊に妙勝なるが故なり。堅意よ、国土、城邑、聚落の菩薩の無き処有るに随って、我れ其の中に於いて福田と為るを得るも、若し仏処有り、大菩薩有れば、我れ其の中に於いて、福

一　空無相無願　これは三種の三昧で、解脱に入るとき、その一つを専修して解脱する。三解脱門。
二　法位　真如の境界。
三　四諦　苦集滅道のこと。諸法の因果をあきらめて解脱に入ること。
四　道果　阿羅漢果のこと。
五　八解脱　三界の煩悩を離れて解脱をうるための八種の禅定。
六　三明　宿命通・天眼通・漏尽通の三種の神通力をいう。
七　形色威儀　色形、立居振舞のこと。
八　教を㊂は声につくる。
九　無礙の弁才　自在なる弁（本来辟支仏は他に法を説かない）。
一〇　染愛　情欲に染り愛著する。
一一　転輪聖王　この王位につくとき、天(大)六四一下、㋠九〇―四より輪宝を感得し、その輪宝を転じて四方を降伏する。金輪は四大洲、銀輪は三大洲、銅輪は二大洲、鉄輪は一大洲を領有する。

田と名づけず。諸もろの菩薩には薩婆若《さばにゃ》[一二]の心有り。是の故に我れに勝ると。爾の時に、仏は須菩提を讃《ほ》めて言わく、善き哉、善き哉。汝が説く所の如し。是れ、増上慢[一三]無き大弟子が言う所なりと。

堅意菩薩は復た文殊師利法王子に問うて言わく、文殊師利よ、説く所の多聞《たもん》とは、云何《いか》んが名づけて多聞と為す。文殊師利の言わく、若し人、一句の法を聞くを得て、即ち其の中の千万億の義を解し、百千万劫のあいだ、敷演《ふえん》[一四]し解説《げせつ》し、智慧弁才[一五]窮尽《ぐうじん》すべからざるを、是れを多聞と名づく。復た次に、堅意菩薩よ、十方無量の諸仏の所説を著聞して、尽く能く受持し、一句も先に聞かざる所有ること無く、凡そ聞く所の者は、皆な是れ先に聞き、所聞の法の随って能く持ちて忘れず。衆生の為めに説いて而も衆生無く、身と衆生と及び所説の法とにおいて差別《しゃべつ》有ること無き、是れを多聞と名づくと。爾の時に、会の中に、菩薩天子有り。浄月蔵《じょうがつぞう》と名づく。是の念を作さく、仏は阿難と多聞中に於いて最第一為りと説きたもう。文殊師利が所説の如き多聞を、阿難は今、寧《むし》ろ是れ有りや、不《いな》やと。是の念を作し已って、阿難に問うて言わく、如来は汝を多聞中に於いて最第一為りと説きたもう。汝の多聞なる、寧ろ文殊師利所説の如き者なるや、不やと。阿難、答えて言わく、文殊師利の所説の多聞の如きは、我れ是の事無しと。浄月蔵の言わく、如来、云何んがして常に称して、汝を多聞中に於いて最第一為りと説きたもうや。阿難、答えて言わく、仏の諸もろの弟子、音声《おんじょう》に随逐して而も解脱することを得たり。是の人の中に於いて、我れを第一と説きたまえり。我れを無量の智海、無等の大慧、無礙弁才[一六]の諸もろの菩薩の中に於いて、多聞第一と謂うには非ざるなり。天子よ、譬えば、日月の光明有るを以って、閻浮提[一七]の人、

一二　薩婆若　sarvajñāna　仏の智慧である一切智。
一三　増上慢　まだ聖道を得ていないのに、すでに得たりと思う心。
一四　敷演　意味を推しひろめること。
一五　智慧弁才　智慧をもってたくみに法を説く方能。
一六　無礙弁才　自在にして礙りなき弁才。
一七　閻浮提　jambudvipa　須弥山の南方の大洲。我々の住む処。

諸もろの形色《ぎょうしき》を見、所作有るを得るが如し。我れも亦た是の如し。[一]但だ如来の智慧の光明を以って、法を受持することを得るなり。我れ其の中に於いて自ら力有ること無し。当に知るべし。皆な是れ、如来の神力なるを。爾の時に、世尊は阿難を讃《ほ》めて言わく、善き哉、善き哉。汝が説く所の如し。汝が受持し、誦念する所の諸法は、当に知るべし、則ち是れ如来の神力なるを。

爾の時に、仏は浄月蔵に告げて言わく、阿難が持つ所の諸法は甚だ少なし。誦せざる所の者、無量無辺なり。天子よ、我が道場に於いて得る所の諸法は、百千億分の其の一をも説かず。我が説く所は、阿難よ、中に於いて、百千億分の、其の一をも持たず。天子よ、如来は但だ一日一夜に於いて、十方世界の諸もろの釈[二]、梵王[三]、護世天王[四]、天[五]、龍[六]、夜叉[七]、[八]乾闥婆等、天子、菩薩、之れが与《た》めに法を説く。智慧力を以って而して偈頌[九]を作し、[一〇]修多《しゅた》羅《ら》、因縁[一一]、譬喩[一二]、衆生が行ずる所の諸もろの波羅蜜[一三]を説き、及び、声聞、辟支仏乗、仏の無上乗、摂大乗[一四]の法を説く。生死を[一五]毀呰《きし》し、涅槃を称讃し、仮使《たと》い、閻浮提の内の所有《あら》ゆる衆生をして、多聞を成就すること阿難の如くならしむるも、百千劫に於いて受持すること能わず。天子よ、是の因縁を以って、当に知るべし、如来が説く所の諸法は無量無辺にして、阿難が持つ所は甚だ小と為すのみなることを。

爾の時に、浄月蔵天子は即ち十万の七宝華の蓋を以って如来に奉上《たてまつ》る。其の蓋[一六]は即時に、遍ねく、[一七]虚空《こくう》に住《とど》まり、覆わるる所の衆生は皆な金色と作る。蓋を奉上り已って、是の如き言を作さく、唯然たり、世尊。願わくば、是の福を以って、普ねく衆生をして、弁才説法するに当に世尊の如く、（また）能く法を受持すること、文殊師利法王子の如くならし

一　但は(元)(明)には倶につくる。

(大)六四二上、(チ)九一―一

二　釈　Śakra 帝釈天のこと。三十三天、須弥山上にいる。
三　梵王　Brahmā 大梵天王。
四　護世天王　四天王のこと。
五　天　欲界の天処に生れたもの。
六　龍　蛇族の長。神力を有して雲雨を変化する。
七　夜叉　yaksa 空中を飛行する鬼神。
八　乾闥婆　gandharva 香を食とする帝釈天の楽神。
九　偈頌　韻文よりなる経文。
一〇　修多羅　sūtra 経文。
一一　因縁　因縁をもって説かれる説法。
一二　譬喩　とくに前生物語をいう。
一三　波羅蜜　pāramitā 悟りの岸に至れるとの意。六波羅蜜をいう。
一四　摂大乗　大乗の義理をおさめたるの意。
一五　毀呰　そしりけなすこと。
一六　蓋　天蓋のこと。
一七　虚空　ここでは空中のこと。

むべしと。時に、仏は是の菩薩天子の深く仏道を楽《ねが》うを知って、与《た》めに[一八]阿耨多羅三藐三菩提の記を授けて、而して是の言を作したもう、今、是の天子は四百四十万劫を過ぎて、当に仏と作るを得べし。一宝蓋と号し、国を一切衆宝荘厳と名づけんと。(仏が)是の法を説きたもう時、二百の菩薩、[一九]懈怠の心を生ず。諸仏世尊の其の法は甚だ深し。阿耨多羅三藐三菩提は是の如く得難し。我れ等は能く是の事を具足せず。但だ[二〇]辟支仏乗を以って、涅槃に入るに如かず。所以は何ん。仏は、菩薩が若し退転すること有らば、或るいは辟支仏と作り、或るいは声聞と作る、と説きたまえばなりと。爾の時に、文殊師利法王子は、此の二百の菩薩の[二一]懈退の心有るを知って、還って発起して阿耨多羅三藐三菩提を得せしめんと欲し、亦た会中の天、龍、夜叉、乾闥婆《けんだつば》、[二二]阿修羅《あしゅら》、[二三]迦楼羅《かるら》、[二四]緊那羅《きんなら》、[二五]摩睺羅伽《まごらが》等を教化せんと欲するが故に、仏に白して言わく、世尊よ、我れ[二六]過去の劫を念ずるに、照名と名づく。我れ其の中に於いて、三百六十億世に、辟支仏乗を以って、涅槃に入りきと。爾の時に、一切の衆会、心に皆な疑いを生ず。若し涅槃に入らば、応に復た生死の相続に還るべからず。今、文殊師利は何が故に是の如き言を作すや、世尊よ、我れ過去の劫を念ずるに、照明と名づく。我れ其の中に於いて、三百六十億世に、辟支仏乗を以って涅槃に入ると。是の事、云何《いか》ん。爾の時に、舎利弗《しゃりほつ》は仏の[二七]神旨を承けて、仏に白して言わく、世尊よ、若し人已に涅槃に入るを得ば、応に復た生死の相続有るべからず。云何んが、文殊師利は涅槃に入り已って、還って復た出生するや。仏の言わく、汝、之れを文殊師利に問うべし。自ら当に汝に答うべしと。時に、舎利弗、文殊師利に問うて言わく、若し人、已に涅槃に入るを得ば、諸もろの有の中に於いて復た相続せず。汝は今、云何んが、是の説を作すや、

一八 阿耨多羅三藐三菩提の記　無上の仏智、すなわち仏となることができるであろうという証明。
一九 懈怠　なまけおこたること。
二〇 辟支仏乗　pratyeka-buddha　自ら縁起の道理を観察して悟りを開く修行者とその教え。
二一 懈退　通常、懈怠というが、今はなまけ退くこと。
二二 阿修羅　asura 果報により天部にあるが実は非天、容貌醜悪。但し美女をもつが酒がない。つねに帝釈と闘争をこととする。
二三 迦楼羅　garuda 金翅鳥。龍をとって食事とする。　(大)六四二中、(チ)九一―四
二四 緊那羅　kiṃnara 非人、また歌神という。人に似て頭上に角がある。帝釈天の楽神。
二五 摩睺羅伽　mahoraga うわばみ、地龍。
二六 過去の劫　過去の大昔。
二七 神旨　神は心の意。みこころ。

（即ち）世尊よ、我れ過去の照明劫[一]中を念ずるに、三百六十億世に、辟支仏乗を以って、涅槃に入ると。此の義、云何ん。文殊師利の言わく、如来の現在は、是れ一切知者、一切見者[二]、真実語者、不欺誑《ふごおう》者[三]、世間天人[四]の能く誑《たぶらか》すこと無き者なり。我が説く所は、仏、自ら証知したもう。我れ若し、説くところを異にせば、則ち仏を誑すと為す。舎利弗よ、彼の時、照明劫中に、仏有って出世したもう、号して弗沙《ほっしゃ》[五]と曰う。世間の諸天、人を利益し已って、涅槃に入りたもう。是の仏の滅後、法の住《とど》まること十万歳なり。法滅の後、其の中の衆生は辟支仏に於いて度の因縁[六]有り。仮使《たと》い、百千億の仏、之れが為めに法を説きたもうも、信ぜず、受けず。唯だ皆な辟支仏身の威儀法則を以って、而して度脱[七]を得べし。是の諸もろの衆生は皆な共に辟支仏道を志求するも、是の時、辟支仏の出づる有ること無く、是の諸もろの衆生は、善根の因縁を種うるを得るに処無し。我れ爾の時に於いて、教化せんが為めの故に、自ら我が身は是れ辟支仏なりと称す。諸もろの国土、城邑[八]、聚落[九]に随って、皆な我が身は是れ辟支仏なりと知る。我れ時に、皆な為めに辟支仏の形色威儀[一〇]を現ず。是の諸もろの衆生、深心に恭敬し、皆な飲食を以って我れを供養す。我れ食を受け已って、其の本縁[一一]の応に聞くべき所の法を観じて、為めに解説し已って、身、虚空に飛ぶこと、猶お鴈王《がんおう》[一二]の如し。是の時に衆生は皆な大いに歓喜し、恭敬の心を以って頭面に我れを礼し、而して是の言を作す、願わくば、我れ等をして、未来世に於いて、皆な法利を得ること、今の是の人の如くならしむべしと。舎利弗よ、是の因縁を以って、無量無数《むしゅ》の衆生を成就して善根を種えしむ。我れ時に、観察して、諸もろの人衆の、我れに食を供養して、懈厭[一三]の心を生ずるを知り、即時に、告げて言わく、我れ涅槃の時至りぬと。百千の衆

一　照明劫　過去の照明という時代。
二　一切見者　すべてのものを見通すもの。
三　不欺誑者　欺きだますことがないこと。
四　天人　六欲天に住む人。
五　弗沙　Pusya　釈尊以前に出世せられた仏。
六　度の因縁　度脱、すなわち解脱したという因縁ゆかり。
七　度脱　解脱すること。
八　城邑　都市。
九　聚落　村落。
一〇　形色威儀　すがた形や立居振舞。
一一　本縁　今日、辟支仏身となったところの本来の因縁。
一二　鴈王　仏のこと。三十二相中に、手足が鴈のごときであるところからいう。
(大)六四二下、㋠九二—一
一三　懈厭　おこたりいやになること。

生、是の語を聞き已って、各おの華香、雑香、蘇油《そゆ》[一四]を持って、我が所に来たり至る。我れ爾の時に滅尽定[一五]に入り、本願[一六]を以っての故に、畢竟して滅せず。是の諸もろの衆生は、我れ命終すと謂《おも》って、我れを供養せんが故に、香、薪《しん》[一七]、積《し》を以って、我が身を焼き、我れは実に滅すと謂う。我れは時に、復た異国の大城に至り、自ら、我れは是れ辟支仏身なりと称す。其の中の衆生も亦た飲食を以って、来たって我れに供養す。我れ其の中に於いて入涅槃を示し、亦た我れ滅すと謂う。皆な来たって供養し、共に我が身を焼く。是の如く、舎利弗よ、我れは爾の時に、一小劫[一八]、三百六十億世を満じて、辟支仏身と作り、入涅槃を示す。諸もろの大城に於いて、一一に皆な辟支仏乗を以って、三十六億の衆生を度脱す。舎利弗よ、菩薩は是の如く、辟支仏乗を以って、涅槃に入り、而も永く滅せずと。

文殊師利が是の語を説く時、三千大千世界は六種に震動し、光明遍ねく照らす。千億の諸天[一九]は文殊師利法王子を供養し、諸もろの天華を雨《ふ》らして、皆な是の言を作さく、是れ実に希有なり。我れ等、今日、大善利を得たり。仏世尊を見たてまつり、及び文殊師利法王子を見、又た是の首楞厳三昧を説くを聞く。世尊よ、文殊師利法王子は、是の如き未曾有の法を成就す。何れの三昧に住してか、能く是の如き未曾有の法を現ずる。仏、諸天に告げたまわく、文殊師利法王子にして、首楞厳三昧に住すれば、能く是の如き希有の難事を作すなり。菩薩が此の三昧に住すれば、為めに信行を作す。而も他の信に随わず。亦た法行を作し、而も法相に於いて法輪を転ずる[二〇]に退せず、失せず。亦た八人と作って、諸もろの無量阿僧祇劫《あそうぎこう》に於いて、八邪者[二一]の為めに而して道を行ず。須陀洹《しゅだおん》[二二]と作って、生死の水に漂流せらるる衆生の為めに、法位[二三]に入らず。斯陀含《しだごん》[二四]と作って、遍ねく其の身を諸もろの世

一四　蘇油　牛乳より作った油。
一五　滅尽定　聖者が身心ともに滅する定に入ること。
一六　本願　本起こした願いのこと。
一七　薪、積　薪をつむこと。
一八　一小劫　人寿八万歳より百年ごとに一年ずつ減じてついに人寿十歳となる。この間を一小劫といい、またこの逆、人寿十歳より八万歳に至る間の一小劫という。倶舎論の説。
一九　天は（元）（明）には天子につくる。
二〇　法輪を転ずる　仏が説法をすること。
二一　八邪者　八正道の反対を八邪という。八正道を守らざる者。
二二　須陀洹　srotāpanna　預流と訳し、はじめて聖者の流れに預ったもの。
二三　法位　真如のこと。
二四　斯陀含　sakrdāgāmin　人天の間を一往復すれば涅槃に入る聖者。

間に現ず。[一]阿那含《あなごん》と作って、亦復《また》、来還して衆生を教化す。[二]阿羅漢と作って、亦た常に精進して仏法を求学す。亦た声聞と作って、無礙の弁を以って人の為めに法を説く。辟支仏と作って、因縁の衆生を教化せんと欲するが為めに、涅槃に入るを示し、三昧力の故に、還って復た出生す。諸もろの天子よ、菩薩が、是の首楞厳三昧に住すれば、皆な能く遍ねく諸もろの賢聖の行を行じ、亦た其の地に随って説く所の法有って、而も中に住せずと。

諸天は仏が是の如きの義を説きたもうを聞きて、悉く皆な[三]涕涙して、而して是の言を作さく、世尊よ、若し人、已に声聞、辟支仏位に入れば、永く是の首楞厳三昧を失う。世尊よ、人が寧《むし》ろ[四]五逆の重罪を作るも、是の首楞厳三昧を説くを聞くを得ば、法位に入りたる[五]漏尽《ろじん》の阿羅漢と作らじ。所以は何ん。五逆罪の人も、是の首楞厳三昧を聞くや、阿耨多羅三藐三菩提心を発こし已って、本罪の縁もて堕《だ》して地獄に在りと雖も、是の三昧を聞くの善根の因縁もて、還って仏と作るを得ればなり。世尊よ、漏尽の阿羅漢は、猶お破れたる器《うつわ》の如し。永く是の三昧を受くるに堪任せず。世尊よ、譬えば、人有って[六]蘇油蜜を施すに、多く人衆有って種種の器を持す。中に一人有り、心を用うること固からずして、所持の器を破る。蘇油蜜を施す所に詣ると雖も、能く益する所無し。但だ自ら[七]飽くを得るも、持ち還って余人に施与すること能わず。是の中に人有り。器の完堅なるを持って、既に自ら飽くを得、亦た満器を持して他人に施与するが如し。蘇油蜜とは、是れ仏の正法なり。所持の器破れて、但だ自ら足るを得るも、持ち還って他人に施すこと能わざるは、即ち是れ声聞、及び辟支仏なり。完器を持つ者とは、即ち是れ菩薩なり。身には自ら足るを得て、亦た能く持ちて一切衆生に与うるなりと。

一　阿那含　anāgāmin　欲界にふたたび帰ることのない聖者。
二　阿羅漢　arhān　煩悩を断尽して再生することのない聖者。
三　涕涙　涙を流すこと。　(大)六四三上、(チ)九二一―三
四　五逆の重罪　一に父を殺す、二に母を殺す、三に阿羅漢を殺す、四に出仏身血、五に破和合僧。
五　漏尽　煩悩を断尽すること。
六　蘇油蜜　ソマナの花汁の蜜。
七　飽くを得るも　飽きるほど蜜を食しえても。

是の時、二百の天子、心において阿耨多羅三藐三菩提より退転せんと欲する者、諸もろの天子より是の語を聞き已って、文殊師利法王子の不可思議の功徳と勢力を聞くに及び、更に深心を以って阿耨多羅三藐三菩提を発こし、復た先の退転の心に随わず。皆な仏に白して言わく、我れ等は乃至、危害あって命を失うも、是の心を捨てじ、亦た終に一切衆生を捨てじ。世尊よ、唯だ願わくば、我れ等、是の首楞厳三昧を聞くの善根の因縁にて、当に菩薩の十力を得べし。何等をか十なる。菩提心に於いて堅固力を得(一)、不可思議の仏法に於いて八深信力を得(二)、多聞もて不忘力を得(三)、生死《しょうじ》に往来して無疲力を得(四)、諸もろの衆生に於いて九堅い大悲力を得(五)、布施の中に於いて一〇堅い捨力を得(六)、持戒の中に於いて不壊力《ふえりき》を得(七)、忍辱《にんにく》の中に於いて堅受力を得(八)、魔も壊する能わずして智慧力を得(九)、諸もろの深法に於いて一一信楽力《しんぎょうりき》を得るなり(十)と。爾の時に仏、堅意菩薩に告げたまわく、若し衆生有って、今現在、若しは我が一二滅後に於いて、是の首楞厳三昧を聞きて能く信楽せば、当に知るべし、是の人は悉く皆な是の菩薩の十力を得ることをと。

爾の時に会の中に、菩薩有り。名づけて名意と曰う。仏に白して言わく、世尊よ、若し福を得んと欲する者は、応に仏を供養すべし。慧を得んと欲する者は、応に多聞に勤むべし。好処に生ぜんと欲する者は、応に持戒に勤むべし。大富を欲する者は、応に布施を加うべし。一三妙色《みょうじき》を得んと欲する者は、応に忍辱を修すべし。弁才を得んと欲する者は、応に師長を敬すべし。一四陀羅尼を得んと欲する者は、応に一五増上慢を離るべし。智を得んと欲する者は、応に正憶念を修すべし。楽を得んと欲する者は、応に一切の悪を捨つべし。衆生を利益せんと欲する者は、応に一六菩提心を発《お》こすべし。妙音声を得んと欲する者は、応に実語

八 深信力　深く固い心をもって法を信ずる力。
九 大悲力　菩薩が人々の苦を救う力。
一〇 堅い捨力　心平等にて執著なきことを捨という。
一一 信楽力　法を信頼しこれを受楽する力。　㊅六四三中、㋠九二―五
一二 滅後　入滅の後、涅槃の後。
一三 妙色　美しいすがた形。
一四 陀羅尼　dhāraṇī 善法を堅持して散ぜしめず、悪法をおこらしめない力をいう。
一五 増上慢　聖道を未だ得ざるに、すでに得たりと思いあがる心。
一六 菩提心　bodhi-citta 正しい悟りを求める心。

を修すべし。功徳を得んと欲する者は、応に遠離を楽《ねが》うべし。法を求めんと欲する者は、応に善知識に近づくべし。坐禅を欲する者は、応に憒閙《かいどう》[一]を離るべし。思慧[二]を欲する者は、応に思惟を修すべし。梵世[三]に生ぜんと欲する者は、応に無量心[四]を修すべし。天人[五]に生ぜんと欲せば、応に十善[六]を修すべし。世尊よ、若し、人、福徳を得んと欲する者、慧を得んと欲する者、好処に生ぜんと欲する者、大富を欲する者、妙色を欲する者、弁才を欲する者、陀羅尼を欲する者、智を得んと欲する者、楽を得んと欲する者、衆生を利益せんと欲する者、妙音声を欲する者、功徳を欲する者、法を求めんと欲する者、坐禅を欲する者、思慧を欲する者、梵世に生ぜんと欲する者、天人に生ぜんと欲する者、涅槃を得んと欲する者、一切の功徳を得んと欲する者は、当に首楞厳三昧を聞きて、受持し、読誦し、他人の為めに説き、説の如く修行すべし。世尊よ、菩薩は云何《いか》んが是の三昧を修するやと。仏の言わく、名意よ、菩薩にして、若し能く諸法の空を観じて、障礙する所無く、念念に滅尽して憎愛[七]を離るれば、是れを、是の三昧を修すと名づく。復た次に、名意よ、是の三昧を学せんには、一事を以ってせず。所以は何ん。諸もろの衆生の心と心所[九]との行[八]に随う。是の三昧には、是の諸もろの行有り。諸もろの衆生の心と心所との入[一〇]に随う。是の三昧には、是の諸もろの入有り。諸もろの衆生の諸根の入門[一一]に随う。是の三昧には、是の入門有り。諸もろの衆生の所有の名色《みょうしき》[一二]に随う。是の三昧を得る菩薩は、亦た若干の名色を示す。能く是の如きを知る、是れを、是の三昧を修すと名づく。一切の仏の名色相貌《そうみょう》に随う。是の三昧を得る菩薩も、亦た若干の名色相貌を示す。能く是の如きを知る、是れを是の三昧を修すと名づく。一切諸仏の国土を見るに随う。菩薩も亦た自ら是の国土を成す。是れを、是の首楞

一　憒閙　乱れ騒しいこと。
二　思慧　道理を思惟して得る智慧。定慧でなく散慧である。
三　梵世　梵世界のこと。色界の諸天のこと、婬欲を離れた清浄の処。
四　無量心　四無量心のこと。すなわち慈・悲・喜・捨の心。
五　天人　これは欲界の天処に生れたものをいう。
六　十善　十善を受持する戒を守ること。大乗の在家戒、よく欲界の楽果を得る。
七　憎愛　にくしみと愛しあう凡夫の日常にわきおこる心。
八　行　はたらきのこと。
九　心と心所　心とは心王のこと、つまり心のはたらきのよりどころ。心所とは心のはたらき。
一〇　入　処に同じ。よりどころ。
一一　入門　よりどころの門、つまり感覚器官。入ってくる場所が六と、入ってくるもの六、両方をいう。
一二　名色　精神的なものと物質的なもの。
(大)六四三下、(チ)九三—三

厳三昧を修すと名づくと。名意菩薩、仏に白して言わく、世尊よ、是の三昧は、修行すること甚だ難しと。仏の名意に告げたまわく、是の事を以っての故に、少しく菩薩有って、是の三昧に住し、多く菩薩有って余の三昧を行ずと。

爾の時に、名意菩薩は仏に白して言わく、世尊よ、此の弥勒菩薩は、[一三]一生補処《ふしょ》なり。世尊に次いで当に阿耨多羅三藐三菩提を得べし。弥勒は是の首楞厳三昧を得しやと。仏の言わく、名意よ、其の諸もろの菩薩の、[一四]十地に住して一生補処に、仏の正位を受くるを得るもの、悉く皆な是の首楞厳三昧を得と。弥勒菩薩、即時に、是の如きの神力を示現し、名意菩薩、及び諸もろの衆会《しゅえ》、此の三千大千世界の諸もろの閻浮提《えんぶだい》を見るに、其の中に皆な是れ弥勒菩薩あり、或るいは[一五]天上に在るを見、或るいは人間に在るを見、或るいは出家なるを見、或るいは在家なるを見、或るいは仏に侍して皆な[一六]阿難の如きを見、或るいは智慧第一にして[一七]舎利弗の如きを見、或るいは神通第一にして[一八]目犍連《もくけんれん》の如きを見、或るいは[一九]頭陀第一にして[二〇]大迦葉《だいかしょう》の如きを見、或るいは説法第一にして富楼那《ふるな》の如きを見、或るいは[二一]楽戒第一にして[二二]羅睺羅《らごら》の如きを見、或るいは持律第一にして[二三]優波離《うばり》の如きを見、或るいは天眼第一にして[二四]阿那律の如きを見、或るいは坐禅第一にして[二五]離婆多《りばた》の如きを見る。是の如く、一切の諸もろの第一の中に、皆な弥勒を見るなり。或るいは諸もろの[二六]城邑聚落に入って食を乞うを見、或るいは法を説くを見、或るいは坐禅するを見るなり。名意菩薩、及び諸もろの大衆の一切は皆な弥勒菩薩の首楞厳三昧の神通勢力を現ずるを見、見已って大いに喜んで、仏に白して言わく、世尊よ、譬えば、真金は復た鍛磨すと雖も、其の性を失わざるが如く、是の諸もろの[二七]大士も、亦た復た是の如し。試みる所の処に随って、皆な能く不可

一三　一生補処　菩薩の最後身で、つぎに生れるときには仏として生れ、仏の坐を補うことをいう。

一四　十地　ここでは第十地の菩薩のことをいう。

一五　天上　弥勒菩薩は兜率天にあってここから下生するという。

一六　阿難　Ānanda 釈尊の従弟。つねに釈尊の側にいて多聞第一とせられる。

一七　舎利弗　Śāriputra 目犍連とともに弟子をつれて釈尊の弟子となった。

一八　目犍連　Maudgalyāyaniputra 舎利弗より先に入滅。執杖バラモンに殺害された。

一九　頭陀　dhūta 貪欲を捨てるための修行法。

二〇　大迦葉　Mahā-kāśyapa 教団の最長老。少欲知足の行者。

二一　楽戒　元明は「蜜行」とする。蜜行とは持戒において細密なること。

二二　羅睺羅　Rāhra 釈尊の実子。

二三　優波離　Upāli 釈迦族シュードラの出身、釈尊滅後、律典の編集に主役となった。

二四　阿那律　Aniruddha 釈尊の従弟。修行によって失明した。

二五　離婆多　Revata 舎利弗の実弟。

二六　城邑聚落　都市と村落。

二七　大士　菩薩のこと。

思議の法性[一]を示現すと。爾の時に、名意菩薩が仏に白して言わく、世尊よ、我れ謂《おも》うらくは、菩薩が若し能く首楞厳三昧に通達せば、当に知るべし、一切の道行[二]に通達し、声聞乗と辟支仏乗と及び仏大乗に於いて、皆な悉く通達することをと。仏の言わく、是の如し、是の如し、汝が説く所の如し。菩薩が若し能く首楞厳三昧に通達せば、則ち能く一切の道行に通達すと。

爾の時、長老摩訶迦葉、仏に白して言わく、世尊よ、我れ、謂うらくは、文殊師利法王子は曾て先世に於いて、已に仏事を作し、現に道場に坐して法輪を転じ[三]、諸もろの衆生に大滅度[四]に入るを示すと。仏の言わく、是の如し、是の如し、汝が説く所の如し。迦葉よ、過去久遠の無量無辺不可思議阿僧祇劫に、爾の時に、仏有り。龍種上如来[五]、応供《おうぐ》[六]、正遍知[七]、明行足《みょうぎょうそく》[八]、善逝《ぜんぜい》[九]、世間解《せけんげ》[一〇]、無上士[一一]、調御丈夫《じょうごじょうぶ》[一二]、天人師[一三]、仏世尊[一四]と号す。此の世界より南方、千の仏国土を過ぎて国あり。平等と名づく。山河、沙礫《しゃれき》、瓦石、丘陵、堆阜《たいふ》[一五]有ること無く、地平らかにして掌の如く、柔軟なる草を生じて、迦陵伽[一六]の如し。龍種上仏、彼の世界に於いて阿耨多羅三藐三菩提を得、初めて法輪を転じて、七十億数の諸もろの菩薩衆を教化成就し、八十億人は阿羅漢を成じ、九万六千人は辟支仏因縁法の中に住し、其の後、続いて無量の声聞僧有り。迦葉よ、龍種上仏の寿命は四百四十万歳にして、天、人を度し已って、涅槃に入る。身の舎利[一七]を散じて、天下に流布し、三十六億の塔を起《た》てて、衆生に供養す。其の仏の滅後、法の住すること十万歳なり。龍種上仏が涅槃せんと欲するに臨んで、智明菩薩の与《た》めに記莂《きべつ》[一八]を授けて言わく、此の智明菩薩は、我が後に次ぎて、当に阿耨多羅三藐三菩提を得て、亦た智明と号すべしと。迦葉よ、汝が爾の時の平等世界の龍種上

一　法性　ものの本性。
二　道行　仏道修行。
三　法輪を転じ　説法をすること。
四　大滅度　仏の入滅涅槃のこと。　㊅六四四上、㊆九三一五
五　如来　真如より来たれるものの意。以下に仏の十号がつづく。
六　応供　供養を受ける資格のある人。
七　正遍知　正しくよく悟った者。
八　明行足　智慧と行とよく具足した者。
九　善逝　如実に彼岸に逝き、ふたたび生死の海に退没することのない者。
一〇　世間解　世間をよく理解している者。
一一　無上士　この上ない最上最高の人。
一二　調御丈夫　よく調御することのできる丈夫の御者。
一三　天人師　神々や人々の師。三界の大導師。
一四　仏世尊　覚者のことをいう。
一五　堆阜　小高い丘。
一六　迦陵迦　kalaviṅka　迦陵頻伽という。極楽に住む美声の鳥であるが、ここではこの鳥の羽毛の意か。チベット訳では kācalindika、「やわらかな布」（大乗仏典7参照）。
一七　舎利　śarīra　遺骨。
一八　記莂　未来成仏の予言。

仏を謂うとき、豈に異人ならんや、此の疑いを生ずること勿れ、所以は何ん。即ち文殊師利法王子是れなればなり。迦葉よ、汝は今且らく、首楞厳三昧の勢力を観ぜよ。諸もろの大菩薩は是の力を以っての故に、入胎し、初生し、出家し、菩提樹に詣り、道場に坐し、[一九]妙法輪を転じ、[二〇]般涅槃《はつねはん》に入り、舎利を分布するを示現して、而も亦た菩薩の法を捨てず。般涅槃に於いて、畢竟して滅せずと。爾の時に長老摩訶迦葉は文殊師利に語って言わく、仁《き》者《み》、乃ち能く、此の如き希有の難事を施作《せさ》して、衆生に示現すと。文殊師利の言わく、迦葉よ、意に於いて云何ん。是の[二一]耆闍崛山《ぎじゃくっせん》は誰れの造る所ぞ。是の世界は亦た何より出づるものぞと。迦葉の答えて言わく、文殊師利よ、一切の世界は水沫の成す所にして、亦た衆生の不可思議業の因縁より出づと。文殊師利の言わく、一切諸法も亦た不可思議業の因縁によって有り、我れは是の事に於いて功力《くりき》有ること無し。所以は何ん。一切の諸法は、皆な因縁に属す。主有ること無きが故に、意に随って成ずる所なり。若し能く此れを解せば、所為難からず。迦葉よ、若し人、未だ[二二]四諦を見ずして、是の如きの事を聞きて、能く[二三]信解せんこと、此れ則ち難しと為す。四諦を見已って、諸もろの神通を得ば、此れを聞きて能く信ずること、難しと為すに足らずと。

爾の時、世尊は身、虚空に升《のぼ》り、高さ七[二四]多羅樹なり。[二五]結加趺坐して、身より光明を出し、遍ねく十方無量の世界を照らしたもう。一切の衆会の皆な十方の無量の諸仏を見たてまつるに、悉く皆な是の首楞厳三昧を説きたもうこと不増不減にして、悉く遙かに聞くことを得たり。十方の諸仏も亦た虚空に升《のぼ》り、高さ七多羅樹なり。結加趺坐して、身より光明を放ち、遍ねく十方無量の世界を照らしたもう。彼の諸もろの衆生も、亦た釈迦牟尼仏の身、

一九　妙法輪を転じ　妙法の輪を転ずる、すなわち正法を説くこと。

二〇　般涅槃　入滅涅槃のこと。

二一　耆闍崛山　Gṛdhrakūṭa　霊鷲山。

(大)六四四中、(チ)九四—三

二二　四諦　聖者の見た真理。世間にあっては苦集の二諦、出世間においては滅道の二諦をいう。

二三　信解　信じ了解すること。

二四　多羅樹　tāla　きわめて高くなる木、また幹を中断すればそれより芽を出さないという。

二五　結加趺坐　仏の坐り方。両足を組む。(宋)は加を跏に作る。以下同じ。

虚空に升りて、結加趺坐するを見たてまつる。彼の諸もろの衆会は悉く皆な華を以って、遙かに釈迦牟尼仏に散ずるに、皆な衆華の上空の中に於いて、合して華蓋《けがい》[一]と成るを見る。此の土の菩薩、及び諸もろの天[二]、龍[三]、夜叉[四]、乾闥婆[五]等も悉く亦た華を以って彼の諸仏に散ずるに、皆な仏のみ上に於いて、化して華蓋と成る。爾の時に釈迦牟尼仏は、還って神足[六]を摂《おさ》めて本座に坐し、堅意に告げて言わく、是れを、如来の神通の力と為す。衆生の功徳をして増益せしめんが為めに、是の故に如来は是の事を示現すと。

仏が神通力を現じたもう時、八千の天人は、阿耨多羅三藐三菩提《あのくたらさんみゃくさんぼだい》心を発こせり。又た是の首楞厳三昧を説きたもうて、竟《おわ》らんと欲するに垂《なんな》んとする時、堅意菩薩、及び五百の菩薩は首楞厳三昧を得たり。悉く皆な十方諸仏の所有《しょう》の神力を見るを得、仏の深法に於いて、智の光明を得、第十地に住して、仏の職位[七]を受く。三千大千世界は六種に震動し、大光明は放たれて、遍ねく世界を照らし、千万の伎楽は同時に倶に作して、諸天の空中には種種の華を雨《ふ》らせり。爾の時に仏は阿難に告げたまわく、汝は当に是の首楞厳三昧を受け、持し諷誦[八]し読んで、広く人の為めに説くべしと。時に、持須弥山頂釈[九]なるもの、仏に白して言わく、世尊よ、阿難の智慧の憶念には量有り。声聞の人は他の音声に随うに、何が故に、是の三昧の法宝を以って、阿難に嘱累《ぞくるい》[一〇]したもうやと。持須弥山頂釈は至誠の言を発こすらく、若し我れ能く今世、来世に於いて、是の宝三昧を広宣流布して、虚有ること無くば、此の耆闍崛山[一一]中に於ける樹は、悉く皆な当に仏の菩提樹の如く、其の諸もろの樹下に、皆な菩薩有るべしと。持須弥山頂釈が是の語を作し已って、即ち諸もろの樹を見るに、菩提樹の如く、一一の樹下に皆な菩薩を見る。諸もろの菩提樹は皆な是の言を出す。持須弥

一 華蓋　華の天蓋。
二 天　天部の神。欲界天をいう。
三 龍　蛇族の長。神力をもって雲雨を変化する。
四 夜叉　yakṣa 空中を飛行する鬼神。
五 乾闥婆　gandharva 香を食とする鬼神。
六 神足　神足通のこと。神境智証通とも身如意通ともいう。身の変現自在をいう。
七 仏の職位　仏たるの職務をうける位。
八 諷誦　声をあげてそらんじる。
九 釈　Śakra 帝釈のこと。
一〇 嘱累　与えて流布せしめること。(大)六四四下、(チ)九四―五
一一 耆闍崛山　Gṛdhrakūṭa 霊鷲山。

山頂釈が言う所の如きは、実為り。是の人は、必ず能く此の三昧をして、広宣流布せしめんと。爾の時に、諸もろの天、龍、夜叉、乾闥婆等は声を同じくして仏に白して言わく、世尊よ、仮使《たと》い如来をして[一二]住寿一劫のあいだ、余事を為さずして、声聞乗を以って人の為めに法を説き、一一の説法が、皆な悉く[一三]初転法輪の時の如く、衆生を度せられんも、是の首楞厳三昧を説きて度せん所の衆生は、此れを即ち勝と為す。所以は何ん。是の諸もろの衆生は、皆な声聞乗を以って度し、菩薩乗に於いてよりは、百分の一にだも及ばず。百千万億分、乃至、算数《さんしゅ》するも譬喩するも及ぶこと能わざる所なり。是の如く、首楞厳三昧には、是の無量の勢力有り。能く諸もろの菩薩を成就して、仏法を具足するを得しむと。

爾の時に、堅意菩薩は仏に白して言わく、世尊の実寿は幾何《いくばく》ぞ。幾《いつ》の時にか当に畢竟して涅槃に入りたもうべきと。仏の言わく、堅意よ、東方の此の世界を去ること、三万二千の仏土に国あり、荘厳と名づく。是の中に仏有り。照明荘厳自在王[一四]如来、[一五]応供、[一六]正遍知、[一七]明行足、[一八]善逝、[一九]世間解、[二〇]無上士、[二一]調御丈夫、[二二]天人師、[二三]仏世尊と号す。今、現在に法を説きたもう。堅意よ、照明荘厳自在王仏の寿命の如く、我が所の寿命も、亦た復た是の如しと。（堅意の問う）世尊よ、是の照明荘厳自在王仏の寿命は、幾所《いくばく》ぞ。仏は堅意に告げたまわく、汝は自ら往きて問え。自ら当に汝に答えたもうべしと。即時に、堅意は仏の神力を承けて、又た首楞厳三昧力を以っての故にと、及び自らの善根の神通力の故に、一念の如き頃《あいだ》に彼の荘厳世界に到り、頭面に彼の仏のみ足を礼し、[二四]右遶三匝《うにようさんそう》して、却って一面に住し、仏に白して言わく、世尊の寿命は、幾《いくばく》の時にか当に涅槃に入るべきと。彼の仏の答えて言わく、彼の釈迦牟尼仏の寿命の如く、我が所の寿命も、亦た復た是の如し。堅意よ、汝が

一二　住寿一劫　寿命が一劫の間、とどまり、つづくということ。
一三　初転法輪　釈尊が悟りを開いて後、五比丘に対してはじめて説法したときのことをいう。
一四　如来　真如より来たれるものの意。以下に仏の十号がつづく。
一五　応供　供養を受ける資格のあるもの。
一六　正遍知　正しくよく悟った者。
一七　明行足　智慧と行をよく具足した者。
一八　善逝　如実に彼岸に逝き、ふたたび生死の海に退没することのない者。
一九　世間解　世間をよく理解している者。
二〇　無上士　この上ない最上最高の人。
二一　調御丈夫　よく調御することのできる丈夫の御者。
二二　天人師　神々や人間の師。三界の大道師。
二三　仏世尊　覚者のことをいう。
二四　右遶三匝　右まわり三回。

知らんと欲せば、我が寿は七百阿僧祇劫なり。釈迦牟尼仏の寿命も亦た爾りと。

爾の時に、堅意菩薩の心は大いに歓喜し、即ち娑婆世界[一]に還って、仏に白して言わく、世尊よ、彼の照明荘厳自在王仏の寿は七百阿僧祇劫なり。而も我れに告げて言わく、我が寿命の如く、釈迦牟尼仏の寿命も亦た復た是の如しと。爾の時、阿難は座より起って、右肩を[二]偏袒《へんだん》し、合掌して仏に向かい、仏に白して言わく、世尊よ、我が仏の説きたもう所の義を解するが如くんば、我れ謂《おも》えらく、世尊は彼の荘厳世界に於いて、異名字を以って、衆生を利益したもうと。爾の時に世尊は阿難を讃《ほ》めて言わく、善き哉、善き哉。汝は仏力を以って能く是の事を知る。彼の仏身は即ち是れ我が身なり。異名字を以って、彼れに於いて法を説いて衆生を度脱[三]す。阿難よ、是の如きの神通自在力は、皆な是れ首楞厳三昧の勢力なりと。爾の時に仏は堅意菩薩に告げたまわく、堅意よ、是の事を以っての故に、当に知るべし、我が寿は七百阿僧祇劫にして、乃ち当に畢竟して涅槃に入るべしと。時に、会の大衆は仏が説きたもう所の寿命の、是の如く不可思議なるを聞きて、皆な大いに歓喜し、未曾有なることを得たり。仏に白して言わく、世尊よ、諸仏の神力は、未曾有に至り、一切の所行は、思議すべからず。此こに於いては寿の是の如く短命なるを現じ、而も実には彼《かしこ》に於いて七百阿僧祇劫なり。世尊よ、願わくば、一切の衆生をして、是の如き不可思議の寿命を具足せしめたまえと。爾の時に世尊は、復た堅意に告げたまわく、是の首楞厳三昧は、郡国、城邑[四]、聚落、精舎《しょうじゃ》、空林に在るに随って、其の中の諸もろの魔[五]、魔民[六]は其の便りを得ずと。又た堅意に告げたまわく、若し、法師[七]有って、是の首楞厳三昧を、書写し、読誦し、解説《げせつ》せば、人と非人[八]とに於いて恐怖有ること無く、復た二十の不可思議の功徳の

一　娑婆世界　(大)六四五上、㋠九五―三　sahā, sabhā　我々の住んでいる世界で、釈尊の教化せられるところ。忍土という。

二　偏袒　片方をぬぐ。片肌になる。

三　度脱　済度し解脱せしめる。

四　城邑　都市。

五　魔　māra　欲界の第六天に住む神。人命を害し、人の善事をなすをさまたげる。

六　魔民　欲界の第六天主を魔王といい、その眷属を魔民という。

七　法師　法を弘めることを役目とするもの。

八　非人　天・龍・夜叉等の悪鬼の衆を人に対して非人という。

分を得ん。何等をか二十なる。福徳の不可思議。其の智の不可思議。其の慧の不可思議。[九]方便の不可思議。[一〇]弁才の不可思議。[一一]法明の不可思議。[一二]総持の不可思議。法門の不可思議。[一三]憶念随義の不可思議。諸もろの神通力の不可思議。衆生の諸もろの語言する所を分別することの不可思議。深く衆生心の楽《ねが》う所を解することの不可思議。諸仏を見たてまつるを得ることの不可思議。諸法を聞く所の不可思議。衆生を教化することの不可思議。自在三昧の不可思議。浄土を成就することの不可思議。[一四]形色《ぎょうしき》の最妙なることの不可思議。功徳自在の不可思議。諸波羅蜜を修治することの不可思議。不退転の仏法を得ることの不可思議なり。是れを二十と為す。堅意よ、若し人が是の首楞厳三昧を書写し、読誦せば、是の二十不可思議功徳の分を得ん。是の故に、堅意よ、若し、人が今世、来世の諸もろの利を得んと欲せば、当に是の首楞厳三昧を書写し、読誦し、解説し、修行すべし。堅意よ、若し、仏道を求むるに、善男子、善女人が、[一五]千万劫に於いて[一六]勤心に六波羅蜜を修行せんも、若し、是の首楞厳三昧を聞くこと有って、即ち能く信受し、心、退没《たいもつ》せず、驚かず、畏れずば、福は、彼れに勝り、疾《と》く阿耨多羅三藐三菩提に至らん。何に況んや、聞き已って受持し、読誦し、説の如く修行し、人の為めに解説するをや。若し、菩薩有って、諸仏の不思議の法を聞きて、驚かず、畏れざらんと欲し、一切の諸仏の法中に於いて、[一七]現了し自知して、他教に従わざらんと欲せば、応当《まさ》に是の三昧を修《しゅ》[一八]集《じゅう》し、行ずべし。若し、未だ聞かざる所の法を聞きて、信受して逆わざらんと欲せば、応当に是の首楞厳三昧を聞くを得べしと。

是の首楞厳三昧経を説きたもう時、無量の衆生は[一九]阿耨多羅三藐三菩提心を発こし、復た

九 方便　仏道を成就せしめるてだて。
一〇 弁才　たくみに法を説く才能。
一一 法明　すべてのことがらを照明し、義理を分別すること。
一二 総持　陀羅尼の訳。善を持して失わず、悪を起こらしめないこと。これは念と定と慧とによって持たれる。
一三 憶念　記憶して忘れざること。
(大)六四五中、(チ)九五―五
一四 形色　いろかたち。
一五 千は㊁には十とする。
一六 勤心　つとめはげむ心。
一七 現了　現前に了解すること。
一八 集は㊁には習に作る。
一九 阿耨多羅三藐三菩提　anuttara-samyak-sambodhi　仏の無上の悟りの智慧。

是の数《しゅ》に倍して、[一]阿惟越致《あゆいおっち》地に住し、復た是の数に倍して、[二]無生法忍を得たり。万八千の菩薩は首楞厳三昧を得、万八千の比丘、比丘尼は、諸法を受けざるが故に、[三]漏尽し解脱して[四]阿羅漢を得、二万六千の[五]優婆塞、[六]優婆夷は、諸法の中に於いて[七]法眼浄《ほうげんじょう》を得、三十那由他の[八]諸天は、[九]聖位に入るを得たり。

仏、経を説き已り、文殊師利法王子、堅意菩薩等の一切の諸もろの菩薩[一〇]摩訶薩と、及び諸もろの声聞の大弟子、一切の諸もろの天、龍神、乾闥婆、阿修羅等、世間の人民は、仏の説きたもう所を聞きて、歓喜し、信受しぬ。

仏説首楞厳三昧経巻下　（終）

一　阿惟越致　avaivartika 不退転、仏道を退転せざる位。

二　無生法忍　無生無滅の理を確保し安住する境地。

三　漏尽　煩悩を断尽すること。

四　阿羅漢　arhat 三界の煩悩をすべて断尽し、ふたたび三界に生をうけることのない聖者。

五　優婆塞　upāsaka　男の在家信者。在家の五戒を守る。

六　優婆夷　upāsikā　女の在家信者。在家の五戒を守る。

七　法眼浄　仏法について理論的な理解を得て、仏教の正しい見方、考え方が確立すること。大乗にては無生法忍の位をいう。

八　諸天　欲界の六天の神々。

九　聖位　仏教の真理を見ることができる位。

一〇　摩訶薩　mahā-sattva　大心、または大衆生、大有情と訳す。作仏の大心を有する衆生、つまり菩薩のこと。

維摩詰所説経　索　引

＊頁数は通し頁の箇所を示す

あ　行

か　行

さ　行

た 行

な 行

は 行

ま　行

思益梵天所問経　索　引

た　行

な　行

は　行

ま　行

や　行

ら　行

首楞厳三昧経　索　　引

校註者紹介

高崎《たかさき》直道《じきどう》　1926年，東京都生まれ。東京大学卒。東京大学教授、鶴見大学学長等を歴任。2013年逝去。

河村《かわむら》孝照《こうしょう》　1924年，山口県生まれ。東洋大学卒。現在，ナーガールジュナ大学名誉教授。

文殊経典部 2　新国訳大蔵経

1993年5月20日　第1刷　発行 ©
1996年9月20日　第2刷　発行
2019年12月20日　OD版　発行

校註者　高崎直道
　　　　河村孝照

発行者　石原大道

発行所　大蔵出版株式会社
〒150-0011 東京都渋谷区東2-5-36 大泉ビル2F
TEL. 03-6419-7073　FAX. 03-5466-1408
http://www.daizoshuppan.jp/
E-mail : daizo@daizoshuppan.jp

印刷・製本　㈱デジタルパブリッシングサービス

落丁本・乱丁本はお取替いたします

ISBN978-4-8043-8555-6